轮机自动控制技术

主编　徐红明　卢冠钟
主审　陈逸宁

HEUP 哈爾濱工程大學出版社

内容简介

本书是按照高职院校人才培养的特点编写的，适用于高职船舶电气电子、船机制造与维修等专业的《轮机自动控制技术》，是工学结合的特色教材。本教材共有轮机自动控制基础、机舱自动控制技术、主机遥控技术、机舱监测与报警技术、机舱PLC与现场总线控制技术等5个知识能力模块、22个具体工作任务。

本书除了供船舶工程技术专业教学之用以外，还可供与造船相关专业人员学习参考之用。

图书在版编目(CIP)数据

轮机自动控制技术/徐红明，卢冠钟主编. —哈尔滨：哈尔滨工程大学出版社，2015.1
ISBN 978-7-5661-0967-5

Ⅰ.①轮… Ⅱ.①徐… ②卢… Ⅲ.①轮机-自动控制-高等职业教育-教材 Ⅳ.①U676.4

中国版本图书馆CIP数据核字(2015)第016461号

出版发行 哈尔滨工程大学出版社
社 址 哈尔滨市南岗区东大直街124号
邮政编码 150001
发行电话 0451-82519328
传 真 0451-82519699
经 销 新华书店
印 刷 哈尔滨市石桥印务有限公司
开 本 787mm×1 092mm 1/16
印 张 23.75
字 数 610千字
版 次 2015年1月第1版
印 次 2015年1月第1次印刷
定 价 51.00元
http://www.hrbeupress.com
E-mail:heupress@hrbeu.edu.cn

前　言

随着计算机网络技术和现代控制技术的发展，机电合一、驾机合一等先进技术已经在船舶自动化系统中得到推广，这些新技术的应用在不断提高设备可靠性的同时，也大大减轻了船舶管理人员的工作强度，同时也对船舶技术人员的专业技能、分析问题和解决问题的能力提出了更高的要求。

按照高职院校人才培养的特点，我们与行业企业合作，组织编写了适用于高职船舶电气电子、船机制造与维修等专业的《轮机自动控制技术》工学结合的特色教材。本书结合高职院校教师教学经验和船舶修造企业的需求，把课程学习内容联系船舶实际，以工作任务为载体进行内容编排，促使理论教学和实践教学有机地融合，将学生置于发现问题、提出问题、思考问题、探究问题，解决问题的动态学习过程中，着力于培养学生对现代船舶机舱自动化系统的维护、管理、故障诊断与检修能力，具有非常强的针对性和实用性。

本教材共有轮机自动控制基础、机舱自动控制技术、主机遥控技术、机舱监测与报警技术、机舱 PLC 与现场总线控制技术等 5 个知识能力模块、22 个具体工作任务，其中第一、五模块由浙江交通职业技术学院徐红明副教授编写，第二、四模块由浙江交通职业技术学院卢冠钟老师编写，第三模块由厦门新继船舶服务有限公司林忠轮机长编写，全书由浙江省海运集团浙海海运有限公司陈逸宁轮机长主审。教材的编写和出版，还得到了浙江省造船工程学会、浙江远洋运输股份有限公司等单位的大力支持和浙江省高职高专专业带头人培养项目的基金资助，在此一并表示衷心的感谢！

由于编者水平有限，书中难免存在不妥之处，恳请各位专家和广大读者批评指正。

编　者

2014 年 7 月

目　录

模块一　轮机自动控制基础 …… 1
任务一　反馈控制系统 …… 1
任务二　差压变送器的使用与调整 …… 22
任务三　调节器的使用与调整 …… 33
任务四　认识传感器与执行机构 …… 55
模块二　机舱自动控制技术 …… 71
任务一　柴油机缸套冷却水温度自动控制系统 …… 71
任务二　燃油黏度自动控制系统 …… 85
任务三　辅锅炉自动控制技术 …… 101
任务四　EPC－50 分油机自动控制系统 …… 118
任务五　船舶阀门遥控及液舱遥测技术 …… 134
模块三　船舶主机遥控技术 …… 142
任务一　主机遥控系统基础 …… 142
任务二　主机遥控系统逻辑与控制回路 …… 165
任务三　MC/MCE 型气动主机遥控系统 …… 193
任务四　AUTOCHIEF－Ⅳ微机型主机遥控系统 …… 202
模块四　机舱监测与报警技术 …… 234
任务一　认识机舱监视与报警系统 …… 234
任务二　熟悉单元组合式监视与报警系统 …… 239
任务三　熟悉网络型监视与报警系统 …… 246
任务四　熟悉曲柄箱油雾浓度监视与报警系统 …… 276
模块五　机舱 PLC 与现场总线控制技术 …… 284
任务一　认识可编程序控制器 …… 284
任务二　基于 PLC 的辅锅炉燃烧时序控制系统 …… 305
任务三　认识现场总线控制技术 …… 313
任务四　AC C20 现场总线主机遥控系统 …… 334
任务五　智能电控柴油机控制系统 …… 354
参考文献 …… 372

模块一　轮机自动控制基础

任务一　反馈控制系统

【任务目标】

1. 掌握反馈控制系统的组成及传递方框图；
2. 了解反馈控制系统评价指标；
3. 掌握气动仪表的气动元部件及组成；
4. 了解控制对象的动态特性。

一、反馈控制系统的组成

反馈控制系统对机器设备或生产过程参数的控制过程实际上是直接模拟人的手动操作过程，图 1－1－1 画出了手动操作控制和自动控制下柴油机气缸冷却水温度的示意图。

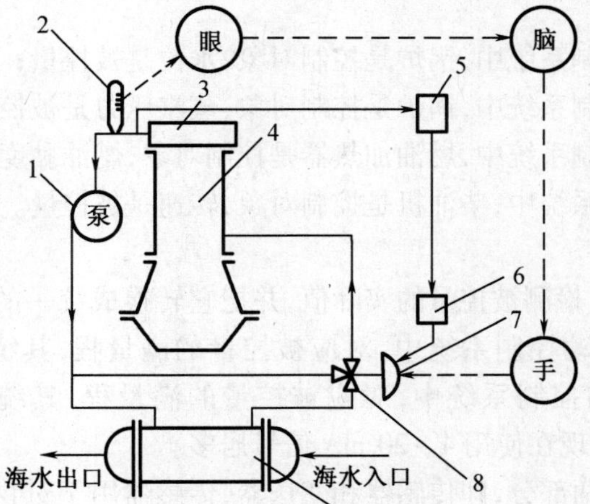

图 1－1－1　柴油机气缸冷却水温度控制过程示意图

1—淡水泵；2—温度计；3—温度传感器；4—柴油机；5—温度变送器；6—水温调节器；7—执行机构；8—电动三通阀；9—淡水冷却器

柴油机在运行过程中需要保持一个最佳的冷却水温度。假如冷却水出口温度应为 80 ℃，则在手动控制时，操作人员要用眼睛观察温度表，并把观察到的冷却水实际温度反应给大脑，大脑对水温进行分析（温度的实际值是否偏离了最佳值）、判断（实际水温是高于最佳值还是低于最佳值）和计算（实际水温离开最佳值的数量，即偏差值），然后输出一个控制指令给双手，用双手来改变三通调节阀的开度，即改变旁通水量和经冷却器冷却后的冷水流量,从而可改变对气缸冷却水的冷却强度,使冷却水的实际温度逐渐恢复到冷却水温度的最佳值。

当冷却水实际温度升高时,通过眼睛从温度表上观察,为了维持希望的温度值,大脑指挥双手关小旁通水量,使实际温度下降,并且在温度表上得到体现;眼睛再把这一调节结果传递给大脑,得到反馈。这个过程一般都要反复进行,直至实际温度恢复到希望的温度值为止。其中,眼睛把调节结果传递给大脑的过程就叫作反馈。显而易见,因为利用了反馈,控制的最终目标才能得以实现。

在自动控制过程中,由于不需要人来干预控制过程,因此必须采用相应的自动化仪表来代替人的功能器官。比如可用温度传感器和变送器替代人的眼睛,随时测量冷却水的实际温度并把该值送给调节器。调节器代替人的大脑,并对冷却水实际温度进行分析和计算,然后输出控制信号给执行机构。执行机构代替人的双手,改变三通调节阀的开度。不论是手动控制,还是自动控制,反馈作用都是存在的。我们把包含反馈作用的控制过程称为反馈控制过程。

其实,对任何其他运行参数进行控制也都具有类似的过程。分析上述实例不难发现,组成一个反馈控制系统,必须有四个最基本的环节,即控制对象、测量单元、调节单元和执行机构,并且缺一不可。

1. 控制对象

控制对象是指所要控制的机器、设备或装置,而所要控制的运行参数则称为被控量。

在柴油机气缸冷却水温度自动控制系统中,淡水冷却器是控制对象,柴油机冷却水出口温度是被控量;

在锅炉水位自动控制系统中,锅炉是控制对象,水位是被控量;

在锅炉蒸汽压力控制系统中,锅炉是控制对象,蒸汽压力是被控量;

在燃油黏度自动控制系统中,燃油加热器是控制对象,燃油黏度是被控量;

在柴油机转速控制系统中,柴油机是控制对象,转速是被控量。

2. 测量单元

测量单元的作用是,检测被控量的实际值,并把它转换成统一的标准信号,该信号称为被控量的测量值。在气动控制系统中,对应被控量的满量程,其统一的标准气压信号是0.02~0.1 MPa;在电动控制系统中,对应被控量的满量程,其统一的标准电流信号是0~10 mA或4~20 mA,现在使用4~20 mA信号居多。

测量单元一般包含两部分,即传感器和变送器,传感器用于对物理量进行检测,变送器则将传感器的输出转换为调节器能够接收的信号。例如,在温度自动控制系统中,测量单元常采用温度传感器和温度变送器;在压力自动控制系统中,测量单元常采用压力传感器和压力变送器;在锅炉水位控制系统中,测量单元常采用水位发信器(参考水位罐)和差压变送器。

3. 调节单元

调节单元是指具有某种调节作用规律的调节器,调节器接收测量单元传送来的被控量测量值,并与被控量的期望值相比较得到偏差信号,再根据偏差信号的大小和方向(正偏差还是负偏差),按照某种调节作用规律输出一个控制信号,送给执行机构,对被控量施加控制作用,直到偏差等于零或接近零为止。

在反馈控制系统中,一般把被控量的期望值称为设定值,设定值与被控量的测量值之

间的差值称为偏差值。若将设定值表示为 r,被控量的测量值表示为 z,偏差表示为 e,则有:

$$e=r-z$$

若 $e>0$,则说明测量值低于设定值,称为正偏差;

若 $e<0$,则说明测量值高于设定值,称为负偏差;

若 $e=0$,则说明测量值等于设定值,称为无偏差。

在实际应用中,调节器一般有位式调节器、比例调节器 P、比例积分调节器 PI、比例微分调节器 PD 和比例积分微分调节器 PID 五种,根据控制对象特性的不同及控制精度的要求,可选用不同调节作用规律的调节器。

4. 执行机构

执行机构接收调节单元输出的控制信号,并将该信号转换为作用到控制对象的实际控制作用。调节单元输出的控制信号一般都要经过执行机构才能作用到控制对象上,从而改变流入控制对象的物质或能量,使之能适应控制对象的负荷变化。在气动控制系统中,执行机构一般是气动薄膜调节阀或气动活塞式调节阀;在电动控制系统中,一般采用伺服电机。

以上四个单元是组成反馈控制系统必不可少的基本单元。对于一个完整的控制系统,一般根据需要还会有其他的辅助单元,例如用来指示被控量设定值和测量值的指示单元和设定给定值 r 的给定单元,气源装置或稳压电源等辅助装置。

二、反馈控制系统传递方框图

为了清楚表明各单元在控制系统中的地位和作用,以及各单元之间的信号传递关系,每个单元都用一个方框来表示,各方框之间用带箭头的信号线连接起来,就构成了反馈控制系统传递方框图。它适用于各种运行参数的自动控制系统,具有普遍性。

1. 方框图组成

方框——每一个方框表示系统中的一个组成部分(也称为环节),方框内填入表示自身特性的数学表达式或文字说明。

信号线——信号线是带有箭头的直线段,用来表示环节间的相互关系和信号的流向;作用于方框上的信号为该环节的输入信号,由方框送出的信号称为该环节的输出信号,见图 1-1-2(a)。

比较点——比较点表示对两个或两个以上信号进行加减运算,“+”号表示相加,“-”号表示相减,见图 1-1-2(b)。

引出点——表示信号引出,从同一位置引出的信号在数值和性质方面完全相同,见图 1-1-2(c)。

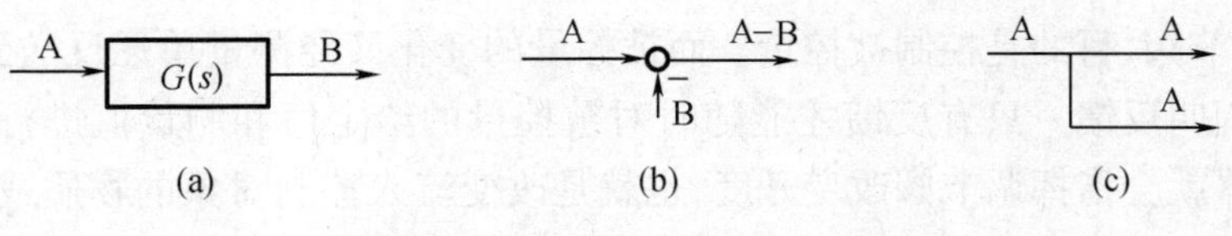

图 1-1-2　方框图的组成单元示意图

(a)带有输入输出信号的方框;(b)比较点;(c)引出点

系统中的每一个环节用一个方框来表示，四个方框分别表示：被控对象、测量单元、调节单元和执行机构。每个方框都分别标出各自的输入、输出变量。如被控对象（淡水冷却器）这个环节，冷热水流量变化会引起水温的变化，因此三通调节阀开度（操纵变量）作为输入信号作用于被控对象，而水温（被控量）则作为被控对象的输出信号；引起被控量（水温）偏离设定值的因素还包括柴油机负荷的变化和海水温度的变化等扰动量，它们也作为输入信号作用于被控对象。反馈控制系统传递方框图见图 1-1-3。

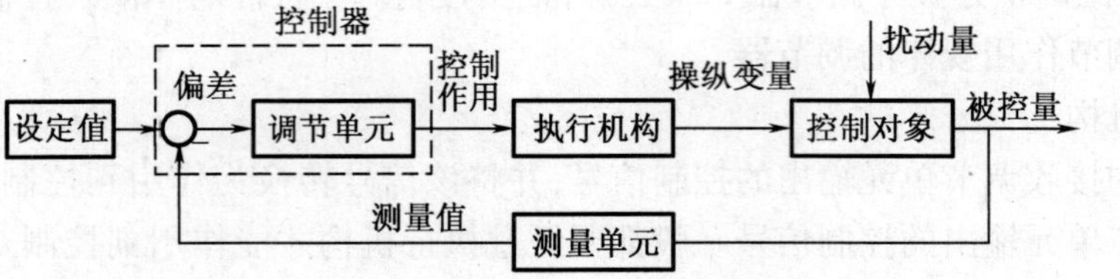

图 1-1-3　反馈控制系统传递方框图

2. 传递方框图的几个概念

(1) 环节

在传递方框图中，代表实际单元的每个小方框称为一个环节。每个环节必定有输入量和输出量，并用带箭头的信号线表示。环节输出量的变化取决于输入量的变化和环节特性，而输出量的变化不会直接影响输入量，这就是信号传递的单向性。

(2) 扰动

要把控制对象看作一个环节，它的输出量就是被控量。引起被控量变化的一切因素统称为扰动或扰动量。扰动量的分类：一类是外界环境或负荷的变化，这是管理人员无法控制的，称为外部扰动；另一类是改变给水阀的开度，即改变给定值，这种扰动是管理人员可以控制的，称为基本扰动。

(3) 闭环系统

在控制系统传递方框图中，前一环节的输出就是后一环节的输入。这样，控制系统就形成一个闭合回路，称为闭环系统，反馈控制系统必定是闭环系统。如果在某处把回路断开，系统就由闭环系统变为开环系统，开环系统不再是反馈控制系统，也就不能对被控量进行自动控制。

(4) 反馈

在传递方框图中，符号“○”是比较环节（它不是一个独立的单元，而是调节器中的一个组成部分，为清楚表述而单独画出）。它随时对被控量的给定值 r（旁标“+”号）与被控量的测量值 Z（旁标“-”号）相比较得到偏差值 e。e 是调节器的输入量，调节器的输出量经执行机构推动调节阀，目的是控制被控量。而被控量的变化又经测量单元反送到调节器的输入端，这个过程叫反馈。只有反馈才能随时对被控量的给定值和测量值进行比较，只要存在偏差，调节器就会指挥调节阀改变开度，也就是改变流入控制对象的物质或能量流量，直到测量值回到给定值偏差 $e=0$ 为止，这时调节器的输出不再变化，调节阀的开度正好适应负荷的要求，控制系统达到一个新的平衡状态。可见对参数的自动控制必须要有反馈过程，这就是把运行参数的自动控制系统称为反馈控制系统的原因。

在反馈中，有正反馈和负反馈之分。

正反馈：经反馈能加强闭环系统输入效应的（使偏差 e 增大）称为正反馈；负反馈：经反馈会减弱闭环系统输入效应的（使偏差 e 减小）称为负反馈。

显然，按偏差控制运行参数的控制系统必定是负反馈控制系统。但是，在自动化仪表中，为实现某种作用规律和功能，常采用较复杂的正、负反馈回路。

三、控制系统的主要类型

按控制系统基本结构形式分——闭环控制系统和开环控制系统。

按系统功能分——温度控制系统、压力控制系统、位置控制系统、流量控制系统等。

按系统性能分——线性系统和非线性系统、连续系统和离散系统、定常系统和时变系统。

按被控变量的数量分——单变量控制系统和多变量控制系统。

按采用的控制装置分——常规仪表控制系统和计算机控制系统。

1. 闭环控制系统

闭环控制系统是指控制器与被控对象之间既有顺向控制又有反向联系的控制系统。

闭环控制系统优点：不管任何扰动引起被控变量偏离设定值，都会产生控制作用去克服被控变量与设定值的偏差。因此闭环控制系统有较高的控制精度和较好的适应能力，其应用范围非常广泛。

缺点：闭环控制系统的控制作用只有在偏差出现后才产生，当系统的惯性滞后和纯滞后较大时，控制作用对扰动的克服不及时，从而使其控制质量大大降低。在闭环控制系统中，根据设定值的不同形式，又可分为定值控制系统、随动控制系统和程序控制系统。

（1）定值控制系统

系统的给定值是某一确定值，希望系统的被控量也保持定值。船舶主辅机热工参数的自动控制系统大多属于这一类系统。

特点：设定值是固定不变的。

作用：保证在扰动作用下使被控变量始终保持在设定值上。

（2）程序控制系统

系统的给定值按某一预先确定的规律变化的系统。例如在船舶主机自动遥控系统的调速系统中，柴油机增减负荷的控制过程是按预先规定的变化规律来改变转速的给定值，以防止柴油机气缸中出现不应有的热应力变化，这便是程序控制系统。

特点：设定值是一个按一定时间程序变化的时间函数。

作用：保证在各种条件下系统的输出（被控变量）以一定的精度跟随设定值的变化而变化。

（3）随动系统

系统的给定值预先不能确定，它取决于系统外的某一进程。如随动操舵系统，其舵角给定值完全取决于当时的航行情况，其他如参数的自动测量与自动记录系统也属于随动系统。

特点：设定值是一个未知的变化量。

作用：保证在各种条件下系统的输出（被控变量）以一定的精度跟随设定值的变化而变化。

2. 开环控制系统

开环控制系统是控制器与被控对象之间只有顺向控制而没有反向联系的控制系统。

操纵变量可以通过控制对象去影响被控变量,但被控变量不会通过控制装置去影响操纵变量。从信号传递关系上看,未构成闭合回路。

四、评价反馈控制系统的品质指标

根据前面介绍的概念,反馈控制系统的动态工作过程可以描述如下:

假设系统处在平衡状态(即系统稳定运行)时突然受到一个外部扰动,被控量将离开初始稳定值发生变化,测量单元将把被控量的实际值送到调节器,在调节器内部,被控量的给定值与测量值进行比较,得到偏差值 e,调节器依据某种调节作用规律输出一个控制信号,通过执行机构改变流入控制对象的物质或能量的流量,被控量朝着偏差减少的方向变化,这一信号又通过测量单元送至调节器,重复上述过程,最终使被控量又回到给定值或给定值附近,系统达到一个新的平衡状态。改变给定值后,系统的工作与上述过程类似。

为评定控制系统动态过程品质,通常给系统施加一个阶跃输入,然后研究系统的输出量(被控量)随时间的变化曲线,即系统的动态过程。根据控制系统接受的扰动途径,可以分为两种情况:一种是外部扰动不变,改变给定值(如随动控制系统);另一种是给定值不变(定值控制系统),改变外部扰动。由于控制器规律或系统参数的不同,控制系统的动态过程将出现不同的反应。

图 1-1-4 所示为控制系统在受到外部阶跃扰动后可能出现的四种不同情况。图 1-1-4(a)所示为振幅不断增加的发散过程,(b)为振幅相同的等幅振荡过程。显然这两种情况都是不稳定的过程,作为一个实际的控制系统,这是不能够接受的。(c)是一个振幅不断减少的衰减振荡过程,(d)则是一个非周期过程。虽然这两种情况均属于稳定过程,但非周期过程往往会出现较大的偏差,或者整个调节过程所经历的时间过长,实际中也是不可取的。因此,一个实际可用的控制系统,最起码要求是属于振荡衰减过程。

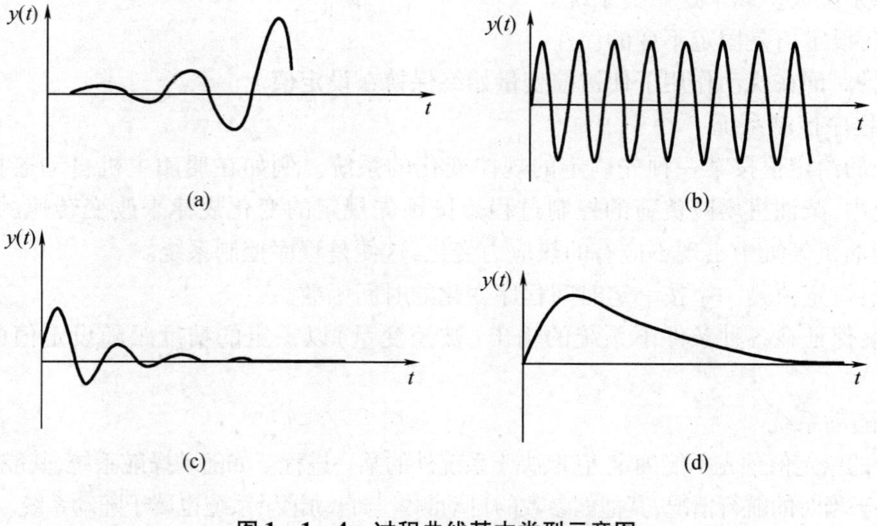

图 1-1-4 过程曲线基本类型示意图

但是,即便是衰减振荡过程,还存在衰减快慢的问题,并不是所有衰减振荡过程都符合要求。为了便于讨论控制系统动态过程品质,通常采用一些定量指标加以衡量。在定值控制和随动控制两种情况下,评定动态过程品质的指标有些相同,有些不同。

图 1－1－5 和图 1－1－6 分别给出了定值控制和随动控制系统在 t_0 时刻给定值阶跃变化和外部扰动阶跃变化的动态过程曲线。归纳起来，评定控制系统动态过程品质的指标包含以下三个方面：

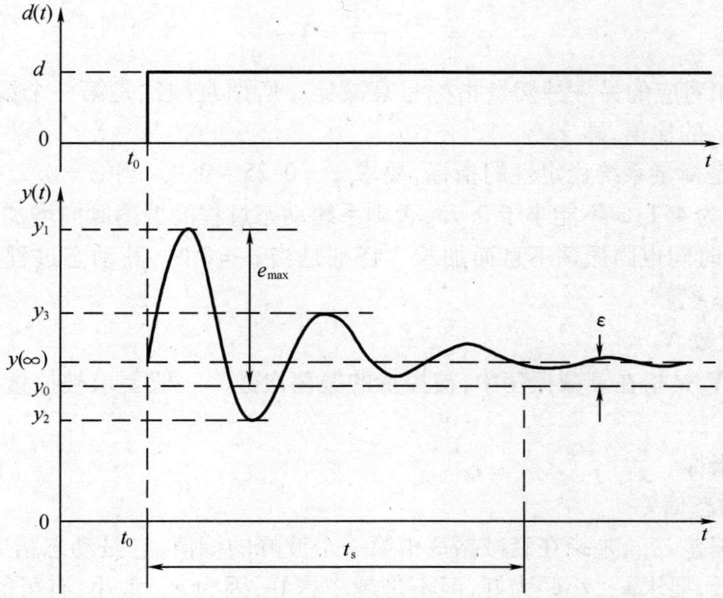

图 1－1－5　定值控制系统的动态过程图

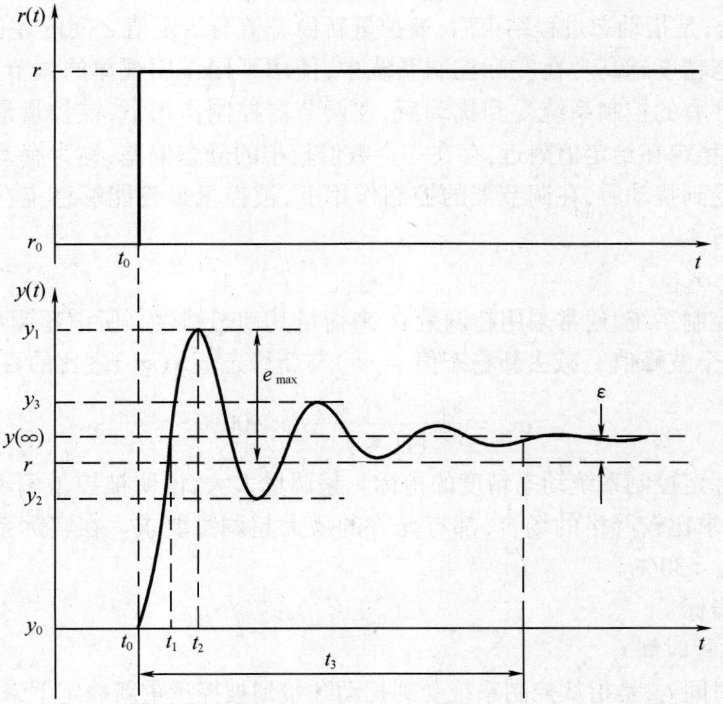

图 1－1－6　随动控制系统的动态过程图

1. 稳定性指标

(1)衰减率 φ

衰减率 φ，是指在衰减振荡中，第一个波峰值 y_1 与第二个同相波峰值 y_3 的差值跟第一个波峰值 y_1 之比，即

$$\varphi = \frac{y_1 - y_3}{y_1} = 1 - \frac{y_3}{y_1}$$

与衰减率相对应的另一种衡量指标是衰减比。所谓衰减比是第一个波峰值 y_1 和第二个同相波峰值 y_3 的比值，即 y_1/y_3。

衰减率 φ 是衡量系统稳定性的指标，要求 $\varphi = 0.75 \sim 0.9$。当 $\varphi = 0.75$ 时，y_1 是 y_3 的 4 倍，此时衰减比为 4:1，φ 不能小于 0.75，否则系统动态过程的振荡倾向增加，降低了系统稳定性，过渡过程时间也因振荡不息而加长。特别是当 $\varphi = 0$ 时，其动态过程是等幅振荡，系统变成不稳定系统。

(2)振荡次数 N

振荡次数 N，是指在衰减振荡中，被控量的振荡次数。一般要求被控量振荡 2～3 次就应该稳定下来。

2. 准确性指标

(1)最大动态偏差 e_{max}

最大动态偏差 e_{max}，是指在衰减振荡中第一个波峰的峰值，它是动态精度指标。e_{max} 大，说明动态精度低，要求 e_{max} 小些为好，但不是越小越好，因为 e_{max} 太小，有可能使动态过程的振荡加剧。

(2)静态偏差 ε

静态偏差 ε，是指动态过程结束后，被控量新稳态值与给定值之间的差值。ε 越小说明控制系统的静态精度越高。在实际控制系统中，使用不同作用规律的调节器，静态偏差的情况也不相同。有的控制系统受到扰动后，在调节器控制作用下，被控量最终不能稳定在给定值上，只能稳定在给定值附近，存在一个数值较小的静态偏差，称为有差调节，即 $e \neq 0$；有的控制系统受到扰动后，在调节器的控制作用下，被控量最终能够稳定在给定值上，$\varepsilon = 0$，称为无差调节。

(3)超调量 σ_p

对于随动控制系统，通常采用超调量 σ_p 来衡量其动态精度。所谓超调量 σ_p，是指在衰减振荡中，第一个波峰值 y_1 减去新稳态值 $y(\infty)$ 与新稳态值 $y(\infty)$ 之比的百分数，即

$$\sigma_p = \frac{y_1 - |y(\infty)|}{|y(\infty)|} \times 100\%$$

超调量是评定控制系统动态精度的指标。超调量太大，说明被控量偏离规定的状态太远，对于一些要求比较严格的场合，都有允许的最大超调量要求。在实际系统的过渡过程中，一般要求 $\sigma_p < 30\%$。

3. 快速性指标

(1)过渡过程时间 t_s

过渡过程时间 t_s，是指从控制系统受到扰动开始到被控量重新稳定下来所需的时间，理论上讲，这个时间是无穷大的。因此，通常这样定义过渡过程时间 t_s：当 $t \geq t_s$ 时，满足

$$\frac{|y(t) - y(\infty)|}{y(\infty)} \leq \delta$$

式中，$y(t)$是系统受到扰动后，在时间为t时的被控量值；$y(\infty)$是被控量的最终稳态值；δ是选定的任意小的值，一般取$\delta=0.02$或$\delta=0.05$。上式的物理意义是，在$t\geq t_s$的所有时间内，被控量$y(t)$的波动值均小于或等于最终稳态值$y(\infty)$的2%或5%。

(2)上升时间t_r

在讨论随动控制系统时，通常还用到上升时间t_r和峰值时间t_p。所谓上升时间t_r，是指在衰减振荡中，被控量从初始平衡状态第一次达到新稳态值$y(\infty)$所需的时间。在图1－1－6中，$t_r=t_1-t_0$。

(3)峰值时间t_p

所谓峰值时间t_p，是指在衰减振荡中，被控量从初始平衡状态达到第一个波峰峰值所需要的时间。在图1－1－6中，$t_p=t_2-t_0$。t_r和t_p都是反映动态过程进行快慢的指标。t_r和t_p越小，说明系统惯性越小，动态过程进行得越快。

五、自动化仪表

在船舶机舱中，自动化仪表的应用是相当广泛的。自动化仪表不仅能在反馈控制系统中对运行参数进行自动控制，同时也能对运行参数进行测量和显示。

自动化仪表按用途分类，有测量仪表、显示仪表、调节器和执行机构；按使用能源分类，有气动仪表和电动仪表；按结构形式分类，有基地式仪表和单元组合仪表。所谓单元组合仪表，是指控制系统的各种功能都分别用一台独立的仪表来实现，包括测量仪表、显示仪表、调节器等，各仪表之间用统一的标准信号联系起来。气动仪表的统一信号是0.02～0.1 MPa；电动仪表的统一信号是0～10 mA或4～20 mA。所谓基地式仪表是指，把测量仪表、显示仪表和调节器组装在一个壳体内，成为不可分的整体，它们之间也不用统一信号联系。

在船上所采用的气动仪表中，基地式仪表和单元组合式仪表两种形式都有，而气动单元组合仪表应用得更多一些。

1. 气动仪表的主要元部件

气动仪表的种类繁多，功能相同仪表的结构也是千差万别的。但是，构成这些仪表的元部件数量并不多，主要有弹性元件、节流元件、气体容室、喷嘴挡板机构和功率放大器等。

(1)弹性元件

弹性元件有弹性支承元件和弹性敏感元件两类，螺旋弹簧和片簧属于弹性支承元件，用于支承、平衡或增强弹性敏感元件的刚度，弹性敏感元件的作用是将承受的压力或轴向推力转变成位移信号，弹性敏感元件的刚度较小、灵敏度(刚度的倒数)δ较大，当对弹性敏感元件施加一定的轴向推力时，其变形位移量较大，也就是说，它们对轴向推力的变化反应是敏感的。螺旋弹簧刚度较大，通常与弹性敏感元件组合使用，以增加其刚度，也多用于调整弹性敏感元件的初始位置。如图1－1－7所示。

弹性敏感元件有波纹管、金属膜片、橡胶膜片、弹簧管和金属膜盒等，如图1－1－8所示。假定送入波纹管的气压信号p，它是弹性敏感元件的输入量，波纹管的位移量s是弹性敏感元件的输出量，显然输出与输入的关系是

$$s=\frac{p\cdot F_e}{E}$$

式中，F_e是波纹管的有效面积，这个有效面积要大于波纹管顶部的几何面积$\frac{\pi d^2}{4}$；E是波纹

管和支承弹簧的总刚度。

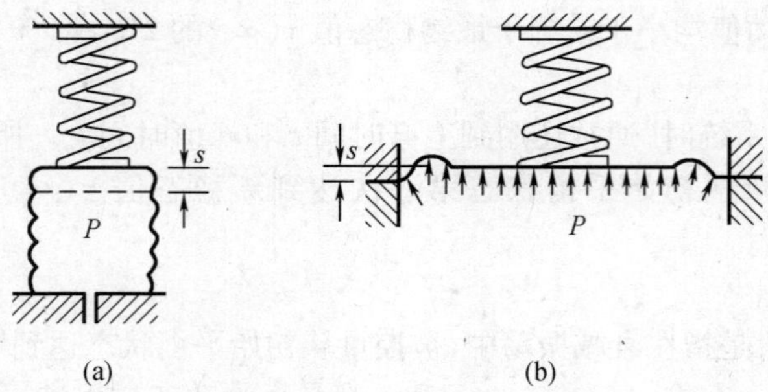

图 1-1-7 弹性元件组合示意图

(a)螺旋弹簧与波纹管组合元件;(b)螺旋弹簧与膜片组合元件

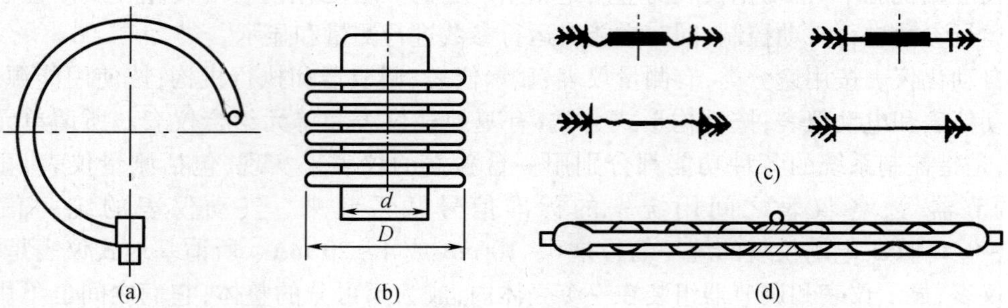

图 1-1-8 主要弹性敏感元件

(a)弹簧管;(b)波纹管;(c)膜片;(d)膜盒

从上面的式子可以看出,弹性元件在弹性变形范围内,其刚度 E 为常数,波纹管的有效面积为常数,则弹性元件的输出量 s 与输入量之间是成比例关系的。实验结果表明,对波纹管的压缩变形比拉伸变形具有更好的线性关系,且处于压缩状态能承受较大的压力。如果一开始让波纹管处于自由状态,其工作过程中是处于拉伸变形,则它的变形量不大就进入了非弹性变形区。为此,在实际安装波纹管时,常采用预压缩的办法来提高波纹管的线性使用范围。

金属膜片在弹性变形范围内,其变形量很小,为增加它的线性范围,常制成波纹状,且与水平面成一定角度。弹簧管有单圈弹簧管和多圈弹簧管。单圈弹簧管自由端位移量较小,如果在弹性变形范围内要得到较大的变形,可采用多圈弹簧管。橡胶膜片很软,在小的工作范围内,其刚度可近似看成零。在实际使用中,往往制成波纹状且中间加硬芯。

(2)节流元件

在气动仪表中,节流元件起着阻碍气体流动的作用。它能产生压降和改变气体的流量。节流元件按其工作特点可分为恒节流孔和变节流孔两种类型。

常用的恒节流孔节流元件有:毛细管式和小孔式,如图 1-1-9 所示。毛细管式可用不锈钢或玻璃管制成,直径为 0.18 ~ 0.3 mm。小孔式恒节流孔的内径有几种常用规格,即 0.25 mm, 0.30 mm, 0.50 mm,长度为 4 mm。

衡量节流元件特性的参数是气阻。通常把气体流过节流元件在两端产生的压降，与气体流量之间的对应关系称为节流孔的流量特性。显然，节流孔内径越小，产生的压降也就越大。

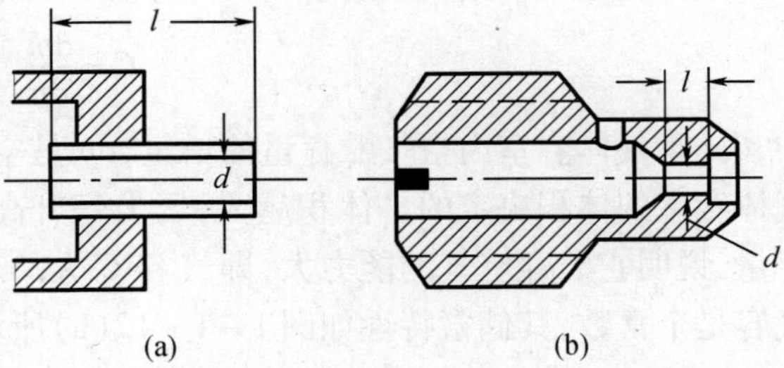

图 1-1-9　恒节流孔图

(a)毛细管式；(b)小孔式

我们常用气阻 R 来表示节流元件对气体流动阻碍作用的大小，若气体在节流孔中处于层流状态时，气阻 R、压降 Δp 和流量 G 之间的关系为

$$R=\frac{\Delta p}{G}$$

$$\Delta p=G\cdot R$$

由于恒节流孔内径不能改变，气阻不能调整，所以常称为恒气阻或固定气阻。

变节流孔是指，气体经过节流孔流通时的流通面积是可以调整和改变的，其结构形式有圆锥-圆锥型、圆柱-圆锥型、圆球-圆锥型等，如图 1-1-10 所示。由于变节流孔的流通面积是可调的，故在气体流过节流孔产生相同压降的情况下，其流量是不同的，即气阻 R 不同，所以变节流孔的气阻 R 叫可调气阻。常用变节流孔组成变节流阀，用于调整比例带、积分时间和微分时间。

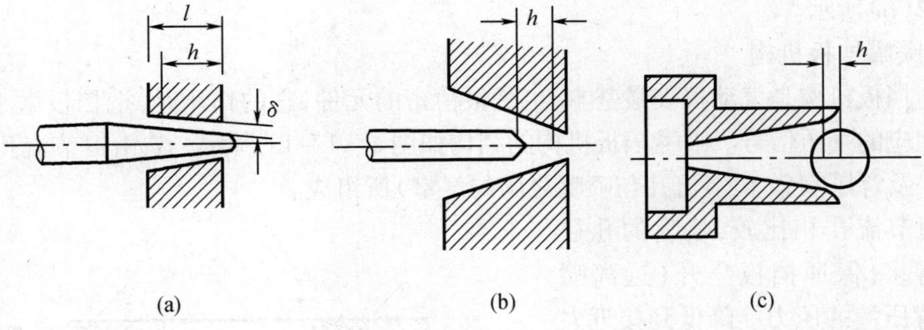

图 1-1-10　变节流孔图

(a)圆锥-圆锥形；(b)圆柱-圆锥形；(c)圆球-圆锥形

(3)气体容室

气体容室简称气容，在气动仪表或气路中，能贮存或放出气体，对压力变化起惯性作用。目前，所采用的气体容室有定容气室和弹性气室，如图 1-1-11 所示。

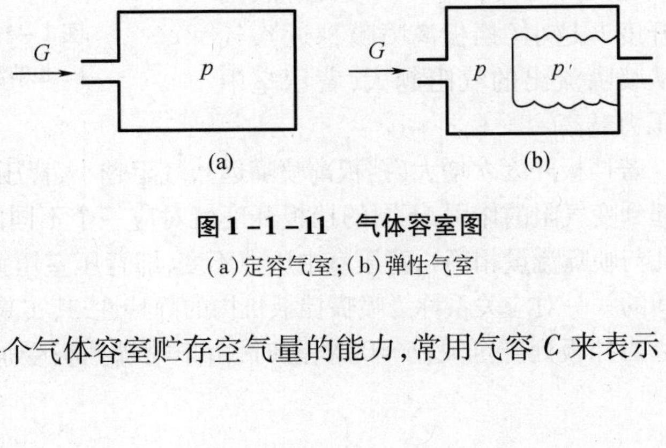

图 1-1-11　气体容室图

(a)定容气室；(b)弹性气室

定容气室是连接在气动管路上的一个能贮存气体或放出气体的空腔，其特点是它的体积不变。一个气体容室贮存空气量的能力，常用气容 C 来表示，气

容 C 的物理意义是,气体容室内,每升高单位压力所需增加的空气量,即

$$C=\frac{dm}{dp}$$

式中,dm 是气体容室内空气贮存量的增量,dp 是空气压力的增量。可见,气容 C 的大小是由气体容室的体积决定的。体积越大,压力每升高一个单位,气室内需要增加更多的空气贮存量,说明它贮存空气的能力大,即气容 C 大。对定容气室来说,由于气室的体积不变,故气容是个常数,其储蓄特性如图 1-1-12(a)所示。

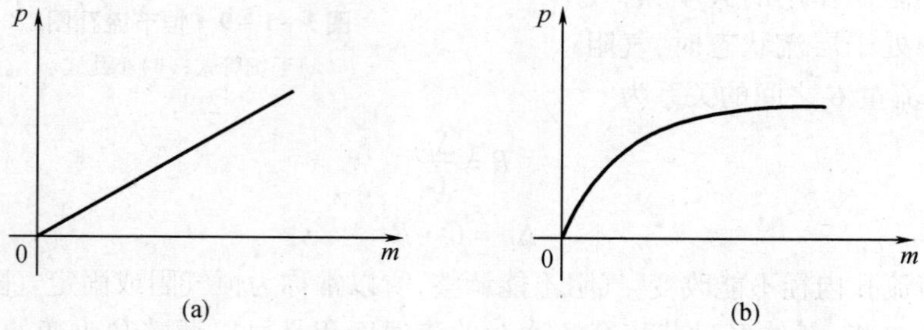

图 1-1-12　气容储蓄特性图

(a)定容气室气容储蓄特性;(b)弹性气室气容储蓄特性

弹性气室是在空腔中加装了一个波纹管,其容室的体积(空腔与波纹管之间的体积)随压力 p 的变化而变化,弹性气室在充、放气过程中,气容是变化的,它的储蓄特性如图 1-1-12(b)所示。

(4)喷嘴挡板机构

喷嘴挡板机构是气动仪表最基本,也是最精密的元件,它的作用是,把挡板微小的位移转换成相应的气压信号。喷嘴挡板机构的结构如图 1-1-13 所示。它由恒节流孔 1、喷嘴 3、挡板 4 及背压室 2(恒节流孔与喷嘴之间的气室)所组成。

与恒节流孔相比较,喷嘴的孔径 D 要大得多,保证挡板全开(远离喷嘴)时,背压室的压力能降低到接近大气压力,同时,喷嘴的轴心线必须与挡板垂直,保证挡板全关(靠上喷嘴)时,具有良好的密封性,这时背压室的压力接近气源压力 0.14 MPa。显然,挡板开度 h 越小(挡板离喷嘴越近),气体从喷嘴流出的气阻越大,背压室中的压力越高。

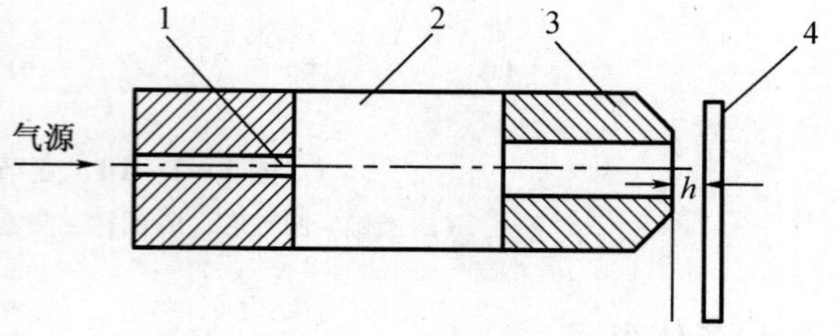

图 1-1-13　喷嘴挡板机构的示意图

1—恒节流孔;2—背压室;3—喷嘴;4—挡板

若挡板开度 h 增大(挡板离喷嘴远),气阻越小,背压室中的压力越低。实际上,喷嘴挡板是起到变气阻的作用,不同的挡板开度就对应一个不同的背压室压力。在稳定工况下(恒节流孔与喷嘴流量相等),背压室中压力不变,即背压室压力 p(输出量)与挡板开度 h(输入量)之间的一一对应关系称为喷嘴挡板机构的静特性,其实验曲线如图 1-1-14 所示。

当挡板处于全关($h=0$)状态时,由于喷嘴挡板受加工和装配精度所限,难免有一点漏

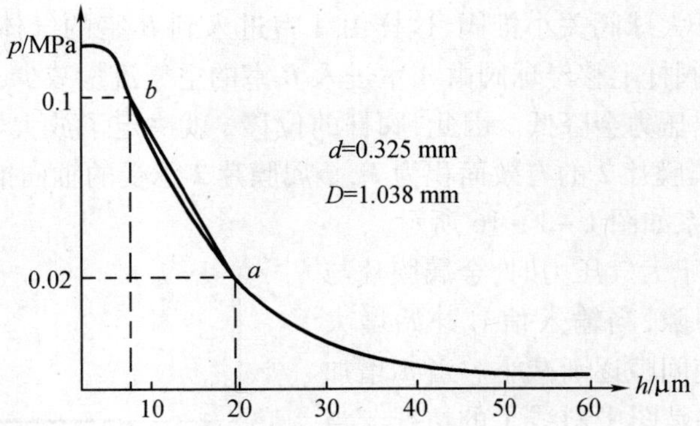

图1-1-14　喷嘴挡板机构静特性曲线图

气，这样背压室的压力会略低于气源压力0.14 MPa。在挡板全开时，由于喷嘴孔径远大于恒节流孔的孔径，使背压室压力接近大气压力。挡板从全关逐渐移到全开时，背压室中的压力p将从接近气源压力逐渐降低到接近大气压力。从静特性曲线图上还可看到，各点的斜率是不相同的，背压室的压力与挡板开度之间不是严格的线性关系，特别是静特性曲线上、下两端存在明显的非线性关系。但是，在a，b两点之间，随挡板开度h的变化，背压室压力变化很快，静特性曲线很陡，灵敏度高，这时用a，b两点间的直线来代替a，b两点间的曲线，误差是不大的。这样，在喷嘴挡板机构的工作范围（背压室压力为0.02～0.1 MPa）内，可把它看成是线性元件。喷嘴挡板机构背压室中压力的变化量Δp与挡板开度h之间的变化量可表示为

$$\Delta p = K_1 \cdot \Delta h$$

式中，$K_1=\tan\varphi$是比例系数，实际上它是a，b两点间的平均斜率。喷嘴挡板机构通常是工作在a，b段上，称之为工作段，由于工作段线性度好，能保证仪表的精度和灵敏度。通过改造喷嘴挡板的结构能够提高线性度，如采用扩散型喷嘴孔。

（5）气动功率放大器

由于喷嘴挡板机构中的恒节流孔的流通面积很小，工作时输出的空气量很少，很难直接动作执行机构，甚至传送距离远一点，其压力信号也会有较大的衰减。为此，几乎所有的气动仪表，都在喷嘴挡板机构的输出端串联一个气动功率放大器，对喷嘴挡板机构输出的压力信号进行流量放大，或流量、压力放大，即功率放大。

气动功率放大器结构形式很多，但基本上有两种：一是对喷嘴挡板机构输出的气压信号，不放大压力，只放大流量；二是流量、压力都放大。图1-1-15给出了耗气型气动功率放大器结构原理图，对流量、压力都进行了放大。

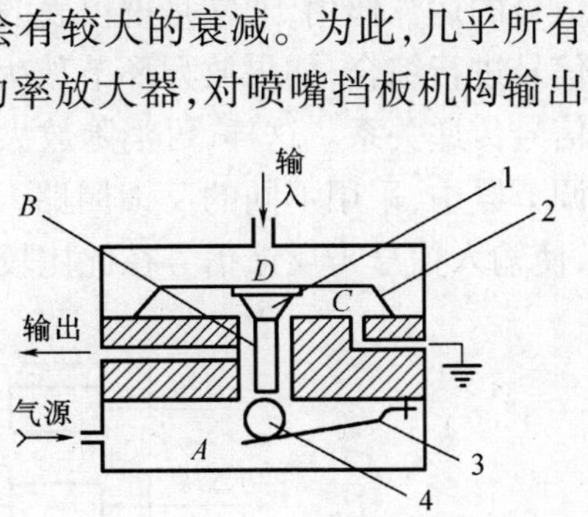

图1-1-15　放大器结构原理图

1—锥阀；2—金属膜片；
3—弹簧片；4—球阀

两个变节流阀构成了放大气路。一个是球阀4，另一个是锥阀1，它们起着不同的作用。球阀4控制来自0.14 MPa气源的进气量，只要球阀有一个微小的位移，就能引起较大的进气量变化，从而满足流

量放大的作用。锥阀1控制排气量。当输入压力信号增大时，克服金属膜片2和弹簧片3的张力使阀杆下移，开大球阀关小锥阀，这样由A室进入到B室的气体流量大大增加。反之，输入压力下降时，阀杆上移经球阀由A室进入B室的空气流量减少，而B室经锥阀排气量增大，则放大器输出压力会降低。因此，阀杆的位移s就决定了放大器输出压力的大小。设输入压力为p_d，金属膜片2的有效面积为F，金属膜片2承受的轴向推力为p_dF与金属膜片位移变形之间的关系如图1－1－16所示。

当输入信号p_d等于大气压力时，金属膜片与阀杆之间存在一个间隙，当输入信号开始增大时，金属膜片的位移使间隙逐渐减小。当p_d增加到p_0时，间隙为零，这是图中斜线Ⅰ的情况。当p_d由p_0继续增大时，由于金属膜片承受的轴向推力p_dF不足以克服弹簧片3的预紧力及气源对球阀的作用力，金属膜片2与阀杆均无位移，这是水平线Ⅱ的情况。只有p_d增加到p_a后，阀杆开始有位移，放大器开始有输出，我们把此时的p_a称为放大器的起步压力。当输入压力p_d由p_a继续上升时，放大器工作在斜线Ⅲ（放大器的工作段）上。

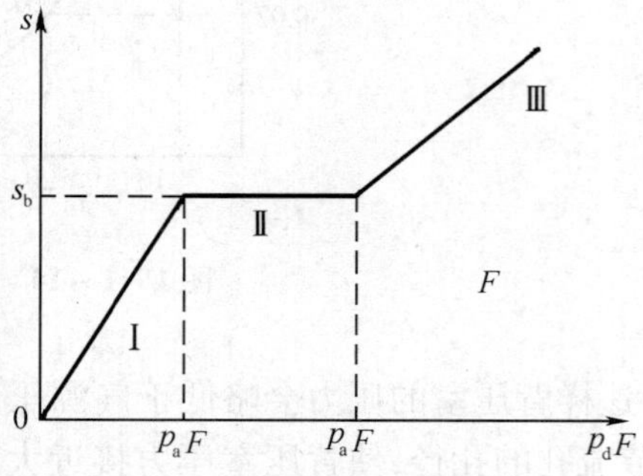

图1－1－16 推力与膜片位移的关系图

在放大器的工作段上，阀杆位移量Δs与输入压力的变化量Δp_d成比例，放大器输出压力的变化量$\Delta p_{出}$与阀杆位移的变化量Δs成比例。因此可得到

$$\Delta p_{出}=K_2\cdot\Delta p_d$$

式中，K_2称为气动功率放大器的放大倍数，它与金属膜片的有效面积、弹性组件的刚度及放大器的结构因素有关，当金属膜片及弹簧片选定后，可以近似把K_2看作是常数，所以气动功率放大器是一个放大倍数为K_2的比例环节。

2. 气动仪表的基本环节

几乎所有气动仪表都是由为数不多的元部件组成，并构成三个基本环节，如图1－1－17所示。放大环节起信号放大作用，要求它具有较高的灵敏性和足够大的功率输出；反馈环节起信号的运算作用，通常是把仪表的输出信号Δp_{sc}通过反馈回路，送回到仪表的输入端与输入信号进行综合，如果放大环节放大倍数足够大，仪表的信号传递关系只取决于反馈回路的信号传递关系。这样，可消除放大环节各种非线性因素的影响，提高仪表的精度。同时，在调节器中，采用不同的反馈回路，可实现不同的调节作用规律。比较环节起信号比较作用，使输入信号与反馈信号在此比较，其输出信号等于各信号的代数和。总之，只要我们掌

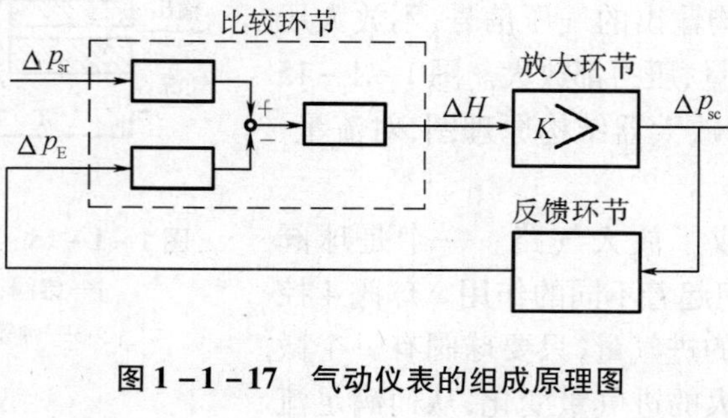

图1－1－17 气动仪表的组成原理图

握了放大、反馈和比较三个基本环节，就能比较容易地分析一台仪表的工作原理及功能。

(1)气动仪表的放大环节

前面介绍过，几乎所有气动仪表在喷嘴挡板机构的输出端都要串联一个气动功率放大器。在结构上两者往往组成一体，称为二级气动功率放大器，其中喷嘴挡板机构为一级放大。图1－1－18是耗气型二级气动放大器的原理图。

功率放大器输出信号是0.02～0.1 MPa，其最大变化量是0.08 MPa。放大器在工作时，输出压力信号的低限值即为0.02 MPa，放大器的输入压力，即喷嘴挡板机构的输出值，就是功率放大器起步压力。假定功率放大器只能进行流量放大，而不能进行压力放大，则喷嘴挡板机构输出气压信号0.02 MPa就为放大器的起步压力，当喷嘴挡板机构输出0.1 MPa气压信号时，放大器的输出也应为0.1 MPa气压信号。但是，如果气动功率放大器能进行压力放大，如放大倍数是10，那么放大器的输入信号，也就是喷嘴挡板机构输出压力的变化量不再是0.02～0.1 MPa之差的0.08 MPa，而应是这个变化量的1/10，即为0.008 MPa。它只占喷嘴挡板机构静特性曲线很小的一段，如图1－1－19中的ab段。其中a点对应的喷嘴挡板机构的输出压力，就是放大器的起步压力，如果起步压力调整得合适，放大器将工作在曲线更陡、更接近直线部分，如ab段，这样仪表能获得较高的灵敏度、精度和工作的稳定性。如果起步压力调得过低或过高，如使放大器工作在$a'b'$段或$a''b''$段，曲线平坦，且各点斜率差别很大，使挡板开度h的变化范围增大，仪表灵敏度降低工作可能不稳定。因此，调整好起步压力是重要的。起步压力一般通过调换刚度不同的金属膜片，或改变弹簧片的预紧力来实现。不过仪表在出厂前已经调好，在使用中不可轻易改动。

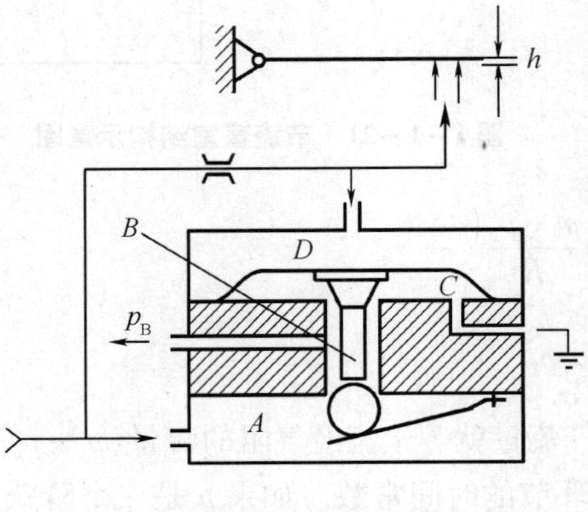

图1－1－18　耗气型二级气动功率放大器原理图

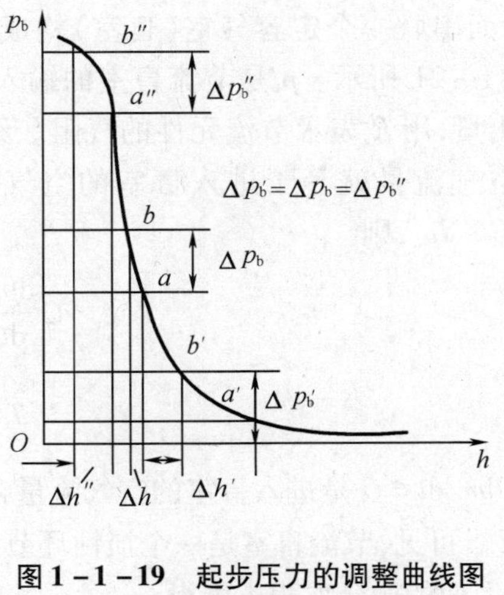

图1－1－19　起步压力的调整曲线图

(2)气动仪表的反馈环节

在气动仪表中，总是把输出端的输出信号引回到输入端，构成负反馈气路，但除了负反馈外，在调节器中还引用了较复杂的反馈气路，以实现比例、积分和微分的作用规律。现介绍一些常用的反馈气路。

①节流分压器

节流分压器又称节流通室，它是由可调气阻(阻值R_F)、流通气室(气室压力p_1)及恒节流孔(阻值 R)串联而成,如图 1-1-20 所示,两个气阻一般都工作在层流状态。流通气室容积很小,可不考虑对其压力的变化的惯性影响。仅分析流通气室压力 p_1(输出量)与控制信号压力 p_0 和 p_2(节流分压器的输入量)之间的关系。一般 p_2 是大气压力,根据气体流动的连续性定理,G_1 必定等于通过恒节流孔的气体流量 G_2,如果气体密度在节流前后保持不变,则

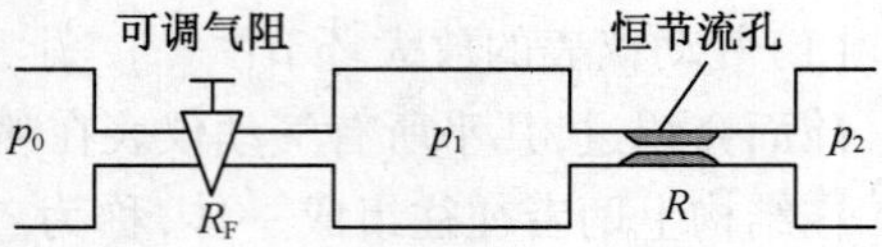

图 1-1-20 节流分压器结构图

$$G_1=\frac{p_0-p_1}{R_F}=G_2=\frac{p_1-p_2}{R}$$

$$p_1=\frac{R}{R_F+R}\times p_0+\frac{R_F}{R_F+R}\times p_2$$

如果 p_2 通大气,即 $p_2=0$,则上式可简化为

$$p_1=\frac{R}{R_F+R}\times p_0=Kp_0$$

式中,$K=\dfrac{R}{R_F+R}$,当 R 一定时,K 是常数,p_1 随 p_0 成比例变化。若 p_0 不变,改变可调气阻 R_F,可改变 p_1 与 p_0 之间的比值,变节流阀全开时,$R_F=0$,$p_0=p_1$;当变节流阀全关时,$R_F\to\infty$,$p_1\to 0$。因此,改变节流阀的可调气阻,可使 K 在 0~1 之间变化。节流分压器可用来调整调节器的比例带。

②节流盲室

节流盲室是在节流元件(可调气阻或恒气阻)后面串联一个定容气室(盲室)构成的,如图 1-1-21 所示。p_i 是节流盲室的输入量;p_o 是输出量,用 R 表示节流元件的气阻。经过气阻的空气流量就等于进入盲室的空气量,即 $dm=C\cdot dp_o$,则

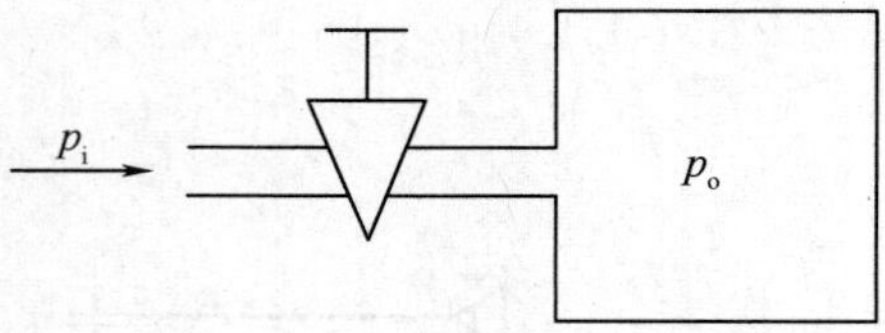

图 1-1-21 节流盲室结构示意图

$$C\frac{dp_o}{dt}=\frac{dm}{dt}=\frac{p_i-p_o}{R}$$

$$T\frac{dp_o}{dt}+p_o=p_i$$

式中,$dm/dt=G$ 是进入盲室的空气流量,这个空气流量就等于流经气阻的流量 $(p_i-p_o)/R$,$T=RC$。可见,节流盲室是一个惯性环节,T 是该环节的时间常数。如果 p_i 是一个阶跃变化量,对上面的微分方程求解得

$$p_o=p_i\times(1-e^{\frac{t}{T}})$$

显然 p_o 的变化速度取决于 T 的大小。因 C 是固定不变的,故改变气阻值可调整时间常数 T。T 越大,p_o 变化越缓慢,T 小则 p_o 变化快。在调节器中,实现积分作用就是用节流盲室作为反馈环节(正反馈)实现的。

③比例惯性环节

比例惯性环节是由弹性气室(波纹管 E 与壳体之间的腔室)、波纹管 E、气阻(阻值 R)以及连接管路组成,如图 1-1-22 所示。p_{sr} 是输入量,p_{sc} 是输出量,其工作情况与节流盲室

类似，所不同的是，第一，盲室的容积不是固定的，p_{sr}的变化会引起波纹管 E 的伸缩，盲室的容积随之变化，气容 C 不是常数；第二，作用于盲室有两条通道，一条是 p_{sr}，经气阻对盲室充放气，另一条是波纹管 E 伸缩造成挤排作用对弹性气室形成的通道。

图 1－1－23 画出了比例惯性环节充气过程的特性曲线。当 p_{sr}阶跃上升时，由于气阻和气容的存在，p_{sr}不可能经气阻通道立即升高，或者说，在 p_{sr}阶跃上升的瞬间，经气阻通道使 p_{sc}的增加量为零。但在 p_{sr}阶跃上升的同时，波纹管 E 立即伸长，排挤弹性气室的气体使 p_{sc}立即升高，并且 p_{sr}越大，p_{sc}的阶跃升高量越大。可见，波纹管压缩造成的弹性气室压力变化过程是个比例环节。在此基础上，又经气阻不断向弹性气室充气，p_{sc}继续升高，波纹管正由于内外压差的不断减小而逐渐收缩，直到 $p_{sr}=p_{sc}$为止，波纹管恢复原状。这是一个惯性环节的充气过程。总的充气过程是上述两个充气过程的叠加。在调节器中，利用比例惯性环节作为反馈环节，可实现比例微分作用。

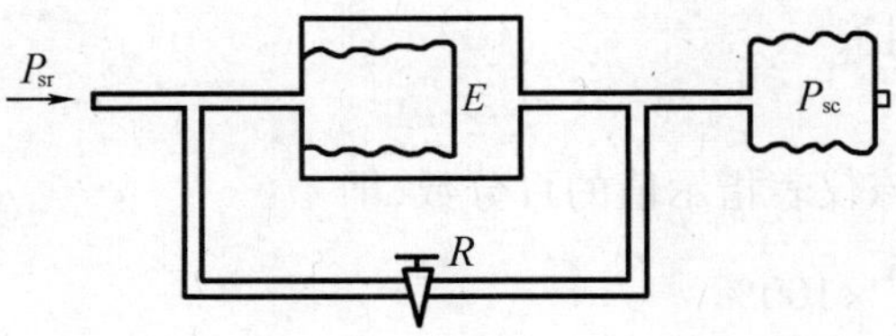

图 1－1－22　比例惯性环节结构示意图

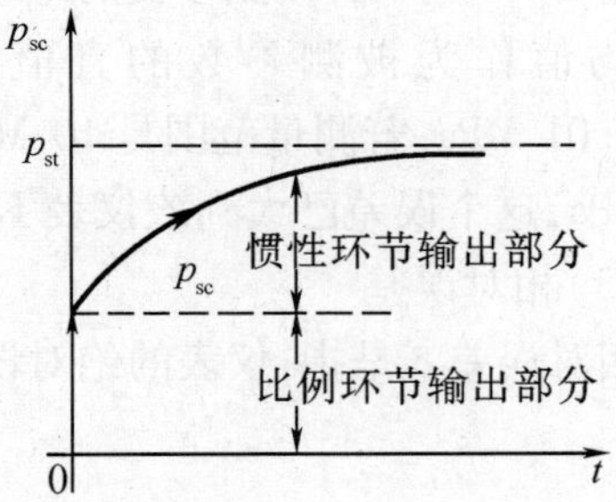

图 1－1－23　比例惯性环节充放气过程曲线

（3）气动仪表的比较环节

在气动仪表中，常常用比较环节对两个或两个以上信号进行综合和比较。只有输入信号与反馈信号始终进行比较，仪表才能有稳定的输出。比如在初始平衡状态下，输入信号突然发生变化，这时仪表的输出信号还未来得及变化，则比较环节将输出一个不平衡信号，使喷嘴挡板机构中的挡板开度变化，于是仪表的输出变化，这个变化经反馈回路送至比较环节，直到反馈信号平衡了输入信号，挡板的开度不再改变（挡板最终开度变化是很小的，可忽略不计），仪表的输出就达到一个新的稳定状态。

在实际结构中，比较环节可按三种平衡原理来工作。其一是位移平衡原理，即输入信号使挡板开度的位移量，正好被反馈信号使挡板的位移量所平衡，挡板两次开度变化的综合，基本保持原开度不变（有一微小变化，可忽略不计）。其二是力平衡原理，即输入信号转换成一个作用力信号，使挡板产生一个位移，这个位移正好为反馈信号所转换成的作用力使挡板产生的位移所平衡，经两次位移，挡板的开度基本没有变化。因此，这种平衡原理是在比较环节上，输入信号与反馈信号作用力的比较。其三是力矩平衡原理，即在比较环节上，输入信号产生的力矩，正好为反馈信号产生的力矩所平衡，挡板的开度基本保持不变。

3. 自动化仪表的主要品质指标

在自动控制和监视系统中，我们希望仪表所检测的参数值能完全反映出该参数的实际值，但是，不论品质多么好的仪表，所测结果与参数的真值之间总有一定的差别，习惯上称为“误差”。对自动化仪表品质的要求，主要是看它能以多大的准确度来反映被测量参数的真值。测量值与真值越接近，仪表的误差就越小，测量精度也就越高。但仅用误差来描述仪表的好坏是不够的，还必须从多方面来鉴别仪表的品质。

(1)基本误差与附加误差

基本误差是由于仪表结构中的间隙、摩擦、刻度不均或分度不准等原因所造成的误差，即为仪表本身缺陷所造成的误差。因此，一台好的仪表在加工制造时，就应制作得很精密，尽量减小基本误差。

附加误差是仪表在使用中，由于外界条件的影响，如环境温度、湿度、振动等所引起的误差。一般在仪表设计中预先都采取了一些补偿措施来减小附加误差，但不可能彻底消除。在仪表的说明书中，规定了使用方法和使用条件，以免带来过大的附加误差。

(2)绝对误差

绝对误差又称指示误差，若仪表表示的被测参数值为 A，而被测参数的真值是 A_0，则绝对误差 $\Delta A = A - A_0$，被测参数的绝对真值是很难得到的，一般是用精度高的标准仪表所测得的平均值作为被测参数的真值 A，绝对误差是不能完全反映仪表的精度的，比如 $\Delta p = 0.01$ MPa，若测量范围是 10 MPa 的话，该误差可忽略不计。但若测量范围是 0.02 ~ 0.1 MPa，这个误差已大到该仪表不能再使用了。

(3)相对误差

相对误差 δ 是指，仪表的绝对误差所占该仪表指示值的百分数，即

$$\delta = \frac{\Delta A}{A} \times 100\%$$

相对误差是反映测量仪表的精确度指标。

(4)仪表的精度

仪表的精度就是仪表盘或说明书中所写的精度等级，常见的等级有 0.1 级、0.2 级、0.35 级、0.5 级、1.0 级、1.5 级、2.0 级、2.5 级等，其中 0.1 级、0.2 级和 0.35 级多用于标准仪表。

仪表的精度是指测量中的最大指示误差 ΔA_{max} 占仪表的最大测量范围(量程)A'的百分数 δ_0，即

$$\delta_0 = \frac{\Delta A_{max}}{A'} \times 100\%$$

通常用去掉百分号的数字表示仪表精度的等级。

(5)仪表的灵敏度

灵敏度是指，仪表对输入信号开始有反应的灵敏程度，若仪表的输入量变化 Δx，相对应的输出量变化 Δy，则仪表的灵敏度 S 为

$$S = \frac{\Delta y}{\Delta x}$$

可见，仪表的灵敏度越大，越能测出微小的输入变化。一般小量程仪表的灵敏度比大量程的灵敏度高。

(6)仪表的不灵敏区、灵敏限、变差

由于仪表活动部件的摩擦、间隙、弹性元件滞后现象的存在，当输入信号有一微小变化时，仪表输出仍然不变，这就是不灵敏区。

灵敏限是指，引起仪表输出有一微小变化时，所需输入量的最小变化值，一般认为不灵

敏限等于 1/2 不灵敏区。

仪表的变差是指在外界条件不变的情况下，多次由不同方向使仪表输入为同一真值时，仪表指示值之间的最大误差。即仪表在同一测量点，其正行程和反行程指示值之差。可见，仪表的不灵敏区是由输入量的变化来表示的，而变差是以输出量的指示变化来表示的，它们都是仪表结构不完善程度的标志。

六、控制对象

所谓控制对象动态特性是指控制对象受到扰动后被控量随时间的变化规律。显然，被控量的变化量是控制对象的输出量，扰动量（基本扰动和外部扰动）是控制对象的输入量。

控制对象三个共同点：所有控制对象都有储存物质或能量的能力，当控制对象受到扰动后，会伴随有物质或能量的流入或（和）流出；物质或能量在流动过程中会受到阻力；物质或能量在流动中和信号在传递过程中会存在时间上的迟延。

单容控制对象是指只有一个储存物质或能量容积的控制对象。在机舱中，凡是水柜、油柜以及以水位为被控量的锅炉都属于单容控制对象。见图 1－1－24。

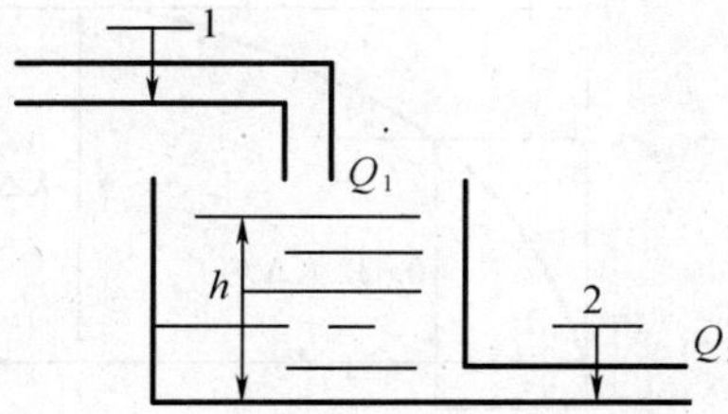

图 1－1－24　单容控制对象示意图

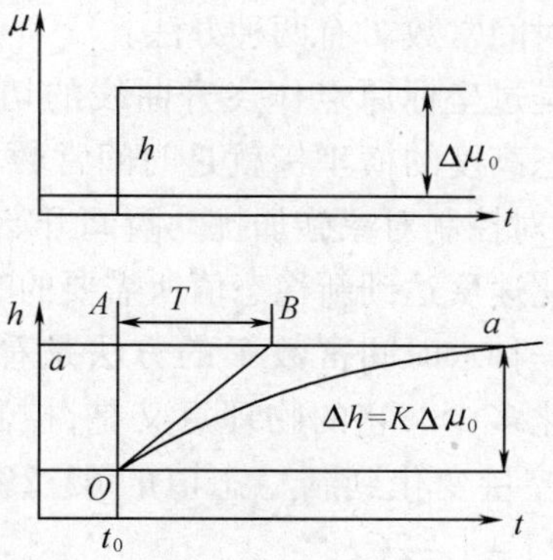

图 1－1－25　单容控制对象过渡过程曲线

给控制对象施加一个阶跃扰动后，被控量水位不会突变，而是按指数曲线变化，这条指数曲线叫作单容控制对象的飞升曲线，如图 1－1－25 所示。飞升曲线方程

$$h(t)=K\cdot\Delta\mu(1-e^{-\frac{t}{T}})$$

式中，$T=C\cdot R$；$K=K_{\mu}\cdot R$；C 为容量系数，是指被控量变化一个单位其容量的变化量，对单容水柜来说，容量系数就等于水柜的底面积；R 为阻力系数；K_{μ} 为流量系数。

1. 放大系数 K

放大系数 K 是指控制对象受到阶跃扰动后，被控量从初始平衡状态到达新稳态的变化量把扰动量所放大的倍数。在对控制对象施加扰动的瞬间，$t=0$ 时

$$\frac{h(t)}{t=0}=K\cdot\Delta\mu(1-e^{-\frac{0}{T}})$$

因 $e^0=1$，故 $\frac{h(t)}{t=0}=0$，即水位没有变化。以后随着时间 t 的增长，$e^{-\frac{t}{T}}$ 不断减少，$h(t)$ 就会不断增大。当 $t\to\infty$ 时，被控量达到一个新的稳态值不再变化。这时，$e^{-\infty}=0$。故

$$h(\infty)=K\cdot\Delta\mu(1-e^{-\infty})=K\cdot\Delta\mu$$

可见,控制对象达到新的平衡状态时,被控量水位 h 的变化量把扰动量 $\Delta\mu$ 放大了 K 倍。实际上,放大系数 K 是控制对象的静态参数,是反映控制对象对扰动的敏感程度的,K 大,控制对象受到相同阶跃扰动后,被控量要变化一个很大的范围才能稳定下来,说明控制对象对扰动敏感。若 K 很小,控制对象对扰动不敏感,即对它施加很大扰动,被控量变化一个很小的值就会稳定下来。但是,船上所有的控制对象放大系数 K 都比较大,因此,都必须组成一个控制系统,使其受到扰动后达到新稳态时,被控量的变化量尽量小或不变化。

2. 时间常数 T

在对控制对象施加扰动瞬间($t=0$),被控量变化量虽然等于零,但由于此时流量差(Q_1-Q_2)最大,所以被控量的变化速度 dh/dt 最大。以后随着水位的升高,Q_2 增大,使流量差(Q_1-Q_2)越来越小,被控量变化速度也越来越小。可见,被控量的变化总是落后于扰动的变化,这就是控制对象的惯性。在相同扰动下,若被控量变化快(dh/dt 大),则飞升曲线陡,被控量达到新稳态值所需时间短,其控制对象惯性小;反之,若被控量变化慢(dh/dt 小),则飞升曲线平坦,被控量达到新稳态值所需时间长,其控制对象惯性大。时间常数 T 就是反映控制对象惯性大小的一个重要的动态参数。

求时间常数 T 有两种办法:

一是过坐标原点作飞升曲线的切线,该切线交于新稳态高度的横坐标就是时间常数 T。它的物理意义是,对控制对象施加扰动瞬间开始,被控量以最大的变化速度达到新稳态值所需要的时间就是 T。

另一种求时间常数 T 的方法是看当 $t=T$ 时被控量变化多少。它的物理意义是,控制对象受到扰动后被控量变化到新稳态值的 63.2% 所需要的时间,见图 1-1-26。

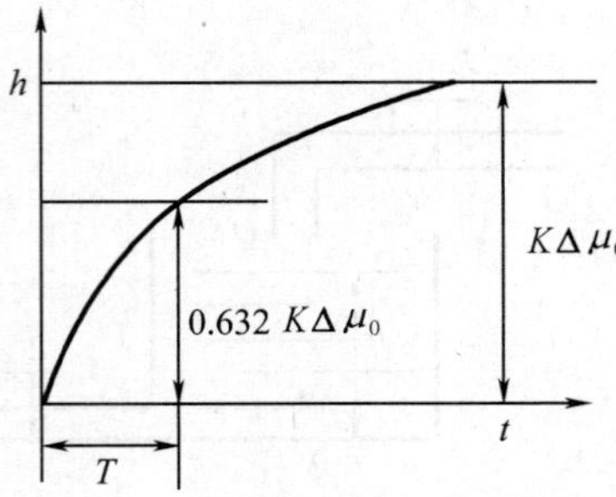

图 1-1-26 利用过渡过程曲线求时间常数示意图

理论上讲,只有当 $t=\infty$ 时被控量才能达到新稳态值,即 $h(\infty)=K\cdot\Delta\mu$。实际上,$t=2T$ 时,$h(2T)=0.86K\cdot\Delta\mu$,$t=3T$ 时,$h(3T)=0.95K\cdot\Delta\mu$,当 $t=4T$ 时,$h(4T)=0.982K\cdot\Delta\mu$,这时就认为被控量的变化基本结束。所以控制对象受到阶跃扰动后被控量变化到新稳态所需时间 $t=4T$。

时间常数的物理意义是:从对控制对象施加阶跃扰动的瞬间开始,被控量以最大的变化速度变化到新稳态值所需要的时间就是时间常数 T。T 大,控制对象的惯性大,其飞升曲线比较平坦。

容量系数 C 和阻力系数 R 对过渡过程的影响见图 1-1-27。

对于两个截面积大小不同的水箱,截面积大的水箱时间常数大,因而水位上升就慢。反之亦然。

3. 迟延 τ

控制对象迟延 τ 包括纯迟延 τ_0 和容积迟延 τ_C,它是控制对象的极为重要的动态特性参数,对控制系统动态品质具有重大影响。

纯迟延 τ_0 又叫传输迟延。由于执行机构距控制对象有一定的距离,物质或能量经执行机构流到控制对象需要一定的时间 τ_0,把 τ_0 称为控制对象的纯迟延。

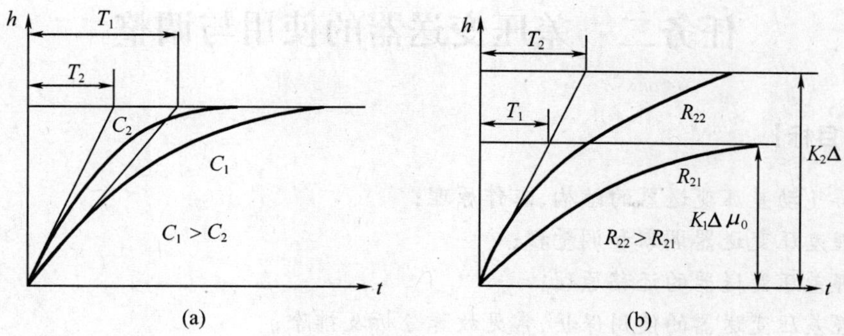

图 1－1－27　容量系数 *C* 和阻力系数 *R* 对过渡过程的影响

容积迟延 τ_C　容积迟延是指物质或能量流量达到控制对象起始到被控量开始变化这段时间。单容控制对象不存在容积迟延，只有纯迟延。多容控制对象除存在纯迟延外，还存在容积迟延。

控制对象存在迟延（包括纯迟延和容积迟延）对控制系统的工作是很不利的，因为控制对象受到扰动后，被控量将离开给定值出现偏差，调节器根据偏差大小和方向输出控制信号来改变调节阀的开度，也就是改变流入控制对象物质或能量流量，从而可以克服扰动，逐渐消除偏差。但由于控制对象存在迟延，在迟延时间内，调节器无法对被控量加以控制，使偏差越来越大，降低系统的稳定性。

任务二 差压变送器的使用与调整

【任务目标】

1. 了解气动差压变送器的结构、工作原理;
2. 掌握差压变送器调零和调量程;
3. 掌握差压变送器的迁移原理;
4. 掌握差压变送器的使用保护,常见故障分析及排除;
5. 提高查阅资料和信息处理的能力。

一、变送器的基本原理

变送器的构成原理如图1-2-1所示,主要由测量部分、放大器和反馈部分组成。测量部分的作用是检测被控量 x,并把变量 x 转换成电压、电流、位移、作用力或力矩等物理量,作为放大器的输入信号 z_i。反馈部分则把变送器的输出信号转换成反馈信号 z_f,输入信号 z_i 与调零信号 z_0 的代数和同反馈信号进行比较,其差值 e 送给放大器进行放大,并转换成标准的气压或直流电流输出信号 y。

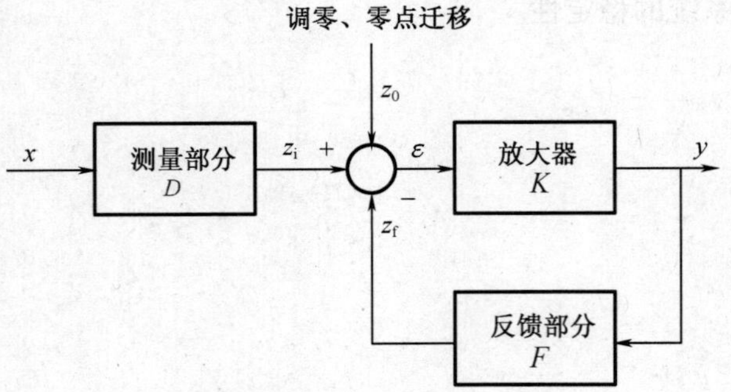

图1-2-1 变送器的组成框图

根据负反馈放大器原理,由图1-2-1可以求得整个变送器输出与输入关系为

$$y=\frac{K}{1+KF}(Dx+z_0)$$

式中,D 为测量部分的转换系数;K 为放大器放大系数;F 为反馈部分的反馈系数。

当放大器的放大系数足够大,且满足 $KF\gg1$ 时,上式变为

$$y=\frac{1}{F}(Dx+z_0)$$

在满足 $KF\gg1$ 的条件下,变送器的输出与输入关系仅取决于测量部分和反馈部分的特性,而与放大器的特性几乎无关。只要测量部分转换系数 D 和反馈系数 F 确定,变送器的输出与输入就为线性关系,如图1-2-2所示。

图1-2-2中,x_{max},x_{min} 分别为变送器测量范围的上限值和下限值(图中 $x_{min}=0$);y_{max},

y_{min}分别为输出信号上限值和下限值。y_{min} ~ y_{max}必须符合标准信号的要求，即为 19.6 ~ 98.1 kPa 的气压信号或 4 ~ 20 mA 的电流信号；x_{max} ~ x_{min}是变送器的测量范围，称为量程；而 x_{min}是量程的起点，也称作零点。为了将信号变换成统一的标准信号，在使用前必须对变送器进行调校，其主要内容包括变送器的零点调整、量程调整和零点迁移。

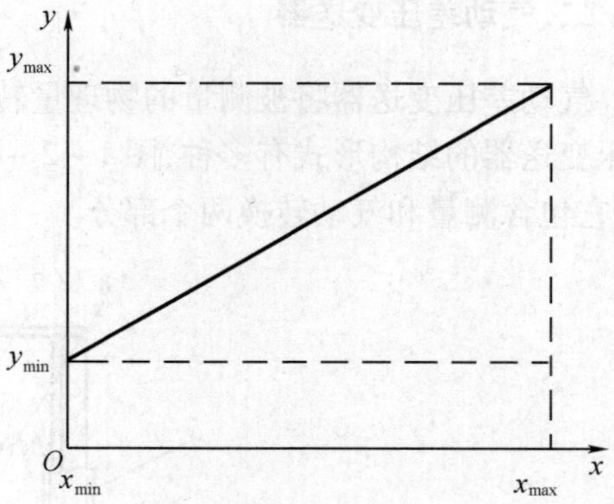

图 1-2-2　变送器输入输出特性图

1. 零点调整

零点调整的目的，是使变送器输出信号的下限值 y_{min}与测量信号的下限值 x_{min}相对应。零点调整的方法是在负反馈放大器的输入端加上一个零点调整信号 z_0。只要调整 z_0的大小总可以使得当 $x = x_{min}$时，$y = y_{min}$。

2. 量程调整

量程调整的目的是使变送器的输出信号的上限值 y_{max}与测量范围的上限值 x_{max}相对应。量程调整的方法，通常是改变反馈部分的反馈系数 F。F 越大，量程就越大；F 越小，量程就越小。有些变送器也可以用改变测量转换部分的转换系数 D 来调整量程。

图 1-2-3 为变送器量程调整前后的输入输出特性。由图可见，量程调整相当于改变输入输出特性曲线的斜率，也就是改变变送器输出信号 y 与输入信号 x 之间的比例系数。

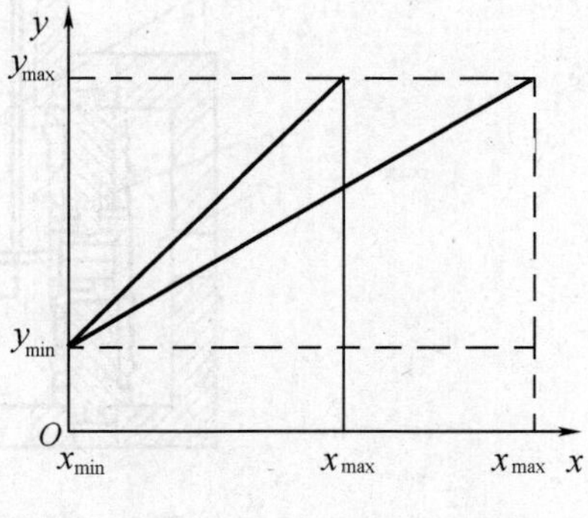

图 1-2-3　变送器量程调整前后的输入输出特性图

3. 零点迁移

在实际应用中，被控量测量的起点往往不是零，即 $x_{min} \neq 0$。此时需要将测量的起始点迁移到某一正值或负值，称为零点的迁移。零点迁移的方法和零点的调整方法相同。在未加迁移时，测量起始点为零；当测量的起始点由零变为某一正值，称为正迁移；反之，当测量起始点由零变为某一负值，称为负迁移。

量程调整相当于改变输入输出特性曲线的斜率，也就是改变变送器输出信号 y 与输入信号 x 之间的比例系数。零点迁移后，变送器的输入输出特性曲线沿坐标向右或向左平移了一段距离，其斜率并没有改变，即变送器的量程不变，若采用零点迁移后，再辅以量程调整，可以提高仪表的测量精度和灵敏度。

从公式 $y = \frac{1}{F}(Dx + z_0)$ 也可看出，零点的调整与迁移不会影响变送器的量程。但如果通过调整反馈系数 F 而使量程发生变化之后，则零点还需要重新调整。因此，变送器零点和量程的调整往往是一个反复调整的过程。

常见变送器包括温度变送器、压力变送器和差压变送器等，但差压变送器在船舶机舱中使用较久。差压变送器是专门用于测量各种压差信号的一种测量仪表，用它可以间接地测量温度、压力、液位、流量和黏度等物理量，并按比例转变成统一的标准信号输出。

二、气动差压变送器

气动差压变送器将被测量的物理量转化为0.02～0.1 MPa的标准气压输出信号。气动差压变送器的结构形式有多种,图1-2-4所示为采用力矩平衡原理的单杠杆式差压变送器,它包含测量和气动转换两个部分。

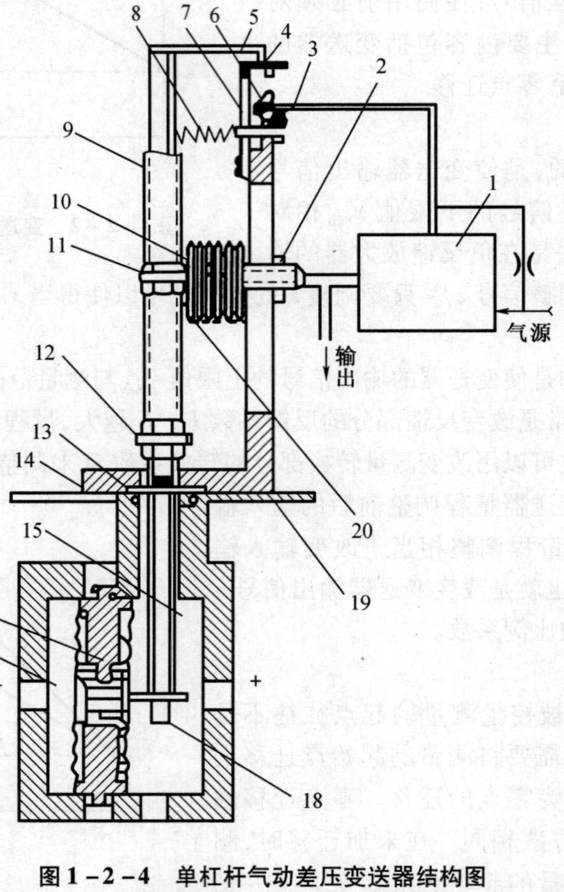

图1-2-4 单杠杆气动差压变送器结构图

1—气动功率放大器;2—锁紧螺母;3—调零螺钉;4—顶针;5—顶针架;6—喷嘴;7—挡板;8—调零、迁移弹簧;9—主杠杆;10—反馈波纹管;11—反馈波纹管锁紧螺母;12—静压误差调节螺母;13—密封簧片;14—支架;15—正压室;16—测量膜盒;17—负压室;18—锁紧螺母;19—底板;20—量程调节支点

测量部分由杠杆9、密封簧片13、测量膜盒16和基体等组成。其中,测量膜盒16把测量室分成正压室15和负压室17,并分别承受$p(+)$和$p(-)$压力信号;密封簧片13一方面对测量室的工作介质起到密封作用,另一方面也兼作杠杆的支点,使得杠杆能绕之转动,称为弹性支点;杠杆下端与测量膜盒通过弹性连接件连接。

压差$\Delta p = p(+) - p(-)$作用于测量膜盒产生的轴向测量推力通过连接件作用到杠杆下端,形成测量力矩,带动杠杆以密封簧片为弹性支点产生偏转,使其上端出现一个微小的位移。

因此,测量部分的作用是把压差信号转换为位移信号。假定测量膜盒中金属膜片的有效面积为$F_{膜}$,则轴向推力为$q_{测} = \Delta p \cdot F_{测}$。若膜盒的有效面积$F_{膜}$不变,那么轴向推力$q_{测}$就与压差信号$\Delta p$成正比例,测量力矩也与$\Delta p$成正比。

气动转换部分主要由喷嘴挡板机构、气动放大器、反馈波纹管和调零弹簧等组成，其功能是把测量部分产生的位移信号转换为标准的气压信号作为差压变送器的输出。例如，当作用在测量膜盒上的压差信号 Δp 增大时，测量膜盒连同主杠杆的下端一起左移，主杠杆绕弹性支点 13 顺时针转动，顶针架 5 和顶针 4 右移，挡板 7 靠本身弹性靠近喷嘴 6，喷嘴背压升高，经气动功率放大器 1 放大，差压变送器的输出压力信号 $p_{出}$ 增大。这个输出信号，一方面代表被控量的测量值送至显示仪表和调节器，另一方面直接送入反馈波纹管 10，与波纹管 10 的有效面积相乘就等于波纹管对主杠杆产生的推力。当这个推力对弹性支点 13 产生的反馈力矩与测量膜盒对弹性支点产生的测量力矩相等时，主杠杆不再移动，喷嘴与挡板之间的开度不变，差压变送器输出信号 $p_{出}$ 稳定不变。若测量信号 Δp 减小，主杠杆 9 将绕弹性支点 13 逆时针转动，顶针架 5 和顶针 4 左移，使挡板 7 离开喷嘴 6，喷嘴背压下降，差压变送器输出 $p_{出}$ 减小，反馈波纹管 10 对主杠杆产生的反馈力矩将使主杠杆顺时针转动。当测量力矩与反馈力矩相等时，差压变送器的输出将稳定在比原来低的值上。

1. 气动差压变送器的工作原理

为便于定量描述差压变送器输出 $p_{出}$ 与输入 Δp 之间的关系，可将图 1-2-5 所示的结构图简化成工作原理示意图，如图 1-2-6 所示。图中，l_1，l_2 和 l_3 分别代表杠杆下端、反馈波纹管及喷嘴中心线与杠杆弹性支点的距离。不难看出，作用在杠杆上的力矩主要有两个，即由测量膜盒轴向推力产生的测量力矩 $M_{测} = \Delta p \cdot F_{膜} \cdot l_1$ 和由反馈波纹管的反馈力产生的反馈力矩 $M_{反} = p_{出} \cdot F_{反} \cdot l_2$（$F_{反}$ 是波纹管的有效面积）。当杠杆平衡时，等式 $M_{测} = M_{反}$ 成立，由此可求得差压变送器的输出压力为

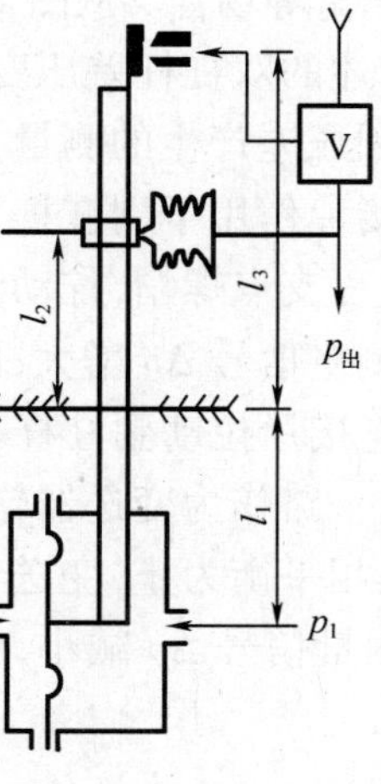

图 1-2-5　工作原理结构示意图

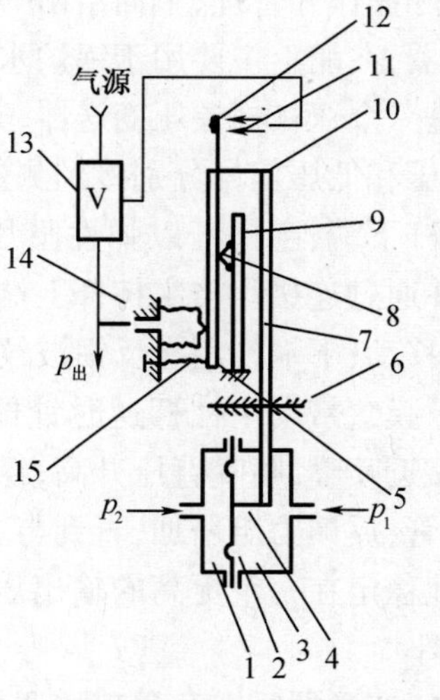

图 1-2-6　双杠杆差压变送器原理图

1—负压室；2—膜盒；3—正压室；4—弹簧片；5—副杠杆；6—弹性支点；7—主杠杆；8—量程支点；9—支架；10—连接杆；11—喷嘴；12—挡板；13—放大器；14—反馈波纹管；15—调零弹簧

$$p_{出} = \frac{F_{膜} \cdot l_1}{F_{反} \cdot l_2} \Delta p = K \cdot \Delta p$$

式中，$K = \dfrac{F_{膜} \cdot l_1}{F_{反} \cdot l_2}$ 是差压变送器的放大系数，需要指出的是，杠杆实际上还受到诸如弹性支

点、调零弹簧和喷嘴气流等产生的附加力矩的作用。理论上可以证明，只要气动放大器的放大倍数足够大，这些附加力矩可以忽略不计。

在上述K的表达式中，$F_{膜}$，$F_{反}$和l_1都是固定不变的，而l_2则可通过改变反馈波纹管位置进行调整。向上移动反馈波纹管将使l_2增大，K减小，这就需要有较大的Δp(即被测量的压差信号要变化较大的范围)才能使$p_{出}=0.01$ MPa，亦即增大了变送器的量程；反之，向下移动反馈波纹管将使l_2减小，K增大，变送器的量程减小。要得到较大的量程，必须把主杠杆做得很长，这不仅影响变送器的精度，而且变送器的结构也很庞大，所以单杠杆差压变送器的量程不可能太大。在需要大量程的场合，可以采用双杠杆差压变送器。

图1－2－6所示为双杠杆差压变送器的工作原理图，它的工作原理与单杠杆相似，不过由于多了一个副杠杆5使力的传递过程略有不同。当主杠杆7顺时针转动时，通过连接杆10使副杠杆5绕量程支点8顺时针转动，挡板12靠近喷嘴11，变送器输出压力信号$p_{出}$增大。这个信号，一路作为变送器输出送至调节器和或显示仪表，另一路送入反馈波纹管14，使副杠杆5对量程支点8产生一个与测量力矩方向相反的反馈力矩。当这两个力矩平衡时，差压变送器的输出就稳定在某个值上。

在双杠杆差压变送器中，副杠杆的作用实质上是对主杠杆顶端的位移进行二次放大，改变量程支点8的上下位置，可以改变副杠杆的放大系数。当量程支点处于副杠杆中间时，量程等于单杠杆差压变送器的最大量程。若把量程支点向上移，放大系数减小，这时双杠杆差压变送器的量程比单杠杆最大量程还要大。

2. QBC系列差压变送器

为便于实际操作和管理，下面给出一个气动差压变送器实例。图1－2－7所示是QBC系列差压变送器，在船上主要用于锅炉水位测量和燃油黏度测量等场合。从图1－2－7(b)可以看出，这是一个双杠杆差压变送器，其工作原理与前面所述的双杠杆差压变送器类似。被测压差的高压和低压信号分别接到测量膜盒的两侧，膜盒因压差产生的测量力通过弹簧片作用于主杠杆下端，主杠杆以弹性膜片为支点，并通过连接片作用于副杠杆。副杠杆上端安装挡板，并通过连接片与主杠杆上端相连；中间部分为量程支点螺帽，拧动量程支点螺帽可使之上下移动；下端作用有反馈波纹管和调零弹簧。当测量信号Δp增大，即正压室压力增大时，测量膜盒带动主杠杆逆时针偏转，杠杆上端通过连接片拉动副杠杆也逆时针偏转，使得挡板靠近喷嘴，喷嘴背压升高，经气动放大器放大后，一路作为变送器输出，另一路送至反馈波纹管，反馈力矩增加，直到与主杠杆产生的拉力矩相平衡为止，变送器输出不再增加，成比例地稳定在一个更高的输出压力上。反之，如果测量信号Δp减小，则变送器输出也成比例减小。

3. 气动差压变送器零点和量程的调整

差压变送器在正常工作时，应该确保测量信号Δp在最大变化范围内变化时，其输出能在标准信号范围，即0.02～0.1 MPa内变化。因此在投入工作以前，要根据测量信号Δp的最大变化范围调整好零点和量程。下面说明Y/13A型气动差压变送器的零点和量程的调整方法。

所谓调零点，就是当测量信号$\Delta p=0$时，确保差压变送器的输出$p_{出}=0.02$ MPa。若当$\Delta p=0$时，$p_{出}\neq 0.02$ MPa，则应该进行调整，调整方法是通过调整调零弹簧的预紧力，强制改变挡板与喷嘴之间的初始开度，使得$\Delta p=0$时，$p_{出}=0.02$ MPa。所谓调量程，是指当测量信号达到最大值时，调整量程支点的上下位置，使得$p_{出}=0.1$ MPa。

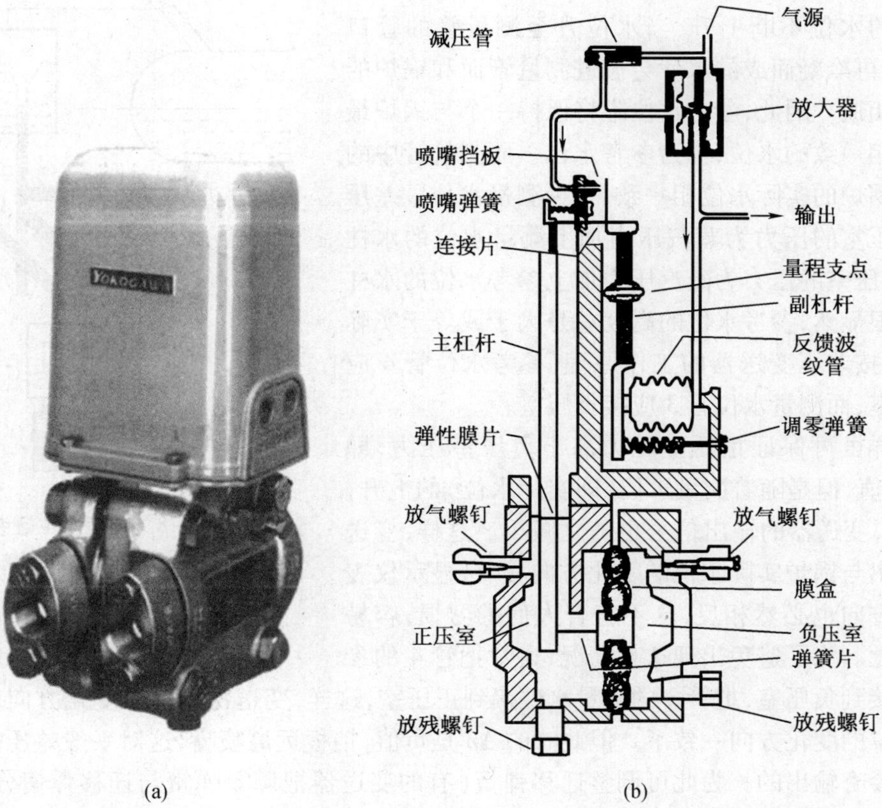

图 1-2-7　气动差压变送器结构图

(a) P10 系列气动变压变送器(Y/13A)实物;(b) P10 系列气动差压变送器(Y/13A)原理图

假定测量信号 Δp 的最大变化范围是 0~0.01 MPa,调零和调量程的具体步骤为:首先,使 $\Delta p=0$,例如让正、负压室均通大气,观察变送器输出压力是否指示为 0.02 MPa,若不是,则可拧动调整螺钉改变弹簧预紧力,强制改变挡板与喷嘴之间的初始开度,直到 $p_{出}=0.02$ MPa 为止。然后,逐渐增大压差,直到 $\Delta p=0.01$ MPa 为止,观察变送器输出是否为 $p_{出}=0.1$ MPa,若不是,比如 $p_{出}=0.08$ MPa,说明量程大了,则可拧动量程支点螺帽,使之沿着副杠杆上的螺纹下移,反之亦然。由于量程的调整会影响零点,因此量程调整后,需重新调零,然后再看量程是否合适,重复上述操作,直到零点与量程准确为止。有经验者经 2~3 次调整,即可把零点和量程调准。变送器的支架上贴有量程刻度表,刻度表上的量程值可以作为量程的粗调依据。

4. 迁移原理

所谓迁移,就是根据实际需要将变送器量程的起点从零迁到某一数值。迁移后量程的起点和终点均改变了,但量程保持不变。下面以锅炉水位测量为例来说明变送器的迁移原理。在测量锅炉水位时,通常都采用参考水位罐装置,如图 1-2-8 所示。

参考水位罐上端与锅炉蒸汽空间相通,下端经测量水位管 3 和参考水位管 4 分别接在差压变送器的正、负压室上。因测量水位管 3 还与锅炉的水空间相通,所以测量管 3 内的水位与锅炉的实际水位是一致的。测量管的管口位置已调整到与锅炉的最高水位相一致。

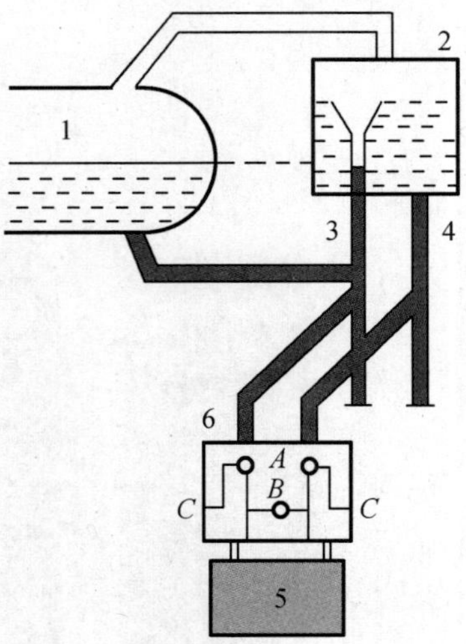

图 1-2-8 参考水位罐装置

1—锅炉;2—参考水位罐;3—测量管;4—参考水位管;5—差压变送器;6—阀箱;A—截止阀;B—平衡阀;C—泄放阀

在锅炉工作时,由于参考水位罐内蒸汽的不断冷凝,使罐中的水位不断上升,当水位升至测量管的管口时,蒸汽再冷凝而成的水就会流进测量管而和锅炉的水空间相通。因此,参考水位罐将保持一个与锅炉最高水位相一致的水位,称为参考水位。而测量管中的水位与锅炉的实际水位相一致,称为测量水位。差压变送正压室的压力为蒸汽压力加上测量水位的水柱高度,负压室的压力为蒸汽压力加上参考水位的水柱高度。很显然,参考水位的高度总是大于或等于实际水位的,按差压变送器的工作原理,参考水位管 4 应接正压室,而测量水位管 3 应接负压室。

这样虽可保证正压室压力高于负压室压力,即 Δp 为正值,但是随着测量水位(即实际水位)的上升,Δp 减小,变送器的输出信号也随之减小。这样,变送器的输出与锅炉实际水位的变化方向相反,显示仪表指示的方向也必然相反,这不符合人们的习惯,容易造成错觉。为了避免出现这种情况,通常把管 4 的参考水位接到负压室,把管 3 的测量水位接到正压室,这样,变送器的输出变化方向就与锅炉实际水位的变化方向一致了。但此时的 Δp 是负值,挡板远离喷嘴,这对一般差压变送器来说是不会有输出的。为此可调整迁移弹簧(有的变送器把调零弹簧与迁移弹簧分开,有的是合用一根)进行迁移。例如锅炉水位的最大变化范围为 600 mmH_2O①,当锅炉水位处于最低水位时,即 $\Delta p = -600$ mmH_2O 水柱时,调整迁移弹簧的拉力,使挡板靠近喷嘴,直到挡板与喷嘴间的初始开度减小到使变送器的输出等于 0.02 MPa 为止。以后随着锅炉水位的不断上升,Δp 负值不断减小(即正负压差 Δp 增大),挡板不断靠近喷嘴,变送器的输出也不断增加。当锅炉水位到达最高水位,即 $\Delta p = 0$ 时,变送器的输出为 0.1 MPa,这就是迁移。

迁移可分为正迁移和负迁移两种形式,正迁移是将量程的起点从零迁到某个正值,负迁移是将量程的起点由零迁到某个负值。上述的例子,是将变送器的零点从 $\Delta p = 0$ 迁移到 $\Delta p = -600$ mmH_2O,所以是负迁移,迁移量为 -600 mmH_2O,变送器迁移后,量程的起点和终点都改变了,但量程不变,仍为 600 mmH_2O。不仅差压变送器可以迁移,其他如温度、压力等变送器均可以迁移。例如锅炉蒸汽压力的最大变化范围是 0.6 ~ 1 MPa,若不进行迁移,就必须选用量程为 0 ~ 1 MPa 的压力变送器,否则无法测出全部压力变化。若进行迁移,则可选用量程为 0 ~ 0.4 MPa 的压力变送器,这时将变送器的零点正迁移到 0.6 MPa 即可,当输入为 0.6 MPa 时,变送器的输出为 0.02 MPa;当输入为 1 MPa 时,输出为0.1 MPa。通过迁移不仅能使变送器适应不同测量起点的要求,还可提高仪表的精度和灵敏度。如在上例中选用一级精度变送器,不进行迁移时,其绝对误差为 $(1-0)\times 1\% = 0.01$ MPa,进行迁移后,其绝对误差为 $(1-0.6)\times 1\% = 0.004$ MPa。可见,仪表精度提高了 2.5 倍。

① 1 mmH_2O = 10 Pa

5. 差压变送器使用时的保护

差压变送器在投入工作或退出工作时，如果正压 $p(+)$ 和负压 $p(-)$ 不能同时作用在测量膜盒上，就会在膜盒的一侧突然受到一个很大的作用力，有可能使膜盒和挡板等元件损坏。为了防止变送器出现单向过载而损坏，除了在膜盒的结构上采取必要的保护措施外，在差压变送器的测量管路上还装有平衡阀和导压阀，如图 1－2－8 中的 A，B，C，以保证 $p(+)$ 和 $p(-)$ 同时接入或同时切除。为了达到保护变送器的目的，平衡阀和导压阀必须按以下步骤操作：投入工作前，应先打开平衡阀 C，这样不论先打开导压阀 A 或 B，测量管中的压力经过平衡阀都会使膜盒两侧的压力相等，不会产生单向受力情况。当导压阀 A 和 B 都打开并使压力稳定后，再慢慢关闭平衡阀 C，使 $p(+)$ 和 $p(-)$ 同时接入正、负压室，变送器开始正常工作。当变送器退出工作时，也须先打开平衡阀 C，然后关闭导压阀 A 和 B，使 $p(+)$ 和 $p(-)$ 同时切除。

6. 常见的故障分析及排除

（1）变送器有输入，但无输出或输出达不到 0.1 MPa。这种故障现象可能是气源管路漏气或堵塞，减压阀过滤器堵塞，恒节流孔堵塞，输出管路漏气，迁移量没调好等原因造成。排除方法：清堵，堵漏，重新调整迁移量。

（2）仪表无输入但有输出。这种故障现象可能是喷嘴堵塞，气源压力过大，反馈波纹管漏气，放大器中球阀有污物，膜盒上的弹簧拉片变形等原因造成。排除方法：清堵，调整气源压力，更换波纹管，清洗，更换弹簧拉片。

（3）零点漂移。这种故障现象可能是喷嘴挡板沾污，顶针螺钉松动，输出管路或反馈气路漏气，测量膜盒漏油等原因造成。排除方法：清洗，重新上紧，堵漏或换新波纹管，更换膜盒。

（4）输出压力波动。这种故障现象可能是输出管路或反馈气路漏气，放大器或喷嘴沾污等原因造成，排除方法：堵漏或换新、清洗。

三、电动差压变送器

电动差压变送器将被测量的物理量转化为 4～20 mA 的标准电流输出信号，目前在船舶机舱中主要以电容式电动差压变送器为主。

电容式差压变送器的基本组成可用方框图 1－2－9 表示，它分成测量部件和转换放大电路两部分。输入差压 Δp 作用于测量部件的感压膜片，使其产生位移，从而使感压膜片（即可动电极）与两固定电极所组成的差动电容器之电容量发生变化。此电容变化量由电容/电流转换电路转换成直流电流信号，电流信号与调零信号的代数和同反馈信号进行比较，其差值送入放大电路，经放大得到变送器的输出电流 I_o。

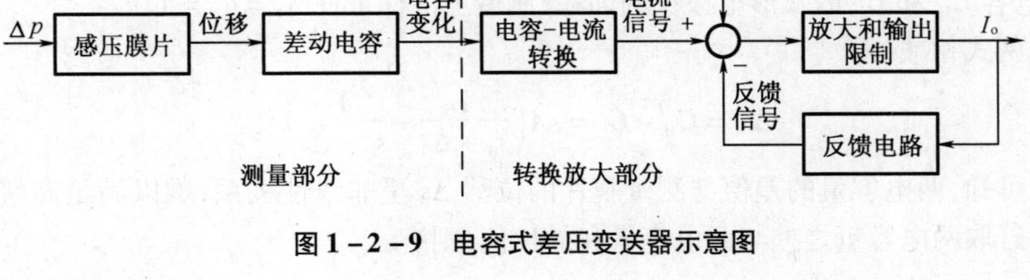

图 1－2－9　电容式差压变送器示意图

电容式差压变送器的整个结构无机械传动与调整装置。它采用差动电容作为检测元件，并用全封闭焊接的方式将测量部分进行固体化，因此仪表结构简单，整机性能稳定可靠，且具有较高的精度。

1. 测量部件

测量部件的作用是把被测差压 Δp 转换成电容量的变化，其核心是差动电容敏感元件。差动电容敏感元件包括中心感压膜片（可动电极），正、负压侧弧形电极（固定电极），电极引线，正压侧、负压侧隔离膜片和基体等，如图 1-2-10 所示。在差动电容敏感元件的空腔内充有硅油，用以传递压力。中心感压膜片和其两边的正、负压侧弧形电极形成电容 C_H 和 C_L，当作用在正、负压侧隔离膜片上的压力相等时，$C_H = C_L$。

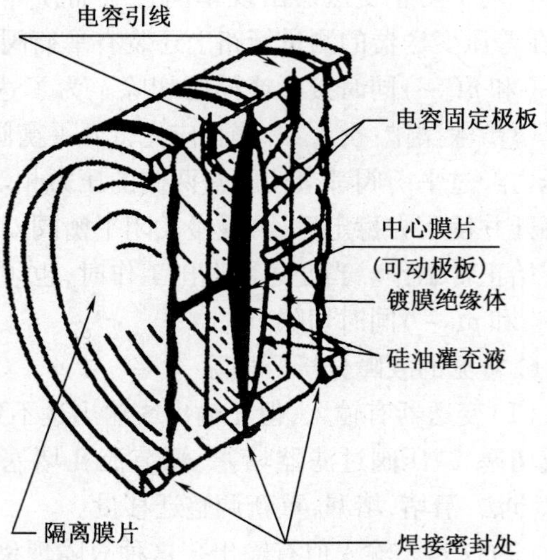

图 1-2-10 电容测量敏感元件结构图

差动电容敏感元件将测量室分割成正、负压室，当正、负压室引入的被测压力 $p(+)$ 和 $p(-)$ 作用于正、负压侧隔离膜片上时，$p(+)$ 和 $p(-)$ 通过硅油的传递，分别引入到中心感压膜片的两侧。$p(+)$ 和 $p(-)$ 之差（即 Δp）使中心感压膜片产生位移，从而使中心感压膜片与其两边弧形电极的间距不相等，结果使一个电容（C_H）的容量减小，另一个电容（C_L）的容量增加。

由于膜片的位移很小（小于 0.1 mm），因此，膜片在差压作用下的位移量 Δs 与差压 Δp 之间近似为线性关系，即可写成

$$\Delta s = K_1 \cdot \Delta p$$

式中，K_1 为比例系数。

当 $\Delta p = 0$ 时，测量膜片与两弧形电极间的距离相等，设其间距为 s_0，而当 $\Delta p \neq 0$ 时，设测量膜片与两弧形电极间的距离分别为 s_1 和 s_2，则有 $s_1 = s_0 + \Delta s$，$s_2 = s_0 - \Delta s$。若不考虑边缘电场影响，测量膜片与两边弧形电极构成的电容 C_H 和 C_L，可近似地看作平行板电容器，其电容量可分别表示为

$$C_H = \frac{\varepsilon_1 A_1}{s_1} = \frac{\varepsilon A}{s_0 + \Delta s}$$

$$C_L = \frac{\varepsilon_2 A_2}{s_2} = \frac{\varepsilon A}{s_0 - \Delta s}$$

式中，ε_1 和 ε_2 为电容 C_H 和 C_L 内介质的介电常数，由于填充介质均为硅油，故 $\varepsilon_1 = \varepsilon_2 = \varepsilon$，$A_1$ 和 A_2 为电容 C_H 和 C_L 的弧形电极板的面积，制造上能保证使 $A_1 = A_2 = A$。

以上两式相减，得

$$\Delta C = C_H - C_L = \varepsilon A\left(\frac{1}{s_0 + \Delta s} - \frac{1}{s_0 - \Delta s}\right)$$

由此可知，两电容量的差值与测量膜片的位移 Δs 呈非线性关系，难以满足高精度的测量要求。若取两电容量之差与两电容量和的比值，则有

$$\frac{C_H - C_L}{C_H + C_L} = \frac{\varepsilon A\left(\frac{1}{s_0 + \Delta s} - \frac{1}{s_0 - \Delta s}\right)}{\varepsilon A\left(\frac{1}{s_0 + \Delta s} + \frac{1}{s_0 - \Delta s}\right)} = -\frac{\Delta s}{s_0} = K_2 \Delta s = K_1 K_2 \Delta p$$

式中，K_1，K_2为比例系数。

由此可以得到以下结论：

(1)差动电容的相对变化值$(C_H - C_L)/(C_H + C_L)$与Δp呈线性关系，可以通过转换电路将这一相对变化值转换为与Δp呈线性关系的标准电流信号；

(2)$(C_H - C_L)/(C_H + C_L)$与介电常数ε无关，从原理上消除了填充介质介电常数的变化引起的测量误差；

(3)$(C_H - C_L)/(C_H + C_L)$的大小与s_0有关，s_0减小，差动电容的相对变化量越大，即灵敏度越高。

2. 转换放大电路

转换放大电路的作用是将上述差动电容的相对变化值，转换成标准的电流输出信号。此外，还具有零点调整、量程调整、正负迁移和阻尼调整等功能，其原理框图如图1-2-11所示。

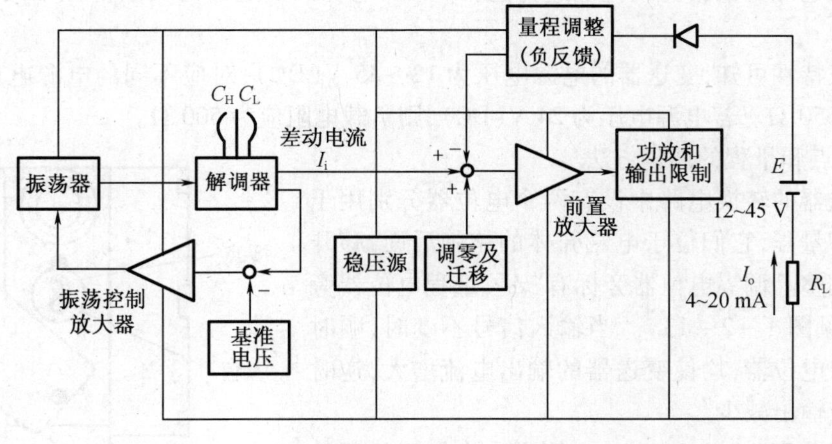

图1-2-11　电容式差压变送器转换放大电路原理图

该电路包括电容/电流转换电路及放大电路两部分。电容/电流转换部分主要有振荡器、解调器、振荡控制放大器，它的作用是将差动电容的相对变化值$(C_H - C_L)/(C_H + C_L)$成比例地转换成差动电流信号I_i，并实现非线性补偿功能。放大电路部分主要由前置放大器、调零与零点迁移电路、量程调整电路、功放与输出限制电路等组成，该部分电路的作用是将差动电流I_i进行放大，并输出4~20 mA的直流电流，具体的电路原理比较复杂，在这里不进行详细分析。

3. 电容式差压变送器零点和量程的调整

典型的电容式差压变送器是1151系列变送器，下面将以此为例说明电容式差压变送器零点和量程的调整方法。

(1)气路与电路连接

图1-2-12(a)所示为气路与电路连接方法。气路连接的目的是给变送器提供被测信

号，信号的大小由气动定值器调定。变送器电气壳体上有 4 个接线端子，上部两个标有“Signal”字样，接电源，下部两个标有“Test”字样，是接内阻小于 8 Ω 的电流表，也可不接。切勿将电源接到“Test”端，否则将会损坏仪表。

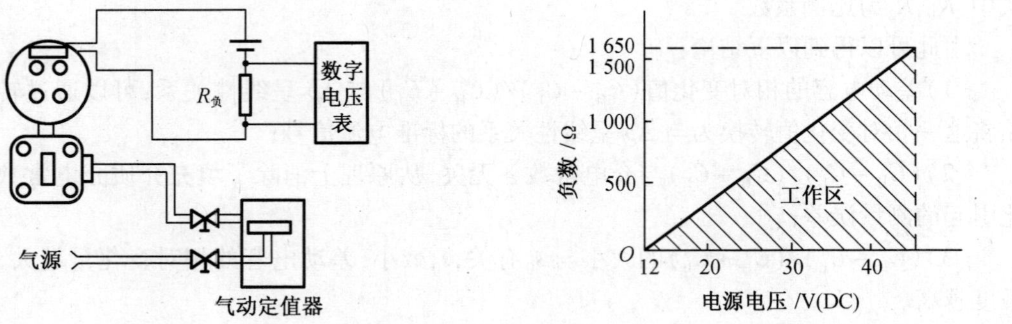

(a) (b)

图 1-2-12 1151 差压变送器连接示意图

(a)气路及电路的连接；(b)负载特性

变送器电源要根据负载特性进行选择，1151 电容式变送器的负载特性如图 1-2-12(b)所示。

由负载特性可知，变送器的电源电压为 12～45 V(DC)，对应不同的电源电压，负载范围为 0～1 650 Ω。若电源电压为 24 V(DC)，则负载电阻应为 500 Ω。

(2)零点和量程的调整方法

在变送器的转换电路中设有两个电位器分别用于调整零点和量程，它们位于电气壳体的铭牌后面，移开铭牌即可调整。调零电位器旁标有“Z”；量程电位器旁标有“R”(见图 1-2-13)。当输入信号不变时，顺时针转动两个电位器，均使变送器的输出电流增大，逆时针转动则使输出减少。

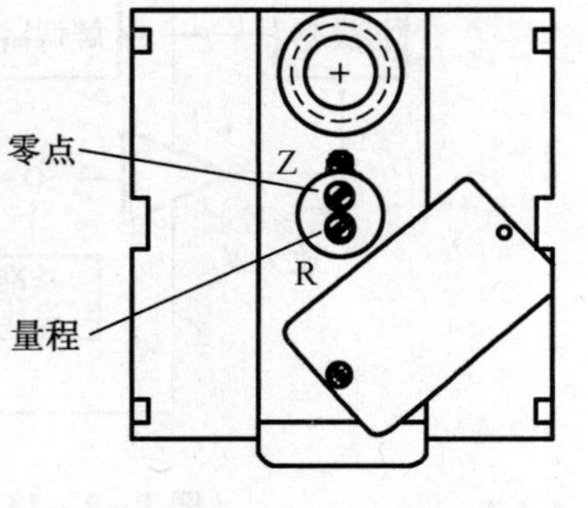

图 1-2-13 零点和量程调整螺钉

设量程范围为 $\Delta p_{\min} \sim \Delta p_{\max}$，则零点和量程的调整步骤如下：

(a)使 $\Delta p = \Delta p_{\min}$(下限值)，调整调零电位器，直到变送器输出为 4 mA；

(b)使 $\Delta p = \Delta p_{\max}$，调整量程电位器，直到变送器输出为 20 mA；

(c)重复步骤(a)和(b)，直到 $\Delta p_{\min} \sim \Delta p_{\max}$ 测量范围与 4～20 mA 标准输出相对应。

(3)线性调整和阻尼调整

除零点和量程调整外，放大器板的焊接面还有一个线性调整电位器和阻尼调整电位器。线性调整电位器已在出厂调到了最佳状态，一般不在现场调整。阻尼调整电位器用来抑制由被测压力的高频变化而引起的输出快速波动。其时间常数在 0.25(正常值)和 1.678 之间，出厂时，阻尼器调整到逆时针极限的位置上，时间常数为 0.25。最好选择最短的时间常数，时间常数调节不影响变送器的零点和量程，可在现场进行阻尼调整。

任务三　调节器的使用与调整

【任务目标】

1. 掌握机舱常用调节规律及特点；
2. 认识典型调节器的结构、工作原理；
3. 掌握气动、电动、数字 PID 调节器的使用及参数调整；
4. 了解调节器参数的工程整定方法。

在反馈控制系统中，调节器就对控制系统的动态过程品质起着决定性的影响。调节器的输入是被控量的偏差值 $e(t)$，调节器的输出是控制量 $p(t)$，用于改变执行机构的位置（如调节阀的开度），最终作用于控制对象。调节器的作用规律是指输出量 $p(t)$ 与输入量 $e(t)$ 之间的函数关系，即 $p(t)=f(e(t))$，也就是说给调节器施加一个输入信号后，其输出量按何种方式进行变化。根据调节器输出的变化方向，调节器有两种类型：一种是随着测量值的增加，调节器的输出也增加，称为正作用式调节器；另一种是随着测量值的增加，调节器的输出减小，称为反作用式调节器。

在船舶机舱中常用的调节器作用规律有五种：

- 双位作用规律；
- 比例（P）作用规律；
- 比例积分（PI）作用规律；
- 比例微分（PD）作用规律；
- 比例积分微分（PID）作用规律。

这些作用规律中，除了双位作用规律之外，都还有作用强度的问题，例如比例带（或比例系数）的大小衡量着比例作用的强弱，积分时间的大小反映积分作用的强弱，微分时间的大小微分反映微分作用的强弱。

一、位式调节器

双位式作用规律的特点是，对应被控量的高限和低限，调节器只有两个输出状态（逻辑 0 和逻辑 1），如图 1－3－1 所示。这种作用规律只能使被控量在上限值和下限值之间上下波动，无法稳定在某一个值上。当被控量下降到下限值时，调节器的输出通过执行机构使被控量上升，到达上限值时，调节器的输出状态改变，被控量下降，如此周而复始。当被控量在上、下限之间变化时，调节器输出状态不变。

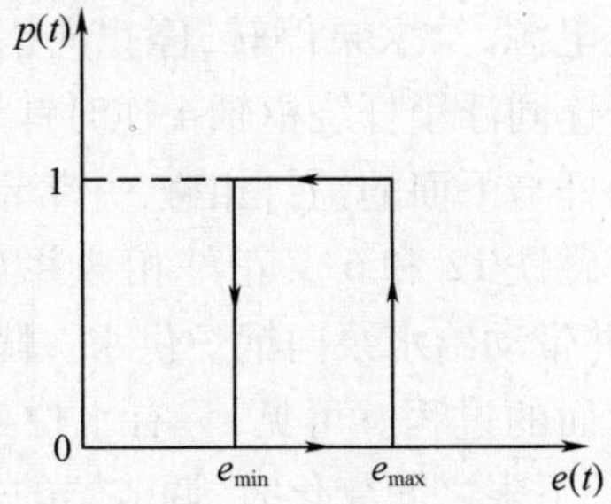

图 1－3－1　双位作用规律示意图

双位控制广泛应用于允许被控量在一定范围内波动的控制系统中，例如各种液位、压力和温度等的双位控制。下面以浮子式水位双位控制系统和双位式压力调节器为例加以说明。

1. 浮子式水位双位控制系统

在机舱中，热水井的水位控制、主机日用燃油柜的液位控制以及小型辅锅炉的水位自动控制等都可以使用浮子式液位双位控制。图1-3-2所示为采用浮子对辅锅炉水位进行双位控制的原理图。

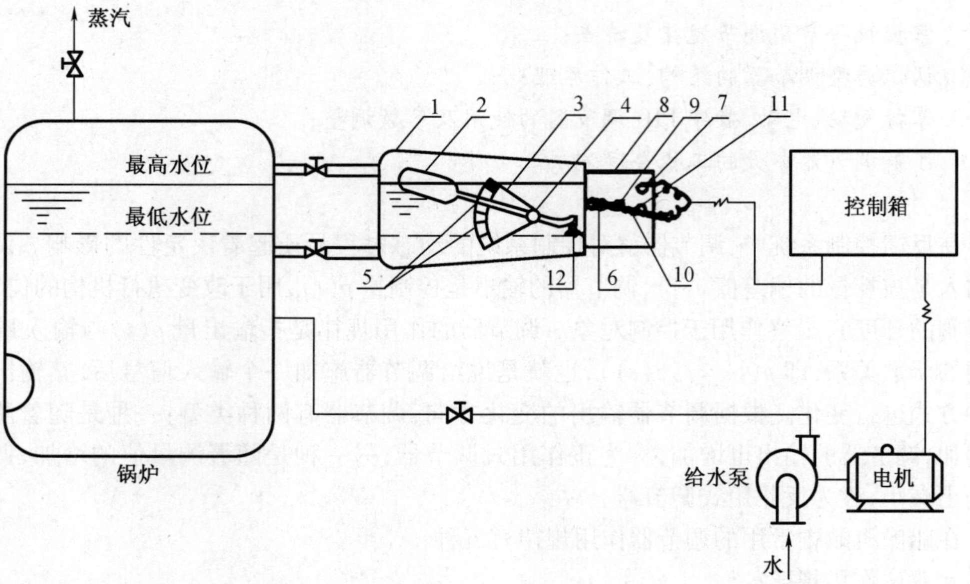

图1-3-2　浮子式辅锅炉水位双位调节器原理图

1—浮子室；2—浮子；3—调节板；4—枢轴；5—上、下限销钉；6，12—同极性永久磁铁；
7—静触点；8—开关箱；9—转轴；10—转杆；11—动触点

在锅炉外面的浮子室有汽管和水管分别与锅炉的汽空间和水空间相通，故浮子室内水位与锅炉水位一致。浮子与水位同步变化，浮子杆绕枢轴4转动，通过上、下限销钉5带动扇形调节板3绕枢轴4转动，调节板右边的永久磁铁12也跟着转动。当水位上升至接近上限值时，浮子杆与上面的销钉相接触，并带动扇形调节板3和磁铁12绕枢轴4顺时针转动，当磁铁12转至与它同极性的永久磁铁6相同高度时，由于同极性互相排斥（使用磁体的斥力更加稳定，退化较少），永久磁铁6立即被向上弹开，动触头11立即与静触头7断开，切断电机电源，给水泵停转，停止向锅炉供水。随着外界负荷不断消耗蒸汽，水位会不断降低，浮子连同浮子杆绕枢轴4逆时针转动，但调节板暂时不动。当水位下降到接近下限水位时，浮子杆与下面的销钉相碰，并带动调节板一起转动。当水位下降到下限值时，两同极性的永久磁铁12和6又正好相遇并互相排斥，动触头11立即与静触头7相接触，接通电机电源，并带动给水泵向锅炉供水。随着水位的上升，浮子连同浮子杆绕枢轴4顺时针转动，重复前面的过程。可见，只有水位处在上、下限值时，调节器的输出状态才发生改变，而水位在上、下限之间变化时，调节器的输出状态不变，例如水位从上限值下降时，电机保持断电，水位从下限值上升时，电机保持通电。

在调节板上对应浮子杆的上、下限位置各有三个销钉孔，调整上、下销钉5的位置，可调整水位的上、下限值，上限销钉上移使上限水位设定值增高，下销钉下移使下限值降低；但如果把上、下销钉之间的距离调整得太小，虽然可以减小水位的波动范围，但将导致电机启停频繁，这是不利的。

2. 双位式压力调节器

双位式压力调节器也叫压力开关。压力开关的种类较多，原理也不尽相同，但其主要的外在功能都是一样的，即根据测量压力的上限值和下限值输出不同的开关量信号，用于船舶辅锅炉的蒸汽压力和日用海、淡水压力等的双位控制。

下面以 YT－1226 型压力调节器为例加以说明。

图 1－3－3 画出了 YT－1226 型压力调节器的结构原理图。被测量的压力信号 p 接至测量室，通过波纹管转换为力信号作用于比较杠杆，产生测量力矩。此外杠杆上还作用着由给定值弹簧产生的给定力矩和由幅差弹簧产生的幅差力矩。

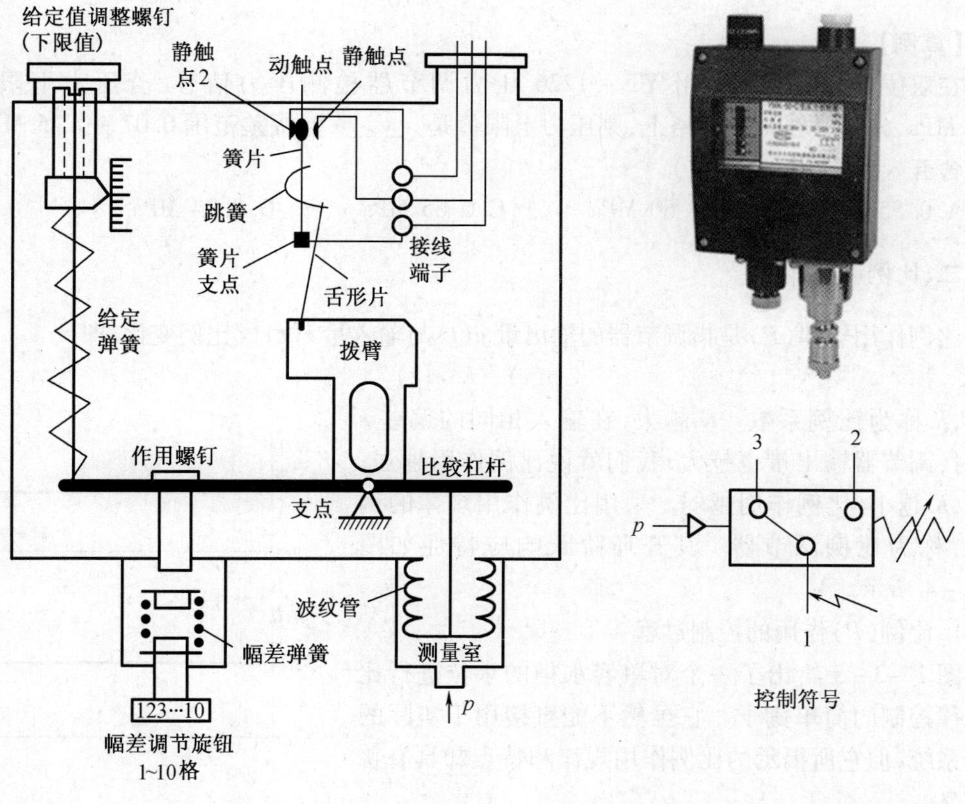

图 1－3－3　YT－1226 型压力调节器结构原理图

当输入信号 p 处在压力的下限值时，比较杠杆处于水平位置。这时动触点离开静触点 1，闭合于静触点 2。此时，作用螺钉与幅差弹簧盘之间存在一定的间隙，幅差弹簧对杠杆不起作用。当 p 增大时，杠杆绕支点逆时针转动，通过拨臂使舌簧的下边框左移，通过舌簧舌片使跳簧压缩，贮存弹性能。同时，作用螺钉与幅差弹簧盘的间隙逐渐消失，当杠杆继续转动时，不仅要克服给定力矩，还要克服幅差力矩。当杠杆转过某个角度，即被测量压力 p 达到上限值时，舌簧舌片正好与舌簧簧片处在同一平面，跳簧释放能量，迅速把舌簧簧片弹开，使动触点离开静触点 2 而与静触点 1 闭合。当压力 p 降低时，杠杆绕支点顺时针转动，当杠杆回到水平位置时，舌簧舌片又与舌簧簧片处在同一平面，跳簧再次把舌簧弹开，使动触点离开静触点 1,合到静触点 2。当压力 p 在上限值和下限值之间变化时,跳簧保持原状态不变,即调节器的输出状态不变。

给定弹簧调整的是压力开关的下限值,用 p_L 表示,幅差调整旋钮用于调整幅差 Δp,压力开关的上限值 p_H 等于下限值 p_L 加上幅差 Δp,即 $p_H = p_L + \Delta p$。因此,压力开关的上限值是通过调整幅差来设定的。

YT－1226 型压力开关给定指针的指示范围是 $p_L = 0 \sim 0.2$ MPa,幅差调整旋钮上标记有 10 个格的刻度挡,对应的幅差范围为 $\Delta p = 0.07 \sim 0.25$ MPa。幅差调整旋钮所调的格数可根据公式进行估算,x 为格数。但由于刻度精度比较低,在实际使用时应该进行试验测定或现场调整。

$$\Delta p = p_H - p_L = \frac{0.07 + (0.25 - 0.07)}{10x}$$

【算例】

在双位控制系统中,用 YT－1226 压力调节器检测压力信号,若压力下限调在 0.45 MPa,幅差旋钮调在 7 格上,则压力上限值是________(幅差范围 0.07 ~ 0.25 MPa,允许四舍五入保留小数点 2 位)。

A. 0.55 MPa　　B. 0.60 MPa　　C. 0.65 MPa　　D. 0.74 MPa

二、比例调节器

比例作用规律(P)是指调节器的输出量 $p(t)$ 与输入量 $e(t)$ 成比例变化,即

$$p(t) = K \cdot e(t)$$

其中,K 称为比例系数。K 越大,在输入相同的偏差 $e(t)$ 时,调节器输出量也越大,我们就说比例作用越强;反之,K 越小,比例作用越弱。采用比例作用规律的调节器,称为比例调节器。其开环阶跃响应特性如图 1－3－4 所示。

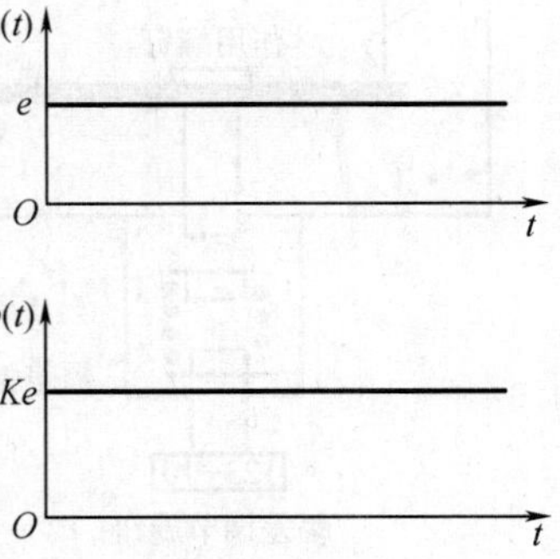

图 1－3－4　比例作用开环阶跃特性图

1. 比例(P)作用的控制过程

图 1－3－5 给出了一个对单容水柜的水位进行比例规律控制的简单例子。它虽然不能直接用于实际的控制系统,但它所揭示的比例作用规律和特点却具有普遍意义。

在图中,h 是被控量,其给定值为 h_0。稳定时给水流量 Q_i 与出水流量 Q_o 相等,水位稳定在 h_0 上,偏差 $e(t) = 0$。此时,水柜的出水流量 Q_o 对应水柜的额定负荷,其调节阀开度 $p(t)$ 为全开的一半左右。

假设突然开大出水阀,出水流量阶跃增大(即增大水柜的负荷)。由于给水流量 Q_i 暂时未变,水位会连同浮子和浮子杆一起下移,带动杠杆绕支点顺时针转动,开大给水调节阀,增加对水柜的给水流量 Q_i,直到 $Q_i = Q_o$ 为止,水位才会稳定在比给定水位 h_0 略低的值上。相反,若突然关小出水阀,出水流量阶跃减少(即减少水柜的负荷),水位连同浮子和浮子杆一起上移,通过杠杆作用使调节阀关小,减少给水流量 Q_i,直到 $Q_i = Q_o$ 为止,水位又会稳定在比给定值 h_0 略高的值上。当对水柜施加扰动(出水阀开度变化)后,水位的实际值(浮子

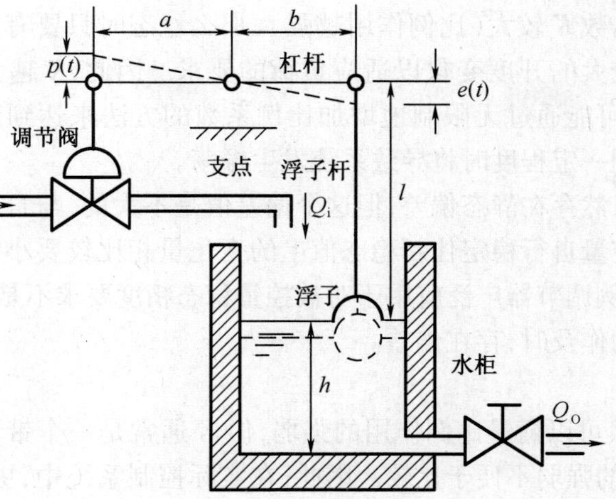

图 1-3-5　水位比例调节系统实例图

的位置）h 偏离给定水位 h_0 的数值就是偏差值 e。

在上述水位控制系统中，控制对象为水柜，杠杆起到调节器的作用，浮子是测量单元，而给水调节阀就是执行机构，被控量是水位高度向，被控量的设定值实际上就是浮子杆的长度 l。

由控制关系可得 $p(t)$ 与 $e(t)$ 有：

$$p(t) = \frac{a}{b} \cdot e(t) = K \cdot e(t)$$

式中，$K = a/b$，是比例调节器放大倍数。改变杠杆长度比 a/b，可改变 K 值。左移可调支点，a 减小，b 增大，则 K 减小；反之，则 K 增大。K 是衡量比例作用强弱的参数，K 若大，系统出现一个较小的偏差 $e(t)$，调节器（本例中是杠杆）就能使调节阀开度 $P(t)$ 有一个较大的变化，给水流量的变化量也比较大，克服扰动的能力强，其比例作用强；K 若小，被控量出现较大偏差 $e(t)$ 时，调节器指挥调节阀开度变化不大，克服扰动的能力弱，比例作用就弱。

比例作用规律的优点是，调节阀的开度能较及时地反映控制对象负荷的大小。负荷变化大，偏差 $e(t)$ 就大，调节阀开度能够及时地成比例变化，对被控量控制比较及时。正因为如此，比例调节器的使用比较广泛，它也是其他作用规律（位式作用除外）的基础。但是，比例作用规律存在的缺点也是明显的。当控制对象受到扰动后，在比例调节器的控制作用下，被控量不能完全回到给定值上，只能恢复到给定值附近。被控量的稳态值与给定值之间必定存在一个较小的静态偏差，这是比例作用存在的固有的、不可克服的缺点。

比例作用之所以存在静态偏差是由于调节器的输出与输入之间存在一一对应的硬性关系，从 $P(t)$ 与 $e(t)$ 的关系式可以清楚地看出，调节器的输出变化将依赖于偏差的存在而存在。结合系统的工作过程，也不难理解这一点。设想在初始平衡状态下突然开大出水阀时，由于 $Q_i < Q_o$，水位下降，导致出现偏差 $e(t)$，在调节器的作用下，给水阀开度增大，给水流量 Q_i 增大，限制了水位的降低行，使水位逐渐向给定值靠近，直至 $Q_i = Q_o$ 为止，此时的水位必然要比原来略有降低。假如水位又回到了原来的设定值，那么偏差将不再存在，调节器又回到原来的输出，给水阀的开度又将回到原来的开度，最终又将导致 $Q_i < Q_o$ 系统无法

平衡。

如果比例放大倍数 K 较大(比例作用越强),那么稳态时只要有一个较小的静态偏差,调节阀就会有一个较大的开度变化以适应负荷的要求。因此,K 越大,稳态时静态偏差越小;反之亦然。但不可能通过无限制地增加比例系数的方法来达到消除静态偏差的目的,而且当比例系数大到一定程度时将导致系统发生振荡。

比例控制系统虽然存在静态偏差,但这个偏差值是不大的,与自平衡对象受到扰动后,靠自平衡能力使被控量自行稳定住新稳态值上的变化量相比较要小得多,动态过程进行也要快得多。因此,比例调节器广泛应用于对被控量稳态精度要求不是很高的场合。

比例的特点是动作及时,存在偏差。

2. 比例带 PB

比例系数 K 虽然可以衡量比例作用的强弱,但 K 通常是一个带量纲的量,不同控制系统之间,其比例作用的强弱不便于比较。因此,在实际控制系统中,更多地采用一个无量纲的参数来衡量比例作用强弱,这个无量纲的参数就是比例带 PB,有时也叫比例度 δ。

比例带 PB(或比例度),是指调节器的相对输入量与相对输出量之比的百分数,即

$$PB=\frac{e/(X_{\max}-X_{\min})}{P/(P_{\max}-P_{\min})}\times 100\%=\frac{e}{P}\times\left(\frac{P_{\max}-P_{\min}}{X_{\max}-X_{\min}}\right)\times 100\%=\frac{R}{K}\times 100\%$$

式中,e 是被控量的变化量(偏差值),X_{imax} 是被控量允许变化的最大范围,叫全量程。被控量的变化量与全量程的比值 e/X_{imax} 是调节器的相对输入量;P 是调节器的输出量,X_{omax} 是输出量的最大变化范围,P/X_{omax} 是调节器的相对输出量;$R=X_{\text{imax}}/X_{\text{omax}}$ 称为量程系数,在单元组合仪表中,$R=1$。这样,$PB=1/K\times 100\%$。比例带 PB 与放大系数成反比。

在学习中,一般将量程、被控量、偏差 e 理解为输入量,行程、开度视为输出量。

比例带 PB 的物理意义,即假定调节器指挥执行机构变化了全行程(例如调节阀从全关到全开或从全开到全关),需要被控量的变化量占其全量程的百分数就是比例带。例如 $PB=100\%$,说明被控量变化全量程的 100%,调节器将指挥执行机构变化全行程的 100%。若 $PB=50\%$,说明只需被控量变化全量程的一半,调节器就能使调节阀开度变化全行程。若 $PB=200\%$,则说明被控量变化了全量程,调节器的开度只变化了全行程的一半。

比例带 PB 越小,比例作用就越强,在被控量偏差占全量程百分数相同的情况下,调节器的输出变化也越大,克服扰动能力越强;比例带 PB 越大,比例作用越弱。

比例带是比例作用规律的重要参数,当组成控制系统的控制对象确定以后,比例带 PB 的大小,对控制系统动态过程品质好坏起决定性的影响。若 PB 选得太大,比例作用很弱,最大动态偏差值 $e_{\max}$ 大,动态过程虽然很稳定,没有波动,但过渡过程时间 t_s 或许会拖得很长,稳态时静态偏差 ε 也比较大;若 PB 选得太小,系统的稳定性差,比例作用很强,稍微出现一点偏差就会使机构的动作大幅变化,容易造成被控量的大起大落,同时,也会加长过渡过程时间 t_s。对一个实际控制系统来说,要根据控制对象的特性,调节合理的 PB 值,以保证一个控制系统具有最佳的动态过程。

在应用中,如温度、黏度等控制系统,控制对象惯性大,可使比例带 PB 小一点,可选定 $PB\approx 50\%$;反之,如液位控制系统,惯性小,比例带可适当选定大一点,可选定 PB 为 70% ~ 80%。在调节器上都设有比例带调整旋钮,用来设定比例带,一般可调范围在 5% ~ 300% 之间。

3. 气动比例调节器

图1-3-6所示为一个反作用式气动比例调节器，即随着测量值的增加，调节器的输出不断减小。调节器由杠杆、测量波纹管、反馈波纹管、给定弹簧、喷嘴挡板机构和气动放大器组成。其中，测量波纹管的输入来自测量单元输出的标准压力信号，其压力大小反映被控量的实际值。气动放大器的输出一方面作为调节器的输出送到气动执行机构，另一方面作为反馈信号送到反馈波纹管。杠杆主要受到来自测量波纹管的测量力矩 $M_{测}$、来自反馈波纹管的反馈力矩 $M_{反}$ 和来自给定弹簧的给定力矩 $M_{给}$，在初始平衡状态下，这三个力矩达到平衡，$M_{给}=M_{反}+M_{测}$，杠杆平衡，喷嘴与挡板之间的距离保持不变，调节器的输出不变。

假设测量值发生一个阶跃变化，例如阶跃地减小某个值，则由于 $M_{测}$ 减小，杠杆失去平衡，将顺时针转动，喷嘴靠近挡板，使得喷嘴背压增加，经过放大器放大之后，调节器的输出也增加。这个增大的输出值一方面作为调节器的输出；另一方面送至反馈波纹前，使得 $M_{反}$ 增加，阻止挡板继续靠近喷嘴。当重新满足 $M_{给}=M_{反}+M_{测}$ 时，杠杆又恢复到新的平衡，调节器输出不再变化。

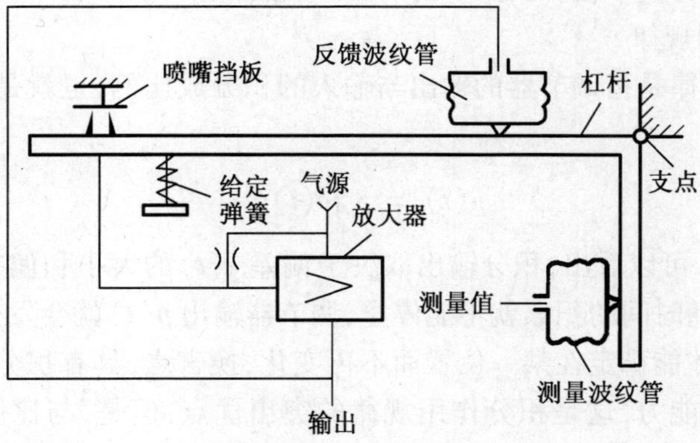

图1-3-6　气动比例调节器(反作用)示意图

设测量值的变化为 $\Delta p_{测}$，调节器的输出变化为 $\Delta p_{出}$，由于给定值没有变化，即给定力矩的变化为零，根据杠杆的平衡原理，有

$$\Delta p_{测}\cdot F_{测}\cdot l_2+\Delta p_{出}\cdot F_{反}\cdot l_3=0$$

式中，$F_{测}$ 和 $F_{反}$ 分别为测量波纹管和反馈波纹管的截面积；l_2 和 l_3 分别为测量力臂和反馈力臂的长度。因此

$$\Delta p_{出}=-\frac{\Delta p_{测}\cdot F_{测}\cdot l_2}{F_{反}\cdot l_3}\cdot K\cdot\Delta p_{测}$$

上式表明，调节器的输出变化和输入变化是成比例的，其中比例系数为

$$K=-\frac{F_{测}\cdot l_2}{F_{反}\cdot l_3}$$

由于测量波纹管和反馈波纹管的截面积通常是相等的，而测量力臂 l_2 是固定不变的，因此，移动反馈波纹管的位置，即改变反馈力臂的长度 l_3，可以调整比例调节器的比例系数 K，或者说调整其比例带 PB。比例系数 K 为负值，表明这是一个反作用式调节器。

在调节器的工作过程中，实际上喷嘴气流产生的反作用力矩和杠杆偏转过程中各个弹性部件产生的变形力矩等，由于附加力矩很小，这些附加力矩可以忽略不计，因此在上述的分析过程中对这些附加力矩未予考虑。

以上对比例调节器工作原理的分析表明,比例作用是通过将输出进行直接负反馈实现的,负反馈的强度决定着调节器的比例带。在调节器的实物上一般设有一个比例带调整旋钮,通过比例带旋钮可以左右移动反馈波纹管的位置,即调整反馈力臂 l_3 的长度。左移反馈波纹管,l_3 增长,负反馈增强,K 减小,PB 增大,比例作用减弱;反之亦然。

应当注意的是,当调节器接入到实际的控制系统中时,测量值一般是不会发生阶跃变化的,而调节器的输出也将送至执行机构,作用于被控对象,形成闭环系统。此时,在调节器的控制作用下,被控量的测量值将朝着偏差减小的方向变化。但无论如何,测量值也不可能恢复到和原来相等,因为假如测量值恢复到原来的大小,则杠杆的位置、喷嘴与挡板的距离以及调节器的输出都将复原,无法适应新的工况下物质或能量的平衡。

三、比例积分调节器

比例积分作用规律,是指调节器的输出量随输入量成比例积分变化。采用这种作用规律的调节器叫比例积分调节器,简称 PI 调节器。显然,在 PI 调节器中,含有积分作用。

1. 积分(Ⅰ)作用规律

所谓积分作用规律是指调节器的输出与输入的积分成比例,也就是说调节器是一个积分单元,即

$$p(t) = S_i\int e(t)\,dt$$

其中,S_i 是积分系数。可以看出,积分输出取决于偏差 $e(t)$ 的大小和偏差存在时间的长短,只要存在偏差,偏差随时间的积累就不能停止,调节器输出 $p(t)$ 就会发生变化,直到偏差等于零为止,执行机构才能稳定在某一位置而不再变化,换言之,具有积分作用规律的调节器具有消除静态偏差的能力,这是积分作用规律的突出优点,但是,与比例作用规律相比较,积分作用规律对被控量的控制显得不及时。在比例作用规律中,调节器输出的变化和偏差是同步的,或者说是及时的,而在积分作用规律中,即使偏差很大,在刚开始的时候,由于时间很短,调节器的输出也很小,只有随着偏差存在的时间不断增长,积分作用的输出才越来越大,导致调节器对被控量的控制不及时。在偏差减小时,这种控制不及时表现为不能及时减小执行机构的动作幅度,从而导致调节过头,造成被控量的大起大落,降低了控制系统的稳定性。

图 1－3－7 示意性地画出了控制系统在相同扰动情况下,采用比例调节器和积分调节器的控制系统动态过程曲线。图中曲线 b 是积分控制过程,曲线 a 为比例控制过程。在出现偏差的初期,由于积分作用控制很不及时,所以最大动态偏差 e_{max} 较大。后期由于积分作用越来越强,调节过头,造成被控量振荡,系统稳定性降低。正因为积分作用存在这些缺点,在实际控制系统中,极少采用纯积分作用的调节器,而是将积分作用与比例作用相结合,形成比例积分作用规律的调节器,即 PI 调节器。

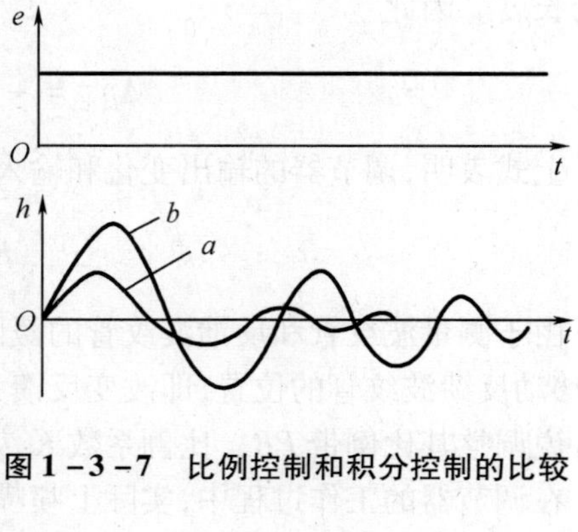

图 1－3－7 比例控制和积分控制的比较

2. 比例积分(PI)作用规律

比例积分作用是指在比例作用的基础上加入积分作用而得到的一种作用规律,即

$$p(t) = Ke(t) + S_i\int e(t)\,dt = K\left[e(t) + \frac{1}{T_i}\int e(t)\,dt\right]$$

其中,K 是 PI 调节器的比例系数;$T_i = K/S_i$ 称为积分时间。

在 PI 调节器中,比例作用能使调节器的输出及时响应偏差的变化,起着主导作用,而积分作用是辅助的,只是用它来消除静态偏差。

衡量比例积分作用强弱的参数就有两个,即比例系数 K 和积分时间 T_i。其中,比例系数 K 是衡量比例作用强弱的参数,而在实际控制系统中,一般是用比例带来衡量比例作用的弱强,比例带的大小对比例作用强弱的影响及比例带的物理意义与比例作用规律相同。积分时间 T_i 是衡量积分作用强弱的参数,它具有时间的量纲(秒或分)。从比例积分作用规律表达式可以看出,若 T_i 小,则积分输出部分大,即积分作用强;反之,若 T_i 大,则积分输出部分小,积分作用弱。

假定给比例积分调节器施加一个阶跃的输入偏差信号,其阶跃量为常数 e(在实际系统中,偏差信号一般不会阶跃变化,但在开环实验中,人为地给 PI 调节器施加一个阶跃的输入信号很容易做到),则

$$p(t) = K\left(e + \frac{1}{T_i}\int e(t)\,dt\right) = K\left(e + \frac{t}{T_i}e\right) = Ke\left(1 + \frac{t}{T_i}\right)$$

其中,第一项为比例输出,在阶跃输入瞬间,比例作用把输入量 e 放大到 K 倍得阶跃输出 Ke。由于此时时间 $t=0$,故没有积分输出;第二项 Ket/T_i 是积分输出,它与时间 t 保持线性关系。比例积分作用规律的开环阶跃输出特性曲线,如图 1-3-8 所示。

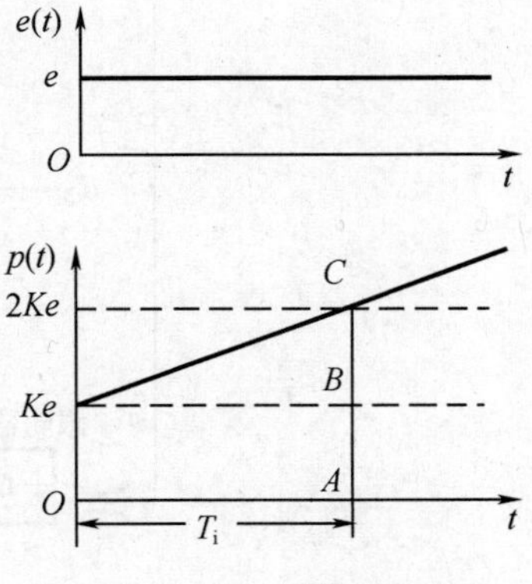

图 1-3-8　比例积分调节器开环阶跃输出特性图

从图 1-3-8 可见,在输入阶跃偏差信号的瞬间($t=0$),先有一个阶跃的比例输出 Ke。此时不论偏差多大,其积分输出为零,以后随着时间的增长,积分呈线性关系输出。当时间进行到 $t = T_i$ 时,$p(t) = 2Ke$,即调节器的积分输出部分等于比例输出($BC = AB$)。

PI 调节器中积分时间 T_i 的物理意义为:积分时间 T_i,是在给 PI 调节器输入一个阶跃的偏差信号时,其积分输出达到比例输出所需的时间。在工程上,标定或测定调节器积分时间时,一般规定在比例带为 100% 的条件下进行。

在整定 T_i 值时,T_i 值整定得太小,积分作用太强,将导致系统的稳定性变差。如果 T_i 值不能进行准确的整定,那么选取 T_i 时,宁大勿小。因为 T_i 值偏大时,尽管积分作用偏弱,但只会使消除静态偏差的时间稍长而别无它害。积分时间正的整定范围一般在 3 s～20 min 之内。控制对象惯性大的控制系统,选取 T_i 值要大一些。控制对象惯性小的控制系统,选取 T_i 值可以小一些。

在比例积分调节器中,如果把积分时间 T_i 设定到∞,则相当于切除积分作用,而成为纯比例调节器。若将积分切除而成为纯比例调节器,则应将比例带 PB 整定在一个恰当值,以获得控制系统满意的动态过程。若要加入积分作用(其 T_i 不是∞),则此时的比例带 PB 要

比纯比例作用时略大一些,以抵制由于积分作用的加入而产生的系统动态过程振荡倾向。比例积分调节器是在实际控制系统中应用最广泛的一种调节器。

3. 气动 PI 比例调节器

气动比例积分调节器是在气动比例调节器的基础上加上积分作用形成的,图 1-3-9 所示为一种典型的比例积分实现方法。它主要由测量波纹管 C、给定波纹管 G、正反馈波纹管 Z、负反馈波纹管 F、气动放大器、1∶1 跟随器、比例带调节阀 R_p、积分阀 R_i、积分气容、恒气阻 R、杠杆和喷嘴挡板机构等组成。其中,4 个波纹管的截面积相同,且以杠杆支点为中心布置成左右对称,即 $l_1=l_2$,$l_3=l_4$。测量波纹管的输入来自测量仪表送来的被控量测量输出,给定波纹管的输入来自给定值旋钮设定的给定压力。气源分别给放大器、喷嘴挡板机构和 1∶1 跟随器供气。当调节器处在平衡状态时,4 个波纹管作用到杠杆上的力矩相互平衡,杠杆静止不动,喷嘴和挡板的间距不变,调节器的输出保持不变。现假设测量压力阶跃增加,则杠杆失去平衡,顺时针偏转,挡板靠近喷嘴,喷嘴背压升高,经放大器放大后,调节器的输出也阶跃增大,这是一个正作用式调节器。

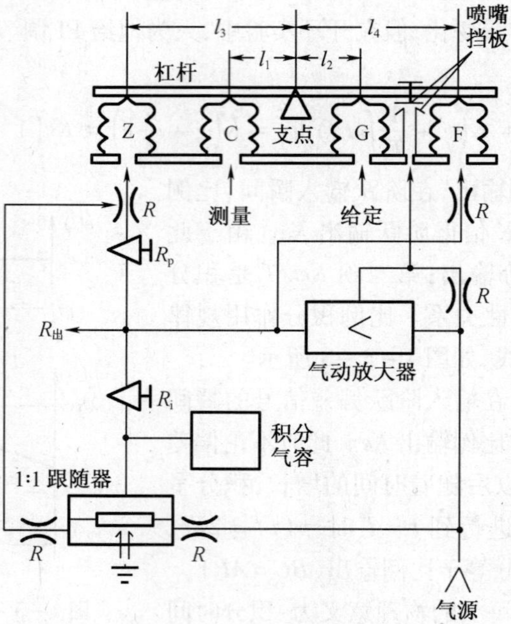

图 1-3-9 气动比例积分调节器原理图

增大后的输出气压信号分为 4 路:第一路作为调节器的输出送至执行机构;第二路通过恒气阻直接送到负反馈波纹管 F;第三路经过比例带调节阀 R_p,再经 R 送至正反馈波纹管 Z;第四路经积分阀 R_i 向积分气容充气,再经 1∶1 跟随器送至正反馈波纹管 Z,其中 1∶1 跟随器的输出总是随输入的变化而变化,在气路中起到抗干扰的作用。

在调节器输出增大的初始时刻,由于积分阀和积分气容组成的惯性环节,刚开始阶段,第四路产生的正反馈暂时不起作用。此时,由于 R_p 的存在,正反馈和负反馈的强度是不一样的,只要 R_p 不是全开,那么负反馈强度总是大于正反馈强度,因此其综合效果还是负反馈。这一综合负反馈阻止杠杆的顺时针偏转,即阻止挡板继续靠近喷嘴,调节器的输出 $p_出$ 暂时不再增大。显然,测量值增大得越多,即偏差越大,调节器输出的增大也越多,这是一个比例输出的过程。

比例带调节阀 R_p 用于调整综合负反馈的强度，即调整比例带的大小。

(1)关小 R_p(即开度减小，气阻增大)，正反馈减弱，综合负反馈增强，比例作用减弱，比例带 PB 增大。

(2)开大 R_p(气阻减小)，正反馈增强，综合负反馈减弱，比例作用增强，比例带 PB 减小。随着时间的增加，由 R_i 和积分气容组成的惯性环节输出将逐渐增大，通过 1∶1 跟随器送至正反馈波纹管，使得正反馈逐渐增强，综合负反馈逐渐减弱，调节器的输出将在比例输出的基础上继续增大，这就是积分输出过程。由此可见，在气路中，调节器的积分作用是通过惯性环节正反馈实现的。

积分阀 R_i 用于调整积分时间：

(1)关小 R_i(开度减小，气阻增大)，惯性环节的惯性增大，积分时间 T_i 增大，积分作用减弱；

(2)开大 R_i(气阻减小)，惯性环节的惯性减小，积分时间 T_i 减小，积分作用增强。

当调节器接入闭环系统时，在调节器的控制作用下，被控量的测量值将朝着偏差减小的方向变化，即测量值会不断靠近给定值。当系统达到平衡状态时，调节器的输出不再变化，此时杠杆处于平衡状态，即

$$p_Z F_Z l_3 + p_C F_C l_1 = p_G F_G l_2 + p_F F_F l_4$$

其中，p_Z、p_C、p_F 和 p_G 分别为正反馈波纹管、测量波纹管、负反馈波纹管和给定波纹管压力；F_Z，F_C，F_F 和 F_G 分别为正反馈波纹管、测量波纹管、负反馈波纹管和给定波纹管面积；l_1，l_2，l_3 和 l_4 为力臂。

根据气路的工作原理，当调节器的输出不再变化时，正、负反馈波纹管的压力将最终达到相等，即 $p_Z = p_F$。由于 $F_Z = F_C = F_F = F_G$，且 $l_1 = l_2$，$l_3 = l_4$，因此在闭环控制系统达到平衡状态时，必然有 $p_C = p_G$。换句话说，只要测量值 p_C 与给定值 p_G 之间存在偏差，调节器的控制作用就一直存在，直到 $p_C = p_G$ 为止。由此也可以说明比例积分调节器在实际中是如何消除静态偏差的。

四、比例微分调节器

尽管比例调节器的输出能够与偏差同步变化，对系统的控制比较及时，但当控制对象的惯性比较大时，在扰动出现的初期，被控量不可能在短时间内出现较大的偏差。而比例控制又是根据偏差大小来改变调节器输出的。因此，在这种情况下，比例控制作用就显得不够及时了。控制对象惯性越大，这种现象越严重。为了克服这种控制不及时的现象，需要在比例调节器的基础上增加微分作用。

1. 微分(D)作用规律

所谓微分作用规律是指调节器的内部采用了一个微分环节，其输出与偏差对时间的微分 $\mathrm{d}e(t)/\mathrm{d}t$，即偏差变化速度成比例，表达式为

$$p(t) = S_d \times \frac{\mathrm{d}e(t)}{\mathrm{d}t}$$

式中，S_d 为微分系数。显然，微分作用的输出与偏差的绝对值没有关系，因此能在偏差绝对值还很小时就根据其变化速度，提前输出一个控制量，及时抵御扰动。从这个意义上说，微分作用具有超前控制的能力，或者说微分作用有抵制偏差出现的能力。上述表达式表示的

是理想的微分作用,但这种理想的微分作用在实际中是难以实现的,因此,在调节器中微分作用都采用实际微分环节,其开环阶跃响应曲线如图 1-3-10 所示。

图 1-3-10 表明,给实际微分环节施加一个阶跃的偏差输入信号后,它先有一个较大的阶跃输出,起到超前控制作用,尽管偏差依然存在,但微分输出随即按指数规律逐渐减少,最后消失为零。因此,微分作用不能单独应用于调节器并构成控制系统,它只能与比例(P)作用或比例积分(PI)作用结合在一起,组成比例微分(PD)调节器或比例积分微分(PID)调节器。

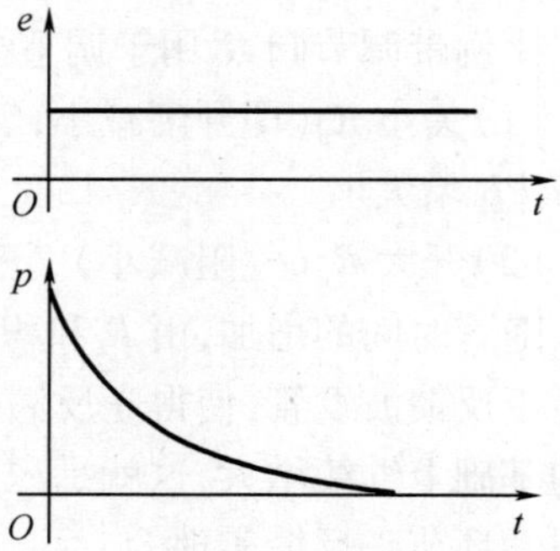

图 1-3-10 实际微分作用的输出特性图

2. 比例微分(PD)作用规律

比例微分作用是指在比例作用的基础上加入微分作用而得到的一种作用规律,即

$$p(t)=Ke(t)+S_d\frac{de(t)}{dt}=K\left[e(t)+T_d\frac{de(t)}{dt}\right]$$

式中,K 是比例微分作用规律中的比例系数,在实际调节器中,不是用 K 而是用 PB 来表示 PD 调节器比例作用的强弱,$T_d=S_d/K$,称为微分时间。

在比例微分作用规律中,比例作用是主要的,它决定调节器的最终输出变化量,微分作用只起超前控制的辅助作用。

上述 PD 作用规律表达式中的微分部分仍然只是理想的微分作用,在实际的 PD 调节器中采用的是实际的微分环节,PD 调节器的开环阶跃响应特性如图 1-3-11 所示。特性曲线表明给 PD 调节器施加一个阶跃的偏差输入信号后,它首先有一个阶跃的比例加微分的复合输出,然后微分输出逐渐消失,最后消失在比例输出上。微分时间 T_d 衡量微分输出消失的快慢,或微分输出保留的时间长短。若 T_d 大,说明微分作用消失得慢,则微分作用强;若 T_d 小,说明微分作用消失得快,则微分作用弱。因此,微分时间 T_d 的大小,是衡量微分作用强弱的参数。

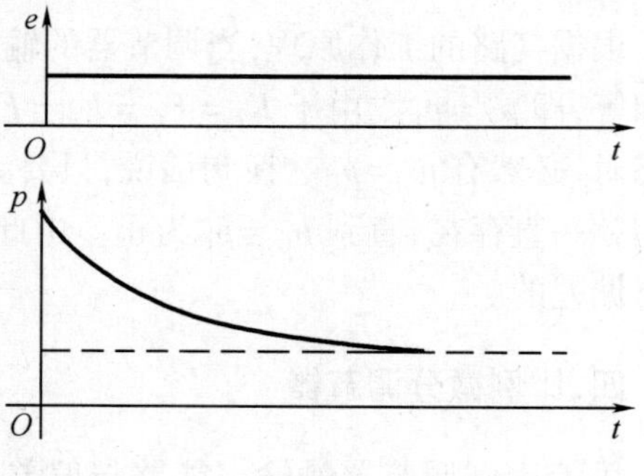

图 1-3-11 比例微分调节器输出特性图

在 PD 调节器上有两个旋钮,一个是比例带 PB 调整旋钮,另一个是微分时间 T_d 调整旋钮。如果把微分时间旋钮调整到 $T_d=0$,相当于切除微分作用,这时调节器就成为纯比例调节器。

一般来说,控制对象惯性很小的控制系统,其所采用的调节器可不加微分作用。而控制对象惯性大的控制系统,加入微分作用,可以有效地改善控制系统的动态过程。在 PD 调节器中,加进微分作用后,其比例带 PB 可比纯比例控制时略小些。因为微分作用能实现超前控制,具有抵制偏差出现的能力,尽管 PB 小一些,也能保证系统动态过程的稳定性,而且较小的 PB 有利于减小静态偏差。因为 PD 调节器与比例调节器一样,是不能消除静态偏差的。

3. 气动 PD 调节器

微分作用的特点是在输入变化的瞬间会有较大的输出，然后逐渐消失为零。它可以同比例（P）作用或同比例积分（PI）作用结合在一起形成比例微分（PD）或者比例积分微分（PID）调节器。图 1－3－12 所示为气动比例微分调节器的一种实现方法。

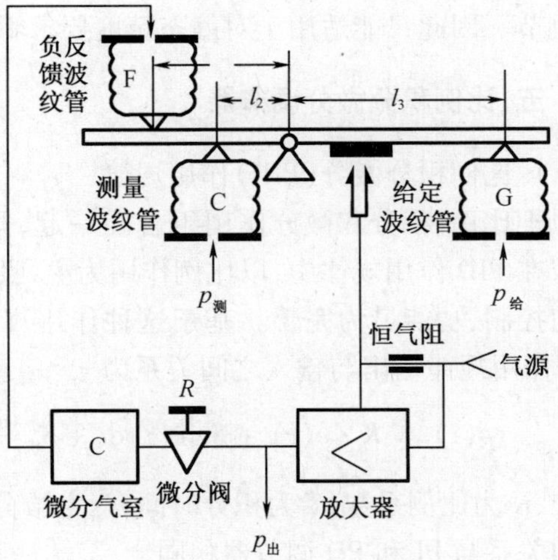

图 1－3－12　气动比例微分调节器原理图

假设在初始平衡状态下，测量值阶跃增加，则由于挡板靠近喷嘴，放大器的输出也阶跃增加。放大器的输出一路作为调节器的输出，另一路经过由微分阀 R 和微分气室 C 组成的惯性环节送到负反馈波纹管 F。由于惯性环节的滞后效应，开始时刻的负反馈强度较小，因此在测量值增大的瞬间，调节器的输出较大。随着惯性环节的输出按指数规律逐渐增强，负反馈也逐渐增强，调节器的输出将按指数规律逐渐减弱，最终负反馈波纹管的压力将稳定在与调节器输出相等的压力上，调节器输出也不再变化。此时

$$p_F F_F l_1 + p_G F_G l_3 = p_C F_C l_2$$

其中，p_F，p_G 和 p_C 分别为负反馈波纹管、给定波纹管和测量波纹管的压力；F_F，F_G 和 F_C 分别为负反馈波纹管、给定波纹管和测量波纹管的有效面积，且 $F_F = F_G = F_C$，l_1，l_2 和 l_3 为力臂。

若只考虑变化量，则

$$\Delta p_F F_F l_1 + \Delta p_G F_G l_3 = \Delta p_C F_C l_2$$

由于给定值没有变化，即 $\Delta p_C = 0$，因此

$$\Delta p_F = \frac{F_C l_2}{F_F l_1}\Delta p_C = \frac{l_2}{l_1}\Delta p_C$$

当给定值不变时，测量值的变化实际上就是偏差，即 $\Delta p_C = e$，而当负反馈回路的惯性过程结束时，负反馈波纹管的压力变化和调节器输出压力变化相等，即 $\Delta p_F = \Delta p_{出}$，因此有

$$\Delta p_{出} = \frac{l_2}{l_1} e$$

从以上分析可以看出，当测量值阶跃增大时，调节器的输出马上有一个较大的阶跃输出，随后输出逐渐减小，最终稳定在比例输出上面。调节器实现的是一个比例微分作用规律，其初始的阶跃输出包含比例和微分两部分，输出减小的过程就是微分消失的过程。微分消失的快慢取决于反馈回路中惯性环节的惯性大小，可由微分阀 R 进行调整。

R 开度越大，微分时间 T_d 越短，微分作用越弱，微分消失得越快；反之亦然。

当微分消失后，调节器的输出大小与偏差成比例，比例作用的强弱由负反馈波纹管的位置进行调整，左移负反馈波纹管，比例带 PB 增大，l_1 增大，负反馈增强，比例作用减弱；反之，PB 减小。

当调节器用于实际闭环控制系统时，外部扰动将引起测量值的变化，但一般不会是阶跃变化的。在调节器的控制作用下，被控量的测量值将朝着给定值方向变化。由于微分作

用的存在，调节器具有超前控制的作用，但由于没有积分作用，比例微分调节器不能实现无差调节。因此只能适用于对静态精度要求不高的场合。

五、比例积分微分调节器

1. 比例积分微分（PID）作用规律

把比例、积分和微分作用组合在一起，则构成比例积分微分作用规律，即 PID 作用规律。在 PID 作用规律中，以比例作用为主，吸收积分作用能消除静态偏差，微分作用能实现超前控制，功能最为完善。基于这种作用规律的调节器就叫作比例积分微分（PID）调节。PID 作用规律输出与输入之间关系为

$$p(t) = K \cdot e(t) + S_i \int e(t)\,\mathrm{d}t + S_d \frac{\mathrm{d}e(t)}{\mathrm{d}t} = Ke(t) + \frac{1}{T_i}\int e(t)\,\mathrm{d}t + T_d \frac{\mathrm{d}e(t)}{\mathrm{d}t}$$

式中，K 为比例系数；T_i 为积分时间；T_d 为微分时间。K，T_i 和 T_d 的大小与相应的作用强度之间的关系与 PI 和 PD 调节器相同。

PID 调节器的开环阶跃响应输出特性曲线，如图 1－3－13 所示。当对调节器施加一个阶跃的偏差输入信号后，它首先有一个较大的比例加微分的阶跃输出（$OA + AB$），然后微分输出逐渐消失。当微分输出消失到接近比例输出时，积分输出才不断地表现出来，使调节器输出不断增加。

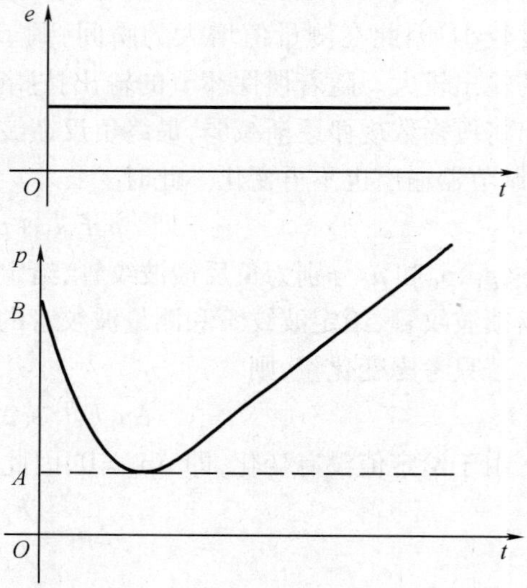

图 1－3－13　PID 调节器输出特性图

PID 调节器综合了比例、积分和微分三种作用规律，因此兼有比例作用控制及时、积分作用消除静差和微分作用超前控制的能力。传统的 PID 调节器都有三个旋钮，分别用于整定比例带 PB、积分时间 T_i 和微分时间 T_d 三个参数，只要把 PB，T_i 和 T_d 三个参数整定得合适，控制系统就能获得良好的动态过程品质。

在实际使用中，可根据具体的需要将 PID 调节器用作 P，PI，PD 和 PID 调节器。例如把积分时间整定为 $T_i \to \infty$ 。

PID 调节方法：

（1）把微分时间整定为 $T_d = 0$，则相当于切除积分和微分作用，成为纯比例作用调节器。

（2）在纯比例作用的基础上，打开积分作用，则成为 PI 调节器；若对被控量的稳态精度要求较高，则调节器中应加入积分作用。

（3）在纯比例作用的基础上，打开微分作用，则成为 PD 调节器；若控制系统中控制对象惯性较大，则调节器应加入微分作用。

（4）在纯比例作用的基础上，同时打开积分和微分作用，则成为 PID 调节器。若控制对象惯性较大且要求较高的静态指标，则应加入微分和积分作用。在 PID 调节作用下，往往把积分时间 T_i 整定得比微分时间 T_d 长，它们之间的关系大致为 $T_i = 4T_d \sim 5T_d$。加进微分作用后，原来整定的比例带 PB 和积分时间 t 都可以减小一点，这样既能减小最大动态偏差，保

证系统的稳定性，又能加快系统的反应速度，使过渡过程时间 t_s 进一步缩短。

机舱中的锅炉水位等液位控制系统中，不宜采用 PD 调节器或 PID 调节器。因为微分作用对干扰信号比较敏感，船舶的摇摆，微分作用会使给水调节阀的开度忽而全开或全关，造成水位的大起大落，不利于对水位的稳定控制。

2. 气动 PID 调节器

将以上介绍的比例(P)、积分(I)和微分(D)作用的实现方法在同一个调节器里进行适当组合便可以实现气动比例积分微分(PID)调节器。其组合形式主要有两类，一是将三种反馈并行地叠加在一起形成调节器内部的综合反馈，二是在 PI 调节器前串联一个微分器来实现。下面以船上比较常用的 NAKAKITA 气动 PID 调节器实例加以说明，该调节器源于能够实现黏度的温度程序控制和黏度定值控制的 NAKAKITA 黏度调节系统。

NAKAKITA 气动 PID 调节器，常用于船舶冷却水温度控制系统和燃油黏度控制系统，其三种作用规律通过内部综合反馈实现，其结构原理如图 1-3-14 所示。

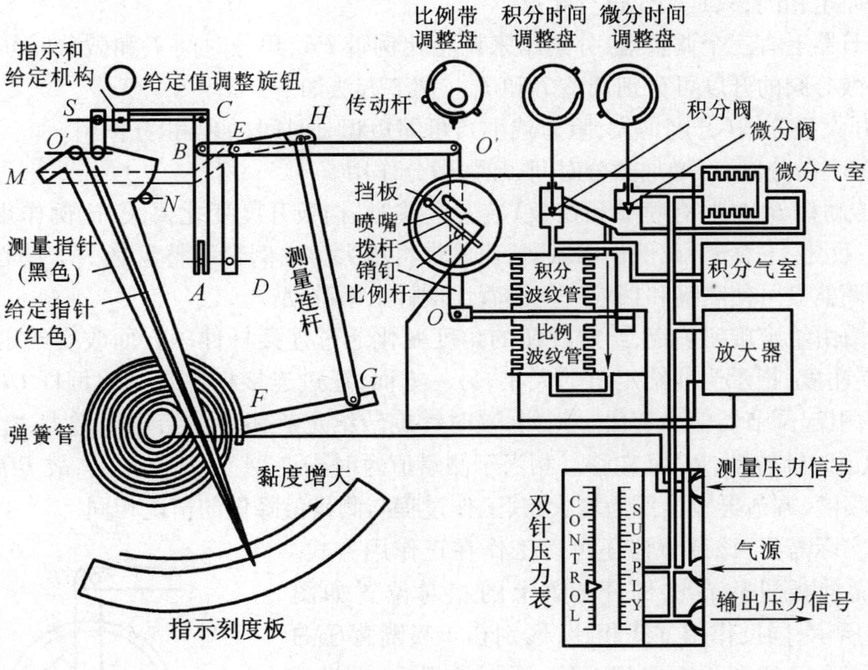

图 1-3-14　NAKAKITA 气动 PID 调节器结构原理图

NAKAKITA 气动 PID 调节器中，比较环节是通过位移平衡原理实现的。测量值被送至弹簧管，测量压力的大小决定着弹簧管的张度大小。弹簧管张度的变化通过连接杆件一方面改变测量指针(黑色)的偏转角度，指示当前测量值的大小；另一方面推动比例杆 OO' 绕 O 点左右偏转，通过销钉和拨杆改变挡板和喷嘴之间的距离，引起调节器输出变化；而调节器的输出变化将通过波纹管组合引起 OO' 杆的上下浮动，影响挡板和喷嘴之间的距离，实现位移反馈。这点与前面介绍的气动调节器中基于杠杆的力矩平衡原理不同。

在初始平衡状态下，被控量测量值与给定值相等，黑色的测量指针与红色的给定指针重合。喷嘴挡板之间的开度不变，调节器有一个稳定的输出值。此时比例波纹管、积分波纹管、积分气室及微分气室压力都相等，并等于调节器的输出压力。

当系统受到扰动时，测量值会离开给定值出现偏差。假设测量值降低，则弹簧管收缩，*FG* 杆带动 *GH* 下移，*HENM* 杆和 *HED* 杆将绕 *E* 轴顺时针转动。一方面 *MN* 杆左移使黑色测量指针朝测量值刻度减小的方向转动；另一方面，*D* 点左移使 *AC* 杆绕 *C* 点顺时针转动，传动杆 *BO′*左移，挡板靠近喷嘴，其背压增大，经放大器使调节器输出压力增大。可见，这是一个反作用式调节器。调节器输出压力增大的同时，将使微分气室中的弹性波纹管立即伸长，挤压微分气室使其压力略有增大（增大量受波纹管阻力作用减小）。这一增大的压力分为两路，一路直接送至比例波纹管，另一路经积分阀送至积分气室和积分波纹管。比例波纹管内部压力增大而略有伸长，阻止挡板继续靠近喷嘴，但这一负反馈很弱，挡板会大大靠近喷嘴，调节器的输出会大大增加，这就是调节器的微分输出。由于增大的调节器输出经微分阀不断向微分气室充气，负反馈逐渐增强，输出将逐渐减小，最后微分输出将消失在比例输出上。随着积分气室的不断充气，积分波纹管压力不断升高。这一附加的正反馈，又将使挡板靠近喷嘴，调节器输出增大，这就是调节器的积分输出过程。测量值增加的情况在原理上完全相同，只是动作过程相反。

在调节器上有三个调整盘，分别用来调整比例带 *PB*、积分时间 T_i 和微分时间 T_d，改变积分阀和微分阀的开度可分别调整 T_i 和 T_d。调节方法如下：

（1）开大积分阀（开度增大，阻力减小），可缩短积分时间，加强积分作用。

（2）关小微分阀，可增加微分时间，加强微分作用。

（3）传动杆 *BO′*（装有喷嘴和挡板）装置上移时，挡板开度变化要大，比例作用增强、比例带减小；反之，下移时，比例作用减弱，比例带将增大。比例带调整盘是一个偏心机构，转动比例带调整盘可使喷嘴和挡板一起沿着比例杆上下移动。

给定值由给定旋钮确定，给定旋钮的角度变化通过连接杆件一方面改变给定指针（红色）的偏转角度，指示当前给定值的大小；另一方面，通过连接杆件带动比例杆 *OO′*绕 *O* 点左右偏转，引起调节器输出变化。例如，顺时针旋转给定旋钮将使给定值增大，此时 *QS* 杆将绕 *Q* 轴逆时针转动，*RC* 杆左移。相当于测量值暂时未变，*A* 和 *D* 点不动，故 *BO′*杆左移，挡板靠近喷嘴，调节器输出压力增大，其工作过程与测量值降低的情况相同。

根据实际需要，该调节器还可以工作在正作用方式。此时，喷嘴挡板机构在比例杆 *OO′* 上的相对位置如图 1－3－15 所示。同反作用方式相比，区别在于喷嘴背压的变化将与测量值的变化方向相一致，而不是相反。例如，当测量值减小时，比例杆 *OO′*绕 *O* 点逆时针偏转，通过销钉和拨杆的作用将使挡板和喷嘴之间的距离增大，喷嘴背压减小，调节器的输出也减小。调节器的工作方式应该根据控制任务的需要来决定，例如当应用于燃油黏度控制系统时，一般应采用反作用方式。

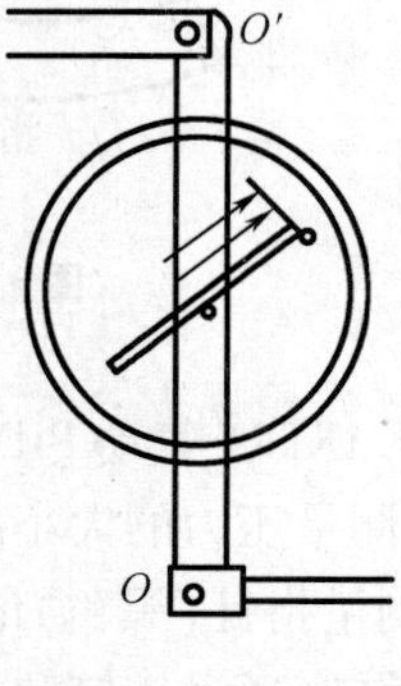

图 1－3－15　正作用式切换

3. 电动 PID 调节器

在船舶机舱中做成电路板的形式采用运算放大器来实现。图 1－3－16 中，U_i 为调节器的输入信号，即测量值电压与设定值电压相比较获得的偏差电压。U_o 为调节器的输出电压，一般要经过进一步处理之后才能送至执行机构。运算放大器 A_1，A_2 和 A_3 分别实现比例、比例积分和微分作用，A_4 起反相加法器的作用，并使调节器的输出 U_o 与输入 U_i 在符号上相一致。

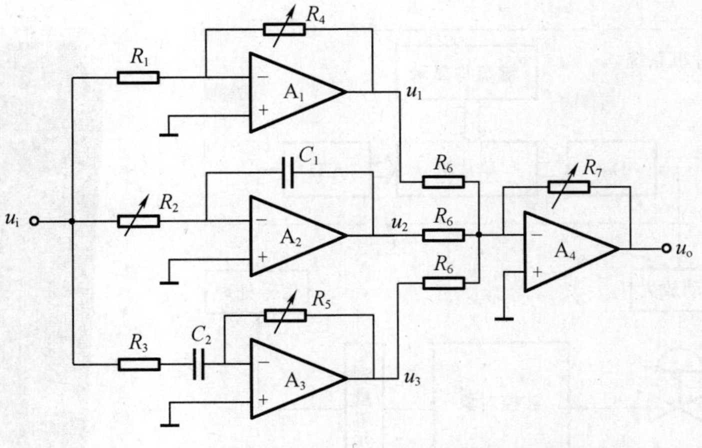

图 1－3－16　由运算放大器组成的 PID 调节器示意图

由于

$$U_1(s) = -\frac{R_4}{R_1}U_i(s)$$

$$U_2(s) = -\frac{1}{R_2C_1s}U_i(s)$$

$$U_3(s) = -\frac{R_5C_2s}{R_3C_2s+1}U_i(s)$$

因此

$$U_o(s) = \frac{R_7}{R_6}\left(\frac{R_4}{R_1}+\frac{1}{R_2C_1s}+\frac{R_5C_2s}{R_3C_2s+1}\right)U_i(s)$$

上式表明，调节器的输出在整体上对输入具有比例、积分和微分的作用。调整 R_4，R_2和R_5的阻值可以分别调整比例、积分和微分的作用强度。

在实际中，从电路设计的角度，往往还会加上一些抗干扰措施，例如在反馈信号回路中加入小电容抑制电路振荡，增加稳定性。

4. 数字 PID 调节器

除了气动和常规电动控制系统之外，船舶机舱中越来越多的参数控制系统都采用微型计算机进行控制。在计算机控制系统中，调节器的作用规律是采用软件编程来实现的，称为调节器作用规律的数字实现。

图 1－3－17 所示是一个数字 PID 温度调节器及数字式反馈控制系统结构框图，与气动或常规电动系统的最大区别是控制单元采用了单片机系统。被控对象输出的被控量由测量单元和信号处理电路转换成标准电压信号，再经过单片机系统的模/数（A/D）转换电路转换成数字量。设定值在单片机系统上通过键盘与显示装置进行数字设定。单片机将设定值与测量值比较获得偏差，调用控制算法程序计算出控制量，并由数/模（D/A）转换电路转换成模拟量输出，经放大后驱动执行机构动作，作用于被控对象，形成闭环控制。

计算机执行上述控制过程是每隔一定的周期（称为采样周期，用 T 表示）进行一次测量采样和控制量输出计算，称为采样控制。由于计算机只能根据采样时刻的偏差值计算控制量，因此控制规律中的积分项和微分项不能直接地进行准确计算，只能用数值计算的方法逼近。

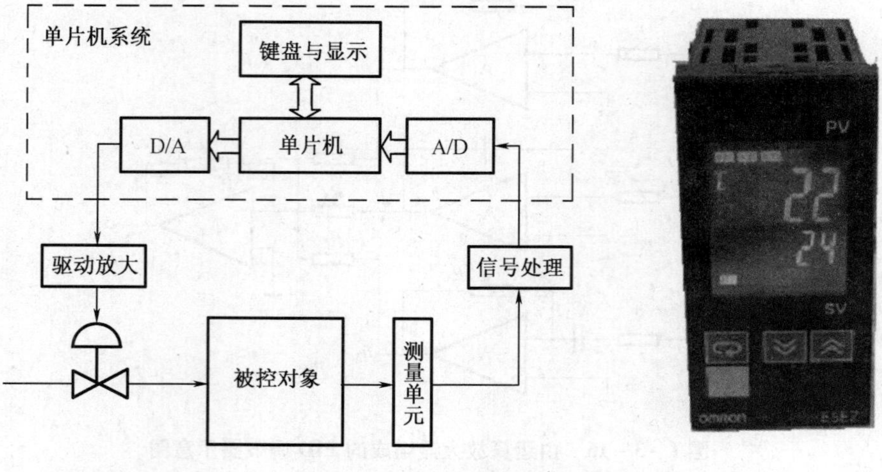

图 1-3-17　数字 PID 温度调节器及结构框图

在采样时刻 $t=kT$（T 为采样周期），调节器的 PID 控制规律可写成以下数值表示形式

$$u_k = K\left[e_k + \frac{T}{T_i}\sum_{j=0}^{k} e_j + \frac{T_d}{T}(e_k - e_{k-1})\right] + u_o$$

其中，u_k为 k 时刻的控制量输出；e_k为此时刻的偏差；T 为采样周期；K 为比例系数；T_i为积分时间；T_d为微分时间；u_o为控制器的初始输出。只要采样周期 T 选择合适，这种数值逼近所实现的控制过程与连续控制过程十分接近，称为“准连续控制”。

上式表示的控制量输出 u_k实际上代表的是执行机构的位置（例如阀门的开度），所以称为位置式 PID 控制算法。

若将 $T=kT$ 时刻的位置式控制量减去 $t=(k-1)T$ 时刻的位置式控制量

$$u_{k-1} = K\left[e_{k-1} + \frac{T}{T_i}\sum_{j=0}^{k-1} e_j + \frac{T_d}{T}(e_{k-1} - e_{k-2})\right]$$

则得到增量式 PID 控制算法

$$\Delta u_k = u_k - u_{k-1} = K\left[e_k - e_{k-1} + \frac{T}{T_i}e_k + \frac{T_d}{T}(e_k - 2e_{k-1} + e_{k-2})\right]$$

上式通常写成

$$\Delta u_k = d_0 e_k + d_1 d_{k-1} + d_2 d_{k-2}$$

其中

$$d_0 = K\left[1 + \frac{T}{T_i} + \frac{T_d}{T}\right],\ d_1 = -K\left(2 + \frac{T_d}{T}\right),\ d_2 = K\frac{T_d}{T}$$

综上可以看出，位置式 PID 算法需要保留当前时刻及其之前所有时刻的偏差值，而增量式 PID 算法则只需保留当前时刻及其之前两个时刻的偏差值。因此，增量式算法有利于简化编程和避免累计误差，在实际中应用更为广泛。CPU 除了执行键盘扫描、显示、数据处理和报警等程序模块之外，必须每隔一个固定的周期执行一次对测量值的采样程序和 PID 控制算法程序。

与常规的气动或电动系统相比，采用计算机控制的反馈控制系统具有更高的控制精度和丰富的附加功能，例如通过键盘（实际上往往只是几个功能按钮）操作，可以在显示器（通常为数码显示器或者液晶显示器）上方便地查看和修改被控量的设定值，查看和修改比例带、积分时间、微分时间和采样周期等调节器参数以及查看被控量的测量值。此外,通过软件编程,还易于实现调节器的参数自整定以及模糊控制和神经网络控制等智能控制算法。

六、调节器参数调整

在反馈控制系统中,一旦各个组成环节安装完成,并且测量单元和执行机构调试完毕,唯一可调的只有调节器参数。为了获得理想的控制效果,只能调整调节器的参数值,即调节器的比例带、积分时间和微分时间。因此,在对调节器进行更换或维修之后,或由于长期运行导致系统性能降低时,都需要对调节器的参数进行调整,确定能获得满意控制效果的调节器参数值。通常也把这种确定调节器参数值的过程称为自动控制系统的整定或调节器参数的整定。但调节器参数的整定也不是万能的,它必须以测量单元和执行机构的正常工作为前提。如果测量单元的量程不对、执行机构动作失灵或执行不到位,那么仅仅通过整定调节器的参数值也难以达到满意的效果。

调节器的参数整定方法有理论计算和工程整定两种。理论计算涉及控制系统的模型辨识问题,难度较大,不适宜在现场进行,因此,在实际中通常采用工程整定的方法。

1. 调节器参数对控制系统动态过程的影响

在反馈控制系统的控制方案已经确定,组成该控制系统的仪表已经安装并调校以后,为了能使控制系统符合动态过程品质指标的要求,唯一可改变的只有调节器整定的参数值,即调节器的比例带 PB、积分时间 T_i 和微分时间 T_d。因此,在控制系统安装好准备投入工作的时候,或该系统已经运行了一段时间,各台仪表性能有所降低的时候,都需要对调节器参数进行整定,以便确定或恢复为获得满意的控制效果的调节器的最佳参数值。但是,调节器参数的整定只能在一定范围内起作用。如果控制方案不合理,各种仪表的选型和安装不当,单台仪表没有调校好等,单靠调整调节器的参数值是不能达到控制系统动态品质指标要求的,因此不能片面强调调节器参数的整定。

前面曾分别讨论过调节器的比例带 PB、积分时间 T_i 和微分时间 T_d 对控制过程的影响,但在实际使用中,往往是两个或两个以上参数的联合作用。在这种情况下,调节器参数对控制系统的动态过程影响要复杂一些。目前,PI 调节器应用比较广泛,下面着重分析 PB 和 T_i 联合运用时对控制过程的影响,并掌握参数整定的一般原则。

图 1-3-18 表示出在一个实际控制系统中,通过改变 PB 和 T_i 所得到的控制过程曲线图谱。图中曲线(5)表示 PB 和 T_i 已经整定合适时,其动态过程进行的情况;其他曲线表示 PB 和 T_i 这两个参数在最佳 PB 和 T_i 附近改变之后控制过程的变化情况。图中,从右到左 PB 逐渐增大,从上到下 T_i 值逐渐增大。比较这些曲线,可得出如下结论:

(1) PB 和 T_i 增大都意味着控制作用弱,控制过程更加稳定,但被控量的最大动态偏差增大。在这方面 PB 要比 T_i 的影响强烈得多,T_i 偏大,在控制作用开始阶段,积分作用几乎不起作用,只有在比例作用基本结束时,才慢慢显出消除静态偏差的积分作用,整个动态过程拖得很长,如图中曲线(7),(8),(9)所示。

(2) PB 和 T_i 减小都意味着控制作用强。减小 PB 可显著减小最大动态偏差,而减小 T_i 对减小最大动态偏差不明显。

(3) 由于 PB 的影响比 T_i 大。因此要求对 PB 值整定得要准确一些,而 T_i 值的准确度可稍差一点。其中,T_i 值宁可偏大一点,不允许偏小,因为 T_i 值小对减小最大动态偏差的作用不大,且动态过程的稳定性明显降低。T_i 偏大一点,可达到对动态稳定性的要求,只是消除

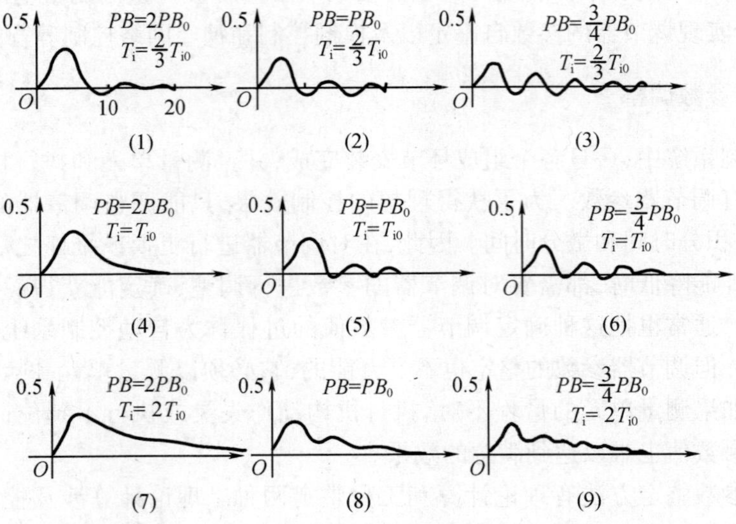

图 1-3-18　PB 和 T_i 改变时控制过程曲线图谱（$\tau/T=0.22$）

静态偏差所花时间稍长。

2. 调节器参数的工程整定方法

所谓整定方法就是确定调节器 PB,T_i 和 T_d 的方法。它可以通过理论计算来确定，但误差太大。目前，应用最多的还是工程整定法，如经验法、衰减曲线法、临界比例带法和反应曲线法。

（1）经验法

经验法又叫现场试凑法，即先确定一个调节器的参数值 PB 和 T_i 通过改变给定值对控制系统施加一个扰动，现场观察判断控制曲线形状。若曲线不够理想，可改变 PB 或 T_i，再画控制过程曲线，经反复试凑直到控制系统符合动态过程品质要求为止。这时的 PB 和 T_i 就是最佳值。如果调节器是 PID 三作用式的，那么要在整定好 PB 和 T_i 的基础上加进微分作用。由于微分作用有抵制偏差变化的能力，所以确定一个 T_d 值后，可把整定好的 PB 和 T_i 值减小一点再进行现场试凑，直到 PB,T_i 和 T_d 取得最佳值为止，显然用经验法整定的参数是准确的，但花时间较多，为缩短整定时间，应注意以下几点。

①根据控制对象特性确定好初始的参数值 PB,T_i 和 T_d 可参照在实际运行中的同类控制系统的参数值，或参照表 1-3-1 所给的参数值，使确定的初始参数尽量接近整定的理想值。这样可大大减少现场试凑的次数。

表 1-3-1　经验法参数调节表

被控量	控制对象特点及 PID 使用要点	PB/%	T_i/min	T_d/min
流量	控制对象 T 小，PB 应较大，T_i 较短，不用 D	40～100	0.1～10	
温度	控制对象 T 小，τ 不太大，通常用 D	20～60	3～10	0.5～3
压力	控制对象 T,τ 都不大，不用 D	30～70	0.4～3	
液位	在允许有静差时，不用 I 和 D	20～80		

注：T 为时间常数，是衡量控制对象惯性大小的一个参数；τ 为控制对象的迟延，是从控制量发生变化到被控量开始发生变化所需的时间。

②在试凑过程中,若发现被控量变化缓慢,不能尽快达到稳定值,这是由于 PB 过大或 T_i 过长引起的,但两者是有区别的。PB 过大,曲线漂浮较大,变化不规则;T_i 过长,曲线带有振荡分量,接近给定值很缓慢。这样可根据曲线形状来改变 PB 或 T_i。

③PB 过小,T_i 过短,T_d 太长都会导致振荡衰减得慢,甚至不衰减,其区别是 PB 过小,振荡周期较短。T_i 过短,振荡周期较长;T_d 太长,振荡周期最短。

④如果在整定过程中出现等幅振荡,并且通过改变调节器参数而不能消除这一现象时,可能是阀门定位器调校不准,调节器或变送器的放大器调校不准,调节阀传动部分有间隙(或调节阀尺寸过大)或控制对象受到等幅波动的干扰等,都会使被控量出现等幅振荡。这时就不能只注意调节器参数的整定,而是要检查与调校其他仪表和环节。

(2)衰减曲线法

衰减曲线法是以 4:1 衰减比作为整定要求的,先切除调节器的积分和微分作用,用试凑法整定纯比例控制作用的比例带 PB(比同时试凑两个或三个参数要简单得多),使之符合 4:1 衰减比的要求,记下此时的比例带 PB_s 和振荡周期 T_s。如果加进积分和微分作用,可按表 1－3－2 给出的经验公式进行计算。若按这种方式整定的参数在运行过程中,其动态过程曲线还不够理想,再根据曲线形状,对整定的参数做适当的调整。对有些控制对象,控制过程进行较快,难以从记录曲线上找出衰减比。这时,只要被控量波动两次就能达到稳定状态,可近似认为是 4:1 的衰减过程,其波动一次时间即为 T_s。

表 1－3－2　衰减曲线法经验公式表

控制规律	PB/%	T_i/min	T_d/min
P	PB_s		
PI	$1.2PB_s$	$0.5T_s$	
PID	$0.8PB_s$	$0.3T_s$	$0.1T_s$

(3)临界比例带法

用临界比例带法整定调节器参数时,先要切除积分和微分作用,让控制系统以较大的比例带,在纯比例控制作用下运行,然后逐渐减小 PB,每减小一次都要认真观察过程曲线,直到达到等幅振荡时,记下此时的比例带 PB_k(称为临界比例带)和波动周期 T_k,然后按表 1－3－3给出的经验公式求出调节器的参数值。按该表算出参数值后,要把比例带放在比计算值稍大一点的值上,把 T_i 和 T_d 放在计算值上,进行现场运行观察,如果比例带可以减小,再将 PB 放在计算值上。这种方法简单,应用比较广泛。但对 PB_k 很小的控制系统不适用,对被控参数不允许振荡的系统也不适用。

表 1－3－3　临界比例带法经验公式表

控制规律	PB/%	T_i/min	T_d/min
P	$2PB_k$		
PI	$2.2PB_k$	$0.85T_k$	
PID	$1.7PB_k$	$0.5T_k$	$0.125T_k$

(4)反应曲线法

前三种整定调节器参数的方法,都是在预先不知道控制对象特性的情况下进行的。如果知道控制对象的特性参数,即时间常数 T、时间迟延 τ 和放大系数 K,则可按表 1-3-4 给出的经验公式计算出调节器的参数。利用这种方法整定的结果可达到衰减率 $\varphi=0.75$ 的要求。

表 1-3-4　反应曲线法经验公式表

控制规律	$PB/\%$	T_i/min	T_d/min
P	$\frac{K\cdot\tau}{T}\times100\%$		
PI	$1.1\frac{K\cdot\tau}{T}\times100\%$	3.5τ	
PID	$0.85\frac{K\cdot\tau}{T}\times100\%$	2τ	0.5τ

表中公式只适用于有自平衡能力的控制对象。所谓控制对象的自平衡能力是指控制对象在受到扰动后不需要人为干预,经过足够长时间后能够自动恢复到平衡状态的能力。

任务四 认识传感器与执行机构

【任务目标】

1. 认识机舱常用传感器和火灾探测器;
2. 认识气动、电动执行机构。

一、常用传感器

测量单元是反馈控制系统的重要组成部分,它对被控量的实际值进行测量,并输出测量信号送至调节器和显示仪表。测量单元通常由各种各样的测量传感器和信号变送器组成,传感器的作用是将被测量的物理量变化转化为位移变化、压力变化或电阻、电容、电感和电压等参数的变化,而变送器则把这些变化进一步转换为标准的气信号或者电信号。

在船舶机舱中,从传感器的用途出发,介绍船舶机舱最常见的几种传感器及其信号转换电路。

1. 温度传感器

温度传感器主要用于检测机舱中的各种温度信号,例如各种水温、油温和排气温度等。常用的温度传感器有热电阻式、热电偶式及热敏电阻式三种。

(1)热电阻式温度传感器

热电阻式温度传感器是根据热电阻材料的电阻率随温度的增加而增加的原理工作的。热电阻由电阻体、绝缘体、保护套管和接线盒四部分组成。常用铜丝或铂丝双线并绕(减少电磁自感的影响)在绝缘骨架上,再把它插入保护套管内,装在要检测的管路或设备中。

常见的热电阻有铜热电阻和铂热电阻两种,其电阻值和测量温度一一对应,且具有较好的线性关系。例如,Pt100 是船舶机舱常用的铂热电阻(已列入国标系列标准化),当测量温度为 0 ℃时,电阻值为 100 Ω,而在 100 ℃时的电阻值为 138.51 Ω。详细的对应关系可通过公式计算或查阅热电阻分度表。

热电阻式温度传感器常采用电桥电路将被测温度的变化转换成相应的电压输出。但热电阻安装在所要检测的管路或设备中,若与转换电桥之间有一定的距离,则由于连接导线的电阻值也会随环境温度的变化而变化,引起一定的测量误差,为此,热电阻通常采用"三线制"接法来实现对环境温度变化的补偿,如图 1-4-1 所示。"三线制"接法采用两根材料、长度和截面积相同的导线分别接在测量桥臂和调零桥臂,以保证导线的电阻值相等。当环境温度变化时,两根导线阻值的变化量相等而抵消,使电桥输出、保持不变。热电阻式传感器在船上常用于测量冷却水温度和轴承温度等。Pt100 接口电信号转换参考电路如图 1-4-2 所示。

(2)热电偶式温度传感器

热电偶是由两种不同的金属导体把其端点焊接在一起,并插入护套制成的。焊接端称为热端,与导线连接端称为冷端。热端插入需要测温的测量点,冷端置于环境温度中。若热、冷两端温度不同,则在热电偶回路中产生热电势。当冷端温度不变时,其热电势随热端温度的升高而增大。由于冷端温度是随室温变化的,若热端测量温度不变而环境温度升

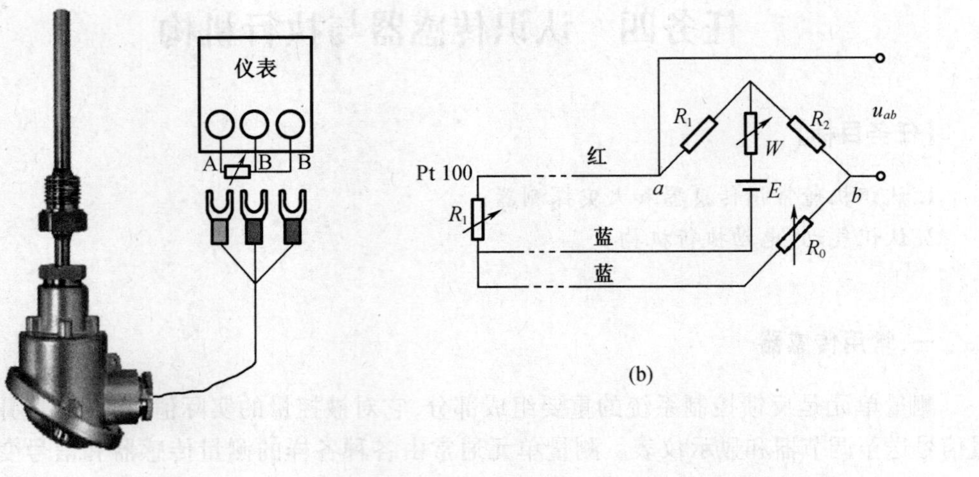

图 1－4－1　热电阻温度传感器示意图

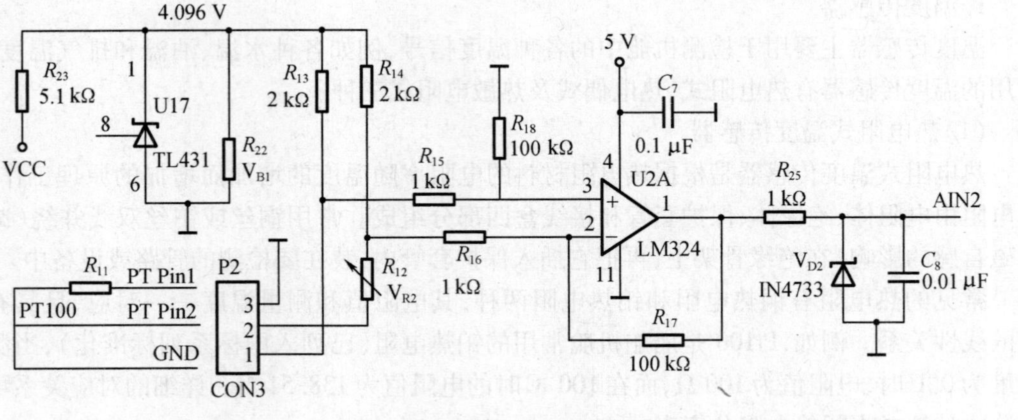

图 1－4－2　Pt100 接口参考电路图

高，则因热、冷端之间的温差减小使热电势也减小，影响测量精度。为了消除冷端温度变化对测量精度的影响，可采用冷端温度补偿。冷端温度补偿的方法很多，图 1－4－3 所示为电桥补偿法。图中 R_0，R_1 和 R_2 是锰铜丝绕制的电阻，它们的电阻值基本不随温度变化。R_{Cu} 是铜丝绕制的补偿电阻，其电阻值随温度升高而增大。温度补偿电桥的输出 u_{ab} 与热电偶输出电势 e 串联，只要补偿电阻和电路参数调整合适，补偿电桥的输出正好可以抵消由于冷端温度变化而引起

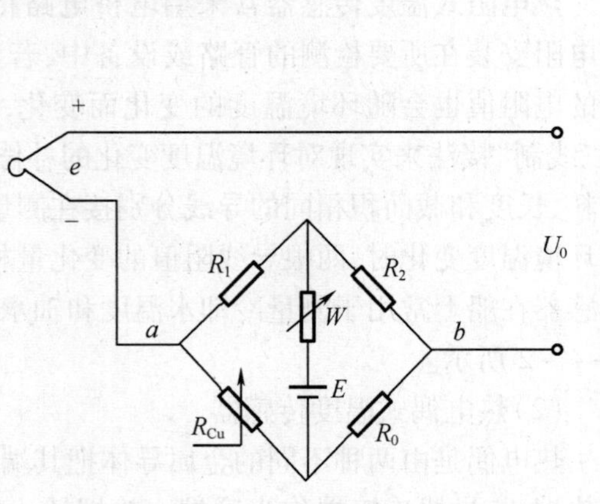

图 1－4－3　热电偶冷端补偿原理图

的测量误差。

根据不同的测压原理，压力传感器的种类较多。例如，常见的压力传感器有弹簧管式压力传感器、应变片式压力传感器和电磁感应式压力传感器等。

热电偶式传感器适用于检测高温的场合，例如应用于主机排气温度的测量等。常用的热电偶有：铂铑10－铂热电偶，测温范围0～1 600 ℃；铂铑30－铂铑6热电偶，测温范围0～1 800 ℃；镍铬－镍硅热电偶，测温范围0～1 300 ℃。

2. 压力传感器

压力传感器用于将压力信号转换为监视报警系统能够接收的电信号。船舶机舱需要检测的压力信号很多，例如控制空气压力，启动空气压力，主机各缸冷却水入口压力，主机燃油、滑油入口压力以及各种泵浦的出口压力等。

(1)滑动电阻式压力传感器

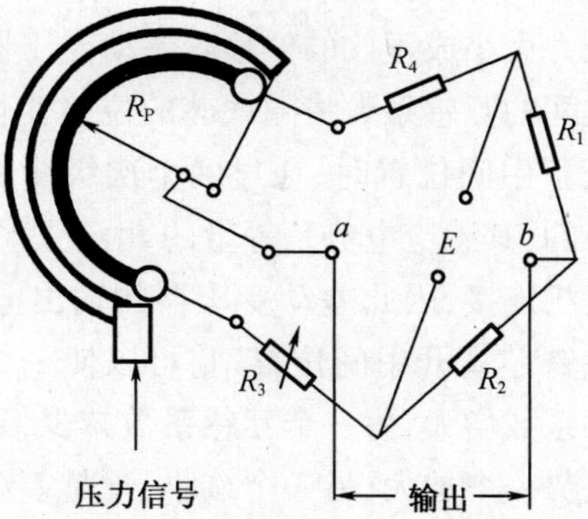

图1－4－4 滑动电阻式压力传感器原理图

滑动电阻式压力传感器是由弹簧管、传动机构、电位器及测量电桥组成的，它的结构和工作原理如图1－4－4所示。滑针把电位器电阻分成两部分，一部分串联在R_4的桥臂上，另一部分串联在R_3的桥臂上。当所测量的压力变化时，通过弹簧管和位移传动机构使滑针绕轴转动，改变两个相邻桥臂的电阻值，使测量电桥输出的电压信号与输入压力变化成比例。

(2)金属应变片式压力传感器

金属应变片是用铜镍或镍铬等金属丝绕成栅状，并用黏结剂贴在基板上，两端焊接镀银或镀锡铜线作为引出线而制成的。应变片粘贴在压力感受器的测压部分，当压力发生变化时，应变片随同感受器一起发生形变。应变片具有一定的电阻值，它作为测量电桥的一个桥臂，如图1－4－5所示。在测量压力为零时，调整R_4的电阻值使电桥处于平衡状态，输出电压为零。当测量压力增大时，应变片要弯曲变形，栅状金属丝被拉长，使其电阻值增大。电桥失去平衡并输出一个与测量压力成比例的电压信号。

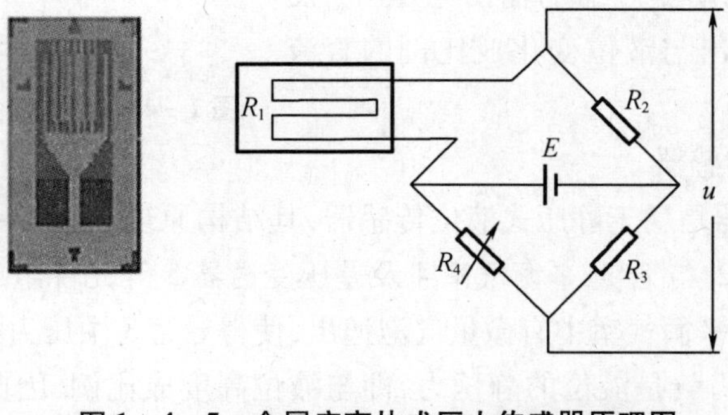

图1－4－5 金属应变片式压力传感器原理图

(3)电磁感应式压力检测器

图1－4－6所示是电磁感应式压力检测器的原理图，它由弹性元件和差动变压器组成。

常用的弹性元件有波纹管和弹簧管，其中，波纹管适用于测量范围在 0～0.3 MPa，弹簧管检测压力适用在 0.6 MPa 以上。

差动变压器是由一个初级线圈、两个线径和圈数都相等的次级线圈以及活动铁芯等组成的。初级线圈加上交流电源成为一个激磁绕组。次级线圈之间采用反向串联连接，它们分别安排在支架的上下两侧。铁芯在弹性元件控制下，在线圈骨架内产生与压力大小成正比的位移。差动变压器的初级与次级之间的互感系数将随铁芯的位移变化而变化。铁芯处于中间位置时，通过两个次级线圈的磁力线是相等的，其感应电势是等量的，由于两个次级线圈采用反相连接，因此差动变压器的输出电势 U_{out} 为零。如果铁芯离开中间位置，它可以使一个次级线圈的互感系数增大，另一个互感系数减少，致使它们的感应电势一个加大，另一个减小，于是差动变压器输出电势 U_{out} 随之按比例增大。

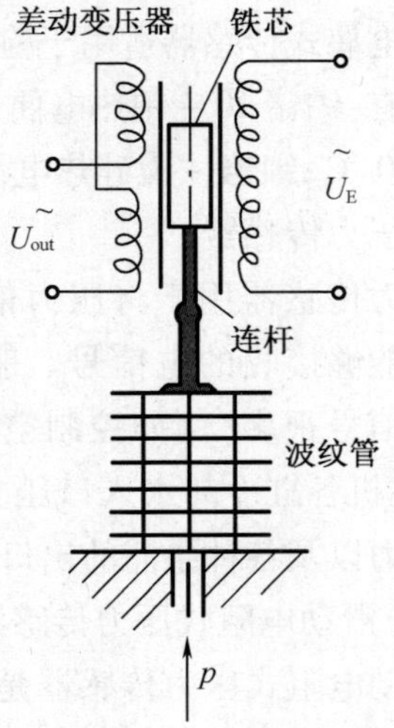

图 1-4-6　电磁感应式压力传感器原理图

3. 液位传感器

船上有很多液位参数需要进行测量和监视，常用的液位检测方法有浮力式、静压式、电极式、电阻式、电容式及超声波式等。以下介绍变浮力式和吹气式两种液位传感器。

(1)变浮力式液位传感器

图 1-4-7 给出根据变浮力作用原理构成液位检测工作的原理图，其主体由浮筒、平衡弹簧和差动变压器组成。浮筒的浮力、平衡弹簧的弹力和浮筒自身重力形成力的平衡关系，当液位发生变化时，浮力的变化必然导致浮筒位移的变化，带动差动变压器的铁芯产生位移，差动变压器的输出电压 U_{out} 发生改变，经过整流，输出与液位变化成比例的直流信号。

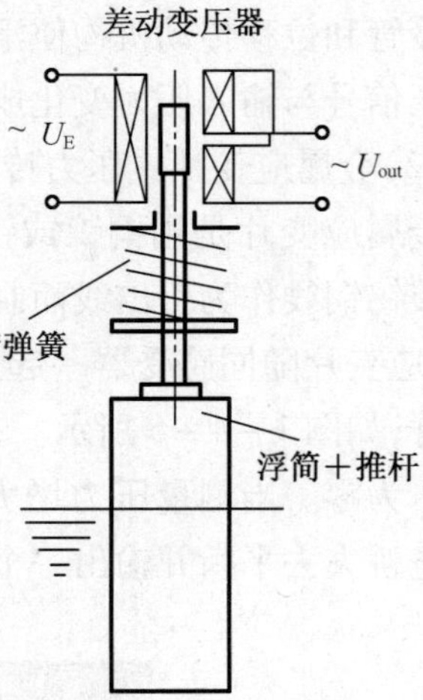

图 1-4-7　变浮力液位传感器原理图

(2)吹气式液位传感器

吹气式液位传感器是属于静压式液位传感器，其结构原理如图 1-4-8 所示。它是由过滤减压阀 1、节流阀 2、导管 3、平衡气室 4 及差压变送器 5 等元件组成。调整节流阀 2 使液位在最高位置时，从平衡气室中有微量气泡逸出，使得导管 3 中压力始终与平衡气室压力相等。平衡气室的压力就是液位的静压力，即与液位高度成比例，因此，液位变化时，导管内的压力也随之变化。导管内的压力信号经变送器转换为与液位高度成比例的标准压力信号(对于气动变送器)或标准电流信号(对于电动变送器)。

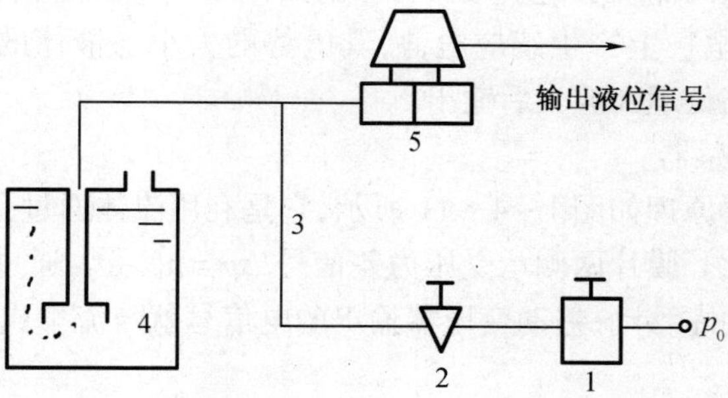

图 1-4-8　吹气式液位传感器结构图

1—过滤减压阀;2—节流阀;3—导管;4—平衡气室;5—差压变送器

4. 流量传感器

流量传感器有容积式、电磁式和差压式等几种,这里介绍容积式和电磁式。

(1)容积式流量传感器

容积式流量传感器在船上主要用来检测油类流体的流量。它由检测齿轮 1、转轴 2、永久磁铁 3 和干簧继电器 4 组成,如图 1-4-9 所示。当流体自下向上流过时,由于有摩擦力存在,因此有压力损失,使进口流体压力 p_1 大于出口流体压力 p_2,检测齿轮在压力差的作用下,产生作用力矩而转动,通过的流量越大,齿轮转速越快。齿轮转动经转轴 2 上端的永久磁铁 3 驱动干簧管 4,使其触点闭合或断开,从而输出反映流量大小的电脉冲信号。

(2)电磁式流量传感器

电磁式流量传感器是根据电磁感应原理来检测流量的,所以只适用于测量导电液体的流量。它主要由一对磁极、一对电极和检测放大电路组成,如图 1-4-10 所示。

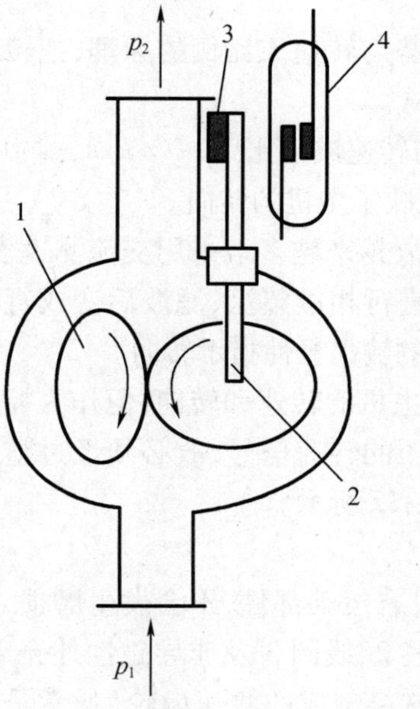

图 1-4-9　容积式流量传感器原理图

1—齿轮;2—转轴;3—永久磁铁;4—干簧继电器

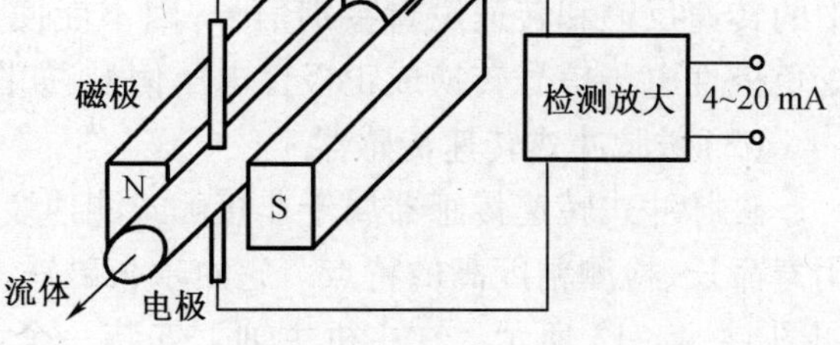

图 1-4-10　电磁式流量传感器原理图

一对磁极置于管道两侧，以产生一磁场，导电液体在磁场中垂直于磁通方向流动时，切割磁力线，于是在两个电极上产生感应电势，其电势的大小与液体的体积流量成比例。感应电势经检测放大电路处理和放大后输出。

(3)差压式流量传感器

差压式流量传感器原理如图1-4-11所示，它是利用流体通过孔板等节流装置时产生压力差来反应流量变化。膜片两侧承受压力差信号 $\Delta p = p_1 - p_2$，通过膜片硬芯使差动变压器铁芯偏离中间位置向左移动，差动变压器输出的电信号就与流量成比例。

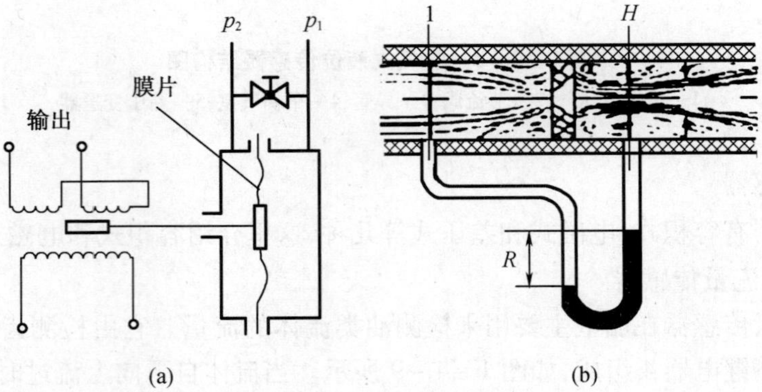

图1-4-11　差压式流量传感器原理图

(a)差压式流量测量原理；(b)孔板式流量计

5. 转速传感器

船舶转速传感器主要用来检测主机的转速和转向、发电原动机转速和透平转速等。常用的转速传感器有测速发电机和磁脉冲式转速传感器。

(1)测速发电机

测速发电机利用导体切割磁力线所产生的感应电势与转速成比例的原理，把转速变换成相应的感应电势。测速发电机有直流和交流两种形式。

直流测速发电机输出的是直流电压，其电压大小与转速成正比，即 $U = k \cdot n$，式中 k 为比例系数。U 的大小反映了主机转速的高低，U 的极性反映了主机的转向。

由于直流测速发电机的电刷等部件易引起故障，故越来越多地采用交流测速发电机。交流测速发电机输出的电压信号是交变的，需要对它进行相敏整流、滤波后变成直流电压信号，该电压信号反映主机的转速大小，相敏整流电路的输出极性指示转向。

测速发电机测得的转速信号可送至转速表来指示主机的转速和转向，但作为控制系统中的转速反馈和转速逻辑鉴别信号，因不能使用负电压的转速信号，故必须经过整流把倒车负极性电压信号转换成正极性电压信号，如图1-4-12所示。

(2)磁脉冲式转速传感器

磁脉冲式转速传感器属于非接触式测速装置，它没有运动部件，不会发生磨损，具有使用寿命长、检测精度高的特点。它由永久磁铁1、软磁芯2、线圈3及非导磁性外壳4组成，如图1-4-13所示。在主机主轴上安装一个由铁磁材料制成的测速齿轮（通常是盘车机齿轮），磁脉冲传感器探头对准齿轮的齿顶固定，并与齿顶之间保持一个较小的间隙。当主机转动时，齿顶和齿谷交替经过，引起线圈内的磁通交替变化，使线圈感应出一系列脉冲信

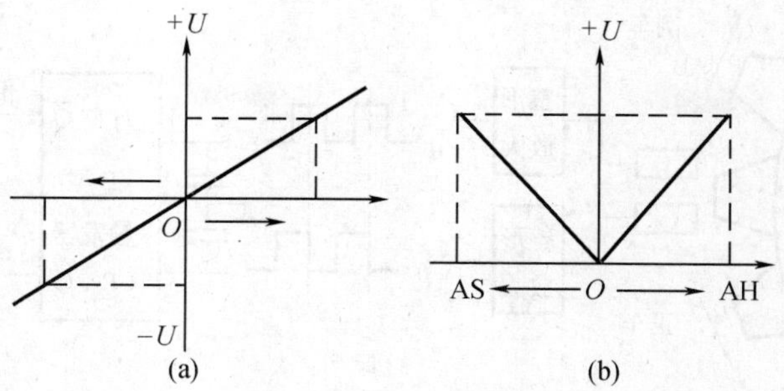

图 1 - 4 - 12　整流后正车/倒车转速对应的电压值

号。脉冲频率 f 取决于齿数 Z 和转速 n，即 $f = Z \cdot n/60$(Hz)。

传感器输出的感应电势脉冲信号较弱，其波形也不理想，所以要把脉冲信号送入整形放大电路，使其转换成同频率的有较大幅值的矩形波；然后，矩形波再经频率 - 电压转换电路转换成电压信号，也就是把转速按比例转换成相应的电压信号，该电压信号的大小反映了转速的高低。

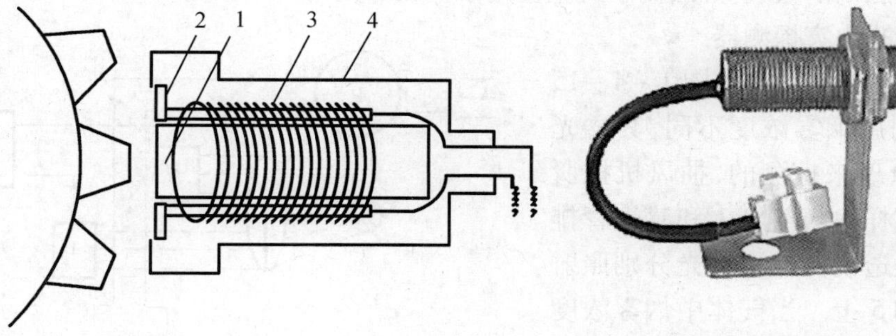

磁脉冲传感器外观

图 1 - 4 - 13　磁脉冲传感器结构原理图

1—永久磁铁；2—软磁芯；3—线圈；4—非导磁性外壳

为了检测主机的转向，须安装两个磁头，且它们之间错位 1/4 齿距(也可近似认为 1/2 齿宽)，使两个磁头所产生的脉冲信号在相位上相差 1/4 周期。这两个磁头输出的脉冲信号经整形放大后分别送至 D 型触发器的 D 端和 CP 端，根据其输出端 Q 是 1 或 0 来判别主机是正转或反转，其原理如图 1 - 4 - 14 所示。

当齿轮沿正车方向转动时，D 型触发器 D 端的正脉冲总比 CP 端超前 1/4 周期，即 CP 端在脉冲上升沿时，D 端总是 1 信号，所以输出端 Q 保持 1 信号，表示主机在正车方向运转。当齿轮倒车方向转动时，D 型触发器 CP 端的正脉冲总比 D 端超前 1/4 周期，即 CP 端在脉冲上升沿时，D 端总是 0 信号，所以输出端 Q 保持 0 信号，表示主机在倒车运转。

在使用中请注意，安装时距离齿轮齿顶一般 2 ~ 5 mm，距离偏大在高转速时影响小，低速时因磁场变化缓慢容易丢失脉冲信号，使转速产生偏差。

6. 火灾探测器

火灾探测器是火灾自动报警系统的检测单元，一旦在它所监视的环境中有火情，就将

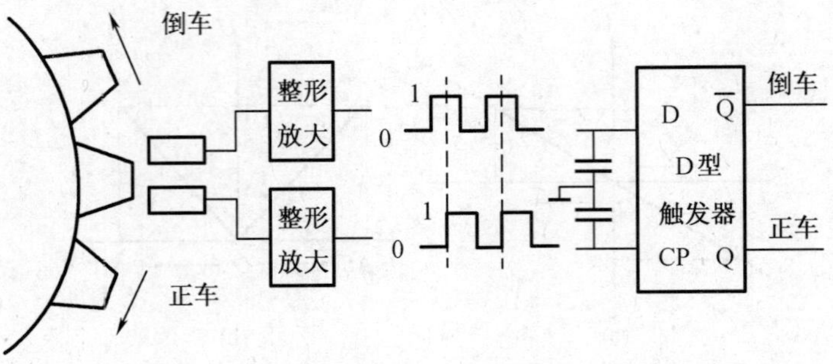

图 1-4-14 磁脉冲传感器检测主机转向的原理图

火灾的特征物理量,如烟雾、温度、火光等转换成电信号向火灾报警中央单元发送。对普通可燃物按其探测火灾参数的不同,可以划分为感烟式、感温式和感光式探测器等类型,而船上主要采用感烟式和感温式探测器。对易燃气体的探测较多采用气敏半导体探测器。

(1)感烟式火灾探测器

船上常用的感烟式火灾探测器主要有感烟管式(或称光电式)和离子式两种。感烟管式主要用于大舱内的火灾探测,离子式主要用于机舱等处的火灾探测。

①感烟管式火灾探测器

感烟管式火灾探测器如图 1-4-15 所示。它是利用烟雾浓度不同,其透光程度不同的原理来检测的,抽风机把所监视舱室的气样由集气管 1 和感烟管排出。光源 3 经透镜变成平行光分别照射在光电池 4 和 5 上。当气体中烟雾浓度增大时,光电池 5 产生的电信号不变,而光电池 4 产生的电信号减小。把这两个电压信号送至放大器 6,当两电压差大到一定值时,发出火灾报警信号。

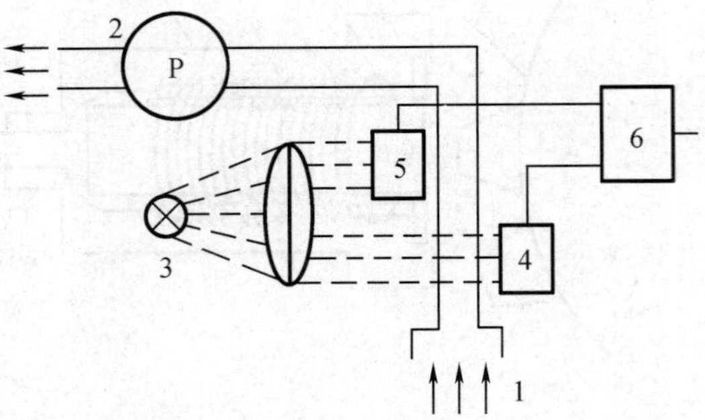

图 1-4-15 感烟管式火灾探测器原理图

1—集气管;2—抽气泵;3—光源;
4—测量光电池;5—参照光电池;6—放大器

②离子式火灾探测器

离子式火灾探测器如图 1-4-16 所示。它由内外电离室和检测电路组成,内电离室 FSY_1(又称补偿室)是封闭气室,充有标准气体,外电离室 FSY_2(又称检测室)开有小孔与所监视的舱室相通,每个电离室中装有等量微小放射源同位素镅(Am)$_{241}$和一个电极。它是利用烟雾颗粒能吸附离子的原理来探测的。镅放射强度≤1 μCi(微居里)(1 居里等于 3.7×10^{10}个核裂变),放射源不断有 α 粒子(带有 2 个正电子电荷)放射出来,使电离室内气体分子电离成为正负离子,电离室内正负离子在外加电场作用下产生离子电流,成型产品 FJ-2701的伏安特性见图 1-4-16(b)。无烟雾进入时,内外两电离室的电离电流为 I_1,伏安特性如曲线 1 所示。当发生火灾时,烟雾进入外电离室(检测室),室内正负离子会附着在烟颗粒(质量远大于正负离子质量)上,减慢了正负离子运动速度,使两个串联的内外电离空的电离电流减小为 I_2。但此时两个电离室的电压却不相等了,检测室伏安特性曲线如图中虚线 2 所示,电压增加;补偿室没有烟进入,特性曲线不变,电压由 U_2 减小到 U_2'。外电离室(检测室)电压增量随火灾烟雾密度增大而增加。当有烟雾的气体进入外电离室时,烟雾颗粒能吸附一部分离子,使其离子电流减少,相当于它的等效电阻值增大,而内电离室的等效电阻不变。随着外电离室的烟雾浓度增大,A 点电位 U_A 要提高,经场效应管 BG_1 源极耦合到晶体管 BG_2 的基极放大后输出。当烟雾浓度达到一定值时,使输出电压相应提高到某一动作电压,通过起门槛作用的稳压管 DW_1 去触发可控硅管 SCR_1 使之导通,继电器通电发出火灾探测信号。

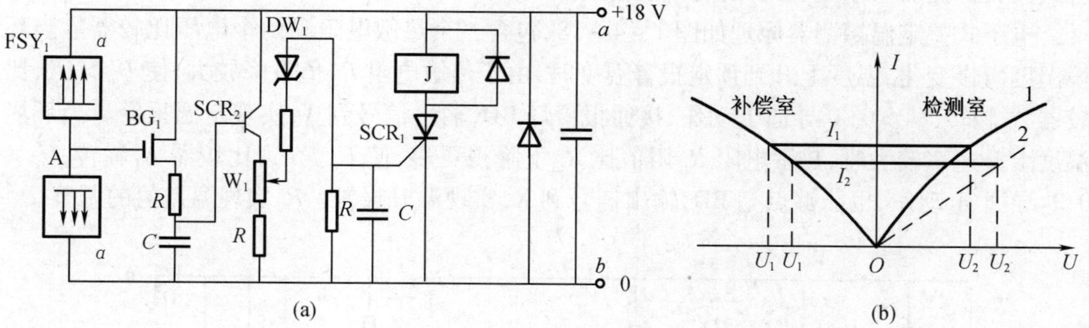

图 1-4-16

(a)离子式火灾探测器电路原理图;(b)FJ-2701 型火灾探测器伏安特性图

(2)感温式火灾探测器

船上常用的感温式火灾探测器有定温式、差温式和差定温式三种。感温式探测器主要用于住室、走廊、控制室和舱室容积较小场所的火灾场所。

①定温式火灾探测器

定温式(或称恒温式)火灾探测器是根据监测点温度达到某个设定值来探测的。常用的定温式火灾探测器有低熔点金属丝和双金属片,如图 1-4-17(a)(b)所示。

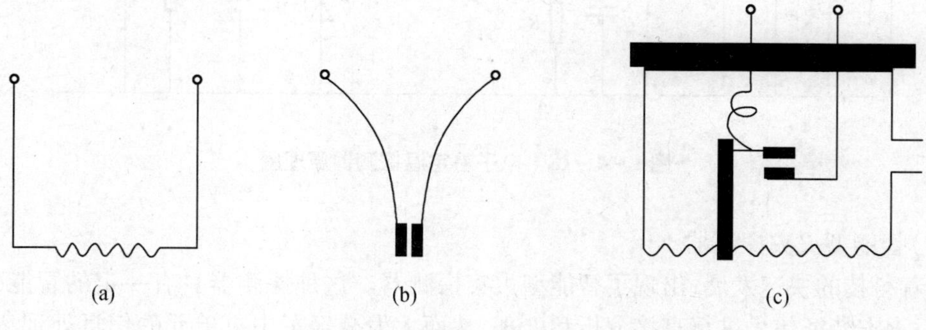

图 1-4-17　感温式火灾探测器

当监测点温度达到设定值时,低熔点金属丝被熔断;或利用膨胀系数不同的双金属片,受热弯曲使触头断开。它们可使一个继电器断电,其常闭触头闭合发出火灾探测信号。

②差温式火灾探测器

差温式(或称温升式)火灾探测器是根据监测点温度升高变化率来探测的,如图 1-4-17(c)所示。在火灾前期温度上升较快,如温度升高变化率每分钟超过 5.5 ℃时,使得气室内的气体快速膨胀,由于小孔放气量很小,气体来不及从小孔泄放,其压力升高,波纹膜片下弯使动触头与静触点闭合发出火灾探测信号。差温式火灾探测器也可以是采用热敏电阻及电子电路制成的。

③差定温式火灾探测器

差定温式火灾探测器是将定温式和差温式组合在一起,兼有两者的功能,扩大了使用范围,提高了可靠性。差定温式火灾探测器一般多是膜盒式或热敏电阻式等典型结构的组合式火灾探测器。差定温式火灾探测器按其工作原理又可分为机械式和电子式两种。

电子式差定温探测器原理如图 1-4-18,包含三个热敏电阻和两个电压比较器。当环境温度缓慢变化,温度上升到预定报警温度时,由于热敏电阻 R_{t3} 值下降较大,使 $U'_a > U'_b$,比较器 A_2 翻转,$U_c > 0$,T_2 导通 J_1 动作,接通报警灯 BD,输出信号到 X,实现定温报警。当环境温度上升速率较大时,热敏电阻 R_{t1} 阻值比 R_{t2} 下降得更多,使 $U_a > U_b$,比较器 A_1 翻转,$U_c > 0$,T_2 导通,J_1 动作,也能够点亮 BD,输出信号到 X,实现温升报警。R_w 实现温差值的调节。

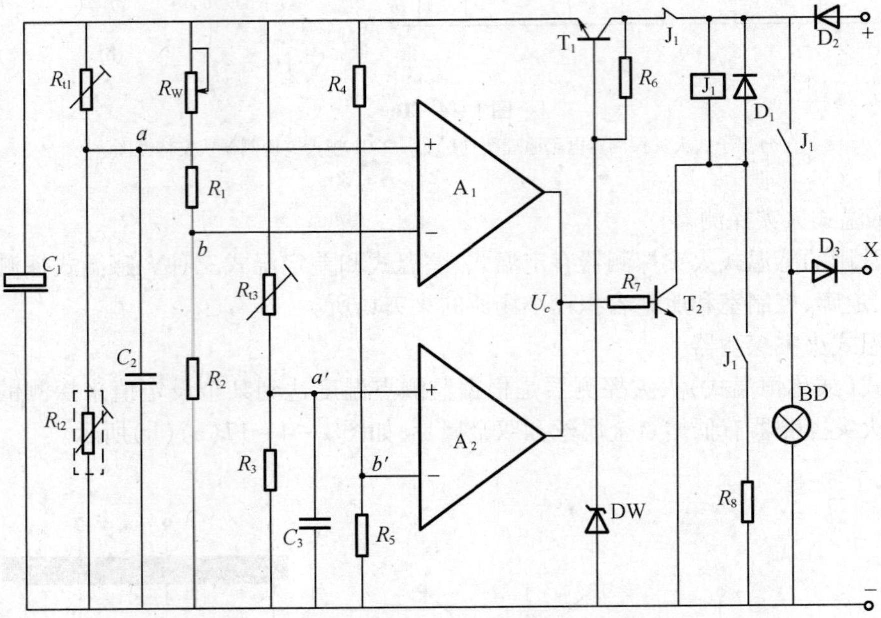

图 1-4-18 电子差定温探测器原理图

(3)智能型火灾探测器

随着科技的快速发展,出现了智能型火灾探测器。这种探测器具有一定的智能处理能力,能对火灾特征信号进行直接分析和处理,从而大大减轻了中央单元的信息处理负担,提高整个火灾报警系统的响应速度。智能型火灾探测器一般具有以下特点:

①火灾探测器的输出信号与火灾状况(烟雾浓度变化、温度变化等)呈线性变化。探测器能够按预报警、火灾发信、联动警报三个阶段传送信号。探测器变脏、老化、脱落等故障状态信息也传送到中央单元,以进行检测识别并发出故障警报信号。

②火灾探测器内配置高集成度的微型智能模块(内含 CPU、A/D 转换器、串行通信接口),并具备通信功能。

③火灾探测器具有地址编码功能,探测器的编码地址由系统软件程序决定,在火灾报警控制器上可根据需要命名或更改火灾探测器的地址。

④具有很高的环境适应能力与稳定性。智能型火灾探测器具有抗灰尘吸附、抗电磁干扰、抗温度影响、抗潮湿、抗腐蚀等特点。

⑤各种工作原理的探测器都有配套的火灾识别软件。探测器的灵敏度和警戒值可以灵活设定。

⑥具有自动故障检测功能。无须加烟或加温测试,只要利用报警控制器键盘上的按键,即可完成对探测器的功能测试。

(4)气敏半导体火灾探测器

目前在易燃气体探测器的实际应用中,采用气敏半导体(或称金属氧化物元件),它是在铂金属丝上涂以金属氧化物,在高温中焙烧而成。气敏半导体品种很多,主要有氧化锡、氧化锌、氧化钴、氧化铁和氧化镍等,其中氧化锡使用最广。用这些氧化物制成的气敏半导体,按其性质可分为N型和P型两大类。N型气敏半导体元件,在遇到敏感气体时,其电阻值减小;而P型气敏半导体元件,在遇到敏感气体时,其电阻值增大。

气敏半导体火灾探测器结构如图1-4-19所示,气敏半导体的工作原理一般可采用势垒学说解释,其要点是:由于吸附作用,半导体的外表上吸附了空气中大量的氧分子,而产生了由外向内的静电场,为了屏蔽这一外电场,半导体表面内必然形成势垒。对N型半导体来说,这一势垒是由多数载流子(电子)的聚集形成的,由此减少了参加导电的电子数量,引起半导体电阻值的增大。当周围存在还原性易燃气体时,被吸附的还原性易燃气体产生由内向外的电场,方向与势垒电场的方向相反,减弱了势垒对电子的束缚,使一部分电子参与导电,从而减小了半导体的电阻值。当还原性易燃气体离去时,空气中的氧分子又被吸附,再次加大对电子的束缚力,使半导体的电阻恢复到初始值。因此气敏半导体探测器是利用气体浓度升高,其电阻值减小的原理来探测的。

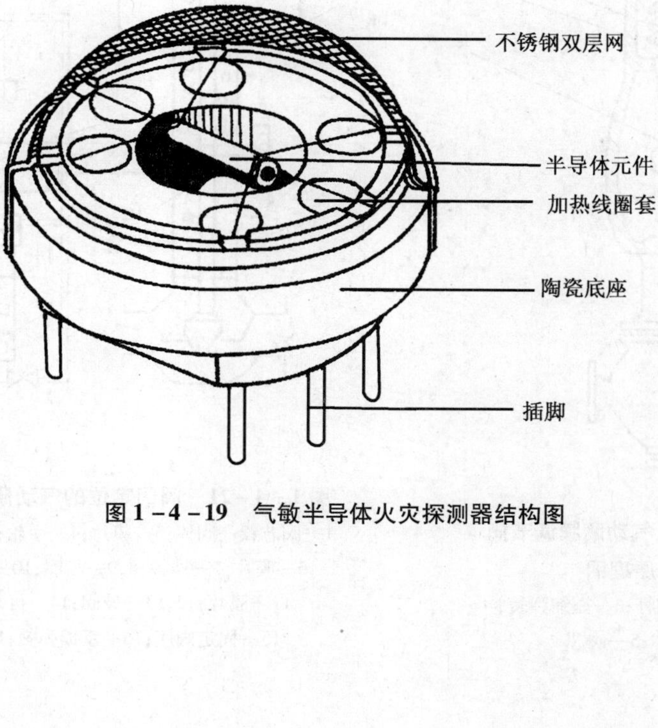

图1-4-19　气敏半导体火灾探测器结构图

二、执行机构

在自动控制系统中，执行机构的输入是调节器输出的控制信号，执行机构的输出直接改变流入控制对象的物质或能量的流量，用以克服扰动，消除偏差，使被控量恢复到给定值或给定值附近。执行机构按其所使用的能源形式可分为气动、电动和液压三大类。在船舶机舱中，液压执行机构主要用于调距桨的桨叶角控制和柴油机油门拉杆的位置控制等，这里只介绍比较通用的气动和电动执行机构。

1. 气动执行机构

气动执行机构是将调节器输出的气动控制信号转换为机械位移。在船舶机舱中，气动执行机构主要以气动薄膜调节阀为主。

图 1－4－20 所示为气动薄膜调节阀的结构原理，它由气动执行部分和调节阀两部分组成。控制信号可接在膜片 1 的上部空间，这时随着输入控制信号的增大，膜片 1 向下弯，压缩弹簧 3 使阀杆 2 推动阀芯 5 一起下移，阀杆的位移与所输入控制信号的变化成比例，改变调节阀的开度。控制信号也可以接到膜片 1 的下部空间，这时随着输入控制信号的增大，膜片向上弯，阀杆带动阀芯一起上移。气动薄膜调节阀具有结构简单、尺寸小等特点，适用场合比较广泛。但它的阀杆推力较小，在某些场合的使用受到一定的限制。

为使调节阀动作及时，并能准确动作到位，通常需要加装一个阀门定位器。图 1－4－21 所示是一个带阀门定位器的气动执行机构。从控制器输出的压力信号送到定位器的输

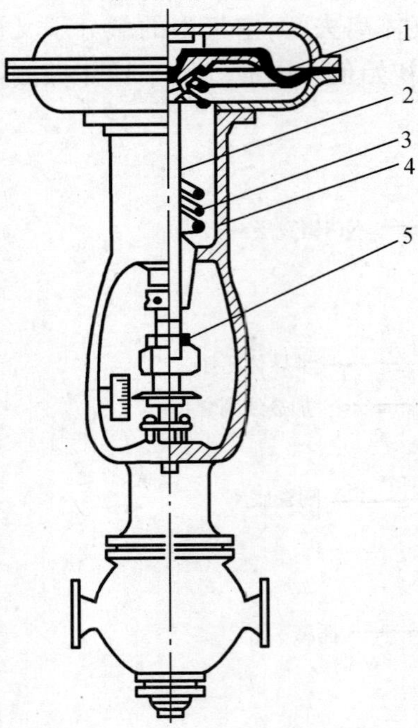

图 1－4－20　气动薄膜调节阀结构原理图

1—膜片；2—阀杆；3—压缩弹簧；4—壳体；5—阀芯

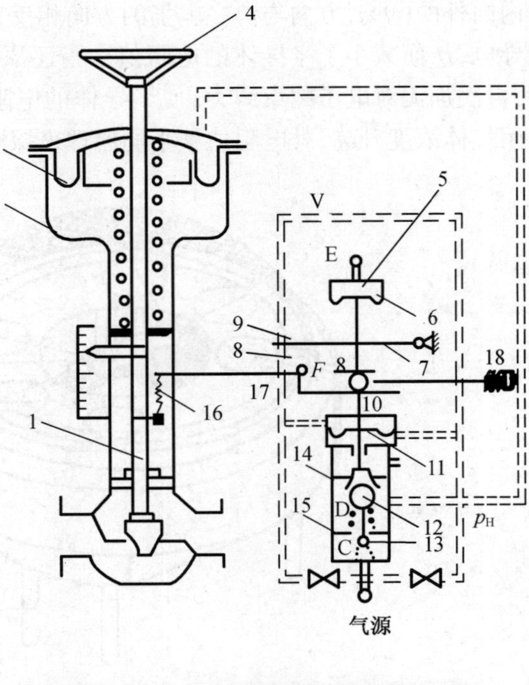

图 1－4－21　阀门定位的气动薄膜阀结构图

1—阀芯；2—阀体；3—膜片；4—手轮；5—测量气室；6—膜片；7—挡板；8，9—喷嘴；10—比较气室；11—膜片；12，13—球阀；14—可动放气阀；15—固定阀座；16—反馈弹簧；17—杠杆

入端 E,并作用在测量气室 5 的膜片 6 上。若这个信号增大,挡板 7 靠近喷嘴 8 远离喷嘴 9,引起喷嘴 8 背压升高,喷嘴 9 背压降低。这两个背压信号送入比较气室 10,分别作用于膜片 11 的上、下两面,使膜片 11 连同可动放气阀 14 一起下移,推动球阀 13 离开固定球阀座 15,使压缩空气经 C 室进入 D 室。这时因为放气阀 12 处于关闭状态,故 D 室压力升高并由输出端输出这个升高的压力信号 p_0。这个信号送入调节阀的膜盒 2,由膜片 3 推动阀杆 1 下移,关小给水阀,减少给水量。当调节阀杆 1 向下移动时,反馈弹簧 16 被拉长,使杠杆 17 绕支点 F 逆时针转动。通过圆球支点使挡板往回移动,并停在一个新的位置上,这时阀门定位器有一个稳定的输出。这个输出信号与给水调节阀的阀位相对应。阀门定位器的作用是消除由膜片阀内的阀杆所引起的滞后现象。这种滞后现象的产生是由于填料太紧或流动阻力太大而使其摩擦力过大所造成的。它适用于调节阀与调节器或计算器之间距离较远的场合以及波纹管容量较小的系统中。

另外,通过调整比例范围旋钮 18 可以改变阀门定位器输入与输出信号变化关系的比值。在气源中断或控制系统失灵时,可手动操作手轮 4 对调节阀的开度进行手动控制。

对于一些需要阀杆推力较大的场合,还可以通过阀门定位器来控制一个气缸活塞,由活塞带动阀芯动作,称为活塞式气动执行机构。阀门定位器实质上可看作是一个比例调节器,其设定值是来自调节器的阀位信号,而输出则是阀杆的实际位置。因此,通过阀门定位器总可以使阀杆控制在希望的位置,具有较高的动作精度。

调节阀具有气开式和气关式之分,如果输入的控制信号增大,调节阀开度也增大,则叫气开式调节阀;反之,若输入控制信号增大,而调节阀开度减小则叫气关式调节阀。例如,图 1－4－21 所示的调节阀就属于气关式调节阀。控制系统采用气开式调节阀还是气关式调节阀,要根据实际需要和调节器的作用形式(正作用式还是反作用式)来决定。

2. 电动执行机构

电动执行机构接收的是调节器输出的 0～10 mA 或 4～20 mA 直流信号,并将其转换成相应的机械位移,以实现自动调节。

电动执行机构主要分为两大类:直行程式与角行程式。前者用于操纵直行程调节机构,后者用于操纵转角式调节机构,两者都是以伺服电机为动力的位置伺服机构。角行程式执行机构又可分为单转式和多转式。单转式输出的角位移一般小于 360°,通常简称为角行程式执行机构;多转式输出的角位移超过 360°,可达数圈,故称为多转式电动执行机构,它和闸阀等多转式调节阀配套使用。

(1)基本结构和工作原理

电动执行机构由伺服放大器和执行单元两大部分组成,其结构原理方框图如图 1－4－22 所示。伺服放大器将输入信号 I_i,和反馈信号 I_f 相比较,得到偏差信号 ΔI,当 $\Delta I>0$ 时,ΔI 经伺服放大器功率放大后,驱动伺服电机转动,再经机械减速后,使输出转角 θ 增大。输出轴转角位置经位置发送器转换成相应的反馈电流 I_f,反馈到伺服放大器的输入端使 ΔI 减小,直至 $\Delta I=0$ 时,伺服电机才停止转动,输出轴就稳定在与输入信号相对应的位置上;反之,当 $\Delta I<0$ 时,伺服电机反方向转动,输出轴转角 θ 减少,I_f 也相应减小,直至使 $\Delta I=0$ 时,伺服电机才停止转动,输出轴稳定在另一新的位置上。

(2)伺服放大器

伺服放大器主要由前置磁放大器、触发器和可控硅交流开关等构成。它与电机配合工作的伺服驱动电路如图 1－4－23 所示。

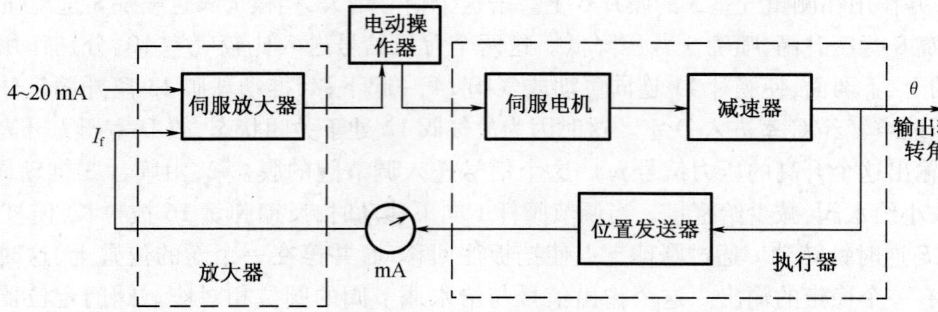

图 1-4-22　电动执行机构结构图

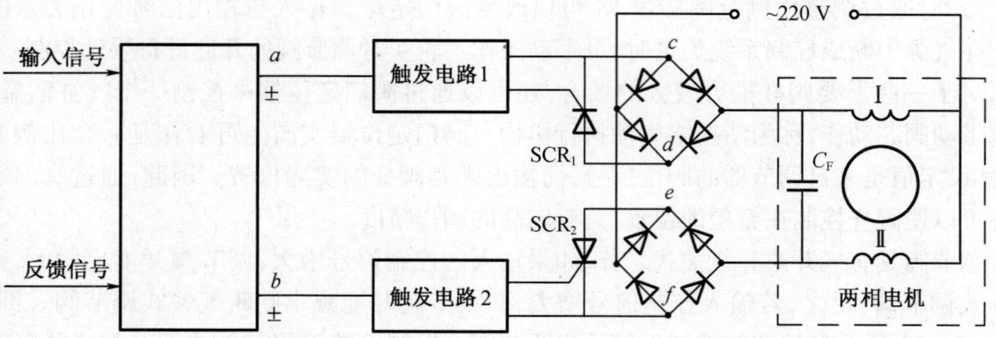

图 1-4-23　伺服放大器组成示意图

前置放大器是一个增益很高的放大器，根据输入信号与反馈信号相减所得的偏差极性，在 a，b 两端输出不同极性的电压。当前置放大器输出电压的极性为 $a(+)$，$b(-)$时，触发电路 1 使可控硅 SCR_1 导通，桥式整流器的 c，d 两端接通，220 V 的交流电压直接接到伺服电机的绕组Ⅰ，并经分相电容 C_F 加到绕组Ⅱ上。这样，绕组Ⅱ中的电流相位比绕组Ⅰ超前 90°，形成旋转磁场，使电机朝一个方向转动。若前置放大器的输出电压极性和上述相反，即 $a(-)$，$b(+)$时，则触发电路 2 使可控硅 SCR_2 导通，使另一桥式整流器的两端 e、f 接通，电源电压直接加于电机绕组Ⅱ，并经分相电容 C_F 供电给绕组Ⅰ，电机朝相反方向转动。由于前置放大器的增益很高，只要偏差信号大于不灵敏区，触发电路便可使可控硅导通，电动机以全速转动，这里可控硅起到无触点开关的作用。当 SCR_1 和 SCR_2 都不导通时，伺服电机停止转动。

(3)执行器

执行单元由伺服电机、机械减速器和位置发送器三部分组成。执行单元接收伺服放大器或电动操作器的输出信号，控制伺服电机的正、反转，经机械减速器减速后输出力矩推动调节机构动作。与此同时，位置发送器将调节机构的角位移转换成相对应的 0 ~ 10 mA (DC)信号，作为阀位指示，并反馈到前置放大器的输入端，作为位置反馈信号以平衡输入信号。

①伺服电机

图 1-4-24 表示的是一个两相电容异步伺服电机的结构原理，它将伺服放大器输出的

电功率转换成机械转矩，作为执行器的动力部件。

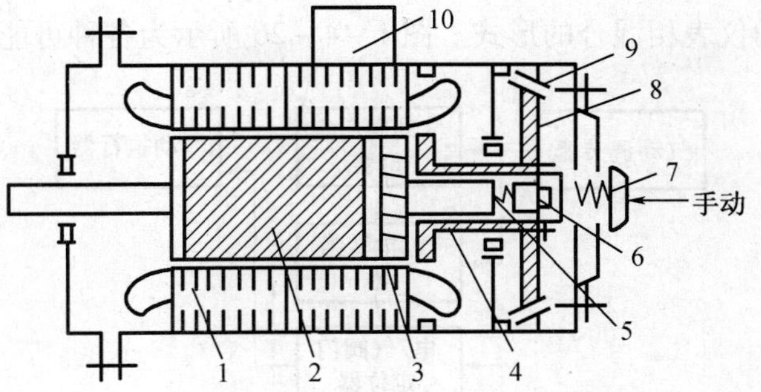

图 1-4-24　伺服电机结构原理图

1—定子；2—转子；3—衔铁；4—套轴；5—压缩弹簧；
6—调节螺钉；7—手动按钮；8—制动轮；9—制动盘；10—出线盒

伺服电机由一个用冲槽硅钢片叠成的定子和鼠笼式转子组成。定子上均布着两个匝数、线径相同而相隔90°电角度的定子绕组Ⅰ和Ⅱ由于分相电容 C_F 的作用，定子绕组Ⅰ和Ⅱ的电流相位总是相差90°，其合成向量产生定子旋转磁场，定子旋转磁场又在转子内产生感应电流并构成转子磁场，两个磁场相互作用，使转子旋转。转子旋转方向取决于定子绕组Ⅰ和Ⅱ中的电流相位差，即取决于分相电容 C_F 串接在哪一个定子绕组中。

②减速器

由于交流伺服电机的转速高、力矩小，必须经过减速才能获得较大的推动力矩。常用的减速器有行星齿轮和蜗轮蜗杆两种，其中行星齿轮减速器由于体积小、传动效率高、承载能力大、单级速比可达100倍以上，获得广泛的应用。

③位置发送器

位置发送器的作用是将电动执行机构输出轴的位移转变为0～10 mA(DC)反馈信号的装置。其主要部分是差动变压器，如图1-4-25所示。差动变压器的铁芯与凸轮斜面靠弹簧相互压紧，当输出轴转动时带动凸轮使铁芯左右移动，凸轮斜面在设计上能保证铁芯位置与输出轴之转角呈线性关系，因此，变压器副边的输出电压将与输出轴的转角呈线性关系。这一交流信号经进一步处理获得0～10 mA的直流信号。

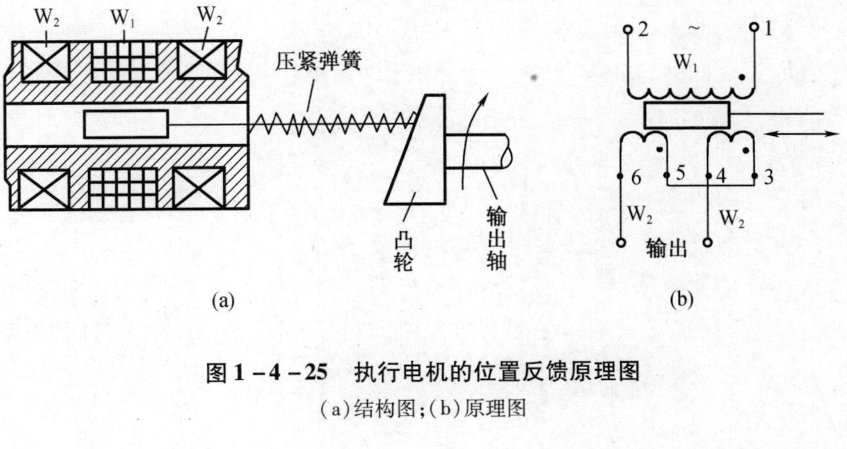

图 1-4-25　执行电机的位置反馈原理图

(a)结构图；(b)原理图

以上分别介绍了气动和电动执行机构的结构和工作原理。一般来说，气动和电动执行机构分别与气动和电动调节器相匹配，但控制系统的设计是非常灵活的，在船舶机舱中往往会出现电动和气动仪表相混合的形式。图 1-4-26 所示为各种可能的组合方式。

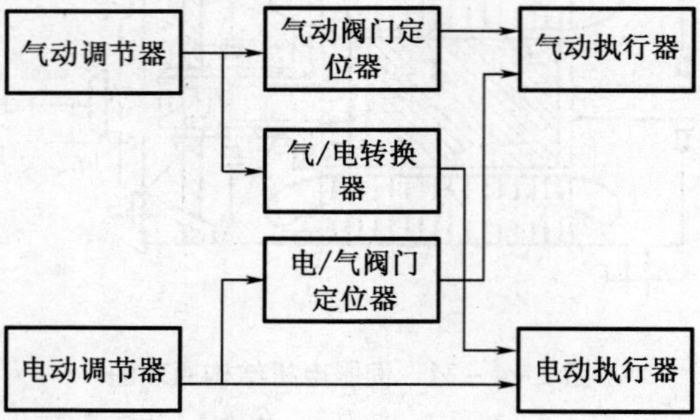

图 1-4-26 电动/气动执行机构组合方式

(1)气动调节器、阀门定位器、气动执行机构

这是一种最为常见的气动控制系统的组合方式。通过阀门定位器的辅助作用，可使气动执行机构准确定位，同时可在一定程度上放大调节信号的压力，增大执行机构的输出力(力矩)，增强执行器的工作平稳性。

(2)电动调节器、电动执行机构

这是一种最为常见的电动控制系统的组合方式。电动调节器的输出直接送到电动执行机构的伺服放大器驱动伺服电机动作。

(3)气动调节器、气/电转换器、电动执行机构

该组合方式通过气/电转换器将气动调节器的气压信号成比例地转换成标准的电信号，从而推动电动执行机构工作，实现了气动信号的远距离传送以及与数字装置的连接。

(4)电动调节器、电/气阀门定位器、气动执行机构

这是目前应用较多的一种组合方式，通过电/气阀门定位器使得传输信号为电信号，而现场操作为气动执行机构，因此具备电动和气动执行机构的优点。电/气阀门定位器实际上是电/气转换器和气动阀门定位器的组合。

模块二　机舱自动控制技术

任务一　柴油机缸套冷却水温度自动控制系统

【任务目标】

1. 了解 WALTON 型和 TQWQ 型冷却水温度控制系统；
2. 掌握 MR－Ⅱ型冷却水温度控制系统操作、管理和维护要点；
3. 掌握 ENGARD 中央冷却水温度控制系统操作、参数设置及故障排除。

船舶柴油机在运行时，气缸套和气缸盖都需要用淡水来冷却。把冷却用的淡水温度控制在给定值或给定值附近，对柴油机安全、可靠和经济地运转都是十分重要的。其控制方法是，把气缸冷却淡水分成两部分：一部分通过淡水冷却器，用低温淡水（或海水）冷却高温淡水使淡水温度降低；另一部分不通过淡水冷却器，与经过冷却的淡水混合，然后进入柴油机气缸的冷却空间。如果冷却水温度高于给定值，应减少不经冷却器的旁通水量，增大经冷却器的水量，使冷却水温度降回到给定值；反之，若冷却水温度低于给定值，则应增大旁通水量，减少经冷却器的水量，使冷却水温度回升到给定值。柴油机冷却水温度自动控制方式可分为直接作用式、基地式、单元组合式和现场总线微机控制式几种，其中小型柴油机上多使用简单的直接作用式；基地式和单元组合式在目前船舶中还有使用，但随着技术的发展将逐渐退出市场；在新造船舶中，现在使用的多为现场总线型微机控制方式。

一、WALTON 型直接作用式冷却水温度控制系统

直接作用式温度调节器类型很多，结构各不相同，但它们的基本工作原理是一样的。它们都不用外加能源，而是根据感温元件内充注的工作介质的压力随温度成比例变化的原理实现的。这一压力的变化直接动作三通调节阀来改变经冷却器水的流量和旁通水流量，以控制冷却水温度。

图 2－1－1 示出 WALTQN 型恒温阀的结构原理图。WALTON 型恒温阀又称石蜡调节阀，它由阀体、传动机构、滑板和感温盒等组成。感温盒内的感温介质是石蜡。其动作原理是利用石蜡的体积随温度发生变化而产生的作用力来推动执行机构，改变滑板的位置来控制冷却水的温度。用石蜡作工作介质的优点是石蜡工作时被加热变成液体，它的膨胀力比低沸点液体的蒸汽压力大得多，因此这种阀的开度变化响应较快。

若冷却水温度升高，石蜡体积增大，感温盒 1 内的活塞下移，再经活塞杆、连杆 9 以及连杆 9 与滑板 10 相连接点 3，使滑板 10 绕轴 7 逆时针转一个角度，减少旁通水量，增加经冷却器的水量，从而使冷却水温度降下来。随着感温盒内活塞的下移，弹簧 6 被压缩，当感温盒中石蜡因体积膨胀产生向下的力与弹簧 6 向上的张力相平衡时，滑板 10 停止转动。当冷却水温度降低时，其动作方向正好相反。

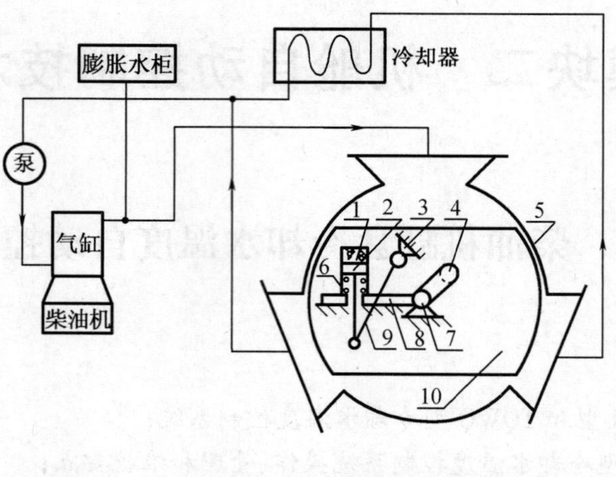

图 2-1-1 WALTON 型恒温阀结构原理图

1—感温盒;2—活塞及活塞杆;3—杠杆支点;4—转轴;5—阀体;
6—弹簧;7—轴;8—拖板;9—杠杆;10—滑板

直接作用式调节器结构简单,它只能实现比例控制,存在静差。同时它的精度低,误差大,在对被控量精度要求较高的情况下,使用直接作用式调节器是不适宜的。

该调节阀温度给定值的调整,可通过调整滑板 10 的初始位置来实现。在实物中,感温盒 1、拖板 8 和轴 7 是紧固在一起的,转轴 4 伸出前端盖并装一个指针,转动指针可改变滑板 10 初始位置。恒温阀手动控制时,也是通过转动转轴 4 改变滑板位置来实现的。

二、TQWQ 型气动冷却水温度控制系统

凡是需要外加能源,由气动或电动仪表构成的自动控制系统都是间接作用式的控制系统。气动冷却水温度控制系统可以用单元组合式仪表构成,也可以用基地式仪表构成。下面介绍由 TQWQ 型气动温度三通调节阀组成的气缸冷却水温度控制系统。

1. 控制系统的组成及工作原理

该控制系统的组成原理图如图 2-1-2 所示。TQWQ 型气动温度三通调节阀属于基地式仪表。测量单元是温包,它是由不锈钢材料制成的,里面充注膨胀系数较大、沸点较低易挥发性液体(丙酮或乙醚),利用温包内介质的压力随温度变化的性质来测温。调节部由分测量波纹管、反馈波纹管、比较杠杆、喷嘴挡板机构、放大器和定值弹簧组成。执行机构由气缸、活塞、弹簧、三通阀组成。

TQWQ 型温度三通调节阀是按力矩平衡原理工作的。当系统处于稳定状态时,作用于比较杠杆的反馈力矩和定值弹簧产生的力矩与测量力矩相平衡,杠杆稳定不动,放大器输出的气压信号不变,执行器中的转阀停在某一位置上,使进入柴油机气缸的冷却水温度稳定在给定值附近。

当柴油机负荷突然减小时,冷却水温度降低,温包中的介质压力减小,测量波纹管中的压力也随之减小,杠杆在给定弹簧张力的作用下绕支点顺时针偏转。固定在杠杆左端的喷嘴靠近挡板,使喷嘴背压升高,经放大器放大后输出气压信号升高。输出信号一路作用在气缸活塞上,克服弹簧的张力使活塞向下移动,推动转阀顺时针转动,于是旁通水量增大,经冷却器的水量减小,使柴油机气缸冷却水进口温度提高;输出信号另一路去反馈波纹管,

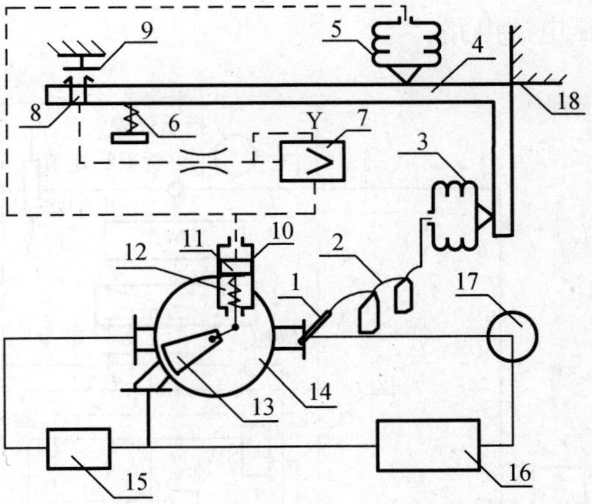

图2-1-2　TQWQ型气动三通调节阀组成的冷却水温度控制系统

1—温包;2—毛细管;3—测量波纹管;4—比较杠杆;5—反馈波纹管;
6—定值弹簧;7—放大器;8—喷嘴;9—挡板;10—气缸;11—活塞;12—弹簧;
13—转阀;14—三通阀;15—冷却器;16—主机;17—泵;18—支点

使反馈波纹管内压力增大,则反馈力矩增大,推动杠杆逆时针偏转,使喷嘴离开挡板,显然这是一个负反馈过程。当系统重新平衡时,转阀也稳定在某个位置,达到温度控制的目的。当冷却水温度升高时,其动作过程与上述相反。

2. 比例带和给定值的调整

TQWQ型气动温度三通调节阀只能实现比例控制作用,控制系统存在静差,而静差的大小取决于比例带,若比例带数值小则静差小。比例带*PB*的调整是通过移动反馈波纹管的位置来实现的。反馈波纹管向右移动,反馈作用减弱,这样在同样的温度变化下,产生较大的输出量变化,所以比例系数*K*增大,即比例带*PB*减小,比例控制作用增强。同理,反馈波纹管左移,比例带增大,比例控制作用减弱。

TQWQ型气动温度三通调节阀,其给定值的调整是通过转动给定弹簧旋钮改变定值弹簧的预紧力来实现的。例如,想提高给定温度,可增大定值弹簧的预紧力,这样,当系统稳定时,被控温度比原来高;反之,降低给定温度,可放松定值弹簧的预紧力。

三、MR-Ⅱ型电动冷却水温度自动控制系统

电动冷却水温度控制系统种类很多,下面介绍由MR-Ⅱ型调节器组成的气缸冷却水温度自动控制系统。

1. 系统组成及工作过程

该系统的组成和工作过程如图2-1-3所示。它是由MR-Ⅱ型调节器1、开关组2、限位开关3、过载保护继电器4、三相交流伺服电机M和由它带动的三通阀等部分组成。其中限位开关、过载保护继电器及三相交流伺服电机属于执行机构,装在冷却水进口管路的三通阀上。MR-Ⅱ型调节器是电动基地式仪表,它把测量单元、调节单元及相应的开关组件组装在一个控制箱中并安装在集中控制室。控制箱中电路由六个部分组成(如图2-1-4所示),其中印刷电路板MRB是输入电路和指示电路;印刷电路板MRV是比例微分控制作

用电路；印刷电路板 MRD 是脉冲宽度调制电路；MRK 板是继电器和开关装置电路；MRP 是主电源电路；MRS 是稳压电源电路。

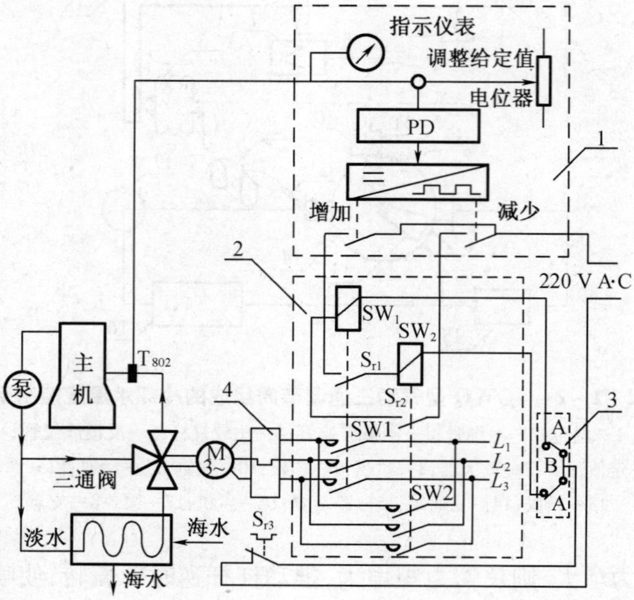

图 2-1-3　MR-Ⅱ型电动冷却水温度自动控制系统组成原理图

1—MR-Ⅱ型调节器；2—开关组；3—限位开关；4—过载保护继电器

自动控制系统的工作过程如下：该系统所用的测温元件是 T802 型热敏电阻（当温度为 20 ℃时，其阻值为 802 Ω），把它插在冷却水进口管路中（见图 2-1-3）。T802 电阻值与冷却水温度呈线性关系变化，经分压器把冷却水进口温度实际值按比例转换成电压信号。这个测量信号与由电位器整定的给定值相比较得到一个偏差信号 e。偏差信号经比例微分作用输出控制信号送至脉冲宽度调制器。脉冲宽度调制器把连续变化的控制信号调制成脉冲信号。若测量温度高于给定值，脉冲宽度调制器输出的脉冲信号使“减少输出继电器” SW_1 断续通电，组合开关 SW_1 断续闭合，三相交流伺服电机 M 正向断续转动。再经减速装置带动两个互成 90°的平板阀，一个控制旁通水量；另一个控制淡水经过冷却器的水量。当电机 M 正转时，关小旁通阀，开大经冷却器的淡水阀使冷却水温度降低。当测量温度低于给定值时，脉冲宽度调制器输出的脉冲信号使“增加输出继电器” SW_2 断续通电，组合开关 SW_2 断续闭合，电机 M 反向断续转动，开大旁通阀，关小经冷却器的淡水阀使冷却水温度提高。在“减少输出继电器” SW_1 和“增加输出继电器” SW_2 的通电线路中都串联一个限位开关和一个过载保护继电器控制的开关 Sr_3。若某些故障使电机 M 电流过大时，过载保护继电器

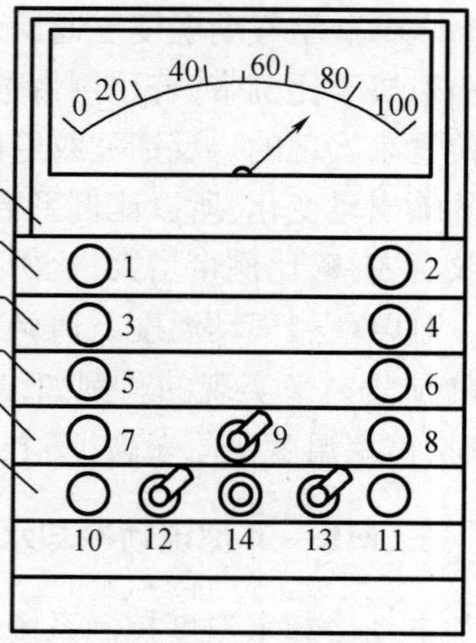

图 2-1-4　MR-Ⅱ型调节器正面面板布置图

动作，使开关 Sr_3 断开，继电器 SW_1 和 SW_2 断电，其触头 SW_1 和 SW_2 断开，切断电机 M 电源，保护电机不会因过热而烧坏。限位开关在一般情况下是合在 A 上。当电机带动三通阀中的两个平板阀转到接近极端位置时，开关 A 断开，使继电器 SW_1 和 SW_2 断电，切断电机电源，以防止平板阀卡紧在极端位置，使电机回行时动作不灵敏或因电机负载过大引起过热。

2. 系统组成及工作过程

MR－Ⅱ型调节器正面面板的布置如图2－1－4所示。它是由一个温度表A和五块插板组成的。

温度表是MRB板上的电流表G，它把电流0～1 mA的变化范围按比例地改为0～100 ℃的刻度，以指示冷却水温度的实际值，也可以指示冷却水温度的给定值。

插板B是MRB板。旋钮1是MRB板上的电位器 W_1，用来整定给定值。按钮2是MRB板上的转换开关 SW_2，拔出按钮，温度表A指示冷却水温度的测量值；按下按钮，温度表可指示冷却水温度的给定值。

插板C是MRV板，上面有两个旋钮3和4。旋钮3是MRV板上的电位器 W_2，用来调整微分时间。旋钮4是MRV板上的电位器 W_1，用来调整比例带。

插板D是MRD板。旋钮5是MRD板上的电位器 W_2，用来调整 A_1 和 A_2 的不灵敏区。旋钮6是MRD板上的电位器 W_1，用来调整脉冲宽度。

插板E是MRK板。7和8是MRK板上的指示灯 L_1 和 L_2，用来指示电机运转方向，开关9是MRK板上的 SW_1。当自动控制系统发生故障时，可用手扳动开关9使伺服电机转到希望的位置上。

插板F是MRP板。10～14都在MRP板上。其中10和11是保险丝 F_1 和 F_2；14是发光二极管 D_2，指示电源是否正常，如果电源正常，合上电源主开关 D_2 是亮的；开关12是"手动－自动"转换开关 SW_2，扳到右边是"自动"位置，扳到左边是"手动"位置；开关13是电源主开关 SW_1，扳到右面 SW_1 合上，扳到左面 SW_1 断开。

(1)控制系统投入工作的操作。先把开关13扳到右面位置，接通主电源，电源指示灯14亮。若不亮，可拔出保险丝10和11，更换烧坏的保险丝。电源正常后，按下按钮2，转动旋钮12使温度表指示在给定值上。再把按钮2拔出，让温度表指示冷却水温度的测量值。然后把开关12扳到右面位置，自动控制系统就可以投入正常工作。

(2)控制系统故障排查。如果发现温度表指示的测量值与给定值之间有较大的偏差值，而指示灯7和8都不亮，说明电机M没有转动。这时必须立即把开关12搬到左面的手动位置，然后手操开关9。如果此时电机M可以正转和反转，说明控制电路出现故障，可分别抽出MRB板、MRV板和MRD板，人为地输入一个信号，观察其输出 U_{15}，U_5，U_{10} 和 U_9 是否变化，哪块板输出不变化，故障就出在哪块板，换一块备件插板，控制系统就能恢复正常工作。若在手操开关9时，电机M仍然不转(指示7和8不亮)，说明自动控制系统没有故障，故障是出现在执行机构中，如电机M烧毁或轴卡死，过载保护继电器动作，电机M的电源切断等。如果手操开关9，电机M能在一个方向上转动而不能在另一个方向上转动，原因可能是"减少输出继电器"或"增加输出继电器"的线圈烧断，或者它们的触头因磨损、烧蚀而不能闭合，要及时检查修复。

(3)控制系统参数调整。调节器的比例带、微分时间和脉冲宽度等调整旋钮不要轻易转动。确实发现控制系统动态过程不理想(观察温度表指针向给定值方向恢复很慢，或指针波动较大)可调整一下比例带、微分时间或脉冲宽度，但每一次调整量要小。每调一次都要认真观察温度表指针的变化情况，直到调好为止。

四、ENGARD 中央冷却水温度控制系统

随着计算机控制技术在船舶领域的广泛应用，船舶机舱越来越多地采用单片机等微型计算机作为冷却水温度控制系统的核心，例如 ALFA－LAVAL 公司生产的 ENGARD 中央冷却水温度控制系统，以及在船上广泛使用的各种智能控制器组成的中央冷却水温度控制系统等。本节以 ENGARD 中央冷却水温度控制系统为例进行阐述。

1. 系统组成

ENGARD 冷却水温度控制系统原理如图 2－1－5 所示，控制系统采用由 ALFA－LAVAL 公司生产的 ENGARD 控制器，这种控制器采用 8032 单片机，取代了常规的电动调节器。中央冷却水控制系统包括海水（SW）系统和低温（LT）淡水系统，系统用海水来冷却低温淡水，再用低温淡水去冷却高温淡水。ENGARD 冷却水温度控制系统主要由中央冷却器（常用板式冷却器）、低温淡水温度调节阀 3、主海水泵组 5、主淡水泵、Pt100 温度传感器 2 和 4、ENGARD 控制器 1 等组成。作为系统的核心部件，ENGARD 控制器的主要任务是：（1）通过低温淡水温度调节阀实现低温淡水的温度定值控制；（2）通过控制海水泵的台数及运转速度实现冷却海水流量的控制。系统按照控制器设定的参数，通过海水流量的有级调节和调节阀的开度变化来控制低温（LT）淡水系统的温度，以达到节能的效果。如果调节阀 3 是气动作用式的，则还需要配备电/气（E/P）转换器。

海水回路的三台海水泵中，两台是单速的，另一台由双速电动机拖动，可进行变极调速

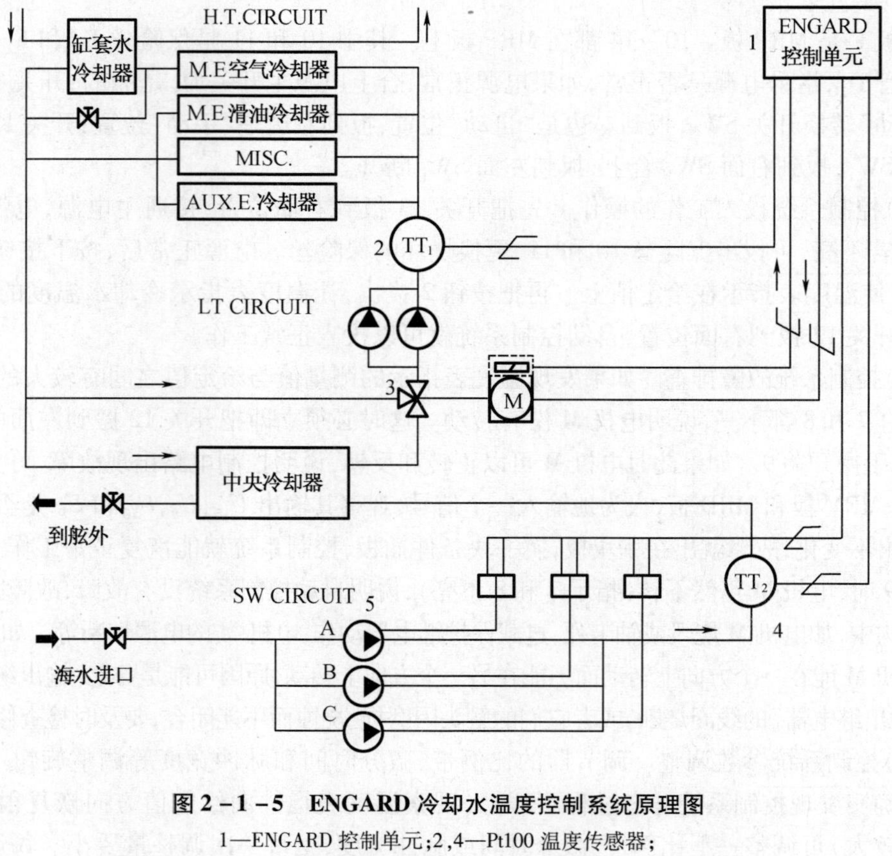

图 2－1－5　ENGARD 冷却水温度控制系统原理图

1—ENGARD 控制单元；2，4—Pt100 温度传感器；

3—低温淡水温度调节阀；5—主海水泵组

（也可以是两台双速，一台单速）。三台海水泵中的任意两台泵各在50%的负荷下并联运行时，就可以达到冷却系统的最大海水流量（100%）。ENGARD 控制器管理这三台泵的运行状态，根据负荷大小变化自动地控制海水泵的并联、解列和调速，以得到合理的海水流量，满足中央冷却器在不同负荷下的控制需要。由流体力学可知，水量 Q 与转速 n 的一次方成正比，水压 H 与转速 n 的二次方成正比，轴功率 P 与 n 的三次方成正比，因此，当水量减少、水泵转速下降时，其功率要降低很多。与传统的流量节流调节或旁通调节相比，ENGARD 控制系统具有明显的节能效果。

Pt100 温度传感器 TT_1 和 TT_2 分别用来检测低温淡水温度和海水温度。

ENGARD 控制系统具有如下特点：

（1）节能效果明显。在100%流量时，功率为50 kW；75%～85%流量时，功率为22 kW；40%～60%流量时，功率为4 kW。

（2）使用有级调速后，水泵电机温升明显下降，同时减少了机械磨损和维修工作量。

（3）保护功能可靠，消除电机因过载或单相运行而烧坏电机的现象。

（4）ENGARD 控制器采用8032单片机，具有完善的自检、控制、显示、多种故障报警等功能，提高了系统的可靠性。海水泵电机与低温淡水温度调节阀通过控制系统的相关参数进行控制，具有很强的适应性和灵活性。该系统还通过 RS232 接口进行通信，便于实现集中控制与监视。

2. ENGARD 控制器

ENGARD 控制器是一种具有比例积分控制规律的全自动温度控制器，它由印刷电路板、固态继电器、电源滤波器、变压器和接线端子排等组成，印刷电路板上有8位微处理器、存储器（PROM，EEPROM，RAM 等）及输入/输出（I/O）接口，控制器对冷却水温度进行比例积分（PI）定值控制，既可以自动控制，必要时经转换也可以手动控制。控制面板上有操作按钮、模式开关、数码显示器、电机工况和系统报警 LED。ENGARD 控制器的输入、输出信号可以参考表2-1-1和表2-1-2。

表2-1-1　ENGARD 控制器的输入信号

输入	说明	接线端子号
I10	电源100，110，115，127或220 V(AC)，+10%/-15%	XA:17-18
I21	低温淡水回路 Pt100 传感器 TT_1	X10:1,2,3,4
I22	低温淡水温度调节阀位置反馈电位器检测的旁通阀开度模拟量信号。如果是气动调节阀，需加电/气转换器，由于没有反馈电位器，则跨接 X11:1 和 3	X11:1,2,3
I31	1#海水泵的启动反馈信号	X7:4-XC
I32	2#海水泵的启动反馈信号	X7:3-XC
I33	3#海水泵的启动反馈信号	X7:2-XC
II34 I35 I36	4#，5#，6#的海水泵启动反馈信号（系统最多可配6台海水泵）	X7:1-XC X8:4-XC X8:3-XC
I40	海水回路 Pt100 传感器 TT_2	X12:1,2,3,4
I50	扩展报警信号（气源中断、海水高温等）	X9:3-XC
IC14	遥控信号（电流回路）	X13:1-4
IC24	串行通信（RS232）	X14:1-4

表 2-1-2 ENGARD 控制器的输出信号

输出	说明	接线端子号
U11	控制低温淡水调节阀的开/关信号	XA:10,11,12
U21	输出到 I/P 转换器 4~20 mA 的电流信号(控制气动调节阀)	X9:1-2
U31	1#海水泵启动信号	X5:1-XD
U32	2#海水泵启动信号	X5:2-XD
U33	3#海水泵启动信号	X5:3-XD
U34	4#,5#,6#海水泵启动信号	X5:4-XD
U35		X6:1-XD
U36		X6:2-XD
U41	海水泵“冲洗”功能信号	X6:3-XD
UC14	遥控信号	X13:1-4
UC24	串行通信	X14:1-4
UA12	过程报警信号	X1:3-4
UA13	功能报警信号	X2:1-2

3. 系统工作原理

自动控制系统主要是对低温淡水温度和海水流量的控制。淡水温度在一定的范围内变化时，通过低温淡水调节阀控制流经中央冷却器的淡水量，若淡水温度的变化超出调节阀的设定调节范围，则通过海水泵的转速及台数控制实现海水流量调节。海水泵的控制不仅取决于中央冷却器的热负荷，还受海水流量、海水温度及中央冷却器的脏污程度的影响。

(1)低温淡水温度控制

温度传感器 TT_2，检测在 LT 回路中淡水泵之后的温度 T_1。T_1 被送至控制器，与低温淡水设定值 T_L 相比较得到偏差 $E_L = T_1 - T_2$，ENGARD 控制器对偏差进行比例积分运算后，输出控制信号给 LT 回路的调节阀。当淡水温度降低时，即 E_L，调节低温淡水调节阀 3 的旁通口开大，使流经中央冷却器的淡水量减小；反之，E_L，旁通口关小，流经中央冷却器的淡水量增多。当淡水温度超过或低于限制值时，发出越限报警。

在 ENGARD 控制器面板上有旁通阀的开度百分数显示。当旁通阀的开度信号达到海水泵的切换值时，海水流量设定值 T_{SW} 将增大或减小，ENGARD 控制器将根据 T_{SW} 发送启动控制信号给海水泵，增加或减少海水泵的台数。海水泵启动成功后，海水泵启动控制单元将一个反馈信号送回 ENGARD 控制器以确认海水泵已经启动成功，ENGARD 控制器面板有相应的信号指示，若没有接收到该反馈信号，则控制器将发出故障报警。

(2)海水泵的控制

海水泵的切换控制可以分别按照低温淡水调节阀的旁通口开度 V_1 或低温回路的淡水温度 T_1 控制，也可以同时采用 T_1 和 V_1 控制，如按 T_1 控制大容量的海水泵，同时按 V_1 控制小容量的海水泵。

若采取 V_1 控制方式，当冷却系统的热负荷增大时(需要更多的冷却淡水流经中央冷却器)，低温淡水调节阀将逐步关小旁通口，当旁通口开度逐步关小到设定值时，则增大海水泵流量或启动另一台海水泵并联运行；当冷却系统的热负荷减小时，低温淡水调节阀将逐步开大旁通口，当旁通口开度逐步开大到设定值时，减小海水泵流量或退出一台海水泵。

若采取 T_1 控制方式，当冷却系统的热负荷增大时，低温淡水调节阀将关小旁通口直至全关旁通口，淡水全部流经中央冷却器，当 TT_1 测得的温度信号增大到设定值时，增大海水泵流量或启动另一台海水泵并联运行；当冷却系统的热负荷减少时，低温淡水调节阀的旁通口不断关小直至全关，低温淡水的温度会随着热负荷的减少而降低，当 TT_1 测得的温度信号降低到设定值时，减小海水泵流量或退出一台海水泵。

海水泵在自动控制方式下，在选择泵组投入运行时，如果两台泵的容量相等，则控制装置将比较两台泵的运行时间，运行时间较短的泵将优先启动。ENGARD 控制器自动实现 T_1，V_1 与冷却海水流量之间的参数匹配，避免海水泵的频繁启停和淡水温度的大幅度振荡。如果低温淡水调节阀控制旁通口开度 V_1 的变化范围在 0 ~ 5% 之内，或者淡水温度偏离设定值不超过 0.5 ℃，则不需要对海水泵的流量进行调节。增大海水流量时，系统将自动启动“冲洗”功能，每隔 2 min 顺序启动海水泵一次，冲洗沉淀在海水管路内的污垢，“FLU”将在控制面板的显示窗口中交替出现。“冲洗”功能可通过参数 P_{12} 进行设置，P_{12}，取消该功能。

(3) 报警与显示

ENGARD 控制器的报警分成过程报警和功能报警，前者是关于海水泵、淡水温度越限等故障，后者是关于 ENGARD 控制器内部及 I/O 故障。报警内容通过控制面板液晶窗口显示和 LED 指示。如果故障多于一个，先显示第一个未确认的报警，该报警确认后，再显示下一个报警。如果在 5 s 之内未复位过程报警，则触发机舱集中监视系统工作。发生功能报警时，低温淡水调节阀开度将保持原位不变。各种报警指示如表 2－1－3 所示。其中，P 为过程报警，F 为功能报警。

表 2－1－3　ENGARD 的报警信号

报警符号	报警原因		报警符号	报警原因	
	淡水高温或低温	P	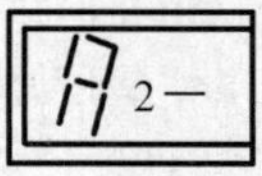	控制模块错误	F
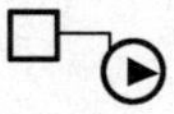	海水泵反馈信号故障	P	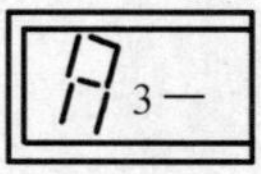	“Program mode”时间太长	F
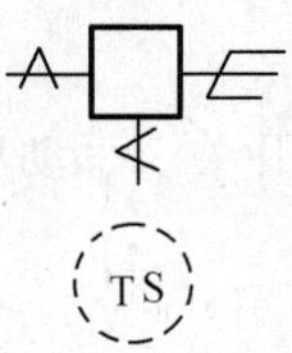	扩展报警，I/P 转换器气源中断中央冷却器后的海水温度偏高	P	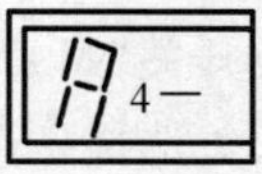	电源故障	F
	备用泵运行	P	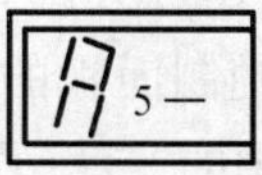	外部传感器接线故障	F
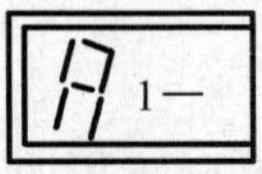	通信错误	P	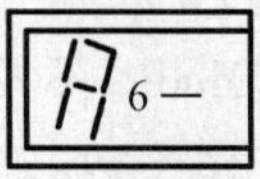	传感器读数异常	F

4. 系统操作

(1)控制面板

ENGARD 控制面板如图 2－1－6 所示。

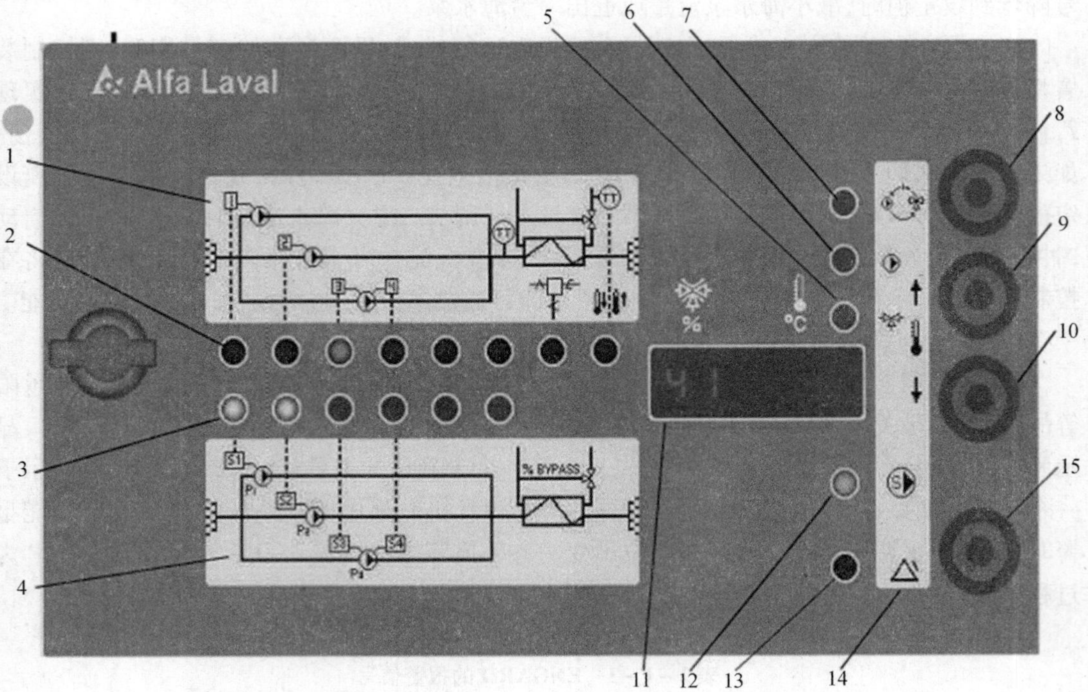

图 2－1－6 ENGARD 控制面板

1—报警输入信号图表；2—报警输入信号 LED(Red)；3—控制系统输出信号 LED(Green)；4—控制系统输出信号图表；5—调节阀手动模式 LED(Orange)；6—海水泵手动模式 LED(Orange)；7—自动控制模式 LED(Green)；8—手动/自动模式按钮；9—增加温度按钮(手动模式)；10—降低温度按钮(手动模式)；11—显示器；12—备用泵工作比 D(Orange)；13—主报等 LED(Red)；14—功能符号；15—报警复位/试灯按钮

(2)系统投入运行的操作

①开启系统的主进、出口阀，启动低温淡水泵运行。

②开启海水泵的吸入阀和排出阀，排除海水泵内的空气。

③在海水泵控制屏上将转换开关“MAN/AUT”置“MAN”位，合上主电源开关。手动启动大容量的海水泵，用“STBY”开关选择备用泵。

④开启中央冷却器的海水进出口阀，系统开始工作。

⑤合上 ENGARD 控制器的“ON/OFF”电源开关(该开关在控制箱内部)，同时复位主保险丝故障(按下按钮 15)。这时控制面板的显示窗口出现“D－PCU”，10 s 后，显示窗口 11 的左边显示低温(LT)回路调节阀的开度(用两位数字，单位%)，显示窗口的右边显示低温淡水温度(三位数字，单位℃)。按下按钮 8 确认 ENGARD 控制器在手动控制方式下工作，并使 LED 7(Automatic Operation Mode)不发光。

⑥控制面板上检查系统的工作参数，确保它们与系统的设定值相符(参数设定值列表在控制箱门的里面)。

⑦按下“Alarm reset/Lamp test”按钮 15，至少保持 3 s 以上(若显示窗口跳出 F 参数，则

5 min 后或者多按几次按钮 15 后将恢复正常)，检查控制面板上的指示灯是否有异常。

⑧待系统稳定后或按需要，将系统工作方式转为“自动”。

系统投入自动运行的前提条件是低温淡水泵已经投入运行，ENGARD 控制系统已处于工作状态，海水泵处于手动控制方式并且已在原地启动运行。

确认条件无误后，再次按下 ENGARD 控制面板上的按钮 8，使得 LED 7 亮(绿色)。最后在海水泵控制屏上将转换开关“MAN/AUT”置“AUT”位。此时，ENGARD 控制系统工作在自动状态，系统将使海水泵运行在最佳状态，并且自动调节和监测低温淡水系统的温度。

系统初次转换到自动控制状态时，首先要将海水泵的安装参数 P25 ~ P30 设置为“ON = 1”，双速泵的 P 参数设置为“ON = 1”。

(3)手动/自动模式及切换

海水泵和淡水调节阀各有手动/自动两种操作模式，海水泵手动操作时，低温淡水调节阀仍可工作在自动状态；反之亦然。

手动/自动操作模式是通过控制面板上的按钮 8 来选择的。系统工作在自动方式时，控制面板上的 LED 7 亮(绿色)，此时按一下按钮 8，LED 6 亮(橙色)，LED 7 灭，表明选择了海水泵手动工作方式；再按一下选择了调节阀手动工作方式；第三次再按按钮 8，LED 7 亮，LED 5 灭，则又回到了自动工作状态。可以通过控制面板上的 4 看到在运行的海水泵。

选择海水泵手动操作模式时，按下按钮 8，LED 6 亮，LED 7 灭。将海水泵控制屏上的转换开关“MAN/AUT”置“MAN”位，然后根据低温淡水的温度手动启动/停止所需的海水泵。根据运行海水泵的容量，淡水调节阀将自动地连续调节低温淡水的温度。若要回到海水泵自动工作模式，则首先在海水泵控制屏上将开关“MAN/AUT”置“AUT”位，再在 ENGARD 控制面板上按两次按钮 8，使 LED 7 亮、LED 6 灭。

选择调节阀手动操作模式，按两次按钮 8，LED 5 闪亮，LED 7 灭。通过按钮 9(+)和 10(-)控制低温淡水温度的增加或减小。调节阀从全关到全开，对应显示值为 2% ~98%。根据淡水调节阀开度或低温淡水的温度，海水泵自动地进行流量调节。此时要回到调节阀的自动工作模式，只需按一次按钮 8 即可，LED 7 亮，LED 5 灭。

(4)系统工作状况检查

系统在自动方式下正常工作时，控制面板上液晶窗口 11 显示调节阀开度值和低温淡水温度值。在无报警的情况下，按下按钮 15(Alarm reset/Lamp test)，可以让显示器显示 F 系列参数的读数。液晶窗口左边出现“F_0”，右边显示海水温度值(℃)；若窗口左边出现“F_1 ~ F_6”中的某一个，则右边数值为对应海水泵的累计工作时间(该数值乘以 1 000 等于运行小时数)。按钮 15 被按 5 min 后，系统将恢复到正常指示状态。

(5)报警功能

出现报警时，控制面板上的 LED 2，LED 13 闪亮(红色)，窗口 11 显示报警代码 A_1 ~ A_6(参见表 2 - 1 - 3)。按“Alarm reset”按钮 15 对报警进行确认。所有报警被确认后，LED 2，LED 13 常亮。最后再按按钮 15 进行复位，LED 13 熄灭。只有故障消除后 LED 2 才熄灭。

(6)停止系统工作

要对某台海水泵停车检修，必须设置与其对应的“P_{25} ~ P_{30}”中的某一参数为“OFF = 0”，使该泵退出控制系统，切断该泵电源，关闭其进出口阀，但必须选择一台备用泵替代它工作。

要停止整个系统的工作，首先在控制面板上选择手动操作模式，海水泵控制屏上转换开关“MAN/AUT”置“MAN”位；然后手动启动大排量海水泵工作，正确关闭系统的某些海水阀；最后打开控制器箱门，关掉里面的电源。

5. 系统参数调整及维护保养

ALFA－LAVAL公司提供有详细的过程参数表、安装参数表、备件表及接线图，放在ENGARD控制器控制面板门的后面，便于查阅。系统的主要参数如表2－1－4所示。

表2－1－4 ENGARD控制器的过程参数和安装参数

代码	过程参数	单位	显示	厂家设定	说明
P1	低温淡水温度设定值	℃	xx. x	36. 0	温度设定值按照系统设计和柴油机厂家推荐值整定
P2	低温淡水温度上限报警值	℃	xx. x	40. 0	
P3	低温淡水温度下限报警值	℃	xx. x	25. 0	
P4	比例(P)常数	%℃	0x. x	1. 0	比例积分作用需要重新整定
P5	积分(I)常数	1/s	xx. x	8. 0	
P6	海水流量Ⅵ→更大流量	%℃	_xx xx. x	_40	海水流量按调节阀开度(_xx)/淡水温度(xx. x)调节。P8,P9只按阀位调节 (1)按阀位调节 (2)按温度调节 P7≤P6－5 units P7≥P6＋2 ℃ P8≤P7－5 units P8≥P7＋2 ℃ P9≤P8＋30 units P8≤P2－2 ℃ P9＞P8 P9＜P8 P10≤P7＋30 units P10＜P7 P10＞P7 P10＜P9 P11≤P6＋30 units P11＜P6 P11＞P6 P11＜P10 P11≥P1＋0.5 ℃
P7	海水流量Ⅲ→更大流量	%℃	_xx xx. x	_30	
P8	海水流量Ⅱ→流量Ⅰ	%℃	_xx xx. x	_20	
P9	海水流量Ⅰ→流量Ⅱ	%℃	_xx xx. x	_50	
P10	更大流量→流量Ⅲ	%℃	_xx xx. x	_60	
P11	更大流量→流量Ⅳ	%℃	_xx xx. x	_70	
P12	海水系统的冲洗时间间隔，0＝不冲洗	h	xxx	100	
P20	调节阀占空比(工作系统)	%	0xx	99	伺服电机驱动的调节阀，调节快结束时断续动作所占时间比
P21	调节阀动作全行程时间(开度%)	s	0xx	60	调节阀旁通口全开→全关或全开←全关所用时间
P22	调节阀反应的最小时间(最小脉冲)	s	0xx	0. 06	反映调节阀的灵敏程度
P23	启动延时	s	0xx	0. 06	可以确定海水泵的启动顺序
P24	冲洗顺序延时	s	xxx	0	海水反向流动冲刷系统里的污垢

表 2-1-4(续)

代码	过程参数	单位	显示	厂家设定	说明
P25 ~ P30	海水泵启动器 1 ~ 6	Off = 0 /On = 1	00x	1	只有海水泵退出系统时,设置 Off = 0;启动器接线与代码、参数一定
P31	水泵切换延时时间	min	0xx	15	最短设定时间为 5 min
P32 ~ P37	海水泵启动反馈信号报警延时	s	0xx	10	水泵启动后,控制器没有收到反馈信号,则延时 10 s 报警
P38	电动/气动调节阀	Electrical = 0 Pneum. = 1 Pneum. = 2	00x	0	按照调节器类型设置参数,"0"电动;"1"气动(无反馈);"2"气动(有反馈信号)
P39	旁通阀 2% 开度	Calibr. = 1	00x	0	调节阀开度与反馈信号校准。参数为 1 时,开度为 2% 或 98%
P40	旁通阀 98% 开度	Calibr. = 1	00x	0	
P41	通信方式	CL = 1 RS232 = 1	00x	1	CL = 0 为电流环通信方式
P42	报警延时	s	0xx	15	
P43 ~ P48	海水泵运行时间计数器 1 - 6	Reset = 1	00x	0	每台海水泵的运行速度以"m/h"检测,累计工作时间。要复位时间计数器,Reset = 1,并进行下一参数设置。当开始下一个参数时,上一个参数设置回到 0
P49	海水回路是否安装 Pt100	1 = 安装 0 = 没安装	00x	1	

(1)参数整定

首先将 ENGARD 控制箱内的模式选择开关置"P",控制面板上显示"$C_1$1"和间歇显示"Pro"。按控制面板(见图 2-1-6)下面两个按钮 10 和 15,调整 C_1-12 参数值;按钮 8 可选择下一个被设置的参数;按上面两个按钮 8 和 9,进入参数内容(参见表 2-1-4),没有参数就显示"--"。新设置的参数在选择下一个参数时被存储,如果同时按下按钮 10 和 15,则将存储修改以前的参数值。控制面板上显示"$C_2$2",表明过程参数设置完毕,开始设置安装参数 C_2-12,方法与前面相同,当出现"End"时,安装参数设置完成。

结束参数整定,必须把控制箱内的模式选择开关置"L"或"R",否则,10 min 后将发出"Program mode"报警(代码 A_3)。

(2)淡水回路调节阀整定

首先打开 ENGARD 控制器箱门,将模式选择开关置"P"(Program)。根据调节阀设定参数 P_{38}(参见表 2-1-4)。然后按下控制面板上的按钮 8"Manual mode"1 ~ 3 次,LED 5 闪亮(橙色),通过按钮 9(升温)、10(降温)手动改变调节阀旁通口的开度。

按下按钮 10,手动操作调节阀旁通关小,关到 2% 开度时,设置参数 P_{39} = 1。接按钮 9,

使调节阀旁通开大，开到 98% 开度时，设置参数 $P_{40}=10$ 调节阀动作到极限位置时，留有 2% 的余量，防止阀卡死，动作不灵敏。通过按钮 9/10 操作调节阀旁通全关→全开/全开→全关，测量调节阀动作全行程所需时间，把该时间值输入参数 P_{21}。

(3) 检查海水泵切换功能

在前面两项整定好的基础上，按下按钮 8 选择调节阀手动模式，LED 5 闪亮（橙色）。通过按钮 10 手动关小调节阀的旁通阀，控制面板上 11 的左边显示 2% 时，观察切换到大流量海水泵的时间不超过 5 s。由按钮 9 开大调节阀的旁通阀，液晶窗口 11 的左边显示 98% 时，观察切换到小流量海水泵的时间在 15 min 之内。最后，将系统转换到自动模式。

(4) 系统的维护保养

为了预防故障发生，每周应进行试灯和报警功能试验；每月应进行淡水温度越限报警和水泵故障报警试验；每六个月应校验一次温度传感器，如果偏差超过 ±1 ℃，需要换新。

6. 故障分析

系统出现故障时，将在控制面板上的"Alarm Input Diagram"1、"Alarm Input LED"2 给出报警指示，在液晶窗口 11 中显示故障代码，故障性质参见表 2-1-3 所示。常见主要故障如下：

(1) 淡水温度异常。可能是由于手动操作不当、参数设置错误、流量或压力异常等原因造成。若水温过高，可能是流量或压力不足、海水温度偏高、中央冷却器阻塞、温度传感器故障或调节阀卡死在 20% ~5% 的开度上；若水温过低，原因情况与前者相反。可参照说明书正确调整参数 P_1/P_2，改手动为自动模式，认真检查海水、淡水泵的流量和压力，仔细检查 Pt100 温度传感器是否有断线、接地故障，检查调节阀是否卡死等。

(2) 海水泵反馈信号错误。可能是参数设置错误或海水泵故障，可检查参数 $P_{25}\sim P_{30}$。海水泵退出系统工作时，对应值应为"Off = 0"。

(3) 备用泵启动。可能是所用海水泵没有反馈信号或备用泵控制电路故障，应按照图纸检查电源和接线是否有误。

(4) 气源中断报警。只有使用气动调节阀的情况下才会出现，应检查气源减压阀和 I/P 转换器。

(5) 中央冷却器后的海水温度偏高。可能是海水流量不足、手动操作海水泵不当、柴油机负荷高等原因造成的。

(6) 通信故障。报警代码为 A_1，A_1-1 是电流环通信错误，检查接线是否正确；A_1-2 是 RS232 设置错误。

(7) 控制单元故障。报警代码为 A_2，A_2-1 是单片机 8032 内的 RAM 故障；A_2-2 是外部 RAM 故障；A_2-3 是外部 RAM 求校验和故障；A_2-1 到 A_2-3 类故障，接通/断开控制单元的电源几次可以消除，否则只能更换芯片。A_2-4 是 PROM 错误；A_2-5 是模式开关错误；A_2-6，A_2-7 是模拟量处理故障；A_2-8 是模拟量电路板电源或频率故障，检查电路板熔丝，检查电源电压和频率范围。

任务二　燃油黏度自动控制系统

【任务目标】

1. 掌握燃油黏度控制系统的组成、功能及特点；
2. 掌握燃油温度“升－降”温速度的设定原理和设定方法、“柴油/重油”转换条件；
3. 掌握 FCM 燃油供给与自动控制系统操作、管理及对常见故障的分析和排除。

一、VAF 燃油黏度自动控制系统

为了降低船舶的营运成本，目前几乎所有的柴油机主机都燃用重油。然而重油在常温下流动性很差，燃油黏度不但受温度影响，而且与压力有关。温度升高黏度下降，压力增加却使黏度有所增加。在这样一个相互关系中，温度对黏度的影响比较敏感而又易于控制。因此从表面来看，黏度控制好像是一个温度控制问题。这对某一固定品种的燃油来说是对的，但对不同品种的燃油在温度相同的情况下，其黏度差异较大。如果采用温度控制系统，为了控制燃油的最佳喷射黏度，对不同品种的燃油必须重新整定燃油温度给定值，其工作甚繁。特别是对于不同品种燃油混合在一起（从世界各港口装载燃油，油舱中的燃油常是不同品种的混合油），更难确定燃油最佳喷射黏度所对应的温度给定值。因此，在燃油进入高压油泵以前，一般不采用温度控制系统，而是直接采用黏度控制系统。它以燃油黏度作为被控参数，根据燃油黏度的偏差值控制加热器蒸汽调节阀的开度，使燃油黏度保持为恒定值。

1. 控制系统的组成及原理

VAF 燃油黏度自动控制系统如图 2－2－1 所示。它主要由测黏计、差压变送器、气动调节器和调节阀等部分组成。

2. 测黏计

测黏计检测燃油加热器出口燃油的黏度，并将黏度值转换为压差信号作为黏度的测量信号送到差压变送器。差压变送器把该压差信号按比例地转换为 0.02～0.1 MPa 的气压信号送到调节器。测量值与给定值相比较得到一个偏差值，此时调节器根据偏差信号的大小和方向按比例积分的作用规律输出一个控制信号来改变蒸汽调节阀的开度，把燃油黏度维持在给定值上。

测黏计的结构原理如图 2－2－2 所示。主要部件是恒定排量的齿轮泵 1 和毛细管 2。齿轮泵装在加热器出口的燃油管路中，它由电机经减速装置驱动，其转速恒定，这样齿轮泵经毛细管排出的油量是恒定的。由于毛细管的内径很细（2 mm），流过毛细管的油流量很小，因此流过毛细管的燃油呈层流状态。这样，毛细管两端的压差 ΔP 就与燃油黏度成正比。图中正、负连接管 3 之间的压差就反映了燃油黏度的实际值。

3. 调节器

VAF 型黏度控制系统所用的调节器是按位移平衡原理工作的，能实现比例积分的控制作用。图 2－2－3 示出了调节器结构图，图 2－2－4 为 VAF 调节器结构简图。

当控制系统处于平衡状态时，被控参数等于给定值，调节器上的测量指针（黑色）与给

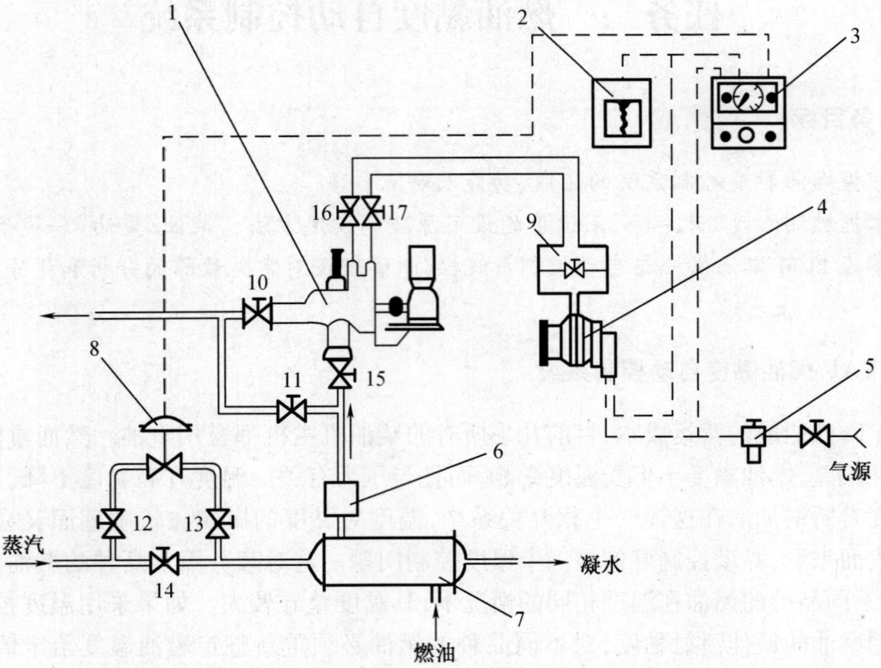

图 2-2-1　VAF 型燃油黏度自动控制系统

1—测黏计;2—记录仪;3—调节器;4—差压变送器;5—过滤减压阀;
6—燃油细滤器;7—燃油加热器;8—气动调节阀;9—平衡阀;10~17—截止阀

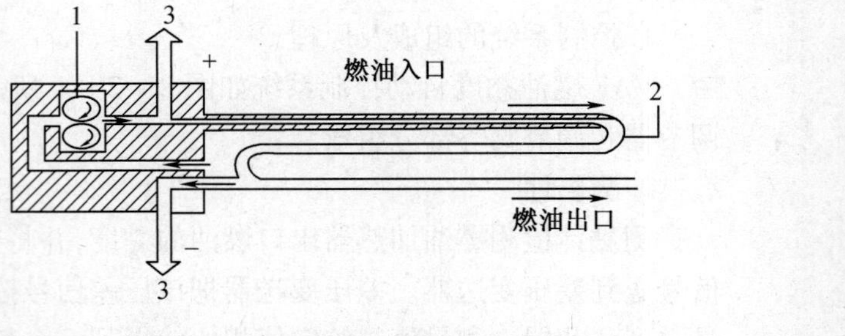

图 2-2-2　测黏计结构原理图

1—恒流量齿轮泵;2—毛细管;3—接差压变送器

定指针(红色)重合。当系统受到扰动时,测量值偏离给定值,出现偏差。若测量值大于给定值,差压变送器输出的气压信号增大,波纹管 1 伸长,前后两个扇形轮均绕固定轴逆时针转动一个角度。它使指示盘上的黑色指针顺时针转动,指示燃油黏度的实际值增大,同时,连杆 AB 上移,杠杆 BD 以 C 为支点逆时针转动,D 点下移,通过弹簧 18 的挠性传动,使 P 轴顺时针转动。于是装在 P 轴上的挡板 3 离开喷嘴 4,喷嘴背压降低。这个背压经“手动-自动”转换阀作用在功率放大器 5 的膜片 7 下面,使膜片 7 连同排气阀座一起下移,开大排气阀,输出压力下降(调节器是反作用的)。调节器输出的下降压力送到气关式蒸汽调节阀,开大阀门,增加通入加热器的蒸汽量,降低燃油黏度。同时,调节器输出压力送到反馈波纹管 10,并经积分阀 11 与积分气室 12 相通。但因积分阀的节流作用,在输出压力下降的瞬间,积分气室压力不变,而反馈波纹管中的压力瞬间降低,反馈波纹管 10 和反馈杆 LN 左移。比例带调整盘的拨动杆 MN、反馈杆 LN 和反馈弹簧片 JO 的端部铰接在一起,铰接点的运动轨迹是以 M 点为圆心,以 MN 为半径的圆弧。当反馈杆 LN 左移时,N 和 J 点下移,反馈弹簧片 JO 下移,使杆 OC 绕 P 轴逆时针转动,C 点上移,BD 杆以 B 为支点顺时针转动,D

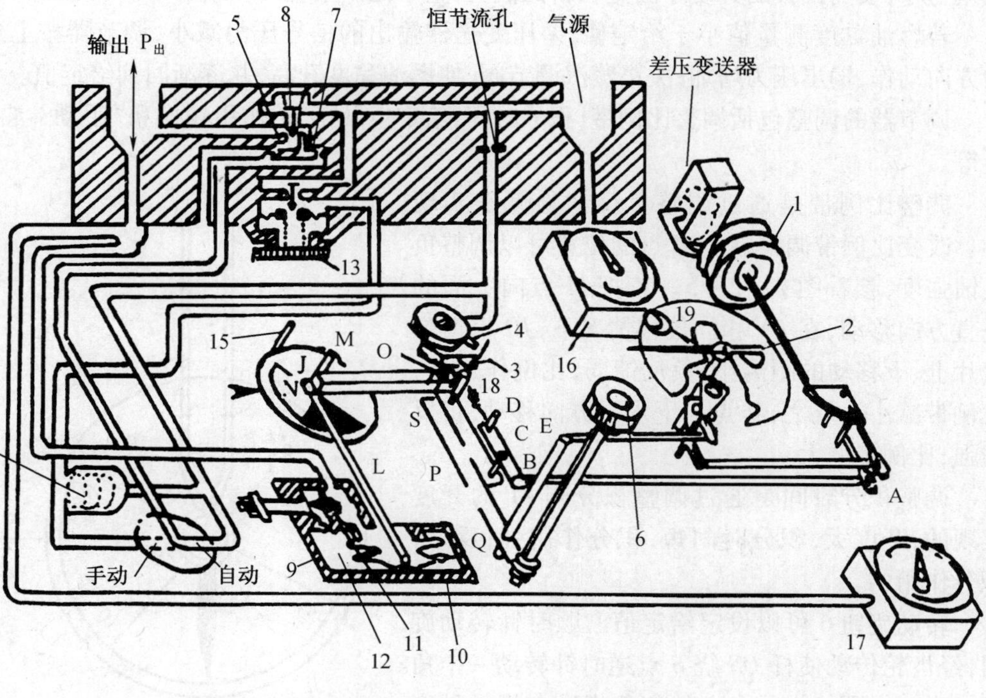

图 2-2-3　VAF 型调节器结构图

1—波纹管;2—黏度测量指针(黑色);3—档板;4—喷嘴;5—气动放大器;6—调整给定值指针的旋钮;7—膜片;8—放大器阀芯;9—积分组件;10—积分波纹管;11—积分阀;12—积分气室;13—调压阀旋钮;14—压力指示器;15—比例带调整旋钮;16—气源压力表;17—输出压力表;18—弹簧杆件;19—黏度给定指针(红色)

点上移,通过弹簧 18 的挠性传动使 P 轴逆时针转动,挡板向靠近喷嘴的方向移动,这就是负反馈。喷嘴挡板的开度靠输入信号使挡板离开喷嘴的位移与反馈信号使挡板靠近喷嘴的位移相平衡而暂时稳定下来。这时挡板开度比原来的开度稍大一点。若偏差越大,挡板的开度变化也越大。显然,负反馈作用使调节器实现比例控制。

随着输出压力的降低,积分气室 12 的压力不断降低,波纹管 10 内外压差不断减小,使 LN 杆又逐渐右移,反馈弹簧片 JO 逐渐上移,使挡板又离开一点喷嘴,调节器输出压力随时间又逐渐降低。这个附加正反馈实现了积分作用,直到燃油黏度的测量值又回到给定值,

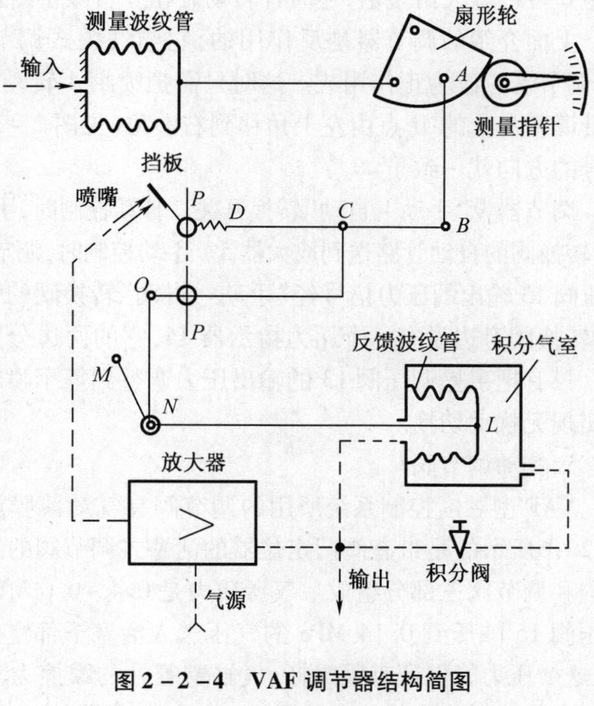

图 2-2-4　VAF 调节器结构简图

偏差为零，喷嘴挡板的开度才固定在新的值上，整个控制系统处在新的平衡状态。

若燃油黏度测量值小于给定值，差压变送器输出的信号压力减小，调节器按上述相反的方向动作，输出压力增加，关小蒸汽调节阀，使燃油黏度升高，并逐渐回到给定值。

调节器的调整包括调整比例带，积分时间，给定值及正、负作用切换和“手动－自动”切换等。

调整比例带是通过调整负反馈强度来实现的。改变比例带调整盘上 *M* 点的位置可以调整负反馈强度，参看图 2－2－5。若把 *M* 点向上面的垂直方向移动，在 *LN* 相同位移情况下，*JO* 反馈弹簧片上、下移动的距离小，负反馈弱，比例作用强，比例带减小。反之，*M* 点向下水平方向移动，负反馈强，比例带增大。

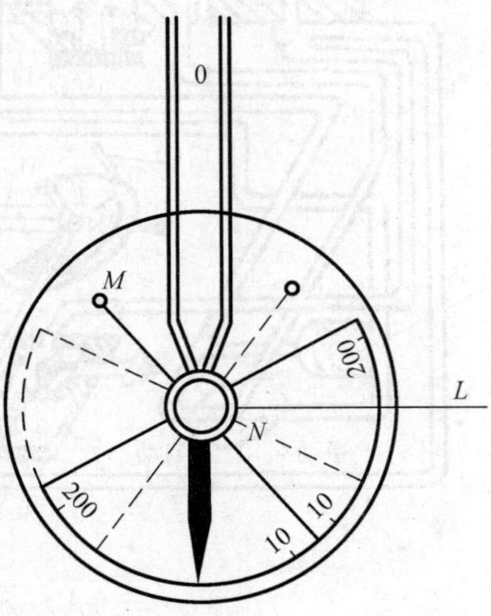

图 2－2－5　比例带调整盘示意图

调整积分时间是通过调整积分阀 11 的开度实现的，开度大，积分时间短，积分作用强；反之，积分作用弱。

转动旋钮 6 可以设定给定值。顺时针转动旋钮，经齿轮传动使杆 *QS* 绕 *S* 点逆时针转动一个角度。它一方面使指示盘上的红色指针向指示黏度增加的方向（顺时针）转动；另一方面，由于杆 *JO* 不动，*P* 点上移，*C* 点上移，*BD* 杆绕 *B* 点顺时针转动，通过弹簧 18 使 *P* 轴逆时针转动，挡板靠近喷嘴，这与给定值不变而黏度降低的效果是一样的。经调节器的控制作用，燃油黏度增加并稳定在新的给定值上。所以，顺时针转动旋钮 6 可以增大给定值；逆时针转动旋钮 6 可减小给定值，其动作过程与上述相反。

上面介绍的调节器是反作用的，它与气关式调节阀配套使用。如果采用气开式调节阀，调节器应改为正作用式。这时只需把喷嘴 4 转动 90°，使它对准下面的挡板，同时把比例带调整盘上的 *M* 点由左上角移到右上角（见图 2－2－5），这样差压变送器与调节器输出信号的方向就一致了。

调节器设“手动－自动”转换开关。自动控制时，手操信号被切除，喷嘴背压经“手动－自动”转换阀的自动管路送到放大器 5。手动控制时，调节器输出的自动信号被切除。这时手操调压阀 13 输出的压力信号经“手动－自动”转换阀的手操管路送到放大器 5。在“手动－自动”转换阀旁边设有一个压力指示器 14，它的两边分别接喷嘴背压和手操调压阀的输出压力。只有把手操调压阀 13 的输出压力调整到等于喷嘴背压时，才允许从自动转换为手动，以实现无扰动切换。

5. 气动调节阀

VAF 型黏度控制系统所用的调节阀有气动薄膜调节阀和活塞式调节阀两种结构。图 2－2－6所示的是带有阀门定位器的活塞式调节阀的结构原理图。该阀由定位器、活塞执行机构和调节阀三部分组成。气源压力是 0.4～0.6 MPa，分别送到定位器的 D 和 G 空间，由调压阀 15 减压到 0.14 MPa 的气压送入活塞下部空间 H。调压阀在没有输入信号的情况下，这个压力能保证克服阀杆、气缸壁等处的摩擦力和活塞重力等，使阀芯 17 处于开启状态。由调节器送来的控制信号进入阀门定位器的 A 室，并作用于膜片 1 上。若燃油黏度降低，调节器输出压力信号增高，阀轭 2 右移，导向阀 8 相对喷嘴 9 的开度减小，D 室压力升高，使膜片 10 连同放气阀座 12 一起右移，关小放气阀，开大进气阀 14。于是 F 室压力升高，即活塞上部空间 B 室压力升高，推动活塞 16 下移，关小调节阀，减少进入加热器的蒸汽量。随着活塞下移，通过反馈弹簧 7 拉动折角曲柄 6 绕支点 18 逆时针转动，通过轭销 5 给阀轭一个向左的力来抵消控制信号对阀轭向右的作用力。当两者作用力相等时，调节阀处于新的平衡状态，这时通过阀芯的加热蒸汽量正好满足负荷的需要，使燃油黏度保持正常值。

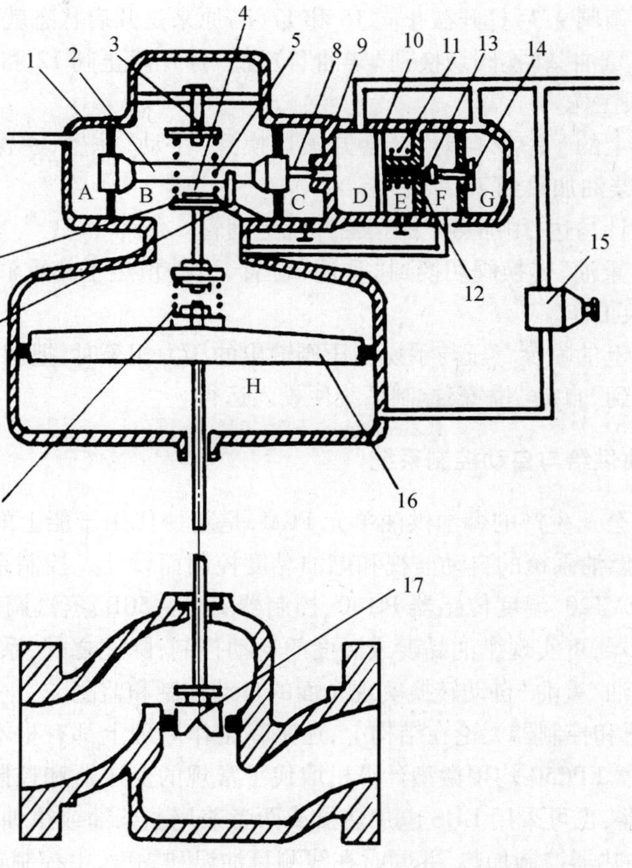

图 2-2-6　带有阀门定位器的活塞式调节阀结构图

1—膜片；2—阀轭；3—调整螺钉；4—调零螺钉；5—轭销；6—折角曲柄；7—反馈弹簧；8—导向阀；9—导向喷嘴；10—膜片；11—弹簧；12—放气阀座；13—放气阀；14—进气阀；15—调压阀；16—活塞；17—阀芯；18—支点

6. 管理要点

在日常管理中，要特别注意保持气源的清洁与干燥，随时打开过滤减压阀的放水考克，定期清洗过滤器，同时注意将气源压力保持在 0.14 MPa 上。在控制系统运行中，若某些仪表工作出现不正常情况，很可能是某个恒节流孔堵塞，可按一下装在恒节流孔旁的通针进行一次清堵。如果恒节流孔没有装通针，就应把它拆下来进行清洗。减速齿轮箱和滚珠轴承都要定期清洗和加油，记录仪表机构的发条每月上紧一次。

调节器整定好的参数（如比例带、积分时间）及给定值等不要随意改动。如果发现控制系统动态过程不理想，需要重新整定比例带或积分时间，要参考仪表说明书的要求和根据参数整定的基本原则进行，做到每次少调、勤观察。

7. 操作步骤

燃油黏度控制系统投入运行时的操作步骤参见图2－2－1。

（1）接通气源，调好气源压力为0.14 MPa。

（2）打开截止阀10和15，关闭截止阀11，使燃油通过测黏计，这样可以使测黏计的温度同管路上一致，保证黏度测量的正常可靠。

（3）先打开平衡阀9，后打开截止阀16和17（若原来是开启状态就不用动它）。

（4）把"柴油/重油"转换阀切换到"柴油"位置。打开截止阀12和13，关闭截止阀14，让蒸汽调节阀投入工作。

（5）把调节器上的"手动/自动"转换开关切换到"手动"位置，手操调压阀来改变蒸汽调节阀的开度，把柴油加热到70 ℃左右。

（6）启动测黏计马达，用加热了的柴油冲洗毛细管。

（7）把"柴油/重油"转换阀切换到"重油"位置，引进预热了的重油，然后关闭平衡阀9使差压变送器投入工作。

（8）当调节器上的喷嘴背压与手操调压阀输出的压力相等时，把调节器上的"手动－自动"转换开关转换到"自动"位置，控制系统便投入运行。

二、FCM燃油供给与自动控制系统

ALFALAVAL公司生产的燃油供油单元FCM，是新一代用于船上的燃油供给与自动控制系统，是专门为燃油系统的自动监视和燃油黏度控制而设计。控制系统中最核心的设备包括黏度传感器EVT20、温度传感器Pt100、控制器EPC－50B、蒸汽调节阀（或电加热供电单元）和燃油加热器，可实现燃油黏度或温度的自动控制；除此之外，系统还对供油泵、自动滤器、循环泵、"柴油/重油"自动转换实现全面的自动控制和监测。

其黏度传感器和控制器无论在结构上，还是在工作原理上都有根本的改变。黏度传感器EVT20和控制器EPC50均用微型计算机取代了常规的变送器和控制器。在系统中可采用SHS蒸汽加热器，也可采用EHS电加热器或两者兼用。柴油或重油经转换后，由EPC－50B根据选择的加热器控制加热，并同时在线测量油温和黏度，由控制器根据选择的控制方式进行温度或黏度的自动控制。

1. 系统组成及基本工作原理

燃油供油单元的结构组成图如图2－2－7所示，总体上可以分为供油处理系统、燃油黏度或温度自动控制系统、油泵电机和滤器自动控制系统等部分。

供油处理系统由重油日用柜、柴油日用柜、"柴油/重油"转换阀、燃油供给泵（供油泵）、燃油自动滤器、流量变送器、压力变送器、混合管（混油筒）、燃油循环泵、燃油回油管系等设备组成。燃油供给泵的压力由压力变送器PT检测，用于控制器分析判断供给泵的状态。供给泵的流量由流量变送器FT检测，用于控制器分析柴油机的耗油情况。在自动滤器的前后装有差压开关PDS，用于滤器脏堵报警的检测，当滤器进出口压差达到设定值时控制器发出报警。

滤器排污电磁阀可执行滤器自动排污。脱气模块包括带脱气的混合管、浮子开关和脱气阀，用于供油与加热后从主机的回油混合，并使油气分离，当气体达到一定量时，浮子开

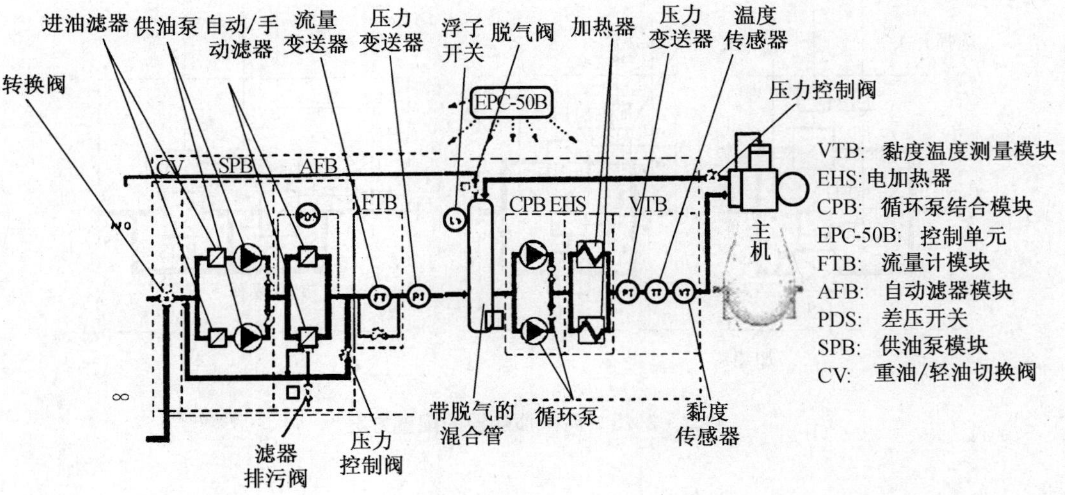

图 2－2－7　燃油供油单元的结构组成图

关动作,控制系统控制脱气阀打开,使油路中的气体返回日用柜 HFO。循环泵 CPB 用于向柴油机提供需要的油压,可以通过压力变送器来检测。主机的回油通过压力控制阀和管系回送到混合管,进行脱气处理。

在燃油黏度或温度自动控制系统中,若采用电加热器 EHS,则由两个电加热供电单元分别对两个电加热器的燃油进行加热,作用有三:一是提供足够的加热量,确保燃油能够得到加热;二是可以方便地控制加热速度的快慢,需要快速加热时,两个可同时满额工作;三是两个加热器可互为备用,保障了加热器的安全使用。若采用蒸汽加热,也是由两个加热器组成,电加热 EHS 被蒸汽加热器 SHS 代替。蒸汽从外部引入,经过蒸汽调节阀送到两个蒸汽加热器,然后从本系统流出至热水井。由 EPC－50B 控制器通过继电器触点输出,控制伺服电机 M 动作,从而改变蒸汽调节阀 SRV 的阀门开度。另外,加热器还可选择使用热油作为加热源,控制方式与蒸汽加热相同,也是用调节阀来控制加热量。有的系统配置两个不同类型的加热器,典型的配置是一个蒸汽加热器和一个电加热器,既可方便控制加热,又能实现互为备用。在实际系统中除采用并联外,还常采用串联配置,如图 2－2－8 所示是常见的两个加热器配置方案。

无论采用哪种加热方式,燃油温度均由温度传感器 TT(Pt100)检测,由控制器 EPC－50B 按照事前设定的 PI 控制规律调节加热器的加热量,从而实现燃油温度自动控制。如果系统选择黏度控制方式,不仅需要黏度传感器 EVT20 检测燃油黏度,还需要温度传感器 TT 检测燃油温度,并由控制器按照 PI 控制规律来调节加热器的加热量,实现燃油黏度自动控制。如果执行器件是蒸汽调节阀 SRV,则控制器给出“增加”或“减小”信号去控制伺服电机动作,直到阀门开度检测信号(0～2 kΩ 电阻信号)与输出要求一致;如果是电加热供电单元,则 EPC－50B 输出最多 5 挡加热控制(根据加热器容量和控制输出挡位设定决定),由温度控制系统实现温度闭环控制。另外,控制器上配有手动/自动选择操作和手动加热量增大/减小(或加热挡位选择)操作,可以在需要时通过操作面板采用手动加热控制。控制系统除了燃油黏度或温度的自动控制以外,还能对“柴油/重油”转换阀进行自动控制,为保证转换正确可靠,实际回路中装有限位开关来检测转换阀的具体位置,并将检测信号送给控

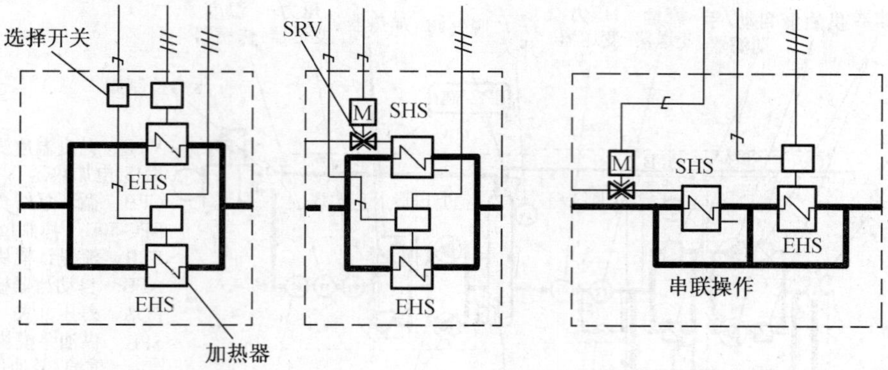

图 2-2-8 两个加热器的配置方案

制器。

由油泵电机启动箱实现电机的启动、停止控制，每个启动箱对应一台电机，带电源开关、电流表和指示灯。还配有选择开关安装在本地操作面板上，用于选择 Manual - Stop - EPC - Remote。当选择 EPC 时，即油泵由 EPC - 50B 控制器自动控制，两套油泵之间互为备用，可实现备用油泵自动切换运行控制。另外，自动滤器也是由本地操作面板选择手动清洗 - 手动关 - 自动控制，当选择自动控制时，由 EPC - 50B 根据设定时间和压差开关 PDS 来控制滤器的自动清洗。当油泵电机或自动滤器选择“Remote”时，则由 FCM 的远程（集控室）操作面板或微型计算机进行控制。

控制器 EPC - 50B 是整个系统的核心单元，由主控制板、本地基本操作面板 OP 组成，如图 2-2-9 所示。另外可根据需要选配 FCM 远程操作面板 OP，如图 2-2-10 所示。

图 2-2-9 控制器 EPC - 50B

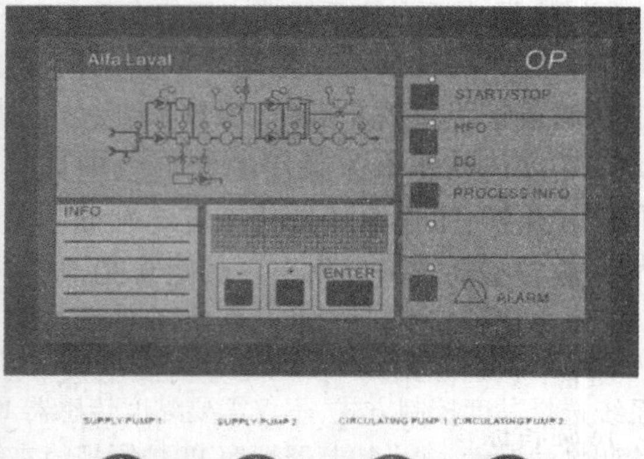

图 2-2-10 FCM 远程操作面板

控制器 EPC - 50B 的主控制板与下节分油机控制中的 EPC - 50 硬件上是一样的，也是微型计算机（单片机）控制系统。但是由于控制对象的不同，外围输入输出不同，输出继电器扩展板和通信扩展板因需求不同也配置不同，所以配置的软件不同，故在本系统中用 EPC - 50B 来表示。另外，有 4 个不同级别的操作模块，分别为基本级、扩展级、高级扩展级和全自动级。基本级即本地操作面板,是基本配置,可实现“柴油/重油”转换控制、燃油加热控制、报警控制、油泵自动切换控制、自动滤器控制及 OP 上相关状态和测量值的信息显示等功能,其他级则扩展为可远程控制。

控制器 EPC－50B 主要分为三个部分:

一是电源,由滤波装置和多输出变压器实现;

二是主控制板,安装在 EPC－50B 控制箱内;

三是操作面板 OP。

主控制板与操作面板通过异步串行通信实现数据交换。主控电路板接收安装在燃油供油单元 FCM 管路上的各种变送器和传感器信号,经分析和处理后,输出控制信号使各种阀件或电器动作,实现“柴油/重油”转换控制、燃油温度或黏度控制、报警控制、油泵自动切换控制、自动滤器控制等。同时,燃油供油单元 FCM 的运行状态也可通过在主控电路板通信接口与 OP 联系,由 OP 上的一系列发光二极管及信息显示窗进行指示,实现良好的人机交互。

EPC－50B 的操作面板 OP 采用单片机 P80C32 实现显示控制、按键输入处理和与主板信息交换等功能。结构上分为两块电路板:一块为单片机主板,包括 CPU、内存、字库存储器、通信接口和显示驱动模块等;另一块为专用信息显示控制器,显示需要的 LED 和字符。

操作面板右面有四个按钮和对应的状态指示灯,最上面的第一个是“启动/停止”按钮,第二个按钮是“柴油/重油”转换按钮,第三个按钮是“过程信息”按钮,第四个是“报警复位”按钮。

正面左上部是 FCM 基本状态及流程模拟图,当前基本状态可以完整显示。具体参数可以通过左侧下方的信息显示窗来显示,并可通过“＋”“－”来翻看需要显示的参数值;在发生故障时,显示立即启动切换到显示当前最新故障内容;另外,还可用“Enter”翻看主要参数,配合“＋”“－”可以实现参数的修改操作。

2. 测黏计工作原理

FCM 中燃油黏度控制系统采用 EVT20 黏度传感器,整体上包含两部分,一是传感器本体部分,二是含控制和信号处理的电路板。本体装在燃油输送管道内,电路板安装在 EPC－50B 主板上部。传感器本身由不锈钢制成,安装在油路中。传感器的探头及流管都经过特富龙表面特殊涂层处理。自带约 5 m 长的信号电缆用于与电路板之间连接(即传感器与电路板间布线的最长距离约 5 m)。

黏度传感器检测原理是基于流动燃油的黏性对钟摆的旋转振动有阻尼作用。如图 2－2－11 所示,黏度传感器由一个钟摆 1 通过一个扭力管 3 附在底盘 2 上组成,两套压电元件 4 位于钟摆内部,一套驱动钟摆旋转振动,另一套作为两个检测传感器,均用来测量钟摆的振动,一个作为反馈信号来控制驱动用的压电元件,调节控制频率和幅值,以维持钟摆得以共振频率振动;另一个作为信号供系统采样计算黏度使用。振动压电元件的信号由控制板提供,电路板内的单片机 CPU 通过测量出该共振频率下两个压电元件振动信号间的特定相位偏差值,从而可获得一个表示燃油阻尼性质的值,而该阻尼与黏度的平方根成比例。保护管 5 安装在钟摆周围,保护其不受机械损伤。在钟摆 1 内还内置了一个温度传感器 Pt100(图上未画)用于检测钟摆内的温度,供微机校正和补偿黏度测量中由温度引起的误差。

为了产生钟摆振动,需要给压电元件提供一个振动源;为了检测钟摆振动情况,需要对振动进行测量,所以需要一块电路板来实现控制与检测。由于该 EVT20 是第三方产品,可以单独安装,有的系统单独做在一个金属控制盒内。在 FCM 系统中,将 EVT20 的电路板安装在 EPC－50B 主控制板上，是两块单独的电路板叠放在 EPC－50B 的主板上，其中下边一块为电源板，输入双路 17 V 交流电源，通过整流滤波稳压后向黏度检测主板提供 ±15 V 和 5 V 电源。该控制板与黏度传感器的连线中，两对线用于检测振动的压电元件，一对线用于压电元件的振动源，还有三根线用于温度传感器 Pt100，因此，共需要用到电缆线中的 9 芯。电路板内采用单片机控制系统，检测转换响应时间小于1 min，将检测到的信号转换为 4～20 mA，则对应的黏度为 0～50 cSt，瞬时误差范围为 ±2% 由于黏度传感器及其电路板是第三方提供，所以系统采用简便的 4～20 mA 信号实现传感器向 EPC－50B 主控制微型计算机传送。黏度传感器内的温度传感器 Pt100 除自身需要黏度校正使用外，还可通过本电路板转换，选择输出 4～20 mA 供 EPC－50B 使用。

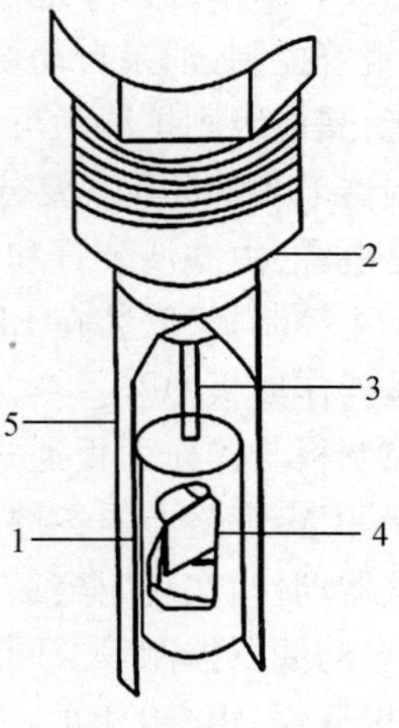

图 2－2－11　EVT20 黏度传感器结构原理图

1—钟摆；2—底盘；3—扭力管；4—压电元件；5—保护管

黏度传感器的电路板上有一个数码 LED 显示，用于显示传感器的状态。EVT20 电路板对诊断指示有规定，故障和错误用闪烁数字或文字显示在数码 LED 的第 7 段上（即数码管的中间一横）。根据故障、错误或警告的类型，黏度或温度输出将为 0 mA，4 mA，20 mA 或输出保持正常（4～20 mA 与实际黏度对应）。如果没有故障、错误或警告，数码管用不闪烁的符号指示程序状态，如电源开用“－.”，正在初始化硬件用“0.”等，具体可参考黏度传感器的说明书。

电源打开后，数码管底部的小数点一直打开；当 EVT20 显示 EEPROM 时，小数点关闭；如果一个故障情况发生，通常 EVT20 电子设备将尝试重启单元直至确认故障。如果发生多个故障，则由于故障是按其重要性确定次序的，位于表格上部的故障有最高的优先级，这就意味着高级别的故障可以改写较低级别的故障，即该数码管只显示当前最重要的故障。表 2－2－1 是说明书中的部分重要的故障显示字符。

表 2－2－1　黏度传感器电路板自检故障符号表

数码管显示	故障原因	传感器电路板尝试性的反映
8.	①5 V 电源故障，电源下降到 4.65 V 下 ②微机内 EPROM 或 PAL 缺省 ③微机注册测试失败 ④微机系统没有投入工作	监控系统复位
0.	栈溢出	自动复位
1.	外部输入/输出回路测试失败	自动复位
……		
9.	软件故障	自动复位

表 2-2-1(续)

数码管显示	故障原因	传感器电路板尝试性的反映
……		
	15 V 电源故障,电压下降低于 13 V	延迟后重试
……		

黏度传感器在正常使用中常出现传感器本身没有问题,而是系统环境或条件发生不良状态,导致测量出现极端情况。该情况传感器本身可能没有报警,但是送给 EPC-50B 的信号出现失常。表 2-2-2 列明了常见故障现象、故障原因和处理方法供参考。

表 2-2-2　黏度传感器一般故障原因及处理方法

故障现象	故障原因	处理方法
黏度信号太低	空气夹杂在燃油系统中	系统排气
黏度信号保持在最大值	启动期间燃油温度太低	检查燃油管保温措施/燃油加热器
	由于没有足够的热量,系统正常操作期间燃油温度太低	增加黏度控制器的输出信号至换热器
无黏度信号	空气夹杂在燃油系统中	排出旁通阀系统
	EVT-20 没有电源	①检查主电源 ②检查控制单元的保险丝/或电源开关 ③检查电接头的完整性
	电流接头损坏	检查 4~20 mA 电线输出信号
	EVT-20 故障	联系最近的代表商修理,更换传感器

3. 燃油黏度控制系统

在燃油供油单元 FCM 的自动控制系统中,采用黏度或温度定值控制是基于同一燃油温度的变化要比黏度的变化灵敏这一事实,特别是在温度传感器经改进后,检测温度很敏感的情况下,可大大提高系统的灵敏性,改善系统的动态特性,同时,两种定值控制可以互为备用,从而也可提高系统的可靠性。燃油黏度控制系统是由黏度传感器、温度传感器、控制器 EPC-50B 和加热器构成。黏度传感器和温度传感器分别检测燃油加热器出口燃油的黏度和温度,并将黏度和温度值按比例转换成标准电流和电压信号送到控制器。控制器内置具有比例积分(PI)控制规律的软件,可以对重油的黏度或温度进行定值控制,而对柴油只能进行温度定值控制。但在控制系统刚开始投入工作时或燃油切换过程时,EPC-50B 控制器则根据燃油温升斜坡速率实现温度程序控制。系统除可现场自动控制外,还可选择遥控;在需要时,还可在本地经转换选择后,实现本地手动调节。信息显示窗可以显示系统中燃油的黏度、温度值或其他需要的测量值,另外也可显示参数值和故障信息。燃油黏度或温度控制系统就是一个典型的单参数反馈控制系统。

从 DO 转换到 HFO 并工作状态稳定后,EPC-50B 对 HFO 进行温度或黏度的定值控制。当 HFO 模式且系统处在温度控制方式时,即 Pr19 = Temp,Pr30 作为温度设置点,此时的 Pr30 应为所需黏度对应的温度值。在从低温开始的加温过程中,系统控制加热量,实现按设定的温升参数 Fa30 来程序控制加热。当温度程序控制加热到设定 Pr30 减去 3 ℃的温度值后,系统开始温度定值控制。而当 HFO 模式且系统处在黏度控制方式时,即 Pr19 = Visc,Pr20 作为黏度设置点,而此时的 Pr30 应为所需黏度对应的温度值减去 2 ~4 ℃(一般设为 3 ℃),这样,在从低温开始的加温过程中,按温升参数加热到该 Pr30 后,系统自动转为黏度控制。所以 Pr20 与 Pr30 有对应关系,在换用不同的 HFO 时,一般要求黏度不改变,但要调整 Pr30 以适应黏度控制设定值 Pr20 的需要。

在燃油黏度定值控制过程中,系统根据黏度变化按控制器内 PI 调节参数进行自动控制。系统根据加热器的不同设置有两套 PI 调节参数,参数 Fa25,Fa26 为蒸汽或热油加热的比例带和积分时间,参数 Fa27,Fa28 为电加热的比例带和积分时间。如果调节过程出现振荡,则需要增加参数 Fa25 或 Fa27,Fa26 或 Fa28,但是这些参数的增加会使得系统反映变慢,消除静差能力减小。调试过程中应综合各种需要,整定到一个既稳定又反应较快的参数。一般出厂后调试工程师整定的参数应可靠保存,以备需要时恢复原始设定。如果调节过程中出现偏差过大,包括黏度和温度的偏差,系统都将给出报警信号。

黏度/温度调节系统的输出主要是控制 SHS 蒸汽加热装置的调节阀或 EHS 电加热装置的接触器,以达到控制燃油温度或黏度的目的。采用 SHS 蒸汽加热装置时比例积分调节器输出控制信号控制蒸汽调节阀,以保持系统设定的温度或黏度。而在 EHS 电加热装置和 SHS 蒸汽加热(或热油加热)装置同时被采用的系统中,系统以蒸汽加热(或热油加热)为主,电加热装置为备用,即刚投入使用期间用 SHS 蒸汽加热装置,由增加或减少信号控制蒸汽调节阀;当来自 EPC -50B 的信号指示系统需要更高加热量且蒸汽调节阀已全开时,控制器输出控制信号使 EHS 电加热装置投入工作,以继续保持系统运行在设定的参数上。当加热功率需要减少时,首先减少电加热功率直至零后,如需再降低加热功率则自动关小蒸汽调节阀。

4. 燃油供油单元的综合控制

系统除上述的黏度或温度定值控制外,还有 DO/HFO 的转换控制,燃油供油泵的运行/备用控制,燃油滤器的自动控制,回油的脱气自动控制,燃油循环泵的运行/备用控制及远程控制等功能,全部由控制器 EPC -50B 来协调综合控制。

(1)DO/HFO 的转换控制

作为燃油的转换控制,有两种不同的控制模式,即在 EPC -50B 控制器上设有控制模式按钮:柴油控制模式 DO 和重油控制模式 HFO,相应的 EPC -50B 控制器有两套设置和报警参数,并有相应的 LED 指示灯显示。在进行操作时,可能出现以下几个控制过程:

①DO 控制模式

当控制器接通柴油模式 DO 时,EPC -50B 自动选择为温度控制模式,燃油温度被监控。加热程序由柴油温升参数 Fa31 控制,温升斜坡允许燃油在设定的时间内被加热到设定的温度(如果 Fa31 =0,斜坡函数被禁止,控制单元直接调节使用正常的设置点和报警限制等)。斜坡函数加温期间温度控制指示 LED 灯“TT”闪烁,当燃油温度在达到温度设置 Pr35 的 3 ℃内后,温升斜坡停止,正常温度控制运行。“TT”LED 灯稳定发亮。在此过程中注意:

a. 在加热控制斜坡期间,低黏度和低温报警是无效的。

b. 在加热控制斜坡开始阶段,设置了一个最长的启动加热斜坡持续时间,从而确保它不能运行太长时间，如果启动斜坡超过了该最长时间，则报警启动。

②从 OFF 到 HFO 或从 DO 到 HFO

当需要从 DO 转变到 HFO 时，操作步骤如下：

a. 操作面板上右侧 DO/HFO 选择按钮。

b. 一个问题出现在信息显示屏上，“Change oil mode？ + = yes. - = no”。

c. 按“ + ”按钮开始转换。

d. 如果转换阀安装的是一个电动/气动转换阀，此阀将马上开始变换到 HFO。

当控制器接通 HFO 模式，或从 DO 转换为 HFO，燃油温度和黏度被监控和显示。加热运行程序由重油温升参数 Fa30 控制，温升斜坡允许燃油被加热到设定的温度。在设定的时间内，斜坡函数期间 LED 灯“VT”闪烁，如果是从 DO 转换为 HFO，则“TT”LED 稳定发亮，但如果从 OFF 开始就是 HFO 模式，则“TT”LED 不发光（如果 Fa30 = 0，斜坡函数被禁止，控制器直接调节使用正常的设置点和报警限制等）。

一旦从 DO 转换为 HFO，则 EPC - 50B 控制器可检测到黏度增加，表明重油已经进入系统，那么重油将被开始加热。在加热升温斜坡期间，如果控制器检测到油黏度降低，则加热暂停。当温度已经低于重油温度设置值 3 ℃，控制器自动转到黏度调节控制。此时“TT”LED 灯关闭，“VT”LED 灯稳定发光，切换程序完成，黏度控制开始运行。在此切换过程中，注意几点：

a. 在启动斜坡加热期间，低黏度和低温报警是无效的。

b. 在加热开始，即斜坡开始阶段，设置了一个最长的启动斜坡持续时间，从而确保它不能运行太长时间，如果启动斜坡超过了最长时间，则报警启动。

c. 上述过程是从 DO 转换为 HFO；反之亦然。燃油在 50 ℃时黏度被显示在瞬时值列表中，这样就可以查看燃油表，可知在通常的参考温度 50 ℃时，系统中有多少柴油转换为重油。

③HFO 控制加热模式

HFO 控制模式类型由参数 Pr19 决定，选择的类型由传感器 LED，即操作面板流程图上的“VT”或“TT”指示出来。如果黏度传感器“VT”LED 发亮，控制器处在黏度控制类型。如果温度传感器“TT”LED 发亮，控制器处在温度控制类型。

④从 HFO 转换为 DO

当从重油转换为柴油，控制器将继续控制燃油黏度，同时降低重油/柴油混合温度来保持黏度值，此时“TT”LED 闪烁，“VT”LED 稳定发光。当温度达到柴油的设置值时，控制模式被自动转变为柴油模式（温度控制），然后“TT”LED 变换为稳定发亮，“VT”LED 关闭。

⑤HFO 与 DO 间自动转换

如果加热器发生故障，有可能自动安排转换到柴油。取决于低温限制值参数 Fa14。在加热器故障时，油温低于 Fa14 并延时 2 min 确认后，系统才能被设置为自动转换到柴油。推荐设置 Fa14 值低于低温报警限制，当设置的低温限制达到，转换倒数计时开始，靠近 DO/HFO 转换按钮的“DO”LED 开始闪烁，一条信息在信息窗间断的出现，显示转换的时间。转换倒数计时器可以通过手动按 DO/HFO 按钮来中断。

在系统配置了电动或气动转换阀时，并且设置了参数 Fa17 为主机最大燃油消耗量（1/h），则在系统运行中，如出现燃油消耗量持续小于参数值 Fa16（0 ~ 100%）2 min 后，系统会自动进入换到 DO 的控制程序。但由于换油过程仍保持燃油黏度控制，所以一旦出现需要加温状况,系统再次回到 DO 到 HFO 的工况中,即保持加热到设定温度后,新一轮的黏度控制开始。

如果系统安装了电动切换阀,即切换阀的开度可以通过电动伺服机构来控制,则新的燃油可以被逐渐地引进系统中,通过调节参数设置转换阀从 DO 到 HFO 的时间,或从 HFO 到 DO 的转换时间。

(2)燃油供油系的运行/备用控制(燃油循环泵的运行/备用控制相同)

在 EPC-50B 控制器操作面板上有油泵工作模式选择开关,用于选择 Manual-Stop-EPC-Remote,当选择 EPC 时,即油泵由 EPC 控制器自动控制,EPC-50B 根据内部参数 Pr1 来选择燃油输送泵的控制方式,Pr1=1(2)表示 1 号运行,2 号备用;2(1)表示 2 号运行,1 号备用;1 表示 1 号运行,2 号停止;2 表示 2 号运行,1 号停止。同理,Pr2 用于选择燃油循环泵的控制模式。备用机组启动取决于相应的压力开关和运行机组的状态,如 Pr11 为燃油输送泵的出口压力下限值,当压力低于该压力时,并经过延时时间 Fa9 确认后,备用泵自动切换工作。或运行机组故障后,备用机组自动启动。运行或故障状态在面板上相应的 LED 指示灯显示出来,并在信息窗提供相应的报警。

当设备断电后重新送电后,并经过参数 Fa11 延时后,EPC-50B 能够按时间间隔(约 1 s),并根据参数 Fa10 设置来依次启动各油泵、滤器、加热器和自动控制系统,启动运行的油泵是停电前的运行机组。如果 EPC-50B 控制器正常,而发生油泵等动力电源断电后的再次恢复,EPC-50B 认为原设备有故障存在,将控制备用机组自动运行。

(3)燃油滤器的自动控制

假如滤器脏堵,燃油供油泵启动将会困难,所以即使 EPC-50B 控制器处于停止状态,滤器也应保持在自动运行模式;但是在 EPC-50B 控制器停止时,放残阀不能自动工作。在供油泵停止后,可以手动定期运行滤器,手动定期放残。

控制系统根据燃油滤器的选择开关来控制滤器冲洗,选择位置有 MAN,STOP,AUTO 三挡,当选择为自动时,滤器间隔性自动进行反冲洗。而差压开关 PDS 只起到滤器脏堵报警的检测作用。自动放残还取决于系统设定的时间间隔 Fa21,放残时间由参数 Fa22 决定。如果选择手动,则自动无效,需要定期手动冲洗,并需要时刻注意滤器的压差。

(4)脱气自动控制

混合管内将主机的回油和供油泵送来的油混合,油中混入的空气会因密度小而上升到上部,所以需要定时控制脱气阀,使空气返回日用柜(因还混有高温油)。如果上部浮子开关检测到液位低,表示混合管内空气过多,系统控制脱气阀打开,但如果 2 min 后仍然在脱气,则给出报警。

(5)远程控制

除本地基本控制级外,系统还可选配扩展级、高级扩展级和全自动级。扩展级是基本级中的操作控制和有关指示功能远传到控制室,但是没有基本级上的流程图和信息显示窗。使用时需要本地选择开关转至“Remote”(远程),实现的功能有状态指示、燃油自动转换、系统启停控制、油泵手动启停控制和报警指示;但是不能在远程站实现报警复位和油泵自动切换控制,也没有信息显示窗和操作按键。一旦出现故障或油泵停止,需要到 EPC-50B 现场实现报警复位或油泵切换处理,所以扩展级与系统的连线是一般的控制电缆。高级扩展级等于是本地操作面板移到了远程,在本地面板上选择好“Remote”即可将功能全部移交远程站,包括各油泵工作模式的选择控制和信息窗内容的显示和操作。显然,除需要控制电缆线连接外,还需要串行通信(RS485 通信)电缆联系。当然要实现油泵自动遥控,需要电机启动模式选择开关处于“Remote”控制。如果选用全自动级的远程操作,则通过现场总线(可在 EPC - 50B 主机板上选 ProfibusDP, ModbusRTU 或工业以太网)将控制器 EPC - 50B的总线接口与远程计算机直接相连,再在计算机内配置相应的通信和应用软件即可实现远程全功能操作。本地控制 EPC - 50B 即成为整个分布式控制系统的一个通信节点,向上位机提供所需要的信息,并接受上位机的控制。此时远程设备与控制系统的连线就是一根通信线,不再需要控制电缆了。

5. 燃油供油单元的操作与管理

(1)在系统投入工作之前,要先检查燃油和加热系统有没有泄漏或损坏的情况,各阀件是否开关正确;把控制方式选择开关打到 OFF 位置,合上主电源,观察 EPC - 50 主板和黏度检测电路板指示是否正常;观察比较测量值与实际值有无异常情况;手动检测各电磁阀或电动切换阀是否正常、灵活。准备确认后,启动燃油供给泵,然后根据燃油系统具体配置情况将控制模式切换到 DO 或 HFO 位置,使用参数 Pr19 选择温度或黏度定值控制。这时可通过信息显示窗显示出燃油温度或黏度的实际测量值,系统正式投入调节控制工作。

(2)EVT20 黏度传感器的工作情况,可通过设在传感器电路板上的数码管显示内容来检查。清洗 EVT20 传感器时需要特别小心,防止人员受伤和损坏传感器。首先要切断通过 EVT20 传感器的供油;切断控制箱电源;尽可能排出和排空管系中燃油。把 EIVT20 传感器从罩壳上拆除后,再拿下 EVT20 传感器,旋出两套固定保护管的螺钉,以拆下保护管。最后用一块干净的软布清洁钟摆,应防止钟摆被机械力损坏或弯曲,不要用研磨材料,如砂纸、锉刀等来清洁钟摆头。

(3)在系统新安装后或工作条件改变时,要对系统运行的参数进行重新设定和修改,以适应新的需要。对于不同的燃油,需要调整一些参数设置,尤其是重油特性相差较大时,对应的参数设置也要相应改变,以期获得最佳调节效果。重油改变时,下面的一些参数是必须改变的:

①密度参数 Pr23。对不同密度的一种重油,调整密度参数,可获得更为精确的黏度测量。

②重油温度设置点参数 Pr30。新更换的燃油需要加热到不同的温度,从而得到相同的黏度。该温度值用于黏度智能调节过程的控制。

③HFO 低温限制值 Pr32。HFO 加热温度控制不能低于该限制值。

除此之外,还需要根据油品的不同,有针对性地设置有关加热速率、加热温度、比例带和积分时间等参数。

(4)报警系统是为了确保一个安全的黏度控制系统而设计。所有报警都显示在操作员面板屏幕上,大部分有发光二极管补充(LED)。报警按发生的次序显示。FCM 燃油控制系统中有两种类型的报警。

①报警显示在 EPC - 50B 上,由普通报警输出特征输出“Axx”。例如:A40 表示黏度高。

②仅给出警告在 EPC - 50B 上,显示“Wxx”。例如:W75 表示转换控制模式(Pr19),传感器失灵。

在发生了多个故障情况下,需要读取历史报警列表,但 EPC - 50B 中的 CPU 只存储了最后的 32 次报警。通过按“ENTER”键,即可进入该故障有关信息的显示,通过按“ + ”来翻

看,每个故障的具体内容有:

①报警号,如1号报警是最新发生的报警,2号是上次发生的报警,等等;

②报警时间,从报警发生后计时,单位为小时、分钟;

③报警编码,用Axx或Wxx表示,具体含义参考说明书;

④复位时间,故障发生到报警复位的时间,如果复位时间=0,表示刚一发生故障就被复位了,也就是第一个复位的故障。

具体操作和分油机控制中的EPC-50类似,指示故障采用编码形式表示,主要故障如表2-2-3所示,具体故障编号和故障原因及需要相应的处理措施参考说明书。

表2-2-3 燃油供油单元自动控制系统故障一览表

故障编码	故障说明	故障编码	故障说明
A 40	黏度高	A 100	输入/输出通信故障
A 41	黏度低	A 101	OP操作员面板通信故障
A 42	黏度传感器VT故障	A 102	OPr通信故障
A 50	温度高(xxx ℃)	A 110	输入/输出板故障
A 51	温度低(xxx ℃)	A 111	OP板故障
A 52	温度慢反应	A 112	OPr板故障
A 53	温度传感器TT故障	A 113	加热器板故障
A 54	温度传感器TT2故障	A 115	电脑通信板故障
A 70	三通阀CV(DO)故障	A 117	远程转变HFO/DO故障
A 71	三通阀CV(HFO)故障	A 118	参数xx. xx没有规定
A 80	转换到DO模式温度低	W 49	黏度传感器VT失效
A 81	检测到无油转换	W 58	温度传感器TT失效
A 82	调节阀SRV没反应	W 59	温度传感器TT2失效
A 83	电加热器故障	W 75	转换控制模式(Pr19),传感器故障
A 84	模拟输入1故障	W 79	三通阀CV失效
A 87	电源故障	W 116	IP地址错误(xxx. xxx. xxx. xxx)

(5)由于采用了与分油机控制器EPC-50是一样的控制器,所以故障测试功能和方法是类似的。可参照任务四中分油机控制系统的故障测试方法。在FCM燃油控制系统中,几乎所有的报警都可以在EPC运行中测试。有些情况下,EPC必须处于AUTO模式。而系统的管理也要求经常性地对有关传感器、线路、执行部件、控制系统等进行有针对性的测试。同样需要注意的是,在测试中,如果改变参数来触发一次报警,在正式操作前应该复位到原来的值。具体测试的测试动作、试验后的报警情况以及报警延时都可以在说明书中找到,如为测试“A 42”——黏度传感器VT故障,可以断开接线端子X5:5。但如果系统原来处于黏度控制中,则会引起系统的故障和动作反应。所以在做该试验前,最好将控制模式选择为温度控制模式,即设置Pr19=Temp,Pr30作为温度设置点,设置Pr30值达到要求黏度时的温度,而报警延时为参数Fa8。这样可以在试验黏度传感器时,不影响系统的温度自动控制。

任务三　辅锅炉自动控制技术

【任务目标】

1. 掌握货船辅锅炉水位双位控制的特点；
2. 了解油船锅炉水位双回路、双冲量控制系统特点；
3. 掌握货船辅锅炉蒸汽压力控制方式、管理要点及常见故障排除；
4. 掌握货船辅锅炉燃烧时序控制系统的功能以及常用元部件；
5. 掌握锅炉燃烧时序控制系统的管理和维护要点及其常见故障排除。

锅炉是船舶动力装置最早实现自动控制的设备之一。它包括水位的自动控制、蒸汽压力的自动控制、锅炉点火及燃烧的时序控制和自动安全保护等。

船用锅炉分为主锅炉和辅锅炉。主锅炉所产生的蒸汽用来驱动船舶主机，如汽轮机等，它的蒸发量较大，蒸汽压力较高，对水位和蒸汽压力要求比较严格。水位和蒸汽压力一般都采用带有积分作用的调节器所组成的定值控制系统加以控制。

辅锅炉产生的蒸汽，主要用于油船加热货油，驱动货油泵及其他甲板机械等。油船锅炉蒸发量和蒸汽压力都比较大，它的工作特点接近主锅炉。货船辅锅炉所产生的蒸汽用于加热柴油机所需用的燃油、滑油及船员生活，蒸发量小（一般小于 5 t/h），蒸汽压力低（一般低于 1.0 MPa），对水位和蒸汽压力的波动要求不严格，一般采用双位控制。

货船辅锅炉和油船辅锅炉的工作特点是不同的，将分别介绍柴油机货船和柴油机油船辅锅炉水位和蒸汽压力的控制特点，以及锅炉的燃烧时序控制系统。

一、货船辅锅炉水位自动控制

1. 辅锅炉水位控制特点

货船辅锅炉对水位和压力都采用双位控制。蒸发量小，蒸汽压力低，控制系统简单有效。当水位下降到允许的下限水位时，自动启动给水泵向锅炉供水。锅炉水位会逐渐升高。当锅炉水位达到允许上限水位时，自动停止给水泵的工作，停止向锅炉供水。因此，锅炉在工作期间，其水位是在允许的上、下限之间波动，不会稳定在某一个水位上。这种双位控制水位的检测元件常用浮子式和电极式。下面介绍电极式双位水位自动控制系统，其原理如图 2－3－1 所示。

电极式双位水位控制系统是在锅炉的外面装设一个电极室，它分别与锅炉的水空间和蒸汽空间相通，故电极室中的水位与锅炉水位一致。由于锅炉水有一定的盐分，所以它是导电的，电极室中插有三根电极棒，其中，电极 1，2 分别控制允许的上、下限水位；电极 3 用于危险低水位报警。1z 和 2z 是二极管桥式整流电路。由变压器次级绕组输出的 24 V 交流电压经 1z，2z，电极 1，2，3，锅炉水及电极室接地的壳体，构成交流通路，经 1z 和 2z 整流成直流电作为继电器 3JY 和 4JY 的电源。当水位下降到允许的下限水位时，电极 1 和 2 均露出水面，切断了 1z 的交流通路，继电器 3JY 断电，其常闭触头 $3JY_1$ 闭合，接触器 1CJ 通电动作，其常开触头 $1CJ_1$ ~ $1CJ_3$ 闭合，启动电机并带动给水泵向锅炉供水，水位会不断升高。由于继电器 3JY 的常开触头 $3JY_1$ 已经断开，所以当水位超过电极 2 时，1z 的交流通路仍然是断开的，3JY 保持断电，

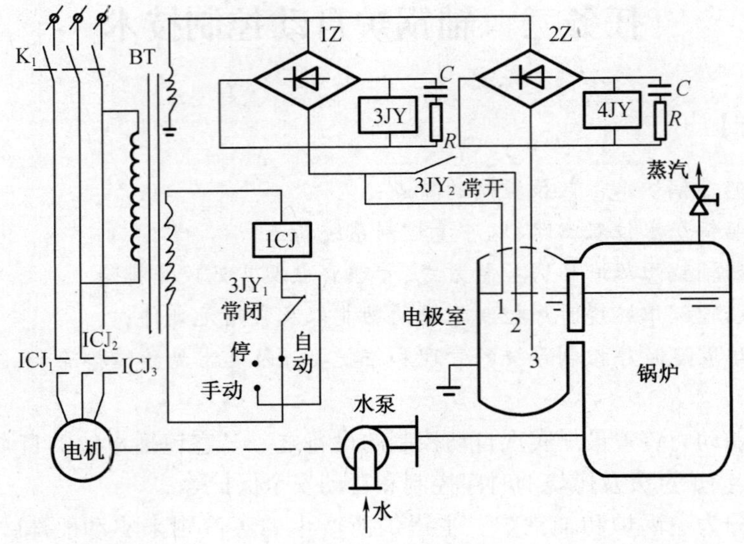

图 2-3-1 电极式双位水位控制系统原理图

1—水位上限;2—水位下限;3—危险低水位

水泵继续向锅炉供水,当水位达到上限允许水位时,电极 1 和 2 均浸在水里,使二极管桥式整流电路 1z 构成交流通路,继电器 3JY 通电,常闭触头 $3JY_1$ 断开,接触器 lCJ 断电,其常开触头 $1CJ_1 \sim 1CJ_3$ 断开,电机断电停转,停止向锅炉供水,水位会逐渐下降。由于继电器 3JY 的常开触头 $3JY_1$ 已经闭合,故继电器 3JY 不会因电极 1 露出水面而断电,即不会马上启动给水泵向锅炉供水。只有水位下降到下限允许水位,电极 2 露出水面时,继电器 3JY 才会断电,水泵才能向锅炉供水($3JY_1$ 等同于自锁作用)。显然,调整电极 1,2 的位置可调整锅炉的上、下限水位。一般来说,在允许波动的范围内,电极 1 和 2 之间的距离不要调整得太小;否则给水泵电机启停频繁,影响使用寿命。如果给水泵有故障,当水位下降到下限水位,电极 2 露出水面时,水泵不能向锅炉供水,水位会继续降低。当水位降低到危险低水位时,电极 3 露出水面,切断 2z 的交流电通路,使继电器 4JY 断电,发出声光报警,同时会自动停炉。

2. 管理要点

一般辅锅炉都装有两个电极室,一个工作,另一个备用。电极室由于长期使用,其中水的纯度会提高,电极及电极室壳体会结水垢,使电极及电极室的导电性能降低。因此,电极室要定期放水和清洗。清洗前,要转用备用电极室,然后关闭电极室与锅炉水空间和汽空间相通的截止阀,再打开电极室底部的放水阀放掉电极室中的水。这时可拔出电极,打开电极室上盖,清洗电极室壳体上的水垢和电极上的水垢。要检查电极与电极室上盖之间的绝缘是否良好。如果绝缘不好,要更换绝缘材料。电极室装复后,打开与锅炉汽和水空间相通的截止阀,电极室的水位就与锅炉的实际水位一致了。

二、油船辅锅炉水位自动控制

1. 油船辅锅炉水位控制的特点

船用锅炉,水面下的总蒸汽量可达到全部水容积的 15% ~20%。锅炉在运行期间,炉水中有一部分是气泡,这种气泡不断在受热面上形成,随后脱离受热面升起并进入锅炉的蒸汽空间。水面下的蒸汽总量与锅炉的蒸发量和气压有关，蒸发量越大，气压越小，水面下的蒸汽总容积就越大，在稳定工况时，水位与水面下的蒸汽容积有关。在过渡工况时，水位不仅受蒸发量和给水量的影响，而且还受水面下蒸汽容积变化的影响。特别是在负荷突然变化的短时间内，水位的变动主要取决于水面下蒸汽容积的变化。这是因为锅炉在运行时，炉水温度接近于锅炉压力下的饱和蒸汽温度。假如蒸汽流量突然增大，而炉膛中的燃烧情况还未来得及随之变化，锅炉气压就要降低，蒸汽的饱和温度也随之下降，这样会使水面下蒸汽比容增大，造成水面下蒸汽总容积增大；另一方面，由于炉水变成过热水，将产生更多气泡，也使水面下蒸汽容积增大。由于这种自蒸发现象，尽管在蒸汽流量大于给水量的情况下，水位却虚假地上升，出现“假水位”现象；反之，当锅炉负荷突然减小时，尽管给水量大于蒸汽流量，水位会虚假地下降。

(1)锅炉水位的双冲量控制

根据锅炉水位一个参数来控制给水阀开度的控制系统称为单冲量水位控制，是最简单、最基本的一种形式。在蒸汽压力较高、负荷变动较大、炉水容积相对较小的情况下，只用单冲量水位控制会在短时间内加大蒸汽流量与给水量之间的差值。这时采用双冲量的水位控制对克服虚假水位能取得良好效果，其控制原理如图2-3-2所示。它的检测装置有两个：一个是检测水位变化的水位冲量信号3，另一个是检测蒸汽流量变化的蒸汽流量冲量信号4。这两个冲量信号都送到双冲量调节器5。蒸汽流量信号是前馈信号，它与扰动变化大小成比例，控制作用在扰动发生的同时就产生，而不是等到扰动引起被控量发生波动后才产生，因此采用前馈控制可以改善控制的质量。对于双冲量给水自动控制系统，当蒸汽流量发生变化时，就给调节器发出一个信号，使给水量和蒸汽量同方向变化，因此可以减小或抵消由于虚假水位现象而使给水量与蒸汽流量相反方向变化的误动作，使调节阀一开始就向正确的方向移动，从而减小了给水量和水位的波动，缩短了调节时间，可以改善水位的控制品质。

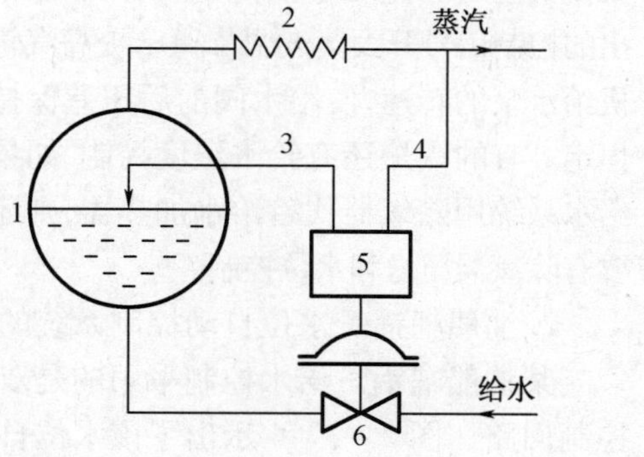

图2-3-2 双冲量给水控制原理图

1—锅炉；2—供汽装置；3—水位信号；
4—流量信号；5—调节器；6—给水调节阀

船用水管主锅炉（主要用于蒸汽涡轮推进船舶）常采用双冲量，甚至是三冲量（水位、蒸汽流量和给水量作为调节器的输入量）的给水调节器。而船用辅锅炉，大多数采用单冲量或双冲量水位控制系统。

(2)水位自动控制中的双回路给水

油船锅炉给水系统通常由汽轮机给水泵从热水井把水抽出来，经给水调节阀打进锅炉里去。控制给水量可通过改变给水阀的开度来实现。通过给水阀的给水流量 G 与给水阀的流通面积 F 和给水阀前后压差 Δp 有关，它们之间的关系如下：

$$G=\mu F\sqrt{\Delta p}$$

式中，μ 称为流量系数，给水系统选定以后它是一个常数。改变给水阀的开度实际上就是改变给水阀的流通面积 F。在给水阀前后压差 Δp 基本不变的情况下，给水流量 G 才能与给水阀的流通面积 F 成比例。但对汽轮机给水泵来说，如果蒸汽调节阀开度不变，则给水泵的排量基本不变，不管开大或关小给水阀，进入锅炉的给水量基本上是不变的，因此仅仅改变给水阀的开度往往达不到控制给水量的目的。这样,锅炉水位连续自动控制系统除了具有根据水位偏差和蒸汽流量双冲量来控制给水阀开度的水位控制回路外,还应设有维持给水阀前后压差恒定的给水差压控制回路。这样,给水量就直接与给水阀的开度成比例了。其控制原理如图2-3-3所示。

若锅炉水位低于给定值,锅炉1输出的控制信号开大给水阀5。由于给水阀开大使其前后压差减小,给水差压调节器输出的控制信号开大蒸汽调节阀8,提高汽轮机给水泵的转速,使给水阀前后压差保持恒定。有的锅炉还有给水温度控制,如果给水系统用除氧器代替给水加热器,则还要有除氧器压力和水位控制。

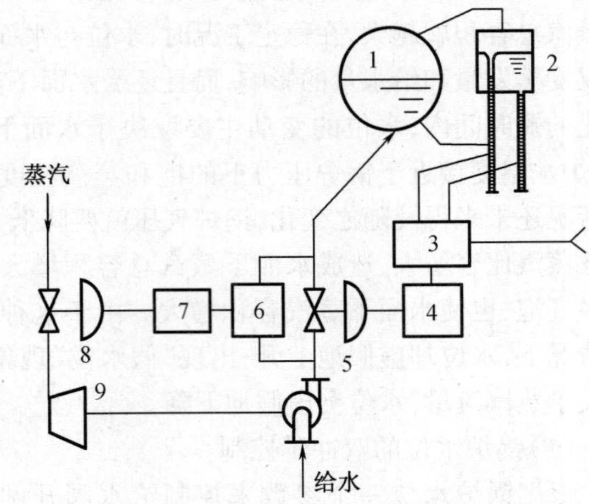

图2-3-3 双回路水位控制系统工作原理

1—锅炉;2—参考水位罐;3—差压变送器;4—水位比例积分调节器;5—给水调节阀;6—差压变送器;7—比例积分调节器;8—蒸汽调节阀;9—涡轮给水泵机组

2. 油船辅锅炉水位自动控制系统的组成及工作原理

某油船辅锅炉给水控制采用的是双冲量水位自动控制系统,在系统中还设有给水差压控制回路。图2-3-4示出了该水位自动控制系统的原理图。

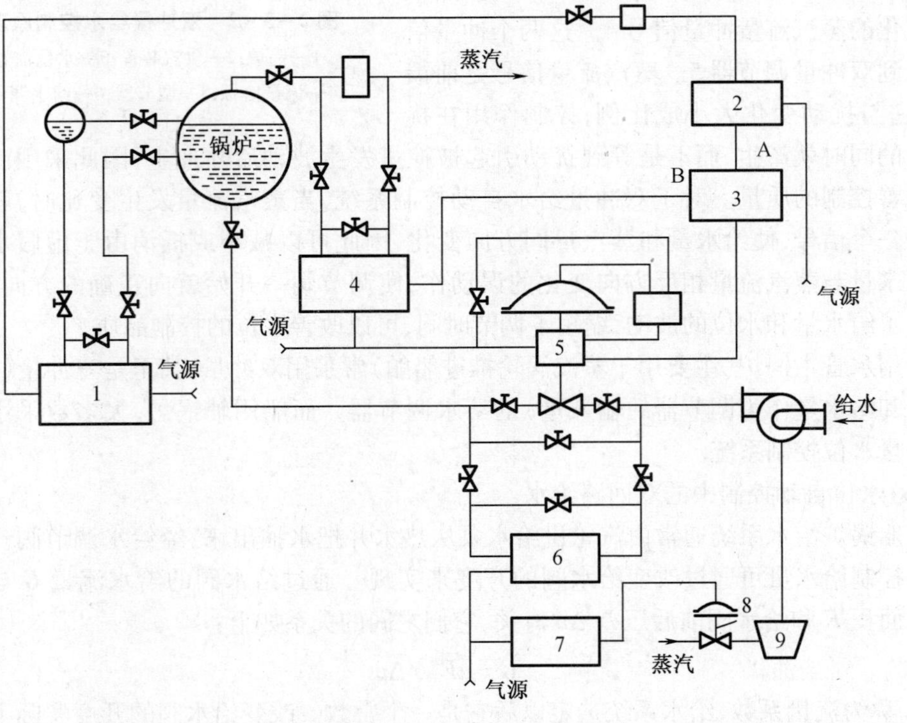

图2-3-4 锅炉水位自动控制系统原理图

1—水位差压变送器;2—水位调节器;3—气动计算器;4—蒸汽流量变送器;5—给水调节阀;6—给水差压变送器;7—给水差压调节器;8—蒸汽调节阀;9—给水泵

此锅炉水位自动控制系统主要是由水位差压变送器1、水位调节器2、气动计算器3、蒸汽流量变送器4、给水调节阀5、给水差压变送器6、给水差压调节器7等主要部分组成。锅炉水位的变化是由气动差压变送器1测量的，蒸汽流量的变化也就是锅炉负荷的变化，则由蒸汽流量变送器(气动差压变送器)来测量，系统中水位变送器1的作用是将锅炉水位的变化量转变成标准气压信号送到气动水位调节器2中，水位调节器的作用是将变送器l的输出信号经比例积分的反作用处理后，送到气动计算器的通道A中。气动计算器具有如下功能：

$$P=B+K(A-C)$$

其中，P为计算器的输出气压信号；A为锅炉水位调节器的输出信号；B为蒸汽流量变送器的输出信号；K为系统常数，此处$K=2$；C为仪表制造常数，本仪表为50%(0.06 MPa)。

如果锅炉的负荷保持不变，则蒸汽流量变送器输出的气压信号B将是一个恒定值，此恒定值使给水控制阀在计算器的作用下有一个相应的开度，以保持恒定的水位。而这恒定的水位要保持在锅炉正常水位的中间值，水位调节器的输出必须是在50%的值上(0.06 MPa)，故有$K(A-C)=2\times(50-50)=0$。

由此可见，在锅炉负荷不变的条件下，锅炉的正常供水量仅取决于锅炉的负荷量，也就是说锅炉给水阀的开度是由蒸汽流量的大小来决定的。而在变负荷条件下，锅炉的水位是在不断变化的。若随着负荷的变化在某一时刻给水量大于负荷量，锅炉中的水位将随之上升而引起水位调节器的输出信号减小并小于50%(0.06 MPa)，在这种情况下$K(A-C)$将会是负值，即有$P<B$，也就是计算器的输出将逐渐减小，使给水阀趋于关小，直到建立新的平衡为止。反之，当锅炉的水位在瞬间变低时，通过水位变送器及调节器的作用，可使$K(A-C)$变成一个正值，并且这个正值加上蒸汽流量信号成为气动计算器的新输出值，这个新输出值是渐渐地开大给水调节阀，以恢复正常的水位，所以锅炉水位是由给水调节阀的开度来保证的。而当锅炉负荷变化时，控制给水阀开度的信号大小是由气动计算器根据蒸汽流量变化加上一个水位调节器的输出信号(正或负)来决定的。在使用管理过程中，如果锅炉水位需要维持得高一些或低一些时，只要相应地改变表征给定值的设定气压信号即可。

系统中的给水差压控制回路把给水调节阀前后的压差信号，送到给水差压变送器6的测量部分，并按比例转换成气压信号。变送器输出的给水差压信号送到气动比例积分调节器7的测量波纹管。在调节器7的内部可以给定一个固定的气压信号，并将它转换成给定参数，一般相当于0.2 MPa的给水压差。当给水压差测量值偏离上述给定值时，调节器输出一个随时间变化的气压信号，改变蒸汽调节阀的开度及进入给水泵的蒸汽量，同时改变给水泵的转速，最后使给水差压值恢复到给定值上。

系统中水位变送器与调节器之间有一个气容和气阻构成的惯性环节，以克服和减少由于船舶摇摆而对测量信号造成的干扰。

三、辅锅炉蒸汽压力自动控制

对锅炉的蒸汽压力控制，是通过改变向炉膛的喷油量和送风量，控制锅炉的燃烧强度来实现的。对柴油机货船辅锅炉蒸汽压力自动控制系统的要求是简单、可靠，对经济性的要求并不严格，因此，大多数货船辅锅炉采用气压的双位控制，少数采用比例控制，并保证在锅炉不同负荷下，其送风量基本上适应喷油量的要求。

1. 燃烧的双位控制

在燃烧的双位控制系统中，锅炉的蒸汽压力不能稳定在某一值上，而是在允许的范围内波动。其中,最简便的方案是,在蒸汽管路上装一个类似 YT－1226 压力检测开关。当气压上升到允许的上限值时,压力检测开关断开,切除油泵和风机的工作,停止向炉膛喷油和送风,即自动停炉。当气压下降到允许的下限值时,压力检测开关闭合,自动启动油泵和风机,即自动启动锅炉进行点火燃烧。这种控制方案虽然简单,但由于锅炉启停频繁,对锅炉运行不利,所以很少采用。在绝大多数燃烧双位控制系统中,在蒸汽管路上装两个压力检测开关,它们动作的整定值不同。当蒸汽压力下降到允许下限值时,两个压力检测开关都闭合,控制系统自动启动风门电机使风门开得最大,它的同轴所带动的回油阀关得最小(采用一个油头工作,若采用两个油头的锅炉则打开两个供油电磁阀使两个油头同时喷油)。这时喷油量和送风量都最大,即对锅炉进行所谓的“高火燃烧”。当蒸汽压力上升到正常上限值时,一个压力检测开关闭合,另一个压力检测开关断开,再次启动风门电机把风门关得最小。它同轴带动的回压阀开得最大(或关闭一个燃油电磁阀,使一个油头喷油工作)。这时,喷油量和送风量都是最小的,即锅炉进行所谓的“低火燃烧”。当锅炉负荷变化时,蒸汽压力就在允许的下限值和正常的上限值之间波动,当锅炉负荷很小时,在“低火燃烧”的情况下,蒸汽压力仍然要继续升高。当气压升高到高压保护压力时,两个压力检测开关均断开。自动停炉,发声光报警。当蒸汽压力下降到允许的下限值时,两个压力检测开关均闭合,但必须按复位(Reset)按钮才能重新启动锅炉。

2. 燃烧的比例控制

在少数干货船辅锅炉的蒸汽压力控制系统中,采用压力比例调节器和电动比例操作器所组成的比例控制系统,其工作原理如图 2－3－5 所示。其中,图(a)是压力比例调节器的结构原理,图(b)是电动比例操作器的工作框图。蒸汽压力的变化会使划针 2 沿着电位器滑动,改变电阻 R_1 和 R_2 的比值,于是 A 点电位就与气压信号成比例。扭动调整螺钉 6 可改变弹簧 5 的预紧力,可调整蒸汽压力的给定值。

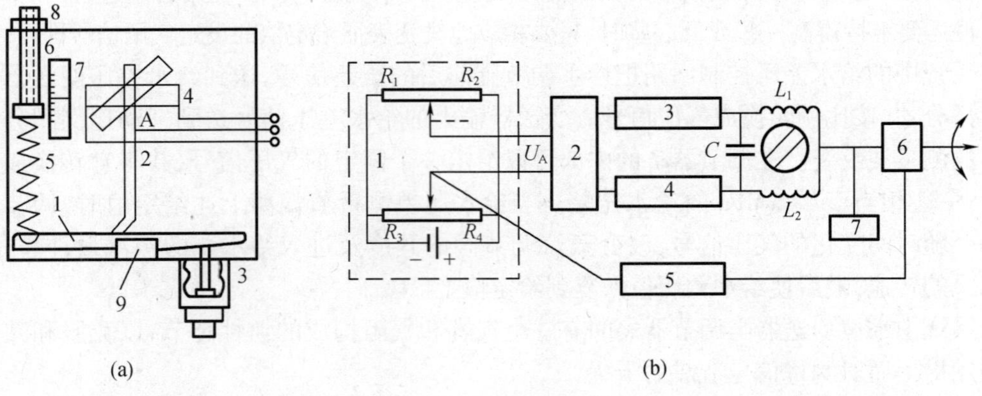

图 2－3－5　燃烧比例控制工作原理图

(a)压力比例调节器

1—平衡杠;2—划针;3—测量波纹管;4—测量电位器;5—弹簧;6—给定值调整螺钉;7—刻度板;8—调整孔端盖

(b)电动比例操作器

1—测量电位器;2—放大器;3,4—可控硅交流开关;5—反馈凸轮;6—电机;7—油量凸轮

当锅炉的燃烧强度适应锅炉负荷要求时,蒸汽压力稳定在某一值上,划针 2 的位置不变。由风门电机带动的反馈划针位置也不变,图(b)所示的电桥平衡,其条件是 $R_1 \cdot R_4 = R_2 \cdot R_3$。当

蒸汽压力升高时，划针 2 左移，R_1减小，R_2增大，破坏了电桥的平衡，使电桥输出一个上负下正的不平衡电压信号 $U_入$。经放大器 2 放大后，去触发反转可控硅交流开关 4，使其导通，电机 M 反转，关小风门开大回油阀，以降低锅炉的燃烧强度使蒸汽压力降低。与此同时，电机 M 同轴带动的反馈凸轮 5 转动并推动反馈划针向左移动，使 R_3减小、R_4增大。当反馈划针移动到使 $R_1 \cdot R_4 = R_2 \cdot R_3$时，电桥又处于新的平衡状态，这时 $U_入 = 0$，电机 M 停转。锅炉的燃烧控制达到一个新的平衡状态，当蒸汽压力降低时（锅炉负荷增大），划针 2 右移，电桥输出的不平衡电压信号 $U_入$为上正下负。经放大器 2 放大后，触发正转可控硅交流开关 3 导通，电机 M 正转，开大风门关小回油阀，加强锅炉的燃烧强度，使蒸汽压力上升。同时反馈划针右移，直到 $R_1 \cdot R_4 = R_2 \cdot R_3$时，控制系统又达到一个新的平衡状态。

通过改变测量电位器 4 的倾斜角度，可调整比例作用强弱。该电位器倾斜角越大，在蒸汽压力变化量相同的情况下，即划针左右移动相同距离时，电阻 R_1和 R_2的变化量越大，电桥所输出的不平衡电压信号 $U_入$变化量越大，电机 M 需要转一个较大的角度，也就是对炉膛的送风量和喷油量改变比较大，才能达到新的平衡，即比例控制作用强（PB 变小）；反之比例作用减弱。

四、辅锅炉蒸汽压力自动控制

锅炉蒸汽压力自动控制也就是燃烧自动控制。它根据气压的高低自动改变进入炉膛的喷油量和送风量，维持锅炉气压恒定或在允许的范周内波动。由于船用主锅炉和大型油船辅锅炉的蒸发量较大，气压较高，往往需要保持稳定的气压，一般都采用定值控制方案。

1. 蒸汽压力控制的特点

由于燃烧自动控制系统中的被控量是蒸汽压力，所以首先要有蒸汽压力调节器，又称主调节器。它在锅炉不同负荷下接收气压的偏差信号，并输出一个控制信号，通过伺服器控制进入炉膛的燃油量和空气量，即控制炉膛内的燃烧强度，以便保持气压为恒定值。主调节器一般采用比例积分调节器。

对于供应饱和蒸汽的锅炉，主调节器的输入信号管路都接在与汽包相连的蒸汽管路上。如果主调节器采用比例调节器，在零负荷时，调节器使汽包内保持额定气压；在满负荷时，因比例调节器有静差，故汽包内的压力要比额定气压低 10% 左右，但这对用汽设备不会有什么影响。对于供应过热蒸汽的锅炉，主调节器的输入信号管路应接在过热器后面。如果输入信号管路仍接在与汽包相连的蒸汽管路上，则在满负荷时，除由于调节器静差使气压降低 10% 左右外，蒸汽流经过热器管道后，气压又会降低 10% 左右，这对用汽设备的工作是不利的。

要保证燃油的完全燃烧，在喷油量改变的同时，必须相应地改变进入炉膛的空气量。从锅炉的热负荷计算和热工实验中可以预先知道，在每一个喷油量下，喷油器前应保持多大的风压。因此，燃烧自动控制系统还需设有空气压力或空气量调节器，它严格地根据喷油量的变动来控制进入炉膛的空气量。这时空气量调节器得到来自蒸汽压力调节器的一个反映供油量大小的信号，即空气量调节器的给定值要根据不同的喷油量，按预先规定好的喷油量与空气量的配比关系来变化。这种控制关系与保持恒定的被控参数的定值控制不同，在控制系统分类中，称为程序控制。

主调节器也可以直接控制进入炉膛的空气量，或同时直接控制进入炉膛的燃油量和空

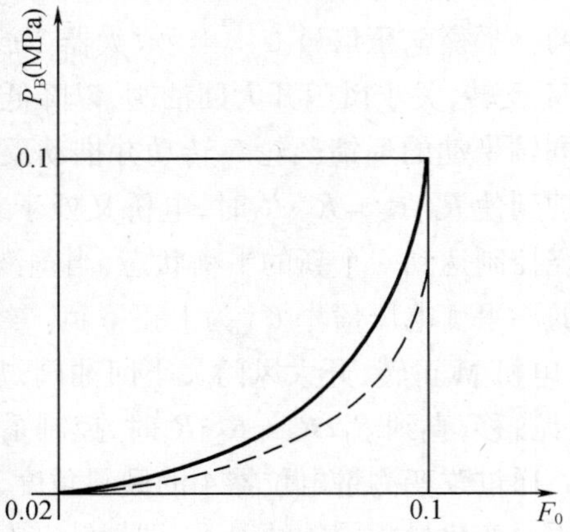

图 2-3-6 喷油量与风压之间的关系曲线图

气量。但是,燃油量与空气量的这种"程序"关系是不变的,图 2-3-6 示出了由实验测定的空气压力与喷油量之间的关系曲线。图中横坐标 F_0 为喷油量,纵坐标 P_B 表示在每一个喷油量下所需要的空气压力。如果空气量调节器采用比例调节器,每一个喷油量所对应的实际供气压力如图中虚线所示,则虚线与实线之间的距离就是调节器的静差。

空气量调节器最终控制风门挡板或鼓风机,需要相当大的作用力,因此这种调节器都是采用间接作用式的。

燃油能否完全燃烧,还取决于燃油雾化的情况,燃油压力和温度是影响燃油雾化的两个因素。为此,在燃烧控制中,还应装有燃油温度和燃油压力调节装置,这里不做详细讨论。

2. 蒸汽压力自动控制系统的组成及工作原理

以蒸汽压力为被控量的蒸汽压力自动控制系统,要求它满足锅炉在不同负荷下,气压都能稳定在给定值上,其控制系统如图 2-3-7 所示。

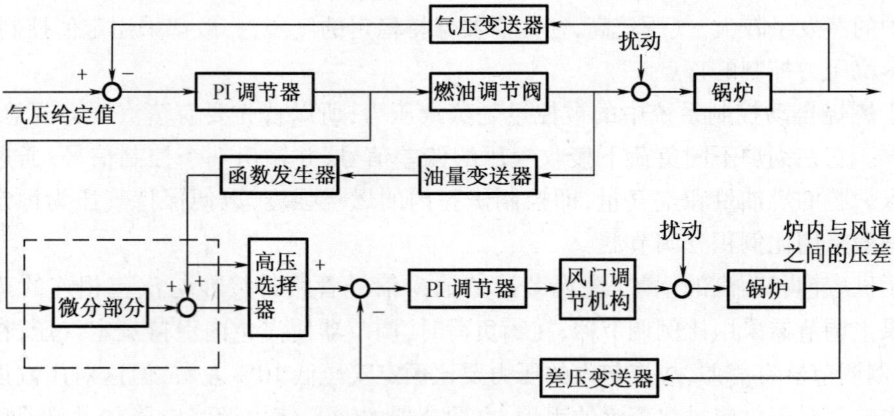

图 2-3-7 油船辅锅炉燃烧控制系统框图

由图中可见,油船锅炉蒸汽压力自动控制系统是由两个控制回路组成的。其中一个回路是根据蒸汽压力的偏差值经比例积分的蒸汽压力调节器来控制燃油调节阀的开度,即改变向炉膛的喷油量。喷油量的改变必须同时改变向炉膛的送风量(空气量可用风道与炉内之间的压差来表示),为了保证燃油完全燃烧并得到较高的经济性,对应某一喷油量要有一个最佳的送风量(最佳的空气压力)与之相匹配,即在某一喷油量下要求有一个最佳的风油比。经实验已测定空气压力与喷油量之间近似平方关系(即图 2-3-6 所示曲线)。这样,燃烧控制系统的另一个控制回路是根据喷油量对空气压力进行控制的回路。在这个回路中,空气压力的给定值是随喷油量而变化的。燃油量变送器输出的气压信号代表喷油量,函数发生器输出与喷油量平方成比例的信号,这一信号是代表该喷油量下最佳空气量的气压信号。该信号一路直接送到高压选择阀,另一路与微分控制阀的微分部分输出信号相加后再送入高压选择阀。因此,当锅炉负荷从一个平衡位置突然增加时,燃油控制阀的输入信号也随之突然增加,此时微分控制阀的微分部分也将随突然增加的燃油控制阀输入信号而有一个较大的输出信号,然后与函数发生器的输出信号相加(由于函数发生器具有一阶延迟特性,此时输出的变化量是较小的)后送入高压选择阀。高压选择阀的作用是自动地选择这两个信号中的较大者作为输出,从而使空气压力控制回路有一个突然增加的设定空气量信号。由于设定空气量信号及时调到函数发生器延迟后应输出的信号,使过量空气优先于喷油量增加而进入炉内,从而维持了稳定的燃烧。当锅炉负荷突然减小时,送到燃油控制阀的信号也突然减小,这时,用高压选择阀切除微分控制阀和函数发生器输出相加一路信号,并选用函数发生器输出信号。最后,在燃油量减少之后经过一阶惯性延迟的方式逐步减少供给炉内的空气量,使炉内处于空气过剩状态。

送入炉膛的实际空气量是用风道与炉内的压差来反映的,经差压变送器输出一个代表送入锅炉空气量实际值的气压信号与高压选择阀送出的给定值相比较,得到空气量的偏差信号,经比例积分的空气量调节器控制风门调整机构以改变向炉膛的送风量。

该系统中使用的蒸汽压力调节器和空气量调节器的类型与水位控制系统中的调节器完全相同。蒸汽压力变送器、油量变送器及风差压变送器的工作原理、调零、调量程的方法与测量水位用的差压变送器是相同的,只是在结构上略有差异,故不再重述。

3. 系统的其他主要元件

(1)燃油控制阀

气动燃油控制阀的结构和工作原理如图2-3-8所示。p_1是由蒸汽压力调节器输出的控制信号,作为燃油控制阀的输入信号。p是燃油控制阀输出的燃油压力,它与燃油量成比例。

p_0是燃油控制阀前的压力。假定膜片3的有效面积为F;反馈波纹管4的有效面积为f;弹簧1的预紧力为N。在稳态时,燃油控制阀的输入信号压力p_1与输出的燃油压力p之间的关系为$p_1 \times F + N = p \times f$。在工作中,$F, N, f$是不变的,因此燃油控制阀输出的燃油压力$p$(即燃油量)只取决于信号压力$p_1$。它们之间保持良好的线性关系,而不受阀芯摩擦力、阀前油压变化等因素的影响。

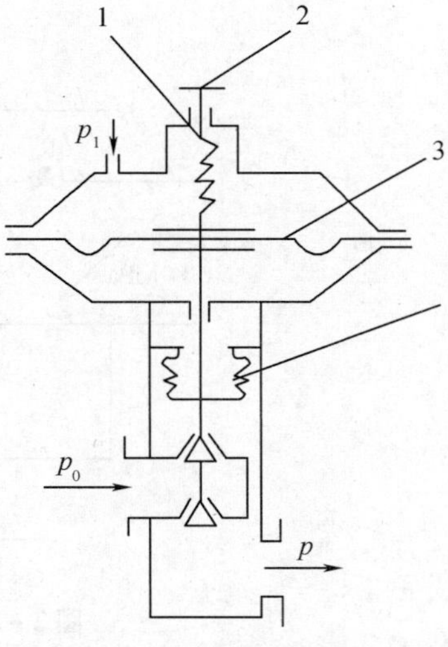

图2-3-8　燃油调节阀结构原理图

1—预紧弹簧;2—调整旋钮;
3—膜片;4—反馈波纹管

(2)函数发生器

函数发生器使喷油量与送风量成近似平方关系,其结构原理如图2-3-9所示。代表喷油量实际值的气压信号$p_{入}$送入测量波纹管1,若喷油量增大,挡板靠近喷嘴,喷嘴背压升高,经放大器3使输出气压信号$p_{出}$增大,通过风门调节机构增大向锅炉的送风量,同时增大的$p_{出}$送入反馈气室,压缩反馈波纹管使反馈杆上移,于是反馈凸轮5顺时针转动,通过反馈杆件及调零弹簧限制挡板继续靠近喷嘴。函数发生器$p_{出}$与$p_{入}$之间的函数关系是由反馈凸轮5的外形轮廓实现的,即$p_{入}$在不同范围内变化,其反馈强度不同。

(3)微分控制阀

该阀具有放大倍数 $K=1$ 不可调的比例微分作用,其结构原理如图 2-3-10 所示。微分控制阀由膜片 1,2,3 和隔板把它们分成 A,B,C,D,E 5 个气室。膜片 1,3 的有效面积 F_1 和 F_3 相等,膜片 2 的有效面积 F_2 比 F_1,F_3 大得多。这 3 个膜片在结构上是连在一起的,构成一个膜片组。来自函数发生器的 P_2 送入气室 A,主调节器的输出即燃油调节阀前的信号 P_3,一路送至 B 室,另一路经微分阀 R_d 送入 C 室。0.14 MPa 的气源经恒节流孔 5 进入气室 E,再经喷嘴 4 进入气室 D。在稳态时,即炉膛内的燃烧强度正好适应锅炉的负荷要求时,p_3,p_2 和微分控制阀的输出 p_0 都是不变的,膜片组受到的向下作用力与受到的向上作用力相等,其平衡方程为

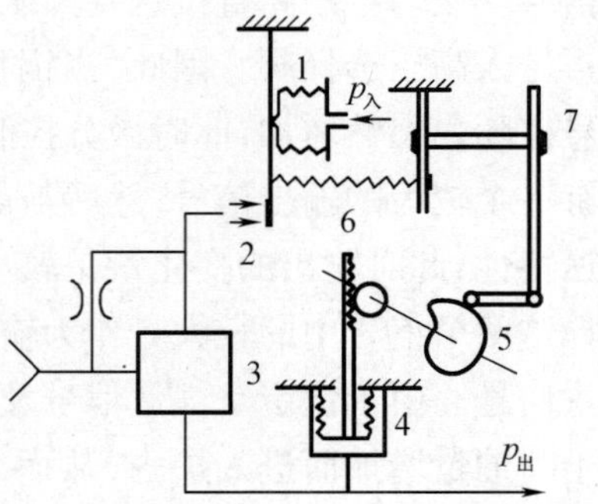

图 2-3-9　函数发生器结构原理图

1—测量波纹管;2—喷嘴挡板机构;3—气动功率放大器;4—反馈气室和反馈波纹管;5—反馈凸轮;6—调零弹簧;7—量程调整螺钉

$$p_2F_1+p_3F_2+p_3F_3=p_3F_1+p_3F_2+p_0F_3$$

因 $F_1=F_3$,故 $p_0=p_2$。

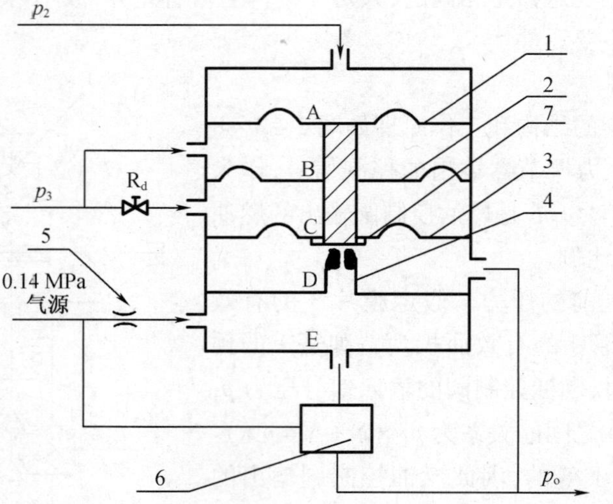

图 2-3-10　燃油调节阀结构原理图

1,2,3—膜片;4—喷嘴;5—恒节流孔;6—放大器;7—挡板

假定锅炉负荷突然增大,蒸汽压力会迅速下降,主调节器将立即输出一个增大的 p_3 信号,该信号使 B 室压力立即增大,因微分阀 R_d 的节流,C 室压力暂时不变,由于 $F_2 \gg F_1$,即 $p_3 \cdot F_2 \gg P_3 \cdot F_1$,这就破坏了膜片组的受力平衡,使膜片组下移较大的距离,挡板大大靠近喷嘴,p_0 大大增加,使风门提前有一个较大的开度。p_0 增大使 $p_0 \cdot F_3$ 增大,限制了膜片的下移,当 p_0 增加到使膜片组向上的作用力等于向下的作用力时,膜片组处于一个暂时的平衡状态,这就是该阀的微分输出。以后 P_3 经节流阀 R_d 使 C 室压力逐渐增大,由于 $F_2 \gg F_3$,膜片组向上的力逐渐增大,破坏了膜片组的暂时平衡,使挡板逐渐上移,p_0 逐渐减小,这就是微分输出的消失过程。当 C 室压力增大到与 B 室相等时,膜片组又恢复到初始平衡状态。但

是，在主调节器输出 p_3 增大的同时还去开大燃油调节阀，使函数发生器的输出 p_2 增大，膜片组下移，p_0 增大。当 $p_0=p_2$ 时，膜片组达到一个新的平衡状态，其输出 p_0 不变。可见，微分控制阀的输出 p_0 是对函数发生器送来的信号 p_2 进行放大系数（$K=1$）固定不变的比例控制环节。

（4）高压选择器

高压选择器的结构原理如图 2－3－11 所示。它由膜片 1 和喷嘴 2 等组成。A 室接微分控制阀的输出，B 室接函数发生器的输出，C 室输出为空气压力控制回路的设定值。两个输入压力信号分别作用到膜片 1 的两侧，其中高压侧将自动关闭另一侧的喷嘴，同时把高压侧压力作为输出压力。可见，高压选择器可自动地选择或设定两个信号中的高压信号，只要有 0.35 kPa 大小的压力差就能使它动作，因此，过程控制信号在没有任何扰动下就能平滑地传输出去。

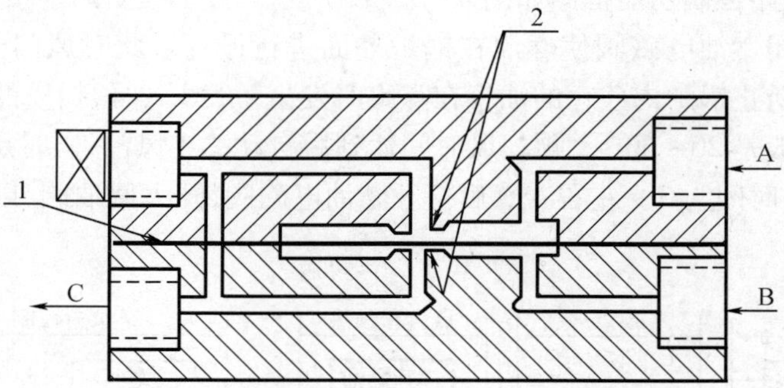

图 2－3－11　高压选择器原理图

1—膜片；2—喷嘴

4. 控制系统常见故障分析

锅炉负荷处于稳定状态，但蒸汽压力出现振荡。主要原因可能是：燃油控制阀振荡；燃油泵输送压力振荡，蒸汽压力变送器本身振荡或节流不当，主控制器的灵敏度太高等。

锅炉负荷处于稳定状态，但检测的蒸汽压力与设定值不符。主要原因可能是主控制器调整不正确或蒸汽压力变送器调整不当等。

尽管风道和炉内压力处于稳定状态，但燃烧器前风压振荡。主要原因可能是：风门驱动装置振荡；空气差压变送器本身振荡或输出管路节流不当；燃油压力变送器或函数发生器振荡；空气差压变送器的灵敏度太高等。

锅炉在突然增加负荷时，大量冒黑烟和燃烧不稳定。主要原因可能是当喷油器数增加时，燃油压力降低；空气量控制器灵敏度太高；风门调节机构动作迟缓；微分控制阀的灵敏度低；空气量控制器灵敏度低等。

锅炉燃烧器进口供给空气不足。主要原因可能是空气差压变送器的零点偏高或量程偏小等。

管理要点：

（1）锅炉运行期间，如要对蒸汽压力自动控制系统进行“手动/自动”切换，必须注意做到无扰动切换；

（2）要经常检查蒸汽压力等变送器的输出信号与输入的实际压力是否相符，并检查其工作是否正常；

(3)要经常检查燃油控制阀动作和工作是否平稳,填料压盖有没有漏泄,它是否按设计的输入信号工作等;

(4)蒸汽压力等变送器和各调节器的放大器、节流部件、喷嘴、检测管吹通和清洗,每年进行一次。

五、燃烧时序控制

辅锅炉燃烧时序控制是指给锅炉控制系统一个启动信号后,能按时序的先后自动进行预扫风、预点火和喷油点火,点火成功后对锅炉进行预热,接着转入正常燃烧的负荷控制阶段,同时对锅炉的运行进行一系列的安全保护。

1. 锅炉燃烧时序控制系统

辅锅炉燃烧时序控制功能框图如图 2-3-12 所示。按下锅炉启动按钮后,自动启动燃油泵和鼓风机,关闭燃油电磁阀使燃油在锅炉外面进行循环。此时风门开得最大,以大风量进行预扫风,以防止锅炉内残存的油气在点火时发生“冷爆”。预扫风的时间根据锅炉的结构形式而异,一般是 20~60 s。预扫风时间达到后自动关小风门,同时点火变压器打出电火花,进行预点火,时间为 3 s 左右。然后打开燃油电磁阀,开大回油阀,以小风量和少喷油量进行点火。

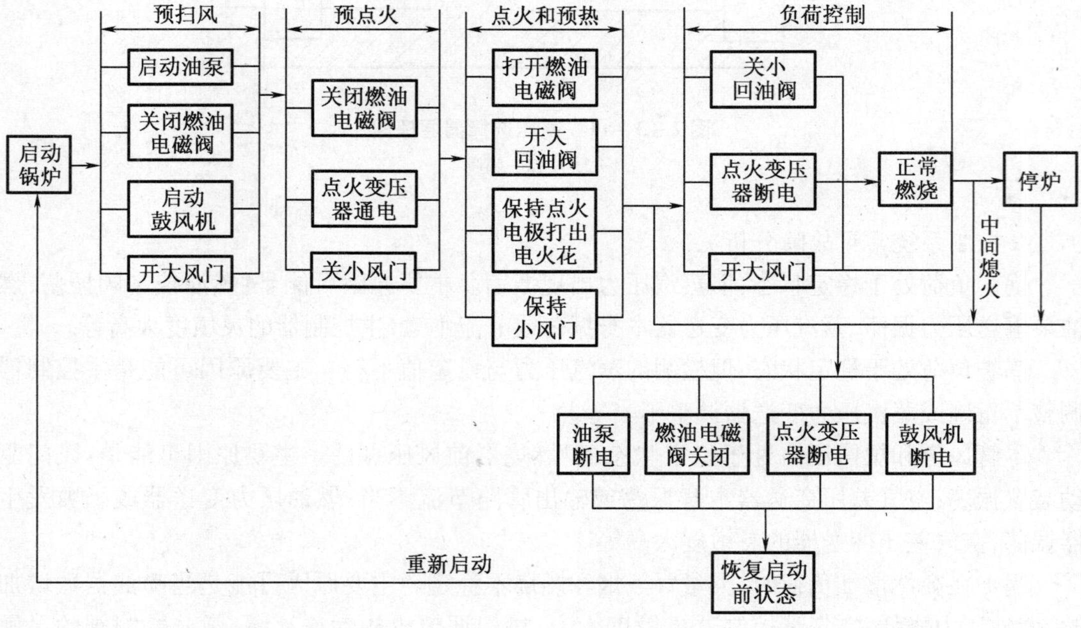

图 2-3-12 辅锅炉燃烧时序控制框图

点火成功后维持一段“低火燃烧”对锅炉进行预热。然后开大风门,关小回油阀,使锅炉转入“高火燃烧”,即进入正常燃烧的负荷控制阶段。在预定的时间内若点火不成功、风机失灵或中间熄火等故障现象发生时会自动停炉,待故障排除后按“复位”按钮方能重新启动锅炉。

为了实现辅锅炉的时序控制,必然要采用下列主要元部件:

(1)信号发信器

信号发信器是发信各种控制信号的元件,其中包括手动信号发信器和自动信号发信器。手动信号发信器包括启动和停炉按钮、转换或选择开关等,它们的结构和工作原理简单,这里不予介绍;自动信号发信器包括压力开关、温度开关等,它们的结构类型很多,在此不再赘述。

(2)时序控制器

时序控制器是辅锅炉燃烧时序控制的核心元件。它根据启动信号发信器送来的电信号,接通或切断电路,或者根据规定的时间来接通或断开电路,用以实现预扫风、预点火、点火及转入正常燃烧等一系列时序动作,广泛采用的时序控制器有两大类,即有触点时序控制器和无触点时序控制器。

有触点时序控制器多采用凸轮式时序控制器。图 2-3-13(a)给出了凸轮式时序控制器结构原理图,同步电机经减速装置带动一根凸轮轴转动,在凸轮轴上通常安装有若干组凸轮,每一组凸轮控制一个微动开关。每组凸轮由右凸轮和左凸轮构成,来控制开关触点的闭合或断开。改变左、右凸轮的相对位置可以调整开关闭合或断开的时间。定时器相当于钟表机构。图 2-3-13(b)为多回路时间继电器结构示意图,工作原理类似。多回路时间继电器和凸轮式时序控制器刻度盘旋转一周时间为 60 s。

无触点时序控制器是利用 RC 电路延时功能实现的。通常把 RC 充放电回路加在晶体管基极电路中,利用晶体管的开关特性使继电器通电动作或断电释放,如图 2-3-14 所示。

图 2-3-14(a)为单管延时释放电路。开关 K 闭合时,电容被旁路,晶体管立即导通,继电器 J 通电动作。当开关 K 断开时,电源向电容充电。在一段时间内晶体管基极的充电电流较大,晶体管保持导通,继电器 J 保持通电。随着电容的充电,电容两端电压不断升高,充电电流不断减小,晶体管集电极电流不断减小,经延时后,继电器 J 断电释放。

图 2-3-14(b)是继电器延时通电电路。当开关 K 闭合时,电容 C 被旁路,晶体管立即截止,继电器 J 立即断电释放,当开关 K 断开时,电源向电容充电,起初充电电流较大,晶体管基极电流近似为零。以后随着电容 C 两端电压的升高,晶体管基极电流不断增大,经延时后,基极电流增大到使晶体管导通,继电器 J 通电动作。

晶体管延时开关电路的延时时间取决于 RC 电路的时间常数 T 及继电器的动作电流。晶体管延时开关电路的延时时间可以在一秒到几十秒内进行无级调整。

(3)火焰感受器

火焰感受器用来监视炉膛有无火焰。当点火失败或在持续燃烧期间熄火时,为避免再向炉内喷油引起故障,要求立即关闭燃油电磁阀停止喷油,并发出声光报警。因此,自动化锅炉都装有火焰感受器来监视炉膛内的火焰。辅锅炉上常用的火焰感受器有光敏电阻、光电池和紫外线管等。

①光敏电阻

光敏电阻是由涂在透明底板上的一片光敏层,经金属电极和导线引出而制成的,如图 2-3-15(a)所示。光敏层由铊、镉、铅的硫化物或硒化物制成,光敏电阻的主要特性是,接受光照射时其电阻值较小,无光照射时,其电阻值较大。因此,在光敏电阻两端所加电压不变的情况下,有光照射和无光照射时流过光敏电阻的电流相差很大,其伏安特性如图 2-3-15(b)所示。用光敏电阻组成的光焰感受器如图 2-3-16 所示。为了防止光敏电阻接受高温炉墙所辐射的可见光和红外光使光敏电阻动作迟延或误动作,在安装时要避免高

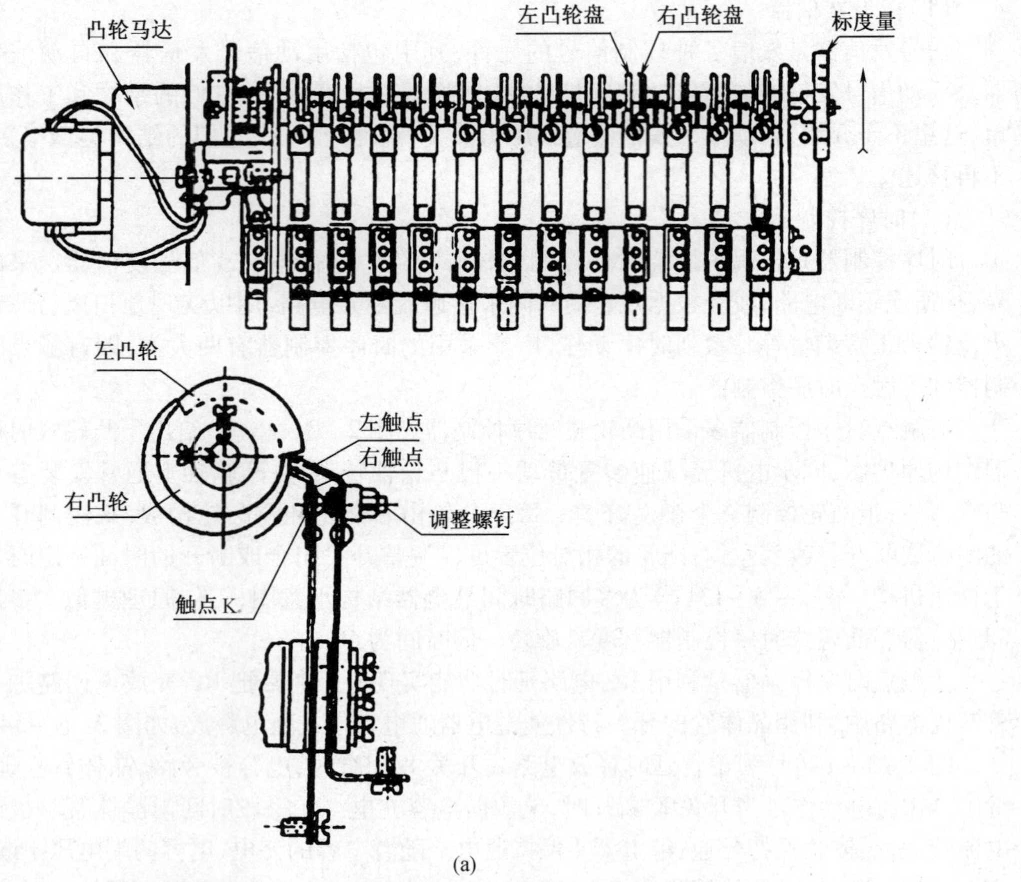

图 2-3-13　时序控制器结构原理图

(a)凸轮式时序控制器结构原理图;(b)多回路时间继电器结构原理图

1—驱动电机;2—联轴节;3,4—离合器齿轮;5—限位开关;6—反馈杆;

7,8—反馈接线;9—减速齿轮;10—转轴支点;11—标度盘;12—标度块;14—盘片

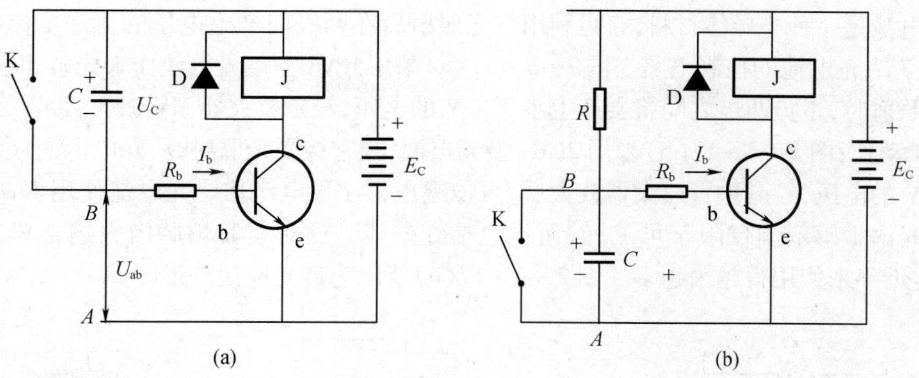

图 2－3－14　晶体管延时开关电路

(a)单管延时释放电路;(b)继电器延时通电电路

温炉墙辐射线直接照射在光敏电阻上。此外,光敏电阻不能承受高温,否则会影响使用寿命。因此,光敏电阻火焰感受器装有散热片并用空气冷却,磨砂玻璃可阻挡红外线的透入。

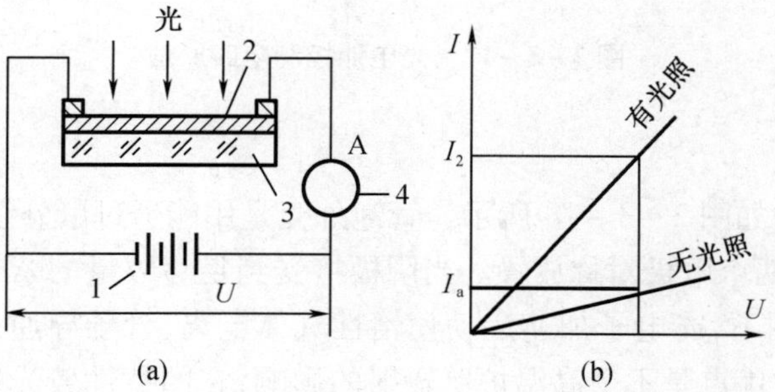

图 2－3－15　光敏电阻及其特性

1—金属电极;2—光敏层;3—透明底板;4—电流表

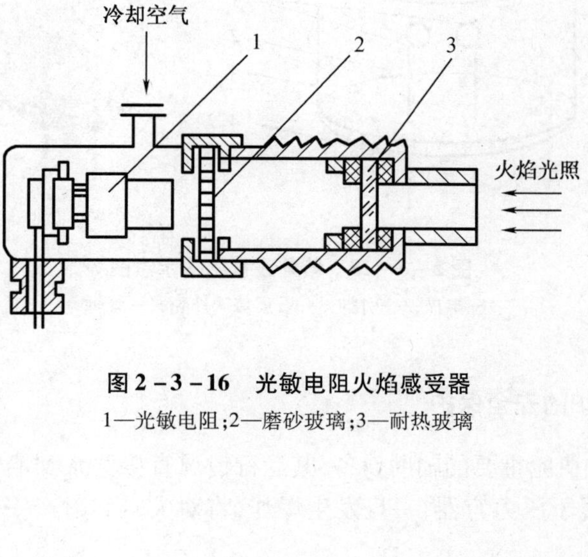

图 2－3－16　光敏电阻火焰感受器

1—光敏电阻;2—磨砂玻璃;3—耐热玻璃

②光电池

光电池是一种半导体材料，它是利用有光照射后在两极间产生电压的原理工作的。图2－3－17为光电池的控制电路。图2－3－17(a)采用RAR型硒光电池作为光敏元件，当它接受光照射时，正负两极之间将会产生小于1 V的电压，经磁放大器MV放大后足以激励继电器FR动作；图2－3－17(b)采用$2CR_{Ⅱ}$型光电池，当它接受光照射时，光电池两极间能产生0.5 V的电压，经晶体管放大器放大后，可使继电器J通电动作。光电池使用寿命长，而且它的光谱敏感范围仅限于可见光，而不包括红外线。这对监视炉膛内火焰是非常合适的，因此近年来使用得越来越多。图2－3－17(c)所示为硅光电池外形图。

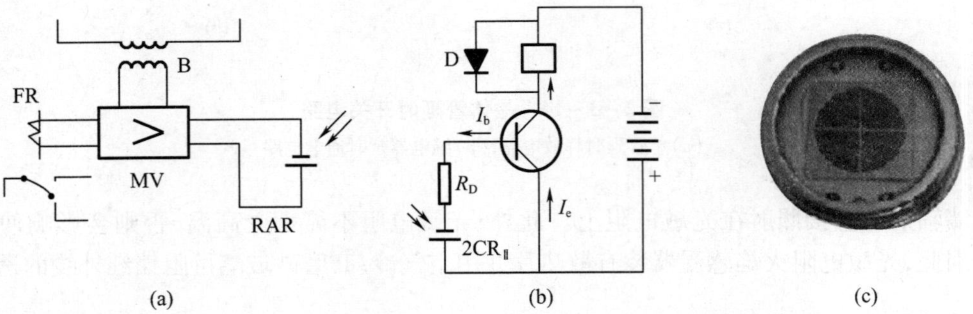

图2－3－17　光电池控制电路原理

③紫外线管

紫外线管的结构如图2－3－18所示。管泡外壳是用能透过紫外线的石英玻璃制成的，泡内充以惰性气体，两个电极对称放置。当阴极接受到足够数量的紫外线时会发射出光电子。在外电场的作用下，光电子加速运动使惰性气体电离，管子导通；若无光照射，紫外线管截止。紫外线管的优点是不受高温炉壁辐射的影响，它的特性较光敏电阻好，且在交、直流控制线路中均可使用。

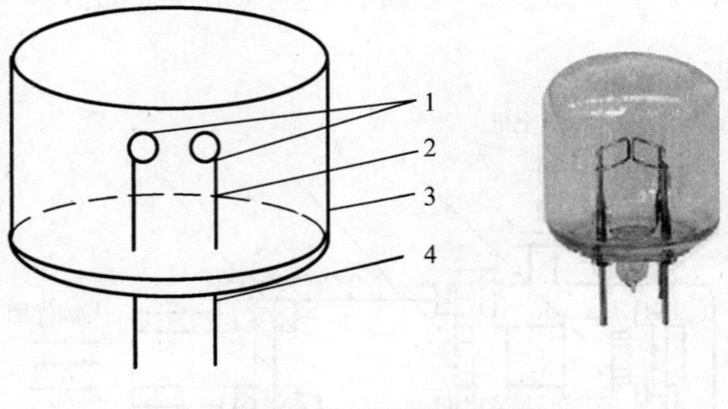

图2－3－18　紫外线管结构示意图

1—电极；2—引脚；3—石英玻璃外壳；4—管脚

六、船舶蒸汽锅炉的安全保护

蒸汽锅炉是船舶机舱重要的辅助设备，其运行情况直接关系到船舶机舱用汽设备的正常工作，另外，锅炉属于压力容器，一旦发生爆炸，将对人身和财产安全造成重大事故。因此，船舶蒸汽锅炉要采取严格的安全保护措施。主要包括以下几个方面：

1. 蒸汽压力保护

蒸汽压力保护的目的主要是为了防止蒸汽压力超过汽包的设计压力，避免爆炸事故。压力保护的手段是在锅炉上安装安全阀，一旦蒸汽压力超过安全阀的设定压力，安全阀能够自动开启，对炉内压力进行泄放。

锅炉一般安装有 2 个安全阀，通过安全阀的调压弹簧可以调整安全阀的开启压力，开启压力的大小可为大于实际工作压力的 5%，但不应超过锅炉的设计压力。安全阀在开启状态的泄压能力有相应的规范要求，这要通过设计和制造环节加以保证。从管理的角度来讲，应对其进行定期试验。试验时可关闭主蒸汽阀，对锅炉进行升火，观察压力表，确定是否能够正常开启。若不能，则需调整安全阀的调压弹簧，直到能在希望压力开启为止。

为保证应急情况下能够手动开启安全阀，必须设有远距离操作装置，必要时可通过远距离手动操作的方式将安全阀强制打开。

2. 水位安全保护

在正常情况下，锅炉的水位在控制系统的控制下将保持正常水位，对于水位连续控制的锅炉，水位能稳定在设定水位附近；若是双位控制，则其水位应该在水位的上限和下限之间波动。但在故障情况下，若出现低水位报警后，水位还继续下降，则会出现锅炉干烧的情况。为此，锅炉必须设有危险水位保护装置，当水位下降到危险低水位时，保护装置应能切断锅炉的燃烧，并发出报警。锅炉的危险水位报警和保护装置一般独立于水位自动控制系统，包括专门的浮子室、浮子开关和控制电路。

危险低水位保护装置也应该定期检查和试验：对于控制电路，可以通过短接浮子开关输出接线端子，模拟浮子的动作，试验自动停炉功能对于浮子室及浮子开关，可以关闭浮子室的通汽和通水阀，再打开浮子室泄放阀，让浮子室水位下降，测量浮子开关输出接线端子之间的通断情况。

3. 熄火保护

熄火保护的目的是在锅炉非正常熄火时，能及时切断锅炉的燃油系统，并发出声光报警。熄火保护装置是锅炉点火时序控制系统的一部分，主要由火焰探测器及其控制电路组成。它不但在中途非正常熄火时起作用，而且在点火过程中还用于判断点火是否成功。熄火保护装置的试验可以在正常燃烧过程中人为断开火焰探测器的接线，以试验其熄火停炉功能。

任务四　EPC－50 分油机自动控制系统

【任务目标】

1. 了解 S 型分油机工作过程及基本原理；
2. 掌握 S 型分油机手动排渣操作程序；
3. 掌握 EPC－50 分油机自动控制系统操作、管理、参数设置及常见故障排除。

FOPX 型分油机采用部分排渣法，其特点是待分油连续进分油机，在排渣期间也不切断进油；每次排渣时，其排渣口短暂打开，排出量一般是分离片外边缘与壳体之间容积的 70%。更新换代后的 S 型分油机常用作燃油净油单元，其特点是待分油在分油设定时间内可连续进油、分油，在此期间短暂打开排水口排水并保持持续分油。由于出口中的净油主要通过水分传感器检测其含水量，不再使用密度环，在净化不同密度的燃油时，由水分传感器来判断油中水分是否过多，分油机中的油水分界面是否内移，从而判断是否需要一次排水控制。分油期间，如果净油口水分传感器测到的水分超标时，则分油机控制一次排水，其排出时间可设定；如果一次排水后，水分含量仍较高，则可连续再来一次排水操作；最多可连续进行 5 次排水操作。在设定的分油时间到后，控制系统先用置换水将分离筒内的油全部挤出干净后，再通过排渣口的打开进行一次彻底的排渣操作，并准备下次分油；如果是结束操作，则分油机保持无油停机，在下次分油时，分油机将净筒启动运行。另外，正式分油前，控制器 EPC－50 可以实现待分油温度定值控制，根据待分油的设定温度进行加热控制，并在温度满足要求后才开始分油程序控制。控制系统中重要的部件是水分传感器，型号为 MT50，其电路板将水分信号转换为 4～20 mA 信号送给以单片机为核心的 EPC－50 控制器。本节重点介绍 S 型分油机自动控制系统的基本工作原理。

一、分油机的组成及基本工作原理

S 型分油机的分离筒由一台电机通过平皮带动力传输部件和立轴驱动。电机驱动装置配有一个摩擦联轴器，以避免过载。分离筒为盘式，由水力驱动排渣。

S 型分油机的结构原理如图 2－4－1 所示，分油机进出油管结构由原来的双向心泵（下部一个为净油排出，上部一个将分离出的水排出），改为下部有一个具有向心功能的固定不动的向心泵 12（Parting Disc），它能把分离出来的净油从 2 口排出。上部使用向心管 4（Parting Tube）能把分离出来的水从出水口 3 排出。向心管是活动的，在支撑臂及弹簧的作用下将其向外张开，使其保持与水腔内的水界面接触，需要时可把水腔内水向外泵出。实际上不管是向心泵还是向心管，都是把高速旋转的液体流动能转变成位能（压力能），这种改进使能耗降至最低。待分油从进油口 1 连续进分油机，经旋转分离叠片组外边缘上的垂直缺口进入分离叠片组，油经分离叠片之间形成的通道上升，油在上升的过程中继续被分离，水分和渣质被离心力甩向分离叠片的外侧，净油被推向分离叠片的内侧，当净油向内离开分离叠片后，流过分配器油孔进入油腔，通过向心泵 12 扩压，油被泵出油腔，在净油出口 2 所接的管路上装手动背压调节阀和一台 MT50 型水分传感器，它能精确地检测净油中的含水量。当分离出来的水很少时，说明油水分界面在分离叠片外侧较远处，这时装在排水出水口3管路上的排水电磁阀关闭,封住出水口3不向外排水,这是正常分油过程。随着分离过程的进行,油水分界面不断向里移动,水分传感器会感受到净油中含水量的增大。当油水分界面移动到接近分离叠片外边缘时,净油中的含水量会增加到一个触发值。这个触发值将被送到EPC-50型监控装置,由该装置决定是打开排水电磁阀向外排水,还是打开排渣口X进行一次排渣。如打开排水电磁阀排水,油水分界面会迅速外移,净油中含水量也会迅速减少,当降低到一定值时停止排水。

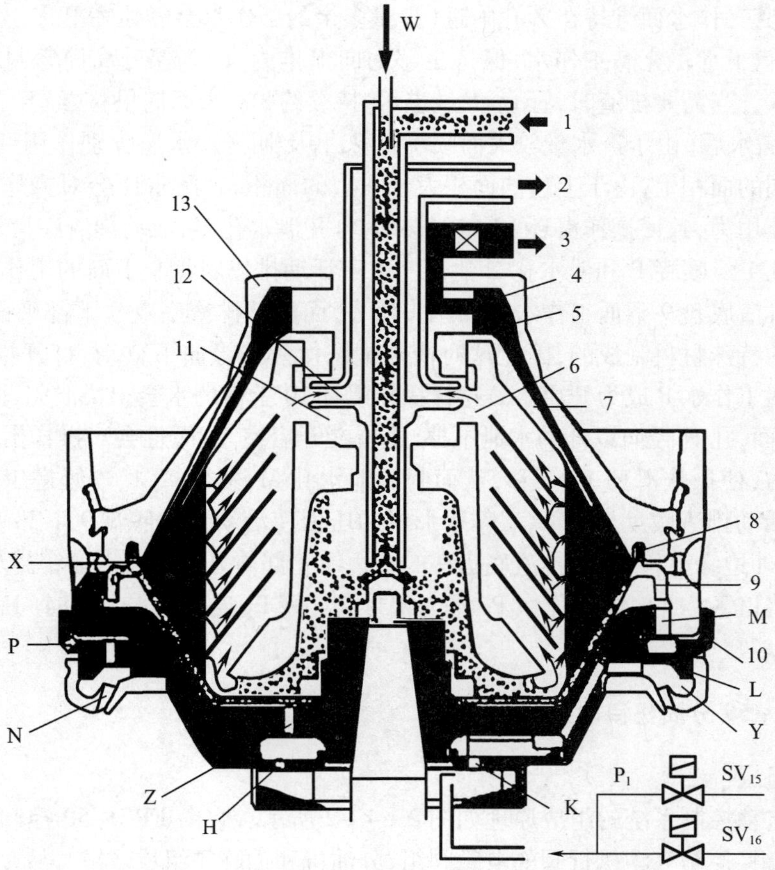

图2-4-1　S型分油机的结构原理如图

1—待分油进口;2—净油出口;3—出水口;4—向心管;5—水腔;6—分配器孔;7—顶盘;8—密封环;9—活动排渣底盘;10—操作滑环;11—分离油腔;12—向心泵;13—分离筒盖

当待分油中含水量极少时,从上次排渣算起,又已达到最大排渣间隔时间,而油水分界面仍离分离盘外侧较远,此时尽管净油中基本不含水分,但EPC-50型控制装置也要进行一次排渣操作。为减少排渣时油的损失,首先停止向分油机供待分油,在排渣前从水管的W口供置换水,并关闭出油阀,油水分界面会向里移动。为了使更多的油在排渣前从分油机内被排出,以减少油的损失,当出油口压力传感器检测到的压力达到0.05 MPa时,打开出油阀,待分离筒内的待分油已全部被水置换,净油出口中检测到水分时,或当置换水供给到量时(置换水的体积是根据分油机首次启动时对水流量标定后自动设定的),关闭置换水,打开排渣口进行排渣,以防止排渣操作中将净油也排出。如果是停机排渣,则在此后控制分油机停机时，分离筒内基本是干净的，确保不会有燃油粘连内部器件；并在下次启动时，分油机净筒轻载启动。

S型分油机分离筒在结构上也有较大的改变，操作滑环10取消了托顶弹簧，活动排渣底盘9不再利用上下运动使分离筒封闭，而是靠活动排渣底盘9下部的工作水形成的压力使活动排渣底盘9下部平面部分的向上变形，使活动排渣底盘9外边缘向上移动与分离筒盖上的密封环8紧密接合，从而使分离筒的排渣口X密封。分离筒盖的锁紧由以前的锁紧螺母改为锁紧环。在正常分油期间，为了补偿工作水由于蒸发和漏泄造成的缺失，由管P_2断续供水，使其工作水面维持在Z孔附近（少量多余的工作水会经喷嘴P泄出），这时P_1断水，使滑动底盘下部仍充满工作水，保持足够的向上推力，以确保分离筒密封，此时的工作水称为补偿水。当需要排渣时，管P_1大量进水，持续约3 s，水面向里移，经K孔进入开启室Y，在Y室充满水后（由于进水量较大而喷嘴P来不及泄放），水压分别作用到操作滑环10上下两个不同的面积上，由于上边的面积大于下边的面积，因此水压会对操作滑环10产生一个向下的作用力，致使操作滑环10向下移动，打开泄水孔M，活动排渣底盘9下面的工作水通过泄水孔1经喷嘴P和泄水孔N泄出。由于活动排渣底盘9下面的工作水泄放出去，作用到活动排渣底盘9下面工作水的动压头消失，而活动排渣底盘9下部平面部分是由具有记忆功能的特殊材料制成的，因此这时恢复常态使外边缘向下移动，打开排渣口X进行排渣。此时的工作水P成为开启水。这样操作滑环10上面的水会很快泄完，而作用到操作滑环10的下面，孔N径向以外的水泄不掉，仍留在开启室Y，而且会对操作滑环10产生一个向上的推力，使操作滑环10上移，从而封闭泄水孔M，然后管P_2连续进工作水，水经H和Z孔进入活动排渣底盘9下部，工作水形成的压力使活动排渣底盘9下部平面部分向上变形，从而使外边缘上移，活动排渣底盘9的外边缘上部与分离筒盖上的密封环8再次紧密接合封住排渣口X。此时的工作水P_2称为密封水。管P_2连续进水一段时间后恢复断续进补偿水。

二、EPC－50分油机自动控制系统

1. 系统组成

分油机自动控制系统的组成原理如图2－4－2所示。它由EPC－50控制箱、电机启动箱、工作水阀组、控制气动执行阀的电磁阀组、分油机和油路等组成。

系统分为燃油回路、工作水回路、气动回路、分油机、电机启动箱和EPC－50控制器，如果系统自带电加热器，还会配有电加热控制器。燃油回路中有加热系统（Heating System）、温度传感器（TT_1，TT_2）、压力传感器（PT_1）和待分油控制阀V_1，分油机的出口还配有净油出口阀V_4，排水出口阀V_5。工作水回路包括置换水（有的称冲洗水）电磁阀SV_{10}，开启水电磁阀SV_{15}，补偿水或密封水电磁阀SV_{16}，S型分油机的SV_{15}和SV_{16}输出同一根水管，由于控制水量的不同，实现的作用也不同；在P型分油机中SV_{15}和SV_{16}是两根水管作用在分油机不同的进水部位，实现开启和关闭的作用。气动回路包括控制待分油阀的电磁阀SV_1、控制净油出口电磁阀SV_4和排水管电磁阀SV_5。分油机和待分油循环输送泵可由EPC－50控制箱上的启停按钮控制运转或停止。分油机全速运行后，控制器EPC－50开始控制分油过程，包括控制待分油控制阀V_1、净油出口阀V_4和排水阀V_5各工作水电磁阀等，实现密封、分油、排渣、保护、停止等控制。根据自动控制的分析方法，将EPC－50构成的控制系统分为如下几个部分：

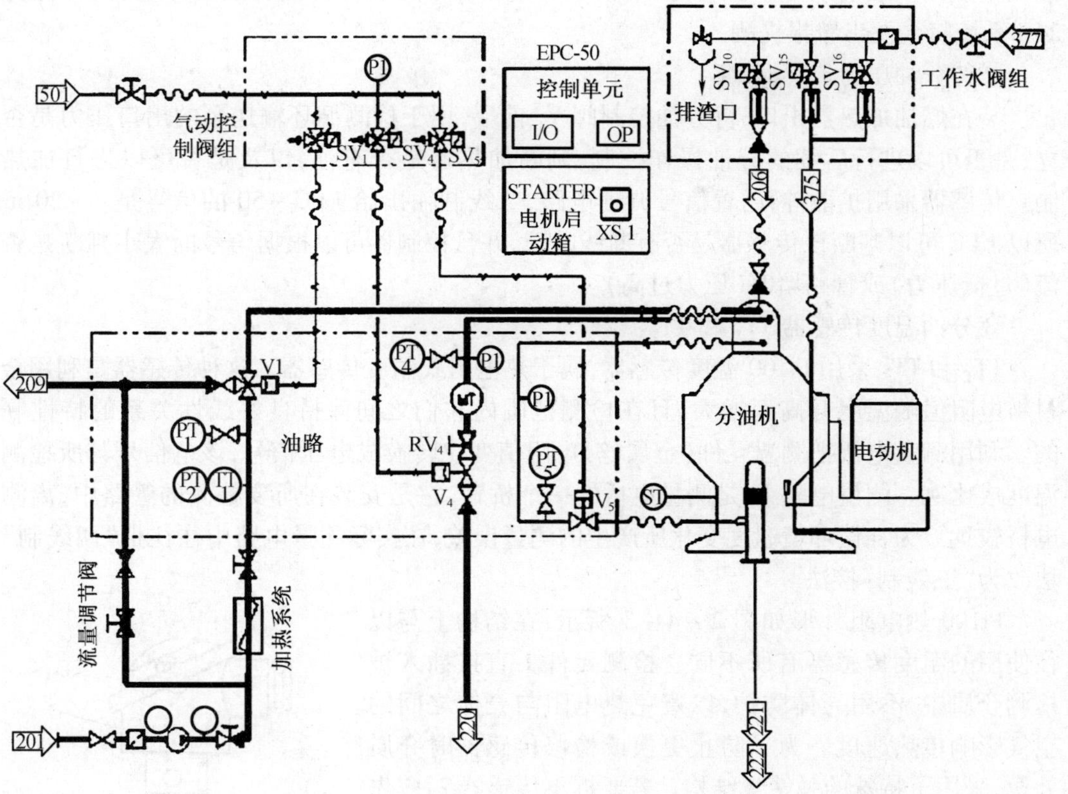

图 2-4-2　分油机自动控制系统的组成原理图

(1)主要的输入信号装置

在该控制系统中,输入信号和输出信号是比较多的。这些信号能准确地监视分油机的工作状态,同时也能控制分油机的各种操作。

①水分传感器 MT50

在净油出口管路上装有 MT50 型水分传感器,它能随时检测净油中的含水量。EPC－50 控制器根据净油中含水量来判断是否超设定值,另外还可判断 MT50 是否故障,如信号小于 4 mA 表示传感器断线,而如果水分过低,可以判定净油出口油中有空气;如果水分过高,可以判断分油机内部油和水的状态。经延时后,由 EPC－50 决定是打开排渣口,还是开启排水电磁阀。因此水分传感器是监控系统中很重要的部件,是由圆筒形电容器和由振荡器电路及信号调理电路组成的电路板两部分所组成。电容器实际上是两个彼此绝缘的同心圆筒,净油全部流过内圆筒,在内外圆筒的电极间电容量与油中的水分成比例。EPC－50 控制器为水分变送器提供直流电源,它使水分变送器内部的振荡器工作,产生频率为 1 MHz 的振荡信号源。当振荡器产生固定频率及幅值的交流电信号后,流过电容器中的电流大小就完全取决于电容器的介电常数。纯矿物油的介电常数只有 2～4,而水的介电常数高达 80,因此净油中含水量的增加导致介电常数的增大,会使其流过电容器的电流也增大。MT50 的电路板通过交流电桥检测电容变化,并将信号处理后转换为 4～20 mA 的电流信号送给 EPC－50。该水分变送器检测精度是比较高的,一般精度可达 ±0.05%,同时,EPC－50 可判断该电路板和传感器的好坏,如有故障,则需要更换。在 EPC－50 控制器中可以通过调整参数来取消该传感器功能，取消 MT50 功能后分油机将按特定程序运行，并且每隔 24 h系统将会发出警报提醒。

②待分油压力传感器 PT_1

装在燃油加热器出口，待分油控制阀 V_1 前端，用于检测循环输送泵的出口压力是否建立，是否可以进行后续的分油操作控制，判断加热器是否有油，以及是否可以进行加热控制。传感器采用扩散硅，内置信号调理电路，二线制输出给 EPC－50 的信号是 4～20 mA，所以 EPC 可以判断该传感器是否有断线故障，并且控制器可以根据信号的大小判断是否断流（过低压力）或管路堵塞（压力过高）。

③分油温度传感器 TT_1 和 TT_2

TT_1 和 TT_2 采用 Pt100 温度传感器，属于热电阻式温度传感器。这种传感器是利用金属材料电阻值随温度升高而增大，且在检测范围内它们之间保持良好线性关系的特性制造的。利用测量电桥把测温元件（金属丝）电阻值变化转换成电压信号，该电信号与所检测的温度成比例。测量电阻 R_t 是测量电桥的一个桥臂，它是安装在所要检测的管路中，离测量电桥较远。为补偿环境温度变化所产生的测量误差，在实际测量电路中往往把"两线制"接法改为"三线制"接法。

Pt100 热电阻外形如图 2－4－3 所示，在结构上与以往使用的温度传感器有所不同。检测元件 1 直接插入被检测介质中，不用壳体防护，以避免热电阻与壳体之间的空气影响传热速度。为了防止更换或检修传感器时介质外逸，采用了特殊的弹簧囊结构。若要拆下传感器 7，应先松开锁紧螺帽 5，随后可旋出传感器。与此同时，止回帽 2 在弹簧 3 和燃油压力作用下，将导向管 4 下端口盖住，从而可防止管路 6 中燃油的逸出。这种改进后的温度传感器的热惯性很小，能及时感受温度的变化。

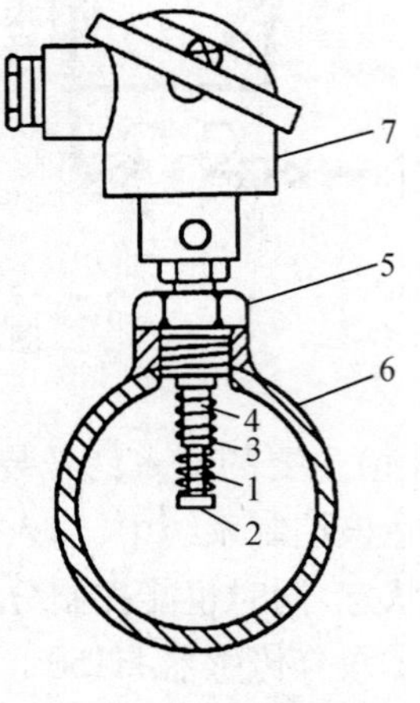

图 2－4－3　Pt100 温度传感器结构原理图

1—检测元件；2—止回帽；3—弹簧；4—导向管；5—锁紧螺帽；6—管路；7—传感器

在正常运行期间，它检测燃油温度实际值，当油温超过设定上下限值时，控制器发出油温超限报警。另外，控制器能够检测温度传感器的状态，可以判断传感器是否有短路或断线故障。两个信号各有用途：一是送至 EPC－50，由其中的燃油加热油温控制系统温度信号，作为温度偏差 PI 调节器的反馈信号，实现对燃油温度进行比例积分控制，把油温控制在给定值上；二是温度信号送至 EPC－50控制器，作为逻辑控制使用，除由数字显示窗显示待分油温度外，当发生油温上下限报警时，还可实现报警和保护控制。

④净油出口压力传感器 PT_4

检测原理同 PT_1，也可检测传感器本身是否出现故障。装于分油机净油出口处，检测出口背压。当出现超限时，需要调整相关分油等状态，甚至需要检测分油机内部。不同时间段出现的超限还需要注意油路或水路的状态。

⑤排水压力传感器 PT_5

检测原理同 PT_1，也可检测传感器本身是否出现故障。装于分油机排水出口处，检测出口压力。当出现超限时，可以判断分离盘是否正确到位，并用于控制和监视排水阀 V_5 的动作。

⑥分油机速度传感器 ST(Speed Transmitter)

采用磁脉冲式检测分油机的旋转速度,二线制送到 EPC - 50,通过电流检测,EPC - 50 可以判断出该传感器是否处于故障或断线状态。如果传感器故障,一时又没有备件,可以通过修改 EPC - 50 内部参数取消该传感器功能,但是这时就无法进入分油机全自动模式。该传感器在 P 系列分油机中可以不用。

速度传感器用来检测分油机的转速,安装位置如图 2 - 4 - 4 所示。如转速发生下列情况之一,分油机应按一定的模式自动停止,同时发出相应的警报。

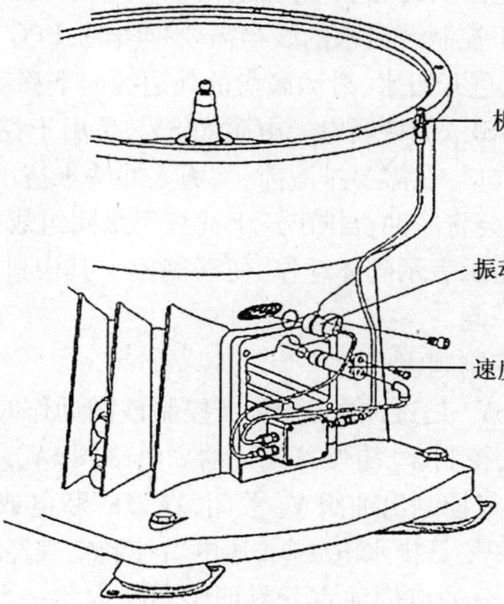

图 2 - 4 - 4　速度传感器、振动传感器和分油机盖的连锁开关的安装位置图

a. 转速超过设定的分油机最高转速;

b. 转速低于设定的分油机最低转速;

c. 转速控制系统经常检查速度传感器检测到的脉冲情况,一旦检测异常则停机报警;

d. 分油机启动时,在设定的时间内转速达不到设定的转速范围。

⑦分油机振动传感器 VT(Vibration Transmitter)

这是一个可选项,该三线制传感器将信号送给 EPC - 50。一旦发现振动过大,控制器给出一个故障停止信号,控制分油机停止。另外,由 EPC - 50 可以判断传感器的好坏,如果传感器故障,一时又没有备件,可以通过修改 EPC - 50 内部参数取消该传感器功能,但是这时不能实现分油机的全自动模式了。

安装在分离筒的立轴旁径向位置的振动传感器(可选择)如图 2 - 4 - 4 所示。振动传感器用来监测分油机立轴的原始位置和运行状态,从而可监测分油机任何异常的不平衡状况。振动报警级别设置了两个报警级别、如振动超过第一级别应发出警报;振动超过第二级别,分油机按安全停止模式自动停止,因为大量振动会缩短轴承的预期寿命,因此,振动应予以消除后方可启动。

⑧分油机盖的连锁开关(Cover Interlocking Switch)

分油机盖的连锁开关(可选择) 用来检测分油机盖安装是否正确,其安装位置如图 2 - 4 - 4 所示。在机盖被关闭的后给控制系统送出信号,控制系统关闭此连锁回路,这样才允许启动分油机。

(2)输出信号装置

在控制系统中,EPC - 50 控制器输出的信号有控制对分油机操作的各种电磁阀、显示分油机控制系统状态的指示灯及由显示器所组成的信息显示窗。

①工作水阀组

所有的电磁阀均采用 24 V 交流供电,电磁阀 SV_{16} 用于控制进分油机补偿水和密封水的。在分油机排渣口密封期间，EPC－50 输出的信号将使电磁阀 SV_{16} 断续通电，工作水经管 375 断续进分油机，把滑动底盘托起，并使滑动圈下面的工作水维持在泄水孔附近。电磁阀 SV_{15} 是用于控制开启水的。当需要排渣时，EPC－50 将使电磁阀 SV_{15} 通电打开 3 s，由管 375 向分油机进开启水，滑动底盘的外边缘向下移动，打开排渣口进行排渣。在排渣口密封期间，电磁阀 SV_{15} 保持断电。电磁阀 SV_{10} 是用于控制进分油机置换水，与待分油进入分油机是同一个进口，在需要排渣前，常通入冲洗水挤出分离筒内已分离的净油，确保排渣或排水操作时，不会将净油也排出。上述三个水阀组成一个整体阀组，当电磁阀通电时，电磁阀上带有旋转指示表示阀体动作，便于观察。其中进水口一个，SV_{10} 出水口一个，SV_{16} 和 SV_{15} 的出口合在一起。

②气动控制阀组

电磁阀 SV_1 是进油电磁阀，当控制该阀动作时，通过该阀，控制空气经节流控制后，送到供油阀 V_1，控制 V_1 缓慢打开供油。电磁阀 SV_4 是净油电磁阀，当控制该阀动作时，通过该阀，控制空气控制出油阀 V_4 关闭，在该阀断电或没有控制空气时，出油阀是保持打开状态。电磁阀 SV_5 是排水电磁阀，通电后控制空气经过该阀驱动排水阀 V_5。随着分油机正常分油的进行，分油机内油水分界面将不断内移。当需要向外排水时，EPC－50 将使电磁阀 SV_5 通电打开，向外排一次水。上述三个电磁阀构成一个阀组整体，控制空气接阀组的进口，三个出口分别接到对应的阀上。

③温度控制输出

EPC－50 对待分油的湿度也有控制信号输出，可以根据蒸汽加热、电加热或热油加热方式来输出相应的控制信号，如果是蒸汽加热或热油加热方式，EPC－50 通过伺服机构控制加热介质阀门的开度来调节加热量；如果是配套的电加热，则须加装与电加热配套的电源单元（POWERUNIT），由 EPC－50 输出相应的控制信号到电源单元实现温度控制。

当待分油温度在正常范围内，且没有发生使分油机停止工作的故障信号时，EPC－50 控制单元一直输出一个信号使电磁阀 SV_1 通电，控制空气进入阀 V_1 的动作气缸，使三通活塞阀接通在待分油进分油机状态，切断在分油机外面打循环的回路。当分油机发生故障或停止分油机工作时，电磁阀 SV_1 断电，三通活塞阀动作气缸的控制空气从阀 SV_1 放掉，将切断待分油进分油机的通路，使待分油流回沉淀柜。

④报警及继电器控制输出

除温度控制采用继电器控制伺服电机改变阀门开度外，EPC－50 还提供多种用途的继电器触点输出，包括循环泵电机和分油机电机的停止控制、系统配置需要的触点输出、远程状态显示和报警用的触点输出等。

（3）EPC－50 控制器的组成

在 S 型分油机中，组成其控制系统的重要设备是控制器 EPC－50。EPC－50 控制器主要分为三个部分：一是电源，由滤波装置和多输出变压器实现；二是主控制板，安装在 EPC－50 控制箱内；三是操作面板（OP），主控制板与显示操作板通过异步串行通信实现数据交换。主控电路板接收装在分油机待分油管路上和净油出口管路上的各种传感器信号。这些信号经分析和处理后，由输出端输出的信号控制各种阀件或电器对分油机进行操作，同时分油机的运行状态也可通过在主控电路板通信接口与 OP 联系，由 OP 上的一系列发光二极管及信息显示窗进行指示，实现良好的人机交互。

①操作面板 OP

如图 2-4-5 所示，EPC-50 的操作面板 OP 继承了其传统的布置特点，其右面有四个按钮和对应的状态指示灯。最上面的是加热器按钮，按此按钮将接通加热器电源，对待分油进行加热，待分油在分油机外面打循环。第二个按钮是程序启动/停止按钮，按一次该按钮，EPC-50 运行预定的程序，程序运行（绿色）LED 亮，它首先监视待分油的温度，当加热器把待分油加热到正常温度值时，开始对分油机进行分油、排水、排渣等操作的正常程序的运行；再按一下停止分油程序，停止程序工作，其指示灯（黄色）点亮。第三个按钮是手动排渣按钮，按一次该按钮对分油机执行一次排渣程序。第四个也是最下面的按钮是报警复位按钮，当分油机和控制系统出现故障时，对应的总报警指示（红色）点亮，EPC-50 型装置将输出停止分油机工作或停止程序运行信号。待故障排除后，须按此复位按钮才能撤销故障信号，并使程序恢复到启动前的状态。其中第四个 LED 灯是操作面板激活指示灯，表示当前显示控制器有效工作。

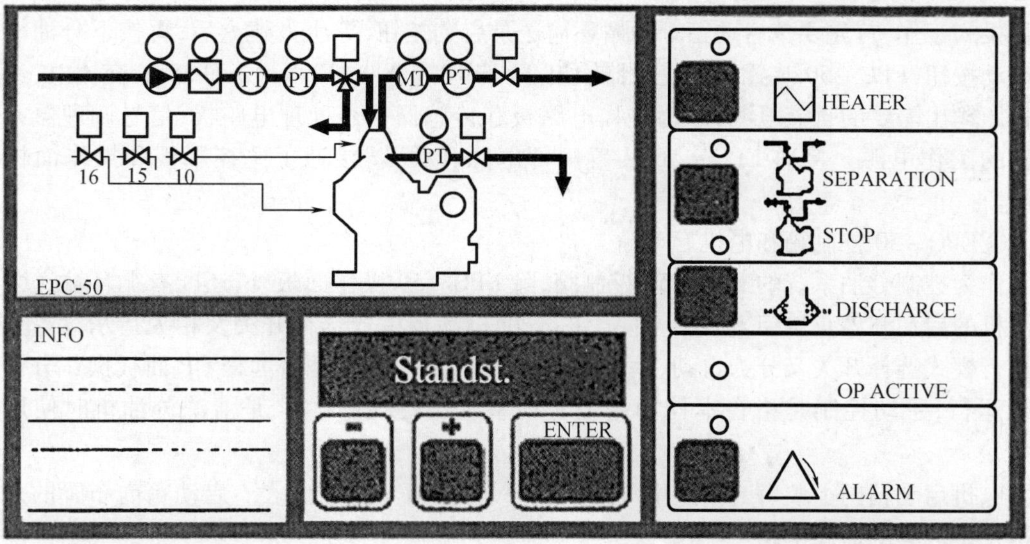

图 2-4-5　EPC-50 操作面板布置图

正面左上部是分油机基本状态及分油流程模拟图，当前基本状态可以完整显示。具体参数可以通过左侧下方的一条信息显示窗（图示显示“Standst”）来显示，并可通过“+”“-”来翻看需要显示的参数值。在发生故障时，显示立即启动切换到显示当前最新故障内容。另外，还可用“Enter”翻看主要参数，配合“+”YES、“-”NO 可以实现参数的修改操作。

OP 操作面板采用单片机 P80C32 实现显示控制，按键输入处理和与主板信息交换等功能。结构上分为两块电路板，一个为单片机主板，包括 CPU、内存、字库存储器、通信接口和显示驱动模块等，一个为专用信息显示控制器，显示需要的 LED 和字符。

②EPC-50 控制板

EPC-50 控制板位于控制箱内，由主板和扩展继电器输出板组成，主板分为电源、CPU 模块、开关量输入、模拟量输入、开关量输出、通信模块及扩展输出用总线接口。其中 CPU 模块采用金属外壳封装，内部使用 5 V 单一电源，内含 CPU、RAM、EPROM、晶振及总线接口等器件,实现一个小型化微机系统,配以外围接口电路,构成 EPC - 50 的控制核心。开关量输入采用光耦输入,外围电源采用单独隔离的直流电源;主板上配有多路外围开关量输入,继电器输出;模拟量输入配有多路差分输入信号源,其中有两路 Pt100 温度传感器配以相应的信号处理电路作为其模拟量输入的一部分;主板还配有高速开关量输入电路,并通过 CPU 内的高速计数来测量分油机的转速;为实现与外围设备的通信,主板上配有内置双路的专用异步通信模块,其中一路通过 MAX232 转换为 RS232 通信与操作面板 OP 进行通信,交换信息。如果主板内参数选择为现场总线,则可选择另一个异步通信通道为 PROFIBUS 或 MODIBUS,并需要另外配有相应 PROFIBUS 扩展板或 MODIBUS 扩展板,通信扩展板内含相关通信软件,从而可实现现场总线通信。如果需要,可以根据需要定制工业以太网、DeviceNet 或 CAN 总线接口。

③电源

EPC - 50 的工作电源来自分油机启动箱。启动箱通过变压器给出 220 V 交流主电源作为 EPC - 50 的工作主电源。电源开关、滤波器、变压器在控制箱内控制板的旁边。要使分油机投入工作,首先要按启动箱上的循环输送泵启动按钮,等压力建立后,再按下分油机电机启动按钮,EPC - 50 装置内部变压器输出 24 V,10 V,8 V,12 V ×2 和 18 V 交流电,经整流稳压输出需要的直流电源,作为主控电路板和传感器信号处理电路板、信号调理器或变送器的工作电源。接通 EPC - 50 装置内部电源开关,就接通了主控制板和操作面板的电源。

④EPC - 50 控制箱和电机启动箱

作为控制分油系统的 EPC - 50 控制箱,除 EPC - 50 操作面板外,还配有循环输送泵和分油机的启动和停止按钮,应急停止按钮,分油机运行模式选择开关及相关指示灯。分油机运行模式选择开关又分为自动、手动和 CIP 方式,其中自动是由远程 OP 面板操作分油机系统运行,手动控制是指在本控制箱上实现系统运行控制,CIP 是清洗分油机时使用的模式。

电机启动箱门上装有一个主电源开关、一只分油机马达电流表。启动箱内布置的是分油机及供油泵的启动电路。

2. EPC - 50 分油机控制系统的控制过程

(1)待分油的温度控制

为了保证分油机的分离效果,必须对待分油进行加热。加热器可选用电加热器,也可选用蒸汽加热器或热油加热。在 EPC - 50 主板上有个加热器板部件来控制待分油的温度,传感器 TT_2 作为温度控制的反馈信号,TT_1 作为温度报警和保护的信号;TT2 作为反馈控制的传感器配合 EPC - 50 实现温度的自动控制,其中 EPC - 50 通过加热器板输出“ + ”或“ - ”两个继电器触点,去控制伺服电机调节阀门开度,从而控制加热量;同时可通过电位器检测开度位置,即 Pt100,EPC - 50 和温度调节阀构成了一个温度自动控制系统;其 PI 调节参数在 EPC - 50 中,可以根据实际情况予以调整。当选用电加热器时,由 EPC - 50 将温度设定信号送给电加热器电源单元(POWERUNIT)控制加热,电加热器电源单元单独配有检测加热待分油温度的 Pt100 传感器,用于电加热器过热保护,即由 Pt100,EPC - 50,POWERUNIT 和电加热器构成温度控制系统。而 EPC - 50 配有的温度传感器 TT_1 和 TT_2 起到检测温度的作用,确保加热在正常的工作范围内。当待分油温度在正常范围内,且没有发生使分油机停止工作的故障信号时,EPC - 50 根据时序控制要求,使电磁阀 SV_1 通电,控制气压源(压力为0.5~0.7 MPa)通过 SV_1 和一个节流阀后控制三通活塞阀 V_1 缓慢打开,使待分油不冲击进油。当分油机发生故障或停止分油机工作时,电磁阀 SV_1 断电,三通活塞阀 V_1 将切断进油通路,使待分油在分油机外面通过循环泵循环并保持加热。

(2)分油机的时序控制

刚开始投入工作时,应先按加热器按钮,开始将待分油进行加热,同时确认温度自动控制系统投入工作。当确认温度上升后,按一次程序启动停止按钮,EPC-50 从初始化程序开始执行,首先它监视待分油温度。当油温达到正常温度值时,EPC-50 将对分油机进行密封排渣口、设备自检、分油、间断排水、排渣等操作。EPC-50 增加了对设备状态的自检功能,可以根据被控制阀件的动作及相应参数变化的检测,智能地判断设备的故障,或对操作时序自动做适当的调校,以适应工况的变化。操作程序流程如图2-4-6和图2-4-7所示。

程序运行开始时,EPC-50 控制器首先确认是否有过拆解保养或更换器件工作,如果通过面板操作确认进行修理后,EPC-50 会在按下“分油”后进入“校准启动”程序,在确认输送泵运转、分油机电机运转、温度控制、开机一次排渣操作、分油机空筒后,首先自动进行一次置换水的水流量计算,程序是密封操作 Ti58、置换水的水流量校准 Ti59、排渣口打开控制 Ti56、工作水排水时间 Ti57。Ti59 的最大值为170 s,如果在此时间内没有压力响应,则说明有泄漏或无水进入,无法建立压力,系统发出警报;而通过建立压力的时间,可计算出置换水(SV_{10})进水的流量。依据该水流量计算,EPC 还计算出 Ti63 的设置时间(应小于120 s),以便向分离筒中加注正确的调节水量,以便排渣后,在进行分油前,使分离筒内注满水。当选择了分离设备的规格时,与分离筒相关的数据被激活。Ti63 的预设值仅用于启动,在计算后,会自动为 Ti63 设置正确的值。该段时间主要为校准置换水量,可称“校准”。水流量校准之后,“校准启动”和“不校准启动”就一样了。系统先进行一次“排渣”操作 Ti60,用于防止在断电后,排渣间隔时间中断,引起两次排放之间的时间大于排放间隔设定时间 Prl,并在滑动圈下建立水弹簧,使分离筒内滑动圈向上运动,关闭滑动底盘下腔排水圈,接着是工作水排水时间 Ti61,设置时间的长短应确保滑动底盘、工作室和定量室工作水泄放完,其功能同前述的 Ti57。

接着开始准备分油。分油设定时间到,排渣后的程序也是回到此处。程序先控制滑动底盘下进工作水,进行“密封”操作 Ti62;之后控制 SV_{10}加水实施分离筒“注水”操作 Ti63。

分离筒注水后,SV_1 控制供油阀 V_1 开一小段时间 Ti64 和 Ti65,SV_4 配合控制净油出口阀 V_4 在 Ti64(约60 s)关闭,Ti65 打开。Ti64 时有进油,但净油出口关,分油机将分离筒内侧和出油管内原来的注水全部挤到分离筒外侧,所以此时应保证出口压力 PT_4达到设定值,水分传感器检测的水分小于设定值,说明已置换。Ti65 打开净油出口,同时检测水分仍小于设定,说明置换完全成功。Ti64 时间后,如果由水分传感器 MT50 检测到水分偏大,说明前次置换水过多,则需要减小一次置换水量的计算值,供下次置换水使用。如果出油口中没有压力 PT_4的响应,则在 Ti64 内将发出警报;如果 Ti65 时间内水分很大,同样引起故障,系统自动进入排放程序。所以该段程序可以称为“置换”程序。

为保证系统可靠运行,在分油之前,还要进行一次分离筒是否泄漏的检查程序 Ti66,在该时间内供油阀 V_4 关,净油出口阀 V_4 压力应能稳住,波动值不应过大,如压力低于0.1 MPa,系统将会发出警报,说明有泄漏存在。确认没有泄漏后,重新开始供油并打开净

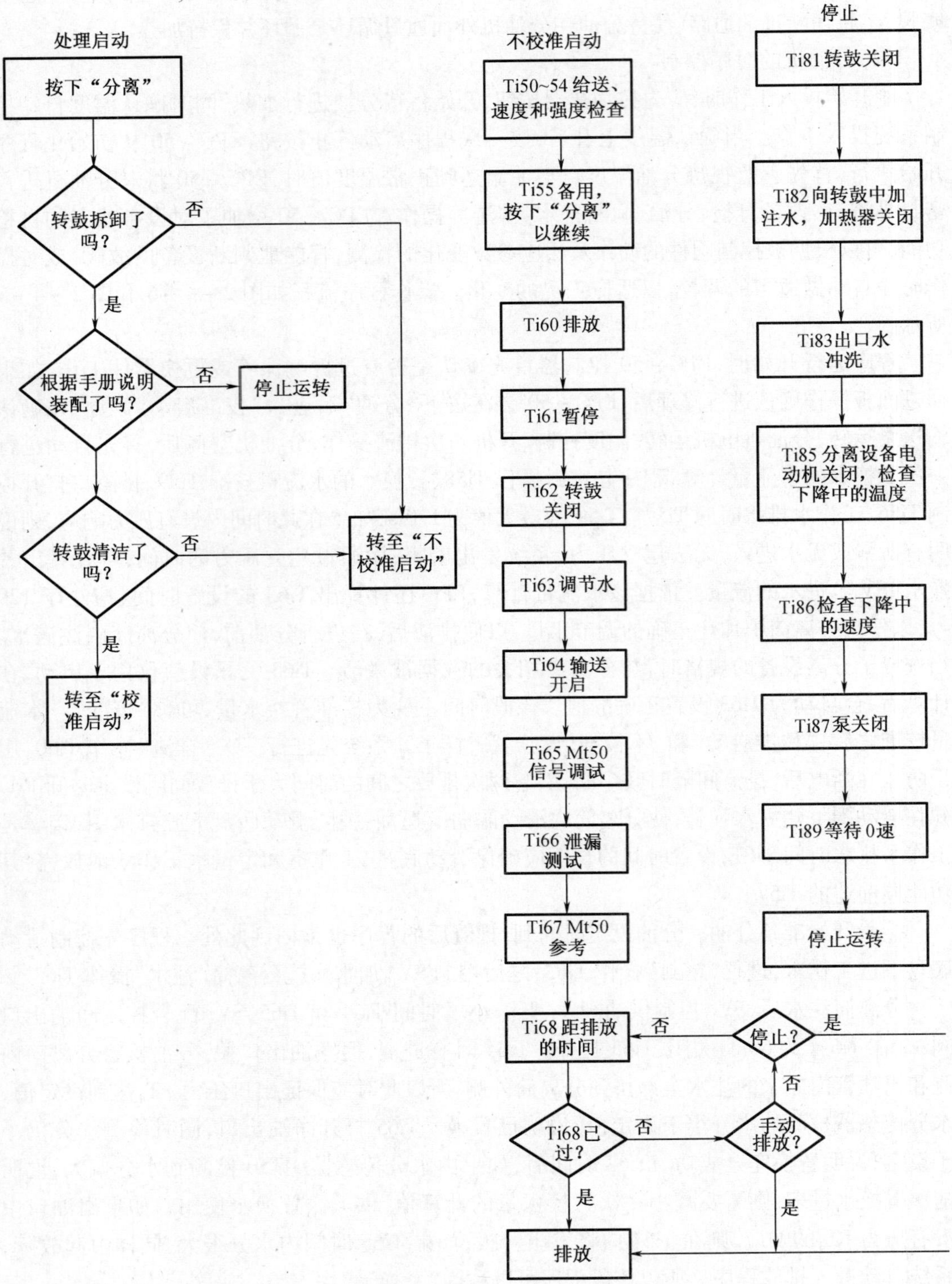

图 2－4－6　处理程序、不校准启动控制程序和停止控制程序图

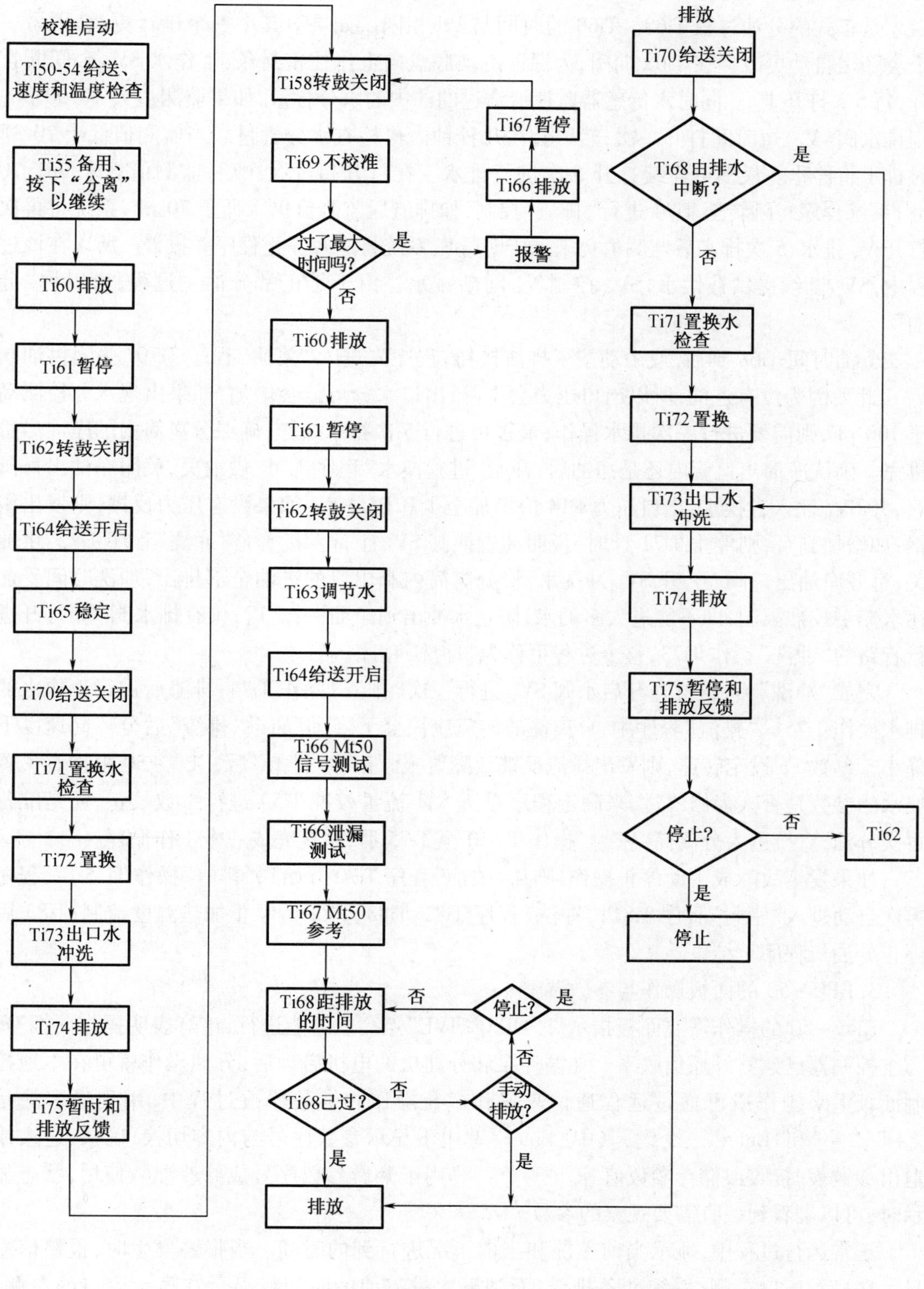

图 2－4－7　校准启动控制程序和排渣控制程序图

油口进行分油,但是出口流量突变,水分传感器 MT50 的检测值需要一点时间(Ti67)稳定,即在该段时间保持分油,不考虑水分对分油进程的影响。可称该段时间为“检漏”程序。之后才是正式的分油过程 Ti68。Ti68 的时间与 Prl 相同。如果对其中一个进行更改,则另一个会随之自动更改。在 Ti68 期间,为保证滑动底盘向上压住密封条,工作水 SV_{16}会间断打开,每 5 s 打开 1 s。同时水传感器监视清洁过的油中的水分含量,如果监测值大于 100 pF,则排水阀(V_5)短时间打开一次,然后会在几秒钟内再检查水分含量。当监测值低于 70 pF 时排水将停止。最多可连续打开 5 次进行排水。在打开超过 5 次后,监测值仍未低于 70 pF,系统程序将跳转至 Ti74 进行“排渣”控制,如排渣后监测值仍未低于 70 pF,系统将再次打开 V_5 排水,5 次排水后监测值仍未低于 70 pF,系统将进入停止程序并报警。所以在该过程中,SV_{16}断续提供补偿水,SV_5 控制 V_5 间断排水。由于是正常分油主过程,所以称“分油”。

分油时间 Ti68 到后,或手动按了排渣按钮,程序先进入“关油”程序 Ti70(关闭供油阀 V_1),此后因为没有进油,所以出口压力会下降;出口水分可能会增加,如果出现水分检测高于 100 pF,则需要进行一次排水操作,最多可进行 5 次排水操作,确保分离筒内的净油尽量排完。确认净油出口管内还是净油后,开始“进置换水”程序 Ti71:供油关,关闭净油出口阀 V_4,开 SV_{10}注入置换水,出口压力 PT4 应增加至少 0.05 MPa,如果没有压力反馈,则发出警报;如增加到了,则停止 Ti71 计时,说明冲置换阀 SV_{10}正常。接着是“冲洗”程序 Ti72:供油关,打开净油出口阀 V_4,开 SV_{10}冲洗水,将分离筒内和出口的进油全部排出,冲洗时间受前述水流量校准限制,即不能进太多的水,防止水冲出到净油去;之后,仅有排水阀 V5 打开进行管路的“冲洗”操作 Ti73,整个过程可称为“冲洗”程序。

完成“冲洗”后,再打开开启水阀 SV_{15}进行一次“排渣”操作 Ti74;排渣后进行工作水的排水操作 Ti75。“排渣”程序中,分离筒的转速应该会下降,但如果“排渣”后分离筒速度下降小于参数 Fa 设定转速,则发出排渣反馈故障警报。正常“排渣”后,EPC-50 根据有关置换水的参数是否人为修改过,来确定程序是进入水流量校准 Ti59 进行参数校正,还是准备再次分油,直接进入分离筒“密封”操作 Ti620 至 Ti75 后,系统完成一个工作循环。

如果发生故障或手动停止操作,则从“关油”程序 Ti70 开始到“排渣”操作 Ti75 后,程序再次自动进入“密封”程序 Ti81;“冲洗”程序 Ti82,Ti83,Ti82 后停止加热温度控制;Ti83 后停止分油机程序至结束。

3. EPC-50 的面板操作与参数调整

EPC-50 的操作需要面板指示灯“OPACTIVE”点亮后才能进行,该灯表明操作面板 OP 与主控制器已建立好通信联系。在循环泵和分油机的电机启动后,分油操作就可在本地控制面板上来操作或可通过远程通信来操作。在操作和参数修改过程中,用到最多的是“+”、“-”和“Enter”三个键,其中“Enter”键用于显示参数序号与内容切换、确认、进入或退出参数表,接收或储存参数值等。“+”“-”用于翻看参数序号或修改参数使用,状态显示时,可以翻看到一直需要观察的参数。

正常运行过程中,显示当前工况和当前工况进行到的时间。当报警发生时,报警信息显示在显示窗口左侧,系统准备排渣,而到下次排渣前的时间将显示在显示窗口的右侧。正常情况下,可通过“+”键来切换显示内容,如显示“TT_1 98 ℃”。系统中所有模拟量传感器的测量值都可以显示。

系统设有三种参数类型:安装参数(Inxx)、工艺参数(Prxx)和工厂设置参数(Faxx)。分油时序用时间参数(分离开始、排渣、停止)列在“工厂设置参数”下,但称为“Tixx”。不同类型参数可以通过同时按“Enter”和“+”来切换,安装参数必须在初次启动之前且先于工艺参数进行设置。这些参数极少需要重新调整,如果要存储新的参数值,则需要浏览整个列表,并在列表结尾处确认。工艺参数可以按所需(即使在运行过程中)轻松调整,以满足运行条件的变化(如两次排渣之间的时间、油温以及报警点)。工厂设置参数可以根据实际运行过程中状态的变化来进行调整,尤其是有关分油时序的时间参数。其中“启动”对应的计时器为50~59;“分油”对应的计时器为60~69;“排放”对应的计时器为70~79;“停止”对应的计时器为80~89。参数的修改可通过按“Enter”进入。具体面板的操作和参数的修改可参考设备说明书。

水分传感器值会受温度变化影响。可以根据待分油的不同使用不同的参数对其进行补偿。具体操作步骤如下:

(1)记下传感器值,注意要进行此测试,传感器值必须稳定,并确认油中无水、无气;

(2)在正常稳定运行温度下,将温度降低10 ℃;

(3)在稳定的新温度下,读出温度和传感器值。

例如:当温度下降了10 ℃时,传感器测量值变化了+1(如从82.6到83.6),则由于传感器值增大了,实际值未变,必须通过将Fa34(对应HFO)设置为负数来进行补偿。具体值为 $Fa34 = -(1.0 \times 10)/10 = -1.0$。

由于控制系统的程序大多依赖水分传感器,所以该传感器非常重要。如果该传感器出现故障,但又要分油操作,可以应急设置参数Pr4从“On”调整为“Stb”,即进入分油备用控制工况,此后水分传感器MT-50功能禁用。但程序每15 min进行一次“排渣”,而Prl分油时间设定无效;并且排渣过程不加冲洗水和置换水,即只实现简单的分油和排渣操作。

4. EPC-50中的报警控制与功能测试

EPC-50在运行中如果发生故障报警,相应的总报警发光二极管和有关状态指示灯闪亮,同时在显示及操作控制板(OP)中的信息窗中将会显示出完整的故障名称。故障复位需要消除掉故障后按“ALARM”按键才能复位。如果有多个故障,则当前显示为最新故障,为读取存储的警报列表,可以按“Enter”键后用“+”“-”键翻看,中间可用“Enter”键查看故障号、发生故障处于当前多长时间之前,故障名称和对应的参数设置值,以及故障发生后的复位时间。

最后可再“Enter”键用回到正常显示。显示窗口中显示的内容及对应的含义如下:

Alarm no. 5:(5号警报)警报编号;

0:13:此警报在13 min前发出;

Feed pressure low:(进油压力低)警报类型;

P160:参数Pr1设为60 min;

00:02:13:2 min 13 s后复位了该警报。

有些故障可以通过人为干预或通过设置EPC-50中对应的参数进行测试,如传感器断线故障、电源故障、油温过高、分离盘速度过低等。需要注意的是,任何参数为了试验而修改参数后,当测试结束,开始正式工作前,需要恢复该参数原始数据。表2-4-1列出了几个报警测试示例,具体其他方面的测试可参考说明书中的“功能测试”。表中出现的Pr16,Fa10等为EPC-50的设置参数,即可以通过修改其内部参数,使之偏离正常值,在实际参数正常情况下模拟发生故障报警。

表 2-4-1 报警测试

警报消息	消释	故障LED	试验前状态	试验方法	箱子	试验结果
POWER FAILURE	电源故障		启动	运行期间关闭/开启电源		
Feed pressure PT1 - HIGH	待分油压力 PT_1——高	PT_1	启动	减少限制(Pr14)		
Feed pressure PT_1 - LOW	待分油压力 PT_2——低	PT_1	启动	增加限制(Pr15)		V_1 关
Feed pressure sensor PT_1 - ERROR	待分油压力传感器 PT_1——错误	PT_1	启动	断开传感器的连接	X5:4	
Oil feed - TEMPER ATURE HIGH	供油——油温较高	TT	启动	减少限制(Pr16/Pr19)		V_1 关 加热关
Oil feed - TEMPER ATURE HIGH	供油——油温较低	TT	启动	增加限制(Pr17/Pr20)或降低 Ti53		V_1 关
Temperature alarm sensor - ERROR	温度报警传感器——错误	TT	启动	断开传感器的连接	X5:2	V_1 关 加热关
Bowl speed - HIGH	分离盘速度——快		分离	减少限制(F10)		停止序列
Bowl speed - LOW	分离盘速度——慢		分离	增加限制(Fa11)		停止序列
Bowl speed sensor - ERROR	分离盘速度传感器——错误		停止	在断开传感器的情况下启动分离设备	X6:1	

三、控制系统的操作与管理

1. 启动与停止

(1)检查分油机的电源是否正常,油底壳的油位是否正常,进出油管路的阀是否处于正常的位置。

(2)若以上都正常,启动分油机燃油供给泵,将蒸汽加热阀打开。从操作面板上开启加热器。

(3)待温度达到要求以后,要启动分油机,先按 SEPARATION/STOP(分离)按钮激活 EPC-50,显示窗口中将滚动出现几个问题,必须先回答这些问题才能启动分离设备。回答问题后启动分油机,待分油机的转速达到全速及油温超过低温报警设定值以后,EPC-50 控制系统将自动进入分油启动程序直到分油机正常分油。

(4)观察分油机供油以后工作是否正常,有无异常的振动或是噪声。通过 EPC-50 上的显示数据,来判断分油机的状态,如果一切都正常,说明分油机开始正常的工作。

(5)如果中间发生故障或需要停止分油时,可通过按下"SEPARATION/STOP"按钮,实现停止控制。分离设备停止序列对虚的黄色 LED 将开始闪烁启动排渣。排渣完成后,停止序列 LED 将变为稳定的黄色,而分离系统运行对应的绿色 LED 将熄灭,显示 Stop(停止)。如果加热器由 EPC-50 控制,它将自动关闭。当供油温度开始下降时,进油泵将自动停止。

当分离设备完全停止运转时，将显示“Standst”（停止运转）。

2. 操作注意事项

开启分油机前需检查分油机运转方向是否正确；检查有无异常的振动，在启动之初当分油机通过临界转速时会有振动，这都属于正常现象，在使用中要逐渐了解振动的表现和规律。如果分油机在正常的工作中有异常的振动，那么就要立即停止分油机，并查找分油机振动的原因，在未找到故障的原因之前不能开启分油机。若是开启，由于分油机内部的高速旋转，严重时会造成分油机部件的损坏甚至伤人。在分油机困难启动时，启动电流会比分油机正常工作时的电流大很多，但是随着分油机转速升高，分油机的电流会逐渐地降低并维持在一个稳定的数值上。如果分油机的工作电流维持在较高的数值上不变，说明分油机跑油，必要时要停止分油机进行检查。分油机正常工作以后要检查供油流量是否正常，调节出口压力为 0.2 MPa。注意在没有完全停止之前不能进行拆卸工作，因为其内部高速旋转时会有伤人的危险。

在对分油机控制系统的日常使用和巡班检查时，经常检查电源是否正常，应急操作是否有效；定期检查各种传感器，检查相关的工作水、控制空气及电磁阀。定期检查分离筒的状况。如果油渣空间中的硬油渣量不十分明显，则排渣间隔可以适当延长。但排渣间隔太长会使油渣不均匀地积聚在分离筒内，引起分油机振动。运行中注意水分传感器的变化规律，注意电机启动时转速变化情况，包括振动情况。特别是要注意跑油检测信号是否完好、排渣通道是否淤塞等。对控制板和显示板要定期检查，防止受潮或有关电线脱落等。

3. 故障处理

当分油机系统出现故障时，首先考虑的是故障对整个供油系统的影响。如果到了不能克服的状态，则需要考虑应急措施。故障可以分为传感器故障、参数越限、状态设备故障等几类，具体可通过说明书中的“Alarm and Fault Finding”查找原因和找到解决措施。

如果分油机因故障报警，那么在分油机的 EPC－50 控制单元上，相应的警报指示灯就会发出红光，并不停地闪烁，机舱内同时伴有警报声。处理操作首先是先要确认警报，按下警报确认按钮。然后根据分油机的警报去查找原因，等把故障排除以后，再按一下警报确认按钮。若故障已经解除，则分油机就可以接着正常工作。分油机的警报有很多种，而每一个警报的原因有很多，因此解决分油机报警的时候一定要细心观察，除说明书确认的原因外，有时还需要根据分油机故障时的外在表现来判断故障的原因。例如排渣失败可能的原因是没有工作水或工作水很少，也可能是开启水阀 SV_{15} 问题，所以首先就需要检查供水系统，如果可以确定工作水系统没有问题，那么问题就可能是分油机内部的机械故障。因为就一般情况来说，分油机的故障是控制系统和机械故障两个部分。其中机械故障一般都是由于分油机长期的工作，没有得到及时的保养，内部脏而导致的。分油机最常见的跑油故障（Oil leaking from bowl）原因及处理方法如下：

（1）补偿水供应系统中的滤网被堵塞，处理措施是清洁该滤网；

（2）补偿水系统中没有水，检查补偿水系统并确保任何供应阀均处于开启状态；

（3）供应阀与分离设备之间的软管安装不正确；

（4）水分传感器测量误差偏大，造成控制系统频繁进行排渣动作；

（5）滑动圈中的堵头有缺陷，造成密封不严，应更换堵头；

（6）开启水管的供应阀 SV_{15} 出现泄漏情况或相应的控制网路故障，造成排渣口打开，应及时校正该泄漏情况或检查该阀的控制线路。

任务五　船舶阀门遥控及液舱遥测技术

【任务目标】

1. 了解阀门遥控系统的分类、构成及工作原理；
2. 了解液舱遥测的工作原理和方法；
3. 掌握船舶阀门遥控及液舱遥测系统的操作与管理。

随着船舶自动化程度的提高,自动化的船舶阀门遥控及液舱遥测技术已经在各类型新造船舶中得到广泛应用。阀门遥控系统主要用于监控船舶压载水系统、舱底水系统以及货油装卸系统等管路上的遥控阀门状态,而液舱遥测系统则主要用于监测船舶各压载舱、淡水舱液位以及船舶吃水状态。对于新造液货船舶,包括原油船、成品油船、化学品船等,为了达到密闭装卸的要求,液舱遥测系统不仅需要监测液舱内的液位,还要随时监测舱内的温度、气体压力、液货密度、重量等参数,以确保船舶装卸与航行的安全和液货质量。

阀门遥控系统的阀门驱动方式一般有电动、液压和气动三种。在机舱舱底、管隧等潮湿环境和油船上的危险区域,一般不采用电动方式。气动装置结构简单、造价低,即使漏泄也不污染环境,可以利用船上压缩空气系统的气源,比较适用于中小型船舶;但是由于气源压力有限,驱动器体积较大,气动遥控阀工作时有冲击性,难以保持中间开度,空气中的水分会造成气动元件锈蚀。根据船舶建造规范,油船油舱内不能使用气动驱动器,因此,目前船舶阀门遥控系统采用液压方式较多。

液舱遥测系统根据船舶液舱传感器采集到的电信号,来满足所有液舱参数的测量要求。

目前用于液位测量的方法主要有压力传感器式和雷达式。为了减少安装于液舱中传感器的数量,可以根据需要选用集测量温度、压力以及液位等参数于一体的多功能传感器构成完整的液舱遥测系统。

一、系统组成及工作原理

1. 阀门液压集中控制系统

阀门液压集中控制系统一般由液压泵站、电磁换向阀组、控制箱、液压执行机构、阀位指示器等部分组成,如图 2-5-1 所示。由于该类型控制系统中所有阀门的开闭均由液压泵站提供的液压油实现,采用集中控制,无论几个阀门需要开阔,都需要启动液压泵,控制管路长而且复杂,容易漏泄造成污染,如果泵站出现故障,整个系统将无法工作。对于离泵站较远的阀门,由于管路中存在较大的压力损失,不利于其开闭。

液压原理如图 2-5-2 所示。在泵站中通常装有气囊式蓄能器,与单向阀、压力继电器构成保压回路,以补充系统的内泄漏,并且在液压泵出现故障时作为应急油源。操作人员通过控制电磁换向阀,进而改变进入液压执行机构液压油流动的方向,达到控制阀门开闭的目的。当电磁阀两端电磁铁均断电,阀芯处在中位时,液压锁可将液压执行机构两端油路无泄漏封闭,锁住阀门。

在阀位指示器上装有两个微动开关,当阀门处在全开或者全闭位置时,阀位指示器上

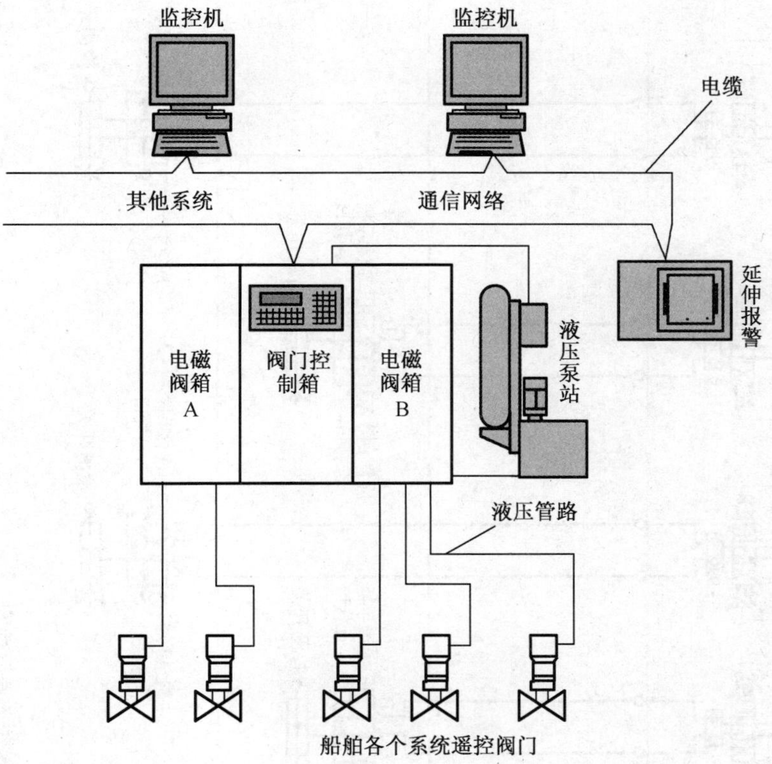

图2-5-1　阀门液压集中控制系统组成示意图

的摆动杆压合相应的微动开关，使电液控制箱上的阀门状态指示灯亮。

结合PLC技术、单片机技术以及工业组网技术，对于电磁换向阀的控制方式，可以通过继电器、单片机、PLC，甚至计算机监控站进行，阀门状态也可以在监控计算机上得到体现。随着自动化技术的发展，用PLC控制电磁换向阀越来越普遍。

2. 阀门电液分散控制系统

阀门电液分散控制系统是目前应用最为广泛的新型阀门控制系统。系统一般由上层控制设备（包括工控机、PLC、MIMIC控制面板）、独立的电液驱动头、阀门等组成。上层控制设备发出控制指令，控制电液驱动头中的电机或者电磁阀，进而改变液压油流进液压执行机构的流向，达到阀门开闭的目的。同时，阀位指示器将阀门的实际状态反馈至上层控制设备，通过指示灯显示阀位状态。

电液驱动头将电机、液压泵、控制附件等集成在一起，组成小型的独立电液驱动头，装在每个遥控阀门上，由电信号直接控制电机正反转或者电磁阀通位来控制阀门的开关。

电液驱动头主要由以下四个模块组成。

（1）动力模块，包括微型电机、微型径向柱塞泵、溢流阀、单向阀、油箱。微型电机可以选择单向工作或者正反转工作的。对于单向工作的，在系统中增设换向电磁阀，用于改变液压油流向，正反转工作的电机则可以省去换向阀，并通过改变电机正反转来实现油流向的改变。液压泵主要有径向柱塞式变量泵以及定量泵，变量泵可以调节液压油流量，进而改变阀门启闭的时间。油箱为全封闭式，溢流阀和单向阀组可以保证管路在油泵停止工作

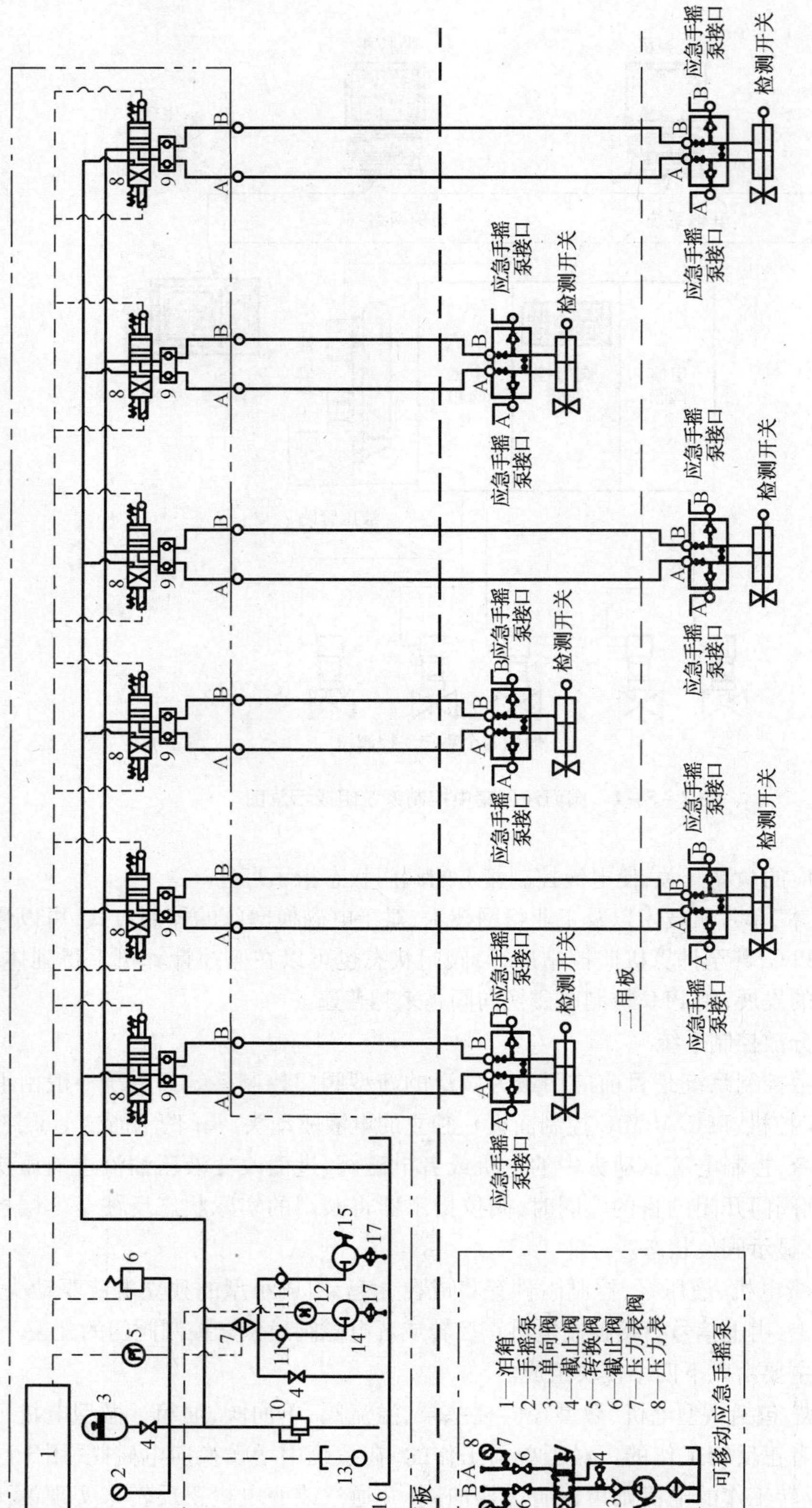

图2－5－2 阀门遥控系统液压原理图

1—控制箱；2—压力表；3—储能器；4—截止阀；5—压力传感器；6—压力继电器；7—滤器；8—电磁阀；9—单向阀；10—溢流阀；11—单向阀；12—马达；13—液位继电器；14—油泵；15—应急手摇泵；16—油箱；17—滤器

时也充满油液。

(2)安全保护模块,包括压力开关以及安全阀组。如果由于阀门卡死,则必然导致开关阀门时压力升高,达到调定压力时,压力开关动作,电机停止运转。安全阀组在压力异常升高时开启,压力油直通油箱,达到安全保护作用。

(3)液压执行机构,分两种类型:一种是普通的液压缸,产生往复运动,用于直接开关截止阀;另一种是齿轮和齿条的液压缸,可以产生旋转运动,用于开关蝶阀。此模块设有快速接头,用来在电液控制器不能工作的时候,通过快速接头和一个手动液压泵相连,用手动的方式开关阀门。

(4)阀位指示模块,包括微动开关和电流式阀位指示器。微动开关装在开关阀上,用于在到位时停止油泵,阀位指示器装在开度阀上,可以将阀门的实际开度转变为标准的电流信号 4 ~ 20 mA,用来指示阀门的开度和控制油泵。

二、液舱遥测系统

1. 系统组成及工作原理

一般液舱遥测系统由信号处理单元、操作单元、显示器、打印机、压力/温度传感器(或者雷达式加上压力、温度传感器)组成,如图 2-5-3 所示。现在很多液货船要把燃油舱的信息传送至机舱集中控制台,则可选用分散式显示仪表显示燃油舱的液位、温度、重量、容

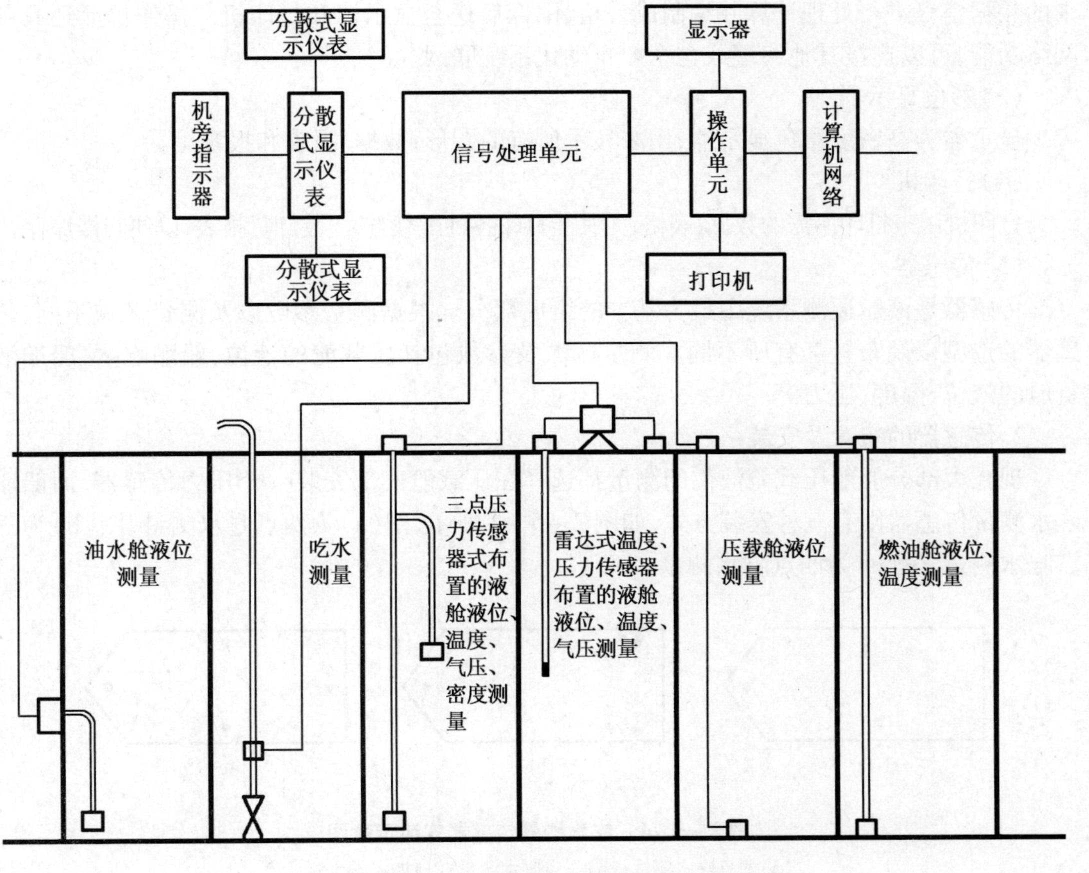

图 2-5-3　液舱遥测系统组成示意图

积等,便于轮机部门及时了解燃油舱燃油消耗情况。根据要求,系统还可提供安装在甲板上的就地指示器以便装卸时就地读出。由于船舶自动化程度日益提高,越来越多的船东要求在驾驶台配置终端计算机,使当班驾驶员能在驾驶台直接了解船的实时装载、吃水、稳性等各种状态,因此,系统提供了计算机网络功能,可随时连接多个终端。在当代最新开发应用的全船自动化系统中,也把测量系统能通过网络功能作为液货管理和船舶受力及稳性监测计算机子系统,加入到全船监控系统中。

(1)信号处理单元

信号处理单元由不间断电源、接口板及控制器等构成。其硬件和软件均为智能化模块设计,能与不同类型的传感器接口连接,输出各种数字和模拟信号。控制器一般采用工业用单片机或者 PLC。信号处理单元的主要功能是根据操作单元的指令,依次扫描每个舱的传感器信号,通过接口板进入控制器进行信号判别处理,计算后送入操作单元。同时,还根据采得的信号对传感器标定自检,确保送入操作单元的信号有效。如发现信号异常,则给出传感器或电缆异常的报警信号,以确保系统的安全运行。

(2)操作单元

通常操作单元为一台特制的船用 PC 兼容机或者工业 PC,配备工业键盘、鼠标和显示器。基于 Windows 操作系统和 TCP/IP 局域网络协议,安装有液舱遥测系统监控软件,人机界面采用层次化、模块化设计,切换界面可以得到所有监测数据,简单易懂,利于船上操作人员上机操作。另外,操作单元时刻与信号处理单元通信,指挥其运行,对信号处理单元送来的数据信号进行处理计算并编制成表格、图像后送至显示器和打印机。操作单元还具备网络功能,可以连接其他终端或与全船自动化系统联网。

(3)彩色显示器

显示器为高密度彩色显示器,用来显示所有的图形、数据、报表和报警等。

(4)打印机

打印机用来打印所需的数据、表格,尤其能打印各种配载方案、装卸货报表,以便归档保存。

(5)传感器

传感器是液舱遥测系统中最为基本的组成部分。根据测量参数以及测量区域不同,传感器的选型以及布置都有所不同。测量区域及参数包括压载舱的液位,船舶吃水,船舶液货舱的液位、温度、压力等。

2. 传感器的布置及安装

现在大部分船舶压载舱液位的测量都选择在压载舱底部安装一个压力传感器,而船舶吃水测量传感器则有三种安装方式,如图 2-5-4 所示,图(a)为两点吃水测量,图(b)为三点吃水测量,图(c)为四点吃水测量。

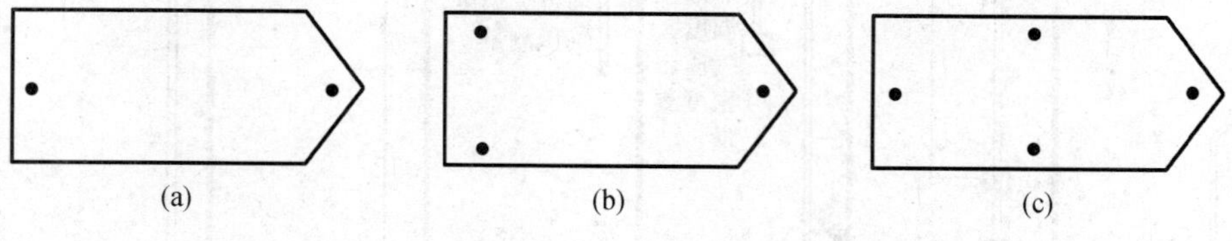

图 2-5-4 吃水测量传感器安装示意图

(a)两点吃水测量;(b)三点吃水测量;(c)四点吃水测量

两点吃水测量即艏、艉吃水测量，能测出艏、艉吃水并算出纵倾。另外，需在系统内安装一个倾斜仪以测出船的横倾。艏吃水传感器一般装在艏尖舱内，或安装在隔离空舱或计程仪舱内。艉吃水传感器一般装在机舱后部，也有装在泵舱内的。对于型宽较小的船，如载重量 20 000 t 以下的船舶，这类布置是较多采用的。

三点吃水测量能测出艏、艉和左右吃水，并算出纵倾、横倾。艏吃水传感器安装在艏尖舱或隔离舱内、计程仪器舱内，两点吃水装在泵舱内。这类布置现在用得较少。

四点吃水测量能分别测出艏、艉和左右吃水并单独算出纵倾和横倾。艏、艉吃水传感器的安装位置与两点吃水的一样。左右吃水传感器分别安装在船中左右舷的压载舱内。载重量 20 000 t 以上的船舶几乎都采用这种布置方式。有了四点吃水测量，还能直接观察到船体的中拱或中垂现象。

液货舱由于要求监测舱内的液位、温度和气压，传感器的布置选型稍微复杂，主要有压力传感器式和雷达式这两种典型的布置方式。

（1）压力传感器方式

如图 2－5－3 所示，1 个液舱内装有 3 个压力/温度传感器，Pt100 高精度温度传感器附装在压力传感器内，此 3 个传感器组合可测得舱内的液位、温度、气压和密度。

顶部传感器装在液舱的顶部，测量舱内的气压和气体温度。底部传感器装在液舱后壁离底部 60 mm 处，测量舱内的液位和温度。在船舶卸货时，由于艉倾，当液位显示“0”时，标明舱内基本达到干舱。

系统能测量密度，也就能自动计算装载重量，而不像无密度测量功能的系统，在计算重量时必须人工输入密度，而且有些液货密度的温度系数很大，因此很难得到高精度的重量计算结果。

对于当代多品种化学品船，绝对不允许货品混淆，有了实际密度测量，即可在系统中设有密度报警。在装货时，一旦实际密度超过设定密度的极限即给出报警，提醒当班人员核查，以避免更严重的混装事故。

（2）雷达方式

雷达测量器装在甲板上（如上图 2－5－3 所示）。如果只需测量舱内的液位，雷达式的安装工作要比压力传感式的简单。但现代液货船的船员不仅要知道液舱内的液位，还要知道温度和气压，因此，除了雷达测量器外还要在舱内安装温度探头及其保护管和舱内气体压力传感器。雷达测量器须布置在离舱内的结构件如侧壁肋骨等尽量远的地方，以避免干扰波的影响，并在相应的舱底要留出约 1 m 直径的平整面积，以确保雷达波能直接反射至雷达测量器。

液舱传感器有多种安装方式可供选择，有舱内安装、舱外安装、舱的顶部安装或者侧边安装，安装形式如图 2－5－5 所示。

二、阀门遥控系统的操作与管理

1. 阀门液压集中控制系统的管理

液压元件及其管路是阀门液压集中控制系统最易出现故障的部分。由于控制管路长而且复杂，采用集中控制，若泵站出现故障，整个系统将无法正常工作，因此在管理中应该注意以下几点：

（1）每次启动液压泵前，应该检查油箱中的油位情况，注意油的颜色、黏度是否正常，检

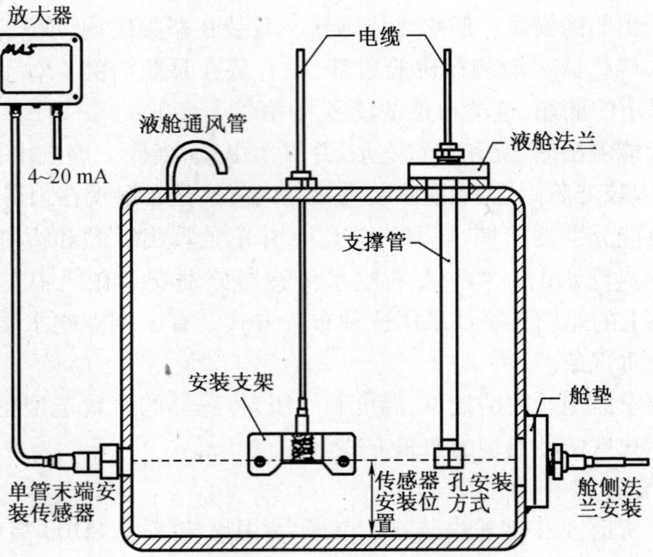

图 2-5-5　液舱传感器安装示意图

查阀门的开启和关闭情况是否正确,防止因阀门的误操作而损坏设备。

(2)启动液压泵后,注意倾听声音是否正常,检查油压是否正常,系统是否存在漏油,通过观察滤器压差指示来判断滤器是否脏堵。

(3)对于液压管路中的阀门应该注意操作方法,采用缓慢开、关阀门的方法,尽量减少液压冲击,从而保护液压管路。

(4)注意控制液压油的污染,滤器定期清洗,补油时应该对新油过滤后再加入油箱。

(5)对于泵站中有蓄能器的,一般每半年检查一次蓄能器的气压,当压力不足时必须及时补气。

(6)定期检查液压泵站,采用专门的油泵及清洗油对管路进行清洗。

为了提高清洗质量,应该注意以下几个问题:

①管路清洗的条件。管路清洗时,应该检查系统的气密性。同时循环油柜也应该清洗干净,并且检验合格。对有关设备和较精密的元件,可以采用临时跨接管进行串联,使清洗油在管内循环流通。

②管路清洗泵及清洗油的选用。尽量不用原系统中的油泵作为清洗油泵,选用排量比系统中油泵大的油泵进行清洗,使清洗油流速大于工作油流速。

③提高管路清洗效果的措施。为了使吸附在管路内壁的机械杂质能迅速脱落,清洗时可以用木手锤对管路间断地进行敲击。此外,清洗油最好能预先加热至 45 ~ 60 ℃,从而降低清洗油的黏度,改善流动状态,还可使杂质溶解在清洗油内。如果清洗管路中有换向阀串联工作,则应该经常操作换向阀,不断改变管路中清洗油的流向,使清洗达到更好的效果。

2. 阀门电液分散控制系统的管理要点

阀门电液分散控制系统因采用分散控制,各控制单元彼此之间互不相连,一个控制单元的损坏不会影响其他控制单元的工作,克服液压集中控制形式彼此互相影响的缺点,可靠性提高。控制单元采用集成制造工艺，不存在连接管路，系统中油液较少，基本上不存在漏泄现象，工作时油液形成闭式循环，不与外界接触，有效防止灰尘、污染物、空气、化学物质侵入系统。所以阀门电液分散控制系统中的液压部分基本上不需要日常保养。集成化的模块式结构使得单元互换性强，也使系统可维修性提高，当某一个控制单元发生故障时，可以十分方便地采用备件进行更换。在管理中只需加强电气部分的保养，防止电气设备浸水或者产生过压而造成损坏。

四、液舱遥测系统的操作与管理

各个传感器能否正常工作是液舱遥测系统获得实时数据的关键，因此，在对液舱遥测系统的管理中应该加强对传感器的管理。需要注意以下几个方面的问题：

(1)经常调整各传感器的零点，使显示数据更加准确，每次调整零点后要进行备份，以防止信息丢失。

(2)各舱室在装入液体物质前应经常仔细检查各传感器的连接及密封情况，防止因密封不好造成传感器不能正常工作或损坏。

(3)对于上位监控机，应该严格按照说明操作，不要按与系统无关的各功能键、组合控制键，虽然系统有很大的容错功能，但也有限度，乱操作有可能造成死机或不可预测的结果。

(4)保证至少有一套系统软件的备份，一旦系统文件丢失或出现其他事故，可以尽快恢复。

(5)在进行其他维修工作时应该注意保护通信电缆，否则会造成严重的后果。

模块三　船舶主机遥控技术

任务一　主机遥控系统基础

【任务目标】

1. 掌握主机遥控系统的组成、功能及分类；
2. 掌握常用遥控阀件与遥控气源；
3. 掌握遥控车钟及操纵部位的转换；
4. 掌握主机遥控系统的电/气转换装置及执行机构。

一、主机遥控系统组成

目前，大型船舶的推进装置主要有柴油机推进装置和电力推进装置。采用柴油机推进时，直接驱动螺旋桨的柴油机称为主柴油机。主柴油机操作部位可以在机旁、集控室和驾驶台三个位置。主机遥控系统指当离开机旁，在集控室或驾驶台部位与主机之间设置一套能够对其进行远距离操纵的控制系统。随着柴油机制造技术的发展，近年来在船上已经开始采用无凸轮轴的电控柴油主机（也称为智能柴油主机），其控制系统与常规的凸轮轴式柴油机有较大区别。这里主要针对传统的凸轮轴式柴油机介绍主机遥控系统的基本概念。

对于大型低速柴油主机，主机遥控可分为自动遥控和手动遥控两种方式。在驾驶台操作时通常采用自动遥控方式，驾驶员发出的车令信号按照主机的操作步骤和要求自动地进行启动、停车、换向和加减速控制，直至主机运行状态达到车令要求为止。而在集中控制室操作时，考虑到操纵主机的是轮机员，通常采用手动遥控方式。轮机员根据驾驶台车令，按照操作步骤和要求通过集控台上的操纵手柄对主机进行手动操作。有些遥控系统也可以提供集控室自动遥控功能，但为了降低造船成本，船东一般不予选装。

通过主机遥控系统，应能对主机进行启动、停车、换向等逻辑控制和对主机的转速进行闭环控制，同时还应能对主机的转速和负荷进行必要的限制，并具有必要的安全保护功能。主机遥控系统不仅能改善轮机人员的工作条件，改善船舶的操纵性能，还能提高船舶航行的安全性，以及主机工作的可靠性和经济性，是轮机自动化的重要组成部分，也是现代化船舶实现无人机舱必不可少的条件之一。

主机遥控系统的组成主要包括遥控操纵台、车钟系统、逻辑控制单元、转速与负荷控制单元、安全保护装置以及包括遥控执行机构在内的主机气动操纵系统六大部分，其系统结构如图 3－1－1 所示。

1. 遥控操纵台

遥控操纵台设置在驾驶台和集控室内，分别与驾驶台操纵台和集控室操纵台形成一个整体。驾驶台操纵台主要安装有车令手柄、辅助车钟、车令记装置、指示灯和控制面板以及

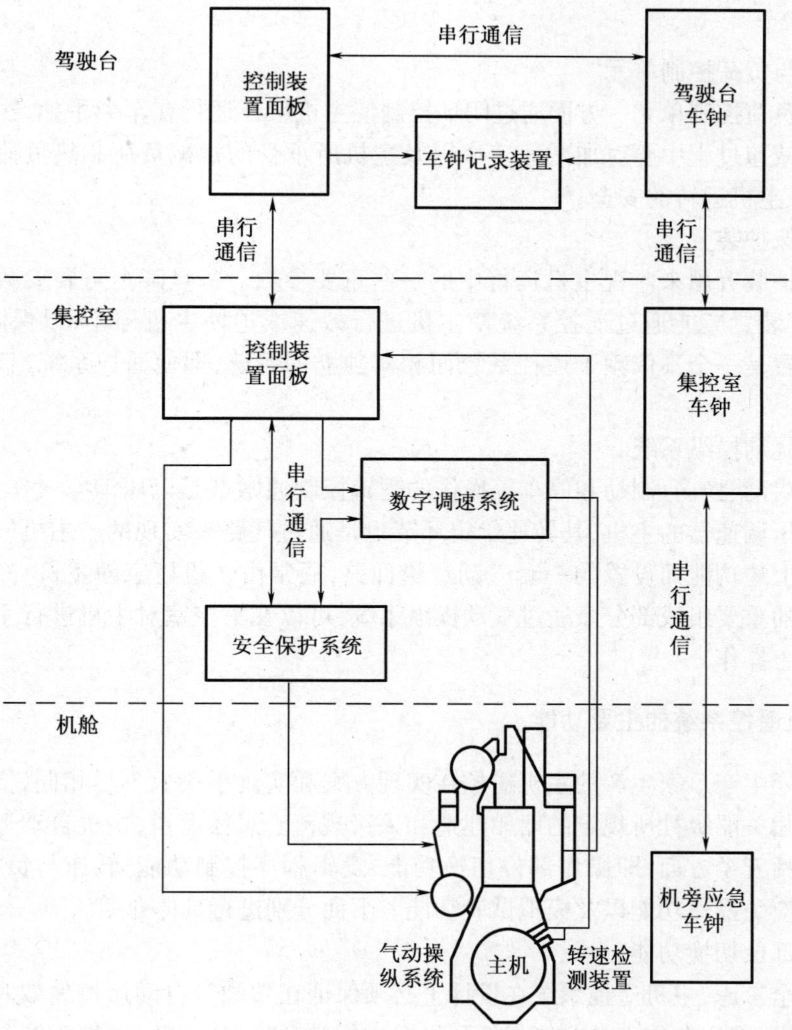

图 3-1-1 主机遥控系统的组成图

显示仪表等;集控室操纵台上主要包括车钟回令兼换向手柄、主机启动与调速手柄、操作部位切换装置、指示灯、控制面板以及显示仪表等。此外,在主机机旁还设有应急操纵台,包括应急车钟和机旁应急操纵装置。

2. 车钟系统

车钟系统是实现驾驶台与集控室、驾驶台与机旁之间进行车令传送与应答的重要设备,由驾驶台车钟、集控室车钟和机旁应急车钟组成。车钟系统一般有两种工作模式:一种是操控模式,另一种是传令模式。操控模式对应于在驾驶台遥控主机的情况,此时驾驶台车钟直接对主机进行自动遥控操作。传令模式对应于在集控室或机旁操作的情况,此时驾驶台车令首先传递到集控室或机旁,轮机员进行车令应答(回复)后,再操作另一只控制杠和油量机构实现主机进行相应的动作。

3. 逻辑控制单元

逻辑控制单元是自动遥控系统的核心,它根据遥控操纵台给出的指令、转速的大小和方向、凸轮轴位置以及主机的其他状态信息，完成对主机的启动、换向、制动、停油等逻辑控制功能。

4. 转速与负荷控制单元

转速与负荷控制单元一方面通过闭环控制使主机最终运行在车令手柄设定的转速；另一方面在加减速过程中要对加减速速率以及主机所承受的机械负荷和热负荷进行必要的限制，以确保主机运转的安全。

5. 安全保护装置

安全保护装置用来监视主机运行中的一些重要参数。一旦某个重要参数发生严重越限，安全保护装置应能通过遥控系统使主机进行减速或迫使主机停车，以保障主机安全。安全保护装置是一个不依赖于遥控系统而相对独立的系统，即使遥控系统出现故障，也应能正常工作。

6. 主机气动操纵系统

主机的启动、换向、制动和停车等操作的逻辑控制通常都是以压缩空气作为动力源的。对于采用液压调速器的主机，其转速给定环节也是通过气路来实现的。主机气动操纵系统就是为实现上述功能而设置的一套气动逻辑回路，通常由主机厂家随主机一起提供，是主机遥控系统的重要组成部分。通过气动操纵系统，可以在集控室对主机进行手动遥控和在机旁进行应急操作。

二、主机遥控系统的主要功能

尽管不同生产厂家生产的主机遥控在实现方案和实现手段上不尽相同，但各厂家都必须共同遵守相关船级社所规定的船舶建造和入级规范。总体上讲，主机自动遥控系统的主要功能应包括五个方面，即操作部位切换功能、逻辑程序控制功能、转速与负荷控制功能、安全保护与应急操作功能以及模拟试验功能。下面分别进行具体介绍。

1. 操作部位切换功能

出于安全考虑，主机遥控系统在设计上必须保证在驾驶台自动遥控失效时能切换到集控室进行操纵，而集控室失效时能切换到机旁进行应急操纵，因此，遥控系统必须在机旁和集控室提供操作部位切换装置。机旁一般设有“机旁(Local)”和“遥控(Remote)”转换开关，而在集控台上则设有“集控室(ECR)”和“驾驶台(BR)”转换开关。只有在机旁转换开关转至“遥控(Remote)”位置时，才能在集控室或者驾驶台操作，是在集控室还是驾驶台操作由集控室转换开关进行选择。在三个操作部位中，机旁的操作优先权最高，自动化程度最低；集控室的操作优先权和自动化程度均其次；驾驶台的操作优先权最低，但自动化程度最高。在进行操作部位切换时，在高优先级的操作部位可以无条件地获得操作权；反之则不然。

2. 逻辑程序控制功能

(1)换向逻辑控制

当有动车车令时，即车钟手柄从停车位置移至正车或倒车位置的某一位置，遥控系统首先进行换向逻辑判别，即判断车令位置与实际凸轮轴的位置是否一致。当车令位置与实际凸轮轴位置不符时，便自动控制主机换向，将主机的凸轮轴换到车令所要求的位置上。换向完成后，遥控系统转入启动逻辑控制(如车令位置与实际凸轮轴位置相符，则省去上述换向过程，直接进入启动逻辑控制)。如在规定的时间内，主机凸轮轴未能换到车令所要求的位置,遥控系统将发出换向失败报警信号,同时禁止启动主机。

(2)启动逻辑控制

换向逻辑控制完成后,遥控系统紧接着进入启动逻辑判断,也就是对启动条件进行鉴别。

当满足启动主机所需的各项条件时,控制空气分配器投入工作,打开主启动阀,启动空气将进入主机进行启动,在主机转速达到发火切换转速时,自动完成油气转换(对油气并进的主机可提前供油),停止启动。这时若启动成功,自动转入主机加速程序。

(3)重复启动程序控制

若主机在启动过程中发生点火失败,遥控系统将自动进行第二次启动。若第二次启动又发生点火失败,则自动进行第三次启动。无论第二或第三次中哪次启动成功都将自动转入主机加速程序。当出现第三次启动失败时,遥控系统将自动停止启动,同时发出启动失败报警。当故障排除后,需把车钟手柄拉到停车位置,对三次启动失败信号复位,方可对主机进行再启动。

(4)重启动逻辑控制

在应急启动、倒车启动或有重复启动的情况下,为了提高主机启动的成功率,遥控系统将自动增大启动供油量,或者自动地提高启动空气切断转速对主机进行重启动。

(5)慢转启动逻辑程序

当主机停车时间超过规定时间(一般是 30 ~ 60 min 内可调)以后,或在停车期间停过电,再启动主机时,遥控系统将自动控制主机先进入慢转启动,即让主机缓慢转动 1 ~ 2 转,随后再转入正常启动。若慢转启动失败,将发出报警信号并且封锁正常启动。

设置慢转启动,其目的是使主机各主要摩擦面建立起润滑油膜后再转入正常启动,以减少磨损,俗称"布油";另一方面当慢转启动失败后,可以检查出主机的故障,避免启动事故发生。

(6)主机运行中的换向与制动逻辑程序控制

当船舶全速航行遇到紧急情况时,若把车钟手柄拉到停车位置,遥控系统会发出停油动作,由于船舶的惯性很大,船舶的滑行距离很长,主机转速也会因为螺旋桨的水涡轮作用而保持相当长的时间,这对紧急避碰来说是极为不利的,为了解决这个问题,现在的主机遥控系统一般都设有主机运行中的换向与制动功能。

制动的前提是换向完毕。制动分为能耗制动和强制制动:有的遥控系统只设置强制制动(主要用于大型低速柴油机);有的遥控系统先进行能耗制动,然后再进行强制制动(主要用于中速柴油机)。所谓能耗制动,是在应急换向完成后,只让空气分配器工作,主启动阀关闭,这时主机是正车转向,而凸轮轴是倒车位置。因此,当某缸活塞上行(压缩冲程)时,空气分配器使此缸气缸启动阀开启,气缸内的气体经气缸启动阀到主启动阀后被截止,使主机起着压缩机作用,消耗其能量,降低其转速,实行能耗制动。能耗制动是主机转速较高且制动力矩较小时的制动方式。而强制制动是让空气分配器和主启动阀同时开启,高压启动空气在各缸的气缸启动阀前等待,当某缸活塞上行时,空气分配器控制此缸气缸启动阀开启。于是,高压启动空气进入气缸,强行阻止活塞运动,使主机转速迅速下降为零,实行强制制动,当主机转速下降为零后,则按倒车的启动逻辑控制来启动主机,使主机倒转,并按倒车加速程序将主机转速调节到车令设定转速。

3. 转速与负荷控制功能

(1)转速程序控制

当对主机进行加速操纵时,应对加速过程的快慢有所限制,转速(或负荷)范围不同对加速过程的限制程度就不同,因此加速过程控制有两种形式:发送速率限制和程序负荷(也称负荷程序)。发送速率指的是主机在中速区以下的加速控制,加速速率较快。而程序负荷指的是高速区的加速控制,特别强调慢加速。在高负荷时加速过快,会使主机超热负荷,严重影响缸套、活塞和缸盖等燃烧室部件的寿命,有了发送速率和程序负荷这种控制功能,驾驶员可按实际情况把车钟手柄扳到任一速度挡,而不必考虑是否会损害主机。当车钟手柄从停车扳到正车(倒车)全速时,主机先进行启动操作,启动阶段完成以后,主机的加速过程就会按预先设定好的加速速率进行加速,当主机定速后,主机转速控制系统就会按设计好的程序负荷继续给主机加速,最后一直到车钟手柄所设定的正车海速转速。由此可见,转速给定值是变化的,而且变化规律是确定的,因此,在主机启动完成到转速稳定这段时间内,主机转速控制系统实际上是在完成一个转速程序控制过程。

实际上不仅有加速程序负荷,还有减速程序负荷,只不过减速程序负荷比加速过程快得多,往往被忽略。除遇到应急情况外,主机在从海速降速时进行一段减速程序负荷控制,对延长主机使用寿命和降低故障率都是十分重要的,因此,部分主机转速控制系统还设有减速程序负荷。

(2)转速-负荷控制

主机的转速与负荷控制回路是一个综合控制回路。在正常航行工况下,控制回路主要是通过调速器对主机转速进行定值控制。控制回路的作用就是克服各种扰动,把主机转速控制在车钟手柄所设定的转速上。但是,当船舶在恶劣海况下航行时,螺旋桨可能会频繁露出水面,转速升高,若此时仍采用转速定值控制,调速器为了维持主机运行在设定转速上,不得不频繁地大幅度调节主机供油量,这就有可能导致主机超热负荷。一旦调速器减油不及时,主机就会发生飞车而使主机超机械负荷。主机转速控制系统常采用“ROUGHSEA”模式下的负荷控制方式或死区控制方式来保障主机的安全运行。

(3)转速限制

为了保证主机安全、可靠及有效地运行,车令设定的转速值必须符合主机自身特性的要求,因此,遥控系统将对进入主机调速器的设定转速进行临界转速避让、最小转速限制、最大转速限制以及轮机长手动设定最大转速的限制。

①临界转速自动避让。当车钟设定转速处于临界转速区时,为了保证主机不在临界转速上运转,遥控系统将自动地把设定转速限制在临界转速区之外,并在设定转速经过临界转速区时,自动地控制其快速通过临界转速区,以确保主机安全运转。

②最小转速限制。当车令设定转速值小于主机最低稳定转速时。为了防止主机不稳定运转或熄火停车,遥控系统将自动地把设定转速限制在主机最低稳定转速上。

③最大转速限制。当车令设定转速值大于主机所允许的最大转速时,为防止主机超速,遥控系统将自动地把设定转速限制在主机所允许的最大转速范围内。由于主机倒车运行工况较正车差,故有些遥控系统还设置了数值上较正车小的最大倒车转速限制。

④轮机长手动设定最大转速的限制。在非应急运转工况下,当车令设定转速值大于轮机长手动设定最大转速的值时,遥控系统将对其车令设定转速值进行限制,以确保主机转速不超过轮机长所设定的最大允许转速。允许使用“越控”等取消该限制。

(4)负荷限制

主机转速控制系统在对主机转速进行转速自动控制时,主机的供油量是由调速器根据偏差转速大小来控制的。调速器为了把主机的转速快速调节到设定转速,有可能使主机因供油量太大而超负荷,因此,遥控系统应对主机的供油量进行限制。负荷限制主要包括如下几个方面:

①启动油量的设置。若要使主机顺利且平稳地启动起来,就必须在主机启动时供给适量的燃油,为了使启动油量不受车令设定转速的影响,实现定油量启动,遥控系统在主机启动期间自动阻断车令设定转速,给出一个最佳启动转速及最大允许启动油量,以确保主机安全、平稳、可靠地启动。

②转矩的限制。为了保证主机的安全运行,延长使用寿命,遥控系统一般都设置转矩限制功能,原因是主机在某一转速下运行时,如供油量过大就有可能使主推进轴的扭矩超机械负荷。此时,遥控系统将自动地限制主机的供油量,即根据车令设定的转速或主机的实际转速给出一个相应的允许供油范围,从而将主机的转矩限制在安全的范围内。

③增压空气压力限制。主机从低速开始加速时,油量会突然增加很多,而此刻增压器输出的增压空气压力较低,这样就会出现油多气少的现象,导致燃烧不充分而冒黑烟。为防止主机在加速过程中出现冒黑烟现象,遥控系统将自动地根据增压空气压力的高低来限制主机的供油量,以保证喷入气缸的燃油充分燃烧,同时也可防止主机受热部件的过热现象。允许使用“越控”等取消该限制。

④螺旋桨特性限制。主机与螺旋桨的配合是按螺旋桨推进特性工作的,即功率与转速成三次方关系。转矩与转速成平方关系,而前述的各种限制方式都是在某一负荷范围内的直线限制特性。有的遥控系统设置了按螺旋桨的特性来限制主机的供油量,用来修正原有负荷的限制特性,使之接近螺旋桨推进特性曲线形状,以满足螺旋桨吸收功率的需要。

⑤最大油量的限制。在主机供油量超出轮机长所设定的最大供油量时,遥控系统将自动地将主机供油量限制在轮机长设定的最大供油量上,以实现主机的最大负荷限制。允许使用“越控”取消该限制。

4. 安全保护及应急操纵功能

(1)安全保护

如前所述,安全保护装置是主机遥控系统的重要组成部分,当主机重要参数越限时,它能使主机自动减速或自动停车,发出报警信号并显示安全系统动作的原因,以保护主机的安全。

有些重要参数的安全保护值有两个:一个是自动减速值,另一个是自动停车值。当出现安全保护装置动作且故障排除后,需要对故障复位才能进行启动和加速。

(2)应急操纵

在应急情况下,为了保证船舶的安全需要对主机进行一些特殊的操纵,主要包括以下三个方面:

①机旁应急运行。在主机遥控系统失灵的情况下,为了保证主机仍然继续运行,只要将主机操纵部位从驾驶台或集控室直接切换到机旁,即可实现机旁手动应急操纵。

②应急运行。在运行中的全速换向操作一般在紧急避碰中使用,属于应急运行。它包括应急换向、应急启动及应急加速。应急换向指的是主机在应急换向转速下的换向。应急启动除了采用重启动外还将自动取消慢转启动与时间启动。应急加速主要指的是取消负

荷程序进行快加速,同时还自动取消某些限制(如增压空气压力限制、转矩限制等)。船在锚的走锚后所进行的应急启动、应急加速也是一种应急运行。还有当安全保护系统动作后,使主机减速和停车,但从整个船舶的安全看,又不允许停车和减速,这时应采取"舍机保船"措施,取消自动减速和自动停车信号,迫使主机带故障运转。但对一些严重的故障停车信号(如主机滑油低压和超速)一般是不能强迫运转的。有的船上只能在有自动减速信号时才可采取应急运行的强迫运转方式,而对所有故障停车信号都不能采取强迫运转方式。

③手动应急停车。当车钟手柄扳回到停车位置时,由于遥控系统出现了故障,不能使主机停油,这时应按下"应急停车"按钮,通过应急停车装置使主机立即断油停车,同时发出报警。若要重新启动主机,必须对应急停车信号进行复位,才可进行启动操作。

5. 模拟试验功能

各种主机遥控系统几乎都设置了相应的模拟试验装置。它主要用于显示遥控系统的运行工况,如电磁阀的状态、主机凸轮轴的位置以及启动过程等;测试和调整遥控系统的各种参数;检查遥控系统的各种功能是否正常,若有故障,可利用模拟试验来查找和判定故障部位。

掌握正确的模拟试验方法对轮机管理人员来说是十分重要的。尽管有各种各样的模拟试验装置和多种试验方式,但其中最基本的试验方式是在主机停车时利用车钟(实际车钟或模拟车钟)和模拟转速旋钮配合操作,使遥控系统完成一系列动作。因为遥控系统对主机的实际转速和模拟转速是没有辨别能力的,把模拟转速同实际转速同等对待。正是利用这一点,使之达到检查遥控系统各种功能和判断故障的目的,按设计要求完成各种动作。在用实际车钟和模拟转速的试验中,除了主机因主启动阀关闭而不能转动以外,遥控系统的各种阀和部件都可以动作,因此,在进行模拟试验前要做好相关的准备工作。

三、主机遥控系统类型

根据所采用的遥控设备及实现手段的不同,主机遥控系统可以分为以下几种类型:

1. 气动式主机遥控系统

气动式主机遥控系统主要由气动遥控装置和气动驱动机构组成,并配有少量的电动元件,如电磁阀和测速电路等。它的主要特点是驱动功率大,工作可靠,结构简单、直观,便于掌握管理。但是存在压力传递滞后的现象,因此控制距离受到限制,而且对气源要求高,气动元部件容易出现漏气、脏堵及磨损现象。

2. 电动式主机遥控系统

电动式主机遥控系统的遥控装置与驱动机构均由电动元部件构成。它的主要特点是结构紧凑,遥控距离不受限制,控制性能好,较灵活地实现各种功能但执行机构的驱动功率小,对管理人员技术要求较高,电动遥控系统又可分为有触点继电器式和无触点集成电路式两种。

3. 电/气式主机遥控系统

电/气式主机遥控系统的遥控装置主要由电动元器件构成,而驱动机构则由气动元件构成。这种结构充分发挥了电动式和气动式两种遥控系统的优点,是较完善的遥控系统。

4. 电/液式主机遥控系统

电/液式主机遥控系统主要由电动遥控装置与液压执行机构组成,它具有驱动功率大、可控性好、便于远距离控制等优点,但结构复杂,须设置液压油回收系统,并且容易出现漏油现象。

5. 微机控制的主机遥控系统

微机控制的主机遥控系统主要由 PLC 或微型计算机及其接口电路组成，只有驱动机构采用气动或电动元件。遥控系统的功能主要由软件实现，具有应用灵活、功能强大、适用性强和可靠性高的特点。近几年下水的船舶几乎全部采用微机控制，并朝着分布式和网络化的方向发展。

6. 现场总线型主机遥控系统

现场总线型主机遥控系统是计算机网络化技术在船舶上广泛应用的产物。在现场总线型主机遥控系统中，控制系统的各个组成部件采用分布式计算机节点控制，各个控制节点采用现场总线互联，大大地减少了连接电缆，降低了布线成本，安装维护极为方便，同时也提高了系统的可靠性。从严格意义上说，现场总线型主机遥控系统同时也属于微机控制的范畴。

四、气动元部件

在遥控系统中，气动元部件是常见的基本组成要素，尤其是对于气动操纵系统，则更是如此。常用的气动阀件可分为逻辑元件、时序元件和比例元件等。它们工作的气压信号是由气源提供的，气压信号一般为 0.7 MPa。

1. 逻辑元件

逻辑元件实际上就是开关元件。根据某些逻辑条件，其输出端或者通气源压力信号（简称输出为 1），或者输出端通大气（简称输出为 0）。逻辑元件包括二位三通阀、二位四通阀、三位四通阀、多路阀、双座止回阀和联动阀。

(1)二位三通阀

①机械式二位三通阀

机械式二位三通阀的结构原理如图 3－1－2(a)所示，图 3－1－2(b)是其逻辑符号图，它有二个位置、三个通路。

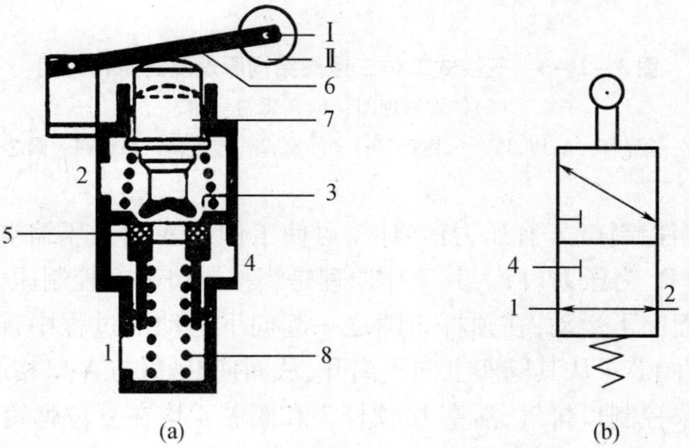

图 3－1－2　机械式二位三通阀结构原理及符号图

(a)结构原理图；(b)逻辑符号图

1，2，4—工作接口；3—阀座；5—阀芯；6—滚轮杠杆；7—顶杆；8—复位弹簧

该阀的用途是在受机械动作时工作口 2 通入压缩空气(此时接口 4 为压力口)或使 2 口排气(此时接口 1 为压力口)。其工作原理是当控制端有机械动作时,通过滚轮杠杆 6 作用于顶杆 7,顶杆 7 首先与阀芯 5 接触,从而切断接口 2 和 1 之间的通路,然后顶杆将阀芯 5 从阀座 3 上向下顶开,使 2 口和 4 口接通,在逻辑符号图上相当于上位通。若控制端有机械动作取消,顶杆在弹簧作用下回到其初始位置,而复位弹簧 8 就会将阀芯重新压回至阀座 3 上,这样接口 1 和 2 接通,而接口 4 截止,在逻辑符号图上相当于下位通。

若将气源接到接口 1 上,该阀就为常通式二位三通阀;若将气源接到接口 4 上,该阀就为常断式二位三通阀。

②气动式二位三通阀

气动式二位三通阀的结构原理如图 3-1-3(a)所示,图 3-1-3(b)为其逻辑符号图。

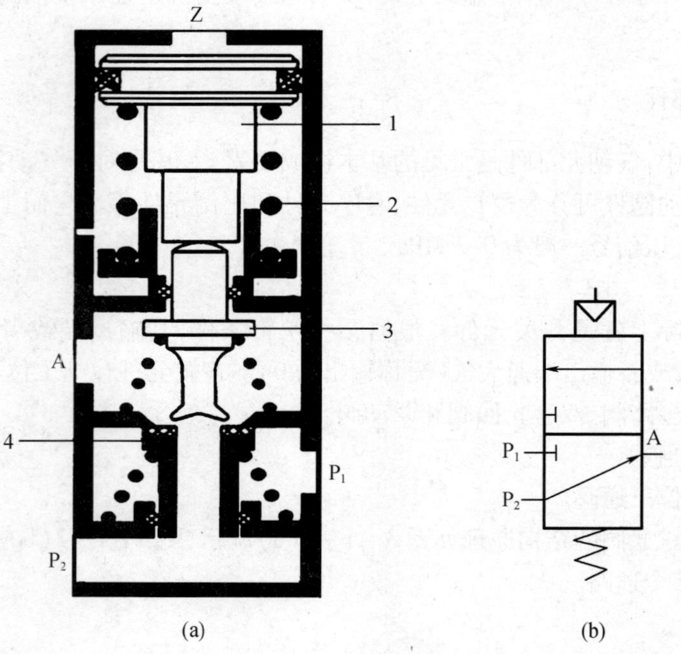

图 3-1-3 气控式二位三通阀结构原理及逻辑符号图

(a)结构原理图;(b)逻辑符号图

Z—控制口;A,P_1,P_2—工作接口;1—活塞;2—弹簧;3—顶杆;4—阀芯

该阀的用途是当控制口 Z 有压力信号时,可使工作口 A 通入压缩空气(P_1 为压力口),或使工作口 A 排气(P_2 为压力口)。其工作原理是当控制口 Z 有控制压力信号,则活塞 1 克服弹簧 2 的弹簧力而向下运动,在顶杆 3 随之一起向下运动的过程中首先使 A 口与 R_2 口的通路截断,然后使阀芯 4 从其阀座上向下离开,从而使 P_1 口与 A 口相通,在逻辑符号图上相当于上位通。如果控制口排气,活塞 1、顶杆 3 和阀芯 4 均在复位弹簧作用下复位。则有接口 A 和 P_2 接通,而接口 P_A 截止,在逻辑符号图上相当于下位通。

若将气源接到接口 P_2 上,该阀就为常通式二位三通阀。若将气源接到接口 P_1 上,该阀就为常断式二位三通阀。

根据动作阀芯力的性质不同,也就是控制信号 A 的种类不同,二位三通阀可分为机械动作、手动操作、单气路控制、双气路控制和电动控制等类型,图 3-1-4(a)(b)(c)(d) (e)分别画出了它们的逻辑符号图。

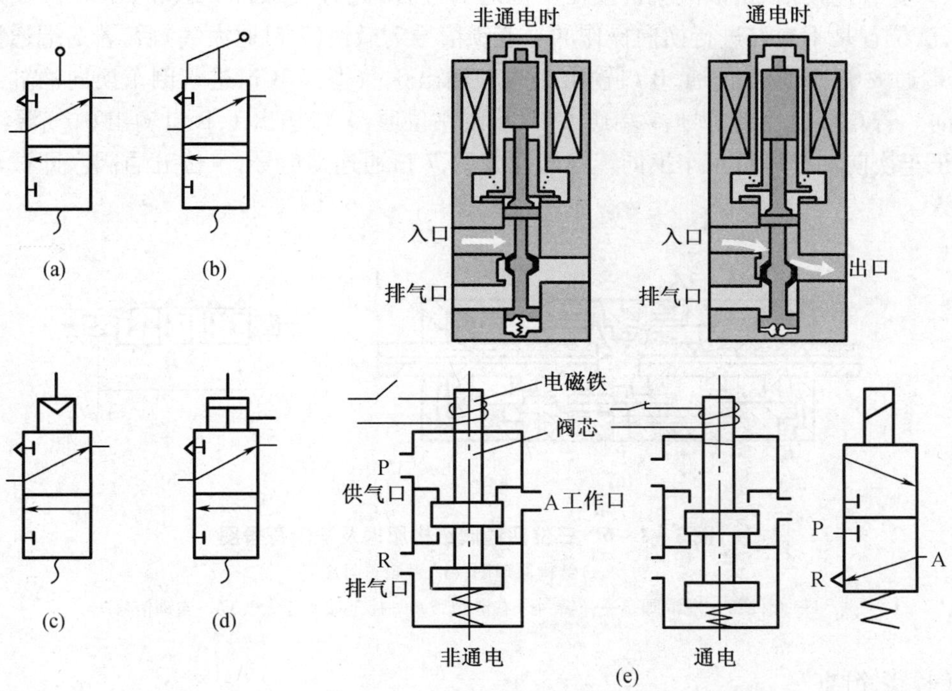

图 3-1-4　各种二位三通阀符号和电控阀结构图

(a)机械动作;(b)手动操作;(c)单气路控制;(d)双气路控制;(e)电动控制

(2)二位四通阀

气动二位四通阀的结构原理如 3-1-5(a)所示,图 3-1-5(b)是其逻辑符号图。该阀的用途是当控制口被加压后,同时使一个工作口通入压缩空气,而使另一个工作口排气。其工作原理是当控制口 2 被加压后,阀芯 6 被向上移动,阀芯 6 是克服弹簧 4 的弹簧力而向上移动的,阀芯 6 下方的台肩使工作口 1 和排口 E_1 之间的通路截断,而且使工作口 1 和压力口 5 相通,阀芯 6 上部的台肩使工作口 3 和排气口 E_2 相通。控制口 2 失压后,利用弹簧的弹簧力而使该阀复位。该二位四通方向阀可以安装在任意位置。

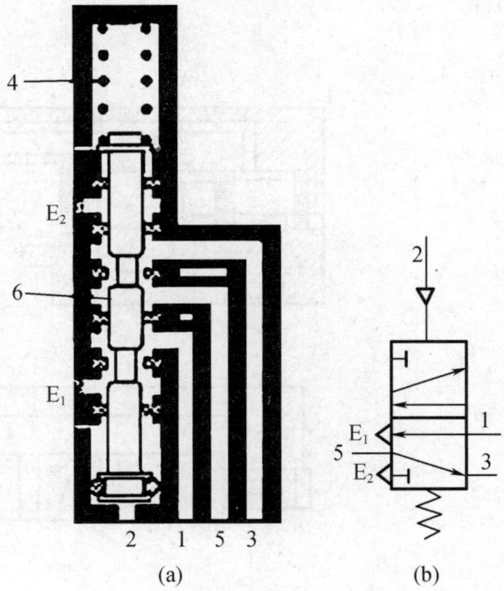

图 3-1-5　二位四通阀结构原理及逻辑符号图

(a)结构原理图;(b)逻辑符号图

1,3,5,E_1,E_2—工作接口;

2—控制口;4—弹簧;6—阀芯

(3)三位四通阀

在遥控系统中,三位四通阀常作为双凸轮主机的换向阀。图 3-1-6(a)和(b)分别示出了该阀的结构原理和逻辑符号。它由阀体、左右滑阀及弹簧组成,A 口和 B 口分别为正车换向和倒车换向输出口,7 口接连锁信号,只要有连锁信号,该阀就被锁在中位通的位置,此时气源口 P 截止,A 口和 B 口均通大气,该位置是不允许进行换向操作的。连锁信号 7 撤销(7 口通大气)后,若 5 端通控制信号,6 端通大气,该阀右位通,B 口输出 1,A 口输出 0,气源经 B 口进入倒车换向油缸进行倒车换向。若 6 端通控制信号,5 端通大气,该阀左位通,A 口输出 1,B 口输出 0,气源经 A 口进入正车换向油缸进行正车换向。换向完成后,7 口通连锁信号,三位五通阀立即被锁在中间位置。

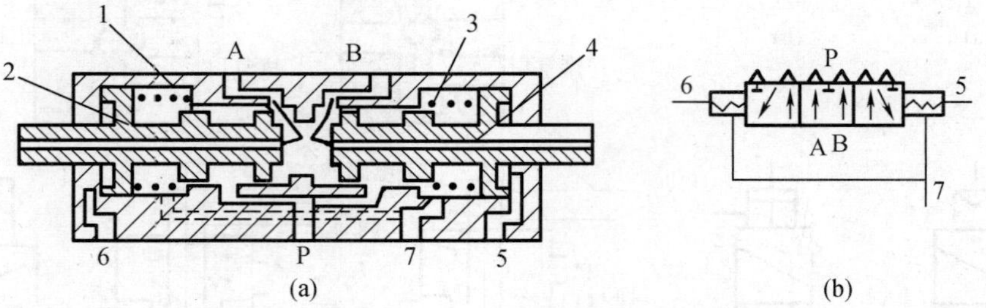

图 3-1-6　三位四通阀结构原理及逻辑符号图

(a)结构原理图;(b)逻辑符号图

1—阀件;2—左滑阀;3—弹簧;4—右滑阀;5,6—控制端或通大气;7—连锁信号

(4)多路阀

在遥控系统中,多路阀通常作为双凸轮换向的控制阀,其结构原理及逻辑符号如图 3-1-7 所示。它主要由阀体 8、阀芯 7、活塞 A 及一些气口组成。共有四个位置,从左至右分别为Ⅳ,Ⅲ,Ⅰ,Ⅱ位。4 口和 5 口分别接车令发出的倒车和正车指令;2 口和 3 口分别接三位四通阀的 5 端和 6 端;1 口接气源;6 口接启动回路,还有两个口通大气。

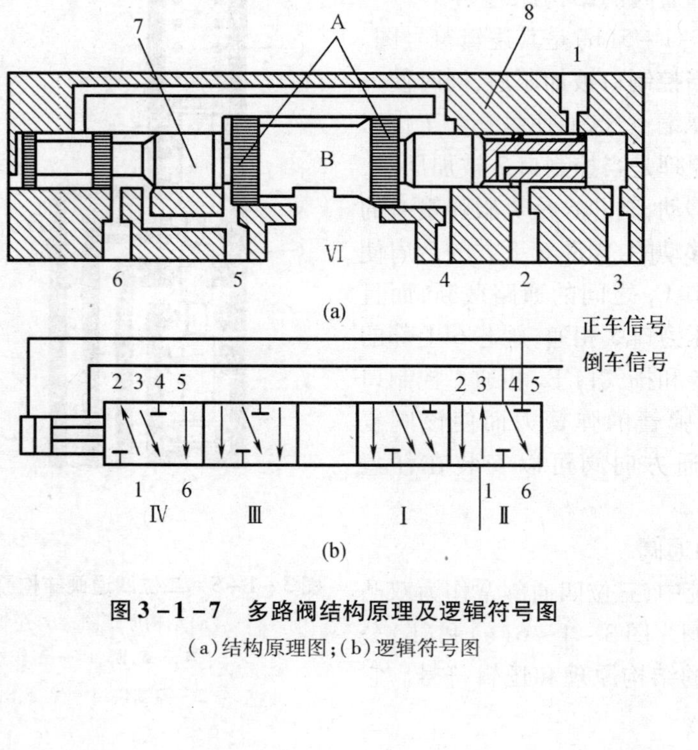

图 3-1-7　多路阀结构原理及逻辑符号图

(a)结构原理图;(b)逻辑符号图

若车钟发出倒车指令,4 口通气源,5 口通大气。4 口的倒车信号通过作用于活塞 A 的右面把阀芯推到最左端的Ⅳ位(图示位置)。此时,2 口通气源 1,3 口通大气,6 口经接正车信号的 5 口通大气。2 口的输出接到换向阀(即三位四通阀)的控制端 5,若三位四通阀的连锁信号被撤销,则其右位通,进行倒车换向,在凸轮轴从正车位置向倒车位置移动的过程中,由机械机构通过多路阀阀芯的缺口 B 向右拨动阀芯。当倒车换向完成时,阀芯正好被反馈到Ⅰ位。这时气源 1 截止,2 口和 3 口均通大气,5 口截止,而 6 口与接倒车信号的 4 口相通,即换向完成后,由 6 口自动输出一个允许启动信号。反之,若车钟发出正车指令,则阀芯被推到最右端的Ⅱ位,3 口通气源 1,接到换向阀的控制端 6,进行正车换向。当倒车换向完成时,阀芯正好被反馈到Ⅲ位。这时气源 1 截止,2 口和 3 口均通大气,4 口截止,而 6 口与接正车信号的 5 口相通,自动输出一个允许启动信号。

由上面的分析可知,一方面,当车令与凸轮轴位置不一致时,6 口输出 0 信号,不允许启动主机,只能先进行换向。当换向完成时,即车令与凸轮轴位置一致后,6 口才输出 1 信号,允许主机启动。另一方面,只有当车令与凸轮轴位置不一致时,才需要进行换向,若车令与凸轮轴一致,则无须换向,直接送出允许启动信号,直接进行启动。

(5)双座止回阀

双座止回阀是或门阀,俗称梭阀,其逻辑符号如图 3 – 1 – 8 所示。它有两个输入端 A 和 B,一个输出端 C,其逻辑功能是 $C = A \vee B$。

(6)联动阀

联动阀是与门阀,俗称双压阀,其逻辑符号如图 3 – 1 – 9 所示。它有两个输入端 A 和 B,一个输出端 C,其逻辑功能是 $C = A \wedge B$。

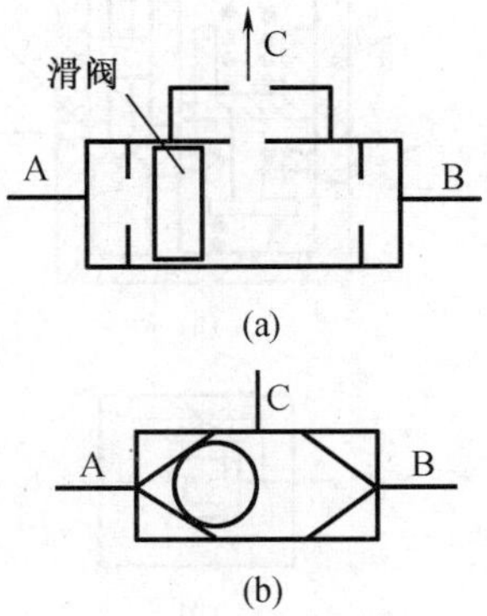

图 3 – 1 – 8　双座止回阀逻辑符号图

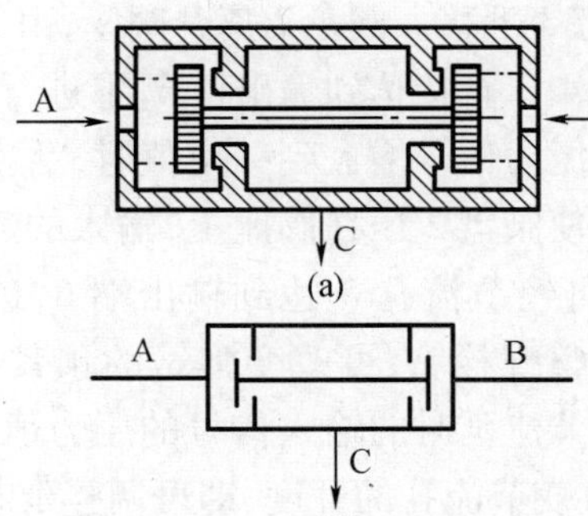

图 3 – 1 – 9　联动阀逻辑符号图

2. 时序元件

时序元件在气路中,一般对气压信号的变化起延时作用,它包括单向节流阀、分级延时阀及速放阀。

(1)单向节流阀

单向节流阀的结构原理与逻辑符号如图 3 – 1 – 10 所示。该阀的用途是可以在一个方向上对气流进行节流调节,而当气流以相反的方向流过时不节流。其工作原理是当从接口 4 进气时,碗形密封圈 5(预应力大约 0.04 MPa)被从阀座上打开,气流不被节流地流到接口 3。当从接口 4 排气时,碗形密封圈被关闭,并且接口 3 的排气只能通过节流口 6,节流口可以通过调节螺栓7来改变。向右拧动，减小过流面积，延长排气时间，向左拧动增大流通面积，节流作用减弱。安全环8用于防止将节流口完全关闭。另外，还用两个孔隙为20 μm的过滤器2来防止污物进入节流口。

节流阀可以被安装在任何位置上，但在安装时必须注意流动方向。

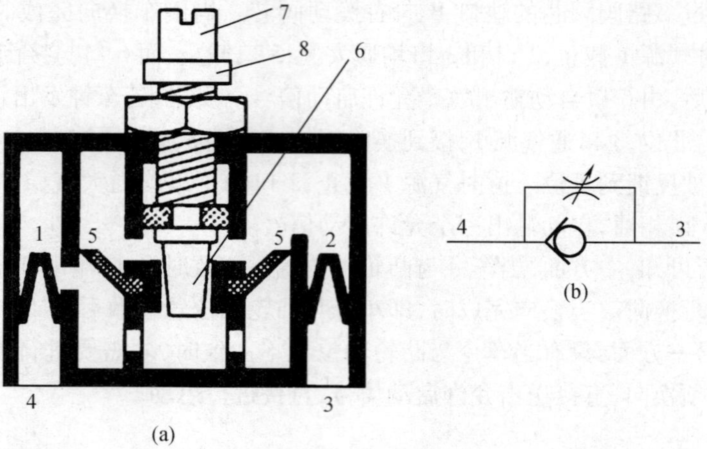

图3-1-10 单向节流阀结构原理及逻辑符号图

1,2—过滤器;3,4—接口;5—密封圈;6—节流口;7—调节螺栓;8—安全环

(2)分级延时阀

分级延时阀的结构原理及逻辑符号如图3-1-11所示。当输入口的压力信号较低时，在弹簧作用下，活塞3下移。阀盘2离开阀座，由1口输入的气压信号经4口直接达到输出口6，不进行节流延时，当输入1口压力信号增大到一定值时，活塞3克服弹簧张力上移使阀盘2压在阀座上，输入的气压信号必须经7口，再经节流孔5达到输出端6，进行节流延时。转动调整螺栓A，可改变弹簧的预紧力，即可调整开始进行节流延时的输入信号的压力值；转动调整螺钉B，可改变节流孔的开度，即可调整延时时间。当输入的气压信号降低或撤销时，在弹簧作用下，活塞连同阀盘一起下移，输出端6直接与输入端相通，不进行节流延时。

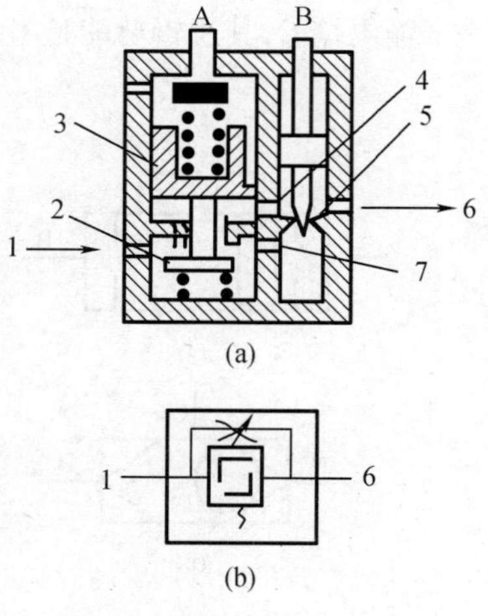

图3-1-11 分级延时阀结构原理及逻辑符号图

1—输入口;2—阀盘;3—活塞;4,7—气口;5—节流孔;6—输出口

(3)速放阀

速放阀的结构原理及逻辑符号如图3-1-12所示。A端为输入端，B端为输出端。当输入端A有气压信号时，橡胶膜片2被顶起封住通大气口3，使输出端B的气压信号立即等于A端；当输入端A的气压信号撤销时，膜片2下落封住输入端，同时打开通大气口3，使输出端B的气压信号就地泄放，而不必经输入端A，再经较长的管路泄放，这就避免了信号泄放的延时。

3. 气动比例元件

(1)减压阀

减压阀的结构原理及逻辑符号如图 3 - 1 - 13 所示。减压阀的作用,将较高的输入压力(通常称为一次压力)降低至一个较低的输出压力(通常称为二次压力)。其工作原理是经过预压的调压弹簧 2 通过顶杆 6 使阀芯 5 打开,压缩空气从 V 口经过这个打开的阀口流向压力较低的 Z 口,同时压缩空气也到达膜片 3 的下方,随着 Z 口压力的升高,会使带顶杆的膜片和阀芯一起克服调压弹簧的弹簧力向上运动,直到 Z 口压缩空气作用在膜片上的力(Z 口压力乘以膜片的有效面积)与通过调节螺钉 1 调节的弹簧力相平衡为止,这时阀芯与阀座 4 接触,从而使 V 口与 Z 口之间的通路截止(截止状态,即输入与排气均被截止)。

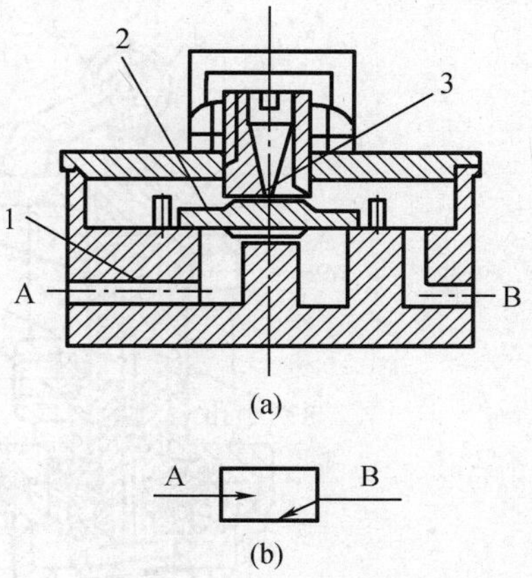

图 3 - 1 - 12　速放阀结构原理及逻辑符号图

1—输入口;2—橡胶膜片;3—通大气口

A—输入端;B—输出端

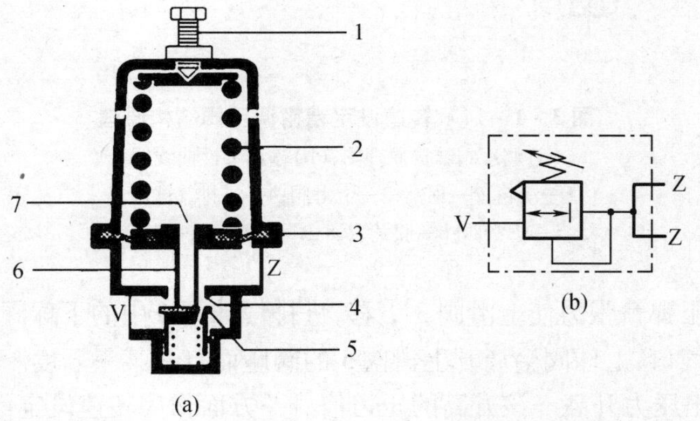

图 3 - 1 - 13　减压阀结构原理及逻辑符号图

(a)减压阀结构原理图;(b)减压阀逻辑符号图

1—调节螺钉;2—调压弹簧;3—膜片;4—阀座;5—阀芯;6—顶杆;7—通气孔

如果二次压力口的压力下降到低于与调压弹簧的弹簧力相对应的值时,则膜片向下运动,并通过顶杆使阀芯 5 打开阀口,直到重新达到与调压弹簧的弹簧力相对应的压力值为止。如果二次压力口压力超过与调节弹簧的弹簧力相对应的压力值,则膜片带着顶杆脱离开阀芯 5,使 Z 口的一部分压缩空气通过孔 7 排出,当 Z 口的压力达到了期望值时,膜片向下运动,使排气口关闭,这样重新达到该阀的截止状态。减压阀可以被安装在任何位置上,但应为安装固定和该阀的操纵预留足够的空间。

(2)转速设定精密调压阀

在气动遥控系统中,转速设定精密调压阀用于车钟设定转速的发信,其输入信号是车钟手柄的位移,输出信号是与设定转速所对应的空气压力。该阀的结构原理及输出特性如图 3 - 1 - 14 所示。

滚轮 1 与车钟手柄下面所带动的凸轮相接触。当车钟手柄向加速方向扳动时,经滚轮

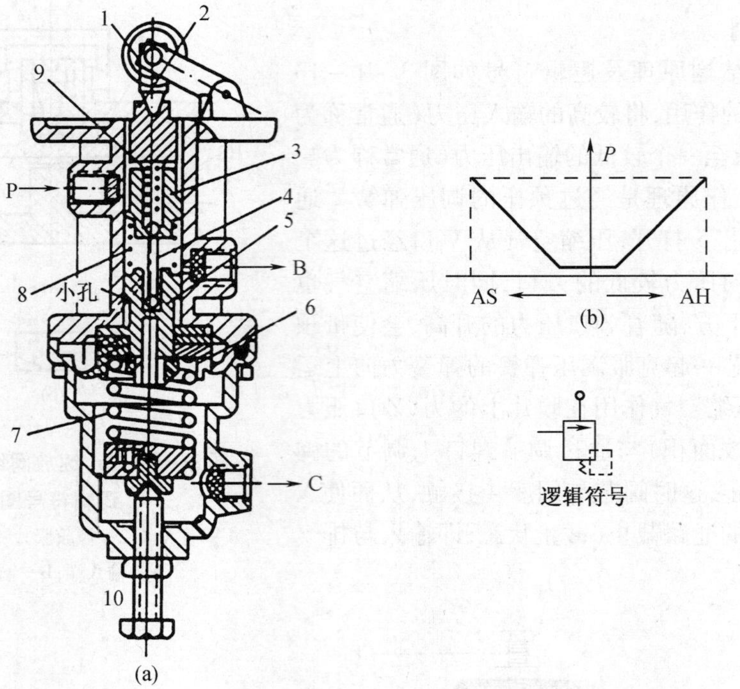

图 3－1－14　转速设定精密调压阀结构原理

(a)调压阀结构原理图；(b)输出特性曲线图

1—滚轮；2—顶锥；3—上滑阀；4—进排气球阀；

5—下滑阀；6—膜片；7，8，9—弹簧；10—螺钉

使顶锥 2 下移，克服弹簧张力使上滑阀 3 下移，进排气球阀 4 中的下球阀仍压在下滑阀 5 的阀座上，封闭通大气口，上球阀会离开上滑阀 3 的阀座而打开某一开度。气源 P 经上球阀通至输出端 B，使输出压力升高。该升高的压力信号一方面作为转速设定信号输出；另一方面经反馈小孔（图中虚线所示）进入膜片 6 的上部空间，压缩弹簧 7，使下滑阀连同下球阀一起下移。当下滑阀的下移量与顶锥 2 的下移量相等时，上球阀又被压在上滑阀 3 的阀座上，封闭气源 P，使输出端 B 的压力不再升高，稳定在某一数值上。在稳定输出时，上、下球阀均关闭。可见，输出压力与顶锥 2 的下移量成比例。当车钟手柄向减速方向扳动时，在弹簧 8 的作用下，顶锥和上滑阀连同进排气球阀一起上移，使上球阀关闭，下球阀会离开阀座而打开，使输出端 B 与大气口 C 相通，输出压力降低，经反馈小孔使膜片上部空间压力降低，靠弹簧 7 的张力使下滑阀上移，直到下滑阀的上移量与上滑阀的上移量相等时，下球阀又封闭通大气口，使输出压力稳定在比原来低的数值上。图 3－1－14(b)示出厂该阀的输出特性线。因为车钟手柄下面所带动的凸轮，其正、倒车边是对称的，所以正、倒车转速设定的特性线是相同的。其输出压力的变化范围一般为 0.05～0.5 MPa，其中 0.05 MPa 对应于最小设定转速值，0.5 MPa 对应于最大设定转速值。最小设定转速值的调整是通过转动螺钉 10 改变弹簧 7 的预紧力来实现，即可上下平移输出特性线。若旋紧螺钉 10 使弹簧 7 预紧力增大，则最小设定转速值增大，即向上平移输出特性线；反之亦然。最大设定转速值的调整是通过转动弹簧座，改变弹簧 7 的有效工作圈数（即刚度）来实现，从而可改变输出特性线的斜率。若有效工作圈数减少，会使刚度增大，则最大设定转速值增大，输出特性线的斜率增

大;反之亦然。

在主机遥控系统中,利用上面介绍的遥控阀件可组成启动、换向、制动、转速限制和负荷程序等各种逻辑回路及控制回路。因此,掌握这些阀件的工作原理,特别是掌握其逻辑符号图,对分析和理解一个复杂的遥控系统是很重要的。

4. 主机遥控系统气源的标准及其要求

在气动主机遥控中,常用3 MPa 的压缩空气作为换向和启动的动力气源,用0.7 MPa 的压缩空气作为其遥控气源。0.7 MPa 的遥控气源可由3 MPa 的空气瓶的压缩空气减压而获得,也可由单独的气源设备供给。但无论采用哪一种方式,为了保证气动主机遥控系统能正常工作,遥控气源必须是稳定而洁净的。它首先需经过净化处理,以滤去空气中的灰尘杂质,去除水分及油污,然后再经过稳压(减压)处理才可使用。鉴于遥控气源的重要性,遥控气源中的过滤器和减压阀常成双配备,并由气源选择阀来选用,见图3-1-15。

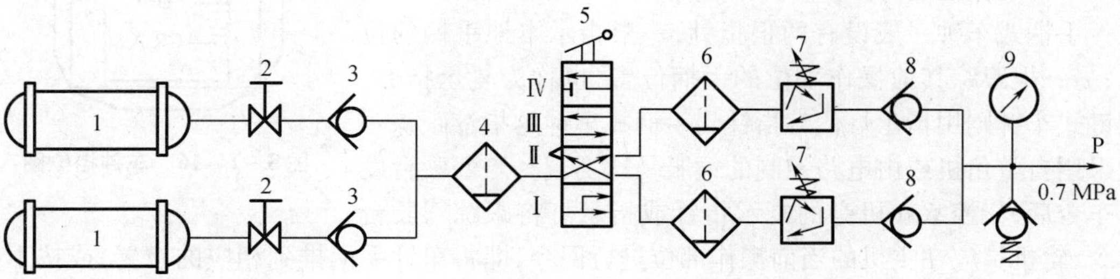

图3-1-15　气动主机遥控系统气源装置图

1—空气瓶;2—截止阀;3—单向止回阀;4—过滤器;5—气源选择阀;
6—过滤器;7—减压阀;8—单向止回阀;9—压力表

图3-1-15中,两个空气瓶1内的3 MPa 压缩空气经各自的截止阀2和单向止回阀3引入过滤器4,由过滤器4初步净化后送到气源选择阀5。气源选择阀5的两个输出气口上接有两条具有同样过滤器6和减压阀7的气路,过滤器6将3 MPa 的压缩空气进一步净化后由减压阀7减至0.7 MPa,最后再经各自的单向止回阀8送到遥控系统中,作用遥控气源。气源装置的四种工况由气源选择阀来选定。

气源选择阀切换到Ⅳ位,由过滤器4来的3 MPa 压缩空气截止,上、下过滤减压支路均通大气(不工作),无气源输出,遥控系统不工作,因此该工况用于停泊状态。

气源选择阀切换到Ⅲ位,上支路通大气,下支路投入工作,输出0.7 MPa 遥控气源。

气源选择阀切换到Ⅱ位,下支路通大气,上支路投入工作,输出0.7 MPa 遥控气源。

可见,Ⅱ位和Ⅲ位都是单路工作(一路工作,另一路备用),因此适用于海上航行状态,在海上航行中若工作支路故障或需清洗滤器,可切换到备用支路。

气源选择阀处于Ⅰ位,上、下支路同时投入工作。它主要用于进出港时供气,以满足进出港时主机操纵频繁、耗气量大的要求,确保进出港时的操作安全。

五、车钟系统及操纵部位的转换

1. 车钟系统

车钟系统从传统意义上讲只是用来在各操作部位之间发送和接收主机操作指令及传递操作信息的装置,一般都由驾驶台车钟、集控室车钟和机旁应急车钟组成。根据所传递指令的不同性质，车钟还可分为主车钟和副车钟两种。目前，多数船舶的驾驶台主车钟还兼有主机控制信号的发信功能。

(1)主车钟

主车钟用于传送停车、换向和转速设定等主机操纵命令，一般设有停车(Stop)、前进微速(Ahead Dead Slow)、前进慢速(Ahead Slow)、前进半速(Ahead Half)、前进全速(Ahead Full)、海上全速(Navigation)、后退微速(Astern Dead Slow)、后退慢速(Astern Slow)、后退半速(Astern Half)、后退全速(Astern Full)和应急后退(Crash Astern)等挡位。驾驶台车钟和集控室车钟一般采用手柄操作，而机旁应急车钟除了早期船舶采用手柄操作外，目前大多数船舶均采用按键操作。手柄式车钟的挡位定义如图3-1-16所示。

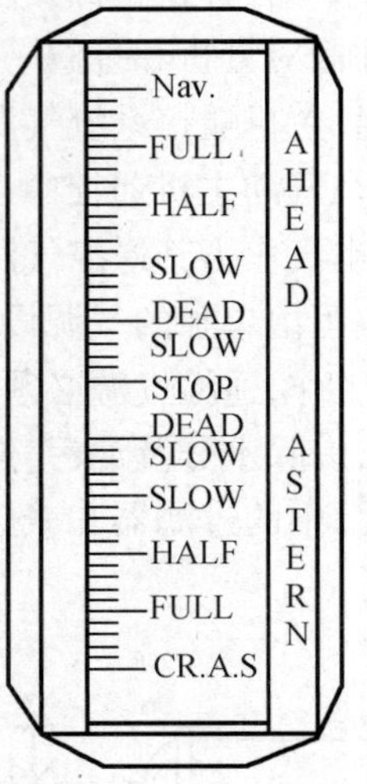

图3-1-16 车钟挡位图

手柄式车钟一般设有两根指针，一根指示本地手柄的位置；另一根跟踪其他操作部位的手柄位置，也称为复示指针。按键式车钟则用指示灯代替指针。手柄式车钟的指针跟踪一般采用自整角机或由电路控制的伺服马达实现。当驾驶台发出车令后，集控室和机旁的复示指针或指示灯将跟踪驾驶台车令，轮机员应在主机的当前操作部位进行回令，即将车钟手柄推到相应的位置，或按下按键式车钟相应的挡位按钮。回令之前，三地车钟均有声响提示，回令结束后，声响提示消失。

对于在驾驶台安装有自动遥控系统的船舶，车钟系统往往还兼有主机的控制功能，除了传送车令信息外还能够向主机遥控系统发送主机的各种操作命令。目前大型自动化船舶所使用的车钟通常都是集传令车钟与遥控手柄于一体的指针跟踪式或指示灯跟踪式车钟，车钟系统已成为主机遥控系统的重要组成部分。

主车钟向遥控系统发送主机操作命令的发信装置通常有气动和电动两种类型。气动发信装置采用手柄的机械动作控制二位三通阀，利用二位三通阀的气压输出实现正车、倒车和停车信号的发信，并用手柄带动的凸轮控制精密调压阀的气压输出，由输出压力大小给出与手柄位置相对应的转速设定值，从而实现转速指令的发信。电动发信装置通常采用微动开关和相应的逻辑处理电路发出正车、倒车和停车信号，采用精密电位器与信号处理电路发出0~10 V的电压、4~20 mA的电流或0~5 kΩ的电阻等信号来实现转速设定值的发信。

在不同的操纵部位操纵主机时，主车钟的工作模式也不同。以定距桨船舶的低速主机为例，在驾驶台操纵时，驾驶台车钟直接对主机进行遥控操作，集控室车钟和机旁应急车钟只对驾驶台车令进行复示；在集控室或机旁操纵时，驾驶台车钟只用于传令操作，轮机员回复车令后，在集控室或机旁对主机进行手动操纵。应当指出的是，集控室车钟手柄通常还兼有主机的换向控制功能，而主机的启动、停车和转速控制则由主机操纵手柄进行控制。

(2)副车钟

副车钟用于传送与主机操纵有关的其他联络信息，如备车(Stand by)、完车(Finished with Engine)和海上定速(At Sea)等。假设当前操纵部位为集控室，则当需要进入备车状态时，首先由驾驶台按下“备车”按钮，发出主机备车指令，车铃声响，“备车”指示灯闪光。值班轮机员在集控室按“备车”按钮予以应答，车铃声响停止，“备车”指示灯变为平光，进入备车状态。冲车和试车完毕后，可将主机的操作部位转到“驾驶台”位置。当船舶结束机动航行进入海上定速航行时，在驾驶台按“定速”按钮，车钟声响，“定速”指示灯闪光，发出海上定速航行指令。在集控室按“定速”按钮，车铃声响停止，“定速”指示灯切换为平光，进入定速航行状态，同时自动取消备车信号。当船舶停泊后不再需要操纵主机时，驾驶台按下“完车”按钮，集控室按“完车”按钮应答后，进入完车状态，“完车”指示灯平光指示。在副车钟操作过程中，备车、完车、定速这三个状态之间是互锁的。

在机旁、集控室和驾驶台上均设有应急停车按钮，当出现异常情况需要应急停车时，在任一位置按下“应急停车”按钮，都将通过主机安全保护系统可靠切断主机的燃油供给，强迫主机停车。应急停车后，需在故障排除后，将车钟扳回到停车位置或按复位按钮进行复位后，主机才能再次启动运行。

2. 主车钟发信原理

(1)气动遥控车钟

图 3－1－17(a)(b)分别为一种气动遥控车钟的结构原理及逻辑符号，它主要由外壳、精密调压阀和二位三通换向阀组成，具有发送转向控制信号和主机转速设定值的功能，用于控制定距桨船舶的可逆转低速柴油主机，也可用于控制通过减速齿轮箱带动定距桨的中速柴油主机。

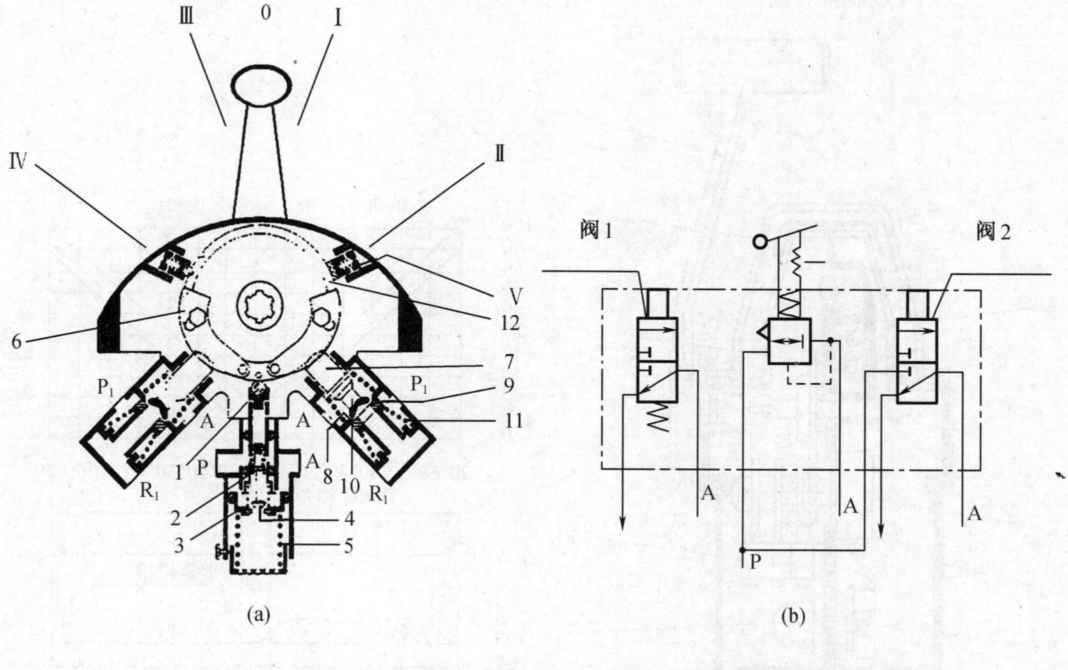

图 3－1－17　气动遥控车钟的结构原理及逻辑符号图

1—顶杆；2—进气口；3—活塞；4—排气口；5—弹簧；6—凸轮；7—顶杆；8—阀座；9—阀芯；10—螺钉；11—弹簧；12—凸轮

在图 3－1－17(a)中，车钟外壳的上部由一个带刻度盘的保护罩组成，保护罩下面是调压阀和二位三通阀的机械控制部分。通过一个可调的摩擦锁紧装置，操纵手柄可以锁定在任意位置,在0位、Ⅰ位和Ⅲ位还分别带有定位槽。

当手柄位置移动时,手柄将带动对称凸轮7驱动顶杆1。若顶杆1下移,则会使排气口4关闭,进气口2打开,压缩空气从P口流向A口,并在A口处建立起一定的压力,这个压力使得调节活塞3克服调节弹簧5的弹力而向下移动,一旦作用在调节活塞3上的力(气压×活塞面积)和与其相对应的弹簧5的弹力相平衡,则进气口和排气口将关闭。如果这个力的平衡状态通过顶杆1的位移变化或A管路的压力下降而打破,则进气口和排气口相应地打开和关闭,直到一个新的平衡状态重新建立起来为止。手柄偏离停车位置的位移越大,顶杆1被压下的位移越大,使得精密调压阀的输出压力(即转速设定值)与手柄位置成一一对应关系。

手柄移动时,还通过对称凸轮12带动两个二位三通换向阀发送转向(前进/后退)命令。当手柄处于0位时,阀芯9在弹簧11的作用下压紧阀座8,压力口P_1截止,接口A与排气口R_1相通,输出压力为零;当手柄处在位置Ⅰ~Ⅱ或Ⅲ~Ⅳ之间时,凸轮12带动顶杆7移动,切断A与R_1之间的通路,并使阀芯9从阀座8离开,从而使P_1和A接通,输出正车或倒车换向信号。一旦手柄回到0位,弹簧11使阀芯9重新回到阀座8,A口重新与R_1口相通,而P_1口截止。

(2)电动遥控车钟

电动遥控车钟种类繁多,按照不同的分类方法可分为模拟量车钟和数字量车钟,或分为有级调速车钟和无级调速车钟。

图3-1-18所示为一种电位器式无级调速转速指令发送器,其中图(a)为结构原理图,图(b)为输出特性曲线图。它可用于定距桨船舶的换向逻辑信号、主机转速设定值和变

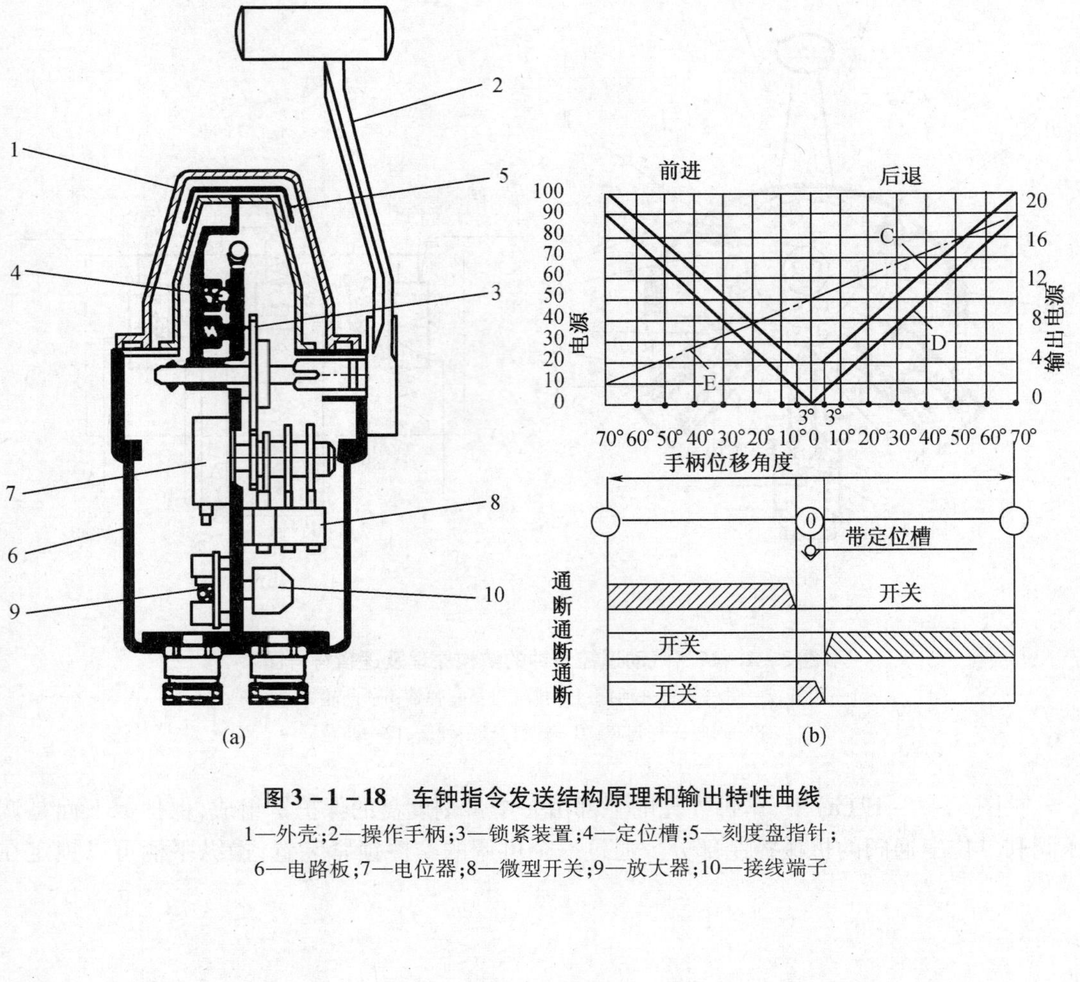

(a) (b)

图3-1-18 车钟指令发送结构原理和输出特性曲线

1—外壳;2—操作手柄;3—锁紧装置;4—定位槽;5—刻度盘指针;

6—电路板;7—电位器;8—微型开关;9—放大器;10—接线端子

距桨船舶的螺距设定信号等车令的发信。

指令发送器由透明的外壳 1 和带照明装置的刻度盘组成，操作手柄 2 在停车位置由定位槽 4 定位，并可通过摩擦锁紧装置 3 在任意位置锁紧，手柄位置由刻度盘指针 5 指示。电位器 7、微型开关 8、放大器 9 和接线端子 10 等电器元件安装在垂直设置的电路板 6 上。指令发送器的上部采用防水密封设计，金属保护罩 7 用于保护装在控制台台面以下的部分。

操作手柄 2 移动时，其角度位移将通过一个无间隙传动的齿轮机构传递到电位器 7，而这个位移角度正好与可调螺距螺旋桨的螺距或发动机转速的给定值相对应。电位器的输出可以是 0 ~ 5 kΩ 的电阻值，也可以是经放大器 9 转换后的 4 ~ 20 mA 信号或 0 ~ 10 V 的电压信号，其输出特性分别如图 3 - 1 - 18(b) 中 E，C 和 D 曲线所示。这些模拟量信号可根据遥控系统的需要用作螺距设定值或主机转速设定值。另外，凸轮也和手柄一起移动，它控制微型开关 8 给出“前进”“后退”和“停止”等逻辑信号，各开关的通断如图(b)下部所示。

3. 车钟系统组成及操纵部位的转换

在驾驶台、集控室、机旁三个位置操纵主机中，机旁操纵的优先级最高，其次是集控室，驾驶台操纵的优先级最低。操纵部位实现无扰动转换满足如下两个条件：

(1)集控室遥控车钟发出的正、倒车或停车车令必须与驾驶台遥控车钟发出的正、倒车或停车车令一致，否则操纵部位切换阀将被连锁机构锁定而无法切换，这一条件是驾驶台和集控室之间的操纵部位转换必须满足的条件。

(2)集控室遥控车钟发出的转速设定值必须与驾驶台遥控车钟发出的相等；否则切换中因车令设定转速改变而使主机转速变化，产生切换扰动，但这不是必备的条件。

六、电/气转换装置和执行机构

在电动遥控和用微型计算机进行遥控的系统中，驾驶台发送的转速设定信号是电压信号，这个电压信号经各种转速限制回路的处理后，作为转速给定值送至调速器。对于采用 PGA 型调速器的遥控系统，必须把转速给定值的电压信号转换成气压信号，才能送至调速器的转速设定波纹管以控制主机转速，这就需要一个电/气(E/P)转换装置将电信号转换为相应的气压信号。对于采用电子调速器的遥控系统，调速器输出的油量信号是一个弱电压信号，该信号是不能直接控制对主机的供油量的，必须通过电/液(E/H)伺服器才能拉动主机的油门拉杆。而目前广泛采用的数字调速系统所配的电动执行机构是一套交流伺服系统。下面仅就电/气转换装置和电/液伺服器分别阐述其结构组成和工作原理。

1. 电/气(E/P)转换器

电/气转换器类型很多，其中较为常用的一种类型的组成和工作原理如图 3 - 1 - 19 所示。图中，U_S 是转速给定值，接在差动输入运算放大器 A_1 的反相端；P_o 是该电/气转换器输出的气压信号，接至调速器的转速设定波纹管，同时还经压力传感器成比例地转换成电压信号 U_R 接在 A_1 的同相端；U_1 是运放器 A_1 的输出，若 $P_2/R_2 = R_2/R_3$，则 $U_1 = \frac{R_2}{R_1}(U_S - U_R)$；G 是脉冲信号发生器，它输出一系列幅值不大的正、负脉冲信号 U_1'；U_2 是加法器 A_2 的输出，假定 $R_4 = R_5$，则 $U_2 = \frac{R_{f2}}{R_4}(U_1 + U_1')$，$U_2$ 接在触发器 T_1 和 T_2 的时钟脉冲端 CP 端及复位端 R 端，T_1 和 T_2 是 D 触发器，它们的输入端 D 均接高电平，它们的输出经功率放大器 A_3 和 A_4 分别驱动电磁阀 M_1 和 M_2。

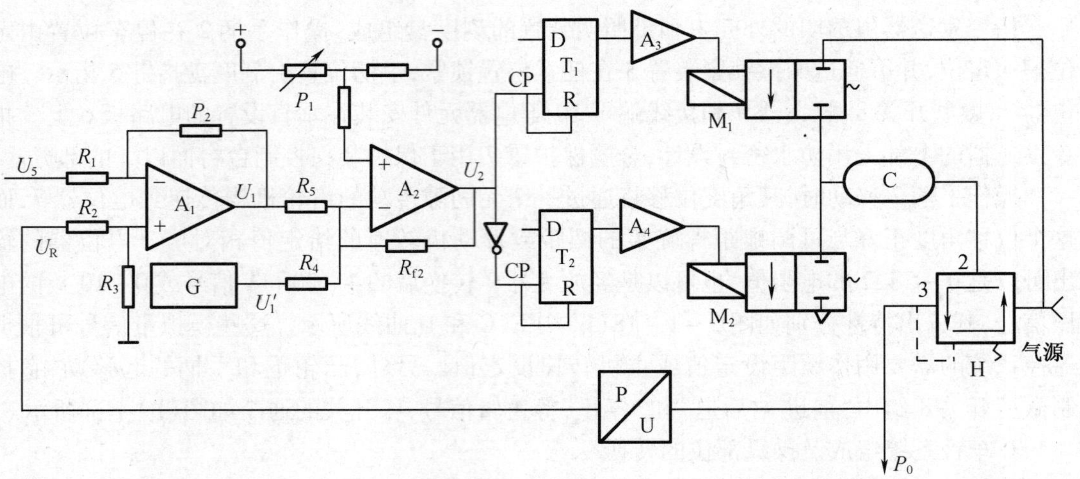

图 3－1－19 E/P 转换器工作原理图

当输出的气压信号 P_0 相当于转速给定值时，$U_S = U_R$，$U_1 = 0$，$U_2 = \frac{R_{f2}}{R_4} \cdot U_1'$，其幅值很小达不到触发器动作电压，触发器 T_1 和 T_2 均处于复位状态，输出低电平，电磁阀 M_1 和 M_2 均断电右位通，气源和放大气口均被截止，气容 C 内的气压信号不变。H 是调压阀，其功能是输出端 3 始终与输入端 2 相等，故 P_0 保持不变在快加速过程中，U_S 比 U_R 大，U_1 是幅值较大的负极性电压值，不论 U_1'是正脉冲还是负脉冲信号，U_2 均为幅值较大的正极性电压值，触发器 T_2 保持复位状态。触发器 T_1 和 CP 端由 0 跳变为 1，T_1 输出高电平，电磁阀 M 通电，左位通，气源向气容充气，P_0 值不断增大，U_R 也不断增大。当 U_S 与 U_R 差值不大时，U_1 负极性电压值较小，它与 U_1'负极性脉冲信号叠加后，触发器 T_1 的 CP 端保持 1 信号，T_1 输出保持高电平，电磁阀 M_1 保持通电，而与 U'_1正脉冲信号叠加后，T_1 的 CP 端由 1 跳变为 0，并对 T_1 复位使其输出为低电平，电磁阀 M_1 断电。可见，在 U_S 比 U_R 大得较多的情况下，电磁阀 M_1 一直通电，气源连续向气容充气。当 U_S 与 U_R 差值较小时，随着 U_1'正、负脉冲的变化而断续通电，气源断续向气容充气，直到 $U_S = U_R$ 为止。减速时，$U_S > U_R$，当其差值较大时，脉冲信号发生器 G 不起作用，U_2 是幅值较大的负极性电压值。触发器 T_1 复位输出低电平，电磁阀 M_1 断电右位通，气源被截止，不会向气容充气。负极性电压值 U_2 经反相后为 1 信号，使触发器 T_2 的 CP 端由 0 跳变为 1，T_2 输出高电平，电磁阀 M_2 通电左位通，气容经大气口放气，P_0 不断降低。当 P_0 减小到 U_R 与 U_S 差值不大时，U_1 与 U'_1叠加起作用，使电磁阀 M_2 继续通电，气容 C 断续放气，一直到 $U_R = U_S$ 为止。

2. 电/液伺服器

在采用电子调速器的遥控系统中，调速器输出的电压控制信号必须进行信号变换才能送至控制油门杆动作的执行机构。少数遥控系统采用气动执行机构去动作油门，在这种控制方式中，需要把调速器输出的电信号转变成气压信号，再送至气动伺服器，此种工作方式这里不再介绍。绝大多数遥控系统采用液压执行机构，它需要把调速器输出的电信号转换成液压信号，经放大后去执行油量调节任务，这就是电/液伺服器。较为常用的是 Hagenuk

电/液伺服器,其组成和工作原理如图 3-1-20 所示。

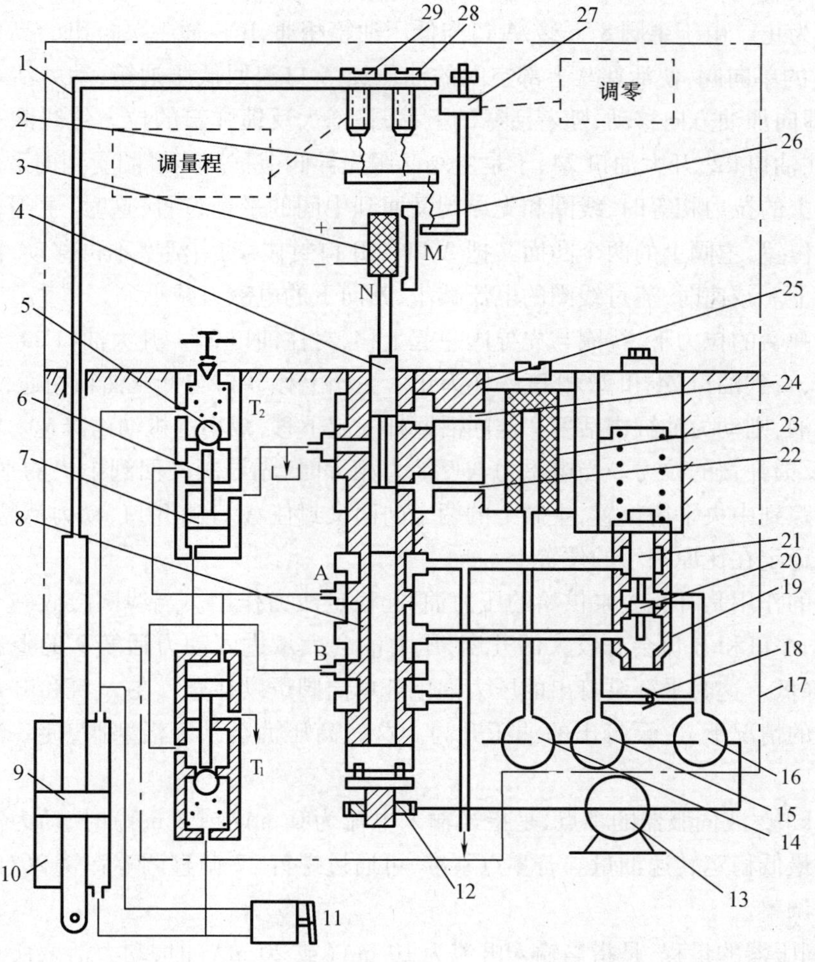

图 3-1-20　电/液伺服器结构原理图

1—反馈杆;2—反馈弹簧;3—线圈;4—先导阀;5—单向阀;6—顶杆;7—活塞;8—主阀;9—伺服活塞;10—伺服油缸;11—旁通阀;12—传动齿轮;13—马达;14—先导泵;15—主泵;16—平衡泵;17—伺服器壳体;18—单向阀;19—油压控制阀;20—活塞;21—滑阀;22—主阀下路油口;23—滤器;24—主阀上路油口;25—阀体;26—调零弹簧;27—调零螺钉;28,29—反馈弹簧调节螺钉

在铸铁的箱盖上面装有一台电机 13,它带动主阀 8 高速旋转,同时带动先导泵 14、主泵 15 和平衡泵 16 三个泵工作,先导泵 14 排出的油压经滤器 23 进入由先导阀 4 控制的主阀的上、下路油口 24 和 22。当先导阀 4 处于中间平衡位置时,先导阀上、下控制边缘刚好把油口 24 和 22 打开少许,使其压力油流回低压油柜。这时,主阀 8 处于中间位置,主阀上的凸面封住 A 口和 B 口,主泵打出的高压油被封住在主阀两凸面之间,先导阀与主阀之间的动作关系是主阀始终跟踪先导阀移动,这就是电/液伺服器的工作过程。

电子调速器输出的电压信号,要经过电压/电流(U/I)转换器,把电压信号转换成 0 ~ 10 mA 或 4 ~ 20 mA 电流信号,送至与先导阀连在一起的力线圈 N 中,在永久磁场 M 中载流线圈会产生一个向下的电磁力,这个力与流过力线圈 N 的电流大小成比例。加速时,电流增大,力线圈和先导阀克服反馈弹簧2的拉力下移。关闭油口24,开大油口22,主阀腔室24油压大于腔室22的油压,主阀在这一油压差作用下跟踪先导阀下移,直到油口24和22的开度相等为止。由于主阀8下移,A口与低压油箱相通,B口通主泵打出的高压油。该压力油顶开T_2的单向阀,使活塞9上部空间的油压经A口流回低压油箱,动力活塞和活塞杆一起上移,即向加油方向移动,随着活塞的上移,将增大反馈弹簧的拉力使线圈和先导阀逐渐上移,封住油口22,开大油口24,于是主阀又跟先导阀上移。当线圈受到向下的电磁力与反馈弹簧向上的拉力相等时,线圈和先导阀又回到中间的平衡位置,这时,主阀也必定跟踪到中央平衡位置,主阀上的两个凸面又把A口和B口封住,动力活塞不再移动,油门就稳定在新的开度上。减速时,流过线圈的电流减小,其向下的电磁力减小。

在反馈弹簧的拉力下,线圈与先导阀一起上移,封住油口22。开大油口24,使主阀跟踪先导阀上移,直到油口24和22开度一样为止。主阀上移B口与低压油箱相通,A口通主泵打出的高压油,则动力油缸中活塞9连同活塞杆一起下移,减小主机油门降速。活塞杆下移时,减小了反馈弹簧的拉力。当电磁力与反馈力相等时,先导阀又回到中央的平衡位置,主阀也必定跟踪到中央平衡位置,主阀上的两个凸面又封住A口和B口,动力活塞不再下移,油门开度就稳定在比原来小的位置上。

平衡泵的作用是补充主泵供给的压力油,起稳定压力作用。当线圈接收一个较大电流变化信号时,A口和B口会有较大的开度,压力油会大量进入动力活塞9的上部或下部空间,油压会降低。这时平衡泵打出的压力油顶开单向阀予以补充。在A口和B口开度很小或全被封住的情况下,主泵打出的油压升高。这时高压油会顶开活塞阀,使一部分油流回低压油箱。

Hagenuk电/液伺服器的零点,是指当输入电流为0 mA(或4 mA)时,动力活塞所在位置应保证供最低稳定转速油量。若零点不准,可通过螺钉27调整调零弹簧26,改变线圈的初始位置来调整。

电/液伺服器的量程,是指当输入电流为10 mA(或20 mA)时,动力活塞所在位置应保证供主机在额定转速下的油量,若量程不准,可通过螺钉28和29加以调整,增大反馈弹簧的预紧力,负反馈强可增大量程;反之,量程减小。

Hagenuk电/液伺服器的管理与维护过程中,要经常检查油质的变化情况,如果油中含有过量的水、杂质、氧化物等,或油温太高,都会引起运动部件的磨损,造成控制失常或转速波动等现象。最好每年对电/液伺服器清洗一次,并更换新油。换油时要注意油的品种是否正确,且把陈油除净,绝对不允许混用两种不同的油。

任务二　主机遥控系统逻辑与控制回路

【任务目标】

1. 掌握主机换向逻辑及其控制功能、换向的鉴别逻辑和换向的逻辑条件；
2. 掌握主机启动逻辑及其控制；
3. 掌握主机制动逻辑及其控制；
4. 掌握主机转速与负荷限制。

一、换向控制逻辑

船舶用主柴油机包括不可逆转和可逆转两种。采用不可逆转柴油机作为主推进装置的船舶前进或后退通常是通过变距桨或离合器进行换向的，而柴油机本身不需要换向；采用可逆转柴油机作为主推进装置的船舶是靠柴油机本身的换向功能来实现船舶前进或后退的。下面以可逆转柴油机换向逻辑及控制过程为例予以说明。

主柴油机的换向是指通过改变空气分配器，燃油及排气凸轮轴的位置将主机的转向从正车换到倒车，或从倒车换到正车。主机的换向操作有两种情况：一种是在停车状态下换向即正常换向；另一种是在运行过程中换向。前者是指主机遥控系统在启动主机前，首先鉴别主机的凸轮轴位置是否与车钟指令一致，如不一致，其换向控制回路就会通过换向执行机构将主机的凸轮轴位置换到车钟指令所给定的转向上，并在换向过程中禁止主机启动，直至换向成功；后者是指主机在某一转向运行时，如突然改变车钟指令转向，遥控系统将自动按停油、凸轮轴换向、制动及反向启动程序控制主机改变运行转向。

由于主机的凸轮轴换向装置不同，故换向控制的逻辑条件也有所不同，下面以双凸轮换向控制为例来说明主机换向的逻辑条件。

1. 换向逻辑

换向逻辑主要解决两个问题，即要不要换向和能不能换向。所谓要换向就是要有换向操作指令，主机遥控中的换向操作指令是由换向逻辑控制回路在满足换向鉴别逻辑条件时自动生成的。有了换向操作指令后主机能不能换向还要取决于是否满足停油和换向转速条件，只有在满足上述条件情况下换向逻辑控制回路才进行换向，从而使主机遥控系统能按主机的操作规律准确无误地完成换向操作，以确保主机的操作安全。

（1）换向逻辑鉴别

换向逻辑回路应具有逻辑判断和识别能力。当有开车指令时，根据车令与凸轮轴的实际位置，首先要判断是否需要换向操作。如果需要，就会自动输出一个换向信号，对主机进行换向操作。换向完成后，自动取消换向信号，并为后续的逻辑动作提供换向完成信号。

当有开车指令时，换向逻辑回路首先要鉴别车令与凸轮轴位置是否一致。只有车令与凸轮轴位置不一致，才满足换向的逻辑鉴别，允许输出换向信号。如果用 I_H 和 I_S 分别表示正车车令和倒车车令；用 C_H 和 C_S 分别表示凸轮轴在正车位置和倒车位置；用 Y_{RL} 表示换向逻辑鉴别，并注意 $C_H=\overline{C}_S$，$C_S=\overline{C}_H$，则换向逻辑鉴别表达式为

$$Y_{RL}=I_HC_S+I_SC_H=I_H\overline{C}_H+I_S\overline{C}_S$$

若 $Y_{RL}=1$，说明车令与凸轮轴位置不一致，满足换向逻辑鉴别，允许换向；若 $Y_{RL}=0$，说明车令与凸轮轴位置一致，不能进行换向操作。

(2)停油逻辑条件

主机在换向过程中必须停油；主机在运行中完成换向后，其车令与主机转向不一致，也必须停油。尽管这两种停油情况分别属于两个逻辑回路，即为换向停油和制动停油，但在实际遥控系统中，它们往往是通过同一逻辑部件输出停油信号到停油伺服器，把油门推向零位。因此，这两种停油情况是密不可分的，如果用 Y_{RT} 表示停油信号，用 Y_H 和 Y_S 分别表示主机在正车方向运行和在倒车方向运行，则停油条件的逻辑表达式为

$$Y_{RT}=(I_H\overline{C}_H+I_S\overline{C}_S)(I_H\overline{R}_H+I_S\overline{R}_S)=I_H(\overline{C}_H+\overline{R}_H)(\overline{C}_S+\overline{R}_S)$$

$Y_{RT}=1$，说明已满足停油条件，油门已被推向零位。$Y_{RT}=0$，说明已解除油门零位连锁，允许对主机供油。另外，把车钟手柄扳到停车位，或安全保护系统送来停车信号时，也必须停油。在上式中没有反映这些停油条件，出现这些停油指令的停油过程将在后面叙述。

(3)转速条件

主机在运行中需要换向时，要待主机转速下降到允许换向转速 n_R 或下降到应急换向转速 n_{ER} 时，方可进行换向操作。比如主机在全速正车运行时，突然把车钟手柄从正车方向扳到倒车某速度挡。这时，遥控系统首先对主机进行停油操作，主机转速下降，待转速下降到 n_R 就可进行换向操作。在改变车钟手柄方向的同时，又按了应急操作按钮，见主机转速下降到比 n_R 较高的转速 n_{ER} 即可进行换向操作。

(4)顶升机构抬起条件

对于双凸轮换向的主机，特别是四冲程中速机，为便于移动凸轮轴，需要把进排气阀的顶杆抬起，使顶杆下面的滚轮离开凸轮轴，换向完成后，顶杆下落、使其滚轮落在另一组凸轮片上，因此双凸轮换向的主机还需要满足顶升机构抬起这个条件。

若用 D_{UP} 表示顶升机构抬起条件，则 $D_{UP}=1$，表示顶升机构被抬起，可移动凸轮轴换向；$D_{UP}=0$ 表示顶升机构未被抬起，不可以移动凸轮轴进行换向。

以上列出的换向逻辑条件应该是“与”的关系，其逻辑表达式为

$$Y_R=Y_{RL}\cdot Y_{RT}\cdot(n_R+n_{ER})\cdot D_{UP}=(I_H\overline{C}_H+I_S\overline{C}_S)\cdot Y_{RT}\cdot(n_R+n_{ER})\cdot D_{UP}$$

$Y_R=1$，表示满足换向逻辑条件，对主机进行换向操作；$Y_R=0$，表示不满足换向逻辑条件不能对主机进行换向。应注意的是，不同机型换向逻辑条件不尽相同，比如采用单凸轮液压差动换向的大型低速柴油机，在运行中换向时对其转速要求并不严格，D_{UP} 也不是必备条件。但是，换向的鉴别逻辑和停油条件是所有机型换向的必备条件。

2. 换向控制回路

图 3-2-1 所示为一种采用单凸轮液压差动换向装置的换向控制回路。主机的换向操作不受换向转速的约束，只要车令与主机凸轮轴位置不一致，即可控制凸轮轴换向，使凸轮轴相对曲轴转动一差动角。若在主机运行中换向，则在车令改变的同时，还能控制主机停油。由于这一遥控系统的换向控制较简单，柴油机的操纵系统中已具备了换向及停油控制逻辑功能。因此，用于这种换向装置的电动遥控装置中无换向逻辑判断回路，仅设置了用于车令信息与操作系统中的正、倒车电磁阀驱动电路，如图 3-2-1(a)所示。为了分析该系统的换向控制，3-2-1(b)给出了操作系统中的换向、停油控制回路。在图中 25D 为正

车电磁阀；25C 为倒车电磁阀；I_H 和 I_S 分别为驾驶台正车和倒车车令；I_{ST}为停车车令。

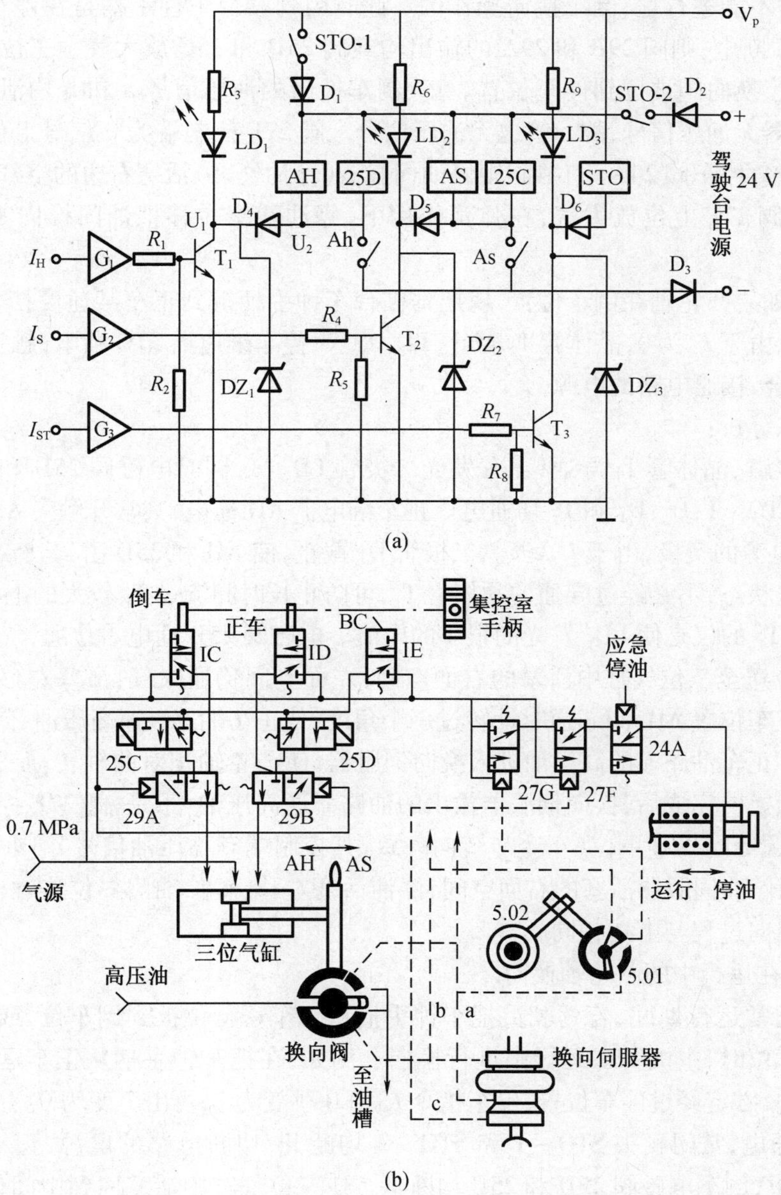

图 3－2－1　换向逻辑回路图

（a）正、倒车电磁阀驱动电路；（b）换向与停油控制回路

（1）主机启动前的换向

停车位分析：

车钟手柄置停车位时，$I_{ST}=1$，经驱动器 G_3 使晶体管 T_3 导通，停车发光二极管 LD_3 亮，同时停车继电器 STO 通电，其常闭触头 STO－1 和 STO－2 均断开，切断电路的电源，则正、倒车电磁阀 25D 和 25C 均断电。在驾驶台遥控主机时，其操纵部位转换阀 IE 已转到“驾控”位，阀 IE 上位通，0.7 MPa 的控制空气经 IE 的上位一方面成为阀 25D 和 25C 的气源，另

一方面作用于阀 29B 和 29A 的控制端，使其分别为右位通和左位通，则集控室车钟手柄控制的正、倒车控制阀 ID 和 IC 的输出分别被截止在阀 29B 的右位和 29A 的左位，此时集控室车钟手柄是不能进行正、倒车换向操作的。此时因驾驶台车钟手柄是在停车位置，电磁阀 25D 和 25C 断电，则阀 29B 和 29A 的输出均经阀 25D 和 25C 放大气。三位气缸中活塞处于中间位置，换向阀被拉到停车位置。正、倒车换向的油压信号 a 和 b 均泄放于低压油槽，换向伺服器无油压信号，故 c 管也无油压信号。阀 27F 控制端为 0 信号上位通，无应急停车信号使应急停车阀 24A 下位通，则停油伺服器（停油气缸）活塞右边的空气经应急停车阀 24A 下位、阀 27F 上位放大气，在弹簧作用下，停油活塞右移把油门推向零位，使主机停油。

停车前，如果凸轮轴在倒车位置，现把驾驶台车钟手柄扳到正车某速度挡，则 $I_H=1$，I_S 和 I_{ST} 均为 0。由于 I_{ST} 为 0，晶体管 T_3 截止，LD_3 熄灭，停车继电器 STO 断电，触头 STO－1 和 STO－2 均闭合，接通电路的电源。

正车状态分析：

正车 I_H 为 1，晶体管 T_1 导通，正车发光二极管 LD_1 亮，同时电磁阀 25D 和正车继电器 AH 由 V_P 经 STO－1，D_1，D_4 和 T_1 均通电。正车继电器 AH 通电，其常开触头 AH 闭合，接通 24 V 驾驶台电源的负极，由于 $U_1 \geqslant U_2$，二极管 D_4 截止，使 AH 和 25D 由驾驶台电源直接供电而保持通电状态，不必经过导通的晶体管 T_1，可防止长时间流过 T_1 较大的电流而把 T_1 烧坏，此时流过 T_1 的仅是使 LD_1 发光的很小的电流。电磁阀 25D 通电右位通，气源经 25D 右位和 29B 右位送至三位气缸中活塞的右面空间，左面空间仍通大气，活塞左移把换向阀的换向杆拉至正车位置 AH，阀芯逆时针转过一个角度，使正车油路 a 通高压油，倒车油路 b 仍通低压油槽。正车油路 a 的高压油进入换向伺服器，使凸轮轴相对曲轴转动一个差动角而至正车位置。换向完成后，换向伺服器输出的油路 c 通高压油，于是，阀 27F 控制端为 1 信号下位通，气源经阀 27C 下位（车令与转向一致，其控制端有高压油信号）、阀 27F 下位、阀 24A 下位送至停油伺服器活塞的右面空间，停油活塞左移，解除油门零位连锁，允许向主机供油。倒车换向过程与上述相同。

（2）主机在运行中的凸轮轴换向

主机在正常运行期间，若驾驶员把车钟手柄从正车运行位扳到倒车位，或者从倒车运行位扳到正车位时，主机要在运行中进行换向。例如，在把车钟手柄从正车运行位扳到倒车位的过程中，必定经过停车位置，停车指令 I_{ST} 由 0 跳变为 1，再由 1 变为 0。当 $I_{ST}=1$ 时，继电器 STO 通电，常闭触头 STO－1 和 STO－2 均断开，切断电路的电源，正、倒车继电器 AH 和 AS 及正、倒车电磁阀 25D 和 25C 均断电。使三位气缸中活塞回到中间位置，换向阀被拉到停车位置，通过停油伺服器使主机停油。再当 $I_{ST}=0$ 时，继电器 STO 断电，常闭触头 STO－1 和 STO－2 均闭合，接通电路的电源。当车钟手柄扳到倒车位时，I_S 为 1，而 I_H 和 I_{ST} 均为 0，晶体管 T_2 导通，倒车发光二极管 LD_2 亮，同时停车电磁阀 25C 和倒车继电器 AS 都通电，对主机进行倒车换向。但是，凸轮轴换向完成后，主机转向与车令是不一致的，因此，必须保持对主机的停油。此时主机仍在正车方向运行，倒车油路 b 的高压油被转向连锁装置中的阀 5.01 封住，阀 27G 控制端的高压油经阀 5.01 和正车油路 a 通入低压油槽，使 27G 上位通，停油伺服器保持停油。当主机转速降到制动转速时进行强制制动，待转速下降到零时进行倒车启动，这时车令与主机转向一致，阀 5.01 的阀芯将逆时针转过一个角度，封住正车油路 a 的通路，接通倒车油路 b 的高压油送至阀 27G 的控制端使其下位通。气源才能经27G,27F,24A的下位送至停油伺服器活塞的右面空间,解除油门零位连锁,可以对主机供油。

综上所述,换向逻辑回路的停油条件是:

①车钟在停车位置;

②凸轮轴位置与车令不一致;

③主机转向与车令不一致;

④有应急停车指令。

只要满足停油条件中的任一条件,停油伺服器就会将主机油门杆顶在零位,使主机停油。

二、主机启动控制逻辑

启动逻辑控制回路是主机遥控系统各种逻辑和控制回路之一。它的基本功能包括:当有开车指令时,能自动检查是否满足启动的逻辑条件;当所有的启动条件均得到满足时,能自动输出一个启动信号去开启主启动阀,对主机进行启动;当主机达到发火转速时,能自动撤销启动信号,关闭主启动阀结束启动,使主机在供油状态下运行。启动逻辑回路包括主启动逻辑回路、重复启动逻辑回路、重启动逻辑回路及慢转启动逻辑回路。

1. 主启动逻辑控制

主启动逻辑控制回路是主机遥控系统完成遥控启动功能的最基本控制回路,它能检查启动条件是否得到满足,这些条件包括启动准备逻辑条件及启动鉴别逻辑。

(1)启动准备逻辑条件

启动准备逻辑条件多数是在“备车”时完成的,为方便起见,可用字母和符号来表示各种准备逻辑条件,大致如下:

TG——盘车机脱开信号,脱开为1,未脱开为0;

MV——主启动阀位置信号,在自动位为1,否则为0;

P_A——启动空气压力信号,压力正常为1,太低为0;

P_C——控制空气压力信号,压力正常为1,太低为0;

P_L——滑油压力信号,压力正常为1,太低为0;

ES——遥控系统电源信号,电源正常为1,否则为0;

PS——操纵部位转换信号,转换完成为1,否则为0;

TS——模拟实验开关位置信号,在工作位置为1,在实验位置为0;

$\overline{\mathrm{ST}}$——故障停车复位信号,已复位为1,否则为0;

$\overline{F}_3$——三次启动失败信号,无三次启动失败为1,三次启动均失败为0;

$\overline{T}_M$——启动限时信号,未到限时时间为1,达到启动限时时间为0;

n_I——发火转速逻辑鉴别信号,主机转速低于发火转速为1,高于发火转速为0。

不同机型启动准备逻辑条件不完全相同,有的多一些,有的少一些。但是,启动准备逻辑条件必须全部满足,故它们之间应是“与”的关系,其逻辑表达式为(下面逻辑算符“∧”用“·”代替,“∨”用“+”代替)。

$$Y_{SC}=\mathrm{TG}\cdot\mathrm{MV}\cdot P_A\cdot P_C\cdot P_L\cdot\mathrm{ES}\cdot\mathrm{PS}\cdot\mathrm{TS}\cdot\mathrm{ST}\cdot\overline{F}_3\cdot\overline{T}_M\cdot n_I$$

Y_{SC}为1,表示满足启动准备逻辑条件;Y_{SC}为0,表示不满足启动准备逻辑条件,不能对主机进行启动。

(2)启动鉴别逻辑

启动鉴别逻辑是指能自动判定车令与凸轮轴位置是否一致。有开车指令时,只有车令与凸轮轴位置一致才允许启动,否则是不准发启动信号的。用 I_H 和 I_S 分别表示正车车令和倒车车令,用 C_H 和 C_S 分别表示凸轮轴在正车位置和在倒车位置。用 Y_{SL} 表示启动的鉴别逻辑,其逻辑表达式为

$$Y_{SL}=I_H\cdot C_H+I_S\cdot C_S$$

$Y_{SL}=1$,表示车令与凸轮轴位置一致,满足启动鉴别逻辑;$Y_{SL}=0$,说明车令与凸轮轴位置不一致,不满足启动鉴别逻辑,不准发启动信号。

(3)主启动逻辑回路

主启动逻辑回路发出启动信号,必须满足启动准备逻辑条件,还要满足启动鉴别逻辑,这两者是“与”的关系,其逻辑表达式为

$$Y_{SO}=Y_{SC}\cdot Y_{SL}=\mathrm{TG}\cdot\mathrm{MV}\cdot P_A\cdot P_C\cdot P_L\cdot\mathrm{ES}\cdot\mathrm{PS}\cdot\mathrm{TS}\cdot\overline{\mathrm{ST}}\cdot\overline{F}_3\cdot\overline{T}_M\cdot n_I\cdot(I_H\cdot C_H\cdot I_S\cdot C_S)$$

$Y_{SO}=1$,表示满足所有的启动逻辑条件,主启动阀正在开启对主机进行启动。当主起转速达到发火转速 n_I 时,$n_I=0$,$Y_{SO}=0$,Y_{SO}立即变为0,关闭主启动阀停止启动,发出启动失败的声光报警信号。启动失败信号一种情况是:在启动时,主机能达到发火转速,n_I 为0,但撤销启动信号($Y_{SO}=0$)后,主机转速立即下降,以至下降到零,使 n_I 由 0 又变为 1。第一次启动失败后,间隔一段时间自动进行再启动。但是,当第三次启动仍然失败时,$\overline{F}_3$ 为0,将终止启动,发出启动失败的声光报警信号。$\overline{\mathrm{ST}}$是故障停车复位信号,如果主机由于某些故障而自动停车,或三次启动均失败,则 $\overline{\mathrm{ST}}$为0,不允许启动主机,待故障排除后,必须把车钟手柄扳回到停车位置,使$\overline{\mathrm{ST}}$由 0 变为 1,这个过程叫作故障停车复位。只有复位后才允许启动,这就避免了在排除故障期间主机突然动车而造成的危险。TS 是模拟实验开关位置信号。主机遥控系统一般都有一块模拟实验板,可检验主机遥控系统的各种逻辑功能。一般模拟实验是在停车状态下进行的,并须把模拟实验开关转至“实验”位置,在这个位置是不准许动车的。做完实验后,须把该开关转至“下位”位置方可启动主机。ES 是遥控系统电源信号,在备车时必须先接通遥控系统电源,这样,一些状态指示灯才能亮,同时,即便是气动遥控系统也需要少量的电磁阀,电源不正常,电磁阀也不能按要求通、断电,主机遥控系统有关的逻辑回路是不能正常工作的,更不用说是电动遥控系统了。PS 是操纵部位转换信号,只有在操纵部位转换装置指定的部位方可启动主机,在其他部位是不能动车的。比如把机旁操纵部位转换阀转至“自动”位,把集中控制室操纵台上的操纵部位转换阀转至“驾控”位。这时,只有在驾驶台遥控主机 PS 为 1,而在其他部位操车 PS 为 0。

(4)电动主启动逻辑控制回路

图 3-2-2 所示为一种设有主启动控制回路、时间启动控制回路、重复启动逻辑回路及启动故障检测与连锁回路的电动主启动逻辑回路。其中,设置时间启动回路是该遥控系统与其他主机遥控系统的重要区别之一,时间启动是相对正常启动而言,在正常启动中,何时停止启动是以主机转速为依据的。时间启动是以设定的启动时间为依据的。在时间启动过程中,从主启动阀开启的瞬间就进行计时,设定时间达到,不论主机是否达到发火转速即关闭主启动阀停止启动。一般设定的启动时间较短,主机还未达到发火转速就停止启动。实验表明热车时间启动的成功率可达 85% ~90%,这在机动操作中可节省大量启动空气。

图中与非门 G_4 是启动逻辑回路用于判别启动条件的，它有 8 个输入端，只有这些输入信号均为 1，即满足所有的主机启动逻辑条件，与非门 G_4，才输出 0，允许对主机进行启动。这 8 个输入信号如下所示：

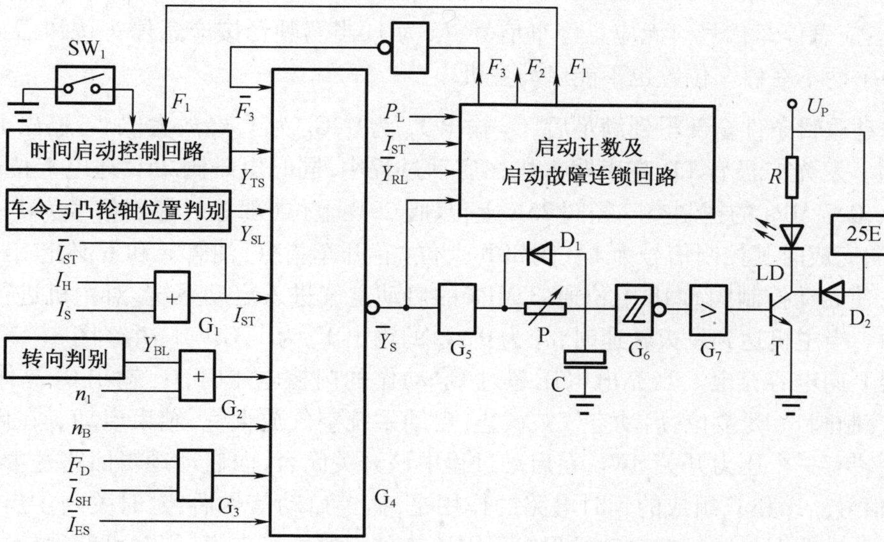

图 3-2-2　主启动逻辑回路

①$\overline{F}_3$：没有启动故障连锁信号 $\overline{F}_3$ 为 1。在启动过程中，如果重复启动回路检测到三次启动均告失败，或一次启动时间太长，即主启动阀打开较长时间主机仍达不到发火转速，或启动空气压力太低等，都作为启动故障连锁信号使 $\overline{F}_3$ 为 0，封锁启动回路终止启动。

②Y_{TS}：没有时间启动信号，或有时间启动信号但在时间启动计时时间之内，Y_{TS} 为 1。有时间启动信号且超过时间启动计时时间，Y_{TS} 为 0 在时间启动失败后，将撤销时间启动信号使 Y_{TS} 为 1，允许进行正常启动。

③Y_{SL}：启动鉴别逻辑。车令与凸轮轴位置一致，Y_{SL} 为 1；不一致，Y_{SL} 为 0。该信号表明，只有换向完成才能发启动信号，否则不允许启动主机。

④$\overline{I}_{ST}$：车钟手柄不在停车位置，$\overline{I}_{ST}$ 为 1。该信号表明，要启动主机必须有开车指令，或者有倒车指令 I_S 为 1，或者有正车指令 I_H 为 1。车钟手柄在停车位置 $\overline{I}_{ST}$ 为 0，不能启动主机。

⑤Y_{BL} 和 n_I：即制动鉴别逻辑和发火转速。当车令与转向不一致时，Y_{BL} 为 1；车令与转向一致时，Y_{BL} 为 0。主机转速小于发火转速时，n_I 为 1；高于发火转速时，n_I 为 0。

⑥n_B：当主机转速下降到低于制动转速时，n_B 为 1；高于制动转速时，n_B 为 0。

制动鉴别逻辑 Y_{BL} 与发火转速 n_I 和制动转速 N_B 配合起来，完成对主机进行强制制动、启动和停止启动的逻辑判别。主机在运行中完成换向后，Y_{SL} 为 1，Y_{BL} 为 1，或门 G_2 输出 1。此时由于车令与转向不一致，主机停油降速，当主机转速下降到低于制动转速时，n_B 为 1，满足启动条件，实际上是对主机进行强制制动。当主机转速下降到零后进行正常启动时，虽然 Y_{BL} 为 0，但只要主机转速低于发火转速时，n_I 为 1（一般 $n_B > n_I$），仍满足启动条件。当主机达到发火转速时，G_2 输出 0，封锁启动回路停止启动。

⑦$\overline{F}_D$:测速装置的故障信号。它是用来检测主机的转向和实际转速的,该装置无故障时,$\overline{F}_D$ 为1;有故障时,$\overline{F}_D$ 为0。I_{SH}是故障停车信号,该信号来自安全保护系统。无故障停车信号 $\overline{I}_{SH}$为1;有故障停车信号 $\overline{I}_{SH}$为0,只有这两个信号均为1,G_3 输出1,才允许启动。

⑧$\overline{I}_{ES}$:应急停车信号。无应急停车信号,$\overline{I}_{ES}$为1,当驾驶台按应急停车按钮后,$\overline{I}_{ES}$为0。尽管车钟手柄不在停车位置也不能启动主机。

在启动逻辑条件全部得到满足后,G_4 输出 $\overline{Y}_S$ 为0,G_6 为1,经放大器 G_7 输出1使晶体管T导通。发光二极管LD亮表明主机在启动过程中,同时电磁阀25E通电上位通(见图3-2-3),0.7 MPa的控制空气经阀25E上位、阀29D上位(驾控时控制信号为1)、阀27C上位(换向完成时其控制信号为1)、阀30B上位(有开车指令,油管a和b必定有一个为1的信号),使启动控制阀8.18上位通,3 MPa的启动空气进入启动系统,对主机进行强制制动和启动。当主机达到发火转速时,n_I 为0,G_4 的输出 $\overline{Y}_S$ 为1,$G_5=1$,并经图3-2-2中可变电阻器P向电容充电。当充电电压超过 G_6 动作的门槛电压时,G_6 输出0,晶体管T截止,启动控制阀8.18复位,启动空气被截止,启动系统空气放大气,结束启动。在启动系统的管路上装有一个压力开关 SW_1,在启动过程中该开关闭合,向启动逻辑回路送去一个"时间启动"信号。R和C组成的延时电路的作用是,撤销启动信号后,延时关闭主启动阀,提高主机启动成功率。这对在启动过程中采用油气分进的主机来说,同时可获得较短的油气并进时间。该延时时间可根据主机的启动工况来进行设定。

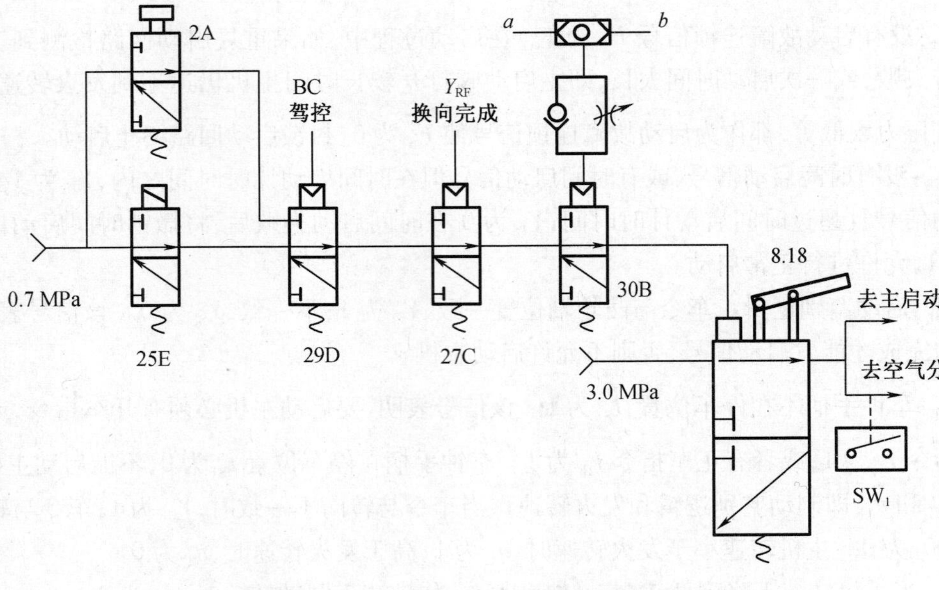

图3-2-3 强制制动和启动控制回路图

2. 重复启动逻辑控制

重复启动是指主机启动失败后,对主机所进行的再次启动。在重复启动中,总的启动次数一般选定为三次。启动失败有两种情况:一是在启动过程中,主机一直达不到发火转速,即 n_S 保持为1;二是主机能达到发火转速,但停止启动后,主机转速又降回到零。重复启动的逻辑功能是,当满足启动逻辑条件时,发起启动信号,若启动成功则撤销启动信号终止启动,主机由启动状态转为在供油下的正常运行状态。若启动不成功,需记录启动失败次数,同时中断几秒钟后进行再启动,依次自动进行三次启动。如果三次启动均未成功,要终止启动,发出启动失败的声光报警信号,说明启动回路有故障。故障修复后,要把车钟手柄扳回到停车位置,即故障停车复位后,方可再次启动主机。

根据启动失败的两种情况,重复启动逻辑回路大致有两种安排方式,即按时序逻辑方式和按时序－转速控制方式安排。

(1)按时序方式安排的气动重复启动回路

按时序逻辑控制方式安排的重复启动回路,大多数用于气动遥控系统,其中延时环节可用节流元件与气容组成的惯性环节来实现,调整节流阀的开度,可调整延时时间。

图3－2－4表示出了气动重复启动逻辑回路。当有开车指令且车令与凸轮轴位置一致时,管8接通气源为1信号,管12通主启动逻辑回路,即12为1信号,打开主启动阀启动主机,管12为0信号,关闭主启动阀停止启动,在满足启动鉴别逻辑之前(如车钟手柄在停车位置),管8为0信号,管12必定通大气,气瓶A445/1,A445/2,A445/3均通大气,阀A301/2,A301/3控制端为0信号复位均右位通。阀A301/1控制端经阀A301/2和A301/3的右位放大气,阀A301/1复位左位通。当满足启动条件时,管8为1信号,经单向节流阀A406/2向气容A445/1和A445/2充气。这个气阻和气容所组成的惯性环节对阀A301/3控制端压力信号的建立起延时作用。通过调整A406/2的节流程度使阀A301/3控制端压力达到该阀的动作压力正好为三次启动总时间。管8的1信号经阀A301/1的左位输出,使管12为1信号,它一方面去打开主启动阀启动主机;另一方面经分级延时阀A436/2(不经A406/1节流)节流向气容A445/3充气。启动3 s左右(时间可通过调整阀A436/2进行改变)主机仍达不到发火转速时,气容A445/3压力足以使阀A301/2动作,该阀左位通。气源经该阀左位达到阀A301/1控制端使其右位通,管8的1信号被截止,管12的1信号泄放。一方面中断对主机的启动;另一方面气容A445/3中的气压经A406/1节流放大气,经3～5 s(两次启动间隔时间)气容压力可降低到使阀A301/2复位压力。这时阀A301/2右位通,阀A301/1控制端再经阀A301/2右位放大气。阀A301/1复位左位通,则管路8的1信号再经阀。A301/1左路输出使管12为1进行第二次启动,并再经阀A436/2向A445/3充气,使阀

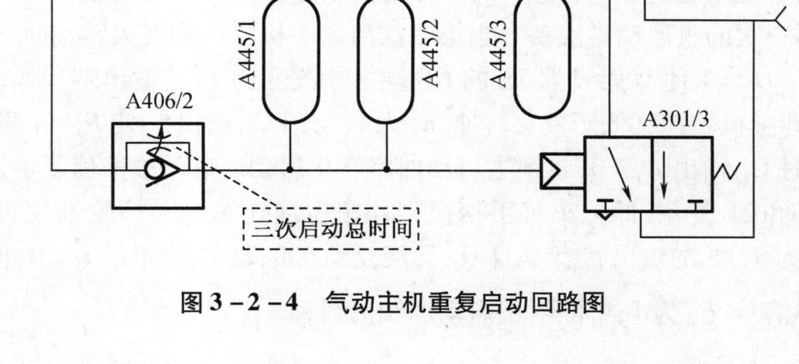

图3－2－4　气动主机重复启动回路图

A301/2 控制端压力不断升高。这样,就会使启动、中断启动重复进行。当三次启动均未成功时,管 8 的 1 信号经阀 A406/2 向 A445/1 和 A445/2 充气压力已达到阀 A301/3 动作压力,使 A301/3 左位通。这时不论阀 A301/2 是左位通还是右位通,阀 A301/1 控制端均通气源使其右位通,管 8 的 1 信号截止,管 12 保持 0 信号,终止启动,发出启动失败的声光报警信号排除故障后,要想再次启动主机,必须把车钟手柄扳到停车位置,使管 8 放大气为 0 信号,气容 A445/1 和 A445/2 放大气,阀 A301/3 复位右位通,才能重新启动主机。

(2)按时序 - 转速逻辑控制方式安排的电动重复启动回路

时序 - 转速控制方式是指,在重复启动回路中,主机的每次启动由转速或时序原则来控制启动的结束过程。在主机能达到发火转速的正常情况下,按转速原则来结束启动过程;若因主机启动系统气路漏气、启动空气压力低、气缸启动阀卡死、活塞咬死或拉缸、主轴瓦烧蚀等机械方面的故障,或螺旋桨缠绕异物等,使主机启动时一直达不到发火转速,则按时间原则结束启动过程。两次启动间隔时间按时间原则来控制。启动失败次数采用计数方式。

按时序 - 转速逻辑控制方式安排的重复启动回路,多用于"电 - 气结合"的主机遥控系统。在下列电动重复启动逻辑回路中,允许对主机进行三次启动。如果满足时间启动逻辑条件,则第一次启动为时间启动,第二次为正常启动,第三次为重启动。若不满足时间启动逻辑条件,则第一次和第二次启动均为正常启动,第三次为重启动。除时间启动外,正常启动和重启动都是以主机转速为依据的。在主机达到发火转速停止启动后,其转速又下降到低于发火转速时,说明启动没有成功,间隔一段时间后再进行下一次启动。如此进行三次仍未启动成功,就认为启动失败,终止启动并发出启动失败的声光报警。如果一次启动时间过长,即在设定的时间内,主机仍达不到发火转速,也认为是启动失败,发出启动失败的声光报警并封锁主启动回路,终止启动。时序 - 转速控制重复启动和启动故障连锁回路如图 3 - 2 - 5 所示。

图中 G_4 就是图 3 - 2 - 2 中检测启动逻辑条件的主启动逻辑回路的与非门 G_4。当同时满足所有启动逻辑条件时,$\overline{Y}_S$ 为 0,该信号一方面送至电磁阀 25E 的驱动电路使其通电,打开主启动阀对主机进行启动;另一方面送至一次启动计时电路的与非门 G_8,使 G_8 输出 1(低于制动转速,n_B 为 1),经电位器 P_2 向电容 C 充电计时;第三路送至移位寄存器 lF 的时钟脉冲端。启动或车钟手柄在停车位置 $\overline{I}_{ST}$ 为 0,或车令与凸轮轴位置不一致 $\overline{Y}_{RL}$ 为 0,则 G_{14} 输出 0 位端 R 为 0,其输出 Q_1,Q_2,Q_3 均保持 0 状态。在启动中,若主机转速达到发火转速,n_B 为 0,$\overline{Y}_S$ 为 1,电磁阀 25E 断电停止启动;$G_8=0$,电容 C 经二极管 D 快速放电,复位一次性启动时间的计时,以备下次启动再计时;移位寄存器 1F 的 CP 端由 0 跳变为 1,D 端的 l 信号送至输出端 Q_1,这时 $Q_3Q_2Q_1=001$(如果第一次是时间启动,虽然主机可能未达到发火转速,但因 Y_{TS} 为 0,$\overline{Y}_S$ 也会由 0 跳变为 1,与上述情况相同)。由于 $Q_1=F_1=1$,撤销时间启动。在第二次启动且主机达到发火转速时,1F 的输出状态 $Q_3Q_2Q_1=011$。$F_2=1$ 为第二次启动失败后进行第三次的重启动做准备。当第三次启动主机且达到发火转速时,1F 的输出状态 $Q_3Q_2Q_1=111$。$Q_3=1$ 使 D 触发器 2F 的 CP 端由 0 跳变为 1,其输出端 $Q=1$。如果第三次启动又失败,即主机转速又低于发火转速,n_1 为 1,与门 G_{11} 输出 1,使 $F_3=1$ 发出启动失败的声光报警,同时 G_{13} 输出 $F_3=0$,封锁主启动回路终止启动。启动故障修复后,再次启动主机前,必须对 1F 和 2F 复位,即把车钟手柄扳到停车位或让车令与凸轮轴位置不一致,使 1F 和 2F 的 R 端为 0,1F 的输出状态 $Q_3Q_2Q_1$ 又恢复到 000;2F 的输出端 $Q=0$,使 F_3 为 0,撤销启动失败报警信号,$\overline{F}_3$ 为 1,解除对主启动回锁的封锁。

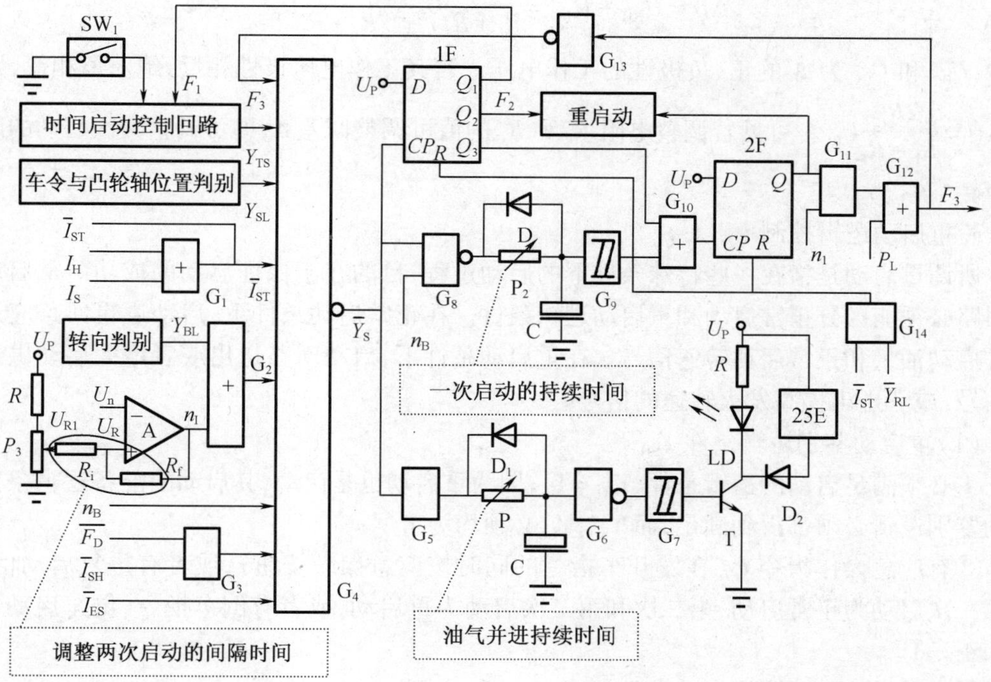

图 3-2-5　重复启动和启动故障连锁回路图

在一次启动过程中，如果主机一直达不到发火转速，G_8 的输出保持高电平，并经 P_2 持续向电容 C 充电计时。当计时时间达到设定时间（一般调整为 8～10 s），电容上的电压已升高到 G_9 动作的门槛电压，其输出为 1。2F 的 CP 端由 0 跳变为 1，$Q=1$，F_3 为 1，$\overline{F}_3$ 为 0，同样发出启动失败报警，并封锁主启动回路。启动空气压力正常 P_L 为 0，启动空气压力太低 P_L 为 1，也会发出启动失败报警，封锁主启动回路。

在重复启动过程中，前一次启动失败后，必须间隔一段时间才能进行下一次启动，该功能是由运算放大器 A 组成的斯密特电路实现的，电路的输出就是主启动回路输入的转速条件 n_I。A 的反相端接主机实际转速所对应的电压值 U_n，同相端接经电位器调定的对应于发火转速的电压值 U_{R1}，A 的输出 $U_0(n_I)$ 经 R_f 和 R_i 的分压接在同相端，这是正反馈。停车时，$U_0 \approx 0$，$U_n < U_R$，A 输出正极性电压值 U_0^+，此时 U_R 为

$$U_{RH} = \frac{R_i}{R_i + R_f} U_0^+ + \frac{R_f}{R_i + R_f} U_{R1}$$

U_0^+ 相当于 n_I 为 1，可对主机进行启动。在启动过程中，随着转速的升高，U_n 增大，当 $U_n > U_R$ 时，A 的输出由 U_0^+ 翻转为 U_0^-，相当于 n_I 为 0，停止启动。这时 U_R 值为

$$U_{RL} = \frac{R_i}{R_i + R_f} U_0^- + \frac{R_f}{R_i + R_f} U_{R1}$$

显然 $U_{RH} > U_{RL}$。如果启动没有成功，U_n 只有下降到 U_{RL} 而不是 U_{RH} 才能进行下一次启动。这样主机实际转速所对应的电压值从 U_{RH} 下降到 U_{RL} 所需时间，就是两次启动的间隔时间。通常把 U_{RH} 与 U_{RL} 之间的差值叫作回差 ΔU。

$$\Delta U = U_{\mathrm{RH}} - U_{\mathrm{RL}} = \frac{R_{\mathrm{i}}}{R_{\mathrm{i}} + R_{\mathrm{f}}}U_0^{+} - \frac{R_{\mathrm{i}}}{R_{\mathrm{i}} + R_{\mathrm{f}}}U_0^{-}$$

式中，U_0^{+} 和 U_0^{-} 为 A 的正、负极性的工作电压。若其工作电压极性相反，绝对值相等，则回差 $\Delta U = \frac{2R_{\mathrm{i}}}{R_{\mathrm{i}} + R_{\mathrm{f}}}U_0^{+}$。可见若调整电阻 R_{i} 和 R_{f} 的值可调整回差 Δ，即可调整两次启动的间隔时间。

3. 重启动逻辑控制

所谓重启动是指在一些特殊条件下的启动过程，目的在于保证启动的成功。重启动逻辑回路必须能区分正常启动和重启动逻辑条件。在正常启动条件下，启动逻辑回路应送出正常启动油量和正常启动转速信号。在重启动条件下，启动回路送出或者增大启动供油量的信号，或者送出提高发火转速的信号。

(1)重启动鉴别逻辑条件 Y_{SH}

①必须满足启动的逻辑条件，$Y_{\mathrm{SO}} = 1$。因为重启动也是启动，其启动的准备逻辑条件和启动鉴别逻辑必须都得到满足，而 Y_{SO}，Y_{SL}必须均为 1。

②有应急操作指令 I_{E}(在发开车指令的同时按应急操纵按钮)，或者有重复启动信号，则第一次启动为正常启动，第二次和第三次启动为重启动，或者有倒车指令(倒车启动性能不如正车)。

③启动转速未达到重启动发火转速，$n_{\mathrm{H}} = 1$。

重启动的逻辑表达式为

$$Y_{\mathrm{SH}} = Y_{\mathrm{SO}} \cdot n_{\mathrm{H}} \cdot (I_{\mathrm{E}} + F + I_{\mathrm{S}})$$

在上述的重启动逻辑条件中，关于倒车启动是否采用重启动，不同机型不尽相同。有的机型正、倒车启动性能一样，在表达式中可取消 I_{S}这一项。有的机型是在运行中的倒车换向后的启动采用重启动。遥控系统发出启动信号后，启动逻辑回路要能判别是否满足重启动逻辑条件，不满足重启动逻辑条件，启动逻辑回路发正常启动信号；若满足重启动逻辑条件，则发重启动 $Y_{\mathrm{SH}} = 1$ 信号；如果启动成功后，要撤销重启动信号，以备下次启动时重新判别是否满足重启动逻辑条件。

实现重启动通常采用的有两种方案。一是发火转速不变，增加启动供油量。在常规的主机遥控系统中，多数采用这种方案。在这种方案中，由于启动供油量较多，有可能在启动过程中主机发生爆燃。二是启动供油量不变，提高启动的发火转速，在用微型计算机组成的主机遥控系统中，采用这种方案较多。在这种方案中，主机启动是平稳的，但要消耗较多的启动空气。

(2)电动重启动控制回路

①启动鉴别逻辑

图 3-2-6 所示为一种电动重启动逻辑回路。图 3-2-6 中左半边虚线框内电路为重启动逻辑鉴别回路，由图可知，要满足重启动鉴别逻辑，使 $Y_{\mathrm{SH}} = 1$，必须具备如下三个条件之一。

a. 有应急操纵指令，I_{E} 为 1，则 Y_{SH}为 1，采用重启动。

b. 重复启动中的第三次启动采用重启动，第二次启动达到发火转速，F_2 为 1，$\overline{F_2}$ 为 0，它接在 D 触发器置 1 端 S，触发器输出端 $Q = 1$，Y_{SH}为 1。它为第二次启动失败，进行第三次启动前做好供重启动油量的准备。

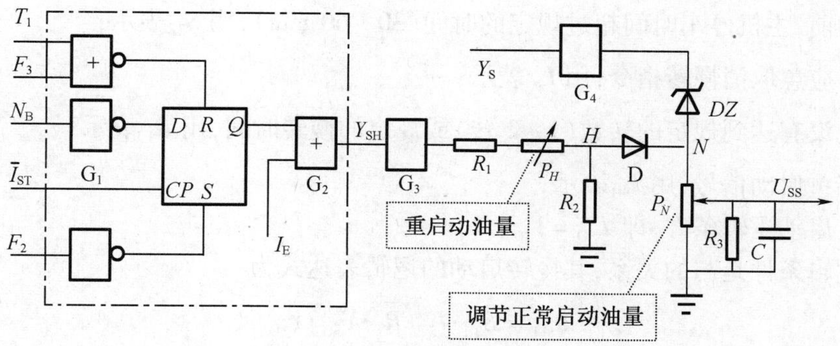

图 3-2-6　重启动逻辑回路图

c. 主机在运行中完成换向后的启动采用重启动。当主机高于制动转速运行时，n_B 为 0，触发器输入端 $D=1$，如果把车钟手柄从原方向扳到另一个方向，车钟手柄必定会经过停车位置，故会从 0 跳变为 1，触发器输出端 $Q=1$，则 Y_{SH} 为 1。于是，遥控系统在控制主机完成停油、换向和制动后进入启动工况时，即运行中完成换向后的启动系统将自动采用重启动，并在一次试启动失败后的第二次和第三次重复启动中继续保持重启动。

复位重启动的逻辑条件是：

a. 应急操作指令已复位，即 $I_E=0$。

b. 第三次启动失败后，$F_3=1$，或者由于一次启动时间过长而使启动失败 T，或将车钟扳回停车位置后再进行启动操作。这是由于主机转速低于制动转速，$n_B=1$，经 G_1 反相后，D 触发器的输入端 D 为 0，而 $\bar{I}_{ST}$ 有一个从 0 到 1 的信号变化，D 触发器的 CP 端收到此信号后，就把 D=0 信号锁存入 D 触发器，使 D 触发器复位，输出端 $Q=0$，而撤销重启动信号。

②启动转速的设定

图 3-2-6 中右半边是启动转速的设定回路，Y_S 和 Y_{SH} 分别为正常启动和重启动信号。在正常启动过程中，Y_{SH} 为 0，G_3 为 0，二极管 D 截止。因 $Y_S=1$，而 G_4 输出高电平，N 点电位是稳压管 DZ 的稳压值，经电位器 P_N 的分压输出的电压值 U_{SS} 是对应于正常启动设定转速，此时将这个正常启动设定转速所对应的电压值 U_{SS} 送至调速器。当满足重启动逻辑条件时，Y_S 和 Y_{SH} 都为 1，G_3 和 G_4 都为高电平。G_3 输出的高电平经 R_1，P_H 与 R_2 分压后，使 H 点的电平高于 N 点电平，二极管 D 导通，N 点电平被抬高，稳压管 DZ 截止，抬高了 N 点的电压，再经 P_N 分压后输出重启动设定转速，从而提高了启动设定转速，以致增加了启动油量。改变 P_N 的中心抽头位置可调整正常启动设定转速，改变 P_H 可改变 N 点电压在重启动时所要提高的值，从而调整重启动时的启动设定转速。调整时应先调整正常启动设定转速，然后再调整重启动设定转速。

4. 慢转启动逻辑控制

慢转启动是指主机长时间停车后，再次启动时要求主机慢慢转动一到两转，然后转入正常启动，这样才能保证主机在启动过程中的安全，同时对相对摩擦部件起到“布油”作用，慢转启动逻辑回路应能区别正常启动和重启动。在遥控系统发出启动指令时，首先要检查是否已形成慢转启动指令，若已形成慢转指令，则要进行慢转启动，慢转启动完成后，自动转入正常启动。如果有重启动指令，则取消慢转指令，直接进行重启动。

(1)慢转启动的逻辑条件

①启动前,主机停车时间超过规定的时间(30～60 min),用 S_{Td} 表示;

②没有应急取消慢转指令,用 $\overline{I}_{SC}$ 表示;

③主机没有达到规定的转数(1～2 转)或规定的慢转时间,用 $\overline{R}_1$ 表示;

④没有重启动信号,用 $\overline{I}_{SH}$ 表示;

⑤满足启动逻辑条件,即 $T_{SO}=1$。

以上逻辑条件是与的关系,其慢转启动的逻辑表达式为

$$Y_{SLD}=S_{Td}\cdot\overline{I}_{SC}\cdot\overline{R}_1\cdot\overline{Y}_{SH}\cdot\overline{Y}_{SO}$$

当满足慢转启动逻辑条件时,$\overline{Y}_{SH}=1$,遥控系统自动进入慢转启动控制方式。

(2)慢转启动控制方案

在实际应用中,慢转启动的方案基本上有两种:控制主启动阀开度的方案和采用主辅启动阀的方案。

①主启动阀开度的方案

图 3-2-7 示出控制主启动阀开度实现慢转启动工作原理图。当形成慢转指令时,电磁阀 V_{SL} 通电右位通,当有启动指令 Y_{SO} 为 1 时,阀 V_A 下位通,主启动阀上面的控制活塞被启动空气压下,限制主启动阀的开度,进入启动系统的启动空气压力较低、流量较少;主机只能慢慢转动。主机转过一转或两转后,撤销慢转信号,电磁阀 V_{SL} 断电左位通,控制活塞上面的气压信号经阀 V_A 下位放大气,主启动阀全开进行正常启动。主机达到发火转速时,$Y_{SO}=0$,撤销启动信号,阀 V_A 上位通,关闭主启动阀停止启动。

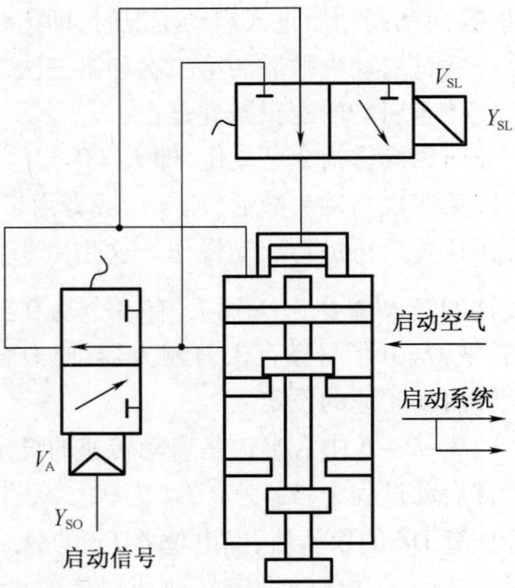

图 3-2-7 控制主启动阀开度慢转启动方案

②用主、辅启动阀的方案

图 3-2-8 所示为采用主、辅启动阀控制慢转启动原理图。当形成慢转指令时,电磁阀 V_{SL} 通电下位通。当有启动指令 $Y_{SO}=1$ 时,阀 V_C 右位通,输出气源信号。该信号使阀 V'_A 右位通,打开辅启动阀 V_A。气源信号被截止在阀 V_{SL} 的下位,阀 V'_B 控制端经阀 V_{SL} 下位放大气而右位通,关闭主启动阀 V_B。因流过辅启动阀 V_A 的启动空气量较少,主机只能慢慢转动,转过一转或两转后,撤销慢转启动指令,电磁阀 V_{SL} 断电上位通。使 V'_B 左位通,全开主阀 V_B,这时,主、辅启动阀均打开进行正常启动。当主机达到发火转速时,Y_{SO} 为 0,阀 V_C 左位通,气源被截止。阀 V'_A 控制端气压从阀 V_C 的左位直接放大气,阀 V'_A 左位通,辅启动阀全关闭。而 V'_B 的控制端气压需经过单向节流阀 V_D 的节流孔后放入大气,这样主阀要延时一段时间才能关闭,目的是提高主机启动的成功率,延时间的长短要根据主机的启动工况来设定。

三、制动逻辑及其控制

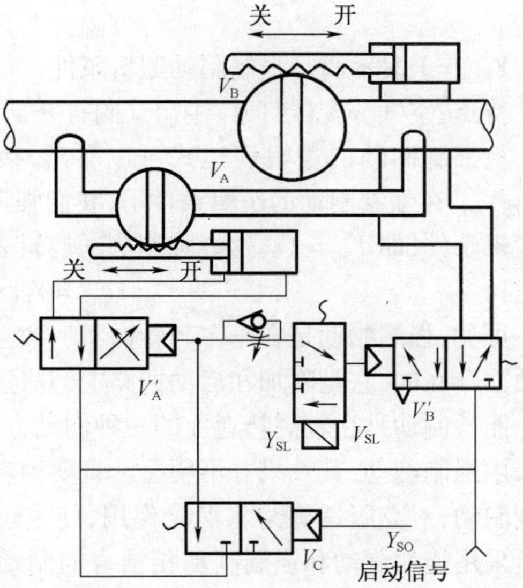

图3-2-8　主辅阀慢转启动方案

制动是指主机在运行中完成换向后，为使主机更快停下来并进行反向启动所采取的操作措施。实践证明，主机停油后，由于船舶的惯性造成的螺旋桨水涡轮作用，使转速下降得越来越慢，需很长时间主机才能停下来，滑行距离较长。如果主机采用制动操作，减少滑行距离，对提高船舶操纵的机动性和实时性都具有重要意义。因此，在遥控系统中均设有制动逻辑回路，主机制动方式有两种：能耗制动和强制制动。

1. 能耗制动

能耗制动是指主机在运行中完成换向后。在主机高于发火转速情况下所进行的一种制动。因此，能耗制动常常是在应急操纵情况下进行的。能耗制动的功能是保持主启动阀处于关闭状态，让空气分配器投入工作。这时空气分配器控制处在压缩冲程那个缸的气缸启动阀打开，柴油机相当于一台压气机，消耗柴油机运动部件的惯性能，使主机能较快地降速。能耗制动的逻辑条件是：

(1)制动的鉴别逻辑。当车令变化时，制动逻辑回路能判断车令与主机转向是否一致，只有车令与转向不一致才满足制动的鉴别逻辑。用表示制动的鉴别逻辑，其逻辑表达式为

$$Y_{BL}=I_H\cdot R_S+I_S\cdot R_H \quad 或 \quad Y_{BL}=I_H\cdot \bar{I}_H+I_S\cdot \bar{R}_S$$

(2)换向已经完成，$Y_{RF}=1$。

(3)已经停油，$Y_{RT}=1$。

(4)转速高于发火转速，$\bar{n}_I=1$。

(5)有应急操纵指令，$I_E=1$。

这些条件应该是与的关系，其逻辑表达式为

$$Y_{BRO}=Y_{RF}\cdot Y_{RT}\cdot Y_{BL}\cdot \bar{n}_I\cdot \bar{n}_S\cdot I_E=(I_H\cdot C_H+I_S\cdot S_S)\cdot(I_H\cdot \bar{I}_H+I_S\cdot \bar{R}_S)\cdot Y_{RT}\cdot \bar{n}_I\cdot \bar{n}_S\cdot I_E$$

$Y_{BRO}=1$ 表示满足能耗制动逻辑条件，对主机进行能耗制动。

特点：只有空气分配器打开，主启动阀保持关闭。

2. 强制制动

强制制动有三点与能耗制动不同：一是对所有主机，只要在运行中完成换向后，都能进行强制制动，而不必有应急操纵指令；二是只有主机低于发火转速时才能进行强制制动；三是空气分配器与主启动阀均投入工作，气缸在压缩冲程进启动空气，强迫主机停止运行。这样，强制制动的逻辑条件应该是：

(1)制动鉴别逻辑，即车令与主机转向不一致，$Y_{BL}=1$；

(2)换向已经完成，$Y_{RF}=1$；

(3)满足停油条件，$Y_{RT}=1$；

(4)主机低于发火转速，$n_I=1$。

这些逻辑条件应该是“与”的关系,其逻辑表达式为

$$Y_{BRF}=Y_{RF}\cdot Y_{RT}\cdot Y_{BL}\cdot n_I$$

$Y_{BRF}=1$ 表示满足强制制动逻辑条件,对主机进行强制制动。

特点:空气分配器打开,主启动阀打开。

从强制制动的逻辑表达式可以看出,换向完成信号 Y_{RF} 就是启动的鉴别逻辑 Y_{SL},即 $Y_{RF}=Y_{SL}$。在强制制动的逻辑条件下,我们强调了转速条件 n_I,实际上,它应当满足启动的准备逻辑条件,即 $Y_{SC}=1$。这样强制制动逻辑表达式可改为

$$Y_{BRF}=Y_{RF}\cdot Y_{RT}\cdot Y_{SL}\cdot Y_{SC}$$

可见,强制制动是在车令与转向不一致且在停油下的启动。强制制动在遥控系统中不是独立存在的,它是附加在启动回路上,并且用启动回路的功能来达到强制制动的目的。

能耗制动是在较高转速上的一种制动方式,对主机较快的降速效果是明显的。此时如果采用强制制动,其效果并不明显。且要消耗较多的启动空气。在较低的转速范围内采用强制制动,对克服螺旋桨水涡轮作用,使主机更快地停下来是很有效的。在中速机中。往往是采用能耗制动和强制制动相结合的制动方案;在大型低速柴油机中,主机从停油到换向完成,其转速已经降到比较低的范围,可只设强制制动而不必设置能耗制动逻辑回路。

3. 制动及换向控制过程

图 3-2-9 所示为具有能耗和强制制动功能的主机遥控系统在变换主机转向时的波形图。

图中曲线Ⅰ为应急换向曲线,曲线Ⅱ为正常换向曲线。在应急换向过程中,当主机在全速正车运行时,若在 t_1 时刻将车钟手柄拉到倒车位置,同时按下应急运行按钮,出现车令转向与主机转向不符情况。主机首先停油($Y_{RT}=1$),当主机停油后转速下降到应急换向转速时($n\geqslant n_{ER}$),即 t_2 时刻,满足应急换向逻辑,控制凸轮轴换向,使主机凸轮轴从正车位置(C_H)换到倒车位置(C_S)。在换向到位后的 t_3 时刻,因已符合能耗制动逻辑,所以控制空气分配器投入工作($V_D=1$),主启动阀关闭($V_M=0$)。主机进入能耗制动工况,转速迅速下降。当转速降到等于或低于发火转速(启动空气切断转速)后的 t_4 时刻($n\leqslant n_I$),因能耗制动逻辑已不再满足,而符合强制制动逻辑,所以遥控系统自动转为强制制动,开启主启动阀($V_M=1$),继续使空气分配器工作($V_D=1$),于是主机转速进一步迅速下降。当主机转速降到零后的 t_5 时刻,虽然强制制动逻辑不再满足,但已满足启动控制逻辑,所以主启动阀继续打开,空气分配器继续工作。因这时主机转向已与车令转向和凸轮轴位置一致,所以主机处于倒车启动工况,转速逐渐上升。对油气并进的主机,在转速上升到转向鉴别回路检测到倒车转速时(这一转速通常是指可供油转速 n_F),即在 $n\geqslant n_F$ 的 t_6 时刻,不再满足停油逻辑,于是停油回路撤销停油连锁控制,由调速回路设定的启动油量控制主机供油。而对油气分进的主机,只有在主机转速上升到启动空气切断转速时才进行启动供油。由于是应急换向,所以启动过程一直维持到主机转速达到重启动空气切断转速($n\leqslant n_R$)的 t_7 时刻,遥控系统才关闭主启动阀($V_M=0$),停止空气分配器工作($V_D=0$),结束制动与启动过程若主机启动成功,则按应急加速程序把主机转速加速至车令所设定的转速。在正常换向过程中,即在改变车令转向时没有按“应急运行”按钮。那么主机停油后,必须等转速降到正常换向转速时($n\leqslant n_R$)才进行换向,换向到位后,在主机转速低于启动空气切断转速($n\leqslant n_I$)时刻,进入强制制动,使主机转速快速下降,而在转速过零后开始倒车启动,直到转速达到倒车启动空气切断转速($n\geqslant n_I$)时,结束制动与启动过程,进入正常加速程序。

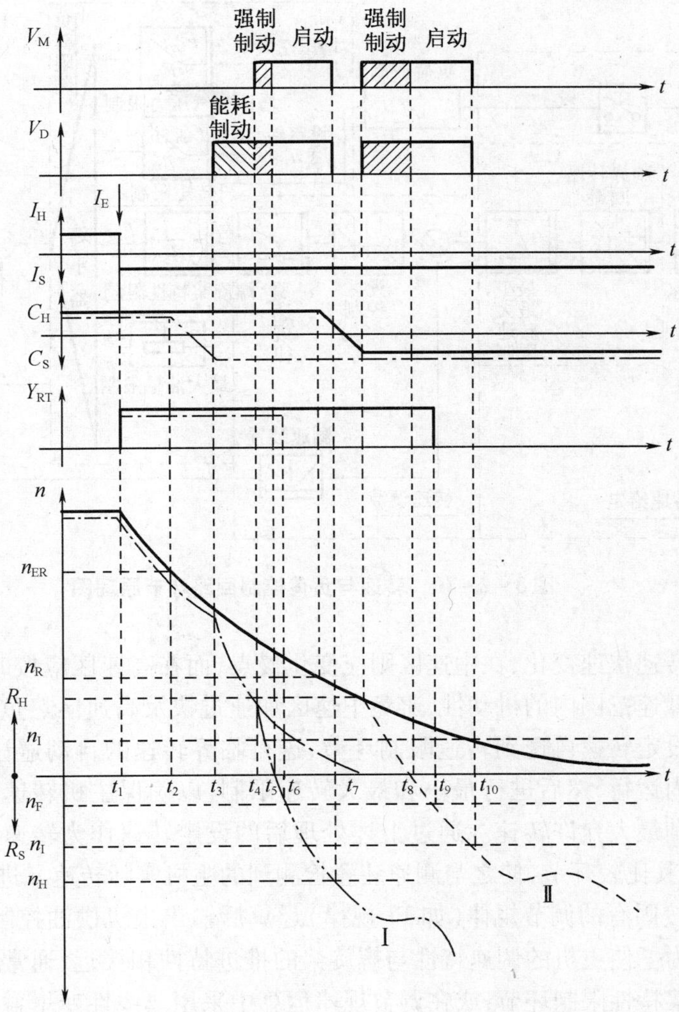

图 3－2－9　具有能耗和强制制动功能的主机转向波形图

四、转速与负荷的控制和限制

1. 主机转速控制系统的组成及功能

主机的转速控制中，如果大幅度操纵主机或变工况的情况下，若只考虑控制系统的品质指标可能造成主机的热负荷或机械负荷超指标。为了保障主机的运行安全，控制中一旦出现危及主机安全的情况，转速控制系统将自动放弃某些控制指标，把主机的转速或供油量限制在其安全范围内。然而，在船舶遇到紧急情况，例如船舶在避碰操纵时，控制系统又能应急撤销某些限制或放宽限制，实现紧急操作，允许采取“舍机保船”的紧急措施。由此可见，主机的转速控制与负荷控制是包括各种限制和应急操作在内的综合性自动控制，其控制系统如图 3－2－10 所示。

图 3－2－10 中，由驾驶台遥控车钟发出的车令设定转速信号 I_n，首先送到程序加减速环节，实现加速速率限制与程序负荷限制，使车令设定转速按主机的操作规律变化，即在低

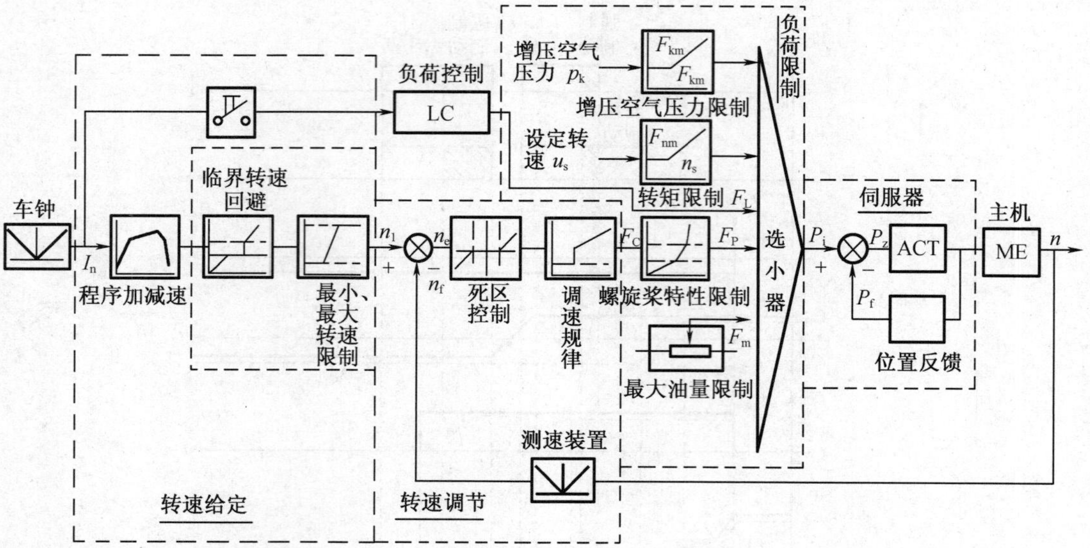

图 3-2-10 转速与负荷控制回路环节原理图

速区允许设定转速快速变化，在中速区则应变化慢点，而在高速区应按时间原则程序加速。以提高主机在低速范围内的机动性，避免中速区加速过快及高速区热负荷波动过大。经程序加减速后的设定转速再送到转速限制环节，进行临界转速的自动避让，以保证主机不在临界转速区域内运行，然后进行最小和最大转速限制，以确保主机转速不会低于其最低稳定转速或高于其最大允许转速。通过上述处理后的设定转速作为转速调节环节的转速给定值 n_S 被引到其比较环节，使之与测速装置检测到的主机实际转速 n 进行比较。比较所得偏差转速（n_ε）按固有的调节规律（如 PI 规律）运算后输出主机供油控制信号 F_C 至负荷限制环节。有时为了使主机的调速特性与螺旋桨的推进特性相接近，通常在调节规律运算后增加一个螺旋桨特性限制环节，或在调节规律运算中采用非线性变增益运算。调速环节输出的控制油量 F_C 除了螺旋桨特性限制外，还受到主机的增压空气压力限制、转矩限制及最大油量限制，即把经螺旋桨特性限制的转速控制油量 F_P、增压空气压力限制所允许的最大油量 F_{km}、转矩限制所允许的最大油量 F_{nm} 及轮机长手动设定的最大允许油量 F_m 都送到选小器进行选小。保证主机在运行过程中，其供油量不会超过各限制环节所限定的最大允许油量，以确保主机的运行安全。

在恶劣海况下，船舶纵向摇摆严重，螺旋桨吃水变化大，调速系统为了把主机转速维持在设定转速，将频繁调节主机供油量，防止主机的负荷变化可能超出主机所能承受的范围，直到出现“飞车”现象，从而危及主机运行安全。为此，遥控系统通常采用如下两种方法来避免主机负荷变化过大及飞车现象。

（1）负荷控制方法

当船舶航行中遇到风浪时，可通过操作台上的选择开关接通负荷控制开关，使主机的控制方式从转速控制切换到负荷控制。这时车钟发出的车令设定转速（I_n）经负荷控制器处理后输出与 I_n 成比例的主机油量控制信号 F_L 一起送到选小器，由于在正常情况下 $F_L < F_C$，所以选小器选择负荷控制输出油量（F_L），使主机的供油量仅与车令设定转速有关，因此，在车令设定转速不变时，主机的供油量也保持不变，负荷不变，但此时主机的转速无法

恒定,会随着螺旋桨的吃水变化而变化。当螺旋桨下沉时,它产生的阻力矩就会大于柴油机气缸燃气所产生的驱动力矩,使动量平衡破坏,主机转速下降,以满足新的动量平衡关系;反之,主机转速就会升高。可见,负荷控制是一种定负荷、变转速的控制方式,因为它未将系统输出量反馈至输入,没有形成反馈闭环,所以负荷控制是一种开环控制。

单纯的定油量控制,当螺旋桨露出水面时,主机会出现飞车现象。但在图3-2-10的控制回路中,遥控系统进入负荷控制状态时,调速回路并未停止工作。在正常情况下,由于调速回路输出 F_C 大于负荷控制回路输出 F_L,故无法输出调速控制信号。然而,当螺旋桨上翘时,主机转速逐渐升高。在主机转速上升到一定值后,偏差转速出现负值,使调速控制信号 F_C 减小而小于负荷控制器输出 F_L,选小器则选择 F_C 作为输出。于是控制系统又转化为转速控制方式,将主机油门关小,阻止主机转速进一步上升,从而避免主机超速。

(2)死区控制方法

在主机转速控制中的偏差转速检测后加一个死区控制。它利用控制死区范围来实现三种不同的控制方式。

①刻度控制方式。这种控制方式的死区范围最大。当主机转速偏离车令设定转速的偏差未超过最大死区范围时,死区控制无输出,调速回路无调节作用,主机油门刻度位置不变,使主机的热负荷和机械负荷基本保持不变。但主机的转速将随螺旋桨负荷变化而在一个较大的范围内波动,因此,刻度控制适用于主机高负荷范围内需维持主机进油量恒定以获得稳定的热平衡效果的场合。

②正常控制方式。正常控制方式的死区范围适中,比刻度控制小得多。因此,正常控制方式能使主机的转速跟随车令设定转速,并将其偏差转速保持在正常控制方式的死区范围内。主机在稳定运行状态下,只要主机的转速波动小于正常控制死区范围,死区控制就无偏差输出,无调节作用。因此,可减小脉动转速对调速系统的影响,提高了系统的静态稳定性。但是,一旦主机转速波动超出正常控制死区,调速回路就会将其自动调节到正常控制的范围内。由此可见,正常控制是在保证所需的调节精度下尽可能减小主机油门刻度位置波动的一种控制方式。因此,它适用于主机正常运行工况。

③恶劣海况控制方式。这种控制方式主要是为防止主机在大风浪运行中发生超速。在恶劣海况控制方式中,控制回路减小主机的最大供油范围,并将死区调得最小(趋于零),以提高转速控制灵敏度。因此,当螺旋桨上翘露出水面时,调速系统就能以最快响应速度减小主机进油量,从而有效地防止了主机超速。

在主机遥控系统中,常把图3-2-10所示的转速与负荷控制回路分成两部分,前半部分为转速给定部分,用来将车钟发出的设定转速经程序加减速与转速限制处理后送至调速环节,作为主机转速的设定值。后半部分为转速调节与负荷限制部分。它由全制式液压调速器或电子调速器与电/液(电/气)伺服器构成的调速系统来完成主机的转速调节和负荷限制。下面介绍启动供油转速设定及转速调节等有关内容。

2. 启动油量的设定

在驾驶台遥控主机时,驾驶员可将车钟从停车位置扳到正车(或倒车)的任何位置来启动主机。这时若仍由车令设定转速来给定启动油量,就可能出现主机因启动油量不足而不能正常发火,或因启动供油量过量而发生爆燃现象。为了确保主机在任何情况下都能安全可靠地启动成功,在启动阶段,遥控系统将自动阻断车钟所发出的车令设定转速,先由启动供油回路来控制其启动油量。这个启动油量比微速挡甚至比慢速挡的供油量还要多一些,以实现固定油量启动,这样既可以保证有很高的启动成功率,又可以防止由于启动供油量过大而产生严重爆燃的现象。

对于不同类型的主机,其启动油量的供给方式不同,有的采用油气并进方式,而有的采用油气分进方式。油气并进是指主机在压缩空气启动的同时供给启动油量,直到主机转速达到启动空气切断转速,结束压缩空气启动时,才转为车钟设定值。油气分进是在压缩空气启动阶段不供油,而是当主机转速达到启动空气切断转速,切断启动空气的同时供油。为了保证启动的成功率,除提供适量的启动油外,对油气分进式还需维持数秒启动油量后才转为车钟设定值。因此,常在启动油量与车令转速切换阀的控制端,设置一个由单向节流阀和气容组成的延时环节,以设定启动油量的维持时间。

3. 主机加、减速程序控制

主机的程序加减速是指主机在加减速过程中应遵循的加速规律。为了使车钟所发出的车令转速信号能符合主机的加减速规律,必须对车令转速进行预处理。即在低速区,允许主机快些加速或减速,不限制车令转速的变化速度;而在中速区,对车令转速进行加速速率和减速速率的限制;在高速区,如在70%额定转速以上再加速时,则按主机负荷变化规律,对车令转速进行程序加速和减速。为此,遥控系统中都设置了加速与减速速率限制环节和程序负荷环节,以便把车钟所设定的车令转速分段按预先调定好的速率发送出去。在应急情况下,可手动操作取消程序负荷限制,实现快加速或快减速。

(1)加速速率限制

加速速率限制是指主机在低负荷区加速时,对主机转速增加速率的限制。在气动遥控系统中,加速速率限制一般是由分级延时阀实现的,如图3－2－11所示。当车令与转向一致时,$S=1$,阀A右位通,实现了启动油量和运行油量的切换,车令设定的转速信号经阀A右位、分级延时阀B向气容C充气,当设定转速低于额定转速的30%左右时,该信号不经阀B的节流,直接向气容C充气,主机转速可迅速升高。当设定转速高于额定转速的30%以上时,该信号要经B阀的节流再向气容C充气。这时,主机转速的增加就会稍慢一些。减速时气容内压力信号不经B阀节流而直接通减小了的设定信号,实现快减速。

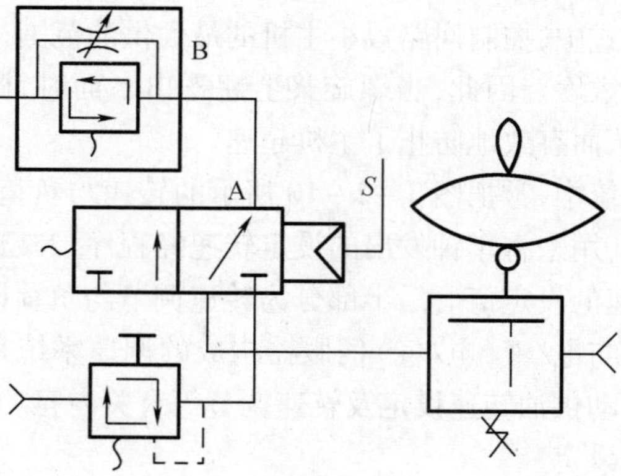

图3－2－11　气动加速速率限制

在电动遥控系统中,加速速率限制环节的形式是多种多样的。图3－2－12是一种电动无触点遥控系统的加速速率限制方式。图3－2－12中,运算放大器A_1接成电压比较器

(正反馈导致的结果),其同相端和反相端分别接转速设定信号 U_{I1} 和该加速速率限制环节的输出信号 U_{O1} 是接成负反馈的比例运算放大器,其反相端电压总是高于同相端电压 U_{O1},故运算放大器 A_2 始终输出 0 信号。在加速时,由于 $U_{I1} > U_{O1}$,A_1 输出 1 信号,电子开关 SW 闭合于(1-15),标准电压 V_R 经电阻 R_5 向电容 C 充电,电容上电压 U_{O1} 按指数曲线不断增大。由于 A_1 是接成正反馈的电压比较器,A_1 在输出 1 和 0 时,A_1 同相端的电压是不同的,故使 A_1 输出状态发生变化的输入值就存在一个回差,其上下限值分别用 U_{IH} 和 U_{IL} 表示。所以当输入 $U_{O1} > U_{IH}$ 时,A_1 输出 0 信号,电子开关 SW 由(1-15)断开合于(2-15),切断了电容充电回路。接通放电回路,随着放电的进行,U_{O1} 不断降低,当 $U_{O1} < U_{IL}$ 时,A_1 再翻转输出 1 信号,V_R 经 R_5 向电容 C 充电,由于 U_{IH} 和 U_{IL} 之间回差不大,故 U_{O1} 可在 U_{I1} 附近达到一个动态的平衡。减速过程与加速过程相同。调整电容 C 充放电的时间常数,可调整加、减速的速率,调整电阻 R_5 的电阻值大于 R_6 和 R_7 的电阻值,可实现慢加速、快减速。

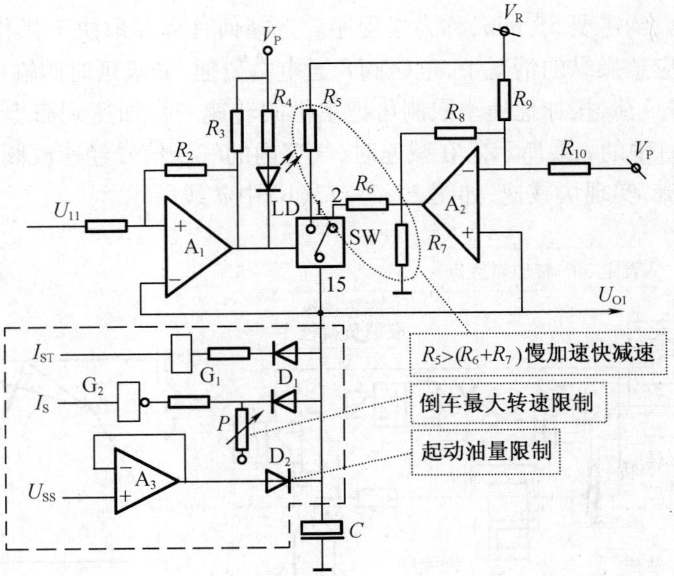

图 3-2-12　电动加速速率限制

图 3-2-12 中,$\bar{I}_{ST}$ 是停车指令。有停车指令时,$\bar{I}_{ST}=0$,与门 G_1 输出 0 信号,U_{O1} 不经减速速率限制,直接输出接近 0 V,这是停车限制。有倒车指令时,$I_S=1$,非门 G_2 输出 0 信号,由电位器 P 调定一个最大的倒车转速。在倒车运行时,U_{O1} 是不能超过最大倒车转速的,这就是倒车最大转速限制,U_{SS} 是启动油量信号,当有开车指令时 $\bar{I}_{ST}=1$ 且主机处于启动状态时,因 $U_{I1} > U_{O1}$,开关 SW 合于(1-15),U_{SS} 经电压跟随器 A_3 直接向电容 C 充电,使 U_{O1} 能迅速达到启动油量所对应的电压信号。启动成功后撤销 U_{SS} 信号,U_{O1} 将逐渐达到转速设定值认。

(2)程序负荷

①气动程序负荷回路

当主机转速达到额定转速的 70% 以上时,它已进入了高负荷区,主机已经承受很高的机械负荷和热负荷。此后的加速过程必须严格加以限制,防止超负荷。在高负荷区内,保持加速速率限制的加速尚嫌过快,故必须设置一个特殊的时间程序,使之慢慢加速即为程序负荷。

在气动遥控系统中,一般是通过节流元件与气容组成的惯性环节来实现的,如图3-2-13所示。图3-2-13中阀2是程序负荷设定调压阀。它的最大输出是程序负荷开始转速值所对应的气压信号,当输入信号小于这个调整值时,输出与输入相等。P_i 是车令设定转速值所对应的气压信号,当该信号小于程序负荷开始的转速(如额定转速的70%)时,只经分级延时阀1的节流,通过阀2向气容6充气。气容内的压力升高较快,再经比例阀7送至调速器转速设定波纹管,这就是加速速率限制。当车令设定转速大于程序负荷开始转速时,P_i 不仅要经分级延时阀的节流,还要经单向节流阀3的节流,再经节流选择阀4的上位向气容6充气。气容内压力升高较慢,如图3-2-13(b)中 c 线所示。从港内全速到海上全速大约需要25 min,称为快程序。如果把节流选择阀转至下位通,则单向节流阀3的输出还要经节流阀9的节流,这时气容内压力升高很慢,如图3-2-13(b)中 c' 线所示。其程序负荷时间大约需要55 min,称为慢程序。选择何种程序取决于操作者的要求和主机的承受能力。在应急操纵的情况下,电磁阀8通电右位通,分级延时阀输出的信号直接向气容充气,取消程序负荷,按加速速率限制可把主机的转速一直加速到海上全速,其加速过程如图3-2-13(b)中的 e 线所示。在减速时,气容内的气压信号经速放阀5就地泄放,因不经阀1和3的节流,实现快减速,如图3-2-13(b)中 d 线所示。

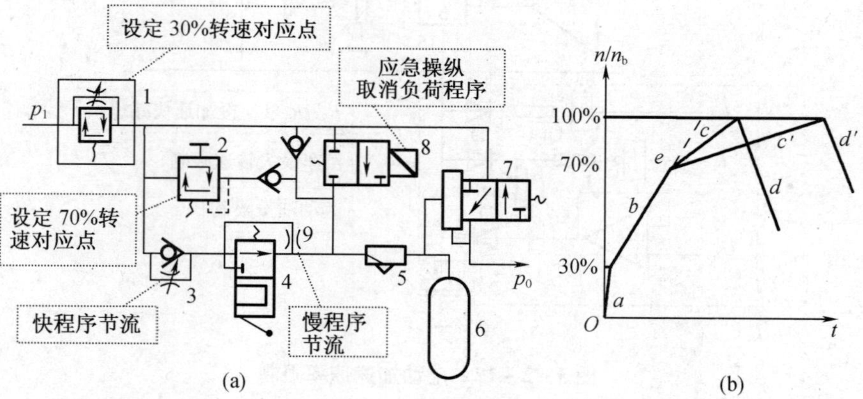

图3-2-13 气动程序负荷回路

②电动程序负荷回路

程序负荷主要用于离港时从港内全速(70%)到海上全速(100%)的加速控制,以及进港时从海上全速到港内全速的减速控制。图3-2-14是一种电动主机遥控系统的程序负荷原理示意图。它与其他遥控系统不同,程序加、减速控制需借助于离港与进港按钮方可实现,但实现方法与其他电子遥控系统一样,采用计数式程序负荷控制。图3-2-14中,频率控制回路根据进港与离港信号来选择时钟脉冲发生器的定时回路,以控制其输出相应频率的脉冲作为程序计数器的计数脉冲。程序计数器在加、减速控制回路的控制下,在加速时做减数计数,在减速时做加数计数。而程序计数器输出的二进制计数值还需经D/A转换器转换成相应的电压 U_{LP},然后再由选小器将 U_{LP} 进行选小,使主机的设定转速 I_n 在离港或进港时按预先调定的程序负荷速率加速或减速。

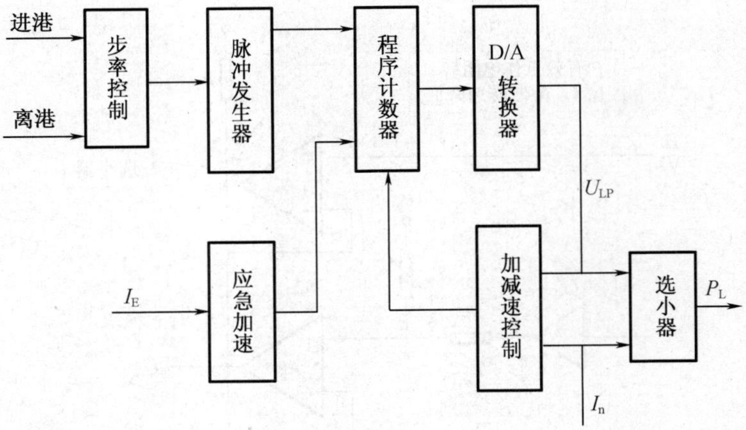

图 3－2－14　电动程序负荷原理图

4. 转速限制

转速限制是指限制送到调速器的转速设定值，以此来限制主机的运行转速。设置转速限制的目的是使车钟发出的车令设定转速能符合主机的操作要求，保证主机不在临界转速区域内运行。不在低于最低稳定转速以下运行，以及不在高于主机最大允许转速上运行。

(1)最大转速和最低稳定转速等限制

①轮机长最大转速限制

轮机长最大转速限制是指正常运行时，自动将主机的最大运行转速限制在轮机长所设定的最大允许转速值，并在应急情况下，可通过应急操纵指令取消限制。

轮机长最大转速限制回路如图 3－2－15 所示，图中，A_4，A_5，R_5 构成一个选小器；P_3 为轮机长最大允许转速设定电位器；U_S 为车令设定转速值；IE 为应急操纵指令。在正常运行时 $I_E=0$，G_1 输出低电平，A_6 输入由 P_3 与 R_7 分压后得到最大允许转速传 U_m。当车令设定转速值小于最大允许转速值时，即 $U_S<U_m$，则选小器选择车令设定转速作为输出 $U_m=U_S$，无限制作用。当车令设定转速值大于最大允许转速值时，即 $U_S>U_m$ 时，选小器选择轮机长设定的最大允许转速传速值作为输出 $U_O=U_m$，从而将主机转速限制在轮机长所设定的最大转速值。调大 P_3 的电阻值，主机的最大允许转速值 U_m 会减小。有应急操纵指令时 $I_E=1$，G_1 输出高电平，使 A_6 的输入电压 U_m 提高到近似电源电压，选小器选择车令设定转速 U_S 作为输出，从而取消限制。

②最低稳定转速限制

最低稳定转速限制是指当车钟手柄设定的转速在最低稳定转速以下时，能保证主机在最低稳定转速上运行，防止主机运行不稳定，甚至停车。

最低稳定转速限制回路如图 3－2－16 所示。图中，A_9，A_{10}，D，R_{14}和 R_{15}构成一个选大器。电位器 P_5 可调整最低稳定转速限制值 U_{min}。该限制回路的输出 U_O 来自上述选小器的输出，就是车令设定转速值。当 $U_O>U_m$ 时，A_9 工作在电压跟随器状态，输出 $U_{I1}=U_{O1}$。这时，因为 A_{10}输出电压小于 U_{I1}，所以二极管 D 截止，使 A_{10}工作于电压比较器状态，输出为 0。选大器选择 U_O 作为输出，无限制作用。当车令设定转速小于最低稳定转速限制值时，$U_O<U_{min}$，则 A_{10}输出增大，使 D 导通。于是 A_{10}从电压比较器状态转为电压跟随器，使 $U_{I1}=U_{min}$。

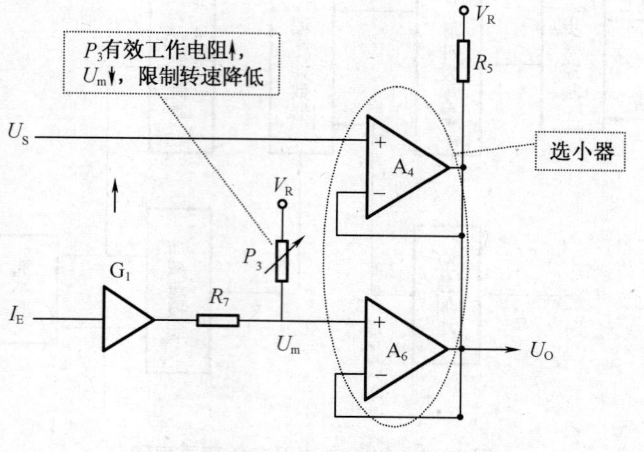

图 3－2－15　轮机长最大转速限制回路图

此时，A_9 的同相端输入电压小于反相端电压，其输出减小。因为 A_9 与 A_{10} 为推挽输出运算放大器，而且 A_9 输出经电阻 R_{14} 与 U_{I1} 相连，所以，A_9 输出的电压全部降在电阻 R_{14} 上，使 A_9 的负反馈作用消失，由电压跟随器转为电压比较器。U_{I1} 将受到 A_{10} 的钳位作用而保持在 U_{min} 值，从而将主机转速限制在最低稳定转速上。

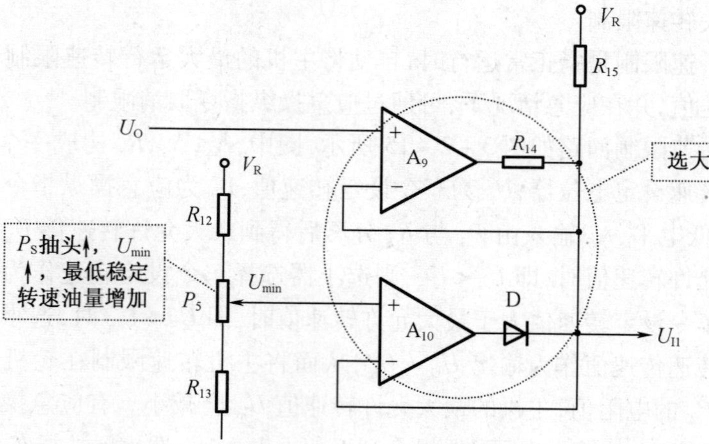

图 3－2－16　最低稳定转速限制回路图

③最大倒车转速限制

倒车最大转速限制是防止因倒车车令设定转速值太大而使倒车转速太高的限制，由于螺旋桨倒转时的阻力大于正转阻力，主机倒转时，如仍将其转速调整在正转最大转速，就会导致主机超负荷。为了保证主机的安全，主机遥控系统都设有最大倒车转速限制功能。

④故障降速转速限制

故障降速转速限制是指当主机发生某些故障时，主机降速到所允许的低转速值。在有应急操纵指令时，将取消故障降速功能，不允许主机降速。

(2)临界转速的回避

柴油机轴系都有其固有的自振频率,当外界强制干扰频率(主机转速)与其自振频率相同时,将引起共振。在柴油机全部工作转速内可能有两个或两个以上共振区,其中最大的共振区称为临界共振区,所对应的主机转速叫临界转速。主机在临界转速区工作时,产生的扭转振动应力将超过材料的允许应力,造成曲轴的扭伤或折断,或者造成组合式曲柄组合件的相对滑移。因此,柴油机在运行期间必须避开临界转速区。其原则是,不在临界转速区内运行及快速通过临界转速区。临界转速自动回避的方式有三种:一是避上限,当车令转速设定在临界转速区时,遥控系统能自动使主机在临界转速的下限值运行;二是避下限,当车令转速设定在临界转速区时,遥控系统能自动使主机在临界转速的上限值运行;三是避上、下限,加速时避下限,减速时避上限,但有些遥控系统正相反,即加速时避上限,减速时避下限。在实际应用中,为使该环节结构简单,多采用避上限方式。

①气动临界转速回避回路

在气动遥控系统中,临界转速的回避是用气动阀件组成的逻辑回路实现的,其工作原理如图3-2-17所示。图中阀1、3是调压阀,输入信号小于调定值时,输出等于输入。当输入信号大于调定值时,其输出保持调定值不变。阀1调定值为临界转速的下限值P_a;阀3调定值是临界转速的上限值P_b;阀2是双气路控制的两位三通阀;P_S是转速设定值。

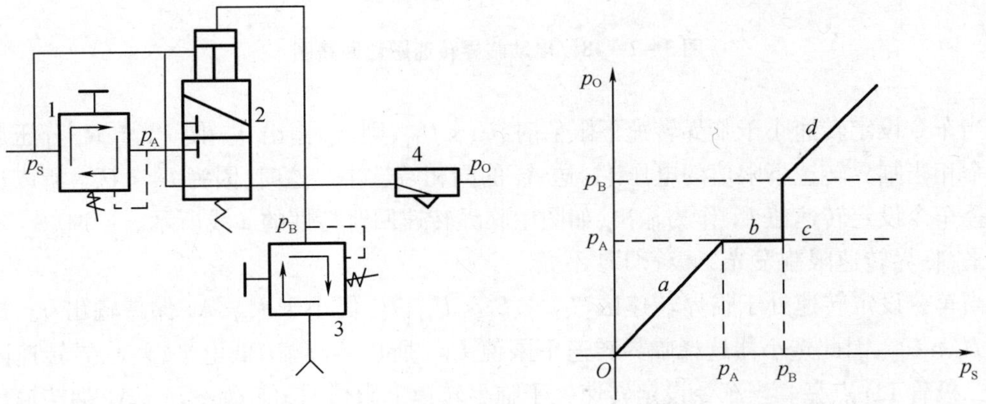

图3-2-17　气动临界转速避让回路图

1,3—调压阀;2—双气路比较两位三通阀;4—速放阀

该回路是按避上限方式工作的。当转速设定值小于临界转速下限值时,阀1输出P_S,阀2上位通。P_S经阀1、阀2上位和速放阀4输出,$P_O=P_S$,如图中临界转速回避特性的a线所示。当转速设定在临界转速区时,$P_S>P_a$,阀1输出P_a不变,阀2上位通不变,$P_O=P_S$,主机在临界转速下限值运行,如图中b线所示。当设定转速P_S大于临界转速上限值时,阀2下位通,输出P_O由临界转速下限值立即跳变到大于临界转速上限值的P_b而变,如图中c和d线所示。同理,在减速时,当$P_S>P_b$时阀2下位通,$P_O=P_S$。而当$P_a<O_S<P_b$时,即转速设定在临界转速区时,阀2上位通,P_S截止,$P_O=P_a$,$P_S<P_a$时,$P_O=P_S$。所以在减速时也是避上限,且可快速通过临界转速区。

②电动临界转速回避回路

图3-2-18所示为一种常用的电动临界转速回避回路,它主要由电压比较器和选小器

组成。图中 A_3，A_4 和 R_5 构成一个选小器；A_1 为电压跟随器；A_2，A_5 电压为比较器；电位器 P_1 设定临界转速的上限值 U_{P1}，P_2 设定在临界转速的下限值 U_{P2}。U_S 是车令设定转速值，一路送入 A_4 的同相端选小，另一路经 A_1 缓冲后送到 A_2 的同相端，与临界转速上限值 U_{P1} 比较。

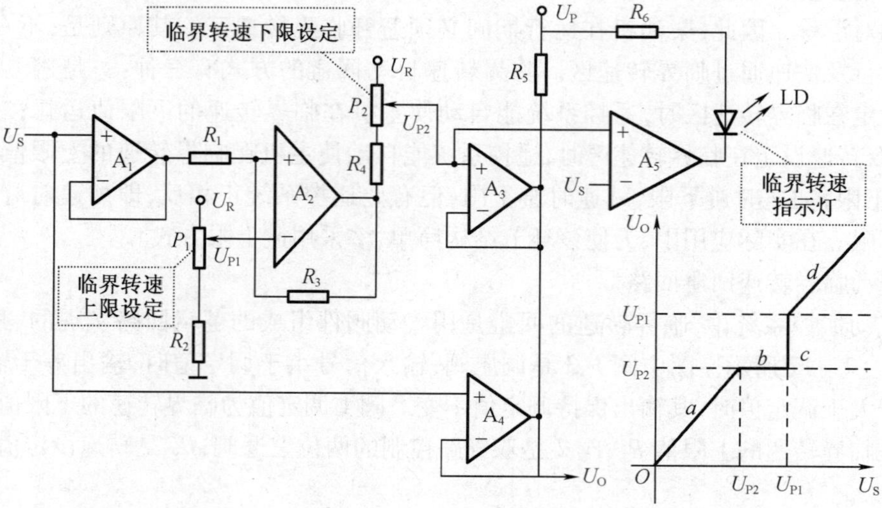

图 3-2-18　电动临界转速避让回路图

当车令设定转速小于临界转速下限值时，$U_S < U_{P1}$，则 A_2 输出 0。使 P_2 与 R_4 分压后得到一个相当临界转速下限值的电压 U_{P2} 送 A_3 的同相端选小。这时，因为 $U_S < U_{P2}$，所以选小器选择车令设定转速值 U_5 作为输出，如图中临界转速回避特性的 a 线所示。同时，A_5 输出高电平，临界转速限制发光二极管 LD 不亮。

当车令设定转速处于临界转速区，$U_{P2} < U_S < U_{P1}$，U_S 仍小于 U_{P1}，A_2 保持输出 0。这时由于 $U_S > U_{P2}$，因此选小器选择临界转速下限值 U_{P2}，所以 A_5 输出低电平，使临界转速限制发光二极管 LD 点亮。当车令设定转速大于临界转速上限值时，使 $U_S > U_{P1}$，A_2 翻转输出高电平，将 U_{P2} 提高至接近电源值 V_P，使它大于 U_S，于是选小器又选择车令设定转速 U_S 为输出，使选小器输出从临界转速下限 U_{P2} 立即跳变到上限 U_{P1}，快速通过临界转速区，然后输出随 U_S 而变，如图中 c 和 d 线所示。同时，A_5 又输出高电平，使发光二极管 LD 熄灭。

5. 负荷限制

负荷限制又称燃油限制，用来限制主机的供油量，防止主机超负荷。由于主机转速控制系统是根据偏差转速来控制主机供油量的，当螺旋桨吸收功率增加使主机转速降低，或给定转速增大时，为了快速地把主机转速调节到给定转速，有可能使主机供油量增加过多或过快，造成热负荷与机械负荷超载。为此，必须对主机供油量进行限制，以确保主机安全。负荷限制包括增压空气压力限制、转矩限制和最大油量限制等。

负荷限制实现的方法根据调速器类型的不同而异，对于 PGA 等液压调速器，负荷限制的功能均在调速器内部实现；对于数字调速器，均由软件实现；对于采用集成电路的电子调速器，则采用电路实现。前面两种情况在此不予讨论，下面介绍采用电路实现的各种负荷限制方法。

(1)转矩限制

转矩限制的目的是限制主机的机械负荷和热负荷,防止主机超负荷运行。主机的转矩过大是由于主机在某一转速下的喷油量过多造成的。因此,转矩限制普遍采用通过转速来限制油量的方法。在实际中,常采用按设定转速限制油量和按实际转速限制油量两种方法。目前,采用设定转速限制油量的方法用得较多,它按设定转速的大小来限制主机的最大允许供油量。

图 3-2-19 所示为一种电动转矩限制回路。图中,电压跟随器 A_2 与调速回路的运放器 A_3 构成选小器。由电位器 P_1 调定的电压值 U_a 是转矩限制的开始转速值,一般为额定转速的50%~60%。运放器 A_1 的工作模式由 U_S 的大小来确定,当车令设定转速值 U_S 小于 U_a 时,A_1 输出0信号,二极管 D_1 截止,A_1 负反馈作用消失,工作于电压比较器状态,电压跟随器 A_2 的同相端电压是由电位器 P_1 调定的 U_a 值,故 A_2 输出为 U_a 值,如图中所示转矩限制特性的 ab 线。当 $U_S > U_a$ 时,A_1 输出增大,当增大到使二极管 D,导通时,负反馈回路起作用,A_1 从电压比较器状态转为同相输入的比例运算放大器。随着 U_S 的增大,A_1 输出按比例增大,a 点电位升高,A_2 同相端电压增大,A_2 输出也随之增大,如图中所示的斜线 bc。对应每一个设定转速值 U_S,都有一个对应的最大允许供油量限制值 U_{NM}。因此转矩限制的作用是根据设定转速的大小来限制主机的最大允许供油量。调速回路输出的控制信号是 U_C,主机在加速过程中,只要调速回路输出 $U_C > U_{NM}$,选小器就选择 U_{NM} 作为输出,调整电位器 P_2 可调整比例运算放大器 A_1 的放大系数,若调整 P_2 使其电阻值增大,则放大系数增大,对应某一设定转速,允许的最大供油量会增大。

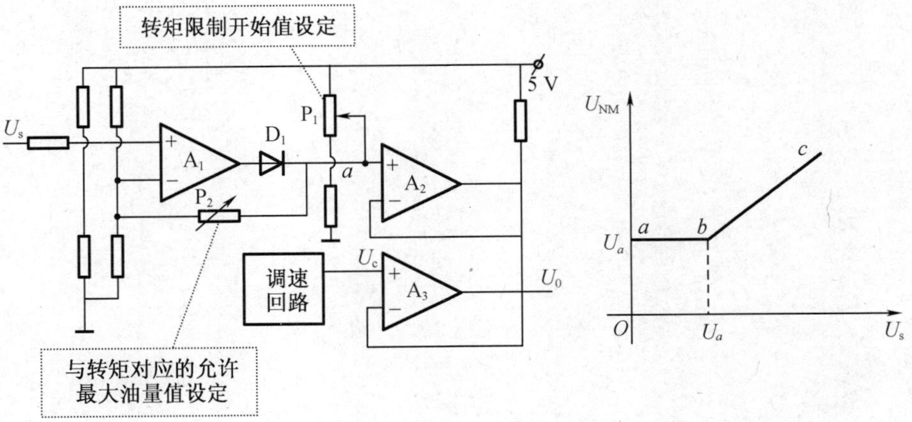

图 3-2-19　转矩限制回路图

(2)增压空气压力限制

在加速时,由于增压器的滞后效应,增压空气压力增加往往不够及时。若主机喷油量增加过快,就会造成油多气少,燃烧不完善,导致主机的排气温度过高,热负荷超过允许值。因此,为避免主机加速过程中出现的冒黑烟现象,防止超热负荷,必须按增压空气压力的大小来限制主机的最大允许供油量。

在电动增压空气压力限制环节中,采用和转矩限制环节类似的方法,由运放器输出一个如图 3-2-20 所示的增压空气压力限制环节输入输出特性电压,送至选小环节参与选小。只要调速器输出电压高于限制曲线,选小环节最大只能输出当前增压空气压力所对应的最大允许供油量。图中,U_K 是与增压空气压力成比例的电压值,U_{KM}为增压空气限制环节的输出,U_M 为最大启动油量限制所对应的电压值。在启动期间,增压空气压力 U_K 较低,限制不起作用,只是最大启动油量限制起作用。启动成功后,U_K 会增大,但只要 $U_K < U_N$,U_M 保持不变。当增压空气压力 $U_K > U_N$ 时,U_{KM}也按比例增大,主机的允许供油也随之增加。

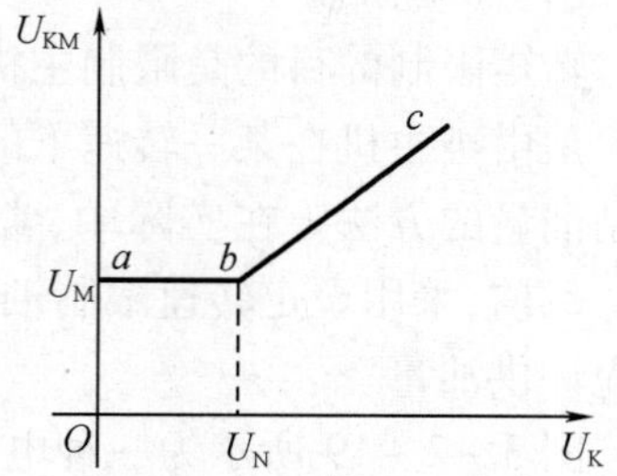

图 3-2-20　增压空气压力限制输入输出特性图

在应急情况下,为了使主机快速地加速,电路中通常还应设置相应的取消限制功能,当按下应急操纵按钮时,将 U_{KM}提高到最大值,从而取消了增压空气压力的限制。

(3)最大油量限制

最大油量限制是指轮机长根据海面状况和主机的运行情况,手动限制主机的最大供油量,防止在驾驶台遥控时,可能发生的主机超速和超负荷现象。最大油量限制范围一般为额定油量的 50% ~100%。在应急操纵情况下,可取消最大油量限制。

最大油量限制的实现电路和轮机长最大转速限制环节相似,所不同的是最大油量限制所限制的是调速器输出的油量信号,而轮机长最大转速限制所限制的是送入调速器转速设定信号。

任务三　MC/MCE 型气动主机遥控系统

【任务目标】

1. 了解 MC/MCE 型主机气动操纵系统组成；
2. 掌握 MC/MCE 型主机气动操纵系统停油、换向、启动和调速等逻辑操作的动作过程；
3. 掌握 MC/MCE 型主机气动操纵系统的故障诊断和管理维护要点。

主机气动操纵系统是主机遥控系统的重要组成部分，主机的启动、换向和停车，甚至转速设定信号的传递，最终都是依赖气动操纵系统来完成的。主机气动操纵系统一般由主机生产厂家随主机配套提供，因此对于不同的船舶主机，其气动操纵系统不尽相同。本章以当前比较普及的 MAN B&W MC/MCE 型主机的气动操纵系统为例介绍主机气动操纵系统的结构组成和操作原理。

MAN B&W MC/MCE 型主机气动操纵系统的气路如图 3－3－1 所示，其主要控制元部件分布在集控室操纵台、机旁和专门的气动控制箱内。系统提供了对主机进行机旁手动操纵和集控室手动遥控的功能，若配上自动遥控装置，则可以实现驾驶台自动遥控。该系统要求提供3.0 MPa 动力气源。此外，还要求提供两个相互独立的0.7 MPa 气源，分别用做控制气源和安全保护气源。

图 3－3－1 所描述的当前工况为，主机处于停车状态；凸轮机构的滚轮处于正车位置；已具备电源和气源条件；调速器连接油门拉杆的供油离合器处于“遥控”位置；机旁操纵台的“遥控/机旁”转换阀 100 处于“遥控”位置，已具备集控室操纵工作条件；盘车机已脱开；至空气分配器的气路已打开。

一、集控室操纵

1. 集控室主机操纵台

集控室的主机操纵台如图 3－3－2 所示。

换向手柄 A 有三个工作位置，即正车（AH）、停车（STOP）和倒车（AS）位置。它一方面通过电路给出回令信息，另一方面控制换向阀给出换向信号。手柄 A 处于正车位置时，管路 6 有气；处于倒车位置时，管路 8 有气；处于停车位置时管路 6 和管路 8 均放气。

操纵手柄 B 也有三个位置，即停车（STOP）、启动（START）和供油区（FUEL RANGE）。手柄 B 处于停车位置时，阀 64 被压下，工作在上位，送出停车指令，管路 2 有气；同时限位开关 60 和 61 动作，分别向电子调速器发送断油停车信号和启动逻辑发出停车复位指令。手柄 B 处于启动位置时，阀 63 动作，送出启动信号，管路 5 有气；阀 64 继续保持在上位，管路 2 继续有气。此外，当进入供油区（FUEL RANGE）时，手柄 B 还带动转速设定电位器，给电子调速器送出一个与手柄位置相对应的转速设定值。

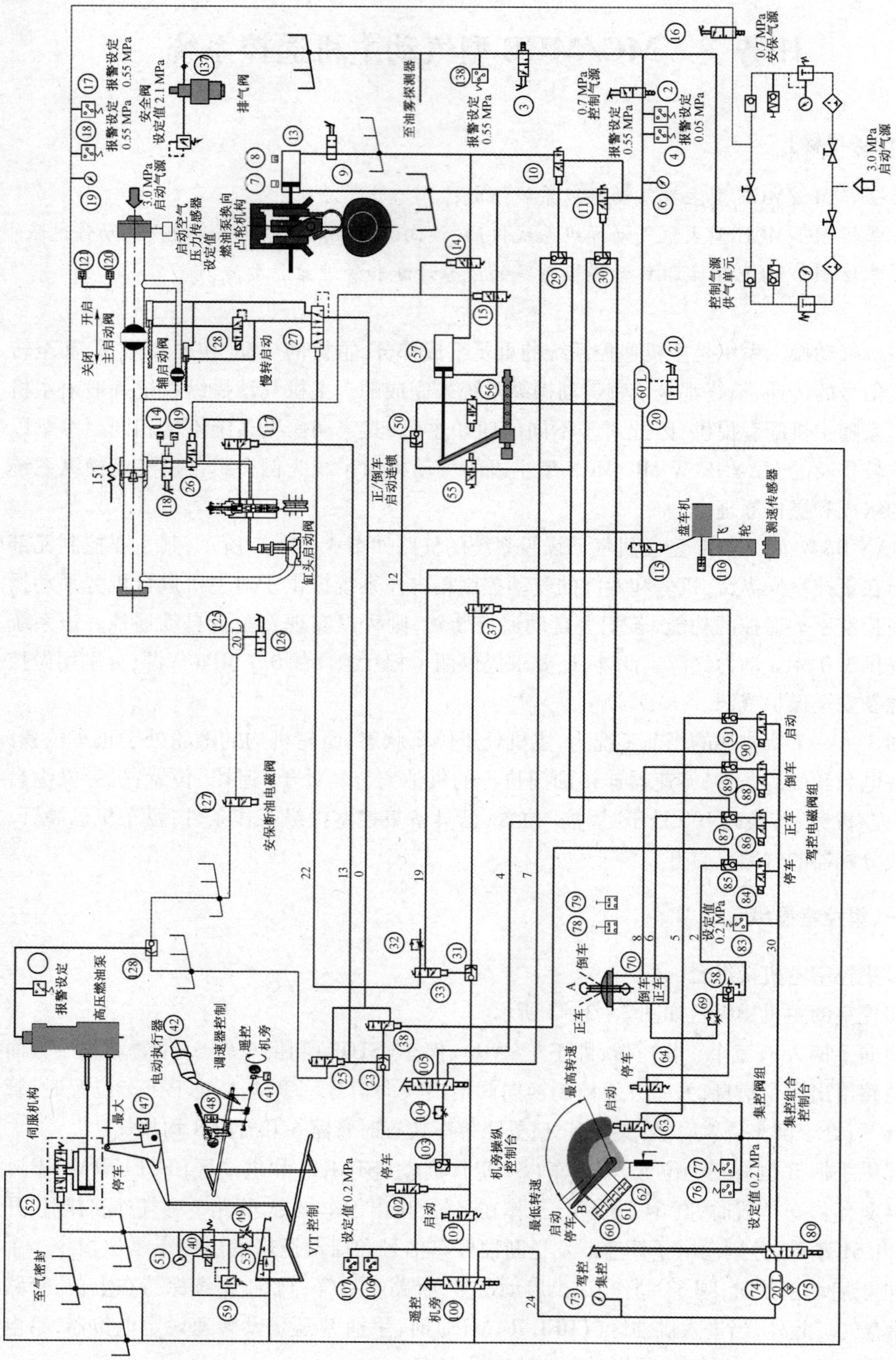

图3-3-1 MAN B&W MC/MCE 控制图

2. 集控室遥控的准备工作

在要求进行集控室的遥控操纵时，事先应完成以下准备工作。

（1）调速供油离合器应处于“遥控”部位。

（2）机旁操纵台上的“遥控/机旁”转换阀100应置于“遥控”位置，下位通。

（3）集控室操纵台上的“驾控/集控”转换阀80置于“集控室”位置，上位通。

0.7 MPa的控制空气已送至以下各处：

①曲轴箱油雾浓度监视报警装置；

②盘车机连锁机构；

③喷油定时自动调节机构；

④经机旁操纵台的“遥控/机旁”转换阀100和24送至集控室操纵台，压力表73指示控制压力。由于阀80已经置于“集控”位置，工作于上位，因而控制空气到达阀63和64，为集控室操纵做好准备，同时，压力开关76，77闭合，给控制电路提供开关量信号。

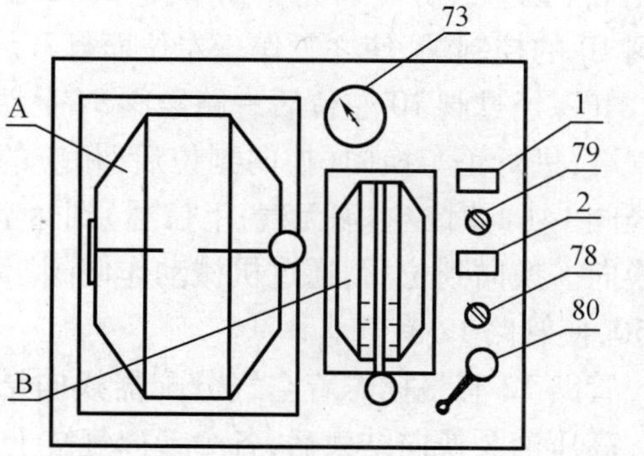

图3-3-2　集控室主机操纵台

A—换向手柄兼回令车钟手柄；B— 机操纵手柄（“停车-启动-供油调速”手柄）；73—控制空气压力表；1—“电子调速器供油限制取消”指示灯；79—“电子调速器供油限制取消”开关；2—“慢转启动”指示灯；78—“慢转启动”控制开关；80—“驾控/集控”转换阀

3. 集控室操纵

下面以停车、换向、启动和运行中换向启动4种情况为例说明对主机进行集控室手动遥控的操作方法和气动操纵系统的动作原理。

（1）停车

驾驶台车钟给出“STOP”指令，集控室的操作手柄A和B都处于“STOP”位置，阀64被压下，工作于上位，控制空气通过，然后分成两路。

一路经速放阀58和单向节流阀69送到正、倒车换向指令阀70，作为后续操作的准备条件；另一路经管路2或门阀85到达两位三通阀38控制端，来自管路0的控制空气通过阀38和23后再分成两路。

一路使阀25下位通，控制空气通过阀25和128使高压油泵处于不可供油状态；另一路使阀117下位通，为启动操作提供准备条件。与此同时，限位开关60也向电子调速器发送断油停车信号，确保可靠停油。

（2）换向

在停车状态下，当驾驶台发出指令时，轮机员首先通过手柄A进行回令。当集控台指示灯指示的凸轮轴位置与车令一致时，再将手柄B从“STOP”位置推向“START”位置。

假设驾驶台发出的是正车（AHEAD）车令，则集控室应将手柄A推到“AHEAD”位置。此时存在两种情况：一是车令与凸轮轴位置相一致，即“AHEAD”指示灯亮，说明满足启动逻辑鉴别条件，可直接将手柄B推到“START”位置，进行启动操作；二是车令与凸轮轴位置不一致，即“AHEAD”指示灯不亮，操纵系统将首先进行正车换向，必须等换向结束之后才能进行启动操作。

现假设车令与凸轮轴位置不一致，即车令为正车，而凸轮轴位置为倒车。此时，因手柄B停留在“STOP”位置，而手柄A在正车位置，故管路6有气，通过或门阀87后一路送至阀

55 等待(因空气分配器处在倒车位,阀 55 工作于左位而截止),另一路再经或门阀 29 后到达阀 10 的控制端,使之工作于左位而打开。

气源经过阀 10 左位后一路经阀 9(手动阀,工作时应置于左位)到达各个高压油泵的换向气缸,进行正车换向(换向到位后,相应的磁力开关 7 动作,送出开关量反馈信号);另一路经阀 14(此时控制端无气,下位通)到达空气分配器换向气缸,推动活塞向左运动进行正车换向。换向到位后,通过机械动作使阀 55 工作于右位,阀前等待的控制空气经 55 和或门阀 50,使管路 12 有气。

管路 12 有气标志着空气分配器换向结束,到达阀 37 的阀前等待,为主机启动准备条件。高压油泵换向结束后,各个换向气缸上的磁力开关 7 动作,通过电路处理给出凸轮轴位置信号。

这一信号用作集控台“AHEAD”指示灯的控制信号,此外还用于自动遥控系统进行逻辑判断,以上为操纵系统进行正车换向的过程,倒车换向过程类似。

(3)启动

当车令与凸轮轴位置一致时,将集控室手柄 B 推到“START”位置,阀 63 被压下,工作于上位,管路 5 有气;由于是油一气分进型主机,此时阀 63 仍然处于上位,管路 2 继续有气,系统仍处于停止供油状态。

管路 5 的控制空气,经或门阀 91 到达阀 37 的控制端,使其下位通,阀前等待的气源经过阀 37、或门阀 31 使阀 33 下位通。只要盘车机是脱开的,阀 115 上位通,管路 19 有气,控制空气就将通过阀 33 下位使管路 22 有气。管路 22 的控制空气将产生以下逻辑动作:

①使阀 14,15 均工作在上位,空气分配器的位置被锁定。

②使阀 26 工作在右位,为空气分配器投入工作准备条件。

③使阀 27 工作在左位,阀前等待的气源经过阀 27 左位到达阀 28 和辅启动阀,使辅启动阀打开。阀 28 为慢转电磁阀,没有慢转指令时工作于右位,控制空气得以通过,使主启动阀也打开。3 MPa 动力空气立即进入启动空气总管,一方面到达各缸气缸启动阀,另一方面经过手动阀 118 和阀 26 的右位,然后分成两路:一路进入空气分配器,另一路经阀 117 下位(停油时工作于下位)使空气分配器投入工作,指挥各个气缸启动阀按照正车的顺序开启,使主机进行正车启动。

若有慢转指令,则慢转电磁阀 28 得电,工作于左位,启动时只有辅启动阀打开,使主机慢转。当主机慢转 1 ~ 2 转后,取消慢转指令,电磁阀 28 失电,打开主启动阀,转入正常启动。当主机转速已经达到启动转速时,将操纵手柄 B 从“START”推向“FUEL RANGE”区域,这时阀 63,64 都复位到下位通,电位器 62 输出转速设定电压信号。

阀 64 的复位使管路 2 的停车指令立即消失,阀 38 复位到上位通,于是就有:

①阀 25 复位到上位通,各缸高压喷油泵停车气缸内的压缩空气通过阀 25 泄放,进入工作状态。

②阀 117 复位到上位通,空气分配器停止工作。

管路 6 要经单向节流阀 69 进行延时泄放,有利于各缸高压油泵换向成功。

阀 63 的复位使管路 5 立即失压,阀 37 和 33 先后都复位到上位通,管路 22 上的控制空气将通过阀 33 上位和单向节流阀 32 延时泄放。阀 32 的节流作用是使进气过程延时结束以获得约 1 s 的油 - 气重叠的时间,保障主机启动的成功率。

启动供油阶段结束以后,主机操纵手柄 B 下面的电位器 62 输出转速设定信号送至电子调速器,调速器通过执行马达控制主机高压油泵齿条调节油量,进入正常运行阶段。

(4)运行中换向启动

驾驶台车钟给出运行中换向指令后,值班轮机员首先通过手柄 A 回令。此时,由于手柄 B 仍处于"FUEL RANGE"区域,阀 63,64 均工作于下位,回令车钟 70 不具备气源条件,尽管它已处于正车或倒车的换向状态,但是管路 6 或管路 8 上没有换向指令气压输出,因此回令操作只是使车钟产生声、光应答信号,并不执行换向操纵,主机仍然处于原来的运行状态。

接下来应对主机进行减速,将手柄 B 拉至低于换向转速的区域,观察转速表,当主机转速下降到换向转速时,再把手柄 B 拉至"STOP"位置,操纵系统执行停油动作,主机进一步降速。与此同时,回令车钟 70 在获得气源并通过管路 6 或管路 8 送出换向信号,进行相应的换向操作。换向结束后,再把手柄 B 从"STOP"扳到"START"位置,只要空气分配器换向完成,即"正/倒车启动连锁"解除,就可以使主机进入强制制动工况,而后开始反向启动。其操作过程和气路工作过程与停车启动完全一致。

二、驾驶台遥控

主机气动操纵系统均设置有与驾驶台自动遥控系统进行接口的气路。只需在集控室操纵状态下,将操纵台上的"驾控/集控"转换阀 80 置于"驾控"位置,则阀 80 工作于下位,接通停车电磁阀 84、正车电磁阀 86、倒车电磁阀 88 和启动电磁阀 90 的工作气源;同时,切断集控室主机操纵台气源,手柄 A 和手柄 B 均失去对气路的控制功能。

或门阀 85,87,89 和 91 的两个输入端分别接收来自集控操纵台和各个电磁阀的输出信号。在驾控时,自动遥控系统根据车令和主机状态情况进行逻辑判断,通过电信号指挥各个电磁阀动作。电磁阀的输出代替来自集控室的命令,实现对主机的各种操纵,其工作过程与集控室操纵相同。

根据需要,主机可以选配不同的自动遥控系统。自动遥控功能或因厂家而异,但一般都具有正常启动、重复启动、慢转启动、重启动、一次性限时启动、正常换向、应急换向和制动等逻辑功能,同时还可以对换向、启动失败等情况进行监视,发生故障时将给出声、光报警信号。此外,在转速和负荷控制方面,一般还有最低稳定转速限制、最高转速限制、临界转速自动回避、加速速率限制、程序负荷、增压空气压力限制以及转矩限制等功能。

三、机旁应急操纵

任何主机的气动操纵系统都必须具备机旁应急操纵功能,以便在遥控气路、调速器等发生故障或在其他某些必要情况下能够在机旁对主机进行操纵。

进行机旁操纵时,首先要进行操作部位的切换。MAN B&W MC/MCE 型主机的机旁应急操纵台如图 3-3-3 所示,切换至"应急操纵"的操作步骤如下:

(1)检查换向阀 105 的位置。阀 105 是在机旁操纵时的手动换向阀,切换之前应确保处于希望的位置。从图 3-3-3 可看出,只有停车阀 102 被压下时,换向阀 105 才起作用。

(2)逆时针转动锁紧手柄 A,使油门调节手轮 B 处于自由状态。

(3)将锁定臂(Blocking Arm)置于"应急(Emergency)"位置。

(4)将手轮 B 转至合适的位置,逆时针转动压紧手轮(Impact Hand-wheel)P,使油门拉杆从调速器输出断开,连接到手动调节手轮 B。

(5)将操作部位转换阀100由“正常(Normal)”转至“应急(Emergency)”位置。切换至“应急(Emergency)”位置后，机旁操纵台气源接通(压力开关106和107动作，送出相应的开关量信号)，可通过机旁手动阀对主机进行应急操纵；管路24的气源被切断，集控室和驾驶台操作失效。

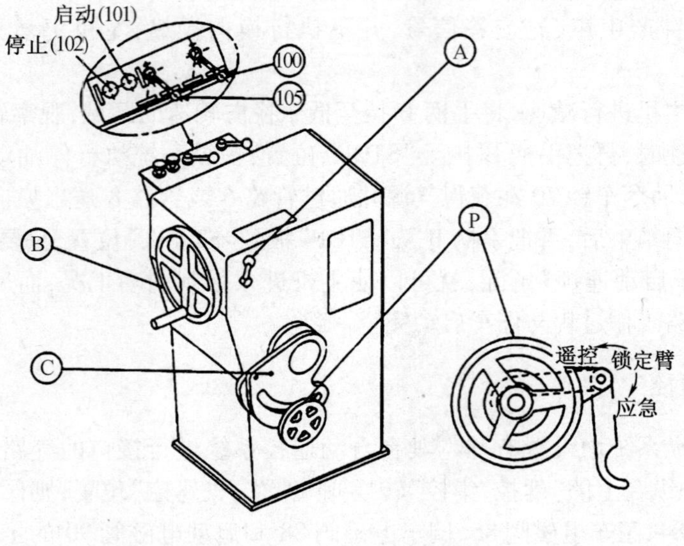

图3-3-3 机旁应急操作台

A—锁紧手柄；B—油门调节手轮；P—压紧手轮

机旁操作指令由停车阀102、正/倒车换向阀105和启动阀101给出，并分别通过或门阀23,29,30和31同来自集控室或驾驶台的遥控指令相“或”。由于遥控气路不工作，以上或门阀的输出只能来自机旁。

1. 停车

按下停车阀102，使其上位通，来自转换阀100的气源经或门阀103和23送至两位三通阀25的控制端，其后的停油动作与遥控操作相同。需要注意的是，停车阀102不带复位弹簧，而是采用气动复位，在按下启动阀101之前，停车阀102将保持在上位(即停车位置)。

2. 换向

只有按下停车阀，换向阀105的阀前才有工作气源，因此只有在停车状态下才能进行换向操作。正车换向时，将阀105置于正车位置，阀前压力经过阀105的下位送至或门阀29，阀29的输出有气，进行正车换向；倒车时，或门阀30的输出有气，进行倒车换向。在机旁手操时，换向连锁应由操作轮机员自行判定。

3. 启动

按下启动阀101，使其上位通，输出有气并分成三路。其中，一路使阀102复位；一路经或门阀31送至阀33的控制端，进行启动操作；还有一路经或门阀103和23，送至阀25的控制端，使得在启动过程中保持停油。启动成功后，松开启动阀，靠弹簧复位，停止启动。

在机旁控制气路中，单向节流阀104的作用和单向节流阀69的作用相同。

4. 供油调速

机旁手动操纵的供油调速是通过操纵手轮B经传动杠杆、离合器和调油轴等直接控制高压油泵实现的，因此，在机旁给出的不是转速设定信号，而是油量信号，此时调速器不起作用。

四、安保断油

在气动控制箱内设置了由安全保护系统控制的断油停车电磁阀127，它由独立的气路提供工作气源。一旦按下应急停车按钮，或主机出现紧急情况使得安全保护系统输出应急停车指令时，电磁阀127得电，下位通，安保控制空气将通过阀127和或门阀128送至高压油泵停油阀，实现断油停车，对主机进行安全保护。

五、喷油定时自动调节（VIT机构）

VIT机构的实质是在主机负荷变化时，能够自动调整高压油泵的喷油提前量，使主机在部分负荷时有较高的爆压，提高部分负荷下的经济性，而在高负荷运行时最高燃烧压力不超过额定值，以达到节能和保障主机性能的双重效果。

在MAN B&W MC/MCE主机的气动遥控系统中，喷油定时自动调节是根据主机负荷变化有规律地使喷油提前或后移的一种设计，实验证明这种设计可以提高爆压，尤其是在高负荷区内可以使主机工作在最佳燃爆的状态下，降低油耗。

在图3－3－1所示的气动操纵系统中，喷油定时自动调节单元是由传动杠杆、调压阀53、VIT伺服机构52以及操作机构等组成的、当调速器的输出发生变化时，调油轴一方面改变高压油泵燃油齿条的位置，另一方面驱动调压阀53的控制杠杆动作，使之绕支点螺钉O_1或O_2偏转，如图3－3－4所示。调压阀53在控制杠杆的作用下输出一个与主机负荷相关的压力信号，这一压力信号经单向阀49和电磁阀40的右位到达各个气缸的VIT伺服器52。各缸伺服器按照输入气压的大小输出一个对应的位移信号，拉动高压油泵的喷油定时调节齿条，调整高压油泵套筒的升降，使喷油定时随着主机负荷的变化而提前或后移，图3－3－5给出了伺服器位移输出杆与高压油泵定时调节齿条的连接关系。VIT伺服器实质上是一个定位气缸，随着输入压力的增大，其输出杆向右的位移也增加，杠杆绕支点逆时针转动，通过连接杆推动定时调节齿条向左移动，喷油定时提前；反之，若输入气压减小，则喷油定时滞后。

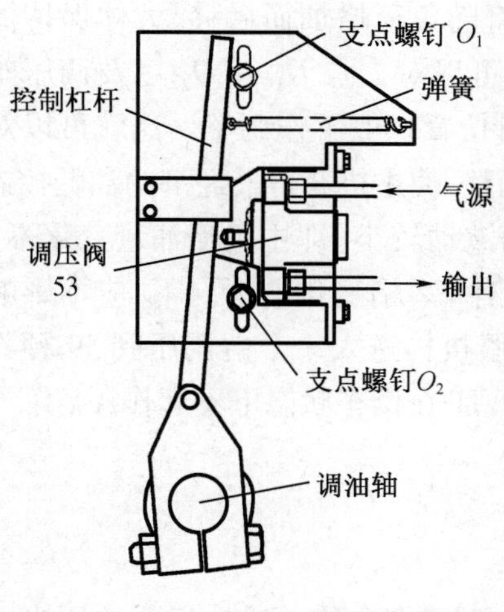

图3－3－4　VIT控制动作原理图

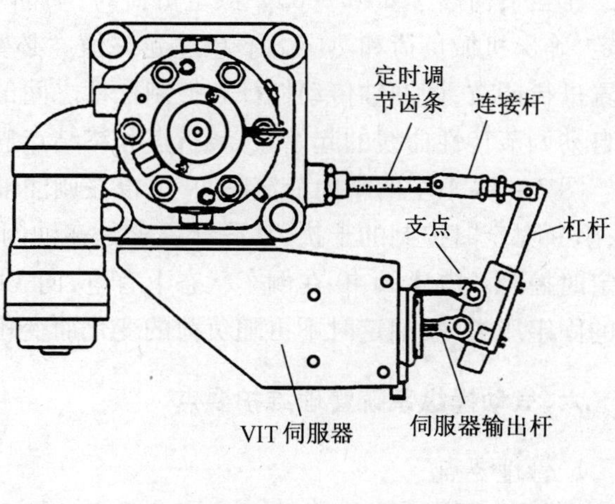

图3－3－5　VIT伺服机构与定时齿条的连接关系图

喷油定时随着主机负荷变化而变化的设计规律可用图 3 - 3 - 6 加以描述，图中①②③④分别对应主机负荷的 4 个不同区域，分别说明如下：

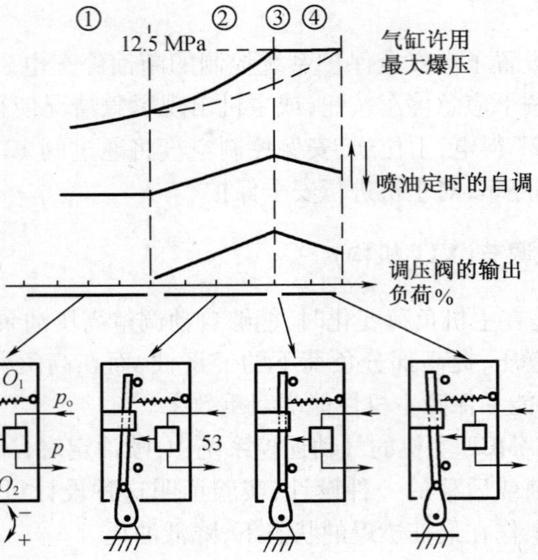

图 3 - 3 - 6 喷油定时随主机负荷变化的规律图

①当主机在约 50% 标定功率以下的低负荷区运行时，控制杠杆在弹簧的拉力作用下贴紧支点 O_1，喷油定时不受控制，喷油提前角 θ 最小，VIT 机构不起作用。

②当主机负荷在约 50% 标定功率以上时，随着喷油量的增加，控制杠杆绕支点 O_1 转动压紧调压阀 53 的控制端，调压阀输出压力增加，喷油定时得以提前，爆压增长要比原先为快。

③当负荷达到 80% ~85% 额定负荷时，控制杠杆开始和支点 O_2 接触，这时爆压应达到最大允许压力。如果负荷的继续增加，控制杠杆绕支点 O_1 转动，调压阀 53 的输出压力开始减少，喷油提前角 θ 逐渐减小，因此这是喷油定时调节的一个转折点。

④当负荷高于 80% ~85% 额定负荷时，喷油定时将随负荷增加而后移，大体保持爆压恒定，确保机械负荷和热应力不超过允许值。必要时，可以对支点 O_1 和 O_2 以及调压阀的位置进行调节，调油轴传动杠杆和控制杠杆之间的相对位置一般不作调整。这就可以对定时自动调节特性曲线的起始点、转折点和终结点进行调整，使主机获得最经济的油耗控制。

图 3 - 3 - 1 中的单向节流阀 49 可以在调油轴转角波动较小(即主机喷油量变化不大)时，阻断对定时控制的干扰，其设计要求是在油门开度有 ±2 格变化的情况下，应不影响喷油定时控制。电磁阀 40 在倒车状态下有电，向 VIT 伺服机构送入一个由调压阀 59 预先调定的固定压力，喷油定时不再随负荷的变化而变化，即 VIT 在倒车状态下不起作用。

六、气动操纵系统管理维护要点

1. 管理要点

在气动遥控系统中，信号的传递都是以压缩空气作为工作介质。遥控气源的压力必须正常，一般为 0.7 MPa；操作空气要求无尘、无水、无脏物；为了使某些运动部件得到润滑，操作空气最好经过滑油雾化处理。

为了使气动遥控元件发挥其应有的效能,轮机人员必须重视气动遥控元件的定期检查保养工作。建议按以下周期进行维护、检查和调校工作:

(1)1至7天对滤器、气瓶定期排放污水,并注意查看有关的液位情况;

(2)半年至1年更新空气过滤器中的过滤元件,对遥控气路认真进行漏气检查;

(3)每2年对强度在3 MPa以下的气动元件,如气缸等执行机构,进行维护检查;

(4)每4年对强度在1 MPa以下的气动元件(大多数气动阀件)进行维护检查;

(5)4~8年对密封垫片之类的橡胶制品,即使没有表面破损等情况也必须予以更新;

(6)原则上经过8年长期使用之后的1 MPa以下的气动元件都要求更新,以确保工作的安全和可靠。

在进行维护检查的时候,对金属零件应用清洗油清洗,对橡胶制品则应用肥皂水清洗。发现破损、老化等情况必须予以更换。在安装时,要用低压压缩空气吹净并给予必要的润滑。

2. 故障排除

如果遥控系统工作不正常,只要对遥控气路有充分的理解,一般不难查出故障并予以排除。若仍然感到有困难,则可根据具体故障现象按遥控系统的功能进行专项检查,同时可借助说明书提供的故障表来判断定位故障原因,从而进行排除。在进行专项检查之前,首先应着手以下项目的检查:

(1)核对遥控系统高、低压气源的压力是否正常;

(2)检查管路上是否有泄漏情况;

(3)检查应急停车等应急操纵是否已被撤销。

任务四 AUTOCHIEF－Ⅳ微机型主机遥控系统

【任务目标】

1. 了解 AC－4 主机遥控系统组成、原理及主要功能；
2. 掌握 DGS8800e 数字调速单元和 SSU8810 安全保护单元的操作；
3. 掌握 AC－4 主机遥控系统操作、管理及故障排查；
4. 掌握 AC－4 主机遥控系统的相关参数设置、调整及功能试验。

一、AUTOCHIEF－Ⅳ系统介绍

AUTOCHIEF－Ⅳ（简称 AC－4）是（AC－3）的升级产品。AC－3 是由集成电路实现的，而 AC－4 是采用微机控制的遥控系统，由 Norcontrol 公司在 20 世纪末推出的第四代产品，为在驾驶台遥控低速二冲程柴油机而专门设计的自动遥控系统，目前广泛应用于我国的远洋船舶上，具有功能丰富、维护方便和安全性强等特点。

AC－4 主机遥控系统的结构组成和布局如图 3－4－1 所示。整个系统包括四大部分：

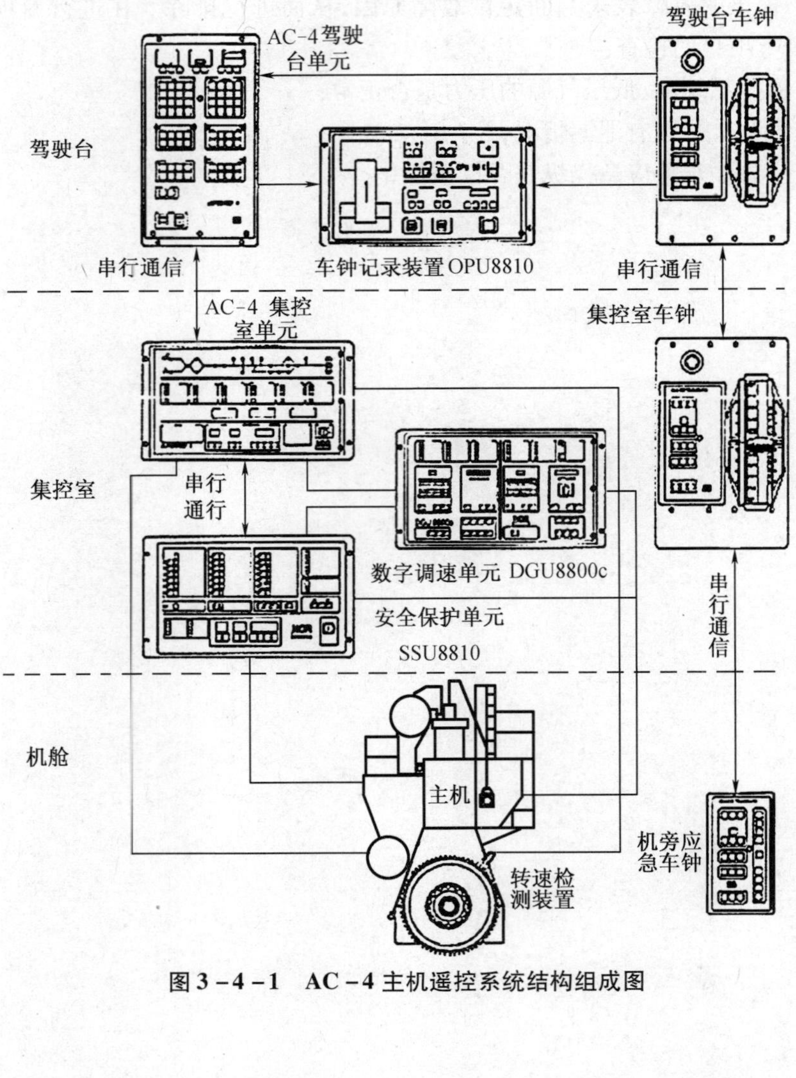

图 3－4－1 AC－4 主机遥控系统结构组成图

(1)实现主机启停换向等逻辑控制的 AC－4 主机遥控系统,包括 AC－4 驾驶台单元和 AC－4 集控室单元;

(2)实现主机转速控制的 DGU8800e 数字调速单元;

(3)实现主机安全保护功能的 SSU8810 安全保护单元;

(4)车钟系统,由驾驶台车钟、集控室车钟和机旁应急车钟组成。各大部分在功能上具有完整性和独立性,既可以由这四部分组合成一套完整的主机遥控系统,也可以单独地与其他遥控系统配合使用。

图 3－4－2 给出了驾驶台单元、集控室单元、安全保护单元和数字调速单元的硬件结构及其相互连接关系。各单元微机系统的硬件结构大致相同,即都由 1 块微处理器主板(Processor Card)、1 块扩展 I/O 接口板(Extension Card)和最多 32 块 I/O 适配器板(Adapter Card)组成。

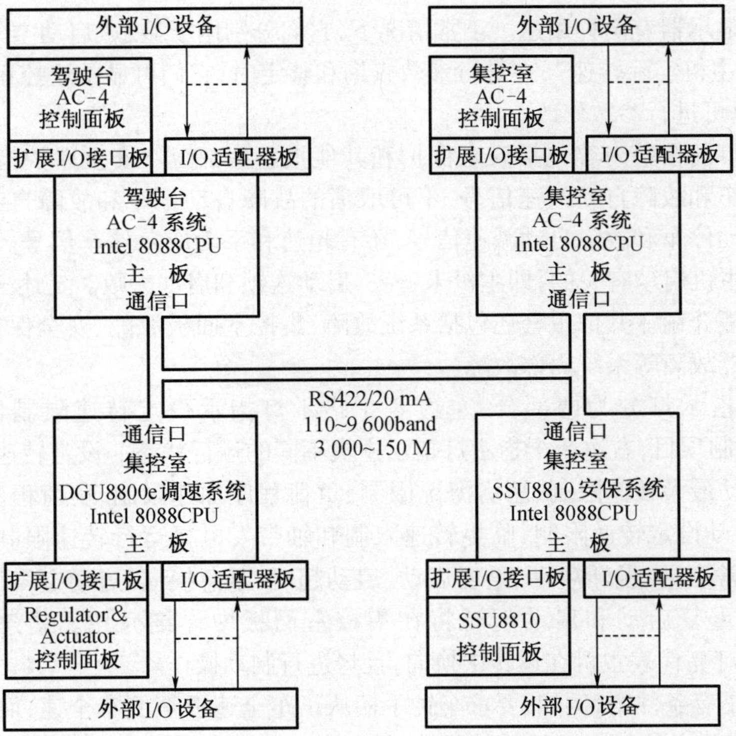

图 3－4－2　AC－4 主机遥控系统硬件组成和网络结构

微处理器主板主要由 CPU(Intel8088)、存储器(62256RAM、2864EEPROM、27512EPROM、825137ROM 等)、可编程并行接口芯片(8255)、串行接口芯片(8251)、中断控制器(8259)、计时/计数器、ADC 和 DAC 等组成,是微机系统进行数据处理及 I/O 控制的核心;扩展 I/O 接口板连接控制面板上的指示灯、按钮和 LCD 数码显示器等,实现人机交互过程中的信息输入与输出;I/O 适配器板的任务是将外部 I/O 信号转换为标准统一的电信号,再送到微处理器主板上的 I/O 接口芯片,或将微处理器主板送出的控制信号进行转换后驱动 I/O 设备,如电磁阀等。尽管各单元的硬件组成基本相同,但由于程序存储器中存储的程序不同,因此各自实现的功能也各不相同,它们之间采用 RS422 串行总线相互连接,进行信息通信，共同协调完成主机遥控的各种功能。

二、AC－4 控制面板及系统的主要功能

1. 驾驶台控制面板

驾驶台控制面板如图 3－4－3 所示，它为驾驶员与遥控系统提供了人机之间交互的界面。在驾驶台，可以实现对主机的遥控、状态监视，也可以实现有关驾驶台单元的参数设定。

驾驶台控制面板的上部是三个数码显示器，向下依次是报警指示灯、状态指示灯、取消按钮、试验及参数设定按钮、操车位置及报警声响确认按钮等。

驾驶台控制面板的主要功能包括：显示过程报警状态；显示过程参数值；显示和主机遥控系统相关的状态；接收驾驶台车钟系统的信号，如转速设定信号、正倒车信号等；接收驾驶台应急停车信号，驾驶台控制相关的参数设定。

三个数码显示器有两种用途。正常情况下，它们分别用于显示“启动空气压力”、“车令设定转速”和“主机实际转速”；在进行参数查询和整定时，它们可显示遥控系统的工作状态和报警信号，也可进行参数修改。

报警指示灯的报警内容包括安全保护和其他报警两部分。安全保护指示包括可取消的故障自动停车和故障自动减速信号，不可取消的故障自动停车和故障自动减速信号，已执行的故障自动停车和故障自动减速信号，还有超速和手动应急停车信号。其他报警指示灯有 3 个是与主机启动有关的，即主机未备妥、启动连锁和启动失败。上述三项的具体内容将在集控室面板介绍。其他报警还包括系统故障、集控室面板故障、安全保护系统故障、车钟故障及调速器故障等系统内部故障。

系统状态指示灯分为两部分，左边 8 个指示灯指示设定转速限制器（SET POINT LIMITER）的限制项目，右边 8 个指示灯指示主机不同的运行状态。设定转速限制器的指示项目主要有手动最大转速限制、恶劣海况限制、负荷程序加速限制、负荷程序减速限制、加速速率限制、启动设定转速限制、临界转速限制和轴带发电机运行转速限制。主机运行状态指示包括正常启动、慢转启动、重复启动、启动超时、紧急换向、启动空气低压、停车和操作手柄匹配。重复启动和启动超时将在集控室面板中详细介绍。紧急换向（CRASH ASTERN）指示灯亮代表主机在运转中换向，且将进行制动操作。

紧急换向是有条件的，例如，要求车钟手柄从正车全速扳至倒车全速，而且操作时间要小于 6 s，若不满足上述两个条件，则不属于紧急换向。操作手柄匹配（HANDLE MATCH）指示灯用于主机运行时操纵部位无扰动切换，当集控室操作手柄给出的设定转速与驾驶台操作手柄给出的设定转速基本相等时，允许操纵部位从驾驶台转到集控室，或从集控室转到驾驶台。

操作指示板中部有取消功能带灯按钮和其他功能带灯按钮。取消功能按钮用于应急操纵，包括取消故障自动停车、取消故障自动减速、取消多种限制和取消负荷程序。这是在紧急情况下驾驶员所采取的舍机保船措施，平时一般不会使用。其他功能按钮包括恶劣海况（ROUGH SEA）、试灯（具有硬件检验功能）、显示和调试功能锁定（COMMIS LOCK）3 个按钮。显示和调试功能锁定按钮用于参数显示和修改，若“COMMIS LOCK”指示灯灭，则顶部的数码显示器为正常显示状态；按下 COMMIS LOCK 按钮，指示灯变亮，则数码显示器为系统参数显示和整定状态；再次按下 COMMIS LOCK 按钮，指示灯闪光，则数码显示器为

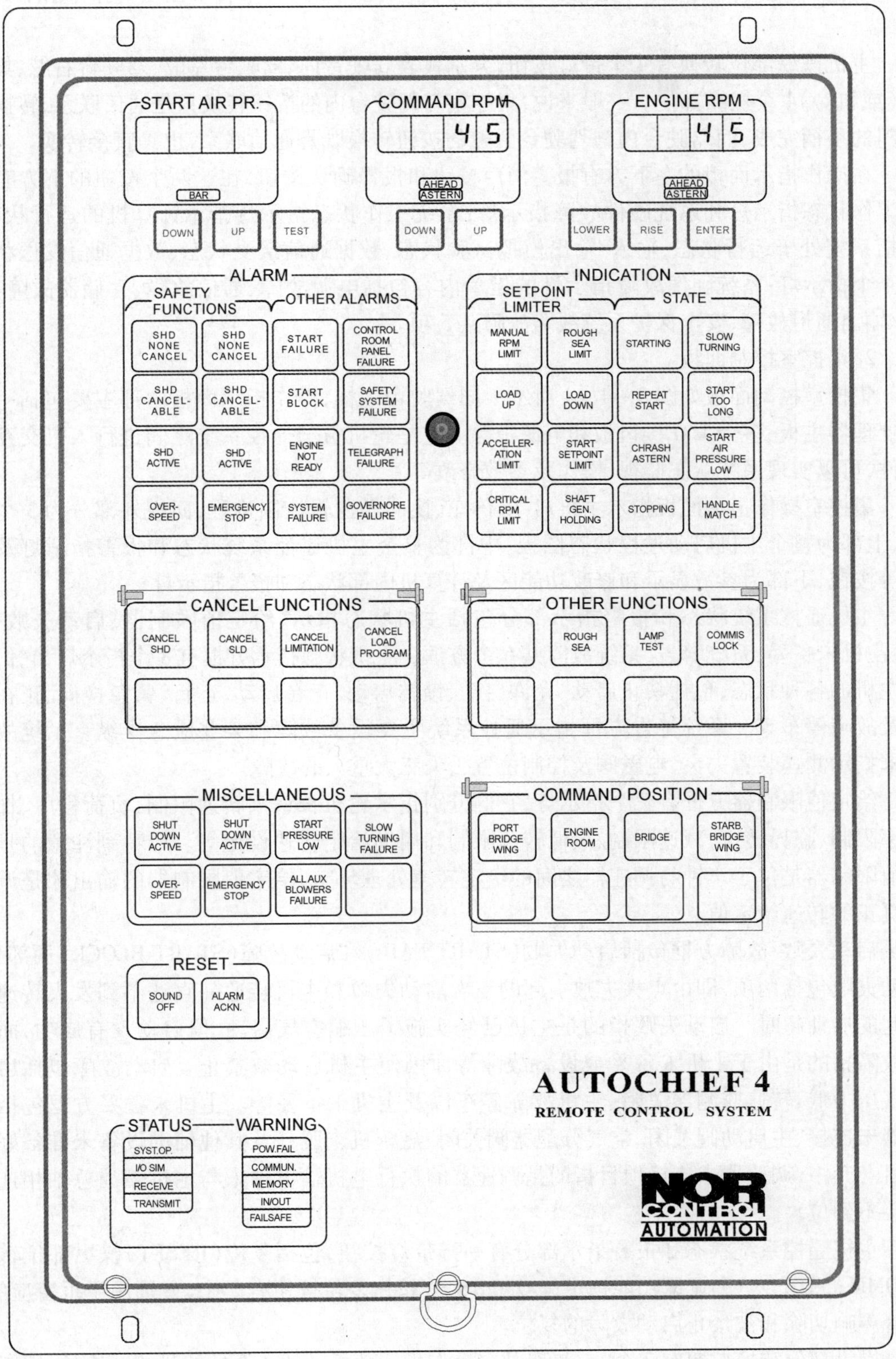

图 3－4－3　AC－4 主机遥控系统驾驶台面板

I/O 通道参数整定状态。恶劣海况(ROUGH SEA)的具体含义将结合集控室的操作指示面板介绍。

主机操纵部位转换有4个带灯按钮,分别代表驾驶台内、驾驶台左舷、驾驶台右舷、集控室(或机旁)4个操纵部位。一般来说,集控室与驾驶台内的按钮转换只是通信联系,转换由专门的手柄完成,而驾驶台内与驾驶台两舷的按钮转换既是通信联系,也是直接转换。

在操作指示面板的左下方有报警消声按钮和报警确认按钮,在这两个按钮的下方有系统工作状态指示灯和系统硬件故障指示灯:系统工作状态指示灯指示计算机的运行状态,包括系统处于运行状态、输入/输出模拟试验状态、数据通信接受状态、数据通信发送状态共4个指示灯;系统硬件故障指示灯的指示内容包括电源故障、通信故障、存储器故障、输入/输出通道故障、安全保护系统线路故障共5项。

2. 集控室控制面板

集控室控制面板如图3-4-4所示。同驾驶台一样,操作指示面板内部主要包括一台微处理器主板、多个I/O接口板和电源板等。它是轮机员与遥控系统之间进行人机交互的部件,可以实现系统状态监视、操作及参数修改等。

集控室操作指示面板指示主机启动、停车、换向等逻辑控制过程,面板外部分为3个区域,上部为整个主机启动过程状态图板,中部为整个主机遥控系统状态和报警指示灯及复位等按钮,下部为参数显示和修改功能区及计算机内部状态和报警指示灯。

主机遥控系统状态和报警指示部分包括主机状态指示、给定值限制器、启动失败/故障、主机未备妥、系统警告、系统故障共6个方框。主机状态指示方框有8个指示灯,它们指示主机的各种状态,包括禁止启动、允许启动、慢转启动、正在启动、运行、紧急换向、正在停车及故障停车等。系统警告方框指示遥控系统主要设备故障和某些应急操纵。系统故障方框指示测速装置失灵、电磁阀及控制位置丢失三大重大的故障。

给定值限制器方框有7个指示灯,它们分别指示轮机长最大转速限制、负荷程序、加速速率限制、临界转速、减速限制、最低转速限制和启动给定转速设定等。应特别注意的是给定值限制器是位于车钟与调速器之间的给定转速处理环节,给定值限制器的输出才是调速器真正的转速给定值。

启动失败/故障方框包括启动失败(START FAIL)和启动故障(START BLOCK)两部分。启动失败包括两项,即由点火失败引起的三次启动失败和主机转速一直达不到发火转速所引起的启动超时。启动失败指的是主机已经实施了压缩空气启动,但启动没有成功,而启动故障指的是由于主机未备妥或设备故障等原因使主机启动被禁止。启动故障包括启动空气压力低、转速监测器故障、主机故障停车以及主机未备妥等。主机未备妥方框包括调速器未连接、主启动阀关闭、空气分配器阀关闭、盘车机未脱开及其他辅助设备未准备好等项目。其中,调速器未连接项目指的是调速器的执行电机输出轴未与主机燃油总轴相连或连接不到位。

主机遥控系统状态和报警指示部分有一排带灯按钮,包括复位(RESET)操纵部位转换(COMMAND POS)和调试功能锁定(COMMIS)等按钮复位按钮有3个,分别用于报警应答、报警声响切除和被禁止启动故障的复位。

操纵部位转换按钮有2个,它与驾驶台操作指示面板上的2个按钮是相对应的,用于驾驶台与集控室进行操纵部位转换的请求和应答,在本系统中,真正使操纵部位生效是靠主控台上的转换手柄实现的,此手柄控制的是气动二位五通阀。

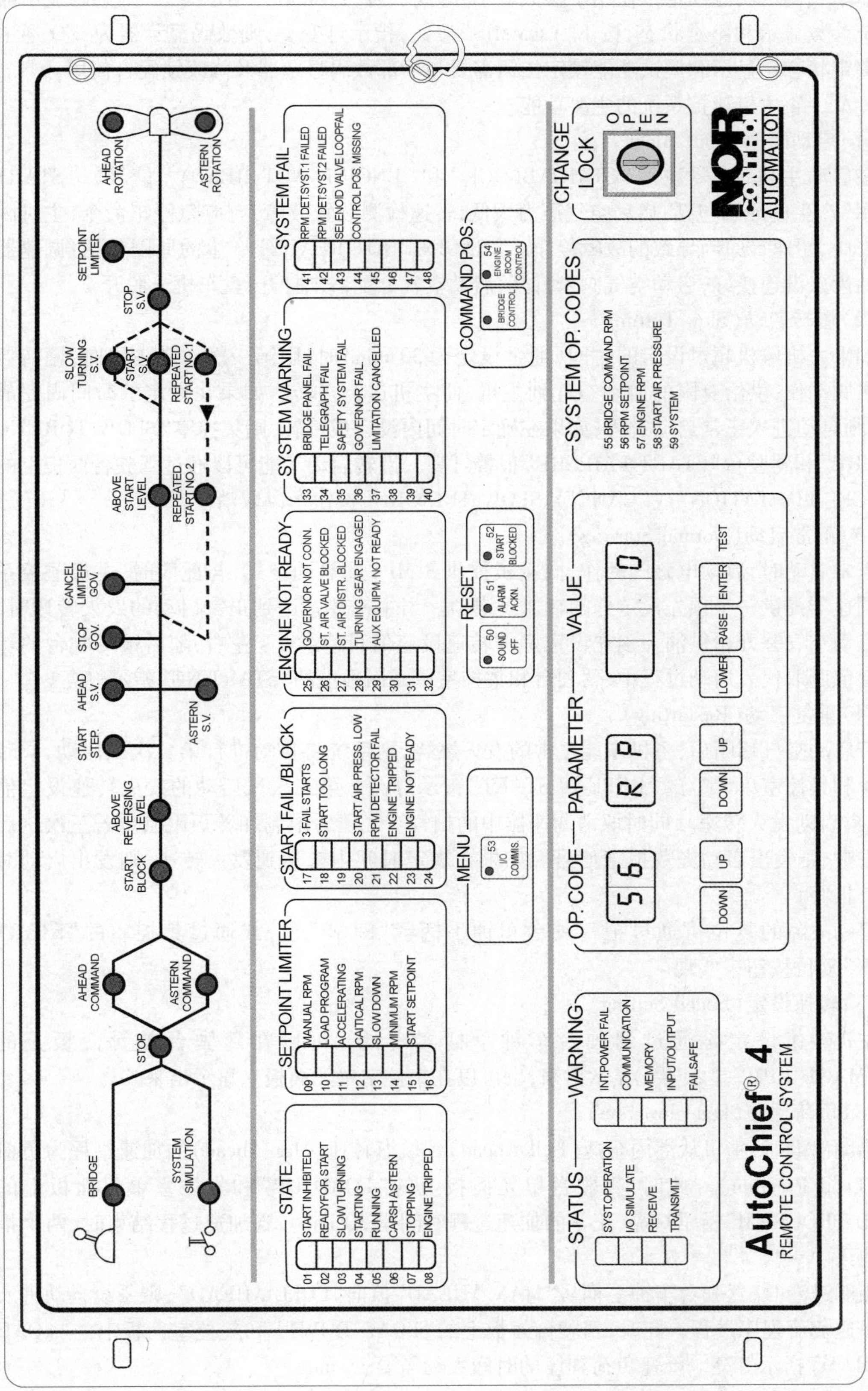

图3-4-4　AC-4 主机遥控系统集控台面板

显示和调试功能锁定按钮用于参数显示和修改，若“COMMIS”指示灯灭，则数码显示器为系统参数显示和整定状态，按下“COMMIS”按钮，指示灯变亮，则数码显示器为I/O通道参数整定状态。显示和调试功能锁定按钮需要与下部数码显示器及修改锁配合使用。

3. AC－4主机遥控系统的主要功能

(1)启动阻塞(Start Block)

在启动主机时，要注意“START BLOCK”和“ENGINE NOT READY”信号。“START BLOCK”产生的原因包括：启动空气压力太低，转速检测装置故障，有应急停车命令，主机因滑油失压、超速等原因导致的故障停车。“ENGINE NOT READY”产生的原因包括：调速器与燃油齿条没连接好，启动空气阀未打开，启动空气分配器未打开，盘车机未脱开。

(2)慢转启动(Slow Turning)

如果主机停机超过设定的时间(通常设定为30 min)时，则第一次启动主机时，慢转启动电磁阀动作，供给有限的启动空气到主机，使主机进行慢转。如果在设定的时间内完成慢转，则自动进入正常启动过程；如果在确定时间内没完成慢转，则集控室“SLOW TURMNG FAILURE”和驾驶台“START FAILURE”报警灯亮。慢转启动功能可以通过驾驶台面板上的“CANCEL LIMITATION”或“CANCEL SLOW TURNING”按钮予以取消。

(3)正常启动(Normal Starting)

正常启动时，启动电磁阀动作，向主机提供3 MPa的启动空气，与此同时，主机遥控系统给调速器提供一个预先设定好的转速设定值。当主机转速达到正常启动的发火转速时，切断启动空气并开始供油。预先设定好的转速设定值只持续6 s左右，随后被驾驶台的转速设定值所取代。启动过程中，驾驶台和集控室单元面板上的“STARTING”指示灯亮。

(4)重复启动(Restarting)

若启动空气切断后，主机未能正常的发火燃烧，则系统将自动进行第二次试启动，同时驾驶台和集控室单元上的“REPEAT START”指示灯亮。第二次试启动的发火转速设定值较高(重启动发火转速)，同时取消调速器中的扫气空气压力限制和转矩限制。若三次试启动都失败，则发出启动失败报警信号。如果在规定时间内未达到发火转速，则发出启动时间太长报警。

启动故障的复位可通过把驾驶台车钟手柄置“STOP”位，或通过集控室的“START BLOCK”复位按钮来实现。

(5)转速设定(Speed Setting)

主机转速设定是通过驾驶台车钟手柄实现的。可以在驾驶台单元面板上的“COMMAND RPM”显示器上显示出来，也可以在集控室单元面板上显示出来。

(6)负荷程序(Load Program)

船舶出港时，主机从港内全速(Full Ahead)到航海转速(Max Ahead)的加速过程为负荷程序(Load Program)。此时，驾驶台单元面板上的“LOAD UP”和集控室单元面板上的“LOAD PROGRAM”指示灯亮，正常的加速过程时间是30 min。当加速过程结束时，两个指示灯熄灭。

船舶进港时，驾驶台车钟手柄从“MAX AHEAD”扳向“FULL AHEAD”，则系统自动进入一个降速负荷程序过程。此时，驾驶台面板上的“LOAD DOWN”和集控室面板上的“LOAD PROGRAM”指示灯亮。降速负荷程序的时间大约需要15 min。

如果驾驶台车钟手柄从“MAX AHEAD”直接扳到“FULL AHEAD”以下时，AC－4主机遥控系统将自动取消降速负荷程序。如果降速负荷程序结束之前，车钟手柄又扳向"MAX AHEAD"位置，则系统将从当时的转速开始负荷程序加速过程，这时的加速时间比正常时间缩短。

负荷程序可以通过驾驶台上的"CANCEL LOAD PROGRAM"或"CANCEL LIMITATIONS"按钮取消；此时，在集控室单元面板上的"LIMITATION CANCELED"和"LOAD PROGRAM CANCELED"指示灯亮。

（7）轮机长最大转速限制（Manual RPM Limit）

在集控室单元面板上，轮机长可以对驾驶台的主机转速设定值进行限制。如果驾驶台车令超过该限制值，则驾驶台和集控室面板上的"MANUAL RPM LIMIT"指示灯亮，同时，调速器以该限制值为转速设定值控制主机的转速。

（8）临界转速回避（Critical RPM Limit）

如果驾驶台转速设定落在临界转速区内，驾驶台单元和集控室单元面板上的"CRITICAL RPM LIMIT"指示灯亮。在加速过程中，主机转速将维持在临界转速下限；在减速过程中，主机转速将维持在临界转速上限。AC－4 系统提供两个临界转速区可供使用，通常只需要一个。

（9）故障降速（Slow Down）

故障降速信号由安全保护系统检测和发送到 AC－4 主机遥控系统。故障降速分两种类型：可取消的故障降速和不可取消的故障降速。对于可取消的故障降速，安全保护系统首先给出故障降速报警信号，使驾驶台单元面板上相应的报警指示灯亮，经过一个预先设定的时间延时，再实际执行故障降速。此时，驾驶台单元面板上相应的报警指示灯亮。对于不可取消的故障降速，安全保护系统通常是直接执行故障降速。当故障降速执行时，主机转速即被限制在故障降速设定转速上。

（10）换向（Reversing）

当驾驶台车钟手柄从停车位置扳向正车或倒车任何位置，主机将根据启动顺序自动进行换向动作。如果在制动转速以上运行时进行换向，则供给制动空气，以便尽快地完成降速换向操作。

（11）应急操纵（Crash Maneuvering）

当驾驶台车钟手柄从"FULL AHEAD"扳向"FULL ASTERN"时，AC－4 控制系统认为这是应急操纵状态。此时，系统的工作过程为驾驶台和集控室单元面板上的"CRASH ASTERN"指示灯亮；主机停油；应急换向和强制制动；重启动发火转速设定值、取消增压空气压力限制和转矩限制；启动成功后，切断启动空气和正常供油。

（12）恶劣海况模式（Rough Sea Mode）

恶劣海况模式是一种可供选择的工作方式，用来防止在恶劣海况情况下，发生超速停机现象。在 AC－4 驾驶台单元和安全保护系统控制面板上都设置了"ROUGH SEA MODE"选择按钮，按下此按钮，"超速"现象被特别监控，具体做法是，当主机转速达到"超速"转速时，切断燃油供给，主机转速将下降；当主机转速下降到复位转速时，恢复燃油供给，主机的转速慢慢地恢复到先前的转速。

为了得到更好的恶劣海况运行效果，该功能的动作上限值是可调整的，适当地调整这个上限值，可避免系统在"超速"/"复位"之间频繁波动。这种工作模式显然不利于发挥主机最大输出功率。

(13)轴带发电机控制模式(Shaft Gen. Control Mode)

如果船舶装备带有定频齿轮(CFG)装置的轴带发电机时,主机遥控系统必须具有和船舶电站控制系统进行信息交流的功能,以避免在主机转速降低或故障降速时造成轴带发电机跳闸,从而导致全船失电的恶性事故发生。

三、AC－4 主机遥控系统在不同车令下的工作过程

图 3－4－5 是 AC－4 集控室单元面板上指示主机启动、停机、换向等控制过程的 Mimic 图,图中用 21 个 LED 指示灯全面地指示了主机各种控制过程的状态。下面对主机启动、停机、换向过程的状态指示分别加以说明。

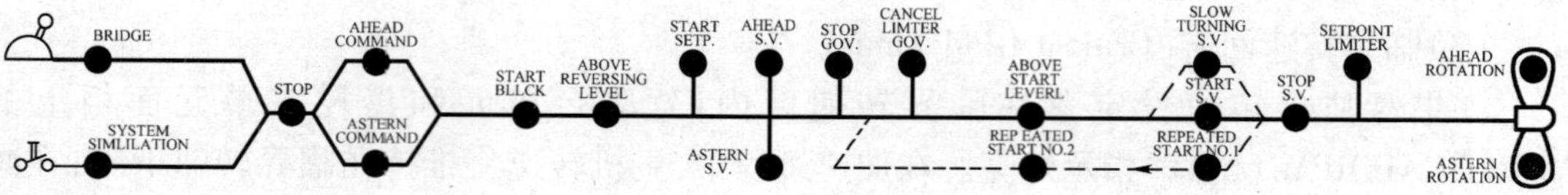

图 3－4－5　AC－4 集控室单元面板的 Mimic 状态图

1. 主机正车启动过程的状态指示

控制部位选择在驾驶台,BRIDGE 灯亮;驾驶台车钟手柄在停车位置时,STOP 灯亮;如果启动阻塞灯亮,说明有启动故障存在,具体是什么故障,在图 3－4－4 中"START FAIL/BLOCK"区域的指示灯 17 到 24 予以指示。例如:"START FAIL/BLOCK"区域中的 20 号灯亮,则说明启动空气压力低,应检查空气瓶压力和主启动阀的位置。当启动空气压力恢复正常,按动复位按钮,或将车钟手柄扳向停车位置。复位后,将车钟手柄扳向正车任何位置,正车车令、启动设定、正车电磁阀、启动电磁阀指示灯亮。

主机启动后,正车转向指示灯亮。如果设定值限制器指示灯亮,则在设定值限制器区域中的相关指示灯亮。例如设定值限制器区域中临界转速指示灯亮,表明车令设定转速在临界转速区内,同时,驾驶台上的临界转速限制指示灯亮,当车钟手柄越过临界转速区后,指示灯熄灭。

2. 主机停车过程的状态指示

驾驶台车钟手柄放在停车位置,停车指示灯亮;调速器停止工作、停车电磁阀和正车转向指示灯亮。在主机停车过程中,主机状态区域中的正在停机指示灯亮。在主机停车完成后,主机状态区域中的 02 号备车指示灯亮。

3. 主机倒车启动过程的状态指示

驾驶台车钟手柄放在倒车位置,倒车车令指示灯亮:启动设定、倒车电磁阀、启动电磁阀指示灯亮。主机启动后,倒车转向指示灯亮:在主机倒车启动完成后,主机状态区域中的 05 号运行指示灯亮。

四、AC－4 主机遥控系统的参数设置

为了便于在日常使用、管理维护、故障诊断和系统调试等过程中对遥控系统的内部状态和参数进行查看和设置,AC－4 的集控室单元面板上设有专门的数码显示器和操作按钮,数码显示器显示格式如图 3－4－6 所示。通过显示器和操作按钮进行显示或设置的参

数类型有两种,即系统参数和 I/O 通道参数,可通过“COMMIS LOCK”按钮进行切换。显示器的左边两位用于显示系统参数编码(OP. Codes)或者 I/O 通道号编码(I/O Channel),并可通过其下方的“DOWN”或“UP”按钮进行编码选择。中间两位用于显示当前编码下的参数(Parameter)名称或参数性质,同样可以通过其下方的“DOWN”或“UP”按钮进行选择。右边的四位用于显示具体的参数值(VALUE),必要的情况下可通过“LOWER”和“RAISE”按钮进行修改,修改完毕按“ENTER”键输入。平时,集控单元面板上的“CHANGE LOCK”修改锁一般置于“LOCK”位置,通过编码显示框下面的“DOWN”或“UP”,按钮操作只能读出编码 55 至 58 的参数显示值。只有用钥匙将“CHANGE LOCK”修改锁置于“OPEN”位置时,才能将编码 1 至 59 的参数全部读出。

系统参数主要是指遥控系统在工作过程中的各种特征参数,如发火转速值、轮机长限制转速值、超速保护限定值、慢转启动参数和主启动空气报警参数等,系统参数的编码与集控室单元面板上的参数编码排序一致。例如,编码 9(MANUAL RPM)为轮机长转速限制参数,包括正车最大转速 P_1、倒车最大转速 P_2 和恶劣海况的正车最大转速 P_3。在驾驶台遥控操纵中,如车钟指令值超过轮机长设定值,则主机转速达到轮机长设定值时不再上升,并给出轮机长转速限制指示(09 号灯亮)。

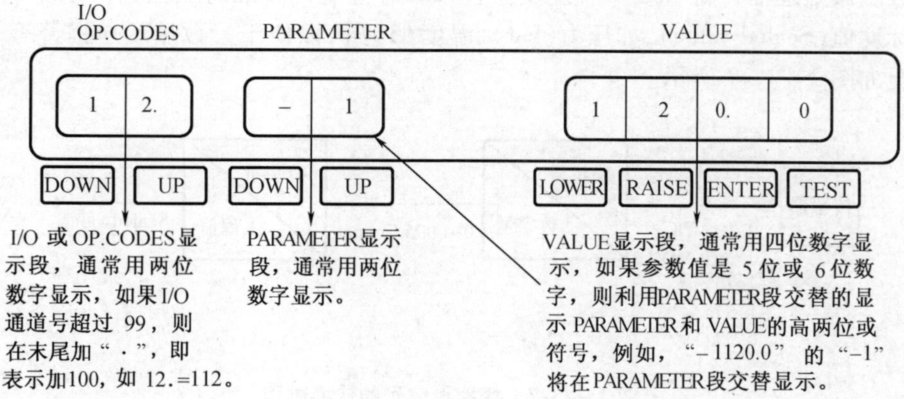

图 3-4-6　AC-4 的数码显示器格式

若需显示或修改正车最大转速值 P_1,则首先使“OP. CODE”显示器中的显示值为 09,然后使“PARAMETER”显示器显示 P_1,此时“VALUE”显示器将显示当前的正车最大转速设定值,若需要修改,则通过 LOWER 和 RAISE 按钮调整到希望的数值,并按 ENTER 键。显示值闪烁两次后变为平光,说明设定的新值已被输入,修改完毕。参数修改完毕后,应将修改锁置回“LOCK”位置,以防数据丢失。

I/O 通道参数是指与计算机输入/输出通道相关的设置参数或反应通道状态的状态参数,如模拟量零点和量程参数、灯 D 转换值以及开关量的状态等。I/O 通道参数的意义在于可以修正模拟量信号的零值和量程、设定上下限报警值、对输入信号及传感器接线情况等进行监视,在遥控系统不正常情况下可以借助显示来对输入信号进行检查,还可以进行遥控系统控制功能的输出模拟。I/O 通道参数的显示和设置与系统参数基本相似,区别在于打开修改锁开关后,需要按一下 COMMIS LOCK 按钮(49 开关灯点亮),使编码显示切换为 I/O 通道号。

I/O 通道的编号与输入/输出通道编号(CH xx)相同。其中,有些对应开关量,有些对应模拟量,具体的通道安排可查阅说明书。

开关量的典型例子如控制主机进行启动、停车、正车和倒车换向的电磁阀控制信号,它们的通道号分别为 CH65,CH70,CH66 和 CH68。以正车换向电磁阀(CH66)为例,若要查看它的输出状态,则首先按"I/O COMMIS"按钮一次,使 LED 指示灯 49 平光亮,然后选择通道号 66。此时,"PARAMETER"显示器将显示参数性质为 do,"VALUE"显示器的显示内容与当前遥控系统所进行的逻辑动作有关。若此时车钟手柄在停车位,则"VALUE"显示器应显示"CLOS",若处在正车换向的过程当中,则应该显示为"OPEN"。如果实际显示内容与逻辑上应当显示的内容不符,则说明输出该路输出存在故障,如电磁阀故障或线路故障等。按同样的方法,也可以查看启动、停车和倒车电磁阀的状态。

模拟量参数的显示和可设置内容比开关量要复杂。例如,在模拟量输入电路中,传感器输出的模拟量信号可以是 0~10 VDC 或 0~±10 VDC 的电压信号,4~20 mA 或 1~5 mA 的电流信号,还可以是 0~5 kΩ 电阻信号。这些模拟量信号经模拟量输入接口电路进行模数转换,其转换值称为数字量(Counts)。这里的 Counts 是与 A/D 输出二进制数相对应的十进制数,例如,Counts = 4095,表示 12 位 A/D 转换器输出的全二进制数 111111111111 所对应的十进制数。微处理器再将 Counts 标度变换(Scaling)为统一标准的工程值(Technical value)或称为标度值(Scaled value),如压力(bar)、温度(T)等,以便于参数显示与报警等,其信号变换情况如图 3-4-7 所示。

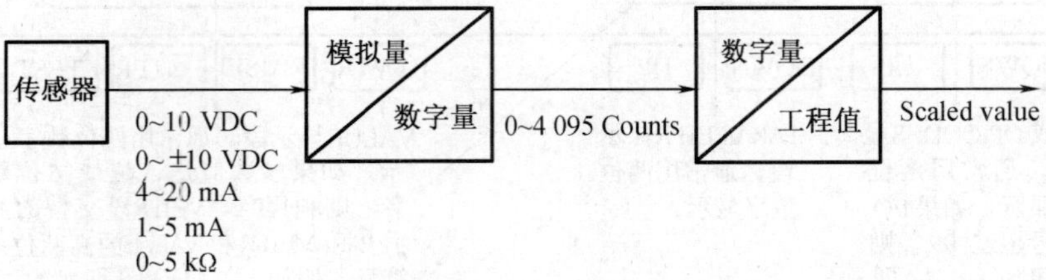

图 3-4-7 模拟量信号的转换过程

对应某一个通道编号,通过选择"PARAMETER"显示器中不同的参数类型可以得到模拟量电路中各种参数值,例如,若选择参数类型为 AC,则可读出这一通道的数字量(Counts);选择 AI,可读出模拟量输入工程值;选择 AP,可读出模拟量输入的百分数。同理选择 CL,CH,tL 和 tH 可分别读取数字量低限、数字量高限、工程值低限和工程值高限。

五、AC-4 主机遥控系统的装置功能试验

AC-4 主机遥控系统提供了一种在线功能试验的功能,可以在不间断运行的情况下,对系统有关硬件进行全面自检。正常情况下,系统的功能试验程序是不运行的,只有在使用驾驶台和集控室单元上的"TEST"按钮时,试验程序才能被启动。在进行功能试验时,系统工作在试验模式(Test Mode)。

1. 功能试验的步骤

(1)在集控室单元上将修改锁置于"OPEN"位置。

(2)在驾驶台单元上按下"COMMIS LOCK"按钮。

(3)在集控室单元上选择“OP. CODE”为01,改变参数从“fals”变为“true”,如图3-4-8(a)所示。

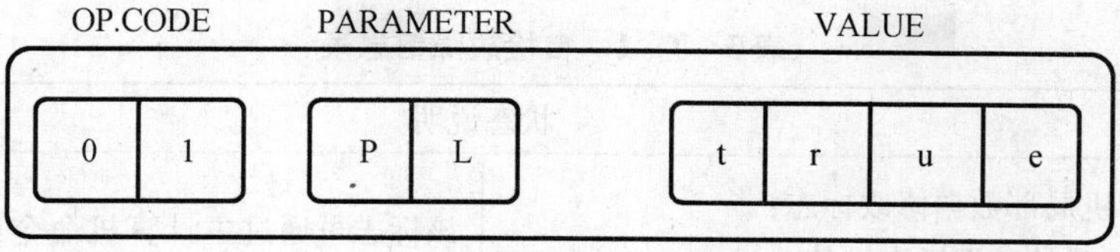

(a)

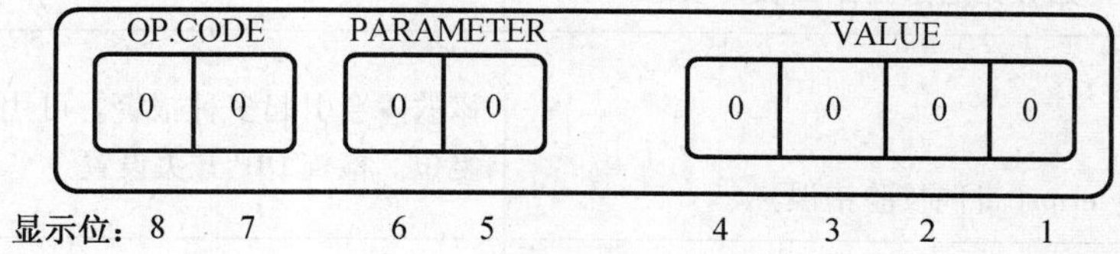

(b)

图3-4-8　故障功能试验结果

(a)AC-4功能试验界面;(b)故障功能试验结果

(4)按下驾驶台单元上顶部显示器下的“TEST”按钮。

(5)按下集控室单元上显示器下方的“TEST”按钮,则检验程序被激活,控制面板上将出现:

①在显示器上显示系统软件的版本型号;

②有的报警/状态LED指示灯将同时闪烁。

(6)5 s之后,集控室单元面板将进一步出现:

①所有的显示窗口将同时显示数字从0到9,每个数字显示两次;

②所有的报警/状态LED指示灯将成对交替闪烁。

(7)过程6的显示进行两次以后,将发生下述过程:

①所有的报警/状态LED指示灯将同时闪烁,并且数码显示器的每个显示位都显示数字“1”,按下控制面板上RESET区域的“ALARM ACKN”按钮,则重复上述试验一次;

②数码显示器的所有显示位都显示“0”,如图3-4-8(b)所示,若有某一位或若干位显示为“1”,则表示有故障。故障信号如表3-4-1所示。

(8)再次按下驾驶台单元上顶部显示器下的“TEST”按钮,结束试验,返回正常显示。

(9)在集控室单元上选择“OP. CODE”为01,改变参数从“true”变为“fals”,如图3-4-9所示。

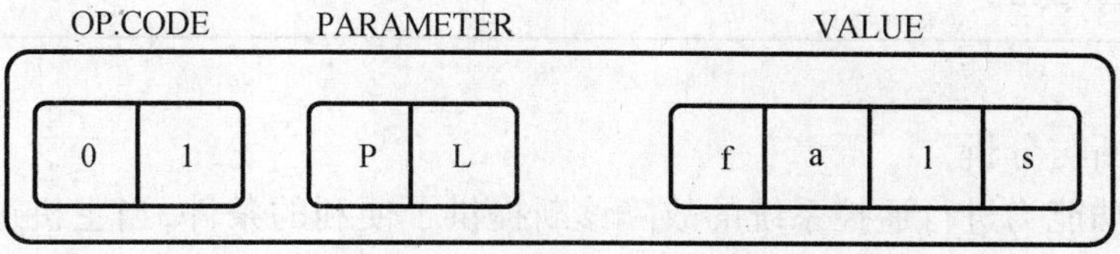

图3-4-9　AC-4功能试验中的参数修改

(10)将集控室单元上的修改锁置于“LOCK”位置。

(11)再次按下驾驶台单元上“COMMIS LOCK”按钮。

表3-4-1 自检故障信息表

显示位	状态说明	
1	主计算机局部数据修改标志: 0 = 系统初始数据没有被修改过 1 = 系统初始数据通过控制面板修改过	该标志可通过主计算机命令或关掉系统电源复位
2	通信状态: 0 = ok 1 = parity error(奇偶校验错误)	该故障会引起多种报警。可用“ACKN.”按钮复位。检查 DIP 开关设置
3	通信状态: 0 = ok 1 = overrun error(数据溢出错误)	该故障会引起多种报警。有时,这些报警可能会因噪声引起
4	通信状态: 0 = ok 1 = framing error(硬件装配错误)	该故障可用“ACKN.”按钮复位。如果故障立即发生,则检查 DIP 开关设置
5	输入通道组状态: 0 = ok 1 = channel type combination illegal(不正确的通道类型组合)	可能因通道组合失配,不能正常工作。重新正确组合手,该故障将被自动复位
6	微处理器板硬件状态: 0 = ok 1 = processor fail(微处理器故障)	更换微处理器板(Intel 8088 微处理器板)。按“ACKN.”按钮清除
7	微处理器板上 EEPROM 存储器芯片状态: 0 = ok 1 = eeprom malfunction(芯片损坏)	更换 ICU05,重新初始化程序和数据。更换微处理器板
8	内部数据状态: 0 = ok 1 = indicates faulty processor conditions(微处理器故障状态指示)	更换微处理器板。按“ACKN.”按钮清除

2. 故障诊断与分析

上述试验功能为进行遥控系统的故障诊断提供了便利的条件,当主机遥控系统出现故障时,管理人员可以从以下几方面着手进行故障分析:

(1)观察控制台和控制面板上的状态指示灯、报警指示灯以及 LCD 显示器显示的故障信息等,了解故障的大致内容和范围。

(2)根据故障的报警指示和故障信息提示,采取相应的操作试验以便区分开故障是发生在主机遥控的气动操作系统部分还是在电动遥控部分。例如,如果不能由驾控遥控启动主机,则应该首先改为集控室或机旁试启动,如果集控室或机旁都不能启动,则首先应检查的范围是气动操作系统;反之,可以确定故障发生电动遥控部分。

(3)在进行了(2)项后,再参照1项提供的各种指示及信息,有目的地利用遥控系统所提供的其他专用"检验F实验功能TEST"或通过"参数检查与修改"等方法,进一步确定故障的具体部位、具体环节或具体回路。

(4)在确定了故障的具体部位、具体环节或具体回路后,就要"查找-分析-测试-判断"接线图及其环节中的"I/O设备"、"导线"、"接线端子或针孔插件"、"适配器板、扩展I/O接口板或专用I/O接口板"等每个小环节的确切状况,如果发现故障,应给予相应的维修或更换备件。

(5)检修后要进行运行试验。若条件允许,则可以启动主机进行实操试验,以便验证故障是否已经消除;如果在条件不允许的情况下,也可以将启动空气和燃油总阀关闭,仅通过遥控系统模拟试验或参数监视等方法即可验证故障是否已经修复,而无须启动主机。

六、DGS8800e数字调速系统

DGS8800e数字调速系统是由计算机控制的全数字式调速系统,它具备全制式液压调速器的所有功能,能满足低速长冲程柴油机的所有调速任务,既适于定距桨(FPP, Fixed Pitch Propeller),又适于调距桨(CPP, Controllable Pitch Propeller)。DGS8800e数字调速系统具有两个不同版本,分别对应于MAN B&W MC机型和Wartsila Sulzer RTA机型,两者略有不同,这里介绍的是面向MAN B&W MC机型的版本。

(一)DGS8800e数字调速系统结构组成及原理框图

1.调速系统的结构组成

DGS8800e数字调速系统主要由DGU8800e数字调速单元、DSU001数字伺服单元、TRAFO001变压器单元、ELACT001执行马达、转速检测装置和扫气压力传感器等部分组成。图3-4-10给出了它们之间的相互关系。

(1)DGU8800e数字调速单元

DGU8800e数字调速单元一般镶嵌于集控台的立面上,它包含两个独立完整的微机子系统,分别用于主机转速调节和执行机构的输出定位。两个子系统共用一个控制面板,如图3-4-11所示。面板的左半部分(REGULATOR)显示调速器的相关状态和参数,通过按钮操作可对调速器进行参数修改和其他操作,右半部分(ACTUATOR)则为执行机构提供显示和操作接口。

调速系统根据设定转速和实际测量转速由控制算法程序计算出主机供油量(即燃油齿条位置),并把这一目标供油量通过数字通信方式送给执行机构定位系统,改变主机供油,实现转速控制。

执行机构定位系统将来自调速系统的目标供油量(齿条位置)作为设定值,并根据齿条位置的当前测量值,计算控制量,由DSU001数字伺服单元和ELACT001执行马达操纵油门拉杆,直到齿条实际位置与调速系统给出的目标位置相同为止。

调速系统和执行机构定位系统均分别由一个Intel8088微处理器控制,信号的输入和输出通过计算机接口电路实现,其主要的外界输入/输出信号主要包括:

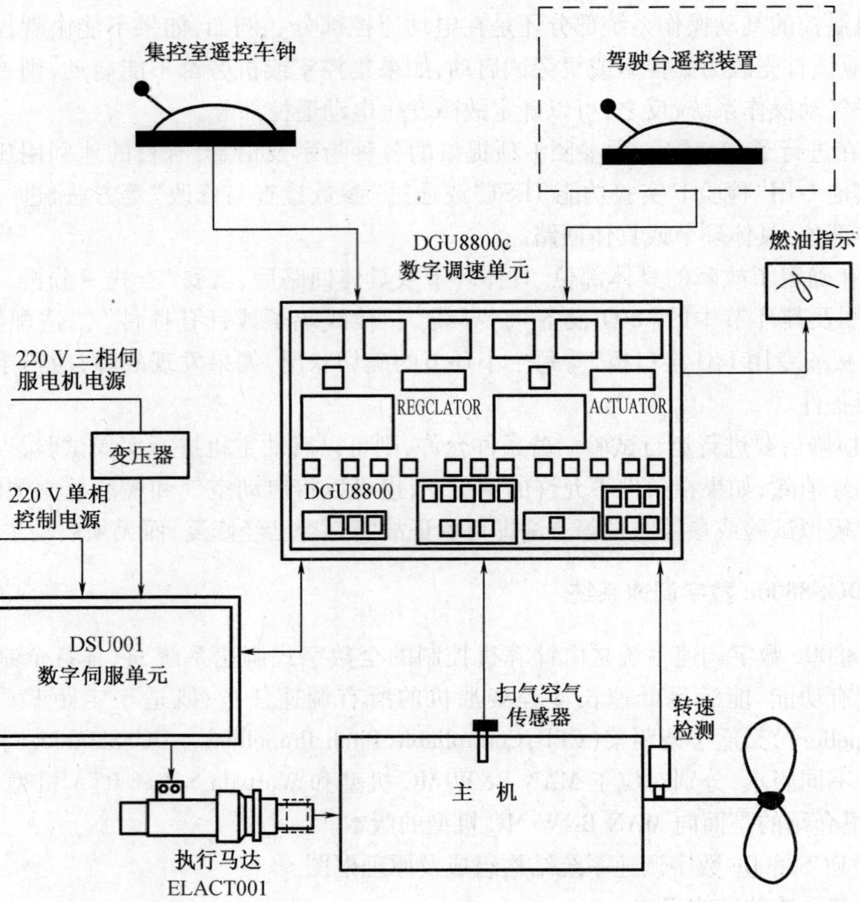

图 3-4-10 DGU8800e 数字调速器结构组成图

①输入/输出数据通道

a. 来自两个测速探头的飞轮转速信号；

b. 来自遥控系统或集控室手动设定手柄的两个车令速度输入信号，信号类型可以是 4~20 mA 电流、0~10 VDC 电压或 5 kΩ 几电位器信号；

c. 一个扫气空气压力输入信号，4~20 mA 对应 0~0.4 MPa；

d. 螺距反馈信号，5 kΩ 电位器或 -10~+10 V 电压信号（仅限 CPP 系统）；

e. 两个燃油刻度指示（负荷指示）输出信号，4~20 mA 电流或 0~10 VDC 电压；

f. 变负荷润滑（LCD）开关信号；

g. 可变喷油定时（VIT）及其报警信号；

h. 柴油发电机启动信号（轴带发电机运行且命令转速降低时激活）。

②逻辑输入信号

a. 来自安全保护装置的停车信号；

b. 来自安全保护装置的减速信号；

c. 车令位置选择信号（遥控系统设定或集控室手动设定）；

d. 操纵命令数量选择（1 个或 2 个，遥控系统设定和集控室手动设定）；

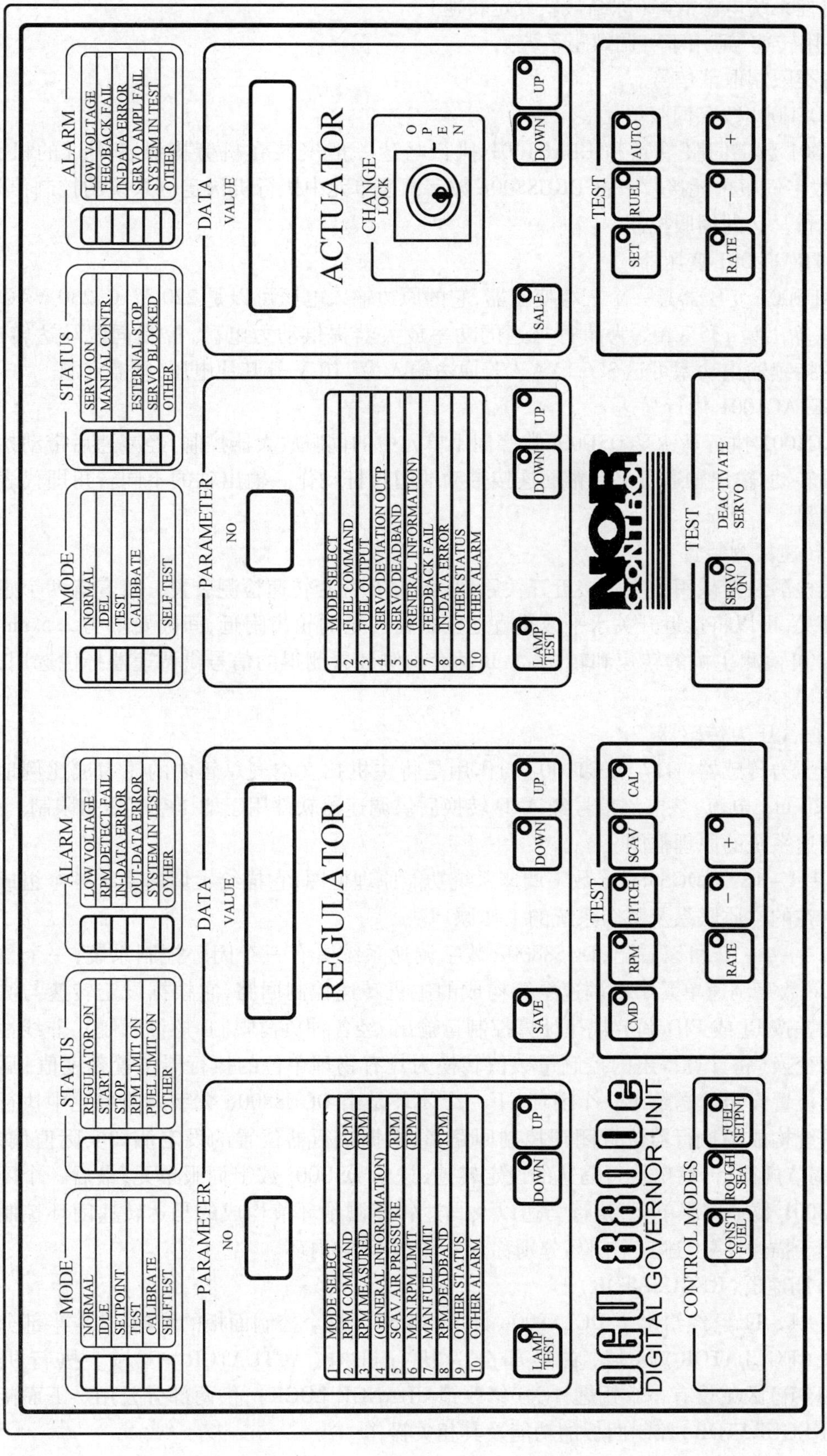

图3-4-11　DGU8800e数字调速器面板图

e. 遥控系统电源故障(冻结最新设定转速);

f. 备用转速(适用于可调螺距系统);

g. 各类限制取消信号。

(2)DSU001 数字伺服单元

DSU001 数字伺服单元和 ELACT001 执行马达一般安装在机旁操纵台附近的机旁,DSU001 数字伺服单元接收来自 DGU8800e 数字调速单元中执行机构定位系统的控制信号,实现对执行马达的伺服控制。

(3)TRAFO001 变压器

TRAFO001 变压器是一个三相变压器,它的原边输入电压可以是 220 VAC、230 VAC 或 440 VAC,输出为 135 VAC,为执行马达的功率放大器提供动力电源,控制伺服马达转速。变压器的持续输出功率可达 3. 6 kVA。若原边输入为 110 V 等其他电压,则需定制。

(4)ELACT001 执行马达

ELACT001 执行马达受 DSU001 数字伺服单元中的伺服放大器控制,经减速后带动执行器输出轴转动,输出轴通过夹紧锥面连接带动油门拉杆动作。输出轴的不同转角即代表不同的喷油量。

(5)转速检测装置

转速检测装置采用感应式接近开关原理,有 A,B 两套转速检测装置。每套有两个感应式接近开关,可以将接近开关水平或垂直地安装在飞轮的轮齿附近,间隙要求为 2. 5 mm ± 0. 5 mm。可检测主机的转速和转向,A,B 两套检测装置测得的信号供调速器择优选用,也可互为备用。

(6)扫气压力传感器

扫气压力传感器(GT7 或 GT100)的作用是将主机扫气空气总管内的压力成比例地转换成 4 ~ 20 mA 电流,该电流信号经 A/D 转换后供调速器软件用于增压空气压力限制。

2. 调速系统的原理框图

图 3 - 4 - 12 为 DGS8800e 数字调速系统功能原理框图,它描绘了调速系统各个组成环节之间内在的本质联系及整个系统的工作原理。

从图 3 - 4 - 12 可以看出,DGS8800e 数字调速系统具有三个闭环控制系统:一个是由 DGU8800e 数字调速单元中的调速系统构成的主机转速控制回路,它根据设定转速与测量转速的偏差按 PI 或 PID 调节规律计算控制量输出,经各种负荷限制(燃油限制)、非线性补偿和标度变换(将计算得出的控制量数值转换为具有物理单位的执行器位置刻度值)后作为执行器位置设定值送给下一个闭环;下一个闭环是由 DGU8800e 数字调速单元中执行机构定位系统构成的执行器位置闭环控制回路,它根据执行器位置的设定值和实际值偏差,按照 PI 调节规律,计算出执行马达的设定转速,送给 DSU001 数字伺服单元;最后一个闭环是由 DSU001 数字伺服单元、执行马达以及马达转速测量环节构成的马达转速闭环控制回路。为便于描述,将上述三个闭环分别称为外环、中环和内环。

(二)调速器(REGULATOR)

图 3 - 4 - 11 已经给出了 DGU8800e 数字调速单元整个控制面板的结构,其左半部分为调速器(REGULATOR)区域,右半部分为执行机构(ACTUATOR)区域。执行机构(ACTUATOR)区域设有一个钥匙开关(修改锁 CHANGE LOCK),供两部分公用。下面阐述调速器(REGULATOR)控制面板的功能及其相关操作。

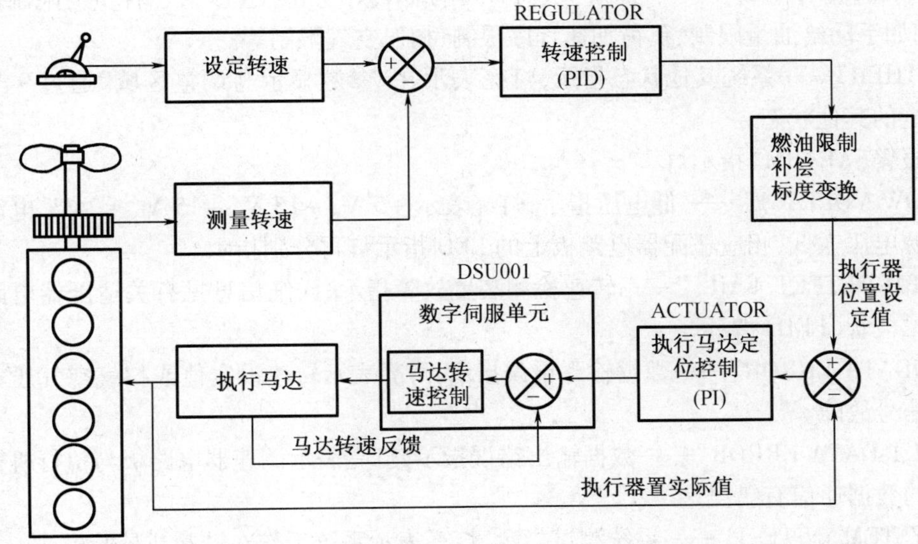

图 3-4-12　DGS8800e 数字调速器系统的原理框图

1. 调速器(REGULATOR)控制面板

调速器控制面板由上、中、下三部分组成，顶部为 3 组工作指示灯，中间部分为参数显示与调整区，底部为操作按钮区。

(1)工作指示灯

控制面板的顶端是调速器的工作指示灯，按类型分为三组，分别为运行模式(MODE)、运行状态(STATUS)和报警(ALARM)，如图 3-4-13 所示。

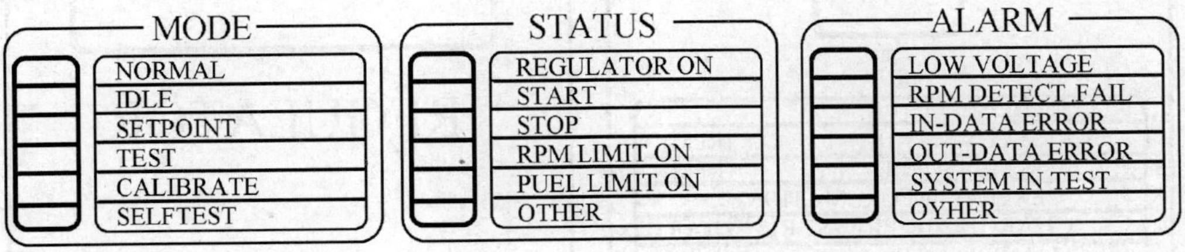

图 3-4-13　调速器控制面板工作指示灯

①运行模式(MODE)指示灯

运行模式指示灯共有 6 个，用于指示调速器的当前运行模式，分别为“NORMAL”、“IDLE”、“SETPOINT”、“TEST”、“CALIBRATE”和“SELFTEST”。其含义将结合调速器的运行模式进行阐述。

②运行状态(STATUS)指示灯

“REGULATOR ON”——调速器运行指示，灯亮表示主机供油量受调速器控制。

“START”——主机启动指示，灯亮表示调速器输出启动供油量。

“STOP”——主机停车指示，灯亮表示车令转速设定值为零。

“RPM LIMITATION”——转速限制指示，灯亮表示至少有一种设定的转速限制值在起作用，例如手动转速限制、临界转速限制等。

“FUEL LIMITATION”——油量(负荷)限制指示,灯亮表示至少有一种负荷限制值在起作用,例如手动给油量限制、负荷加速程序限制、扫气空气限制等。

“OTHER”——系统其他状态指示,灯亮表示在“参数显示与调整区域”通过9号参数查询系统的其他状态。

③报警(ALARM)指示灯

“LOW VOLTAGE”——低电压指示,灯亮表示+5 V、+15 V、-15 V、+24 V电源中的某种电源电压太低,相应适配器电路板上的LED指示灯再分别指示。

“RPM DETECT. FAIL.”——转速检测装置故障指示,详细信息见有关适配器电路板上的发光二极管(LED)指示灯。

“INDATA ERROR”——数据输入错误指示,灯亮表示转速设定值或扫气空气压力模拟量输入信号故障。

“OUT-DATA ERROR”——数据输出错误指示,灯亮表示调速器电路板与执行机构电路板之间的数据通信有错误。

“SYSTEM IN TEST”——系统测试指示,灯亮表示系统工作在试验或校验模式。

“OTHER”——系统其他报警指示,灯亮表示在“参数显示与调整区域”通过10号参数查询系统的其他报警。

(2)参数显示与调整区域

面板中部为参数显示与调整区域,左右各有一个液晶显示器显示窗口,“PARAMETER NO”窗口显示参数代码,“DATA VALUE”窗口显示相应的数值或状态,如图3-4-14所示。

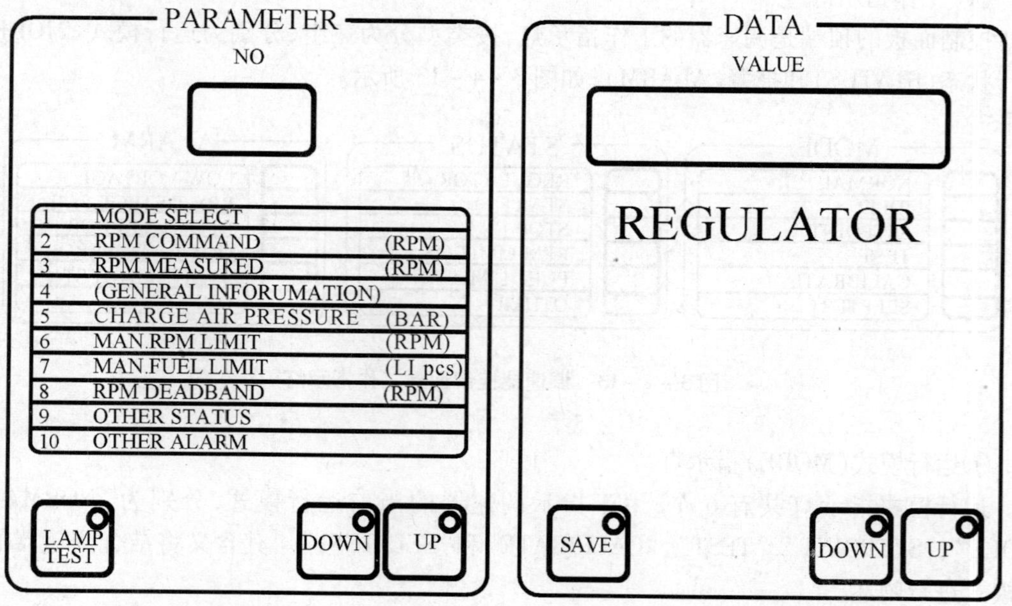

图3-4-14 调速器的参数显示与调整

“PARAMETER NO”区域列出了10个常用的参数名称及其代码,通过区域内的“DOWN”和“UP”按键可选择和显示参数代码,“DATA VALUE”区域显示与该代码相对应的数值或状态。根据参数性质的不同,有些参数是“只读”的,如3号参数(RPM

MEASURED,测量转速)和5号参数(CHARGE AIR PRESSURE,增压空气压力),它们只能显示,不能修改;有些参数是可以修改的,如6号参数(MAN. RPM LIMIT,手动最大转速限制)、7号参数(MAN. FUELLIMIT,手动最大油量限制)和8号参数(RPM DEADBAND,转速死区)等。对于可修改的参数,可通过该区域的"DOWN"和"UP"按键进行修改。

修改参数要配合使用"修改锁 CHANGE LOCK"和"服务密码 SERVICE CODE"。修改参数或使用某些按钮功能时,必须将授权的钥匙插入"CHANGE LOCK"并将钥匙转向"OPEN"位置,对某些重要参数的修改还必须输入服务密码参数修改后,若按下DATAVALUE区左下方的"SAVE"按钮,则修改过的参数将在EEPROM存储器中保存起来。任何参数的修改都将立即生效,但如果未经保存,则系统断电后重启时,参数将恢复修改前的状态。

"PARAMETERNO"区域左下角的"LAMP TEST"按钮用于面板试灯和计算机系统的内存自检。

(3)操作按钮

面板的底端是调速器的控制模式选择按钮和测试按钮,分别如图3-4-15和3-4-16所示。控制模式选择按钮包括恒定油量"CONST. FUEL"模式按钮、恶劣海况"ROUGHSEA"按钮和燃油直接控制"FUELSETPNT"按钮,用于选择调速器的控制模式;测试按钮包括命令转速按钮"CMD"、实际转速按钮"RPM"、螺距按钮"PITCH"、增压空气按钮"CHARGE AIR"和校验按钮"CAL",以及增加按钮"+"、减少按钮"-"和增减速率按钮"RATE",用于在模拟试验时产生模拟信号。

图3-4-15　控制模式切换按钮

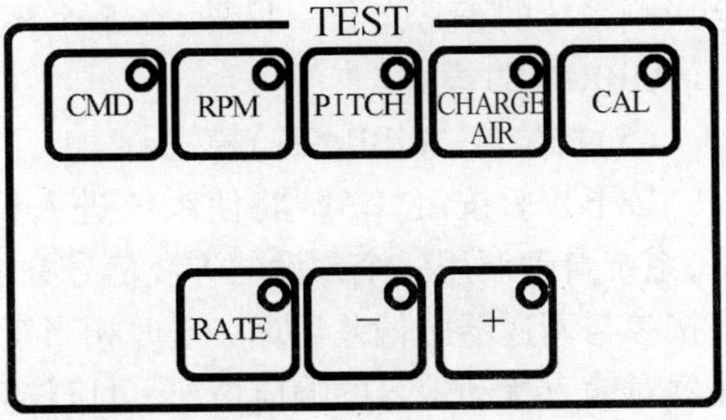

图3-4-16　测试按钮面板

2. 调速器(REGULATOR)的运行模式

如上面所述,控制面板上的模式(MODE)指示灯分别指示六种不同的运行模式。在同一时刻,系统只能有一种运行模式,分别阐述如下:

(1)正常(NORMAL)模式

"NORMAL"指示灯亮,表示系统在正常模式下工作。在主机处备车完成后的停车状态下,只要操纵手柄离开"停车"位置,系统便自动进入正常模式,"NORMAL"指示灯亮。

(2)空闲(IDLE)模式

车钟手柄放在停车位置时,系统自动进入空闲模式,"IDLE"指示灯亮。在空闲模式下,可对系统进行模拟试验、内存自检和系统校验等操作。

(3)设定值(SETPOINT)模式

设定值模式又称燃油直接控制模式,车钟手柄发出的转速设定信号既不通过加/减速速率限制等转速限制环节的限制,也不通过调速器的运算和调节,而直接发送到电动执行机构前的选小环节，从而实现直接控制主机油门开度。这种操作模式比以往的机旁应急操作更加方便、快捷和舒适，通常在主机遥控系统发生故障或对执行机构进行校准时才使用。

将修改锁（CHANGE LOCK）打开，并且按下“FUEL SETPNT”按钮，系统自动进入设定值模式，“SETPOINT”指示灯亮。这时调速器的转速设定限制功能和 PID 转速调节功能都将失效，只是通过车钟手柄直接调节给油量，实现的是转速的开环控制。手柄的“微速”挡和“海上全速”挡分别对应燃油齿条的零刻度和满刻度位置。

（4）试验（TEST）模式

试验模式的功能是通过产生相应的模拟信号临时代替原有 I/O 接口电路采集进来的真实信号，以便对系统进行测试：当人为改变这些模拟信号的大小时，根据系统的反应可以了解系统的工作情况，还可为确定故障范围提供参考。

调速器（REGULATOR）测试按钮可以提供命令转速“CMD”、实际转速“RPM”、螺距“PITCH”、增压空气“CHARGE AIR”和校验信号“CAL”等 5 个模拟信号。只要按下其中某个测试按钮，即可让调速器进入试验模式。例如，短时间按下“CHARGE AIR”按钮，使按钮内的指示灯闪光，表示该按钮的模拟输入功能被激活，并可通过“+”、“-”按钮增、减模拟信号的大小。通过选择相应的参数编号（PARAMETER NO），在数值显示器（DATA VALUE）上可读取该数值的变化情况。数值增/减的速度有快慢两挡，当按下试验区域的速率 RATE 按钮时，数据变化的速率将加快。长时间按下被激活的模拟按钮，指示灯熄灭，信号源将恢复为传感器信号。

需要注意的是，在正常模式（NORMAL）运行时，不能对实际转速“RPM”进行模拟；否则会影响系统的正常运行。另外，在 5 个模拟信号中，校验信号“CAL”比较特别，参见校验（CALIBRATE）模式。

（5）校验（CALIBRATE）模式

按下校验按钮“CAL”将使系统进入校验模式，“CALIBRATE”指示灯亮。在校验模式下，系统自动调用一个预设的方波信号叠加与转速测量值叠加，并且不经过转速限制环节，直接参与调速器的偏差运算。这时相当于对系统施加了一个扰动信号，通过测量和计算调速器对输入扰动信号的响应情况，可以校验调速器的灵敏度和调节精度。该模式既可以在正常模式进入，也可以在空闲模式下进入。这里介绍的是从正常模式进入的情况，关于空闲模式下进入的情况涉及的操作较多，可参阅调试说明书。

（6）自检（SELF TEST）模式

自检模式是一个专门用于检测计算机存储器的模式，该模式必须在空闲模式才能进入。方法是先将 1 号参数“MODE SELECT”的数值设为 5，然后按下“LAMP TEST”按钮，“SELF TEST”指示灯亮，CPU 运行存储器检验程序。如果检验结果正常，将显示“REG-UP”，如果发现存储器有故障，将显示“Error”。系统在运行这种检验程序的时候不再运行其他应用程序，不对其他设备进行控制。

在进行存储器检验的同时，必然检验了微处理器 CPU 的功能，因为检验程序必须通过 CPU 才能运行，同时存储器检验的结果还通过 I/O 接口电路影响控制面板上指示灯的亮灭，因此也可以间接检验指示灯的好坏。

3. 调速器（REGULATOR）的三种特别控制模式

在一些特殊的工况下，调速器为用户提供了三种特别有效的控制模式，以获得主机更好的运行性能。这三种特别的控制模式是恒定供油量（CONST. FUEL）控制模式、恶劣海况

(ROUGH SEA)控制模式和燃油设定值(FUEL SETPNT)直接控制模式。

(1)恒定供油量(CONST. FUEL)控制模式

该模式是一种当主机转速维持在预设的转速死区限制(RPM DEADBAND LIMIT)范围内时,燃油供油量维持恒定不变的控制模式,引入这种控制方式的目的主要是为了减少调速器的频繁动作。在正常海况定速海上航行时,可按下“CONST. FUEL”按钮,其发光二极管灯亮,进入恒定供油量控制模式。此时,若主机转速在预定的死区范围内时,调速器保持恒值输出,高压油泵齿条的位置将不发生变化,调速器和齿条机构工作更加稳定。恒定供油量控制模式下的死区偏差默认值为 ±2 r/min。应该说死区值越大,调速器工作越稳定,但对主机转速和船速的要求将放低了。死区值越小,调速器灵敏度越高,工作越不稳定。

(2)恶劣海况(ROUGH SEA)控制模式

在正常海况定速海上航行时,调速器采用 PI 调节规律调节,并按正常的 PI 参数运行。在恶劣海况(大风浪天气)航行时,按下“ROUGH SEA”按钮,调速器将进入恶劣海况转速控制模式运行。该模式主要采取以下三大举措:

①减小 PI 调速器的比例带,即加强调速器对偏差的反应力度,以抑制因大风浪使螺旋桨部分露出水面而引起的主机转速过大波动。

②在 PI 调节规律中引入微分作用(D 作用),以便在主机螺旋桨开始露出或潜入水面时,调速器的微分作用给出一个超前调节,使主机转速相对稳定,不会因螺旋桨的露出或潜入引起主机转速波动过大或飞车。

③DGS 数字调速系统还兼有极限调速器的功能,即当主机转速接近“超速”转速时,自动切断燃油供给,主机转速将下降。当主机转速下降到复位转速时,恢复燃油供给,主机的转速慢慢地恢复到先前的转速,这是一种双位式幅差控制。

(3)燃油设定值(FUEL SETPNT)直接控制模式

在调速器或转速检测装置等发生故障时,可以将执行机构面板中右方的修改锁用钥匙把开关扳向开(OPEN)的位置,然后按下“FUELSETPNT”按钮,调速器的基本功能和转速反馈信号都将被切除,车钟手柄给出的车令信号直接控制电动执行机构及燃油齿条位置。燃油设定值直接控制模式是一种撇开调速器和转速反馈环节的开环转速控制系统。在这种控制模式下,各种燃油限制仍然起作用,所以主机不会超负荷,但是容易超速,所以在这种模式下的加/减速操车速度不能太快。

4. 调速器(REGULATOR)参数的查询与修改

(1)调速器参数及参数类型

数字调速器软件中使用了大量的系统参数,而显示器的位数有限,因此将参数分为三大类,分别用三种不同的参数类型代码(op. Code)来区分,即 op. Code0、op. Code1 和 op. Code2。

①op. Codeo 参数

op. Code0 参数用于正常操作中常用参数的设置和查询,是系统上电时默认参数显示类型。op. Code0 参数又分为用户 1 参数和用户 2 参数。

用户 1 参数(USER1 Parameters)的编号为 01 ~ 10,参数名称及其代码已在“PARAMETER NO”区域列出,这些参数是最常用的,且对用户完全开放,用户可以随时根据柴油机的运行工况,对这些参数作相应的调整。

MODE SELECT(参数类型选择,参数编号窗口选择“1”,数值窗口选择“0”为 op. Code0

类型，选择“1”为 op. Codel 类型，选择“2”为 op. Code2 类型）；

RPMCOMMAND（车令设定转速数值，只读）；

RPMMEASURED（实际测量转速数值，只读）；

GENERAL INFORMATION（公共报警信息常数，由参数编号 14 选择，范围 0 ~ 8，只读）；

SCAV. AIR PRESSURE（扫气空气压力数值，只读）；

MANUAL RPMLIMIT（手动转速限制数值）；

MANUAL FUELLIMIT（手动给油量限制数值）；

RPMDEADBAND（转速死区限制数值）；

OTHER STATUS（其他状态）；

OTHER ALARM（其他报警）。

用户 2 参数（USERZ Parameters）编码为 11 ~ 21，参数名称可查阅说明书。这些参数为受保护参数，对其查询或修改时需要先把修改锁打开。

②op. Codel 参数

op. Codel 参数用于描述主机的特性和定义系统的功能性参数，如柴油机型号、气缸数量、额定转速、额定负荷、飞轮齿数、执行机构动作行程等机械特性和启动转速、加速速率限制、负荷限制、临界转速、VIT 参数、调节规律作用强度（比例带、积分时间和微分时间）等决定系统工作的功能性参数，具体情况参阅说明书。op. Codel 参数的修改受到服务密码的保护。

③op. Code2 参数

op. Code2 参数均为基本 I/O 参数，用于定义各个模拟量和开关量输入通道的特性，如工程量的高、低限参数和标度变换参数等，具体情况参见说明书。

（2）参数修改实例

现以把手动转速限制（该参数属于 op. Code0 类型，参数编号为 NO. 6）从当前值 82 r/min 修改为 80 r/min 为例，说明参数修改方法和服务密码的使用。

①选择“密码”

将修改锁用钥匙转到开（OPEN）的位置，此时参数编号显示器上显示的必定是 op. Code0 参数，通过“DOWN”和“UP”按键钮选择参数编码“99”，则数值显示器上会显示为“授权密码表”中的一个随机数，该数可能是厂家提供给用户的若干密码中的一个。滚动“授权密码表”，选择系统交付使用时厂家为本船设定的密码，如某船数字调速单元设定的密码是“86”。

②转换 op. Code 类型和参数调整

将修改锁从开（OPEN）转到锁（LOCK）的位置，在参数编号显示器上调出“1”，在数值显示器上调出“0”（此时可有 0，1，2 共 3 种 op. Code 的选择代码可选择）。选定 op. Code 代码后，再将修改锁开转回到开（OPEN）的位置。然后，在参数编号显示器上调出“6”，并将数值显示器的数值调整为“80”。

③复位“密码”和保存调整结果

参数调整完毕后，还需对密码进行复位，复位方法是再进入 op. Code0 显示状态，99 号参数的数值修改成密码（如“86”）以外的任何其他数值，并按“SAVE”按钮，保存修改后的参数值，最后再将修改锁转到锁 LOCK 的位置。

应该指出的是，如果在参数调节完成之后，不复位“密码”，则下次只要打开修改锁开关，无需密码就可以进行参数修改，有可能导致某些参数的非授权修改，引发重大故障。

（三）执行机构（ACTUATOR）

执行机构子系统由执行马达定位控制环节、DSU001 数字伺服单元、马达转速及转角传感器等组成，接收转速控制环节送来的执行马达位置命令信号，并根据命令位置与马达实际转角位置的偏差进行 PI 调节，实现执行马达的定位控制，对应于图 3－4－12 的中环和内环。

1. 执行机构（ACTUATOR）控制面板

执行机构控制面板与调速器部分的布局相似，也由上、中、下三部分组成，即顶部的 3 组工作指示灯，中间部分的参数显示与调整区和底部的操作按钮区。

（1）工作指示灯

工作指示灯如图 3－4－17 所示。

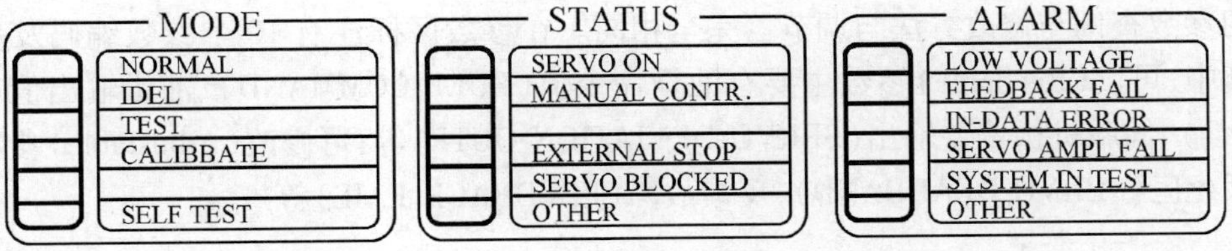

图 3－4－17 执行机构控制面板工作指示灯

①运行模式（MODE）指示灯

运行模式指示灯共有 5 个，用于指示调速器的当前运行模式，分别为“NORMAL”、“IDLE”、“TEST”、“CALIBRATE”和“SELFTEST”。

“NORMAL”——灯亮表示执行机构正处在正常的实时输入/输出数据处理及给油调节过程中。

“IDLE”——灯亮表示执行机构正处在“运行就绪”状态，对所有的输入数据或信息进行监视，一旦发现某种能引起模式转换的信号输入，比如某处车钟手柄给出了动车车令信号，则调速器和执行机构都将自动进入“NORMAL”模式等。

“TEST”——灯亮表示执行机构处在测试或模拟试验模式，可从控制面板输入模拟数据以代替实际传感器的信号输入。

“CAUBRATE”——未使用。

“SELFTEST”——灯亮表示执行机构正处在“自检”模式，微机系统自检程序被激活。按下 ACTUTOR 面板 PARAMETER 区域右下方的“LAMPTEST”按钮，系统进入该模式。

②运行状态（STATUS）指示灯

“SERVOON”——伺服电机正常工作时亮。

“MANUAL CONTR.”——故障时开锁，用“＋”和“－”按钮手动操作时亮。

“EXTERNALSTOP”——由于应急运行、故障停机和超速而引起的强制停机时亮。

“SERVO BLOCKED”——因严重的系统故障而引起执行机构阻塞时亮。

“OTHER”——其他系统状态标志，通过选择有关参数可显示附加信息。

③报警(ALARM)指示灯

“LOW VOLTAGE”——低电压指示,灯亮表示 +5 V、+15 V、-15 V、+24 V 电源中的某种电源电压太低,相应适配器电路板上的 LED 指示灯再分别指示。

“FEED BACKFAIL”——反馈信号故障指示,即执行机构位置测量装置故障。

“IN-DATA ERROR”——数据输入错误指示,由输入数据自检程序检查到的一组故障,可通过选择适当的参数编码来显示进一步的附加信息。

“SERVO AMPL FAIL”——伺服放大器系统故障指示。

“SYSTEM INTEST”——系统测试指示,灯亮表示系统工作在试验模式。

“OTHER”——系统其他报警指示,可通过选择适当的参数编码来显示进一步的附加信息。

(2)参数显示与调整区

图 3-4-18(a)所示为执行机构(ACTUATOR)控制面板的参数显示与调整界面。执行机构的参数查询与修改方法与调节器完全相同。在参数区标注有 10 个参数编码及参数名称。其中,可读(Readable)参数主要有油量命令值(FUEL COMMAND)、油量输出值(FUEL OUTPUT)、伺服机构偏差输出(SERVO DEVIATION OUTP)等;可修改(Adjustable)参数主要有伺服死区(SERVO DEADBAND)、反馈故障(FEEDBACK FAIL)等。

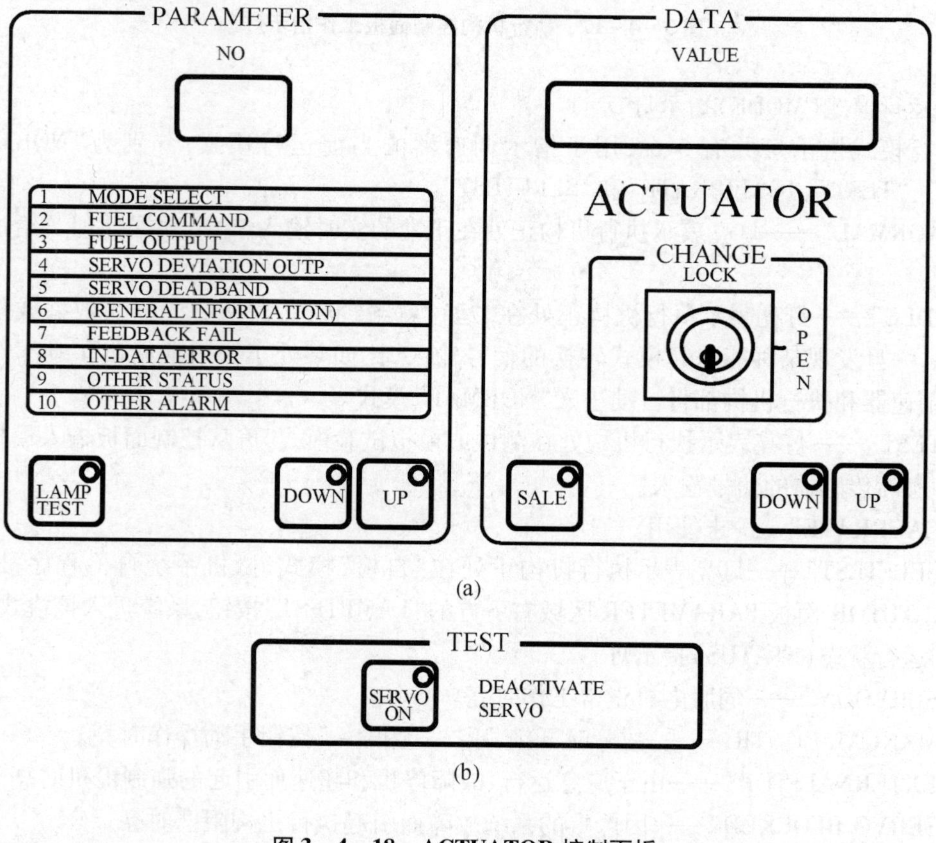

图 3-4-18 ACTUATOR 控制面板

(a)ACTUATOR 控制面板的参数调整与显示界面;(b)执行器操作按钮

(3)伺服机构操作按钮

图 3－4－18(b)所示为执行器的操作按钮。在 ACTUATOR 面板的左下方“TEST”区有一伺服机构操作按钮(SERVO ON),按钮内含工作状态指示灯。灯亮表示伺服机构在工作状态,灯灭则表示相反状态。SERVO ON 指示灯的状态可以自动转换,当车令手柄离开停车位置时,系统将自动进入 NORMAL 模式,且 SERVO ON 灯亮。而当手柄处在停车位置时,系统将进入 IDEL 模式,且 SERVO ON 灯灭。此外,伺服器的工作状态还可以通过按钮手动切换。

(4)测试按钮

在执行机构面板的右下方试验(TEST)区设有 SET、FUEL 和 AUTO 三个试验功能按钮。这些按钮可以在多种有关系统试验的模式(如 TEST 和 CALIBRATION 等)下操作,各自的功能如下:

SET——油量手动设定按钮,用它可以改变油门位置,也就是改变油门 PI 反馈定位系统的给定值,可以检查该闭环系统中的 PI 调节器、油门位置反馈装置及电机是否正常,可以进行手动校验,所以,按下按钮 SET,运行模式方框中试验和校验指示灯都要亮。油量给定值的大小由增“＋”和减“－”按钮来手动调定。

FUEL——油门调节按钮,用它直接控制电机来调节油门,可以检查电机及其驱动电路是否正常工作,可以在集控室进行手动控制,所以,按下按钮 FUEL,运行模式方框中试验和运行状态手动控制(MANUAL CONTROL)指示灯都要亮。油门量的大小也是由增“＋”和减“－”按钮来手动调定。

AUTO——自动校验按钮,按下按钮 AUTO,将启动一个执行机构的“自动校准”程序(包括零点和量程),对执行机构进行自动校验。此时,运行模式(MODE)方框中试验和校验指示灯都要亮。

注意:在操作上述三个按钮之前,都要将修改锁开关用钥匙扳向开(OPEN)的位置,同时,要按下执行器面板的左下方试验区伺服机构运行按钮 SERVO ON。

2. 执行机构定位系统

执行机构定位系统已在图 3－4－12 中体现,为进一步明确起见,对其单独重画,如图 3－4－19 所示。

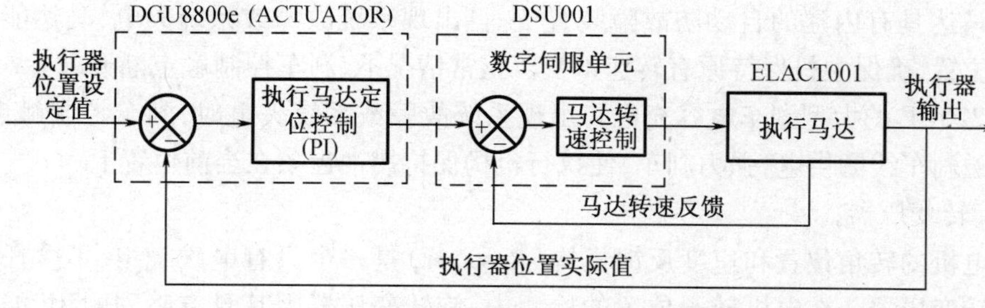

图 3－4－19　执行机构的定位控制原理图

应当明确的是,执行机构的定位功能是由 DGU8800e 中的 ACTUATOR 部分完成的,它送给数字伺服单元的信号实质上是一个马达转速的设定值,伺服单元中的伺服放大器(SBS)根据实际转速和设定转速的偏差控制马达转速,进而控制其输出轴的转速,直至输出轴转速为零。这种控制方案有利于马达的平稳运转,当执行器位置偏差较大时,马达能以较快的转速运转,随着偏差的减小,转速也在降低,直至偏差为零。系统的工作原理前面已经阐述,这里不再重复。下面简要介绍一下 DSU001 数字伺服单元、ELACT001 执行马达和传感器。

(1)DSU001 数字伺服单元

DSU001 数字伺服单元控制箱由两路电源供电,一路是由三相 220 VAC 输入、135 VAC 输出的变压器(TRAFO001)供给的三相伺服电机动力电源,变压器输出功率是 3.6 kVA;另一路由 220 V 单相电源提供的控制电源。控制箱内包含一个 ABS 电源、SBS 伺服放大器和一个为 DGU8800e 供电的 24 VDC 电源。关于伺服驱动器(SBS)的原理,这里不予展开。

(2)ELACT001 执行马达

ELACT001 由无刷伺服马达、减速装置和角度传感器组成,其外形如图 3-4-20 所示。伺服马达受 DSU001 数字伺服单元中的伺服放大器控制,经减速后带动执行器输出轴转动,输出轴通过夹紧锥面连接带动油门拉杆动作。对齿条位置(即喷油量)的测量是通过安装在输出轴另一端的角度传感器实现的,输出轴不同的转角即代表不同的喷油量。

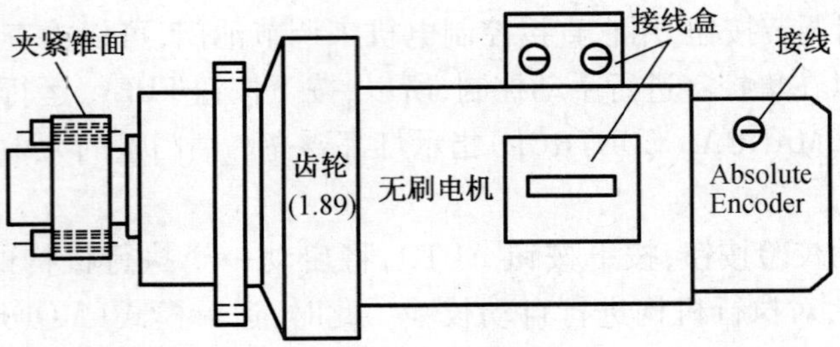

图 3-4-20　执行电机外形

ELACT001 是 ELACT 产品系列中的一个,另外两个型号分别是 ELACT002 和 ELACT003,它们的区别主要在于输出功率上的差别,型号越大,功率越大。

ELACT 执行马达具有体积小、功率大和可靠性高的优点。装置不含电刷且没有电子器件,使用球形长寿润滑轴承,转速范围宽,转矩波动小。

伺服马达具有内建的自动防故障装置,一旦出现系统故障或系统失电,马达能够停留在原来的位置,确保主机保持原有转速不变。正常情况下,刹车控制触点断开,24 V 直流电源始终对 220UF 的大型刹车电容充电。出现系统故障或系统失电时,刹车控制触点闭合,电容向电磁刹车线圈供电,强力刹车,使执行机构保持燃油齿条在当前位置上。

(3)旋转变压器

伺服电机的转角位置和速度反馈机构(Resolver)是一个只有电磁绕组,不含任何电子元件的旋转变压器。在电机转子位置的检测中,旋转变压器因其具有坚固耐用、能提供高精度的位置信息和可靠性高等突出优点而获得广泛应用。图 3-4-21(a)是其绕组结构原理图,它由三组旋转变压器绕组组成,即励磁旋转变压器的定子原边励磁绕组和转子副边绕组;正弦旋转变压器的转子原边正弦绕组和定子副边正弦绕组;余弦旋转变压器的转子原边余弦绕组和定子副边余弦绕组。图 3-4-21(b)是 Resolver 的工作原理图。

外部单相交流励磁电源由励磁旋转变压器接线端子 R_1 和 R_2 接到励磁旋转变压器的定

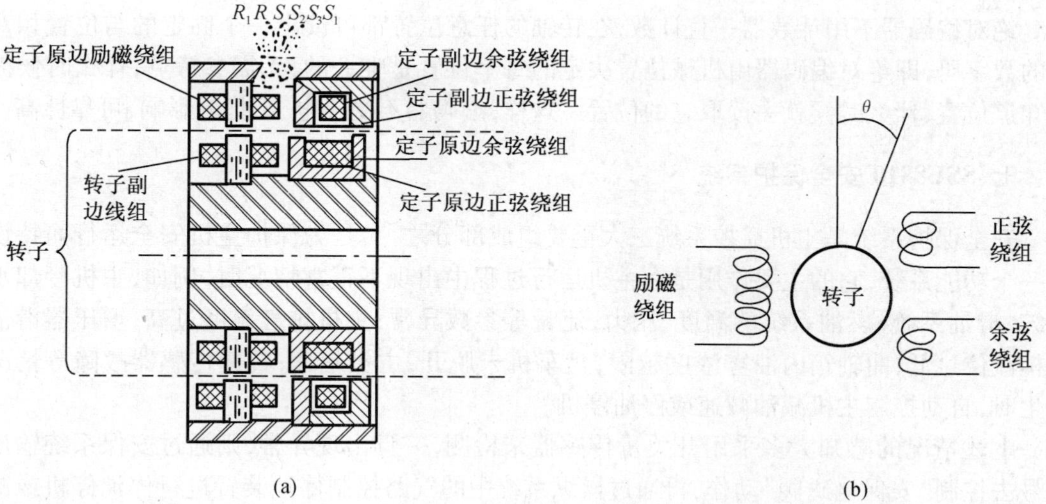

图 3-4-21　Resolver 绕组

(a) Resolver 绕组结构图；(b) Resolver 工作原理图

子原边励磁绕组，定子原边励磁绕组产生的励磁作用在旋转着的转子副边绕组上，定子和转子之间的磁通分布符合正弦规律，因此当励磁电压加到定子绕组上时，通过电磁耦合，转子绕组产生与转子转角成正比的感应电动势，该感应电动势产生的磁势在转子磁体内耦合到正弦旋转变压器的转子原边正弦绕组和余弦旋转变压器的转子原边余弦绕组，而后又通过它们感应到正弦旋转变压器的定子副边正弦绕组和余弦旋转变压器的定子副边余弦绕组，由 S_2 和 S_4 输出余弦转角位置反馈信号，由 S_1 和 S_3 输出正弦转角位置反馈信号。这两个位置反馈信号的电压幅值严格地按转子偏转的角度呈正弦和余弦规律变化，其频率和励磁电压相同。

这些反馈信号被馈送到伺服驱动器电路，在伺服驱动器内将这些信号转换为相位、速度和位置信号，因此，只要测得反馈信号电压就可知道转子转角和速度大小。

(4)旋转编码器

燃油齿条位置即伺服电机的输出位置是通过一个直接的安装在伺服电机非负载端的旋转编码器实现的旋转编码器有绝对型和增量型两种，这里指的是绝对编码器。

绝对编码器是直接输出数字量的传感器，所谓绝对就是编码器的输出信号在一周或多周运转的过程中，其每一位置和角度所对应的输出编码值都是唯一对应的。绝对式编码器是依据计算机原理中的位码来设计的，比如：8 位码(00000011)、16 位码、32 位码等。把这些位码信息反映在编码器的码盘上，圆形码盘上沿径向有若干同心码道，每条道上由透光和不透光的扇形区相间组成，相邻码道的扇区数目是双倍关系，依次以 2，4，8，16……编排。如此编排的结果，便是把一周 360°分为 2 的 4 次方，2 的 8 次方，2 的 16 次方……2 的 n 次方。码盘上的码道数就是它的二进制数码的位数，位数越高，则精度越高，量程亦越大。在码盘的一侧是光源；另一侧对应每一码道有一光敏元件。当码盘处于不同位置时，各光敏元件根据受光照与否转换出相应的电压信号，形成二进制数。这样，在编码器的每一个位置，通过读取每个码道的明、暗数，获得一组从 2 的零次方到 2 的 n－1 次方的唯一的 2 进制编码,称为 n 位绝对编码器。

绝对编码器不用计数器一直计数,在转轴的任意位置都可读出一个固定的与位置相对应的数字码,即绝对编码器由机械位置决定的每个位置是唯一的,无需参考点,什么时候需要知道位置,什么时候就去读取它的位置。这样,编码器不受停电、干扰的影响,可靠性高。

七、SSU8810 安全保护系统

安全保护系统是主机遥控系统三大重要组成部分之一,是为保护主机安全运行而特设的一个功能系统,它的主要作用是在主机运行过程中出现不正常情况时,例如,主机冷却水系统、滑油系统、燃油系统的温度、压力、流量等参数异常;主机排气温度过高;增压器滑油油柜液位过低;曲轴箱内油雾浓度越限;盘车机未脱开;主机超速;转速传感器故障等情况发生时,自动控制主机减油减速或停油停机。

上述情况的感知大多采用开关量传感器来检测,一旦出现异常,则通过安保系统输出信号去控制“安保电磁阀”动作,再通过操纵系统中的气路控制停油装置进行停油停机或减油减速,同时给出报警信号。在机舱无人情况下,安保系统的重要作用是不言而喻的。

通常安保系统下达的故障减速和故障停机指令,还可以根据故障对主机的危害程度不同,分成可取消(CANCEL LABLE)和不可取消(NON CANCEL)两类,例如:推力轴承高温、主机滑油失压、超速等所引发的故障停车指令通常是不可取消的。主机排气温度过高、增压器滑油油柜的液位过低、转速传感器故障等所引发的故障停车指令通常是可取消的。对现代先进的微机主机遥控系统而言,有些故障还可采取智能处理方法,例如,AC-4 主机遥控系统中采用两套转速传感器,在正常情况下对两套转速传感器信号择优选用,若一套传感器故障,选用另一套,若两套都故障则采用被处理后的转速设定进行开环式转速控制等。图 3-4-22 是 SSU8810 安全保护系统的控制面板,面板上大多是各种报警指示灯,少数是状态指示灯及复位与显示器操作按钮等。

1. SHUT DOWN/SLOW DOWN 故障停机和故障减速保护功能

(1)SHUT DOWN 故障停机保护

本系统实现的故障停机(SHUT DOWN)保护项目是:

01　超速保护 OVER SPEED

02　主机滑油低压保护 MAIN LUBRICATION OIL LOW PRESSURE

03　凸轮轴滑油低压保护 CAMSHAFT LUBRICATION OIL LOW PRESSURE

04　推力块高温保护 THRUST PAD HIGH TEMPERATURE

05　涡轮增压器进口滑油压力低 TURBOCHARGE LUB. OIL INNET LOW PRESSURE

其中,不可取消的故障停机保护项目(NONE CANCELLABLE)有“超速保护”和“主机滑油低压保护”。

可以取消的故障停机保护项目(CANCELLABLE)有“凸轮轴滑油低压保护”、“凸轮轴滑油低压保护”、“推力块高温保护”和“涡轮增压器进口滑油压力低”“SHUT DOWN”的取消权在驾驶台控制面板。

当上述故障停机项目发生时,主机遥控系统将控制操纵系统中的“应急/安全保护停油电磁阀(127)”有电动作,控制停油机构停油停机,同时控制面板上 35 号(EMERGENCY STOP VALVE ACTIVATED)指示灯亮。

关于停油机构,对 MAN B&W 主机而言,控制燃油泵泄油阀打开泄油;对 NEW Sulzer 主

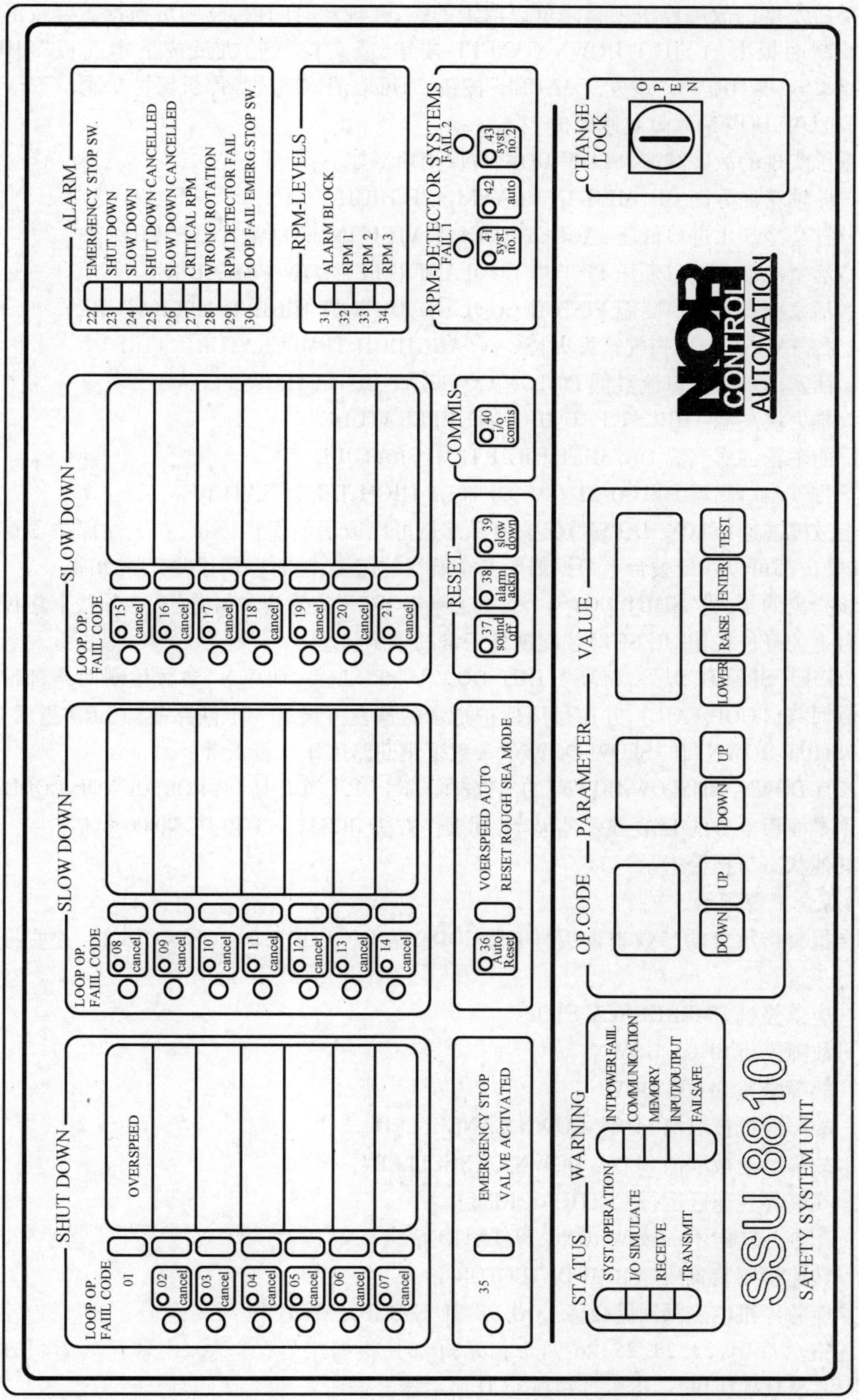

图3-4-22　SSU8810主机安保系统面板

机而言,控制燃油泵停油伺服机构动作关闭油门。

如果所发生的故障停机项目是可以取消的,若在规定时间内,驾驶员根据需要按下了驾驶台控制面板上的 SHUT DOWN CANCEL 按钮,或集控室轮机员按下本面板“SHUT DOWN”和“SLOW DOWN”左方“CANCEL”按钮,即可取消该项故障停机保护功能。

(2)SLOW DOWN 故障减速保护

本系统实现的故障减速(SLOW DOWN)保护项目如下:

08 曲轴箱油雾高 OIL MIST IN CRANKCASE HIGH

09 缸套冷却水进口低压 JACKET COOL WATER INLETLOW PRESSURE

10 活塞冷却水进口低压 PISTON COOLANT INLET LOW PRESSURE

11 活塞冷却水出口高温 PISTON COOLANT OUTLET HIGH TEMPERATURE

12 扫气空气高温(扫气箱失火)SCAV. AIR HIGH TEMPERATURE(FIRE)

13 活塞冷却水出口流量低 PISTON COOLANT OUTLETLOW FLOW

14 推力块高温 THRUST PAD HIGH TEMPERATURE

15 曲轴箱油雾高温 OIL MIST HIGH TEMPERATURE

16 排气出口高温 EXHAUST GAS OUTLET HIGH TEMPERATURE

以上故障减速(SLOW DOWN)保护项目都是可以取消的保护项目,在上述保护项目发生时,驾驶员都可以在驾驶台上根据船舶安全航行的需要,随时取消这些保护功能。

应该指出的是,当“SHUT DOWN”和“SLOW DOWN”故障现象解除后,必须按下集控室或驾驶台上的复位按钮(RESET)才能恢复正常的控制状态。

除“OVER SPEED”以外,每项“SHUT DOWN”和“SLOW DOWN”参数检测回路都带有故障检测回路(LOOP FAIL),并在每项保护指示的最左方设有一个回路故障 LED 指示灯,以指示“SHUT DOWN”和“SLOW DOWN”参数采集回路工作是否正常。

“SHUT DOWN”和“SLOW DOWN”的参数查询编号 OP. CODE 是 OP. CODE01 ~ OP. CODE21,可以利用本面板下方的 LCD 显示器显示,其操作方法 RCSAC - 4 和 DGS8800 类似。

2. 其他状态与报警指示

(1)综合报警指示

综合报警指示灯的参数查询编号 OP. CODE 是 OP. CODE22 ~ OP. CODE30,这些报警如下:

22 应急停机 EMERGENCY STOP

23 故障停机 SHUT DOWN

24 故障减速 SLOW DOWN

25 故障停机被取消 SHUT DOWN CANCELLED

26 故障减速被取消 SLOW DOWN CANCELLED

27 在临界转速区运行 CRITICAL RPM

28 车令与转向不一致 WRONG ROTATION

29 转速检测装置故障 RPM DETECTOR FAIL

30 应急停机电磁阀回路故障 LOO PFAIL EMERG. STOP SW.

上述指示灯中,23,24,25,26 四个指示灯都是报警组灯,其具体内容还要看“SHUT DOWN”和“SLOW DOWN”指示灯和在 LCD 显示器上查询。

（2）系统运行状态与硬件故障指示

①系统运行状态 STATUS

a. 系统运行状态 SYSTEM OPREATION

b. 输入/输出模拟试验状态 I/O SIMULATE

c. 通信接收状态 RECEIVE

d. 通信发送状态 TRANSMIT

②硬件故障指示 WARNING

a. 内部电源故障 INT. POWERFAIL

b. 系统通信故障 COMMUNICATION

c. CPU 主板上存储器芯片故障 MEMORY

d. 输入/输出回路故障 INPUT/OUTPUT

e. FAIL SAFE

应急停机电磁阀 EMERG. STOP VALVE ACTIVAED：

当出现故障紧急安保停机时，主机遥控系统控制安保应急停机电磁阀（127）动作，35 指示灯亮，如果出现回路故障，则左边的 LED 灯亮。

（3）SSU 面板功能按钮

转速检测系统 RPM DETECTOR SYSTEM：

包括三个选择按钮及指示灯：41 SYSTEM NO. 1，42 AUTO，43 SYSTEM NO. 2，用于选择第一套转速检测系统 SYSTEM NO. 1 或第二套转速检测系统 SYSTEM NO. 2，如果按下“AUTO”按钮，系统将自动选择两套转速检测系统的一套工作。

复位按钮 RESET：

包括消音按钮 SOUND OFF、报警确认按钮 ALARM ACKN、故障减速复位按钮 SLOW DOWN。

3. 参数查询与修改

SSU 控制面板七的密码锁和 LCD 显示器的使用和操作参见 RC SAC－4 控制面板，有关参数代码编号需查阅 AC4 主机遥控系统之 SSU8810 安全保护系统使用说明书，这里不再赘述。

模块四　机舱监测与报警技术

任务一　认识机舱监视与报警系统

【任务目标】

1. 了解机舱监视参数的分类及方法；
2. 掌握机舱监测与报警系统组成及功能。

机舱监测与报警系统是船舶自动化的一个重要内容，它的功能是准确可靠地监测机舱内各种动力设备的运行状态及其参数，一旦运行设备发生故障，自动发出声、光报警信号。根据自动化程度的不同，有些系统还具有报警记录打印、参数和状态的定时或召唤打印以及参数的分组显示等功能。对于无人值班机舱，集中监视与报警系统还能把报警信号延伸到驾驶台、公共场所、轮机长房间和值班轮机员的住所。机舱集中监视与报警系统不仅可以改善轮机管理人员的工作条件，减轻劳动强度，及时发现设备的运行故障，而且也是实现无人机舱的基本条件。

1. 参数类型

在机舱中需要监视的参数可分两类：一类是开关量，另一类是模拟量。

所谓开关量，是指只有两个状态的量，通常表现为开关的断开和闭合。

模拟量是指连续变化的量，例如温度、液位、压力和转速等参数均为模拟量。监视报警系统应能对这些模拟量进行实时显示，如果参数超过预定的范围，则应发出越限声光报警。越限报警分为两种情况，有些参数是不允许超过某一上限值的，当超过这一上限值时发出的报警称为上限报警；另外一些参数则不允许低于某一下限值，当低于这一下限值时发出的报警称为下限报警。通常，温度参数的报警为上限报警，压力参数的报警为下限报警，而液位参数的报警则既有上限报警，也有下限报警。

应当指出的是，对于有些设备，其运行参数虽然为模拟量，但并不是把这些模拟量直接送入监视与报警系统，而是通过压力继电器、温度继电器或液位开关等转换为开关量信号再送至监视与报警系统。对于这类参数，监视与报警系统将以开关量的形式进行处理。

2. 监测方法

监视与报警系统有两类。一类是采用连续监测方法，另一类是采用扫描监测方法。

(1)连续监测

连续监测是指机舱中所有监测点的参数并行地送入监视与报警系统，同时对所有监测点的状态及参数进行连续监测。系统中的核心单元是报警控制单元，它由各种测量和报警控制电路组合而成。每个监测点需要一个独立的电路进行测量和产生报警信号，测量结果和报警信息送至公共的显示和报警电路，但在设计上通常将多个同类型参数的电路制作成一块电路板。

连续监测的方法由于每个监测点采用单独的电路,因此各监视点之间的相互影响较小,当某一监视点通道发生故障时,不会影响其他通道的工作,监视点的数量增减在原则上也不受限制。但所需硬件较多,造价较高。

(2)扫描监测

扫描监测也称为巡回监测,以一定的时间间隔依次对各个监测点的参数和状态进行扫描,将监测点信息逐一送入监视与报警系统进行分时处理。因此无论监视点有多少,仅需要一个测量和报警控制单元。

巡回监测方法可通过常规集成电路和微型计算机来实现,但由于微机具有采样速度快、检测精度高、体积小、数据处理功能强大、显示手段先进等优点,大多数船舶均采用基于微机技术的监视与报警系统。此外,计算机网络技术的成熟应用已经使得监视与报警系统朝着分布式网络结构的方向发展。

3. 监视与报警系统的组成与功能

一个完善的监视与报警系统由三大部分组成:(1)分布在机舱各监视点的传感器;(2)安装在集中控制室内的控制柜和监视仪表或监视屏;(3)安装在驾驶台、公共场所、轮机长和轮机员居室的延伸报警箱,典型监视与报警系统的组成及其分布如图 4－1－1 所示。

不同的监视与报警系统,由于实现手段不同,在功能上也略有差异,但原则上都应该具有以下几个方面的功能。

(1)声光报警

声光报警是监视与报警系统最根本的功能,只要监测点的状态发生异常或者出现参数越限,系统就应该发出声光报警,以便问题得到及时处理。大多数导致报警发生的原因均无法在报警发生之后自行消失,只有进行了相应的处理才能使状态恢复正常,这类报警称为常规报警或长时报警。对于某些具有主/备切换功能的设备,当主用设备出现故障并发出报警时,备用将自动运行,往往由于运行参数恢复正常而在短时间内自动消失,这类报警称为短时报警。监视与报警系统对这两种情况一般采用不同的处理方法,图 4－1－2 示出了一般的报警处理流程。

在正常运行期间,监视与报警系统不会发出报警指示和声响报警。当被监视点发生异常时,若该监视点未被闭锁,则系统立即发出声响报警,同时相应的报警指示灯(或屏幕文本字块)快速闪烁,指示报警内容。报警发生后,要求值班人员按消音按钮进行消音(一般情况下,消音按钮对于所有报警都是共用的)和报警确认(按确认按钮或点击闪烁文本)。报警确认后,报警指示灯由闪烁转为平光(或者闪烁文本转为高亮)。当监视点状态或参数恢复正常时,报警指示消失,即报警灯熄灭(或者高亮消失)。当出现短时报警时,系统也会立即发出声光报警,但往往由于监测状态在短时间内自动恢复正常,报警指示将由“快闪”转为“慢闪”,但声响报警还将继续,直到按下消音按钮。

(2)参数与状态显示

参数显示是指通过模拟仪表、数字仪表或者一计算机屏幕对所有监测点的运行参数进行显示,即模拟量显示。状态显示指的是反映设备运行状态的开关量显示,通常采用绿色指示灯(灯泡或发光二极管)表示系统或设备的正常运行,红色指示灯表示报警状态。对于采用计算机屏幕的系统,则还可以采用“ON”“OFF”“HIGH”“LOW”“NORMAL”和“FAIL”等文本来进行状态显示。

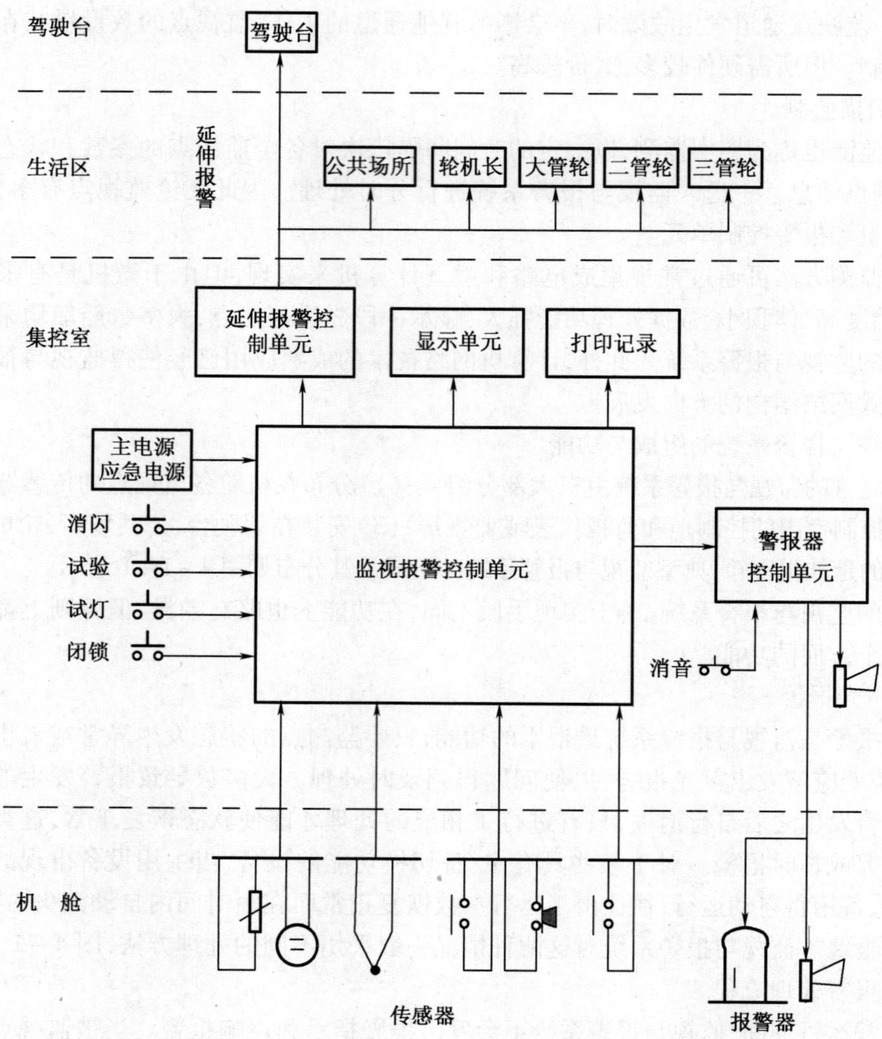

图4-1-1 机舱监视与报警系统的组成图

(3)打印记录

打印记录一般有参数打印和报警打印两种。参数打印又分为定时制表打印和召唤打印,定时制表打印是打印机以设定的时间间隔自动将机舱内需要记录的全部参数打印制表,轮机人员只要将打印纸整理成册,即可作为轮机日志。召唤打印是根据需要,随时打印当时的工况参数,可对监测点参数进行全点或选点打印;报警打印是由系统自动进行的,只要有报警发生,系统就会把报警名称、报警内容和报警时间进行自动打印输出。而在报警解除时,则自动打印报警解除时间。

许多监视与报警系统的软件功能还具有"事件"(Event)记录和打印功能。当对系统进行了设置、组态或上、下限报警值等参数的修改时,这些操作都会以"事件"的形式在数据库中进行记录或进行打印输出。

(4)延时报警

在报警装置中,一般均设有延时报警环节,以免发生误报警。根据所监视的参数不同,

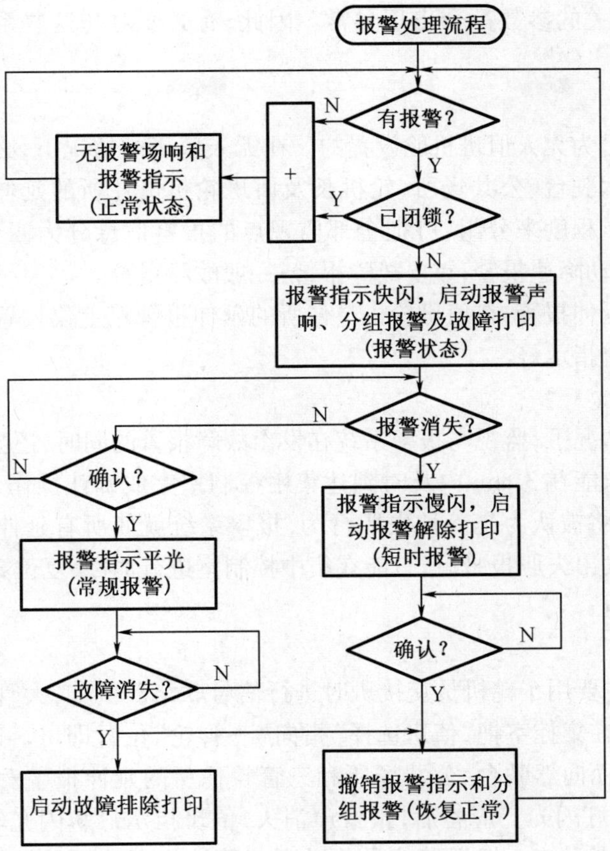

图 4-1-2　报警处理流程

其延时时间有长延时和短延时之分。例如，在监视液位时，由于船舶的摇摆，容易反复造成虚假越限现象，导致频繁报警。类似这些情况可采用 2～30 s 的长延时报警，在延时时间之内越限不报警。另外，在运行期间，某些监测开关的状态会由于环境干扰的原因而发生瞬间变化，例如船舶在激烈振动时，某些压力系统的压力波动容易使报警开关发生抖动。为避免误报警，可采用延时 0.5 s 的短延时。

(5)报警回差

当采样值在报警点附近波动时，为了防止仪表不断进入和退出报警状态，这样输出触点会经常跳动，产生频繁报警，导致外部连锁装置产生故障，对于上限和上上限报警，若报警限设为 80，报警回差设为 5，当采样值大于等于 80 时触点动作，仪表报警；当输入减小，采样值小于 80，仪表不会马上退出报警状态，而是直到仪表采样值小于等于 75 后，仪表才退出报警状态。

同样，对于下限和下下限报警，若将报警限设为 45，报警回差设为 5，当采样值小于等于 45 时，触点动作；当输入增大，采样值大于 45 后，仪表不会马上退出报警状态，而是直到仪表采样值大于等于 50 后，仪表才退出报警状态。

(6)闭锁报警

闭锁报警就是根据动力设备不同的工作状态，封锁一些不必要的监视点报警。例如，船舶在停港期间,由于主机处于停车状态,主机的冷却系统、燃油系统、滑油系统等均停止工作,与这些系统相关的参数都会出现异常。因此,有必要对与这些系统有关的监视点进行报警闭锁。

(7)延伸报警

延伸报警功能是为无人值班机舱设置的。在无人值班的情况下,必须将机舱故障报警信号分组后传送到驾驶台、公共场所、轮机长及值班轮机员住所的延伸报警箱。延伸报警通常是按故障的严重程度来分组,可把全部监视点的报警信息分为四组:主机故障自动停车报警;主机故障自动降速报警;重要故障报警;一般故障报警。

有时为了简化延伸报警,在值班轮机员住所的延伸报警箱上仅设置重要故障报警和一般故障报警两个报警指示灯。

(8)失职报警

在无人值班的情况下,监视与报警系统在发出故障报警的同时,还会触发3 min计时程序。若值班轮机员未能在3 min内及时到达集中控制室完成确认操作,即使已在延伸报警箱上进行过确认,仍将被认为是一种失职行为,报警系统就使所有延伸报警箱发出声光报警信号。报警系统发出失职报警后,只能在集中控制室进行消声,复位3 min计时器后才能撤销失职报警。

(9)值班呼叫

值班呼叫功能主要用于轮机员交接班时进行信号联络。例如,大管轮与三管轮进行交接班时,大管轮只要在集控室把"值班选择"指向"三管轮"位置即可。这样,系统就会撤销大管轮的值班信号,而向驾驶台、公共场所和三管轮住所的延伸报警发出三管轮值班呼叫声响信号,值班指示灯闪光。应答后,报警声消失,值班指示灯从闪光转为平光,表示三管轮进入值班状态,监视系统会把报警信号传送到三管轮住所的延伸报警箱,而不再送到大管轮处。

(10)测试功能

在集中控制室的操纵台上,一般都设有试灯按钮和功能测试按钮。按试灯按钮,所有指示灯都要亮,不亮的指示灯需要换新灯泡。按功能测试按钮,所有监视点均进入报警状态;否则,未报警的监视点表示相应监视通道有故障。测试功能可协助进行故障定位。

(11)自检功能

监视与报警系统正常工作的前提是系统本身没有故障为了确保监视与报警系统本身的工作可靠性,对诸如输入通道、电源电压和保险丝等重要环节,应具有自动监测功能。出现异常时,系统将自动发出相应的系统故障报警。

(12)备用电源的自动投入

要使监视系统在全船失电的情况下能止常工作,就必须配备相应的备用电源。在主电源失压或欠压时,系统能自动启用备用电源,实现不间断供电。

任务二　熟悉单元组合式监视与报警系统

【任务目标】

1. 了解单元组合式报警系统的组成与功能；
2. 掌握开关量、模拟量、继电器控制单元和集成电路控制单元报警功能。

在采用连续监视方法的监视与报警系统中，每一个监测点均需要一个独立的监视与报警控制单元，整个监视与报警系统是由各个检测点的报警控制单元组合而成的，因此称为单元组合式监视与报警系统。由传感器所检测的每个监视点的状态和参数值相对独立地送到集中控制室，监视与报警系统连续不断地对每个监视点的工作状态进行单独处理。在系统设计时，通常将一个或几个类型相同的监视点控制单元设计在一块电路板上。因此，单元组合式监视与报警系统往往由多块印刷电路板组成。当监视点所对应的设备发生故障或运行参数越限时，监视与报警控制单元应能提供故障报警信号。报警信号一般送至一个公共的报警控制电路，发出声光报警，同时还应送至打印设备进行故障打印。除了发出公共报警信号外，电路板上的相应监视点还应有报警指示灯指示报警内容。对于模拟量监视点，一般还设有参数显示按钮，按下显示按钮后，相应监视点的测量值能送至公共显示仪表进行参数显示。公共显示仪表往往具有多个量程，当送入不同类型的参数测量值时，应根据参数性质选择正确的量程范围进行读数。有些监视与报警系统还具有延伸报警功能，可将报警信号延伸送至驾驶台、公共场所、轮机长及值班轮机员住所。

报警控制单元有开关量报警控制单元和模拟量报警控制单元，这两种控制单元的工作原理基本相同，只是越限报警值的调整方法不同。对于开关量报警控制单元，它输入的信号是开关状态，一般由温度开关、压力开关、液位开关等传感器来检测，越限报警值的调整往往是在传感器上，通过调整其幅差来实现。而对于模拟量报警控制单元，其输入量是运行参数的模拟量，越限报警值一般通过印刷电路板上的电位器进行调整。

一、报警控制单元的组成及功能

1. 开关量报警控制单元

开关量报警控制单元是由输入回路、延时环节和逻辑判断环节所组成的，其逻辑原理框图如图4-2-1所示。

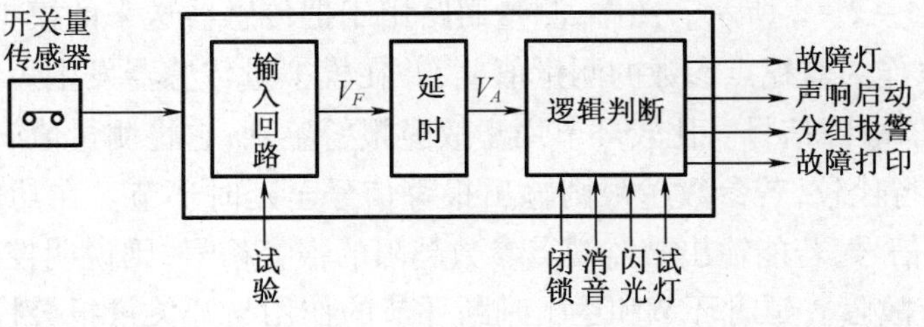

图4-2-1　开关量报警控制单元的逻辑组成框图

其中,输入回路用于接收开关量传感器送来输入信息(即触点是闭合还是断开),并且在输入异常时发出报警信号,同时还可接收"试验"信号,当输入试验信号时同样输出报警信号,以模拟监视点的故障信号。延时环节用于对报警信号产生适当的延时,实现延时报警功能,以避免误报警。逻辑判断环节用来完成逻辑运算、状态记忆和报警控制。

在监视点参数处于正常范围时,开关量传感器的触点闭合,输入回路不输出报警信号,因此,报警指示灯处于熄灭状态,也不启动声响报警、分组报警和故障打印。当监视点的运行设备发生故障,或其相关参数越限时,传感器触点断开,输入回路送出报警信号,经延时环节和逻辑判断环节后发出报警。

报警内容通常包括:

(1)控制报警指示灯,使之快速闪、慢闪、平光或熄灭;

(2)启动公共报警系统,向集控室和机舱发出声光报警;

(3)输出分组报警信号至延伸报警单元,进行归类分组后控制延伸报警箱实现分组报警;

(4)启动报警记录打印机,记录故障发生时间和报警内容。逻辑判断环节除了接收报警信号外,还接收闭锁、消闪、闪光和试灯信号。

根据持续时间的长短,报警可分为长时报警和短时报警。长时报警是指报警长时间存在,而短时报警则是指发生报警后,短时间内外部输入信号恢复正常,报警自行消失。

在发生报警时值班轮机员首先应按"确认"(Acknowledgement)按钮(也称消音按钮,意即报警已被确认,声响可以停止),以消除声响。然后按"消闪"按钮,若是长时报警,则逻辑判断环节将使报警指示灯从快闪变成平光,以指示故障继续存在,轮机员应进行相应的报警处理措施。待故障排除后,监视点参数恢复正常,传感器触点又重新闭合,报警指示灯由平光变为熄灭。若在尚未按下"确认"按钮时,监视点参数已自行恢复正常,传感器触点已重新闭合,逻辑判断环节将使指示灯从快闪转为慢闪,进入短时故障报警状态,这时,先按下"消声"按钮进行消声,再按下"消闪"按钮,指示灯将从慢闪转为熄灭。有些监视报警系统还设有失职报警功能,在发出延伸报警的同时启动失职报警计时器,若值班轮机员在3 min 内到达集控室进行报警确认,则计时器复位;否则计时满后将发出失职报警。

开关量报警设定值是由开关量传感器来实现的。例如,采用压力继电器作为压力传感器时,其上限报警设定值为继电器的下限设定压力与幅差之和,而下限报警的设定值就是其下限设定压力。

2. 模拟量报警控制单元

模拟量报警控制单元主要是由测量回路、比较环节、延时环节和逻辑判断环节组成的,其原理框图如图 4-2-2 所示。图中,测量回路用于把传感器送来的模拟量信息转换成相应的电压信号,以作为监视点参数的测量值 u_i,并在模拟量传感器发生短路或开路时,向自检单元发出传感器故障信号。比较环节用于故障报警鉴别,它将测量值 u_i 与电位器整定的报警设定值 u_L 进行比较,若参数越限则输出报警信号至延时环节。在功能试验时,比较环节接收到"试验"信号,若能输出被监视点参数越限的报警信号,则说明控制单元工作正常;否则,说明单元有故障。延时环节和逻辑判断环节的作用与开关量报警控制单元中的环节完全相同。其中延时环节不是所有的模拟量报警控制单元都设置,而只适用于需要延时报警的监视通道中。

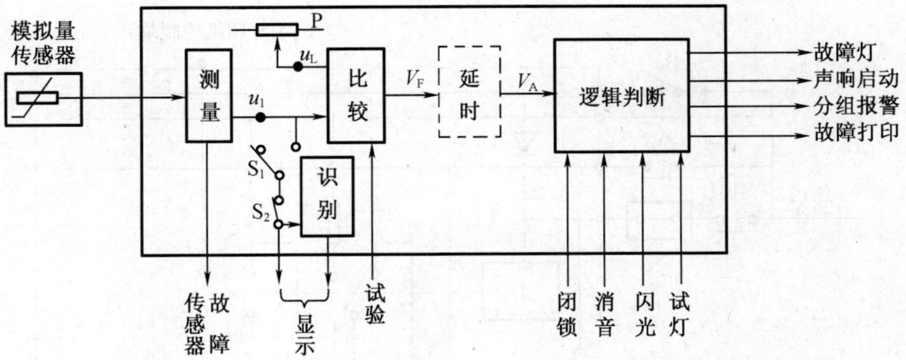

图 4-2-2　模拟量报警控制单元逻辑组成图

二、用继电器组成的监视与报警控制单元

图 4-2-3 所示为一个典型的继电器式监视与报警控制单元，它以继电器为基本元件，每块插件板可同时设置 6 个相同的监视与报警控制电路，图中仅示出其中一个。下面介绍该电路的工作原理。

1. 监视与报警控制

在正常情况下，开关量传感器的触点 S 闭合，在未按功能试验按钮时，触点 T 闭合。于是继电器 J_1 通电，其触点 J_1 的 8-9 断开，闭合于 9-10，24 V 电压经电阻 R_1 向电容 C_1 充电，为报警作准备；J_1 的 13-14 断开，不输出分组报警信号；J_1 的 15-16 断开，不输出故障打印启动信号。继电器 J_2 断电，其触点 J_2 的 13-14 断开，无自保作用；J_1 的 11-12 断开，闪光源停止工作。另外，J_1 的 6-7 闭合和 J_2 的 8-9 闭合，报警指示灯 L 经试灯按钮 TL 与 24 V 相连，因此，正常时灯不亮，按下指示灯按钮后，指示灯应亮。

当发生运行设备故障，监视点参数越限时，触点 S 断开。在无闭锁报警时，闭锁开关 B 断开，D_3 截止。此时电容 C_2 经 R_2 和 J_1 放电实现延时报警功能。待 C_2 放电，C_2 电压降到一定大小时，延时时间到，使继电器 J_1 断电，J_1 的触点 8-9 闭合，电容 C_1 上的电荷经双绕组继电器 J_2 的 2-3 绕组、二极管 D_1 和声响报警控制单元放电，使继电器 J_2 通电，同时启动声响报警。J_2 通电后其触点 13-14 闭合自保，以保证 C_1 放电结束后，继电器 J_2 继续保持通电。这时，J_1 的 13-14 闭合，J_2 的 15-16 闭合，二极管 D_2 导通，输出分组报警信号至延伸报警控制单元。J_1 的 15-16 闭合，使故障打印控制电路产生一个正脉冲信号，启动打印机把故障打印记录下来。J_2 的 11-12 闭合，接通闪光源的电源，使闪光源单元投入工作，输出快闪和慢闪两种闪光信号。J_1 的 5-6 闭合和 J_2 的 6-7 闭合，报警指示灯 L 接通快闪信号源，使指示灯快闪。

在系统发出声光报警时，值班轮机员应立刻到达集中控制室进行消声应答，切除声响报警，然后按下消闪按钮 A，使继电器 J_2 断电，其触点 13-14 断开解除自保。J_2 的 11-12 断开切除闪光源的电源，使其停止工作。J_2 的 15-16 断开切除分组报警信号。J_2 的 6-7 断开，5-6 闭合，将 24 V 电压直接加在报警指示 L 灯上，使它从快闪切换成平光。

当故障排除参数恢复正常时，触点 S 重新闭合，继电器 J_1 通电，其触点 J_1 的 9-10 闭合，

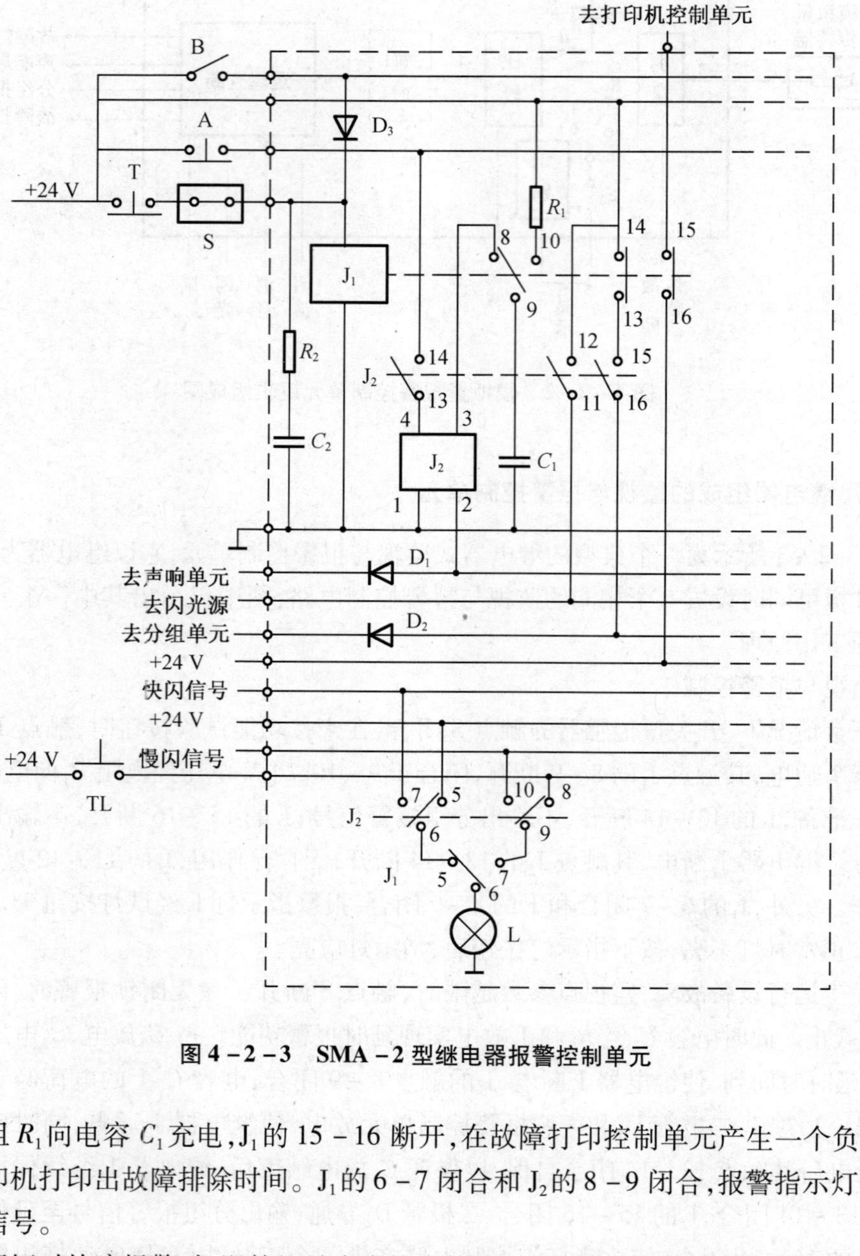

图 4-2-3 SMA-2 型继电器报警控制单元

电源经电阻 R_1 向电容 C_1 充电，J_1 的 15-16 断开，在故障打印控制单元产生一个负脉冲，自动启动打印机打印出故障排除时间。J_1 的 6-7 闭合和 J_2 的 8-9 闭合，报警指示灯 L 熄灭，撤销报警信号。

当出现短时故障报警时，即轮机员尚未按应答按钮，监视点参数已自行恢复正常，使触点 S 由断开变为闭合，这时继电器 J_1 和 J_2 均通电。触点 J_1 的 9-10 闭合，C_1 充电；J_1 的 15-16 断开，启动故障排除打印；J_1 的 13-14 断开，撤销分组报警。J_2 的 6-7 闭合，J_2 的 9-10 仍闭合，报警指示灯 L 接通慢闪信号源，使灯从快闪切换成慢闪。这时，值班轮机员先按下消声按钮，切除声响报警，然后在了解报警原因后按下消闪按钮 A，使继电器 J_2 断电，触点 J_2 的 11-12 断开，使闪光源停止工作；J_2 的 9-10 断开，8-9 闭合，使报警指示灯 L 从慢闪直接切换成熄灭，而不经过平光过程。

2. 功能试验和闭锁报警

为了检查报警系统是否正常，可进行功能试验。当按下“功能试验”按钮时，其触点 T

断开，使继电器 J_1 延时后断电，进入报警状态。这时，若报警指示灯不能快闪，则说明该报警控制电路有故障。利用功能试验开关与消闪按钮的配合操作，可进行长时故障报警或短时故障报警试验。

在被监视的设备停止工作时，可接通报警闭锁开关 B，使二极管 D_3 导通，保证继电器 J_1 在触点 S 断开时能继续保持通电，从而闭锁了该通道的报警。

在继电器式监视与报警控制系统中，模拟量的监视与报警可通过调整检测开关的幅差来间接实现。

三、用集成电路组成的监视与报警控制单元

在采用集成电路组成的单元组合式监视与报警系统中，其控制单元主要采用运算放大器和门电路等集成器件组成。以下分别介绍开关量和模拟量监视与报警控制单元的工作原理。

1. 开关量监视与报警控制单元

图 4－2－4 所示为一个典型的开关量监视与报警控制单元的电路原理图。当监视点参数正常情况时，触点 S 闭合，端子 30 为低电平，这时 P 点为“1”信号，不发声光报警。当参数越限，触点 S 断开，A_1 反相端变换成高电平，则 A_1 输出“0”信号，经 Y_1 反相为“1”信号，向延时环节的电容 C_2 充电使 A_2 同相端电位不断升高，当升高到略大于 A 反相端设定的电位时，A_2 翻转输出“1”信号，这段报警延时时间可通过 W_2 来调整，调整范围为 2～30 s。端子 10 在没有闭锁信号时为高电平，于是与非门 Y_2 输出“0”信号，即 P 点为“0”信号，经端子 8 输出分组报警信号至延伸报警单元，同时由端子 7 输出故障打印信号。与非门 Y_3 输出“1”信号，由 C_3 和 R_3 组成的微分电路产生一个正的尖峰脉冲，经非门 Y_4 输出一个负的尖峰脉冲，G 点出现的负尖脉冲，一方面经端子 9 输出声响启动信号至警报器控制单元，另一方面使 RS 触发器发生翻转 Q 为“1”，打开与非门 Y_6，由端子 13 送来的闪光信号经 Y_6 到达 H 点，使 I 点的电位高低交替变化，致使晶体管 T_1 和 T_2 间断导通，报警指示灯 L 闪光，并由端子 6 输出到外接的报警指示灯。

当值班轮机员按下“消声”按钮后，消除声响报警。按下“消闪”按钮后，从端子 14 送来低电平信号至触发器的 R 端，使触发器的 Q 端置“0”而封锁 Y_6，于是从端子 13 来的闪光信号不能通过 Y_6，H 点为“1”信号，使 I 点保持高电位，晶体管 T_1 和 T_2 始终导通，报警指示灯转为平光。若用一个确认按钮，完成消声和消闪，按下确认按钮后，一方面消除声响报警，另一方面从端子 16 送来高电平信号可消闪当故障排除参数恢复正常状态时，传感器触点又闭合，端子 30 为低电位，A_1 输出“l”信号，经 Y_1 反相为“0”信号，因 A_2 同相端电位低于反相端而输出“0”信号，经 Y_2 输出“1”信号，P 点的正阶跃电平通过端子 7 输出故障排除打印信号，同时 Y_3 的输出点 E 为“0”信号，使 I 点保持低电位，T_1 和 T_2 均截止，报警指示灯 L 熄灭。

若要进行功能试验，当按下“试验”按钮时，端子 17 出现低电平。A_1 输出“0”信号，它相当于参数越限，可试验报警功能和检查报警系统能否正常工作。

若需实现报警闭锁，只要接通闭锁开关，端子 10 就出现低电平，使 P 点始终为“1”信号，从而闭锁该通道的报警。

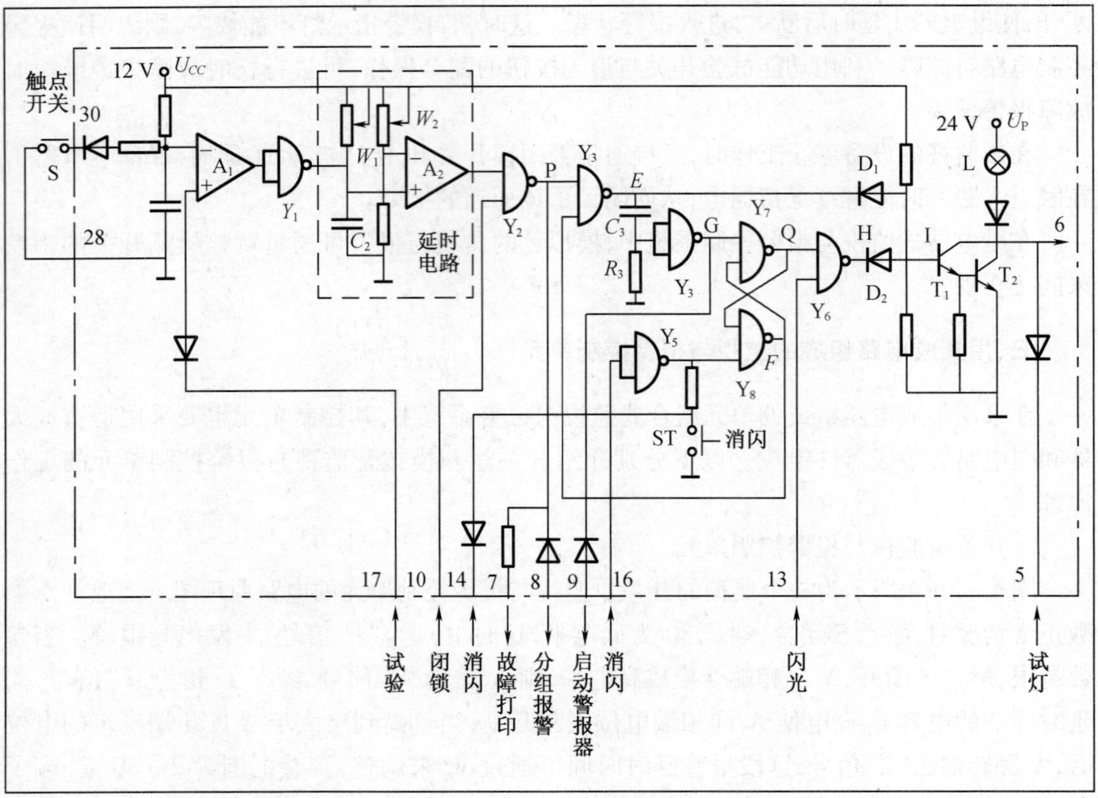

图 4-2-4 开关量监视与报警控制单元电路图

2. 模拟量监视与报警控制单元

模拟量监视与报警控制单元的典型电路如图 4-2-5 所示，图中延时环节和逻辑判断环节在原理上与开关量监视与报警控制单元相同，这里只对不同之处予以解释。

(1)输入及输出信号

端子 30 和 28 为模拟量传感器信息输入端，作为一个示例，传感器为 Pt100 型铂热电阻。端子 26 和 27 为传感器故障信号输出端，当传感器发生短路或开路时，因其测量值超过正常测量范围，就向自检单元发送传感器故障信号。端子 23 是参数测量值或报警设定值(极限值)输出端，按下按钮 PB 时可将测量值或报警设定值送至显示单元，进行相应显示。

(2)工作原理

模拟最传感器给出的信息经测量回路转换成电压信号 U_i 又送至比较器 A_1 的反相端，并从端子 23 送至显示单元。电位器 W 的中间抽头电压 U_s 为上限报警设定值，送至 A_1 的同相端。当监视点参数越限时，其测量值大于报警设定值，即 $U_i > U_s$，使比较器 A_1 翻转输出故降信号“0”，经 Y_1 反相为“1”信号送至延时电路，经延时后送至逻辑判别电路，延时电路和逻辑判别电路的动作过程与开关量监视与报警控制单元相同。功能试验时，端子 17 出现低电平，使比较器 A1 输出故障信号“0”，以模拟监视点参数越限。

若监视点的参数类型不是 Pt100 输入，例如是电压或电流信号时，则比较器 A_1 之前的处理电路也不同。

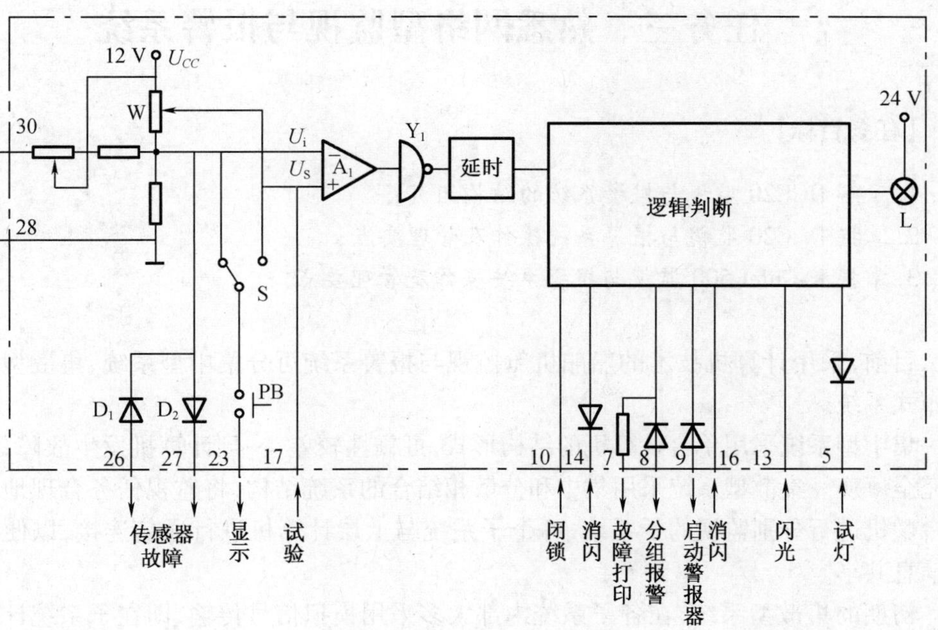

图 4-2-5　模拟量监视与报警控制单元电路图

任务三　熟悉网络型监视与报警系统

【任务目标】

1. 了解 DCC20 监视与报警系统的结构组成；
2. 掌握 DCC20 监视与报警系统操作及管理要点；
3. 掌握 K-Chief 500 监视与报警系统操作及管理要点。

目前，采用计算机技术的船舶机舱监视与报警系统可分集中型系统、集散型系统和全分布式系统。

集中型系统采用单台计算机的结构形式，可靠性较差，一旦计算机发生故障，则整个系统完全瘫痪。集散型系统采用集中和分散相结合的系统结构，将监视任务合理地分散成由多台微机进行分别监视的子系统，各个子系统与上层计算机进行通信连接，以便集中管理和信息共享。

初期的集散型系统，在各子系统内部大多采用模拟信号传输，即在子系统计算机与机旁仪表之间使用模拟量进行信号传输，所以在机旁和子系统计算机之间需敷设大量的电缆。另外，模拟信号长距离传输所引起的干扰也较严重。典型子系统如西门子公司的 SIMOS32 型集中监视和报警系统。

后来一些公司应用传统控制网络技术对子系统进行了改造，即在控制对象附近放置现场处理单元来实现模拟信号的收发，而现场处理单元与子系统计算机之间则通过 BitBus、RS-485 等网络进行数据交换。这种改造虽然起到了一定的效果，并已成为一个时期内船舶监视与报警系统的主流，但由于传统控制网络的固有缺陷，所以未能实现真正意义上的全分布式控制。而且各公司所建控制网络的封闭性，也阻碍了船用现场控制设备间互换与互操作的实现。典型代表系统有西门子公司的 SIMOSIMA32C 系统，NORCONTROL 公司（KONGSBERG 公司的前身）的 DataChief 1000 系统等。

进入 20 世纪 90 年代后，随着现场总线技术的不断完善，在新造船舶中，越来越多地采用现场总线作为各个子系统的内部控制网络，上层网络采用局域网，形成全分布式的网络型监控系统。以 KONGSBERG 公司的 DataChiefC20（简称 DC C20）系统为例介绍网络型监控系统的结构和功能特点，然后简要介绍 DC C20 的改进型产品 K-Chief 500 监控系统。

一、DC C20 监视与报警系统的结构组成

DC C20 采用 CAN（Controller Area Network）现场总线和以太网（Ethernet）相结合的网络结构形式，系统的结构组成及其布局如图 4-3-1 所示。系统中的主要设备包括：

1. 分布式处理单元（DPU）

DPU（Distributed Processing Unit）是采用模块化设计、具有通信功能的智能化远程 I/O 单元，如图 4-3-1 中所示的 RDi-32，RDo-16，RAi-16，RAo-8，RAi-10tc 和 RIO-C4 等。它们分布在机舱各处，一方面作为传感器和执行器的 I/O 接口，直接与传感器和执行器相连，另一方面通过 CAN 总线与上层网络相连，从而实现上层网络对机舱设备的监视和控制。连接 DPU 和上层网络的 CAN 总线采用双冗余结构，即具有两套 CAN 总线，分别标

示为 CAN Bus1 和 CAN Bus2。这两套 CAN 总线总是互为热备份，当主用网络出现故障时，备用网络自动切入工作，充分保证系统工作的可靠性。

2. 远程操作站（ROS）

ROS（Remote Operator Station）由 PC 机、操作控制面板 OCP（或普通 PC 机键盘）、鼠标、显示屏和打印机组成，PC 机采用 WindowsNT 或 WindowsXP 操作系统。ROS 通常设置在集控室、驾驶台和甲板舱室，常见的配置是集控室 2 台，驾驶台和轮机长房间各 1 台，其他舱室是否设置可根据需要而定，集控室的 2 台是必备的，其他场所为可选安装。各 ROS 均配置双网卡，形成双冗余的 Ethernet 网络，在图中，分别标示为 Ethernet1 和 Ethernet2。

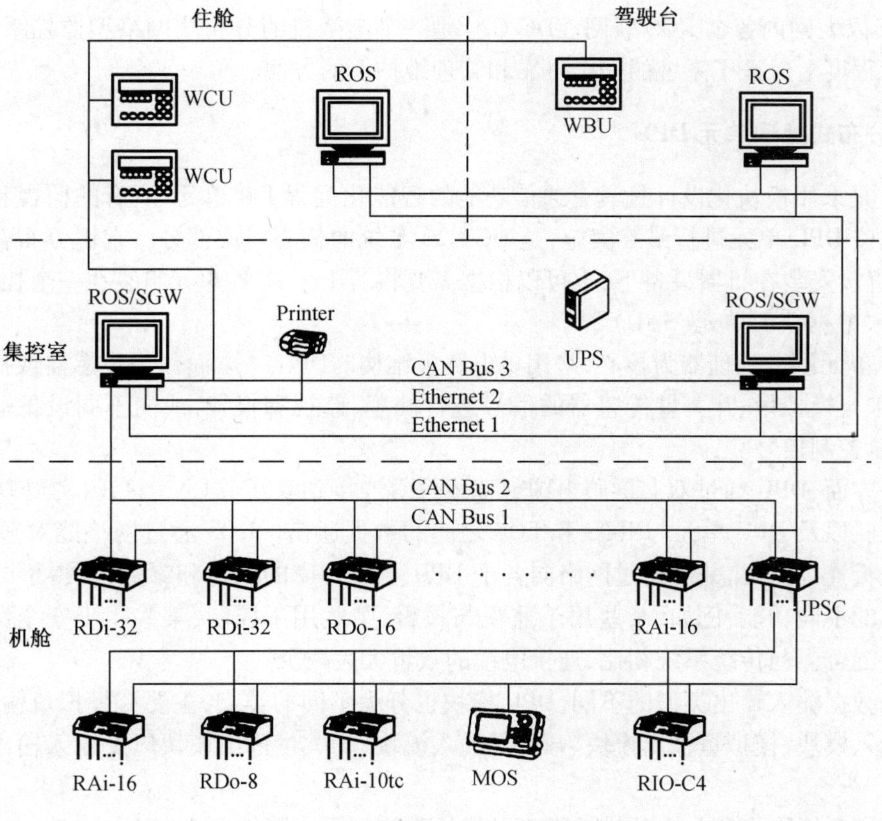

图 4－3－1 DataChief C20 监控系统的结构图

集控室的 2 台 ROS 还兼有系统网关 SGW（System Gate Way）的功能，使得局域网中的各个 ROS 能够通过系统网关 SGW 与 CAN 总线相连，ROS 一方面可以接收各个 DPU 单元送出的机舱现场信息，另一方面还能向 DPU 发送操作指令、控制参数和程序包。

3. 值班呼叫系统（WCS）

按照无人机舱的基本设计原则，DC C20 系统在驾驶台和轮机员舱室及公共场所设有延伸报警装置。驾驶台的延伸报警装置称为 WBU（Watch Bridge Unit），而舱室及公共场所的延伸报警装置则称为 WCU（Watch Cabin Unit）。WBU 和 WCU 通过 CAN 总线与 ROS 进行通信连接，形成值班呼叫系统 WCS（Watch Calling System）。

4. 其他辅助设备

系统中的其他辅助设备包括不间断电源(UPS)、以太网集线器(HUB)、现场操作站(Local Operator Station,简称 LOS)和便携式操作站(Midi Operator Station,简称 MOS),LOS 和 MOS 只和一条 CAN 总线相连,其他 DPU 模块需要保持双冗余 CAN 总线相连。

LOS 用于在机舱现场对各个 DPU 模块进行操作,在 LOS 面板上可以选择和访问挂在同一 CAN 总线上的任意 DPU,例如,查看 DPU 中的过程变量、对所辖设备的现场操作、参数调整和模块自检操作等。MOS 是一个特殊设计的移动式操作站,通过 MOS 面板可以方便地实现各种操作站功能,可用作 LOS、ROS 或驾驶台值班监视系统的显示单元。

UPS 确保在短时间失电的情况下能够继续给系统中提供 220 VAC 和 24 VDC 电源。HUB 用于以太网内各个 ROS 联网。DC C20 是一个全微机的分布式网络型监控系统,其结构在最大程度上保证了系统的安全可靠和管理维护上的方便。

二、分布式处理单元 DPU

DPU 是采用模块化设计且具有通信功能的智能化远程 I/O 单元,所有的监视和自动功能均由这些 DPU 单元进行最终实施,是 DC C20 系统的核心组成部分。它们分布在机舱各处,可以直接安装在机器设备下,也可以根据需要将若干个 DPU 单元组装在一个控制箱内,并称之为“数据获取单元(SAU)”。

DPU 单元以微处理器为核心,采用单电路板结构。DPU 一方面作为传感器或执行器的接口,对来自模拟量、开关量传感器的信号进行处理、监视和报警,或向不同设备输出模拟量、开关量控制信号。

另一方面,DPU 通过双芯屏蔽电缆或双绞线等连接到双冗余 CAN 总线,实现 DPU 单元之间的互联以及 DPU 单元与 ROS 和 LOS 之间的数据通信。ROS 通过网络能对 DPU 的工作状态进行连续监视,并可通过网络向各个 DPU 下载相应的软件和参数,使得不同的 DPU 具有相应的不同功能,例如,某些用于监视与报警、某些用于控制、某些用于安全保护或这些功能的混合。与传统系统相比,连接电缆的数量大大减少。

按照数据输入输出类型的不同,DPU 模块也分为不同的类型,主要有模拟量输入模块、热电偶输入模块、模拟量输出模块、开关量输入模块、开关量输出模块以及输入输出混合模块等。

一个实际系统中所包含的模块类型及模块数量根据实际情况而定。

1. DPU 的特点

尽管不同 DPU 的输入输出类型及其功能不同,但它们都有如下共同的特点。

(1)所有 DPU 模块均采用统一的机械和电气设计。作为一个例子,图 4-3-2 给出了模拟量输入输出模块的外观结构图和正面视图。从图(b)可以看出,模块的正面包括接线端子、状态指示灯和各种说明符号。其中,X10 为两路 24 V 电源端子,X1 为模拟量输入端子,X3 为计数输入端子,X7 为 RS422/485 通信端子,X5 和 X6 分别为 CAN 总线 1 和 CAN 总线 2 的接线端子,每个端子下均标有端子号,端子的名称和端子号的编排规则适用于所有 DPU。例如,X1 端子的编号共有 3 位数,其中第 1 位和第 2 位为通道号,第 3 位为端子号(如 011 ~014 表示第 01 通道的 1-4 号端子,161-164 表示第 16 通道的 1-4 号端子)。

状态指示灯包括通道状态指示灯和模块状态指示灯,通道状态指示灯用于指示相应输入输出通道的工作状态,每个指示灯对应一个通道;模块状态指示灯有“RUN”“WatchDog”

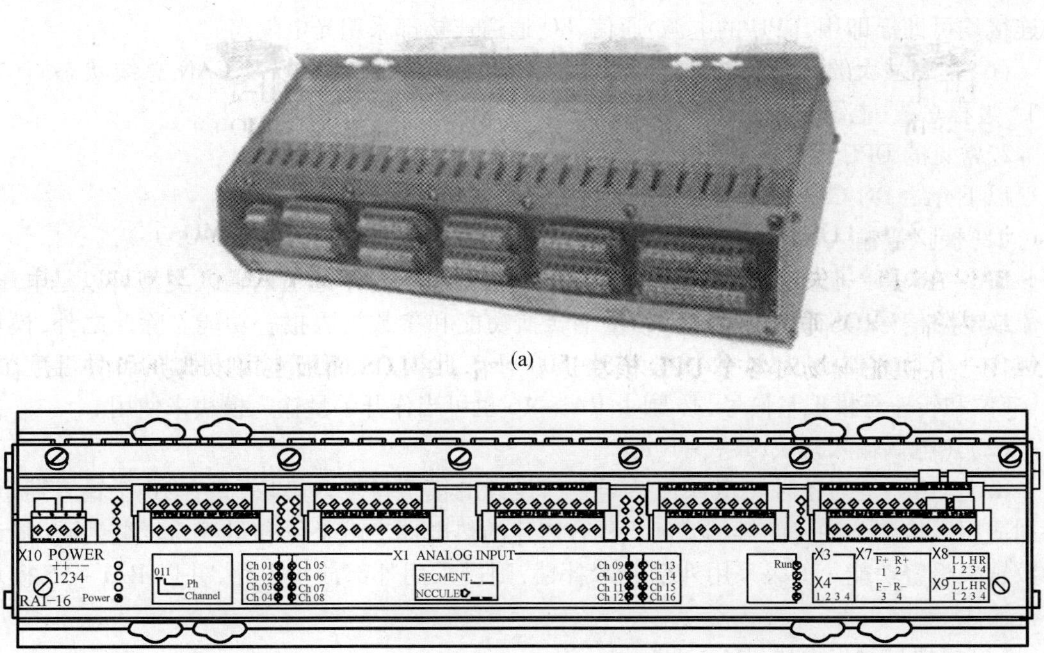

(a)

(b)

图 4－3－2　DPU 模块（RDi－32）

“Info.”“EndInit.”和“Power”等，它们组合起来表示模块的不同状态，如表4－3－1 所示。

表 4－3－1　DPU 状态指示灯的含义

LED 指示灯名称标示	工作正常	应用程序未加载	未初始化	工作停止	电源极性错误
Rum	绿	灭	灭	灭	灭
Watch Dog	灭	红	红	红	灭
Info.	黄（闪烁）	灭	灭	灭	灭
End Init.	绿	绿	灭	绿	灭
Power	绿	绿	绿	绿	红

（2）DPU 具有参数储存功能，能够独立完成参数的监视、报警和控制。当 ROS 出故障时，DPU 的工作不受影响。

（3）DPU 具有完备的通信功能，支持双冗余 CAN 高速多主通信网络协议，具备 CAN 网络状态、容错管理功能。DPU 单元之间通过冗余的 CAN 总线进行通信。很多 DPU 还配备了一个 RS－422 或 RS－485 串行接口，以便和其他外部设备进行数据通信。

（4）通过 ROS，可将用于 DPU 硬件组态和编程所需的软件下载到 DPU 中，并在 ROS 上对 DPU 单元进行遥控组态。在更换 DPU 后，需要给新单元下载参数。在 ROS 和 LOS 上，可以实现对 DPU 的监视、控制和参数调整。

（5）所有的 DPU 单元均用 24 VDC 电源供电，DPU 单元的硬件无须进行设置和调整，所有连接均可即插即用,DPU 的电源、通信、FO 通道连接都采用光电隔离。

(6)具有强大的自检功能(检查模块内部温度、存储器性能以及 CAN 总线状态)。若 DPU、过程总线、电缆或传感器有故障,则会产生相应的报警信号。

2. 常见的 DPU 模块

以下介绍 DC C20 系统中常用的 DPU 模块:

(1)模拟量输入模块(RAi－16)

RAi－16 是一个具有 16 个通道的模拟量输入模块,每个通道的输入类型可以是电压、电流或电阻信号,具有内建的量程和量纲转换功能和参数越限报警功能。除此之外,模块还包含一个计数器通道,计数频率为 5～500 Hz。此模块适用于检测机舱的各种温度、压力、液位和转速等模拟量信号,必要时,RAi－16 也可当作开关量输入模块来使用。

(2)热电偶输入模块(RAi－10tc)

RAi－10tc 是为各种热电偶传感器专门设计的模拟量输入模块,共有 10 个输入通道,特别适用于检测柴油机的排烟温度。具有内建的热电偶冷端补偿和量程、量纲转换功能和参数越限报警功能。如果采用外部冷端补偿,则需采用外部放大电路,并以 RAi－16 模块进行输入。

(3)模拟量输出模块(RAo－8)

RAo－8 是一个具有 8 个通道的模拟量输出模块,输出信号可以选定为 ±10 VDC 的电压信号或者是 ±20 mA 的电流信号。适用于模拟量指示输出和控制量信号输出。

(4)开关量输入模块(RDi－32、RDi－32A)

RDi－32 和 RDi－32A 都是具有 32 个通道的开关量输入模块,RDi－32 为触点输入,RDi－32A 为 24 VAC 或 24 VDC 电压信号输入。当输入状态异常时,能够发出开关量报警,并由发光二极管(LED)指示每个输入通道的输入状态。适用于检测各种机舱设备的运行状态、阀门位置等开关量信号。

(5)开关量输出模块(RDo－16)

RDo－16 是一个具有 16 通道的开关量输出模块,设有发光二极管(LED)指示每个通道的输出状态。最大输出电压为 230 VAC,最大输出电流为 3 A(电阻性负载),支持脉冲输出。适用于各种开关量指示输出和开关量控制信号的输出。

(6)混合模块(RIO－C1、RIO－C2、RIO－C3、RIO－C4)

这里说的混合模块是指单个模块中既包含模拟量或开关量输入通道,又包含模拟量或开关量的输出通道。

①RIO－Cl

RIO－Cl 具有模拟量、开关量的输入、输出和脉冲输入功能,表 4－3－2 所示为模块所包含的通道类型、通道数量和相应的功能特点。

RIO－C1 的模拟量输入通道可直接测量单相交流电的电压和电流信号,通过测量或计算,可以获得船舶电站系统中发电机和电网电压、发电机输出电流、发电机和电网频率、发电机和电网电压之间的相位差、电网的有功功率和无功功率;2 个计数器输入通道可分别接收来自两个磁脉冲传感器的脉冲信号,从而计算出回转设备的转速值;输出通道可分别输出模拟量指示信号和开关量控制信号,因此,RIO－C1 特别适用于对发电机组的监测和控制,同时,也适用于船舶主机或辅机的安全保护系统。

表 4－3－2　RIO－C1 的通道类型

通道类型	通道数	功能描述
模拟量输入(AC 电压)	2	单相产流电压输入,Max. 30 V,50/60 Hz
模拟量输入(AC 电流)	1	交流电流输入,Max. 1 A,50/60 Hz
模拟量输入	4	同 Rai－16
计数脉冲输入	2	24 VDC 计数脉冲输入,检测磁脉冲转速探头
开关量输入	2	同 RDi－32
模拟量输出	2	4～20 mA 电流输出
开关量输出	3	Max. 3 A(电阻性负载),直接驱动电磁阀或继电器

②RIO－C2

RIO－C2 包含 8 个开关量输入和 8 个开关量输出通道,每个通道均设有 LED 进行输入和输出的状态指示。其输入信号可以是自由触点或 24 V 交直流电压,输出为继电器触点输出,特别适用于泵和阀门的控制。

③RIO－C3

RIO－C3 专门用于船舶发电机的安全保护,其输入输出通道设计成可与各种电流、电压变换装置以及配电板设备进行连接,具有短路、过流、逆功率自动脱扣和有功功率、功率因素计算等功能。

④R10－C4

R10－C4 也是专门用于船舶电站系统的发电机监控模块,其主要功能包括发电机并车、发电柴油机自动启停、发电柴油机转速定值控制、发电机功率计算、机组间负荷分配、主配电板仪表驱动、柴油机预润滑控制(可选)、燃油选择控制(可选)和发电机电压定值控制(可选)等。

RIO－C4 是 RIO－Cl 的升级产品。

(7)dPSC、PSS 和 MSI

dPSC 是一个具有双处理器的网段控制器,全称为 dual Process Segment Controller,用于 CAN 网络的扩展;PSS 类似以太网的集线器 HUB,全称为 Process Segment Starcoupler,用于 CAN 总线分支,此外还具有分段隔离的作用;MSI 是 Multi Serial Interface 的简称,当系统中的 RS422/485 通信接口不够用时,可采用 MSI 来实现 DC C20 与其他设备的数据连接。

(8)MEI、DGU、ESU 和 RPME

这四个模块是专门用于主机遥控系统的 DPU 模块,分别用做遥控系统和主机的接口单元、数字调速器、安全保护单元和转速检测单元。

三、网关

DC C20 是一个网络型监控系统,在不同网络类型及不同网段之间需要有一个专门设施来转换网络之间不同的通信协议或在不同数据格式之间进行数据翻译,这一设施称为网关。在 DC C20 系统中,共有两种网关,即系统网关(System Gateway,SGW)和 CAN 总线双处理器网段控制器(dual Process Segment Controller,dPSC)。

1. 系统网关(SGW)

SGW 是 CAN 总线网和 Ethernet 网之间的网关,采用双冗余设计,实现 CAN 与 Ethernet 两种网络之间的冗余连接,进而实现 DFU 和 ROS 之间的双向信息传输。其主要任务如下:

(1)接收来自于 CAN 总线的信息,对 ROS 进行刷新;

(2)管理从 ROS 发送到 DPU 或 LOS 的操作指令、参数和程序。

所有必需的组态和软件安装均通过 Ethernet 网完成。通过执行简单的网络管理协议还可以通过 Ethernet 网进入 SCW 和 CAN 的故障诊断数据库。

2. 双处理器网段控制器(dPSC)

CAN 网络最多能支持 110 个节点,即在 CAN 总线上最多能挂接 110 个 DPU 模块。当系统规模较大,或者出于某种特殊需要时,往往需要对 CAN 网络进行扩展,即把 CAN 网络扩展成上下两层,上层一般叫作全局 CAN 总线(Global CAN Bus),下层则称作局部 CAN 总线(Local CAN Bus)。

dPSC 就是用于扩展局部 CAN 总线的专门设备,它是一个双二通道 CAN 网关,设有两个单独供电的处理器,每个处理器各有两个 CAN 接口,两个处理器通过双口存储器共享信息。因此,一个 dPSC 模块共有 4 个 CAN 网络接口,其中 2 个冗余接口连接上层全局 CAN 总线,另外 2 个连接下层局部 CAN 总线。此外,dPSC 还提供了 2 个 RS422/485 串行通信接口,用于连接其他具有数字通信功能的控制系统或设备,如辅锅炉控制系统和分油机控制系统等。图 4-3-3 所示为采用 dPSC 进行 CAN 总线扩展的实例。

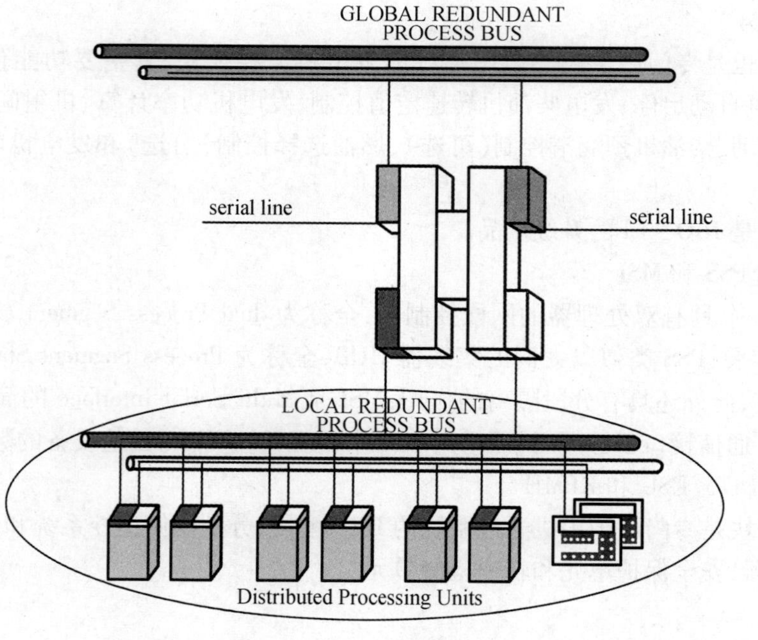

图 4-3-3 dPSC 对 CAN 总线的扩展

dPSC 的主要任务是:

(1)处理来自于 Local CAN Bus 的信息并将其送往 Global CAN Bus,进而通过系统网关 SGW 供 ROS 使用;

(2)管理由系统网关 SCW 或 ROS 发送到 Local CAN Bus 的指令、参数和程序。

dPSC 具有开放式主控制器的能力,能够管理连接到总线上的所有 DPU。如果与某个 DPU 的通信出了故障,dPSC 将在 Global CAN Bus 上产生系统故障信息。dPSC 遵从 ISO 11898 标准,对 CAN 通道采用光电隔离。因而,一个 CAN 通道的短路或故障不会影响其他的通道。

dPSC 还带有两个 RS422/RS485 双路串行接口,用于和其他设备的通信。当 dPSC 的两个处理器控制同一个 DPU 时,它们处于并联运行状态,因而可为 CAN 总线通信和逻辑控制提供冗余功能。

四、远程操作站 ROS 及系统功能

ROS 是 DC C20 系统的重要组成部分,一个 ROS 由主计算机(MCU)、显示器(VDU)、打印机、操作控制面板(OCP)或普通的 PC 键盘和鼠标。在系统的监视与报警和控制过程中完成以下任务:

(1)和 CAN 网络中的数据采集或控制设备(即 DPU)进行双向数据通信,从 DPU 收集数据或向 DPU 传送指令、数据和程序;

(2)对报警信息进行监控和报警信息的确认功能;

(3)向驾驶台和轮机员舱室提供延伸报警信息;

(4)在 CAN 网络和 Ethernet 局域网之间起网关的作用。

DC C20 的大部分操作都和 ROS 有关,下面仅从 ROS 的角度来介绍 DC C20 的系统功能。

(一)人机交互接口

人机交互接口包括输入设备、打印输出和各种显示界面等。主要包括:

1. 操作控制面板(OCP)

OCP 是 DC C20 系统的主要输入设备,由按键、指示灯和轨迹球等组成,如图 4-3-4(a)所示。此外,在 OCP 的左下角还设有一个键盘接口,以便需要时连接 PC 机标准键盘。

按照功能的不同,OCP 分为不同的功能区,图 4-3-4(b)示出了不同区域的功能划分。分组报警区域用于在发生报警时进行分组报警指示和报警确认;值班功能按钮区域用于值班状态的指示、值班切换和值班呼叫;Mimic 功能按钮用于各种系统的 Mimic 模拟图的显示和操作;数字键区域用于在需要时输入各种数值,并提供屏幕的翻页和方向键功能;报警控制按钮用于报警确认、消音、报警汇总显示(显示当前存在的所有报警)和历史报警显示(分页显示最后发生的 2 000 个报警,每页 26 个);轨迹球和轨迹球按键相配合完成光标移动、光标定位和相应的操作功能;其他功能按钮的具体功能依实际情况不同而异。

如果系统没有配置 OCP 硬件,则可在主计算机上连接标准键盘和鼠标。按 F1 功能键,将在显示屏上调出 OCP 模拟图,可用鼠标进行点击操作。模拟 OCP 的功能与硬件 OCP 类似。

2. 显示界面

显示界面是计算机监控系统重要的信息输出手段,DC C20 的软件系统在 ROS 上提供了丰富的显示界面,与 OCP 相配合可以实现各种复杂的人机交互功能。ROS 上的显示界面大致包括以下几种类型:

(1)文本显示界面

文本显示界面用于输出报警信息和监视机舱设备运行的实时状态或实时参数,分为报

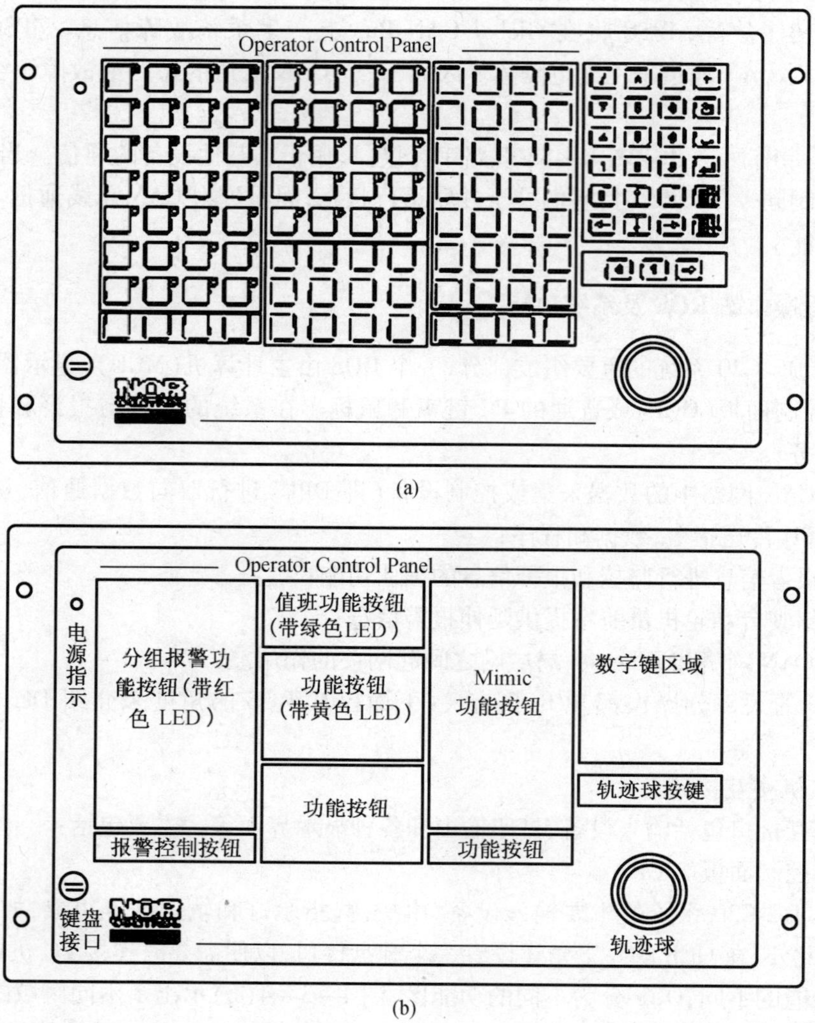

图 4-3-4 OCP 功能结构

警显示窗口和监视窗口。其中,报警显示窗口具有三种类型:

①分组报警窗口,按分组类型显示当前报警状态;

②报警汇总窗口,显示当前存在的所有报警;

③历史报警窗口,分页显示最后发生的 2 000 个报警,每页 26 个。

监视窗口类型包括:

①分组显示窗口,显示同一报警组中所有测量点的状态清单;

②选点显示窗口,显示预先选定的各个测量点的状态清单;

③测量点属性窗门,显示某一测量点的详细信息,如测量点名称,报警限等(在计算机编程时,通常用一被称为“标签(Tag)”的变量来保存测量点的属性,因此测量点属性也称为标签属性)。

(2)图形显示界面

图形显示界面包括机舱主要系统的 Mimic 模拟窗口、柱状图窗口和设备状态窗口等,主要包括：

①管路系统 Mimic 窗口；

②柱状图窗口，如各缸排烟温度及其平均温度柱状图窗口；

③备用泵汇总显示窗口；

④控制器和阀位状态汇总窗口；

⑤参数曲线趋势图窗口；

⑥电站管理窗口；

⑦主配电板和发电机窗口。

这些窗口实时显示设备的工作状态，例如阀门的开闭状态、设备的启停状态、液位或其他参数的高低等。图形显示界面具有可交互的性质，即在图形界面上可以对实际设备进行操作和控制。

(3)访问控制界面

为了安全考虑，系统可以通过访问密码来设置对系统进行操作和控制的权限，包括报警权限修改在内的参数调整以及对系统所进行的其他所有操作均以事件记录的形式进行保存。

3. 打印设备

ROS 可以配置打印设备进行必要的打印输出。通过设置，打印设备可以按定时或者即时召唤的方式打印各种记录。记录内容包括报警或者事件的名称以及报警或事件发生的具体时间等。对于报警信息，既包括发生时间也包括报警消失的时间。

(二)监视与报警功能

监视与报警是 DC C20 最重要的功能之一，这一功能使系统能够对机舱设备的运行状态和参数进行连续监视，并在发生异常时进行报警。

1. 模拟量监视和报警

模拟量是指那些连续变化的量，例如温度、压力、液位和转速等。在处理模拟量报警时，DC C20 具有以下特点：

(1)高限(High)报警，当监测点参数的测量值高于设定的报警值时发出报警，适用于温度、转速和液位等参数；

(2)超高限(High - High)报警，当监测点参数的测量值高于某一超高限设定值时发出报警，此时系统将发出自动停机指令；

(3)低限(Low)报警，当监测点参数的测量值低于设定的报警值时发出报警，适用于温度、压力和液位等参数；

(4)超低限(Low - Low)报警，当监测点参数的测量值低于某一超低限设定值时发出报警，此时系统将发出自动停机指令；

(5)线路故障报警，当输入线路发生故障，例如传感器断线或短路时，系统将发出相应测量点的线路故障报警；

(6)为避免报警状态的波动(即频繁报警)，系统采取从报警状态向正常状态恢复时设有不灵敏区，对输入参数设置有可调的滤波因子等技术手段。

2. 开关量监视和报警

开关量信号的监视和报警功能只监视输入信号的两个状态，即输入点是断开还是闭合。输入信号来自反映设备状态的继电器触点、位置开关、温度开关、液位开关和压力开关等。通过正确调整开关量的动作值，系统也能实现测量点的高限和低限报警。为避免报警频繁，开关量报警也设有延时功能。

3. 报警闭锁

在船舶机舱中，有些报警属于条件报警，当满足某种特定的条件时，即使监测点的状态不正常，也不应该发出报警，例如，当船舶在港时，与航行无关的报警都将被闭锁。DC C20 的这一功能是通过对某一报警点或者报警组定义一个报警抑制信号来实现的，当条件满足时，抑制信号有效。

4. 接收其他系统的报警信息

许多辅助设备的控制系统都有自带的监视和报警功能，例如，分油机控制系统、曲轴箱油雾浓度监视与报警系统、燃油黏度控制系统等这些控制系统一般都定义有各种不同的报警状态，当报警发生时，除了在自身控制面板上发出报警之外，还可将报警信号送至 DC C20 系统，并由 DC C20 系统进行统一的报警处理。

此外，船舶火灾报警系统往往是一个独立的监视与报警系统，但只要火灾报警控制箱设有和其他设备的数据接口，便可以通过 RS422 串行接口与 DC C20 的 CAN 网络相连，并在 ROS 上以 Mimic 窗口的形式显示各层甲板的火灾探头分布及报警情况。

5. 报警确认

当报警发生时，DC C20 可以在 Mimic 显示、分组显示和汇总显示等各种情况下对屏幕上所出现的单个报警或整个报警分组进行报警确认。

6. 柴油机排气温度监视

排气温度监视系统除了监视各缸实际排烟温度之外，还将计算各缸排烟温度的平均值和偏差值。其中，偏差值是指单缸排烟温度和平均温度之间的差值，当超过允许范围时将发出排温偏差报警。偏差允许范围是根据柴油机的负荷大小连续计算的，柴油机负荷越大，允许的偏差报警带就越小。由于低负荷时，各缸排温会相差较多，因此当平均温度低于某一设定值时，偏差报警自动封锁。

7. 历史参数曲线监视

这一功能不仅可以显示出过程参数的当前值，而且可以显示参数的历史状态，并以曲线的形式形象地反映出参数随时间的变化过程和发展趋势。DC C20 最多可以显示 5 个历史曲线页面，每个页面可包含 8 个参数的变化曲线，以不同颜色和标签进行区分。

8. 油耗经济性监视

在 DC C20 系统中，可通过 DPU 采集燃油流量、燃油温度、柴油机转速、轴输出功率和航速等信息。这些信息通过网络发送至 ROS，由 ROS 进行处理和计算，就可以实现对柴油机的油耗信息进行实时监视，据此可进一步对各种操作的经济性进行评估。

这一功能是通过安装在 ROS 上的专门软件实现的，计算程序输出的性能参数包括：

(1)柴油机瞬时油耗，包括单台主机瞬时油耗和总瞬时油耗(对于多主机船舶)(kg/h)。

(2)船体效率(kg/n mile)。

(3)柴油机效率[g/(kw·h)]。

(4)单机轴功率和总轴功率(对于多主机船舶)(MW)。

(5)燃油消耗总量和输出功总量按照航次累计，累计信息包括：

①航行时间(h)；

②航行距离(n mile)；

③航次总油耗(t)；

④航次输出总功(MW·h)。

油耗经济性监视窗口通过 OCP 功能键激活，一般在每个航次结束时进行复位清零，复位操作将激活打印机输出一份航次报告。

9. 设备运转计时监视

为了便于掌握设备的运行时间，DC C20 提供了设备运行计时监视功能，对各种指定的设备，如空压机、泵、风机和发电机等，进行运行状态跟踪计时。轮机员通过 OCP 功能键可随时调出计时统计窗口，或进行打印输出，统计结果可作为制定设备维修计划的重要参考。每当对某个设备进行维修之后，应对其进行计时清零，以便重新计时。

(三)综合控制功能

利用 DPU 模块的输入输出功能和软件设计，DC C20 除了对机舱设备的状态和参数进行监视与报警之外，还可实现对设备的控制。与设备控制有关的各种数据采集、信号处理和控制功能均由与设备相连的各个 DPU 完成。这一解决方案使得一旦 ROS 出现故障时能够确保进行有效的机旁操作。归纳起来，DC C20 的控制功能包括以下几个方面。

1. 泵的控制

泵的控制功能包括：

(1)泵组顺序启动。与某一管系操作相关的两个或几个泵可以按照事先规定的顺序自动启动。

(2)主备用切换。当主用泵的出口压力低于设定值时，备用泵自动启动。

(3)失电自动启动。某些重要泵能够在全船失电后恢复供电时进行泵组自动启动，启动顺序由泵的控制逻辑决定。

(4)启动禁止。有两种情况需要进行启动禁止：一是在泵的出口压力建立期间，二是当主机或发电原动机停机等外部逻辑条件满足时。

(5)报警功能。当泵的控制系统发生下列情况时，将发出相应的报警：

①备用泵自动启动失败；

②泵自动启动失败或跳闸；

③备用异常报警，即当某一泵在停止时却不在备用状态也将发出报警提示。

实现泵自动控制的传感器可以是开关量传感器，也可以是模拟量传感器。若采用模拟量传感器，则泵的启停极限值由 DPU 内部的数据库确定，否则由压力开关进行设定。

泵的逻辑控制程序及其启停极限值数据通过 ROS 下载并存放于各个 DPU，其中数据库还可通过 ROS 或 LOS 进行修改。泵的控制可在 ROS 上的 Mimic 图上通过轨迹球或鼠标进行遥控操作，方便快捷。由于程序和数据存放于 DPU，因此即使 ROS 停止运行，也能保证泵的逻辑控制正常进行。图 4-3-5 给出了 DPU 与泵启动控制箱之间逻辑接线原理。

2. 阀门遥控

阀门遥控是指对船舶各种管系当中的阀门进行远距离控制，通常是在专门的操作台上根据管路模拟图和具体作业需要通过操作手柄控制相关阀门的开启或关闭，进行特定的连通路径组态，以实现压载水调驳和燃油驳运等操作任务，对于液货船，则还可以进行装卸货操作。

在 DC C20 中，阀门遥控是通过 DPU 和 ROS 实现的。阀门控制操作程序存放于 DPU 内，DPU 与 ROS 进行通信。在 ROS 的 Mimic 窗口中，可通过 OCP 对管路系统中的相应阀门

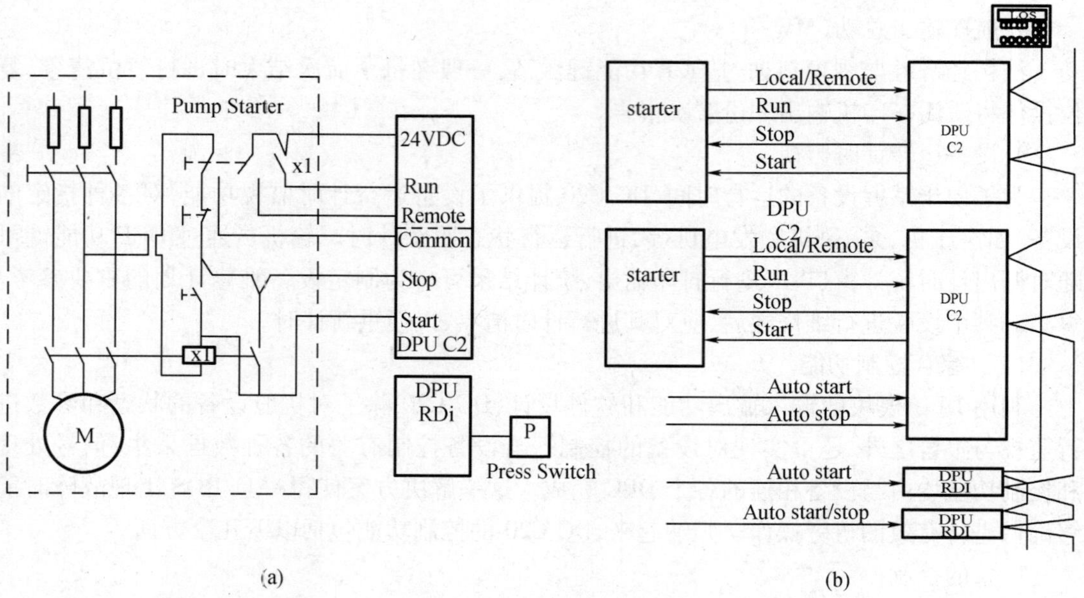

图 4－3－5　DPU 与泵启动箱的逻辑接线原理

进行操作,操作命令传送至机舱现场 DPU 模块,并通过执行机构指挥阀门动作,同时,反映阀门位置的状态信息则通过传感器送至 DPU 作为反馈信号。图 4－3－6 给出了 DPU 与遥控阀门之间的逻辑接线图。

根据阀门的控制原理,系统可包含以下几种阀门类型:

(1)单作用阀门。单作用阀门的控制只需 1 个开关量输出通道和 1 个或 2 个开关量输入通道。开关量输出通道控制阀门的动作(阀门的复位由弹簧动作),开关量输入通道用于检测阀门的位置,如图 4－3－6(a)所示。

(2)双作用阀门。双作用阀门的控制需 2 个开关量输出通道分别用于控制阀门的开启和关闭。另外,还需 2 个开关量输入通道,用十检测阀门的开关状态,如图 4－3－6 (b)所示。

(3)带阀门定位器的双作用阀门。对于带阀门定位器的双作用阀门,需要 2 个开关量输出通道分别用于控制阀门的开启和关闭,开关量输出采用脉冲输出方式。另外,需要 1 个模拟量输入通道用做阀门开度的连续反馈,如图 4－3－6 (c)所示。这种阀门适用于需要对阀门开度大小进行控制的场合。

(4)带阀门定位器的单作用阀门。带阀门定位器的单作用阀门采用模拟量输出进行控制,并通过模拟量输入来检测阀门的实际位置,因此需要一个模拟量输出通道和一个模拟量输入通道,如图 4－3－6 (d)所示。这种阀门也是适用于需要对阀门开度大小进行控制的场合。

3. PID 过程反馈控制

PID 控制器是 ROS 中的一个软件模块,其控制规律通过软件算法实现。PID 软件模块可以下载到与控制回路相关的 DPU 中,这些 DPU 通过模拟量输入通道输入被控量测量值,在 DPU 内部与设定值比较形成偏差,经控制算法计算后,再由模拟量输出通道送至执行机

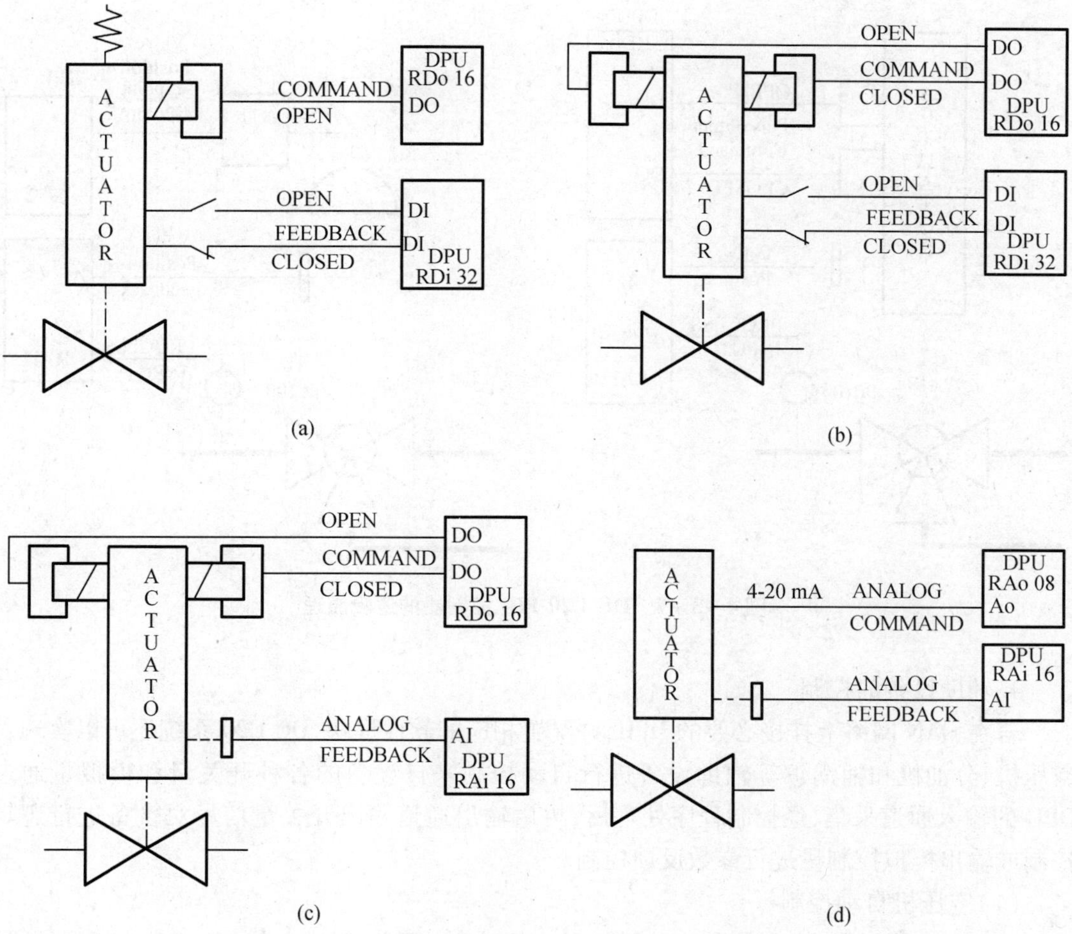

图 4－3－6　DPU 与遥控阀门的逻辑接线原理图

(a)单作用阀门;(b)双作用阀门;(c)带阀门定位器的双作用阀门;(d)带阀门定位器的单作用阀门

构,形成闭合的控制回路。图 4－3－7 所示为 PID 控制系统中 DPU 与调节阀的逻辑接线原理图。

PID 控制器的调试可在 ROS 或者 LOS 上进行,由于控制器以软件模块的形式存在,因此可以方便地对这些模块进行组态,形成各种复杂控制系统,例如,一个控制器的输出送至另一控制器的输入端,形成串级控制。

通过 ROS 的操作面板,可以对控制器软件进行各种设置,主要设置功能如下:

(1)调节器作用强度参数调整,包括比例带、积分时间和微分时间。

(2)被控量设定值调整。

(3)输出模式设定,即自动控制和阀位手动控制设定

(4)调节器作用规律类型设定,通过切除积分或者微分作用,可以方便地得到 P,PI,PD 或 PID 控制规律。

(5)输入输出信号类型设定,输入可以设定为电流、电压或电阻类型,输出可以是电流或者是电压类型。

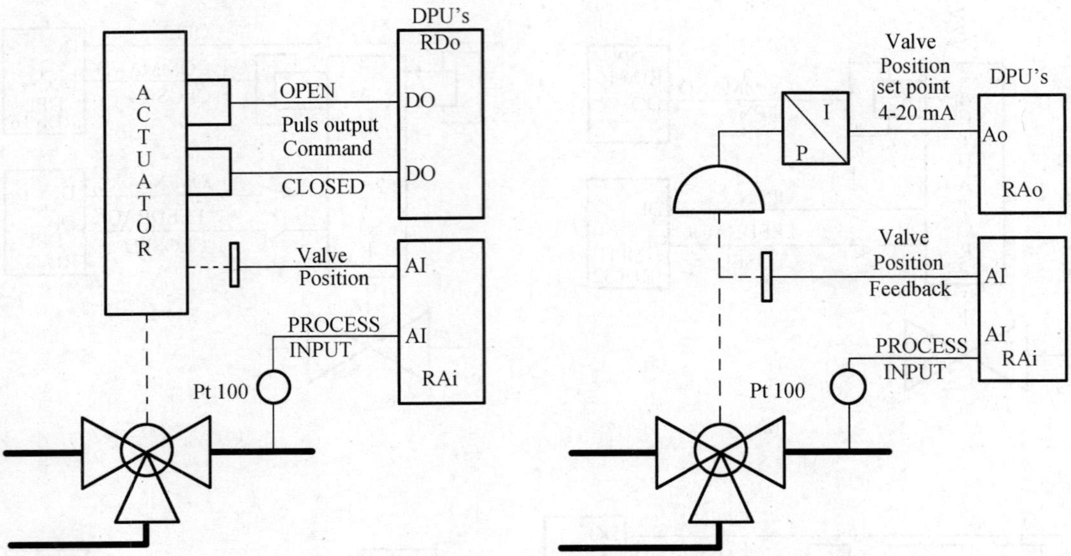

图 4-3-7 DC C20 PID 控制器的逻辑原理

4. 辅助设备的控制

若在 CAN 网络上挂接必要的 DPU,并配置相应的软件模块,DC C20 系统还可以实现对空压机、分油机和辅锅炉等辅助设备进行自动控制来自设备的各种开关量和模拟量通过 DPU 的输入通道采集,经控制程序处理后,再由输出通道输出开关量信号对设备进行逻辑控制或输出模拟控制量进行参数反馈控制。

(1)空压机自动控制

空压机的自动控制功能包括空压机的自动启停、遥控手动启停、失电重起和自动放残等。

(2)分油机自动控制

DC C20 的分油机控制程序专门针对 ALFA LAVAL 分油机设计,通过 DPU 的输出通道可以控制分油机进油温度、分油机启停和密封水电磁阀和排渣水电磁阀等。在 ROS 上可以显示分油机系统的 Mimic 图,在 Mimic 图上对阀门进行手动操作即可进行管路组态,选择单机运行、串联运行或并联运行等分油模式。当串联运行时,第一台分油机被默认为分水机,而第二台则可设定为分水机或分杂机。

(3)辅锅炉自动控制

辅锅炉自动控制包括点火时序控制、PID 反馈控制和报警显示等,所控制的设备包括燃油备用泵、燃烧器马达、燃油加热器、喷油设备、点火时序、风门挡板和蒸汽泄放阀等,这些设备均与 DPU 相连接并由 DPU 输出的控制信号进行控制。DPU 通过网络与 ROS 通信,将锅炉控制系统的各种状态参数送往 ROS,分别为监视与报警系统和辅锅炉控制系统 Mimic 软件提供数据。

5. 电力管理系统

DC C20 的电力管理系统(Power Management System,简称 PMS)涵盖了电站自动控制的所有功能,包括全船电力的生产、配送和安全保护等。

对于基本型电力管理系统，每台发电机组配置一个 DPU，用于单台发电机组的自动控制。

DPU 与 ROS 相连，在 ROS 上可以对各个 DPU 的监控功能进行初始化设置。控制系统适用于不同类型的发电机组，如柴油发电机组、涡轮发电机组和轴带发电机组等，但根据发电原动机类型的不同，DPU 的配置和控制策略也不同。

对于复杂的电站管理系统，一般通过 dPSC 将 PMS 扩展为一个独立的局部 CAN 网络(Local CAN Bus)，这一局部 CAN 网络再通过全局 CAN 总线(Global CAN Bus)与 ROS 通信。图 4-3-8 所示为 PMS 的典型结构。

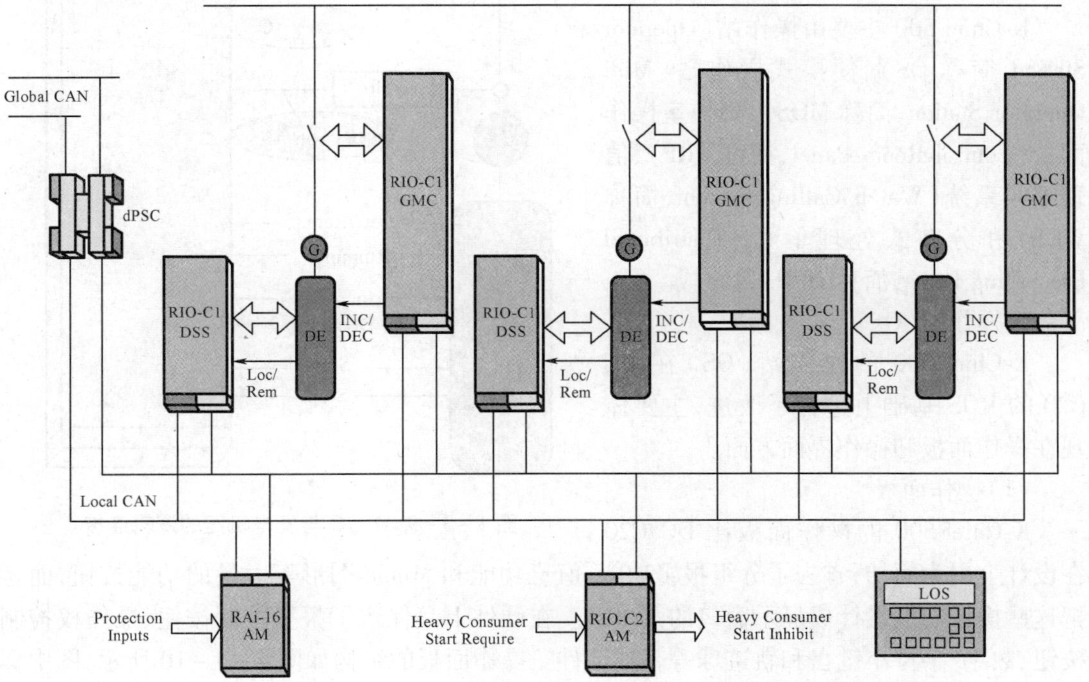

图 4-3-8　DC C20 的电力管理系统典型结

电站包含三台柴油发电机组，每台机组分别配置两个 RIO-C1 模块，其中 DSS(Diesel engine Start, stop & Safety)为柴油机启停控制和安全保护模块，GMC(Cenerator Monitoring & Control)为发电机监控模块，根据发电机和电网信息控制主开关动作并通过向柴油机发送 INC/DEC(增加/减少)指令进行调频调载。RAi-16 模块用于检测发电柴油机是否具备遥控条件，若遥控条件不具备，则将发出相应的报警指示并禁止 Loc/Rem(机旁/遥控)切换。RIO-C2 则用于重载启动管理，当电站总功率不足时将禁止重载设备启动。由于 RIO-C1 模块本身具有发电机组的综合管理能力。因此可以将 DSS 和 GMC 合并由一个 RIO-C1 实现，并把这一 RIO-C1 模块称为 DGC(Diesel Generator Monitoring & Control)。此时，RIO-Cl 与发电机组的逻辑连接如图 4-3-9 所示。

以上介绍了远程操作站 ROS 及系统的主要功能。在实际中，不同船舶可根据需要对上述功能进行选配。例如，有些船舶采用了其他厂家的电力管理系统，则在 DC C20 系统中就没有 PMS 方面的内容，而对于液货船，还可以包含液货装卸系统等。

五、K-Chief 500 监视与报警系统

K-Chief 500 监视与报警系统是 DC C20 系统的升级产品，其结构组成和系统功能与 DC C20 基本相同，只是在操作面板和屏幕操作界面上作了改进。下面首先介绍 K-Chief 500 的结构组成，然后给出一个 K-Chief 500 的系统实例。

（一）K-Chief 500 的结构组成

K-Chief 500 主要由操作站（Operator Station，简称 OS）、便携式操作站（Midi Operator Station，简称 MOS）、集控室操作面板（Control Room Panel，简称 CRP）、值班呼叫系统（Watch Calling System，简称 WCS）和分布式处理单元（Distributed Processing Units，简称 DPU）等组成。

1. 操作站（OS）

K-Chief 500 的操作站（OS）在 DC C20 的 ROS 基础上进行了改进，主要体现在操作面板和操作界面方面。

（1）操作面板

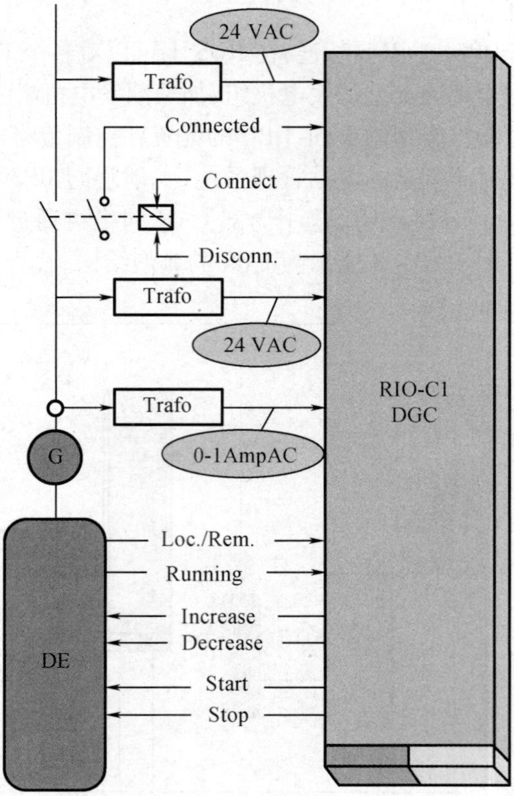

图 4-3-9 DGC 与发电机组的逻辑连接

K-Chief 500 的操作面板比 DC C20 在设计上更为简洁，省去了分组报警功能、值班功能和 Mimic 图形等大量的功能按钮，而是把这些操作功能设计成显示窗口的菜单键。在硬件上只保留了报警控制按钮、操作权控制按钮、数字/字母小键盘和轨迹球等基本部件。操作面板的结构如图 4-3-10 所示，图中标明了各个按键的名称和功能。

（2）操作界面

K-Chief 500 采用 WindowsXP 作为操作系统，系统开机后将自动进入一个叫作浏览器（Navigator）的主界面。浏览器主要由各种软件按钮组成，图 4-3-11 所示为浏览器的一个典型样例。针对不同的船舶，可以设置不同的按钮数量和定义不同的按钮功能。

浏览器分为 2 个操作区域，左侧区域为报警浏览器，右侧区域为图形显示浏览器。在报警浏览器中，可对报警进行分组操作和显示。图中当前分组内容分别为“主机自动停车（ME AUTO SHD）”、“主机自动降速（ME AUTO SLD）”、“主机气动操纵系统（ME MANEUV. SYS）”、“主机日用系统（ME SERVICE SYS）”、“主机燃油系统（ME FO SYS）”、“主机滑油系统（ME LO SYS）”、“主机冷却水系统（ME COOL. SYS）”、“主机排气和空气系统（ME EXH & AIR SYS）”、“轴系和调距桨（GEAR SHAFT CPP）”、“1 号发电机组（NO. 1 GEN.）”、“2 号发电机组（NO. 2 GEN.）”、“3 号发电机组（NO. 3 GEN.）”、“应急发电机组（EMERG. GEN.）”、“组合锅炉（COMBIN. BOILER）”、“燃油锅炉（OIL FIR. BOILER）”、“污水柜和液舱（BILGE&TANK）”、“应急电源装置（ELEC. PWR PLANT）”以及“舵机系统（STEER GEAR）”，按钮右侧的数字显示各个分组的报警总数（当前的报警数均为 0）。点击

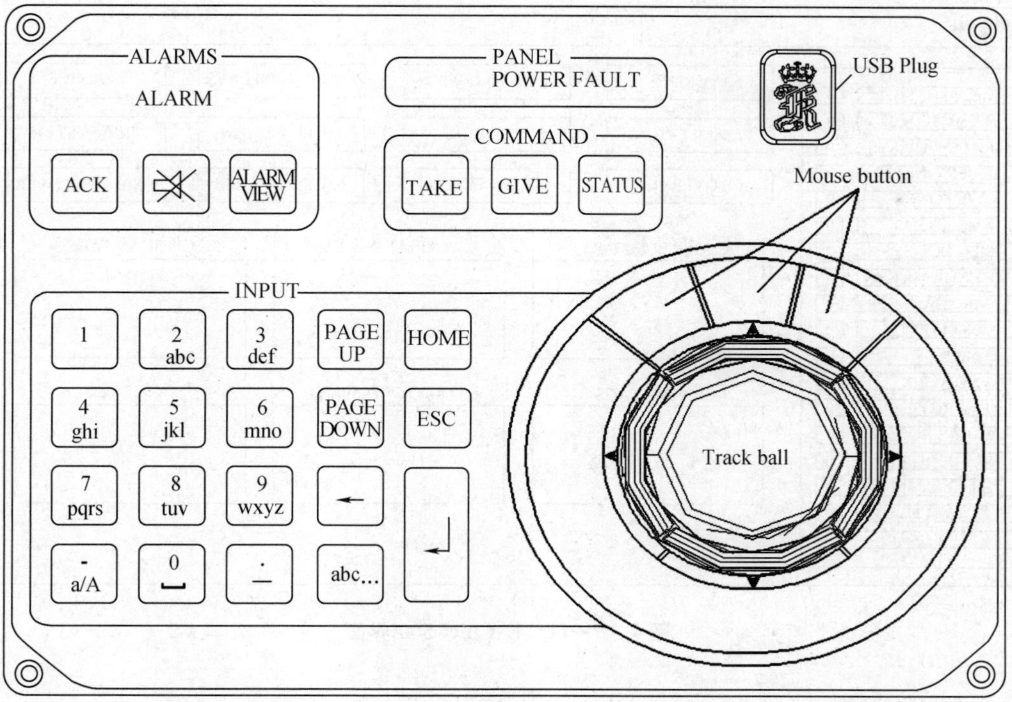

图 4－3－10　K-Chief 500 操作面板

每个分组按钮即可显示相应分组的参数和报警状态，例如，点击“ME AUTOSHD”将显示与主机自动停车有关的各个参数名称、参数值、报警设定值和当前报警状态等信息。

图中右侧上方小按钮为主按钮组，下方大按钮为二级按钮组。在主按钮组中，点击“收藏夹(FAVORITES)”可进行值班轮机员的个性显示及其管理，点击“列表查看(LIST VIEWS)”可以列表的形式查看监视参数，点击“显示配置(CONFIG DISPLAYS)”可对各种显示进行自定义配置，进入“服务(SERVICE)”菜单可显示系统信息、说明书查阅、背景亮度调节和报警测试等，进入“值班(WCALL ENGINE)”菜单可操作对值班呼叫系统，进入“系统总览(SYS. OVER－VIEW)”可查看整个系统的网络布局及网络工作状态(若采用了 AC C20 主机遥控系统，则在这里还将显示 AC C20 的网络结构，并可对主机遥控系统的参数进行设置)，“主机总览(ME OVERVIEW)”、“火警系统(FIRE SYSTEM)”、“发电机总览(A/E OVERVIEW)”、“燃滑油系统(FO&LO SYSTEM)”、“海淡水系统(SW/FW SYSTEM)”和“泵与风机总览(PUMP&FAN OVERV)”等则以 Mimic 图的形式显示相应系统的工作状态。

二级按钮组的内容与当前激活的主按钮相对应，若二级按钮指向的目标为列表或 Mimic 图，则该二级按钮将以所指向的列表或 Mimic 图的缩略图形式显示。图 4－3－11 中当前激活的主按钮为“LIST VIEWS”，其对应的二级按钮包括“报警汇总(ALARM SUMMARY)”、“报警历史(ALARM HISTOR)”、“离线测量点标签(OFFSCAN TAGS)”、“报警抑制标签(INHIBIT TAGS)”、“计时/计数显示(COUNTER DISPLAY)”和“事件记录(EVENTLOG)”等。点击任意一个二级按钮，都将进入相应的显示页面，例如，点击“ALARM SUMMARY”将显示当前报警的汇总列表。

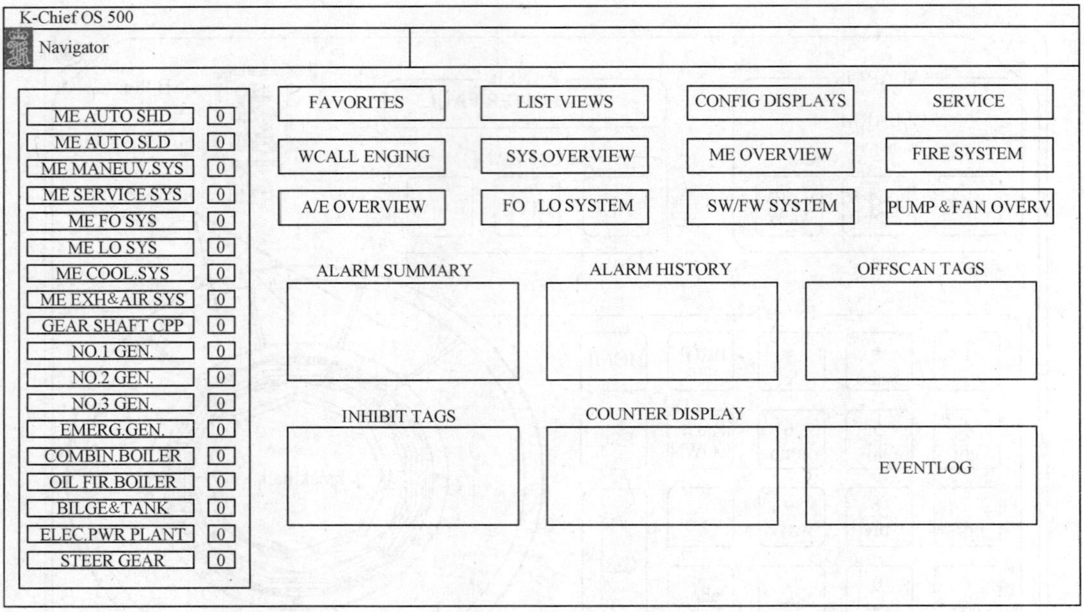

图 4-3-11 K-Chief 500 界面

2. 其他组成

K-Chief 500 的其他组成部件，如域 MOS、WCS 和 DPU 等均与 DC C20 完全相同，这里不再赘述。

（二）系统实例

DC C20 和 K-Chief 500 的模块化设计和总线型的网络结构使之容易配置成从简单到复杂的各种监视与报警系统，适用于不同类型的船舶。为便于对系统的硬件连接有一个更深入的认识，这里给出一个 K-Chief 500 的系统实例。

1. 网络连接

一个典型的 K-Chief 500 网络结构如图 4-3-12 所示，它由 2 台集控室 OS（OS1 和 OS2）、7 个 DPU、1 个 MOS、1 个 WBU、5 个 WCU 和 1 个报警记录打印机组成。

OS1 和 OS2 的主机为 2 台专用 PC 计算机，19 英寸 LCD 通过电缆 W29 连接计算机的 DVI 接口，集控室面板 CRP 通过电缆 W30 与计算机的一个 USB 接口相连，报警记录打印机连接 051 计算机的打印机接口。

两台 OS 主机均设有 NET A、NET B、NET C 和 CAN NET 共 4 个网络接口，其中 NET A 和 NET B 分别通过交叉 LAN 网线 W24 和 W25 对连（若需要 3 台以上的 OS，则需要通过集线器 HUB 连接，并采用直通 LAN 网线）；NET C 和 CAN NET 分别通过直通 LAN 网线 W20 和 W40 接至“Terminal module”模块的 RJ45 插口 U20 和 U40，经 ETHET/CAN 转换后连接 2 组 CAN 总线接线端子 U20 和 U40，其局部连接关系如图 4-3-13 所示。

来自 2 台 OS 的 CAN 端子 U20 通过双绞线电缆 W122 并联对接，并通过双绞线电缆 W101 连接 WBU 和 WCU，为值班呼叫系统提供 CAN 网络通信；OS1 的 CAN 端子 U40 经双绞线电缆 W201 连接 GLOBAL CAN1 网络的各个 DPU 模块，OS2 的 CAN 端子 U40 经双绞线电缆 W202 连接 GLOBAL CAN2 网络的各个 DPU 漠块，形成两套互为冗余的 CAN 总线。

DC C20 和 K-Chief 500 的 DPU 都至少有 2 个 CAN 接口（即 CAN1 和 CAN2），如图

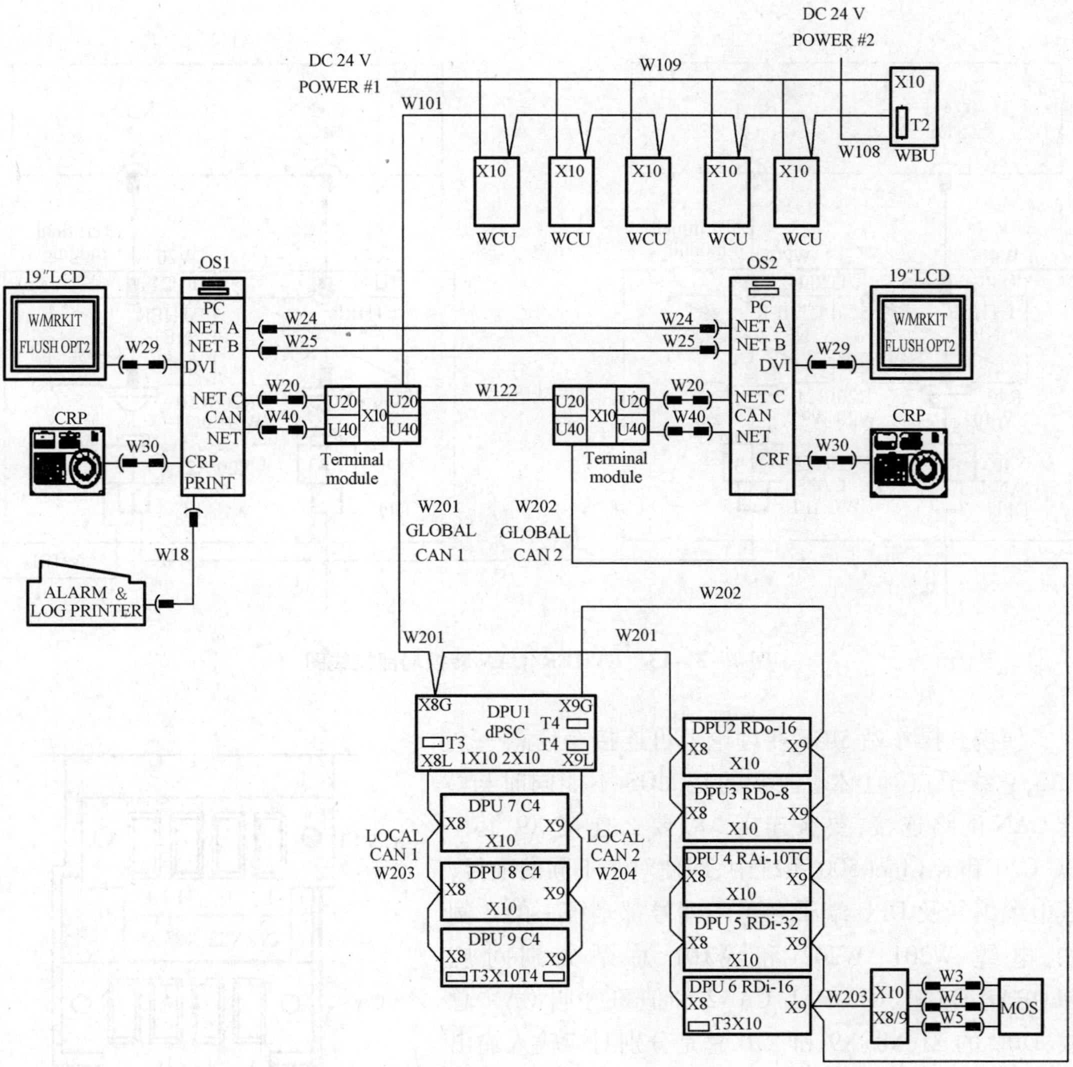

图 4-3-12　K-Chief 500 系列实例

4-3-14 所示。每个接口设置 4 个接线端子，CAN1 的端子名称为 X8，编号为 X81～X84，X81 和 X83 连接网络中相邻的上一个模块，X82 和 X84 连接相邻的下一个模块，若模块为网络中的最后一个模块，则必须在 X82 和 X84 之间接入一个 120 Ω 的终端电阻；CAN2 的端子名称为 X9，编号为 X91～X94，用法与 CAN1 类同。CAN1 和 CAN2 与 DPU 的连接参见图 4-3-13，应特别注意 CAN1 和 CAN2 是相向布线的，这种布线方法可以确保网络中任意一个节点出现故障时均能使 CAN 网络覆盖所有 DPU。

本系统中还配置了一个电站管理系统 PMS。由于 PMS 是一个相对独立的子系统，因此采用 dPSC 对 GLOBAL CAN 进行了扩展，得到 2 套 LOCAL CAN 网络（即 LOCAL CAN1 和 LOCAL CAN2）。dPSC 具有 4 个 CAN 接口（即 CAN1～CAN4），CAN1 和 CAN2 分别对应接线端子 X8G 和 X9G，连接 GLOBAL CAN；CAN3 和 CAN4 分别对应接线端子 X8L 和 X9L，连接 LOCAL CAN，在其上挂接了 3 个混合 DPU 模块 RIO-C4，分别对 3 台发电机组进行控制和管理。

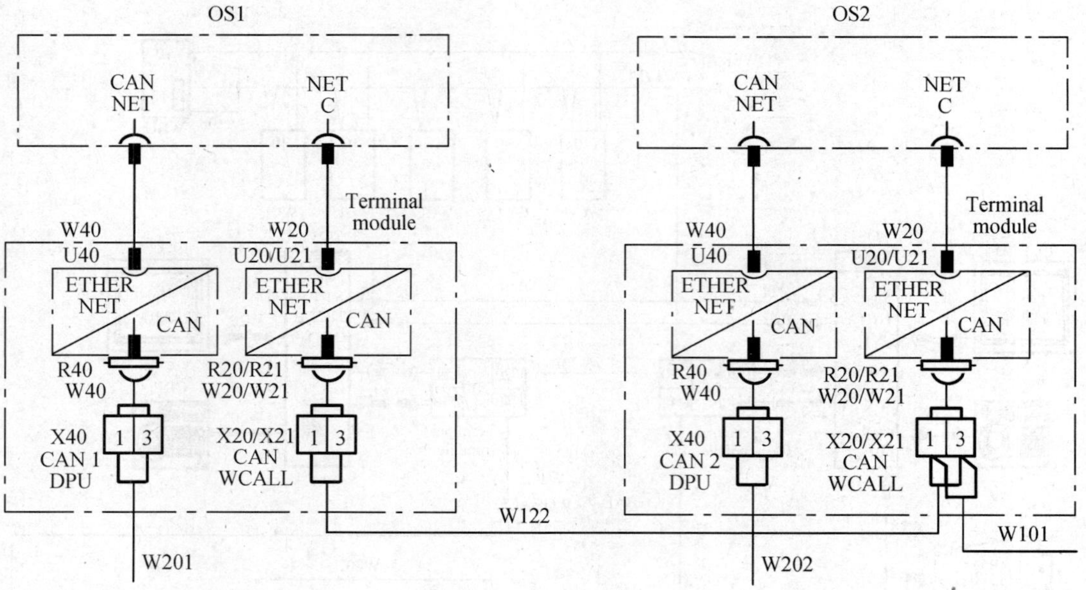

图 4-3-13　ETHER/CAN 转换局部接线图

便携式操作站 MOS 在理论上可连接至任意一个 CAN 总线节点,但必须注意的是 MOS 不能同时与 2 套 CAN 网络连接,要么连接 X8,要么连接 X9 上在 DC C20 和 K-Chief 500 系统中,即使对于不同的项目,其电缆编号及 DPU 端子名称和编号都是统一的。例如,电缆 W201、W202 和 W101 总是分别对应 GLOBAL CAN1、GLOBAL CAN2 和值班呼叫 CAN 总线;DPU 的 Xl、X8、X9 和 X10 总是分别对应输入输出接口、CAN1、CAN2 和 24V DC 电源端子。

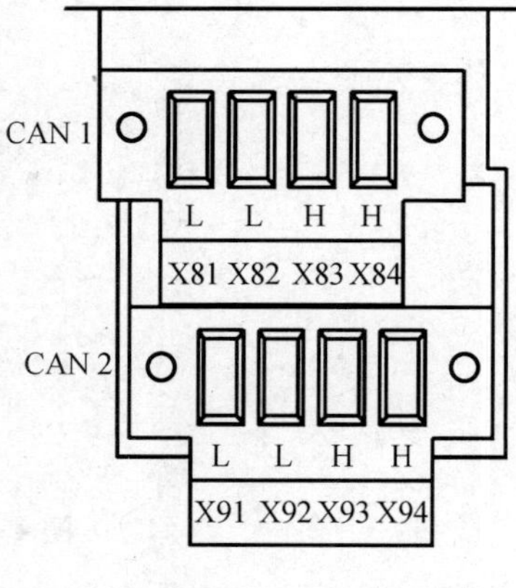

图 4-3-14　DPU 与 CAN 的以冗余接口图

2. DPU 与输入输出设备连接

根据模块种类的不同,DPU 与输入输出设备的连接也各不相同但从总体来看,开关量的输入输出和模拟量的输入输出占绝大多数。这里仅以开关员和模拟量的输入输出模块为例说明 DPU 与外部输入输出设备的连接方法。

(1) RDi-32 和 RDo-16 与外部设备的连接

RDi-32 和 RDo-16 分别是 DC C20 和 K-Chief 500 系统中典型的开关量输入和输出模块,图 4-3-15(a)和(b)分别给出了 RDi-32 与输入开关的连接和 RDo-16 的开关量输出接线方法。RDi-32 共有 32 个开关量输入通道,每个通道对应 2 个接线端子。端子编号为 3 位数,个位为端子号,十位和百位为通道号,如 011 和 012 为第 01 通道的 1 号和 2 号端子。这种端子编号规律适用于其他所有 DPU 模块。

RDo-16 共有 16 个开关量输出通道,均为继电器触点输出,可对外部设备进行开关控

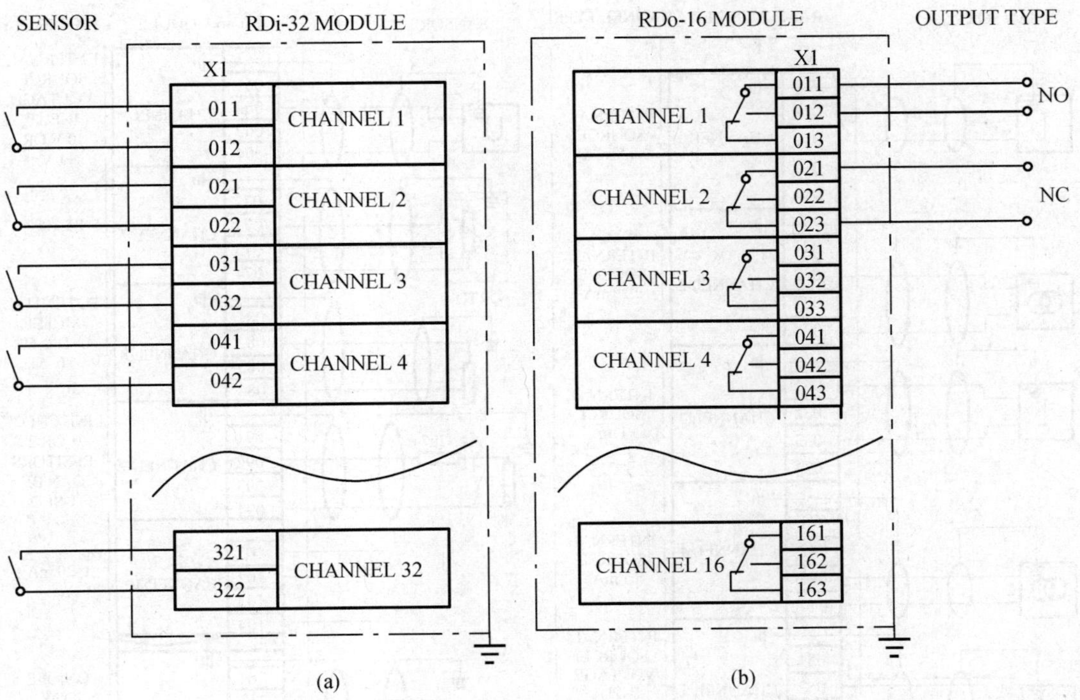

图 4-3-15　RDi-32 和 RDo-16 的外部连接图

制或输出脉冲信号。每个通道对应 3 个接线端，其中端子 1 和端子 2 之间为常开（Normally Open，简称 NO）触点，端子 1 和端子 3 之间为常闭（Normally Closed，简称 NC）触点。具体使用常开触点还是常闭触点需要根据实际应用情况确定。

（2）RAi-16 与传感器的连接

RAi-16 是典型的模拟量输入模块，共有 16 个模拟量输入通道和 1 个计数器输入通道。图 4-3-16 仅给出了 RAi-16 模拟量输入通道与外部传感器连接方法。1 个模拟量输入通道包括 4 个接线端子，端子 1 可为外部传感器或变送器提供工作电源，端子 2 和端子 3 用做测量输入，端子 4 为信号地。通过在 ROS 上对不同的通道进行软件设置，每个通道都适用于输入各种类型的模拟量，但对于不同的输入信号类型，其连接方法不同。在图 4-3-16 中，通道 1 和通道 2 所示分别为采用内部电源和外部电源的 ±20 mA 电流输入，通道 3 和通道 4 所示分别为采用内部电源和外部电源的 ±1 mA 电流输入，通道 5 和通道 6 所示分别为采用内部电源和外部电源的，10 V 或 ±1 V 电压输入，通道 7 为热电阻输入，通道 8 为电位器输入，通道 9 为带断线检测功能的开关量输入，通道 10 为 4～20 mA 电流输入，通道 16 为干触点（DRY CONTACT，即无源开关，与之对应为 WET CONTACT 有源开关）开关量输入。

其中，通道 9 和通道 16 输入的虽然是开关量，但其开关状态是通过检测在开关的不同状态下所输入的模拟量大小来判断的。应当指出的是，图 4-3-16 的接线方法只是一个示例，各个通道接入的信号类型可根据实际需要确定。另外，模拟量信号容易受到电磁环境的干扰，因此信号电缆必须采用屏蔽电缆，并确保电缆屏蔽层与机壳的可靠连接。

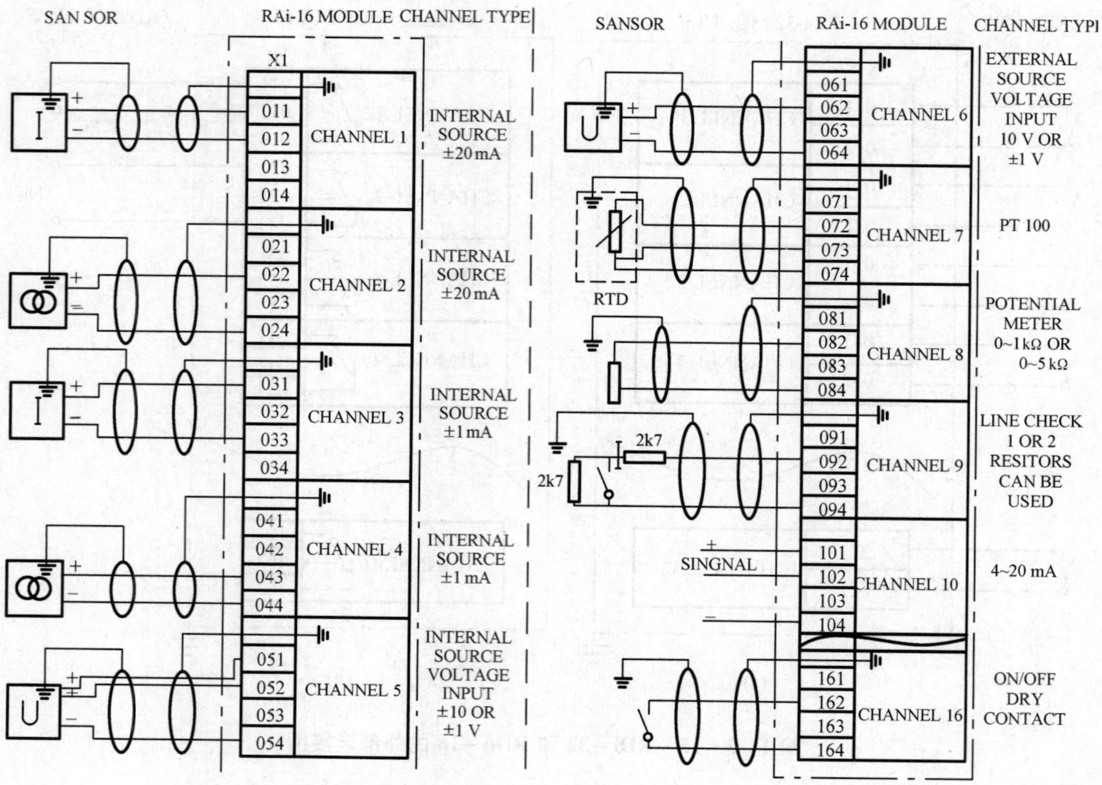

图 4-3-16　RAi-16 与传感器的连接

(3)RAo-8 与外部设备的连接

RAo-8 模块专门用在需要模拟量输出的场合,其输出类型包括 0-10 VDC 或 2~10 VDC 的电压信号和 0~20 mA 或 4~20 mA 的电流信号 RAo-8 共有 8 个模拟量输出通道,1 个通道包括 3 个接线端子,其中端子 1 输出电压信号,端子 2 输出电流信号,端子 3 为信号地。图 4-3-17 中的通道 3 和通道 5 所示,分别为电流输出和电压输出直接驱动外部设备的例子,通道 1 所示为经过电压隔离器进行的电压输出,通道 7 和通道 8 为经过隔离器的电流输出。

以上介绍的是几个通用模块的输入输出接线方法,对于一些混合模块(如 RIO-C1, C2, C3, C4, DGU 和 ESU 等),在单个模块上同时设有不同的输入和输出通道,其接线方法和通用模块相应的输入输出通道类型相同。

六、DC C20/K-Chief 500 的管理维护要点

DC C20/K-Chief 500 是一个集监视与报警和控制功能于一体的全微机式系统,不论是进行日常的操作还是进行管理维护,都需要有一定的计算机基础知识和操作经验,而且还要熟悉被控对象的控制原理。以下仅从 ROS 和 DPU 两个方面简要介绍 DC C20/K-Chief 500 的管理维护要点。

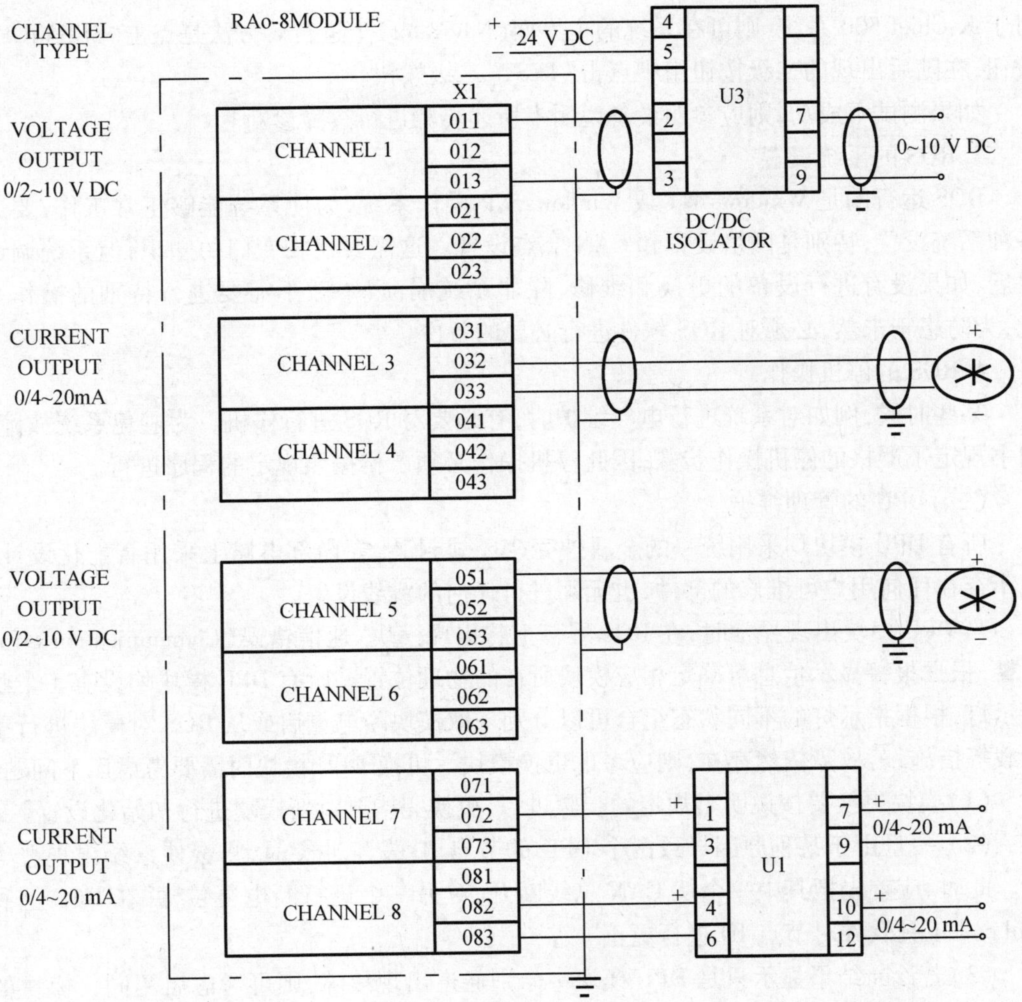

图 4-3-17　RAo-8 的外部连接图

(一)ROS 的管理维护

1. 熟悉系统

ROS 的软件系统具有内建的在线测试和程序自诊断功能,只要与 ROS 相连的内部或外部设备出现故障,多数情况都可以在屏幕上显示出故障代码。因此,必须充分熟悉说明书,以便在需要时能够快速查阅故障代码所对应的可能的故障原因及其排出方法。

2. 定期进行系统测试

说明书推荐每周进行一次系统测试,以确定系统本身是否工作正常。对于 DC C20 系统,测试方法如下:

(1)按下 OCP 上的“报警测试(Alarm Test)”按钮,“系统故障(System Failure)”指示灯闪光,蜂鸣器响;

(2)按下“报警确认(Alarm Acknowledgment)”,“系统故障(System Failure)”指示灯变为平光,蜂鸣器停响;

(3)再次按下“报警测试(Alarm Test)”按钮,“系统故障(System Failure)”指示灯熄灭。对于 K-Chief 500 系统,则可在系统的主界面(Navigator)上进行。方法是点击“SERVICE”主按钮,在随后出现的二级按钮组中点击“TEST”二级按钮。

如果测试不成功,则应参照设备说明书所述步骤进行故障诊断。

3. ROS 的系统设置

ROS 运行的是 Windows NT 或 Windows XP 操作系统,为使系统能够正常工作,要进行各种系统设置,特别是网络设置和 CAN 节点设置。这需要比较专门的知识,但系统调试好之后,如果没有进行设备的更换和维修,除非系统崩溃,一般不需要进行特别的操作。因此,为防患于未然,必须对 ROS 软件进行必要的备份。

4. ROS 的停机操作

某些时候,例如对系统进行电气维护时,有必要对 ROS 进行停机。为避免系统故障,说明书规定了严格的停机操作步骤,因此停机操作必须严格按照规定的程序进行。

(二)DPU 的管理维护

所有 DPU 模块均采用统一的金属外壳密闭式封装,在内部电路上采用智能化设计,因此不存在任何用户可维修的部件,也无须进行任何的跳线设置。

当 DPU 模块出现异常时,在 ROS 屏幕上将出现模块“通信错误(Communication error)”报警,根据报警显示信息可确定相应模块所在的物理位置。所有 DPU 模块均设有 5 个状态指示灯,根据指示灯的不同状态组合可以分别采取模块断电重启或从 ROS 对模块进行重新加载等措施,若故障依然存在,则应考虑更换模块。更换 DPU 模块时需要考虑以下问题:

(1)模块更换要按说明书规定的步骤进行,更换完毕要对新模块进行初始化设置。

(2)一旦由于某种原因导致两个 DPU 的节点 ID 发生冲突时,将会使系统出现严重问题。此时,应首先把其中一个从 CAN 总线断开,对另一个进行断电复位,并在 ROS 上利用 RioLoad 工具软件对节点 ID 进行更正。

(3)若诊断结果显示只是 DPU 模块中个别通道出现故障,则可考虑启用同一模块的空闲通道,而不必更换整个模块。如果同一模块内的空闲通道不足,则还可以考虑采用其他模块的空闲通道。但无论哪种情况,都需要对所涉及的模块进行重新设置。

七、DC C20/K-Chief 500 的监测与报警系统的故障诊断与处理

1. 故障诊断的基本概念

所谓系统的故障诊断,概括地说就是指及时发现和排除故障,其中包括判定故障所在部位以及对有关环节实施修复的全过程。这个故障诊断的全过程通常可以被分解成 3 个基本组成部分,即鉴别故障现象、确定故障所在部位、正确隔离和排除故障。

(1)鉴别故障现象

以集中监测系统为例,在出现故障报警信号以后,首先要判断有没有误报警或不报警的情况,以防造成错觉,多走弯路。在机舱发生报警或参数出现异常情况的时候,轮机主管人员对该设备工况应立即进行检查,要解决好是否真的出了问题,以求判别是真的有故障,还是误报警,其中包括判定参数的检测结果是否有虚假。例如,“曲轴箱油雾浓度”这一项目发出报警信号,这就应该对该编号的检测结果进行故障鉴别,因为采样管路上的问题、测量管的污染问题、接点开关的错误动作等等,都会造成误报警。只有在故障被确认以后,才

应进一步查找和排除故障。

以上实例可以说明:正确进行故障鉴别,是与轮机主管人员对设备是否熟悉密切相关的。又例如,在集中监测系统的控制箱内,设有比较多的印刷线路板,在控制箱内、外还设有一些指示灯,这些指示灯在不同的工况下,它们的显示状态会有相应变化。管理人员平时就应该注意和记录这些变化。一旦系统出现故障,就可以根据指示灯显示状态的变化,对故障进行初步判别,缩小故障查找的范围。

(2)确定故障所在部位

在故障得到确认以后,“故障出在什么部位?”就成为问题的核心,其中,很重要的一点是要带着问题来观察设备报警的一些表象。例如,“故障现象出现时的特点是什么?”“这种故障是间歇的、还是持续的?”“设备的其他功能是否受到影响?”等等。

显然,要确定系统内某一故障的部位,同样要求对系统各功能环节有充分了解,要着手对故障部位进行有针对性的检测,把所获得的检测结果集中起来,通过逻辑分析方法,依照“从大到小,从粗到细”的思路进行排摸,就可以大体确定故障的所在位置,有可能发生在一个或两个环节上。有的设备还可以借助于模拟测试装置、故障显示指示灯来做好故障查找工作。

实践证明,监测系统故障有80%以上发生在检测元件、传感器及变送单元部位,即使是微机为核心的监测系统,其故障也大多出现在它的外设部分,即相关的检测元件、传感器等等。这就要求我们认真搞好系统外部设备的维修保养工作,具体地说,就是做好全部测试点的保养、检测工作,这是一项非做不可、而且必须做好的基础工作。

(3)隔离和排除故障

对已经被确定的故障部位要充分加以审定,找出其具体的和确定的原因。有的故障可以用船上的条件加以排除,有的故障船上无法解决,需要获得岸上的支持,但是轮机主管人员必须设法采取隔离措施,以免进一步影响系统其他部位的正常工作。例如,某船报警系统出现“系统故障报警”,经过查找分析,判断是系统一个部件——电源模块中的电压监视回路有问题,其他功能均正常。而系统中还有其他部件的电压监视信号与它串在一起,为避免系统其他部件电压监视受到影响,一方面应立即向公司申请备件或安排修理。另一方面可将该故障回路从整个“系统故障监视”回路中隔离开来,使其他监视子回路恢复正常工作。

不论以微机为核心的监测系统是哪一种类型,其可靠性与准确度都不是尽善尽美的,都会存在某些不足的地方,在运行过程中难免出现各种各样的故障。轮机管理人员要及时处理这些意外情况,缩小故障的影响,尽快排除故障,才能保证系统发挥作用。这就要求管理人员熟练掌握设备的特点和弱点,经常对有关技术资料进行消化、分析,从而找出其具有规律性的东西,有针对性地做好预防性的定期检测、调整和保养等工作,不断总结和积累经验。

2. 故障诊断的有效手段

在对微机监测系统进行故障诊断时,一般采取两个步骤。第一步是分析故障、确定故障所处部件,然后用“被确认可用的”备件进行替换,使系统恢复正常。这里所说的“被确认可用的”备件是指:不仅部件的型号要一样,而且其中可调参数的工况也必须与运行中的部件保持一致。如果没有可用的备件,则应采取暂时将故障部件从系统中隔离开来,使它不至于影响其他部件的工作。第二步是在条件许可的情况下,可以进一步确定故障部件中具体的故障部位。一般来说只要能够准确地确定故障部位,那么排除故障就不是很困难的。

有关查找故障部件的基本方法有以下两种。

(1)拔插法

拔插法最适合于诊断系统死机及无任何显示等故障。

出现这类故障时,可利用插拔法将故障尽可能缩小到最小范围内。例如,可以拔掉打印机电缆,即可排除因打印机引起的故障。拔掉打印卡、串行通信卡、内存扩充卡等,再逐一观看故障是否有变化,以求排除由这些部件引起的故障。对于微机系统来讲,只剩下主机和电源,它仍然能够进行自检。如果自检功能没有问题,说明故障位于拔掉的部件中,否则可怀疑的部件就只剩下主机板和电源了。

当然,设备出现故障的时候,并不是随心所欲地插插拔拔,然后再找原因。而是应该根据故障现象进行认真分析和推断,确定出必须插拔的对象,然后再进行插拔操作。

(2)交换法

交换是用相同的插件、部件有目的地进行交换,交换是部件级的,也可以是芯片级的。也就是说两块完全相同的印刷电路板(PCB)或设备可以相互交换,两块完全相同的可拔插的芯片也可以互换。通过替换的办法逐一观察故障现象的变化。显然,如果故障消失,则说明换下来的部件是有问题的。故障未消失,说明可能在其他部位存在有待查的故障。

但是交换法是以船上有两块完全一样的印刷电路板(PCB)或芯片为前提的,包括芯片上的量程设定、短路设置等情况,也应该是一样的。而且操作时应特别注意,避免因操作不当而损坏好的部件或芯片。特别对于陈旧的设备,采用交换法时应考虑到有可能有一定的风险。

综合运用上述两种方法,一般就可以确认故障部件。要注意部件之间都是相互关联的,切忌孤立地看问题。例如,测量主板上 5 V 电源没有,怀疑是电源问题,拔下电源插头,5 V 电源还是没有。对于这样的情况,如果不知道有的稳压电源如开关稳压电源,它具有“在无负载时无输出”这一特点,那就一定误认为电源坏了。因此,故障部件应该在对各部件功能进行分析的前提下作尽可能多的排列组合,才比较有把握来确定故障所在。对更换下来的部件,还需要进一步作出诊断,排除故障。

3. DC C20/K-Chief 500 的故障诊断与处理

(1)现场操作站 LOS 故障诊断与处理

排除现场操作站 LOS 故障流程如图 4-3-18 所示。

(2)值班呼叫系统 WCS 故障诊断与处理

排除值班呼叫系统 WCS 故障流程用如图 4-3-19 所示。

(3)驾驶室延伸报警装置 WBU 和舱室及公共场所延伸报警装置 WCU 故障诊断与处理

排除驾驶室延伸报警装置 WBU 和舱室及公共场所延伸报警装置 WCU 的故障流程如图 4-3-20 所示。

(4)分布式处理单元故障显示与处理

DC C20/K-Chief 500 系统在运行过程中如果发生显示表 4-3-3 中某个故障代码,其错误的内容和处理方法如表中所示。

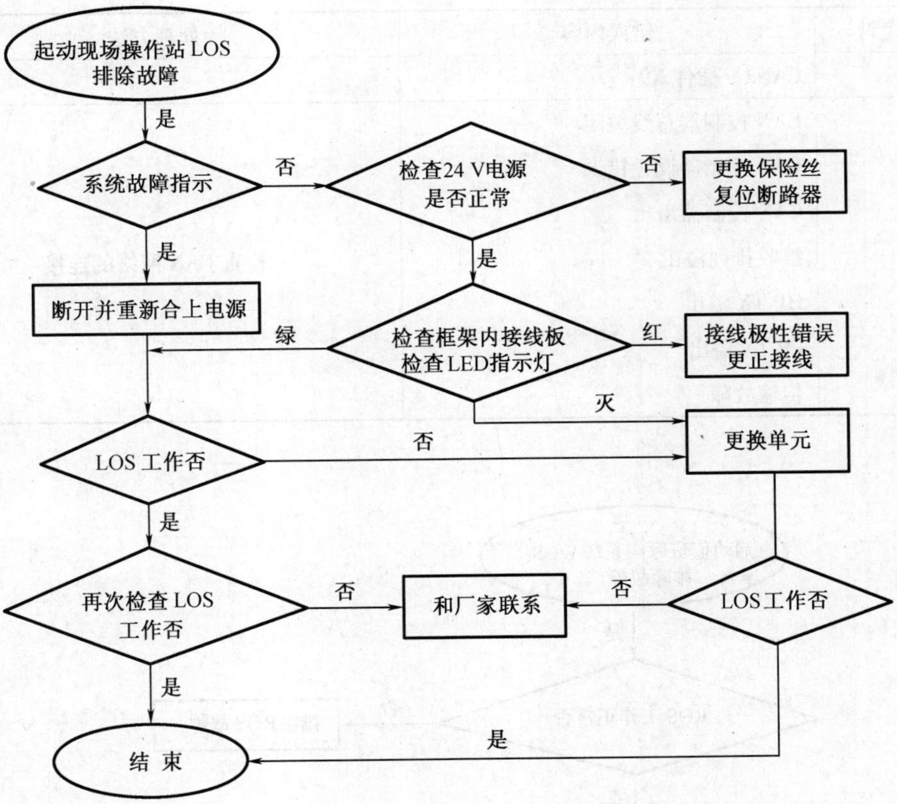

图4-3-18　排除现场操作站LOS故障流程图

表4-3-3　故障代码表

错误代码	错误内容	处理方法
49	RAM故障	更换模块
48	变送器过流保护(RAi16和C1模块)	进行全面检查
47	保险丝熔断(RAiak2和C1模块)	检查所有输入端口
46	印刷电路板温度高	检查环境温度
45	参数闪存器故障	重复复位,如果故障依然存在,则需更换模块
	CAN1-插件X8:	
40	CAN控制器总线关闭	
39	CAN控制器设置错误	
38	CAN控制器溢出	
37	接收排列溢出	检查CAN网络的连接
36	HP TX溢出	
35	LP TX溢出	
34	传输故障	

表 4-3-3(续)

错误代码	错误内容	处理方法
	CAN2-插件 X9：	
30	CAN 控制器总线关闭	检查 CAN 网络的连接
29	CAN 控制器设置错误	
28	CAN 控制器溢出	
27	接收排列溢出	
26	HP TX 溢出	
25	LP TX 溢出	
24	传输故障	

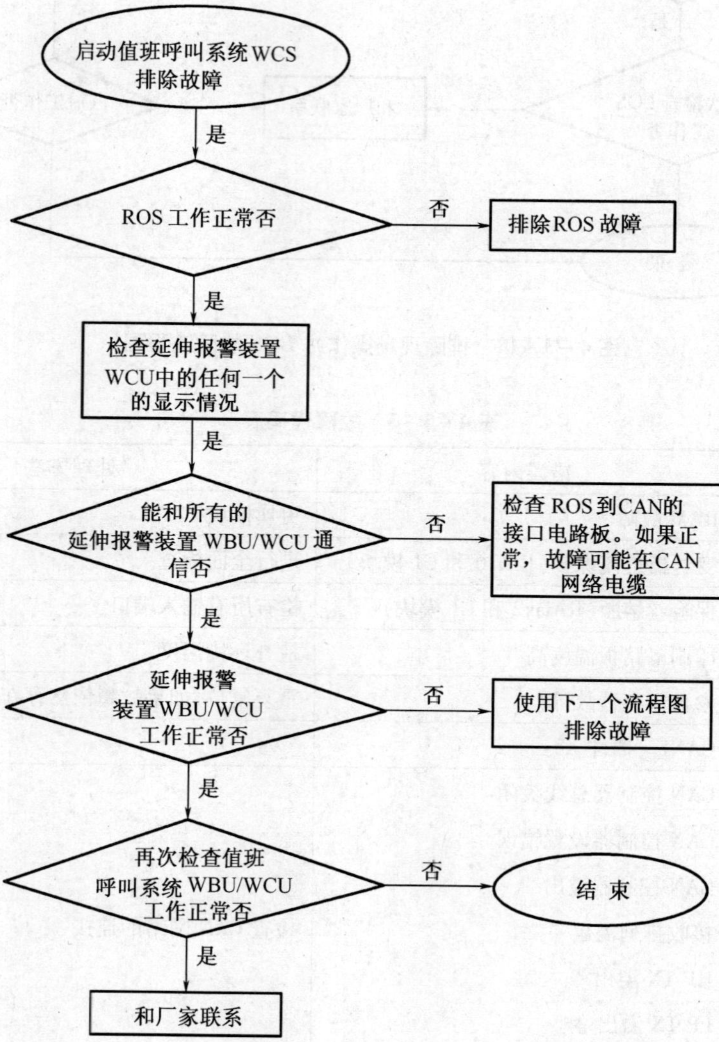

图 4-3-19 排除值班呼叫系统 WCS 故障流程图

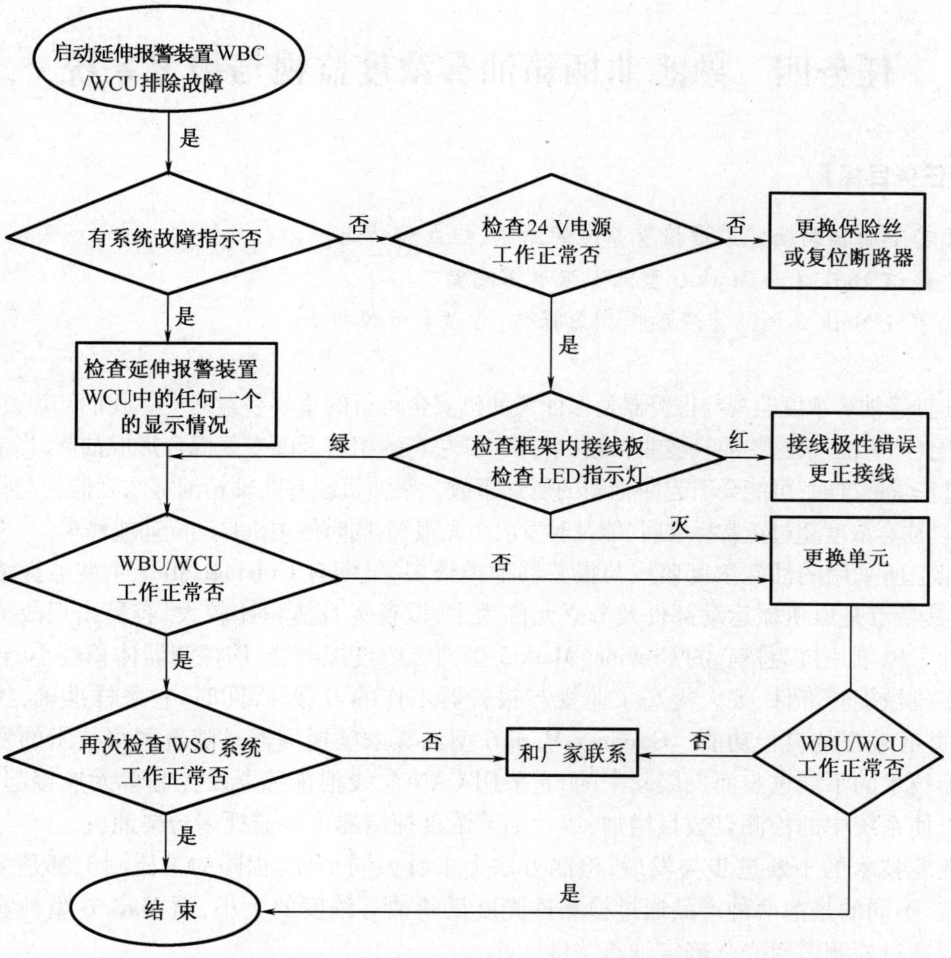

图4-3-20　排除WBU和WCU故障流程图

(5)分布式处理单元通信故障诊断与处理

当远程操作站ROS显示某个分布式处理单元通信错误时,所有的分布式处理单都内置有自检功能,因此可通过观察该分布式处理单元上LED状态指示器的显示状态并与分布式处理单元通信状态表4-3-4对比来查找和确定故障。

表4-3-4　分布式处理单元通信状态

故障类型 (Fault Type)	LED指示灯				
	运行 (Run)	看门狗 (Watch Dog)	信息 (Info.)	初始化 (End Init.)	电源 (Power)
工作正常	绿	灭	黄闪	绿	绿
应用程序未加载	灭	红	灭	绿	绿
未初始化	灭	红	灭	灭	绿
工作停止	灭	红	灭	绿	绿
电源极性错误	灭	灭	灭	灭	红
无电源	灭	灭	灭	灭	灭

任务四　熟悉曲柄箱油雾浓度监视与报警系统

【任务目标】

1. 了解曲轴箱油雾浓度报警系统的结构、组成和功能;
2. 认识 Mark 5 和 Mark 6 型油雾浓度探测器;
3. 掌握 Mark 6 型油雾浓度探测器操作、管理和故障排查。

曲轴箱油雾浓度监视与报警器是保证柴油机安全运行的重要装置之一。我们知道,在高温时滑油会产生油气,这些油气在曲轴箱中与 70 ℃左右的相对低温空气混合形成油雾,当油雾浓度超过正常标准时,可能会引起曲轴箱的爆炸事故。柴油机装有曲轴箱油雾浓度监视与报警器后,一旦油雾浓度超过正常标准时,能及时发出声光报警,同时使主机自动降速或停车。

船上所采用的油雾浓度监视与报警器种类繁多,早期有 Graviner Mark 4 型油雾浓度探测器,其特点是以机械运动部件及分立元件为主,设备本身体积比较大,容易出现故障。随后设计了以单片机为核心的 Graviner Mark 5 型油雾浓度探测器,该探测器体积较小,它取消了许多机械旋转部件,大大提高了监视与报警器工作的可靠性,同时,它采样准确,执行速度快,并有较强的自检功能。Graviner Mark 6 型油雾浓度探测器是随着网络技术的发展及传感器技术的不断进步而发展起来的,它采用 CAN 总线把传感器及控制单元连接起来,从而可以使系统中的检测点数目增加,一台油雾浓度探测器可以监视多台柴油机。

随着技术的不断进步与发展,检测方法上来看大同小异,相同的是检测上都是采用光学方法,不同的是前两种产品通过检测透光度反映油雾浓度的大小,而 Mark 6 型油雾浓度探测器通过检测散射光强确定油雾浓度大小。

一、曲轴箱油雾浓度检测原理

下面以 Graviner Mark 5 型油雾浓度探测器为例说明油雾浓度检测原理。

各曲轴箱油雾气样采集与测量单元的工作原理如图 4-4-1 所示,该单元共有 11 个两位三通电磁阀,其中有 10 个电磁阀分别采集各曲轴箱的气样,该系统最多可检测 10 个缸的气样,如果是 6 缸柴油机,只用其中的 6 个电磁阀,空 4 个不用,另一个是清洗空气电磁阀,压缩空气通过该电磁阀清洗测量装置。系统在正常运行期间,单片机轮流使各采样点电磁阀通电,通电的电磁阀(如图所示采样点 1 的电磁)左位通,该缸曲轴箱油雾气样在抽风机作用下流经测量室,其他点的采样电磁阀断电右位通,曲轴箱气样在抽风机作用下经旁通管路直接排出而不经测量室。

测量部分由测量室、光源和光电池组成。光源接通电源以后将发射一束光强不变的平行光并照射在光电池上,当流经测量室的待测气样油雾浓度变化时,其气样的透光程度发生变化,即照射到光电池的光强也发生变化,光电池输出的电流大小与接收到的光强成一定的函数关系,该电流信号经电流/电压转换并经变增益放大后送至模数(A/D)转换器,把与油雾浓度相对应的电压信号转换成数字量送入单片机。单片机先把所测量到的各缸曲轴箱气样油雾浓度值加在一起除以缸数,得到一个平均浓度值并存入 RAM 中。以后每检

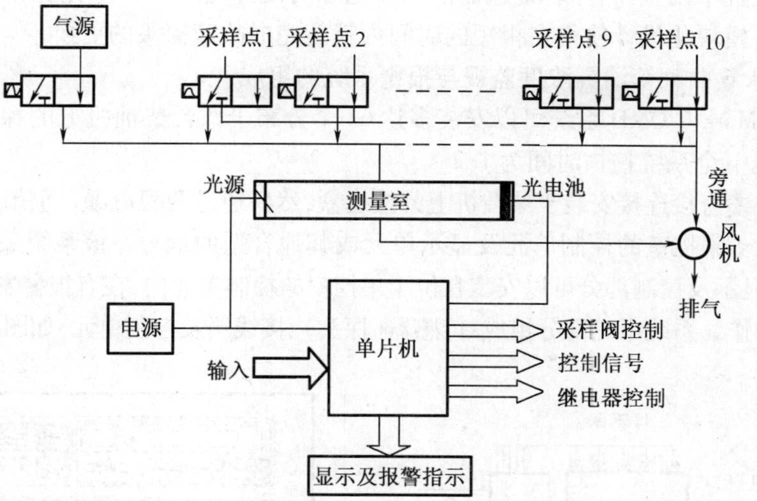

图4-4-1　气样采集及测量原理图

测一个缸的曲轴箱气样油雾浓度值，就与平均浓度相比较得到一个偏差浓度值，并用新的浓度值取代原先所检测到的该缸气样的油雾浓度值，算出一个新的平均油雾浓度。这样每检测一个缸的曲轴箱气样，就能得到两个值，即偏差浓度值和平均浓度值，单片机再把这两个值与报警设定值相比较，不管平均浓度值达到平均浓度报警值，还是偏差浓度值达到偏差浓度报警值，都将在液晶显示器上显示（显示值为100%），并发出声光报警，同时向主机的安全保护系统送一个故障降速或故障停车信号。

在正常运行中，单片机定时使清洗空气电磁阀通一次电，电磁阀通电后左位通，来自气源的压缩空气经该阀左位进入测量室。该压缩空气一方面对光源、光电池及测量室进行清洗，防止光源和光电池被油雾污染而影响测量精度，另一方面，压缩空气对测量单元还能起到冷却作用，提高光源和光电池的使用寿命，也能防止光电池因温度升高而产生的特性漂移。除此之外，测量单元要检测一次空气的油雾浓度，该值此时应该为零，如果不是零，则看一下与原零点偏差有多大。若偏差不大，则以新得到的浓度值为相对零点并取代原零点；若偏差较大，系统则认为光源或光电池污染严重，清洗无效，OPTICAL FAULT灯亮，发出报警并终止采样。

二、Mark 6曲轴箱油雾浓度监视与报警系统典型实例

故障初期的轴承表面可产生高于200 ℃的高温，导致快速产生高温油气，高温油气遇到曲轴箱内相对低温的空气会凝结成细雾，细雾直径的典型值为0.5～5 μm。当密度达到30～50 mg/L（取决于油的品种）时就有爆炸的危险：采用光学测量技术，油雾浓度可以测量小到0.05 mg/L的浓度。油雾浓度探测技术已经用于监视曲轴箱的工作状态，系统从曲轴箱各部位通过管路将油雾样品抽取出送到传感器进行光学密度分析，这项技术行之有效并随着技术的发展取得了很大的改进。Mark 6型油雾浓度探测器最主要的改进设计是取消了采样管路，每个检测点用一个传感器进行检测，并通过通信总线连接起来，大大降低了扫描时间，提高了检测速度。Mark 6保留了Graviner建立的差动测量系统，使系统有高灵敏度，最大限度地降低了误报警的发生。该系统仍然使用光学传感测量方法，但用散射光测量取代了透明度的测量，从而实现传感器的小型化，通过标准的接口安装固定在机器上，各

个采样点独立且不用采样管路,传感器内部多光源的设计使得当一个光源损坏时传感器仍能正常使用。模块化设计使得在很短的时间内就能完成故障探头的更换。

(一)Mark 6 曲轴箱油雾浓度监视与报警系统的组成

Graviner Mark 6 OMD 系统可以安装多达 64 个分布于八台柴油机上的探头。在没有报警的正常情况下全系统扫描时间为 1.2 s。

传感器电缆直接连接安装于柴油机上的接线盒,然后通过两根电缆(通信电缆和电源线)分别连接到位于集控室的控制单元及显示单元或其他合适的地方。该系统采用数字传输技术,这意味着显示及控制部分可以安装在位于集控室的控制单元内,在有报警发生时没有必要到现场进行操作。系统由三部分组成:传感器(探头)、接线箱及控制单元,如图 4-4-2 所示。

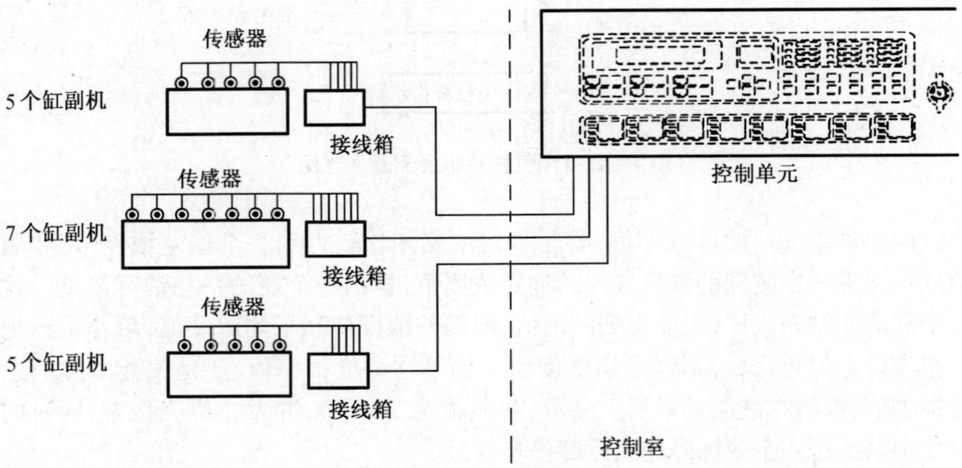

图 4-4-2 系统结构框图

每个传感器连续不断地监视它所连接的曲轴箱内部的油雾浓度,此外传感器本身要进行自检。控制单元将按顺序扫描传感器内以数字量形式存储的各种信息,包括传感器的地址码。

控制单元根据这些信息分别处理每台机器,计算油雾浓度平均值及相对于平均报警值的偏差值,再与预设的平均报警值及偏差报警值进行比较。

控制单元配有 LCD 显示器显示每台机器的平均油雾浓度,在报警状态下根据需要自动显示报警点的油雾浓度值及相应的机器的油雾浓度平均值,油雾浓度探测器可以通过软件设置使之适应二冲程机或四冲程机或其组合,软件菜单提供各种功能的实现方法,它有三个操作级别:用户、工程师及服务商。用户级别的操作只能实现查询功能,不能进行报警设定及系统设定;工程师级别的操作受密码保护,输入密码后可以完成很多设置,但不可以对事件及历史记录进行更改及复位;服务商级别的操作受密码保护,但不同于工程师级别的菜单,允许进行所有操作,这种操作必须有厂家的授权或代理授权。

为了安全,所有的系统控制及报警显示与输出都在控制单元实现,每个传感器上装有三个指示灯:绿色灯指示电源状态,红色灯指示报警状态,淡黄色指示灯指示故障状态,探头上还有设置地址码的开关。

任何一个传感器的工作都是独立的,一个传感器出现故障或者保养并不影响其他传感器的工作,一个传感器或者一个柴油机油雾浓度检测系统都可以被隔离,从而便于维修保养,并不影响其他部分的正常工作,探头之间及控制单元之间采用 CAN 总线连接完成彼此之间的信息交互。

Mark 6 型油雾浓度探测器系统接线如图 4 -4 -3 所示,图中安装有 14 个传感器,每个传感器有 5 根线,其符号说明如下:

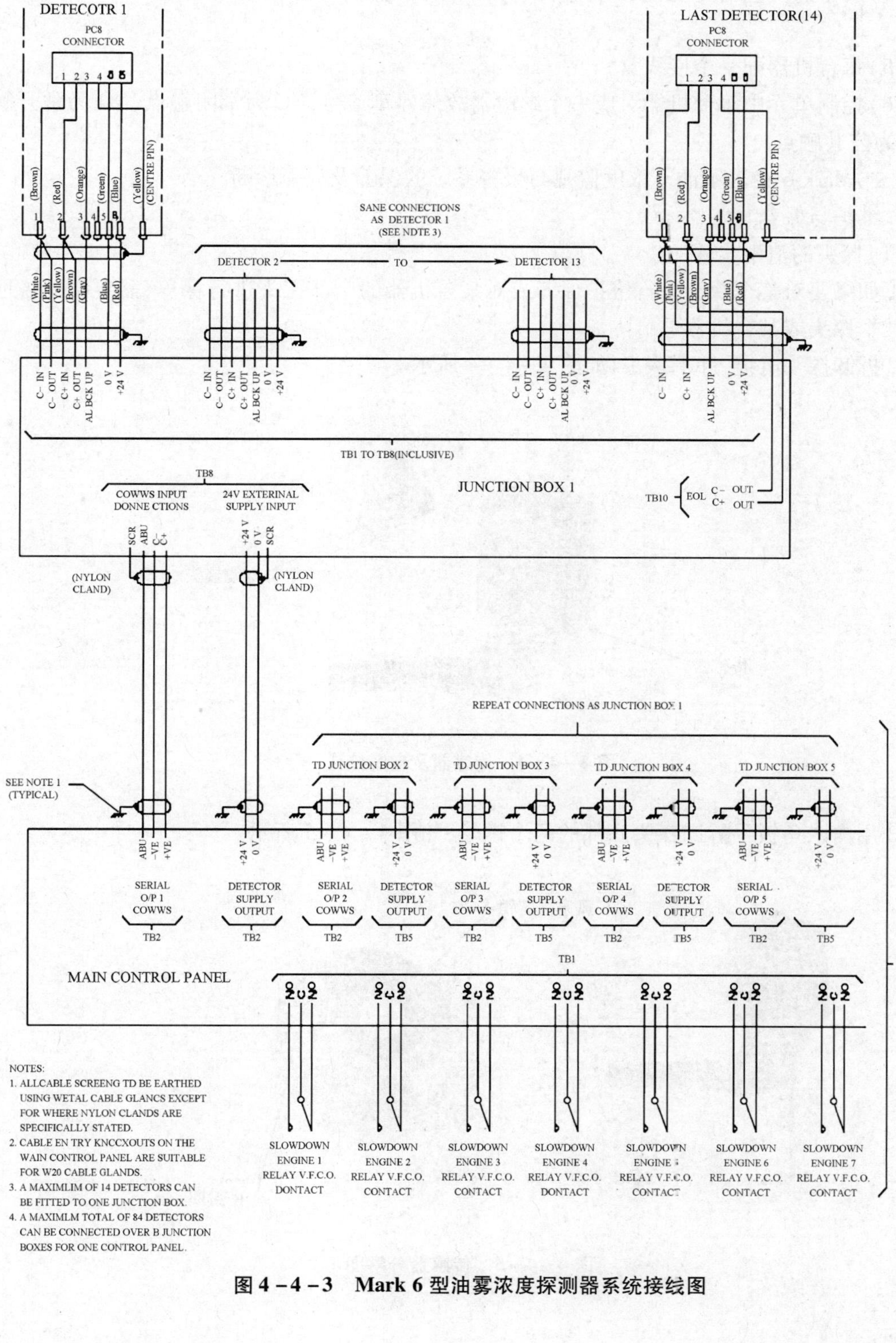

图 4 -4 -3　Mark 6 型油雾浓度探测器系统接线图

(1)每个传感器都有两电源线,0 V 和 +24 V;

(2)C+和C-为两根 CAN 总线通信线,连接到所有传感器;

(3)AL BCK UP 为故障信号线;

(4)所有的传感器都通过接线盒再与控制单元连接,传感器之间通过 CAN 总线连在一起;

(5)每台机器配一个接线盒;

(6)控制单元中每台机器对应一个继电器故障停车信号,NC 为常闭触点,NO 为常开触点,C 为公共触点。

(二)Mark 6 曲轴箱油雾浓度监视与报警系统的保养及故障诊断

1. 维护与保养

(1)探头的清洗步骤

①如果要对某个探头进行维护保养或对某台机器的全部探头进行保养,需要按照说明书对某个探头或某台机器进行隔离。

②拆卸探头电缆,卸下探头,如图 4-4-4 所示。

图 4-4-4 传感器及电缆接头

③用内六角扳手拆卸探头底部的两个螺丝,如图 4-4-5 所示。

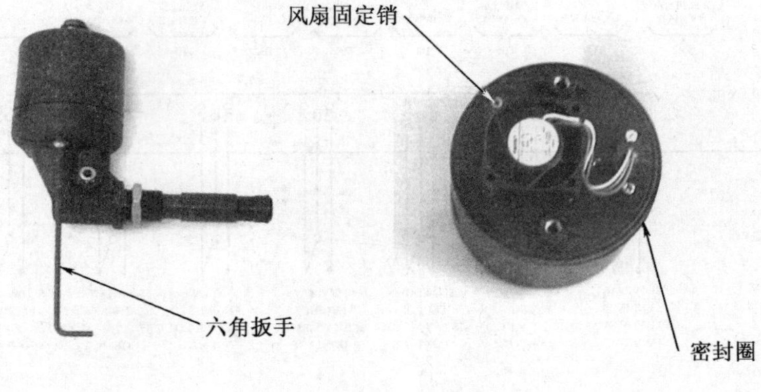

图 4-4-5 传感器分解图

④拆卸探头盖,检查密封状态,更换坏损件。

⑤用起拔器小心拆卸风机组件。

⑥检查4个风机弹簧及固定销的状态,更换坏损件。

⑦检查风机空转及油污情况,如图4-4-6所示,有问题参考说明书进行操作。

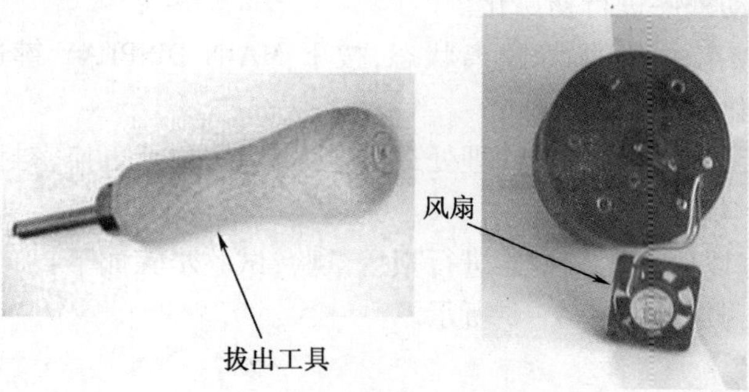

图4-4-6　拔出工具与风机位置图

⑧用玻璃清洗剂清洗烟气探测孔及光导管末端,如图4-4-7所示。

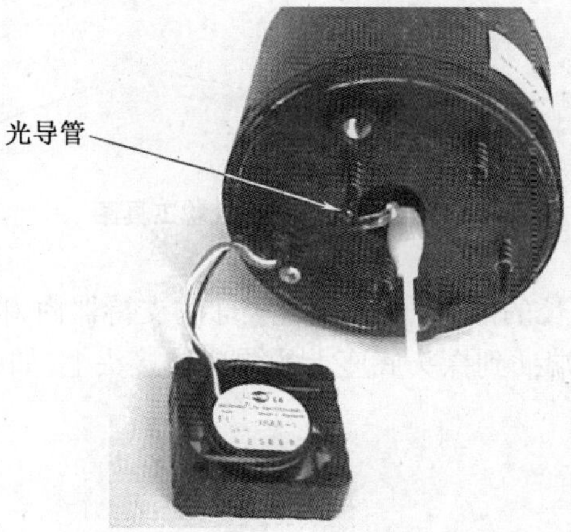

图4-4-7　光导管位置图

⑨用吹灰器吹出内部杂质并吹干内部单元。

⑩检查内部腔室及采样管,必要的话进行清洗。

⑪装复风机组件。

⑫解除隔离状态。

(2)探头的更换

需要注意的是在柴油机运转过程中不要拆卸探头,以免热油从安装孔喷射出来,如果此时要拆卸的话,必须非常小心。正在使用中的探头不管什么原因,只要拆卸下来,就必须对光学组件进行清洗。更换探头按如下顺序:

①关闭电源,隔离探头。

②拆卸探头顶部电缆。

③用4 mm的L形内六角扳手拆卸探头基座固定螺丝。

④拔出探头并记录探头地址。

⑤在新探头上设置与旧探头完全相同的地址。

⑥安装新探头并固定,贴好标签。

⑦安装电缆。

⑧打开电源,启动程序进行初始化。

⑨如果该探头隔离了,要解除隔离状态,按下 MAIN DISPLAY 键返回主显示,然后复位,启动时进行初始化。

⑩探头使用 5 年后要返回授权代理处进行全面检修,包括更换密封件。

(3)探头的报警功能试验

探头安装设置好以后可用试烟器进行报警试验,试验步骤如下:

试验所用到的工具如图 4-4-8 所示。

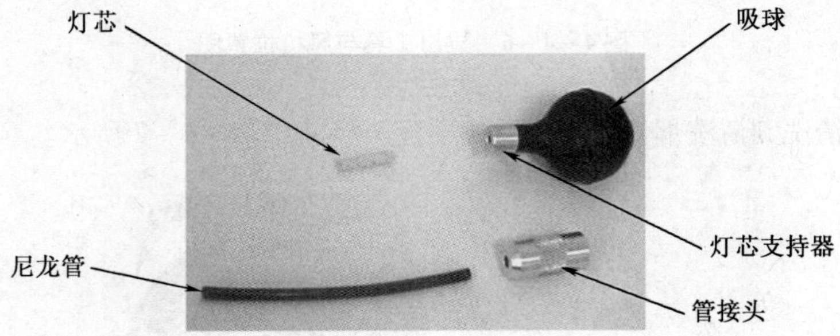

图 4-4-8 试验工具图

①剪一段约 30 mm 长的油芯,放到带有吸球的支持器内,将尼龙管与连接头接起来。

②将尼龙管的另一端插到探头底座上的快速连接头上,如图 4-4-9 所示。

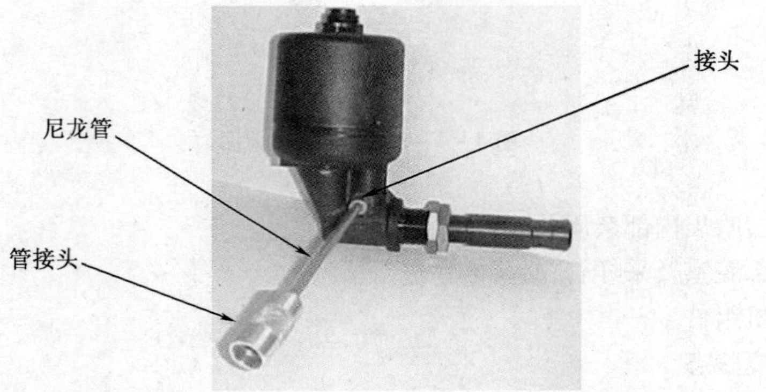

图 4-4-9 尼龙管与传感器快速接头的连接

③将油芯放到烟油瓶中蘸一点油,然后密封油瓶。

④点燃试烟器中的油芯,然后将火熄灭,捏吸球只要保持油芯有烟即可,即保持引燃状态。

⑤将油芯插入管路接头中,同时捏吸球。

⑥探头指示灯应该由绿色变成红色指示报警状态。

⑦如果指示灯没有变成红色，可能是因为油芯没有处于引燃状态，必要的时候重新点燃。

⑧为了将尼龙管从连接头拔出，在拔管路的同时用手压住塑料锁紧环。

⑨尼龙管拔出后妥善存放。

⑩油芯可重复使用，用后要完全熄灭。

2. 常见的故障及诊断

(1)控制单元电源指示灯不亮，显示器无显示：这种现象通常是电源故障，以此为主线索进行故障诊断。

(2)设备上的探头电源指示灯不亮：可能的原因是接线箱保险丝损坏或探头故障。

(3)显示器上显示 COMMS FAULT：可能的原因是探头地址码设置错误、探头供电不正常及探头处于各种状态。

(4)显示器上显示 FAN FAULT：内部风机故障。

(5)显示器上显示 LED FAULT：探头油雾循环腔需要清洗或 LED 有故障。

(6)显示器上显示 DETECTOR FAULT：探头透光孔堵了、导光管损坏及探头故障。

(7)错误的偏差报警 FALSE DEVIATION ALARM：偏差报警设置有问题。

模块五　机舱 PLC 与现场总线控制技术

任务一　认识可编程序控制器

【任务目标】

1. 了解 PLC 系统结构、常见类型及功能；
2. 掌握 PLC 扩展及外部设备连接；
3. 掌握 PLC 梯形图编程；
4. 掌握 PLC 运行调试。

世界上第一台可编程序控制器(Programmable Logic Controller,简称 PLC)是由美国数字设备公司于 1969 年研制成功的。当时的研制目的是取代通用汽车公司生产线上的继电器控制系统。其后,可编程序控制器就渗透到各个工业领域之中,被誉为 20 世纪 70 年代的一场工业革命。

可编程序控制器是一种专门为在工业环境下应用而设计的数字运算操作的电子装置。采用可以编制程序的存储器,用来在其内部存储执行逻辑运算、顺序运算、计时、计数和算术运算等操作的指令,并能进行数字量或模拟量的输入和输出,控制各种类型的机械或生产过程。计算机厂家在设计生产 PLC 时,在硬件和软件方面做了大量的共性工作,这样用户在使用 PLC 组成某一控制系统时,只需针对具体控制任务做少量的专门工作,从而大大简化了控制系统的设计和生产。PLC 除了具有工业控制微机的优点外,还具有自身的一些特点。在硬件方面,PLC 采用模块化结构,而且能方便地增加或更换模块,使 PLC 的功能扩展和维修变得十分简单。在软件方面,由于可采用通俗易懂的符号语言,用户可方便灵活地编制和修改控制程序。正是由于这种软、硬件上的高度灵活性,使 PLC 能适应各种控制对象,得到了越来越广泛的应用。

一、PLC 基础

1. 可编程序控制器定义

1980 年美国电气制造商协会(National Electric Manufacturer Association,简称 NEMA)对 PLC 下的定义如下:

PLC 是一种数字式的电子装置。它使用可编程序的存储器来存储指令,实现逻辑运算、计数、计时和算术运算等功能,用于对各种机械或生产过程进行控制。

1982 年,国际电工委员会(International Electrical Committee,简称 IEC)颁布了 PLC 标准草案,1985 年提交了第二版,1987 年的第三版对 PLC 作了如下定义:PLC 是一种专门为在工业环境下应用而设计的数字运算操作的电子装置。它采用可以编制程序的存储器,用来在其内部存储执行逻辑运算、顺序运算、计时、计数和算术运算等操作的指令,并能通过数字式或模拟式的输入和输出，控制各种类型的机械或生产过程。

2. 可编程序控制器特点

(1)软硬件功能强

PLC 的功能非常强大，其内部具备很多功能，如时序、计算器、主控继电器、移位寄存器及中间寄存器等，能够方便地实现延时、锁存、比较、跳转和强制 I/O 等功能。PLC 不仅可进行逻辑运算、算术运算、数据转换以及顺序控制，还可以实现模拟运算、显示、监控、打印及报表生成等功能，并具有完善的输入输出系统。PLC 能够适应各种形式的开关量和模拟量的输入、输出控制，还可以和其他计算机系统、控制设备共同组成分布式控制系统，实现成组数据传送、矩阵运算、闭环控制、排序与查表、函数运算及快速中断等功能。PLC 的编程语言丰富，可分为梯形图语言、语句表以及控制系统流程图等。特别是梯形图，直观方便，类似于继电接触器电路图，很适合电气工程技术人员使用。

(2)使用维护方便

PLC 不需要像计算机控制系统那样在输入输出接口上做大量的工作。PLC 输入输出接口是已经按不同需求做好的，可直接与控制现场的设备相连接的接口。如输入接口可以与各种开关、传感器连接；输出接口具有较强的驱动能力，可以直接与继电器、接触器、电磁阀等连接。不论是输入接口还是输出接口，使用都很简单。PLC 具有很强的监控功能，利用编程器、监视器或触摸屏等人机界面可对 PLC 的运行状态、内部数据进行监视或修改，从而增加调试工作的透明度。PLC 控制系统的维护也非常简单，只要利用其自诊断功能和监控功能，就可以迅速查找到故障并及时给予排除。

PLC 的接线十分简单，只需将输入设备(按钮、开关等)与 PLC 输入端子连接，接收输出信号执行控制功能的执行元件(接触器、电磁阀等)与 PLC 输出端子连接即可，工作量相对要少得多。

(3)运行稳定可靠

由于 PLC 采用了微电子技术，大量的开关动作由无触点的半导体电路来完成，同时还采用了屏蔽、滤波、隔离等抗干扰措施，所以其平均无故障时间在 2 万小时以上。特别是在制造工艺上加强了抗干扰措施，例如，输入输出都采用光电隔离，能有效地隔离 PLC 内部电路与输入输出电路之间的联系，从而避免了由输入输出通道串入的干扰信号引起的误动作。PLC 还采取了屏蔽、输入延时滤波等软、硬件措施，有效地防止了空间电磁干扰，特别对高频传导干扰信号具有良好的抑制作用。所有这一切措施，都有效地保证了 PLC 在恶劣环境下能正常稳定地运行。

3. 可编程序控制器的功能

(1)开关量的开环控制

开关量的开环控制是 PLC 的最基本的控制功能，包括时序、组合、延时、计数、计时等。PLC 控制的输入输出点数可以不受限制，少则十点或几十点，多则成千上万点，并可通过联网来实现控制。

(2)模拟量的闭环控制

对于模拟量的闭环控制系统，除了要有开关量的输入输出点以实现某种顺序或逻辑控制外，还要有模拟量的输入输出点，以便采样输入和调节输出，实现过程控制中的 PID 调节或模糊控制调节，形成闭环系统。这类 PLC 系统能实现对温度、流量、压力、位移、速度等参量的连续调节与控制。目前除大型、中型 PLC 具有此功能外，一些公司的小型机也具有这种功能，如 OMRON 公司的 CQMI 机和松下电工的 FP1 机就具有这样的功能。

(3)数字量的智能控制

利用 PLC 能实现接收和输出高速脉冲的功能，而这个功能在实际中用途很大。在配备相应的传感器(如旋转编码器)或脉冲伺服装置(如环形分配器、功放、步进电机)后，PLC 控制系统就能实现数字量的智能控制。较高级的 PLC 还专门开发了数字控制模块、运动单元模块等，可实现曲线插补功能。最近新出现的运动控制单元，还提供了数字控制技术的编程语言，为 PLC 进行数字量控制提供了更多方便。

(4)数字采集与监控

由于 PLC 在控制现场实现控制，所以把控制现场的数据采集下来，做进一步分析研究是很重要的。对于这种应用，目前较普遍采用的方法是 PLC 加上触摸屏，这样既可随时观察采集下来的数据又能及时进行统计分析。有的 PLC 本身就具有数据记录单元，如 OMRON 公司的 C200Hα。此时可利用一般的便携计算机的存储卡插入到该单元中保存采集到的数据。

PLC 的自检信号多，可实现自诊断式的监控，以减少系统的故障，提高平均累计无故障运行时间，同时还可减少故障修复时间，提高系统的可靠性。

(5)联网、通信及集散控制

PLC 的联网、通信能力很强，可实现 PLC 与 PLC、PLC 与上位计算机之间的联网和通信，由上位计算机来实现对 PLC 的管理和编程；PLC 也能与智能仪表、智能执行装置(如变频器等)进行联网和通信，互相交换数据并实施 PLC 对其的控制。

利用 PLC 的强大联网通信功能，把 PLC 分布到控制现场，实现各 PLC 控制站间的通信以及上、下层间的通信，从而实现分散控制集中管理的目的。

4. 可编程序控制器分类

PLC 的种类很多，其实现的功能、内存容量、控制规模、外形等方面均存在较大差异。因此，PLC 的分类没有严格的统一标准，可以按照结构形式、控制规模、实现的功能等进行大致的分类。

(1)按结构分类

PLC 按照其硬件的结构形式可以分为整体式和组合式，整体式 PLC 外观上是一个箱体，又称箱体式 PLC。组合式 PLC 在硬件构成上具有较高灵活性，由各种模块组成，可进行组合以构成不同控制规模和功能的 PLC，也称模块式 PLC。

①整体式 PLC

整体式 PLC 的 CPU、存储器、输入输出都安装在同一机体内，如西门子(SIEMENS)公司 S5－90U、S7－200 等，欧姆龙(OMRON)公司的 C20P、C40P，松下电工的 FP0、FP1 等产品。这种结构的特点是结构简单，体积小，价格低，输入输出点数固定，实现的功能和控制规模固定，但灵活性较低。

②组合式 PLC

组合式(模块式)PLC 采用总线结构，即在一块总线底板上有若干个总线槽(或采用总线连接器)，每个总线槽上安装一个或数个模块，不同模块实现不同功能。PLC 的 CPU 和存储器设计在一个模块上，有时电源也放在这个模块上，该模块一般被称为 CPU 模块，在总线上的位置是固定的。其他还有输入输出、智能、通信等模块，根据控制规模、实现的功能不同进行选择，并安排在总线槽中。组合式 PLC 的特点是系统构成的灵活性较高，可构成不同控制规模和功能的 PLC,维护维修方便,但价格相对较高。

(2)按控制规模分类

PLC 的控制规模主要是指开关量的输入输出点数及模拟量的输入/输出路数,但主要以开关量的点数计数。模拟量的路数可折算成开关量的点数,一般一路模拟量相当于 8 - 16 点开关量。根据 I/0 控制点数的不同,PLC 大致可分为超小型、小型、中型、大型及超大型。具体划分见表 5 - 1 - 1。

表 5 - 1 - 1　PLC 按规模分类

类型	I/O 点数	存储器容量/kb	机型
超小型	64 以下	1 ~ 2	西门子 S7 - 200、S5 - 90U,三菱 F10 等
小型	64 ~ 128	2 ~ 4	西门子 S5 - 100U,三菱 F - 40、F - 60 等
中型	128 ~ 512	4 ~ 16	西门子 S7 - 300、S5 - 115U,三菱 K 系列等
大型	512 ~ 8 192	16 ~ 64	西门子 S5 - 135U、S7 - 400,三菱 A 系列等
超大型	大于 8 192	64 ~ 128	西门子 S5 - 155U,A - B 公司 PLC - 3 等

目前 PLC 的厂家较多,较有影响的公司有德国西门子(SIEMENS)公司、美国罗克韦尔(ROCKWELL)公司、日本欧姆龙(OMRON)公司、三菱公司、松下电工等数十家公司。

二、PLC 系统的基本结构和船用 PLC 的常见类型

1. PLC 的基本结构

可编程序控制器实质上是一种专用的计算机控制系统,它具有比一般计算机更强的与工业过程相连的接口,具有更适用于控制要求的编程语言。所以,可编程序控制器与一般的计算机控制系统一样,也具有中央处理单元(CPU)、存储器、输入/输出模块(I/O)、通信接口和电源等部分。其结构框图如图 5 - 1 - 1 所示。

(1)中央处理单元(CPU)

可编程序控制器中常用的 CPU 主要采用通用微处理器、单片机和双极型微处理器。通用微处理器如 INTEL 公司的 8080,8086,80286,80386 等,单片机如 8031,8096 等,位片式微处理器如 AM2900,AM2901,AM2903 等。可编程序控制器的档次越高,CPU 的位数越多,运算速度越快,功能指令也越强。

PLC 的硬件是一种模块式的结构,它的核心部件是中央处理模块。整个可编程序控制器的工作过程都是在 CPU 的统一指挥和协调下进行的它的主要任务是按一定的规律或要求读入被控对象的各种工作状态,然后根据用户所编制的应用程序的要求去处理有关数据,最后再向被控制对象送出相应的控制信号。它与被控对象之间的联系是通过各种 I/O 接口实现的。

可编程序控制器中的中央处理模块与一般计算机系统中的 CPU 的概念不同,后者常用 CPU 表示一个中央处理器,即它是一块集成芯片。而在一个中型或大型可编程序控制器的中央处理模块里,不仅有 CPU 集成芯片(可能不止一片),而且还有一定数量的 EPROM(存储系统的操作系统)和 RAM(存储少量的数据或用户程序)。

可编程序控制器的 CPU 模块可完成下述各项工作:

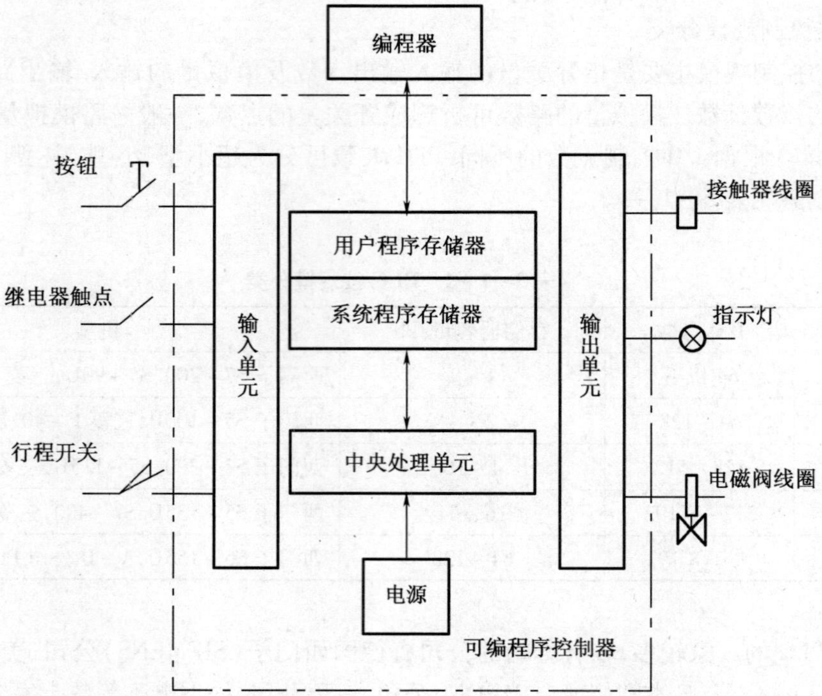

图 5-1-1 可编程序控制器的基本结构框架图

①接收用户从编程器输入的用户程序,并将它们存入用户存储区;

②用扫描方式接收源自被控对象的状态信号,并存入相应的数据区;

③用户程序的语法错误检查,并给出错误信息;

④系统状态及电源系统的监测;

⑤执行用户程序,完成各种数据的处理、传输和存储等功能;

⑥根据数据处理的结果,刷新输出状态表,以实现对各种外部设备的实时控制和其他辅助工作(如显示和打印等)。

(2)存储器

可编程序控制器的存储器分为两种:系统存储器和用户存储器。系统存储器存放系统管理程序,用户存储器存储用户程序。

常用的存储器有 RAM 和 EPROM,EEPROM。RAM 是一种可进行读写操作的随机存储器,存放用户程序,生成用户数据区,存放在 RAM 中的用户程序可以方便地修改,为防止 RAM 中存放的程序和数据在断电时丢失,可用锂电池作后备电源。EPROM 和 EEPROM 都是只读存储器,往往用这些类型存储器固化系统管理程序和用户程序。

(3)输入/输出单元(I/O 单元)

可编程序控制器的 CPU 所处理的信号电平只能是标准电平,因此需要通过输入输出单元实现这些电平的转换。I/O 单元实际上是 PLC 与被控对象间传递输入输出信号的接口部件。I/O 单元有良好的光电隔离和滤波作用。接到 PLC 输入接口的输入器件是各种开关、按钮、传感器等。PLC 的各种输出控制器件往往是电磁阀、接触器、继电器,而继电器有交流型和直流型、高压型和低压型、电压型和电流型之分。

(4)电源

可编程序控制器的电源有的选用市电,也有很大一部分用直流 24 V 供电。PLC 内有一个稳压电源用于对 PLC 的 CPU 单元和 I/O 单元供电,而小型的 PLC 电源往往和 CPU 合为一体,中大型 PLC 都有专门的电源模块。此外,根据可编程序控制器的规模及所允许扩展接口板数,各种可编程序控制器的电源种类和容量往往是不同的,用户使用和维修时应该注意这一点。

(5)外围设备

PLC 的外围设备主要有编程器、文本显示器、操作面板、人机界面和打印机等。

编程器是一种手持设备,也是 PLC 的最重要的外围设备,分为简易型和智能型。小型 PLC 常使用简易型编程器,大中型 PLC 多用智能型。

对 PLC 的编程有两种方法,一是采用上述的编程器进行编程,但由于编程器体积小,所能显示的信息有限,适用于编程人员或管理人员在生产现场对 PLC 进行管理维护;另一种方法是采用 PC 机编程界面,在个人计算机上接入适当硬件,安装软件包,并通过编程电缆与 PLC 的通信接口相连,即可在 PC 机上对 PLC 编程。

编程器或编程界面有两种工作方式,即编程工作方式和监控工作方式:编程工作方式的主要功能是输入新的控制程序,或者对已有的程序进行编辑;监控工作方式是对运行中的可编程序控制器的工作状态进行监视和跟踪。

以上是 PLC 的重要组成部分,除此之外,PLC 往往还包括以下部分,在需要时选用。

(1)通信接口

实现"人－机过程"或"机－机"之间的对话,通过通信接口可以与监视器、打印机、其他可编程序控制器和计算机等相连。

当与打印机相连时,可将过程信息、系统参数等输出打印;当与监视器相连时,可将过程图像显示出来,它既可以显示静态图像,也可以显示动态图像,它与其他可编程序控制器相连时,可组成多级控制系统,实现过程控制、数据采集等功能。

使用通信接口,使可编程序控制器与外围设备的连接能力进一步加强,从而也丰富了可编程序控制器的各种功能。

(2)智能 I/O

为满足更加复杂控制功能的需要,可编程序控制器配有许多智能 I/O 接口。为满足模拟量闭环控制的需要,配有闭环控制模板。为了对频率超过 100 Hz 的脉冲进行计数和处理,配有高速计数模板,还有其他一些智能模板。所有这些智能模板都带有其自己的处理器系统。

使用智能 I/O 接口,可编程序控制器不仅可用于顺序控制,还可用于闭环控制等一些复杂的控制场合。

可编程序控制器的总线多为基板形式。无论电源模板、CPU 模板、各种输入输出模板都可插入这个基板上的相应位置,基板上各相应位置之间通过印刷电路板实现电气连接。

2. 可编程序控制器的工作原理

PLC 程序运行的基本方式是采用扫描原理,把用户程序从第一条语句到最末一条语句逐次扫描处理,直到程序结束之处,然后再返回到第一条语句开始新的一轮扫描处理。PLC 就是这样周而复始地重复上述的扫描循环。除了执行用户程序之外,在每次扫描过程中还要完成自诊断、与外设通信、读入现场信号、执行用户程序和输出结果等。扫描一次所需要的时间称为扫描周期,扫描周期与用户程序的长短和扫描速度有关,扫描周期范围一般为 1~100 ms。

图 5-1-2 的 PLC 扫描过程示意图。在系统软件的管理下,PLC 按图中所画的扫描顺序工作。合上电源后,它首先进行自诊断,包括检查 PLC 硬件本身是否正常,将监控定时器复位等。在与外设通信阶段,CPU 与其他带微处理器的智能装置通信,响应编程器键入的命令,更新编程器的显示内容。在读入现场信号阶段,CPU 对全部的输入通道信号进行采样,并将采样结果储存在内存的输入信息状态区。在执行用户程序阶段,CPU 逐条解释和处理用户程序,需要使用输入通道信息时,则从内存的输入信息状态区读入。程序执行以后得出的运算结果,立即送至内存中输出信号状态缓冲区当全部程序执行完毕,CPU 才做向外输出结果的工作,即把输出信号状态缓冲区的内容送至输出通道的对应端口上,经输出模块隔离和功率放大后驱动外部负载。

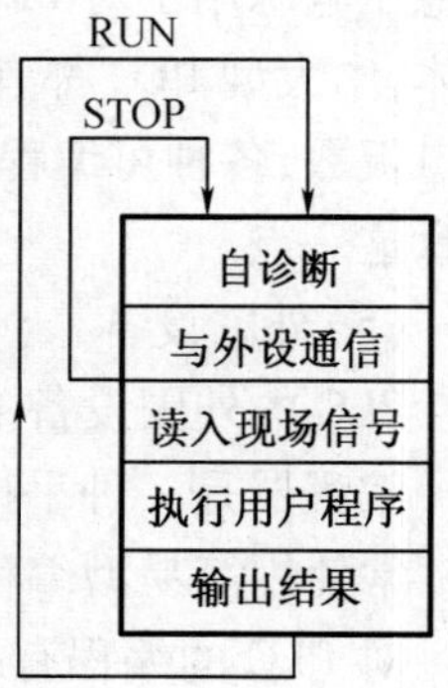

图 5-1-2 PLC 扫描循环过程图

以上是 PLC 处于运行(RUN)状态时,CPU 的扫描过程。若 PLC 处于停止运行(STOP)状态,CPU 就只执行自诊断及与外设通信两部分程序,并不断地进行循环扫描过程。

如果整个程序扫描一次所需要的时间超过监控定时器的设定值,则看门狗定时器动作,发出 CPU 故障信号,并对系统采取应有的保护措施。

3. 船用 PLC 的常见类型

在船上常见的 PLC 有:

日本欧姆龙公司(OMROM)生产的 CMPZA 型、CQMI 型系列产品等;

德国西门子(SIEMENS)公司生产的 S5-95U、S5-100U、S5-115U、S7-200、S7-300 型系列产品等;

美国罗克韦尔(ROCKWELL)公司生产的 PLC-5 型系列产品等;

日本三菱公司公司生产的 F40、F60、FX2H 型系列产品等;

日本松下电工公司生产的 FPI、FP2、FP3 型系列产品等。

三、PLC 的输入/输出接口电路

1. 输入接口电路

各种 PLC 的输入电路大多都相同,主要有两种类型:一种是直流(12~24 V)输入,另一种是交流(100~120 V)、(200~240 V)输入。

图 5-1-3 所示为直流输入接口电路。PLC 输入电路有光电耦合器隔离,并设有 RC 滤波器,可以消除输入触点的抖动和外部噪声干扰。当输入开关闭合时,一次电路中有电流流过,输入指示 LED 灯亮,光电耦合器被激励,三极管从截止状态变为饱和导通状态,这一状态经滤波电路和输入选择器由 I/O 总线进行输入。

由于采用的是双向光耦,因此外部接线没有极性要求,即公共端子 COM(SIEMENSPLC 的公共端标记为 M)既可以接在电源的正极,也可以接在负极(如图中虚线电源所示)。

图 5-1-4 所示为交流输入接口电路,输入原理与直流输入相似。图中电容 C 起高通滤波的作用。

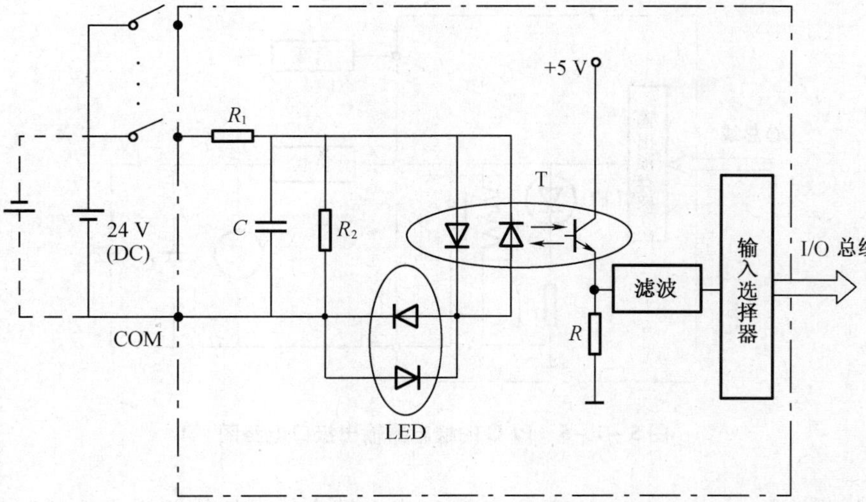

图 5-1-3　PLC 的直流输入接口电路图

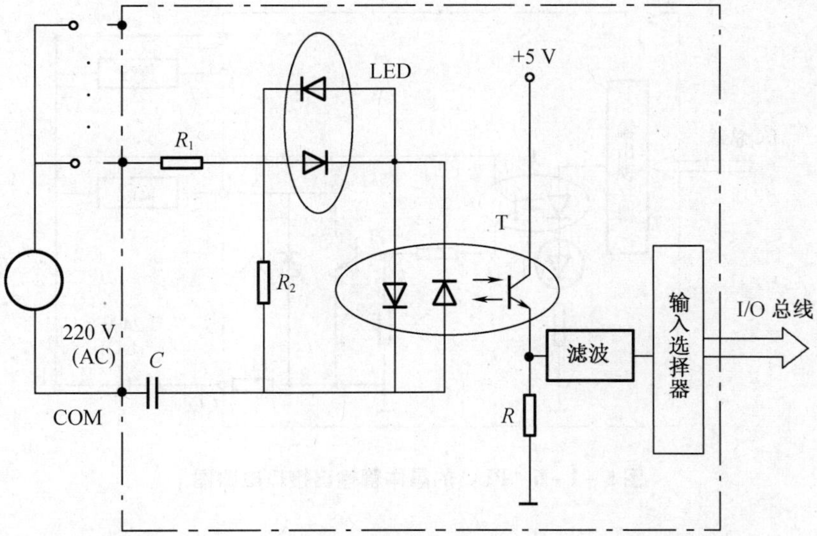

图 5-1-4　PLC 的交流输入接口图

2. 输出接口电路

PLC 的输出接口有三种形式，即继电器输出、晶体管输出和晶闸管输出。

继电器输出是最常用的输出类型，如图 5-1-5 所示。当 CPU 有输出时，接通或断开输出电路中继电器的线圈，继电器的接点闭合或断开，通过该接点控制外部负载电路的通断，并通过 LED 对输出点的状态进行指示。继电器输出方式利用继电器的触点和线圈将 PLC 的内部电路与外部负载进行了电气隔离。

继电器输出对外提供的是无源触点，适用于驱动大、小容量的交、直流负载，对直流负载的接线无极性要求。缺点是响应速度（即通断速度）较慢（约 10 ms），且触点寿命有限。

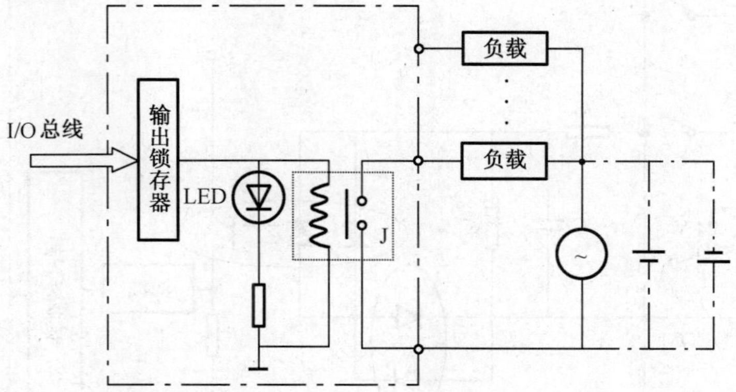

图 5-1-5 PLC 的继电器输出接口电路图

晶体管输出接口如图 5-1-6 所示,它通过光电耦合使晶体管截止或饱和导通以控制外部负载电路,光电耦合对 PLC 内部电路和输出晶体管电路进行了电气隔离。LED 对输出点的状态左行指示。

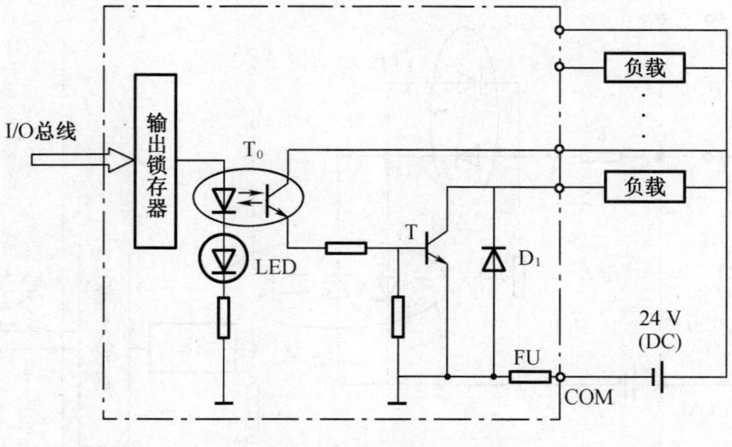

图 5-1-6 PLC 的晶体管输出接口电路图

晶体管输出只能带直流负载,且电源方向有极性要求。其驱动能力较弱,不适用于直接带继电器、接触器和电磁阀等大容量负载:但响应速度较快(约 0.2 ms),无触点,寿命长。

晶闸管输出接口电路如图 5-1-7 所示。它采用了光触发型双向晶闸管,适用于驱动交流负载。适用的交流电压范围较宽,负载能力强,可直接驱动各种大容量设备,响应时间短(约 1 ms),无触点,寿命长。同样带 LED 输出状态指示。

四、PLC 常用模块及其与外部设备的连接

PLC 控制系统是由各种功能模块组装在一起形成的积木式系统,模块的种类分为 CPU 模块和扩展模块两大类。下面以 SIEMENS 公司的 S7-200PLC 为例,简要介绍 PLC 的常用模块及其与外部设备的连接方法。

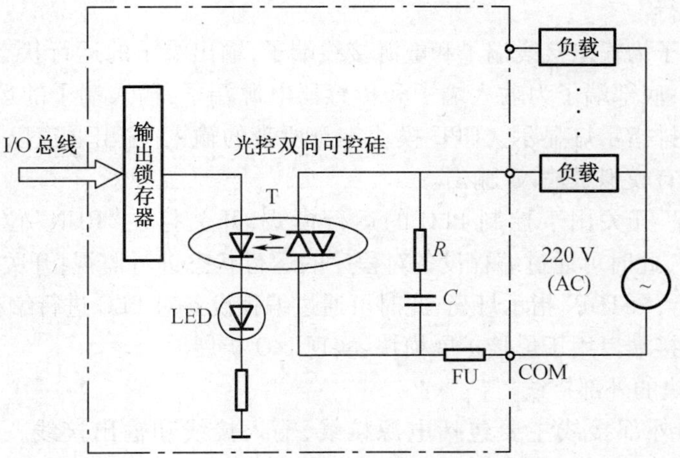

图 5-1-7　PLC 双向晶闸管输出接口电路图

1. CPU 模块

(1) CPU 模块的类型和功能

CPU 模块将一个微处理器、一个集成电源和数量不等(取决于不同的型号)的输入/输出通道集成在一个紧凑的封装中,独自形成一个小型的 PLC 系统。

S7-200PLC 有 21X 和 22X 两代产品,21X 已很少使用,而 22X 型 PLC 有 CPU221,CPU222,CPU224 和 CPU226 四种基本型号,不同型号的区别主要在于输入输出点数和扩展能力的不同,分别适用于不同复杂程度的控制任务。图 5-1-8 示出了 S7-200CPU 模块的外观结构。

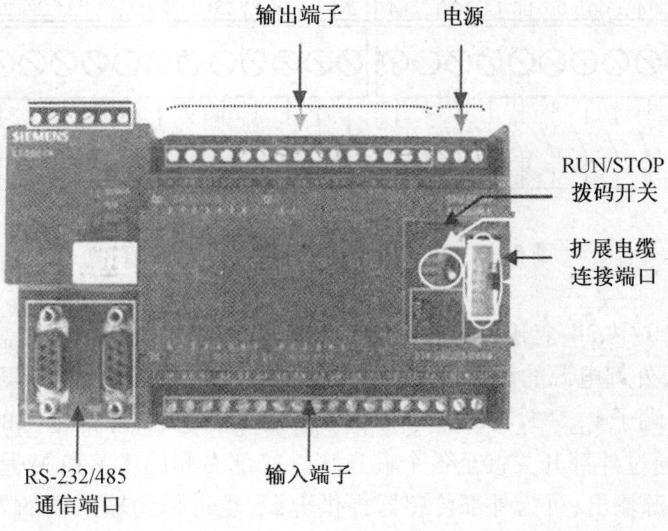

图 5-1-8　S7-200CPU 模块

图 5-1-8 中,RS-232/485 通信端口用于连接编程设备或用于网络连接。当 CPU 模

块通过编程电缆与编程设备连接后，可编辑或载入用户程序，内置的操作系统可对用户程序进行编译和运行。

顶部接线端子为输出接线端子和电源接线端子，输出端子的运行状态可由端子下方的一排指示灯显示；底部端子为输入端子和传感器电源端子，输入端子的运行状态可以由底部端子上方的一排指示灯显示。CPU 模块本身所带的输入/输出通道以开关量为主，只有少数几个型号带有模拟量输入/输出。

“RUN/STOP”开关用于控制 PLC 的运行模式，开关打在“RUN”位置时，程序运行，“RUN”指示灯亮，此时可通过编程设备对程序的运行状态进行监视；开关打在“STOP”位置时，程序停止运行，“STOP”指示灯亮，此时可通过编程设备对 PLC 进行编程操作。

扩展电缆连接端口用于连接扩展模块，实现 I/O 扩展。

(2) CPU 模块的外部接线

CPU 模块的外部接线主要包括电源接线、输入接线和输出接线。图 5－1－9 和图 5－1－10 给出了 CPU266 的外部接线原理图，它们分别对应 CPU266 的两个不同型号。图 5－1－9 所示的型号采用交流供电、直流输入和继电器输出，而图 5－1－10 所示的型号采用直流供电、直流输入和直流输出。两者的共同点是都有 24 个开关量输入和 16 个开关量输出，底部为输入端子排，顶部为输出端子排。

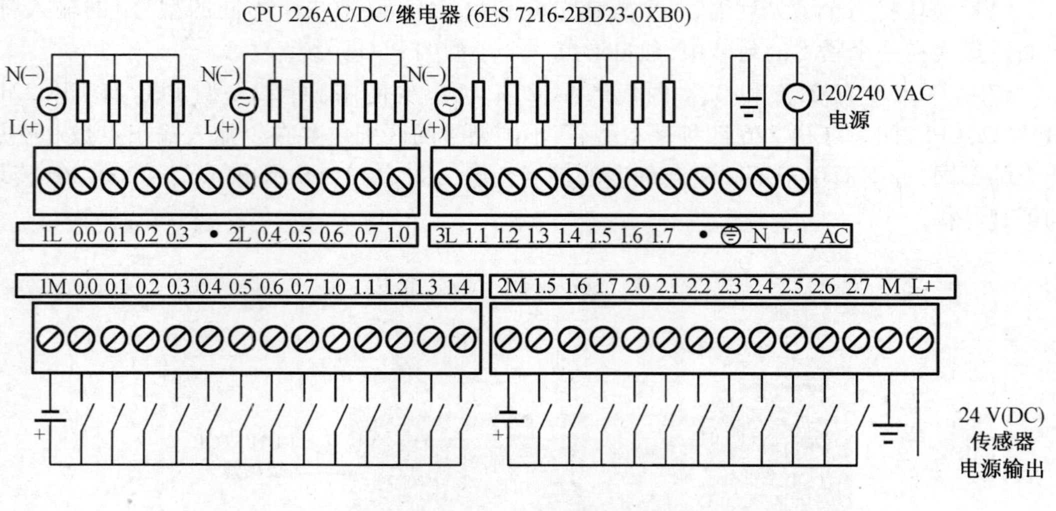

图 5－1－9　CPU266 的外部接线图(交流)

在图 5－1－10 中，24 个开关量输入分为两组，第一组由输入端子 $I_{0.0}$ ~ $I_{0.7}$，$I_{1.0}$ ~ $I_{1.4}$共 13 个输入点组成，外部电源的负极接第一组的公共端 1M，正极通过外部开关接至各个输入端；第二组由输入端子 $I_{1.5}$ ~ $I_{1.7}$，$I_{2.0}$ ~ $I_{2.7}$共 11 个输入点组成，外部电源的负极接第二组的公共端 2M，正极通过外部开关接至各个输入端。底部右侧的 L＋和 M 是一组 24 V(DC)/400 mA 的直流电源输出，可为外部传感器提供电源，也可作为输入端的外部电源使用。16 个开关量输出均为继电器输出，分为 3 组，第一组由输出端子 $Q_{0.0}$ ~ $Q_{0.3}$共四个输出点和公共端 1L 组成，每个负载的一端与输出点相连，另一端经负载电源与公共端相连，负载电源可以是交流也可以是直流，由负载性质确定；第二组由输出端子 $Q_{0.4}$ ~ $Q_{0.7}$、$Q_{1.0}$共五个输出点和公共端 2L 组成；第三组由输出端子 $Q_{1.1}$ ~ $Q_{1.7}$共 7 个输出点和公共端 3L 组成。输出端子排的右端 N,L1 端子是 PLC 的供电电源,供电电源为 120/240V(AC)。

在图 5-1-10 中,输入接法与图 5-1-9 完全相同,不同的是输出分为两组,即端子 $Q_{0.0}$ ~ $Q_{0.7}$为一组,端子 $Q_{1.0}$ ~ $Q_{1.7}$为一组。另外,由于是直流输出,负载电源必须是直流电源。SIEMENSPLC 的直流输出接口电路原理如图 5-1-11 所示,它与图 5-1-6 有所不同。

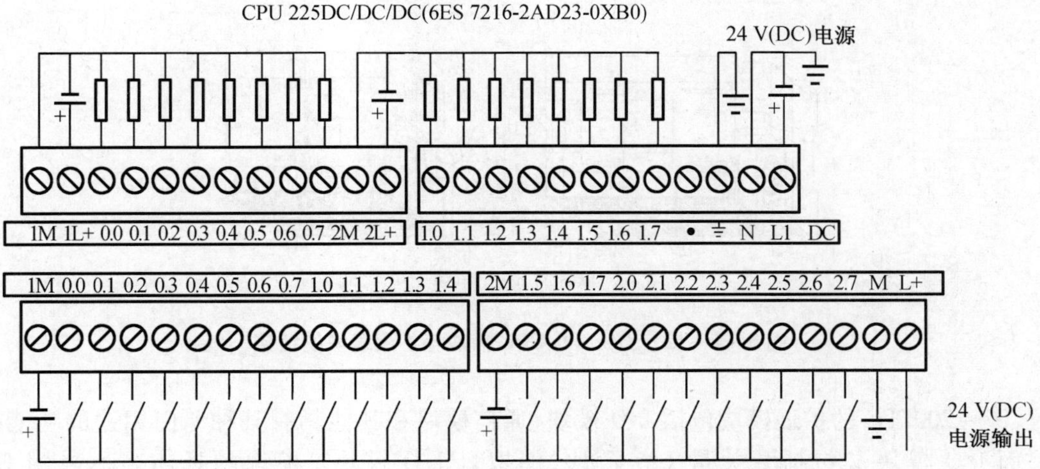

图 5-1-10　CPU266 的外部接线图(直流)

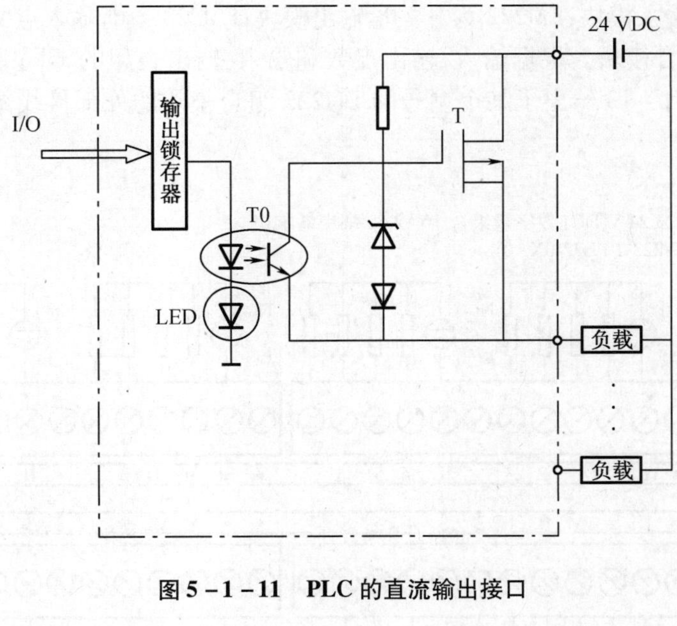

图 5-1-11　PLC 的直流输出接口

PLC 和单片微机等其他计算机一样,其输入和输出也需要端口地址。在 CPU 模块的上述接线中,端子名称实际上就是端子的地址名称,并且与 PLC 用户程序中的地址名称是一致的。在 S7-200PLC 中,开关量输入端口的地址以字母 I 开头,开关量输出的端口地址以字母 Q 开头。例如:$I_{0.0}$ ~ $I_{0.7}$表示开关量输入字节的 8 位,其中的某一位,如 $I_{0.0}$表示该字节的第 0 位；$Q_{0.0}$ ~ $Q_{0.7}$表示开关量输出字节的 8 位，其中的某一位，如 $Q_{0.7}$表示该字节的第 7 位。

2. 扩展模块

CPU 模块有时也称作本机或主机，当本机的输入/输出点不够用或有某些特殊的功能要求时，还必须用到扩展模块。扩展模块和 CPU 模块之间通过扩展电缆连接，如图 5 - 1 - 12 所示。若要扩展多个模块，则采用扩展电缆将两个模块连接起来即可。

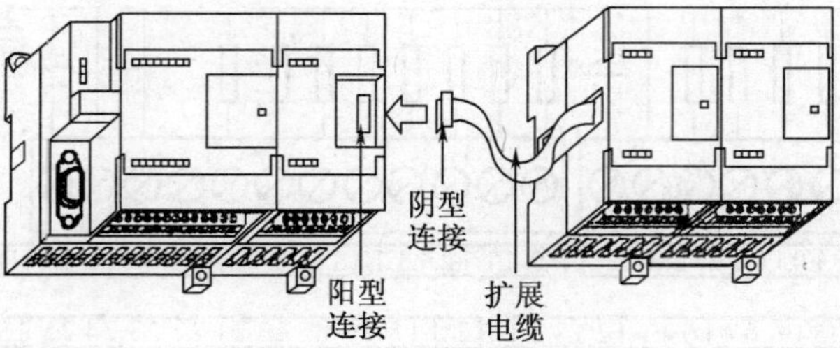

图 5 - 1 - 12 S7 - 200 CPU 模块与扩展模块的链接

S7 - 200PLC 的扩展模块包括 I/O 模块、通信模块和其他具有某种专门用途的功能模块，而 I/O 模块又包括开关量 I/O 模块、模拟量 I/O 模块。模块的具体名称采用 EM（Expansion Module）外加数字的形式表示，如 EM221，EM231 等。

（1）开关量 I/O 模块

S7 - 200 的开关量 I/O 模块共有 3 个类型，分别为 EM221，EM222 和 EM223。其中，EM221 为开关量输入模块，EM222 为开关量输出模块，EM223 既有输入点又有输出点，为开关量输入/输出组合模块。根据输入/输出点数和输入/输出类型的不同，每种模块又有不同的型号。图 5 - 1 - 13 给出了某个型号的 EM223 组合模块的外部接线图，其接线原理与 CPU 模块类似。

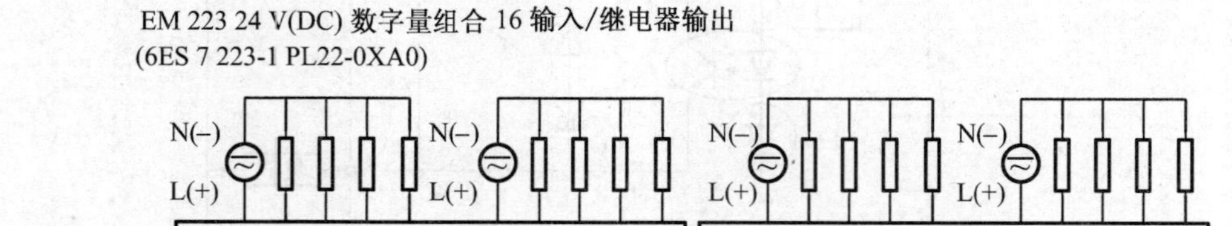

图 5 - 1 - 13 EM233 模块接线图

(2)模拟量 I/O 模块

S7－200PLC 的本机一般不带模拟量输入/输出点,因此在涉及模拟量输入/输出的应用场合,都需要用到模拟量 I/O 扩展模块。S7－200PLC 的模拟量扩展模块包括 EM231,EM232 和 EM235 三种,其中 EM231 为模拟量输入模块,EM232 为模拟量输出模块,EM235 既有模拟量输入,又有模拟量输出,为输入/输出组合模块。根据输入/输出通道数和输入/输出类型的不同,各种模拟量 I/O 模块也有不同的型号。模拟量 I/O 模块具有较大的适应性、可以直接与传感器相连,使用灵活方便。

①EM231 模拟量输入模块

图 5－1－14 给出了两种型号的 EM231 模拟量输入模块的输入通道排列及其外部接线图,图 5－1－14 (a)所示的型号具有 4 路模拟量输入,输入信号可以是电压也可以是电流,其输入与内部电路电气隔离。输入信号的类型和范围可以由配置开关设定。M 为 24 V(DC)电源负极端,L＋为电源正极端;RA,A＋,A－,RB,B＋,B－,RC,C＋,C－,RD,D＋,D－分别为第 1～4 路模拟量输入端。电压输入时,“＋”为电压正端,“－”为电压负端。电流输入时,需将“R”与“＋”短接后作为电流的进入端,“－”为电流流出端。图 5－1－14 (b)所示的型号具有 6 路电压输入和 2 路电流输入,接线方法已在图中标明,不再详述。

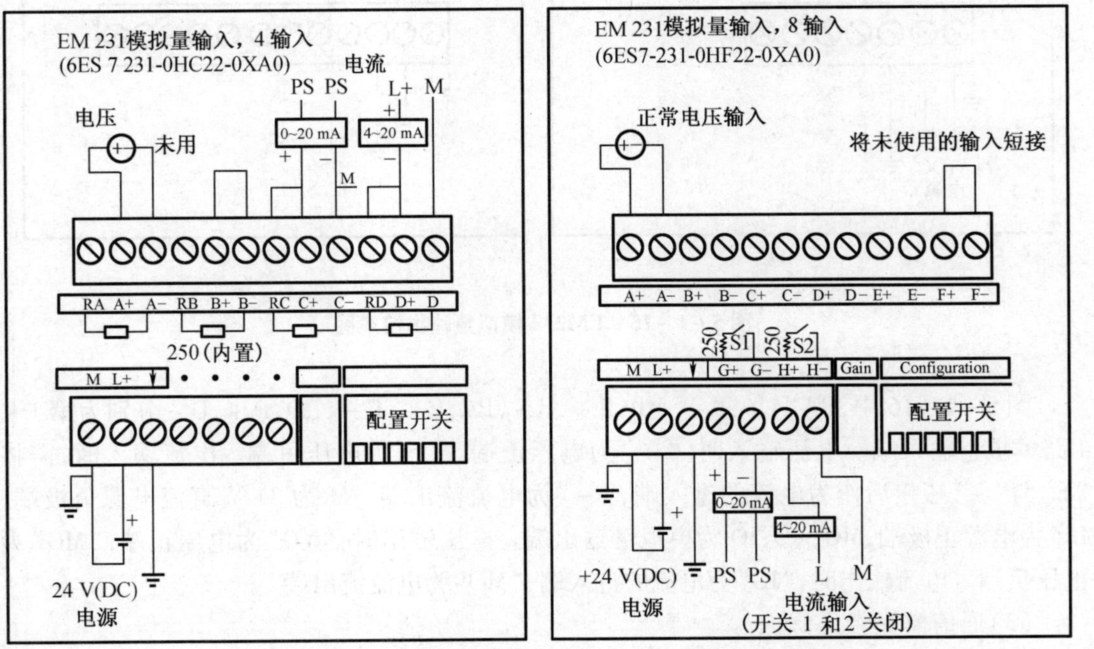

(a)　　　　(b)

图 5－1－14　EM231 模拟量输入接线图

在实际工程应用中,大量的模拟量输入都来自热电偶和热电阻,因此,西门子公司在 EM231 的基础上专门开发了热电偶输入模块和热电阻输入模块,其输入原理与常规的 EM231 完全相同,只是在模块内部集成了相应的补偿电路。

②EM232 模拟量输出模块

EM232 模拟量输出模块的输出通道排列及其接线方法如图 5－1－15 所示,两种型号分别具有 2 路和 4 路模拟量输出，输出与内部电路进行了电气隔离。输出类型可以是 ±10 V 的电压信号，也可以是 0 ~ 20 mA 的电流信号。图中，M 为 24 V 直流电源负极端，L + 为电源正极端。M，V，I 为模拟量输出端，电压输出时，“V”为电压正端，“M”为电压负端。电流输出时，“I”为电流的进入端，“M”为电流流出端。

③EM235 输入/输出组合模块

EM235 具有 4 路模拟量输入和 1 路模拟量输出，它的输入信号可以是不同量程的电压或电流，其电压、电流的量程是由配置开关设定。另外，EM235 还有 1 路模拟量输出，其输出可以是电压也可以是电流。其通道排列及其接线方法如图 5 - 1 - 16 所示。

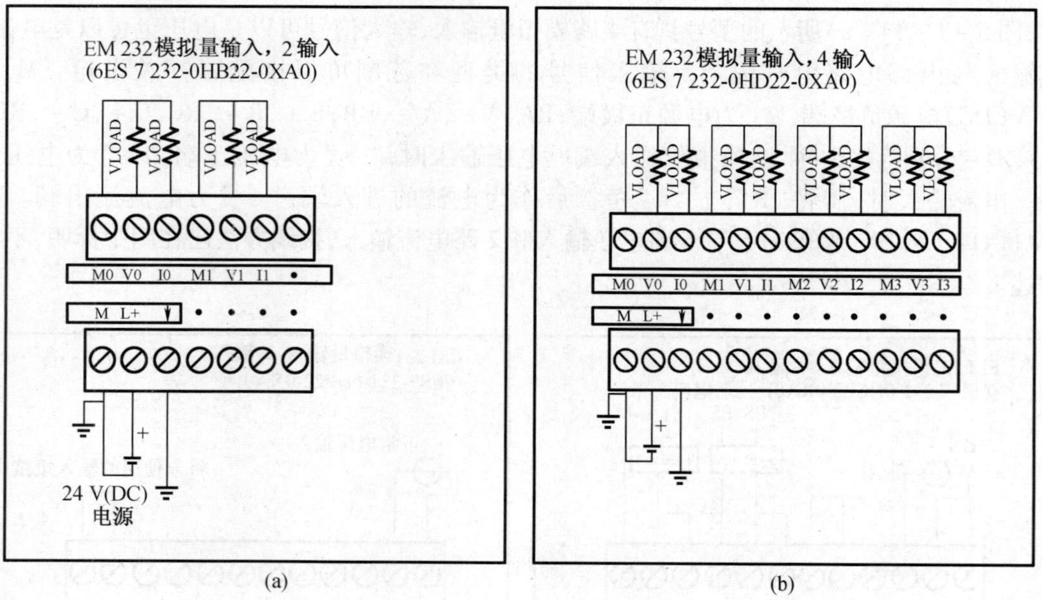

图 5 - 1 - 15　EM232 模拟量输出接线图

图 5 - 1 - 16 中，RA，A + ，A - ，RB，B + ，B - ，RC，C + ，C - ，RD，D + ，D - 分别为第 1 ~ 4 路模拟量输入端。电压输入时，“ + ”为电压正端，“ - ”为电压负端。电流输入时，需将“R”与“ + ”短接后作为电流的进入端，“ - ”为电流流出端。M 为 24 V 直流电源负极端，L + 为电源正极端，MO，VO，IO 为模拟量输出端。电压输出时，“VO”为电压正端，“MO”为电压负端。电流输出时，“IO”为电流的进入端，“MO”为电流流出端。

(3) 通信模块

S7 - 200 系列 PLC 除了 CPU226 本机集成了两个通信口以外，其他均只在其内部集成了一个通信口，通信口采用 RS - 485 总线。除此以外各 PLC 还可以接入通信模块，以扩大其接口的数量和联网能力。S7 - 200 系列 PLC 的通信模块有 EM277，CP243 - 1，CP243 - 2 等。EM277 模块是 ProfiBus - DP 从站模块，同时也支持 MPI 从站；CP243 - 1 是工业以太网通信模块；CP243 - 2 是 AS - I(Actuator Sensor Interface，传感器/执行器接口) 主站模块，可连接最多 62 个 AS - I 从站。

(4) 功能模块

在 PLC 系统中，为了减轻 CPU 模块的负担，生产厂家经常提供一些特殊功能的功能模

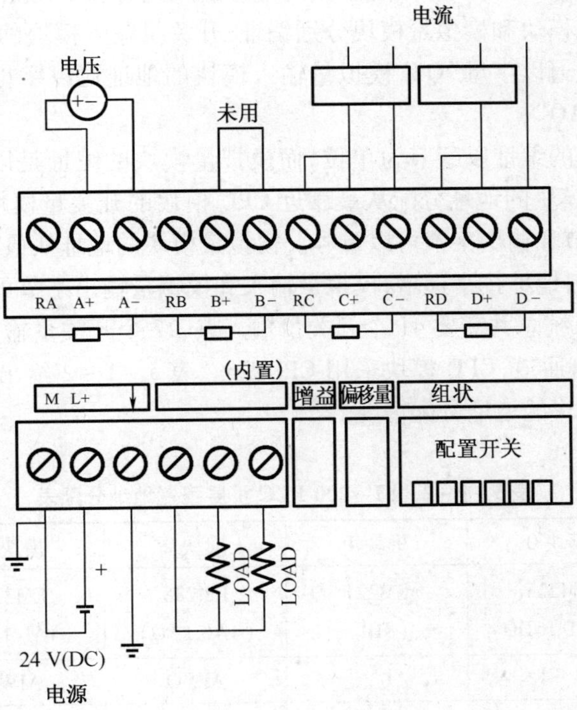

图 5-1-16　EM235 输入输出组合模块接线

块来完成高速或需要实时处理的任务。常见的功能模块有位置控制模块、称重模块、高速计数模块和闭环控制模块等。

3. S7-200PLC 的系统配置及地址分配

PLC 的系统配置根据应用任务进行确定。S7-200PLC 主机可构成一个独立的控制系统(基本配置),因此对于简单任务,可采用只有 CPU 模块组成的基本配置;若 CPU 模块本身的资源不够用,则需采用扩展配置,即在 CPU 模块的基础上增加扩展模块。在进行系统配置时,要对各模块的输入和输出点进行编址,主机提供的 I/O 具有固定的 I/O 地址。下面以 CPU226 为例说明其基本配置和扩展配置。

(1)由 CPU226 组成的基本配置

由 CPU226 本机组成的基本配置可以组成 1 个 24 点开关量输入和 16 点开关量输出的小型系统,地址分配如下:

输入点地址为:$I_{0.0}$,$I_{0.1}$,…,$I_{0.7}$

$I_{1.0}$,$I_{1.1}$,…,$I_{1.7}$

$I_{2.0}$,$I_{2.1}$,…,$I_{2.7}$

输出点地址为:$Q_{0.0}$,$Q_{0.1}$,…,$Q_{0.7}$

$Q_{1.0}$,$Q_{1.1}$,…,$Q_{1.7}$

(2)由 CPU226 组成的扩展配置

CPU 模块的型号不同,其扩展能力也不同,即所能连接的扩展模块个数不同。如 CPU221 不能扩展,CPU222 最多可扩展 2 个模块,CPU224 和 CPU226 最多可扩展 7 个扩展模块。S7-200PLC 扩展模块的地址是由 I/O 模块类型及模块所在的位置决定,即按同类型的模块对各输入/输出点进行顺序编址。其地址分配原则有以下两点。

一是开关量扩展模块和模拟量模块分别编址,开关量输入模块的地址冠以字母“I”,开关量输出模块的地址冠以字母“Q”,模拟量输入模块的地址冠以字母“AI”,模拟量输出模块的地址冠以字母“AQ”;

二是开关量模块的编址以字节为单位,而模拟量模块的编址是以字为单位(即以双字节为单位)。开关量模块的地址分配从最靠近 CPU 模块的开关量模块开始,从左到右按字节连续递增,输入字节和输出字节可以重号。模拟量模块的地址从最靠近 CPU 模块的模拟量模块开始,从左到右地址按字递增,模拟量输入和模拟量输出字节可以重号。

设某 PLC 控制系统总共需要 41 个开关量输入点,27 个开关量输出点,5 个模拟量输入通道,3 个模拟量输出通道,CPU 模块采用 CPU226。表 5-1-2 给出了一个能满足上述要求的配置方案及各模块的地址分配情况。

表 5-1-2　S7-200 PLC 扩展配置地址分配表

主机	模块 0	模块 1	模块 2	模块 3	模块 4
CPU226	EM223 (16DI/16DO)	EM221 (8DI)	EM235 (4AI/1AQ)	EM235 (4AI/1AQ)	EM232 (2AQ)
$I_{0.0}-I_{0.7}$	$I_{3.0}-I_{3.7}$	$I_{5.0}$	AIW0	AIW8	AQW8
$I_{1.0}-I_{1.7}$	$I_{4.0}-I_{4.7}$		AIW2	AQW4	
$I_{2.0}-I_{2.7}$	$Q_{2.0}-Q_{2.7}$		AIW4		
$Q_{0.0}-Q_{0.7}$	$Q_{3.0}-Q_{3.2}$		AIW6		
$Q_{1.0}-Q_{1.7}$		AQW0			

注:模拟量输出扩展模块以 2 个通道(4 个字节)递增的方式分配地址。

五、梯形图基础知识

PLC 是一种工业控制计算机,不仅有硬件,软件也必不可少。目前 PLC 常用的编程语言有四种,梯形图编程语言、指令语句表编程语言、控制系统流程图编程语言以及高级语言。但具体到细节,不同厂家,甚至相同厂家的不同型号的 PLC 编程软件都有所不同。

梯形图编程语言简称梯形图,它类似电气控制系统中继电器控制电路图,逻辑关系明显;指令语句表编程语言键入方便;控制系统流程图同样是一种图形式语言,类似于逻辑功能图;而高级语言一般适用于较为复杂的控制系统,由于梯形图形象直观,用户很容易接受和学习,因此梯形图是目前用得最多的 PLC 编程语言之一。

1. 梯形图的表达形式

图 5-1-17 所示是 SIEMENSS7 系列 PLC 的一个简单的梯形图,它由线圈、触点和功能块等基本要素组成。最左边的竖线称为起始母线或左母线,简称母线(某些 PLC 的梯形图还在最右边加上一条竖线,称为右母线)。触点、线圈及功能块按照控制要求和一个完整电路的形式连接起来形成一个个程序段,称为梯级或网络,例如图中包含了网络 1 和网络 2 两个网络(注意,这里提到的网络和计算机网络没什么关系)。母线可以被理解为能量线,或理解为继电器电路中的电源线。每个程序段从左母线开始,从左到右依次连接各个触点,

最后以线圈或功能块结束(对于有右母线的梯形图,则以右母线结束),形成一个逻辑行或一个梯级,使得整个程序呈阶梯形。梯形图因此得名。

梯形图中,所谓线圈和触点(有常开、常闭两种)不是物理器件,而是计算机存储单元中某个字节的某一位。相应位为“1”状态,表示继电器线圈通电、常开触点闭合或常闭触点断开;相应位为“0”状态,表示继电器线圈断电、常开触点断开或常闭触点闭合。而功能块是 PLC 的某个功能程序,如计时器和 PID 控制功能块等,图 5 - 1 - 17 中的 T33 是一个计时器功能块。

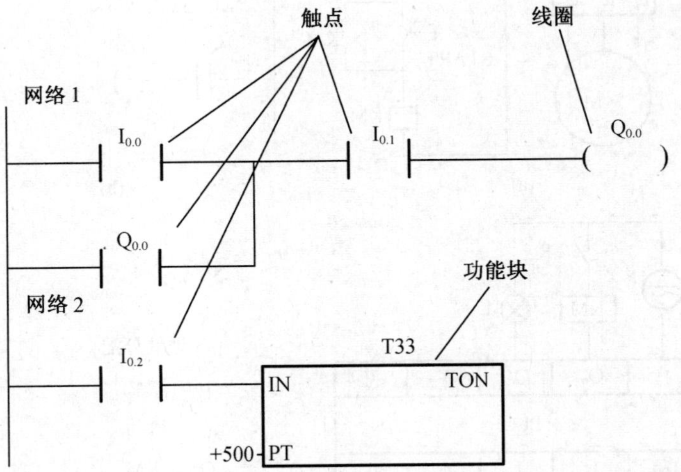

图 5 - 1 - 17　梯形图基本要素

触点可以是来自外部输入的物理开关触点,也可以是线圈或功能块所带的触点。如图 5 - 1 - 17 中的触点 $I_{0.0}$,$I_{0.1}$ 和 $I_{0.2}$ 均是来自外部输入的物理触点,而 $Q_{0.0}$ 则是线圈 $Q_{0.0}$ 所带的触点。

线圈有两种:一种是具有实际输出的,它通过开关量输出点对外部设备起控制作用;另一种是出于程序设计的需要而采用的内部线圈,类似于继电器电路中的中间继电器,它们没有实际输出,但在梯形图内部起逻辑控制作用。

梯形图中的每个触点和线圈均有相应的标号,该标号实际上是地址号。对于与外部输入和输出有对应关系的触点和线圈,其地址要与 PLC 输入输出的端子地址一致。

图 5 - 1 - 18 所示是一个采用 PLC 取代继电器电路对电机进行启动控制的例子。图 5 - 1 - 18(a)为电机启动的继电器控制电路,图 5 - 1 - 18 (b)是其对应的 PLC 梯形图,图 5 - 1 - 18(c)是 PLC 的外部接线图,比继电器电路多了一个运行指示灯 L。

在继电器电路中用到了 START 和 STOP,两个开关,按下 START 后,接触器 KM 得电,主触点 KM 闭合,电机通电启动,同时 KM 的辅触点闭合自锁在 PLC 电路中,START 和 STOP 开关信号分别通过 PLC 的 $I_{0.1}$ 和 $I_{0.0}$ 输入点进行输入,输出点 $Q_{0.0}$ 控制接触器 KM,输出点 $Q_{0.1}$ 控制运行指示灯。

当 PLC 运行如 5 - 1 - 18 (b)图所示的梯形图时,由于 STOP 常闭开关是合上的,因此 I0.0 触点接通,若合上 START 开关,则 $I_{0.1}$ 也闭合,此时线圈 $Q_{0.0}$ 之前(左边)的所有触点都闭合,能量流到达线圈,线圈被激活,经输出端子 $Q_{0.0}$ 使 KM 得电,启动电机同时,梯形图中

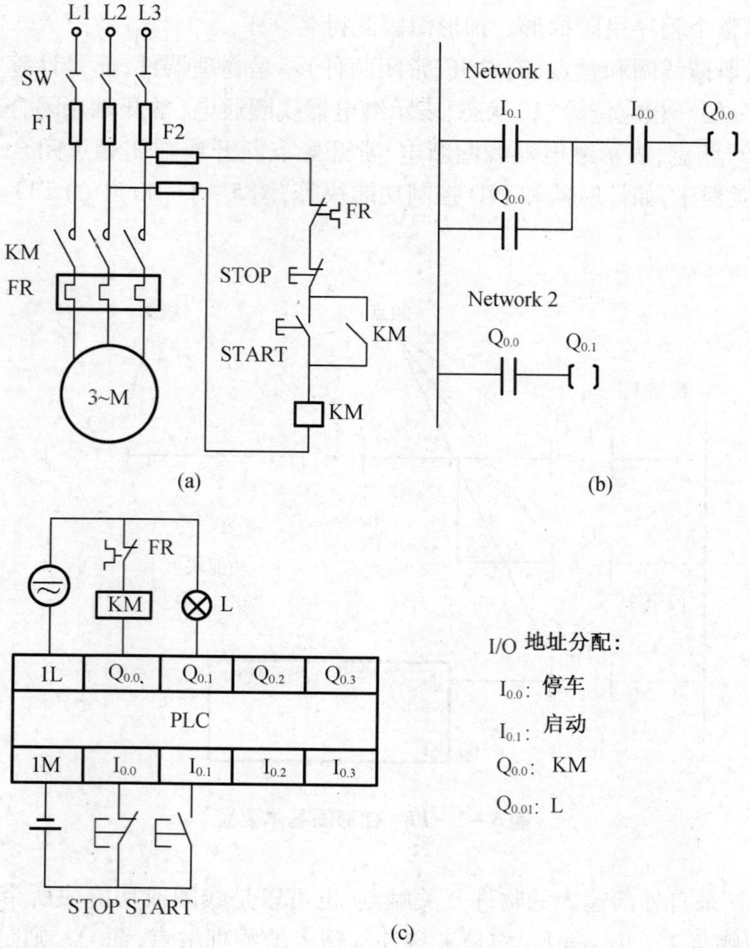

图 5－1－18 继电器控制电路与 PLC 梯形图的对应转换

(a)电机的继电器启动电路;(b)电机启动控制的梯形图程序;(c)电机启动控制的 PLC 接线

的线圈触点 $Q_{0.0}$ 闭合,一方面对线圈进行自锁,另一方面使 $Q_{0.1}$ 得电,经输出端子 $Q_{0.1}$ 使指示灯 L 亮。当按下 STOP 开关时,开关断开,梯形图中的 $I_{0.0}$ 断开,线圈失电,输出点 $Q_{0.0}$ 没有输出,KM 失电,电机停止。与此同时,$Q_{0.0}$ 对应触点断开,一方面解除自锁,另一方面使输出点 $Q_{0.1}$ 的输出消失,指示灯熄灭。

2. 梯形图语言的编程规则

(1)在梯形图的每个梯级(网络)中,能量流总是以母线为起点,以线圈或功能块为终点。PLC 执行程序时,总是按照从左到右,从上到下的顺序执行,能量流是单向流动,即从左到右,从上到下。

(2)线圈及功能块必须位于一行的最右端,在它们的右边不允许再在任何触点存在,也不允许直接与左边的母线相连,必须通过触点才能连接到能量线。

(3)梯形图中的线圈及其相应触点均使用同一地址,触点的数量不受限制。

(4)同一个触点的使用次数不受限制,而同一线圈则不能重复使用。

(5)触点可以任意串联或并联,但线圈只能并联而不能串联。

(6) 梯形图中,每行串联的触点数目和沿垂直方向的并联触点数目,虽然理论上没有限制,但它们受所用编程器显示屏幕大小的限制,不同的编程器对此有不同的限定。

(7) 当有几个串联支路相并联时,宜将触点最多的支路设计在最上面;当有几个并联支路相串联时,宜将含有支路最多的并联支路放在梯形图的最左面。

(8) 程序结束时要有结束标志 END。

3. PLC 的编程

PLC 的编程有两种方法:一是通过编程器编程;二是将 PLC 通过通信口和连接电缆与 PC 机连接,在 PC 机上运行通过编程软件窗口进行编程,PLC 与 PC 机的连接如图 5 - 1 - 19 所示。

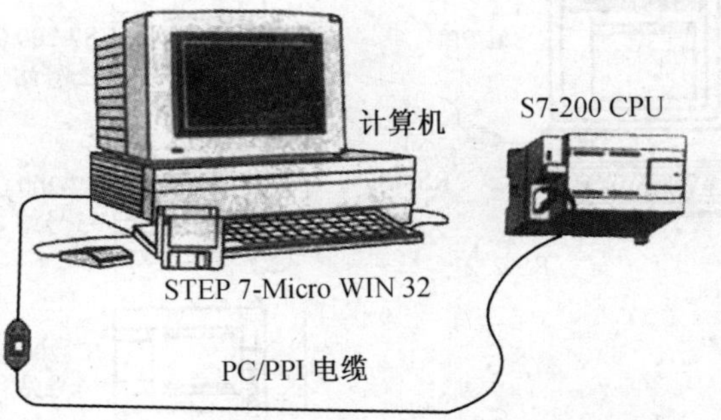

图 5 - 1 - 19　PLC 与电脑的链接

在 Windows 系列操作系统中,S7PLC 的编程软件是 STEP7 - MicroWIN32。在 STEP7 的编程窗口中可以很方便地进行梯形图设计,调试好后下载到 PLC 即可运行。采用 PC 机编程比编程器编程要方便得多。

六、PLC 的网络基础

通过串行通信连接,SIEMENS S7 - 200PLC 有很强的组网能力,支持多种形式的协议通信,其支持的通信协议主要包括:PPI 通信协议、MPI 通信协议、Profibus DP 通信协议、USS 通信协议、自由口通信协议、Modbus 通信协议和 Ethernet 通信协议。

S7 - 200PLC 网络的硬件连接方式有两种:一是通过 CPU 模块本身的通信接口;二是通过扩展通信模块(EM227,CP243 - 1,CP243 - 2)的通信接口。除了通信接口之外,构成通信网络的部件通常还包括:网络连接器、网络电缆和网络中继器等。

CPU 模块本身的通信接口一方面可以与编程设备进行信息交换外,另一方面还支持与其他设备之间的 PPI 协议通信、MPI 协议通信、USS 协议通信、自由口协议通信和 Modbus 协议通信。

通过 EM227 通信扩展模块的通信接口能支持与其他设备之间的 Profibus DP 协议通信,同时也支持 PPI 和 MPI 协议通信。

通过 CP243 - 1 通信扩展模块的通信接口可使 PLC 与其他设备之间进行工业以太网连接,实现协议 Ethernet 通信。

通过 CP243 - 2 通信扩展模块的通信接口可构成 AS - I 主站,最多可连接 62 个 AS - I 从站,进一步扩大 I/O 点数。

图 5－1－19 所示实际上就是一个最简单的 PPI 网络，是一台上位 PC 机和一台 PLC 之间的通信。上位 PC 机有两个作用：编程时起编程器作用；运行时又可以监控程序的运行，起监视器作用。

图 5－1－20 所示是一个由多个 S7－200 系列 PLC 和上位 PC 机组成的 PPI 网络。在这个网络中，上位机和各个 PLC 各自都有自己的站地址，PC 机可以和各个 PLC 进行通信。这个网络中，PC 机是主站。所有的 PLC 可以是从站，也可以是主站。

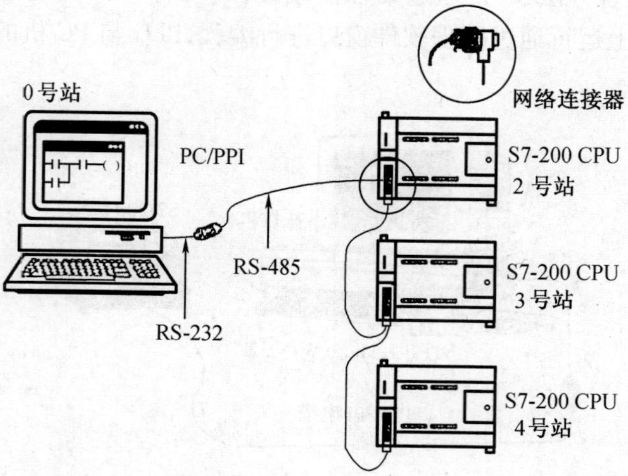

图 5－1－20　PLC 与电脑连接的网络

其他形式的网络连接及各种协议通信的具体内容涉及比较专业的网络知识，在此不进行展开。但作为轮机管理人员，对 PLC 网络有一个认识性的了解是必要的。

任务二　基于 PLC 的辅锅炉燃烧时序控制系统

【任务目标】

1. 了解辅锅炉 PLC 控制系统的外部连接；
2. 认识辅锅炉燃烧时序 PLC 控制程序；
3. 掌握辅锅炉燃烧时序 PLC 控制系统操作、管理及故障排查；
4. 提高查阅资料和信息处理的能力。

可编程序控制器作为传统继电接触器控制系统的替代产品已广泛应用于工业控制的各个领域。由于 PLC 采用软触点实现常规继电器的控制功能，具有体积小、组装灵活、编程简单、抗干扰及可靠性高等特点，非常适合于在恶劣的工业环境下使用。目前，西门子公司生产的 PLC 在船舶设备控制中得到广泛的应用，下面以西门子 S7－200 系列的 PLC 为例，介绍辅锅炉燃烧时序的 PLC 控制。

1. 系统概述

系统采用参考水位罐和气动差压变送器检测锅炉的水位，差压变送器输出的 0.02～0.1 MPa 气压信号与锅炉的实际水位成正比，一路送远距离显示仪表显示锅炉水位；另一路分别送到低水位、高水位和危险低水位的双位控制和低水位保护。锅炉的蒸汽压力也采用压力开关实现双位控制。从燃油的循环、蓄压和加热系统管路到油头之间设有燃油电磁阀用以控制是否向炉内供油。燃烧系统采用单油头、定油量和定风量燃烧，只是在点火期间用电磁线圈控制风门挡板将风门关小。控制系统未设点火油头，而是直接用点火电极给油头喷射到炉膛内的燃油点火。火焰监视器采用光电池作为火焰检测传感器。系统设有中途熄火、危险低水位、低风压和蒸汽压力超压等安全保护环节。

三个压力开关，用于实现锅炉水系统失灵时可转为手动操作。

锅炉启动前，应检查锅炉是否处于可启动状态，例如，锅炉的水位、燃油系统的温度和压力等。准备就绪后，可把“手动/自动”转换开关转到“自动”位置，则燃烧时序控制系统开始自动投入工作。这时控制系统自动启动油泵和风机，关闭燃油电磁阀，并将风门开得最大以大风量进行预扫风；预扫风过程结束后，控制系统会自动关小风门，点火变压器通电进行预点火；然后打开燃油电磁阀进行供油点火，在点火时间内要求小风量、少喷油；光电池用来监视点火是否成功，在设定的点火时间内，如果炉膛内有火焰说明点火成功，否则说明点火失败，自动停炉，待故障修复后再重新启动；点火成功后维持一段时间低火燃烧对锅炉进行预热，然后开大风门，关小回油阀，增强炉膛内的燃烧强度，使锅炉进入正常燃烧的负荷控制阶段。如果发生风机失压、水位太低、中间熄火、点火失败等现象，会自动停炉对锅炉进行安全保护。待故障排除后按复位按钮才能重新启动锅炉。

2. PLC 及其控制程序

(1) PLC 的 CPU 型号及其输入输出通道分配

本系统采用的是西门子 S7－200PLC，CPU 型号为 226。226 CPU 模块本身具有 24 路开关量输入、16 路开关量输出和丰富的定时器资源。

(2)外部接线及梯形图

辅锅炉燃烧时序控制系统的 PLC 外部接线如图 5－2－1 所示,系统的控制程序采用梯形图编写,图 5－2－2 所示为控制程序的燃烧时序控制部分。

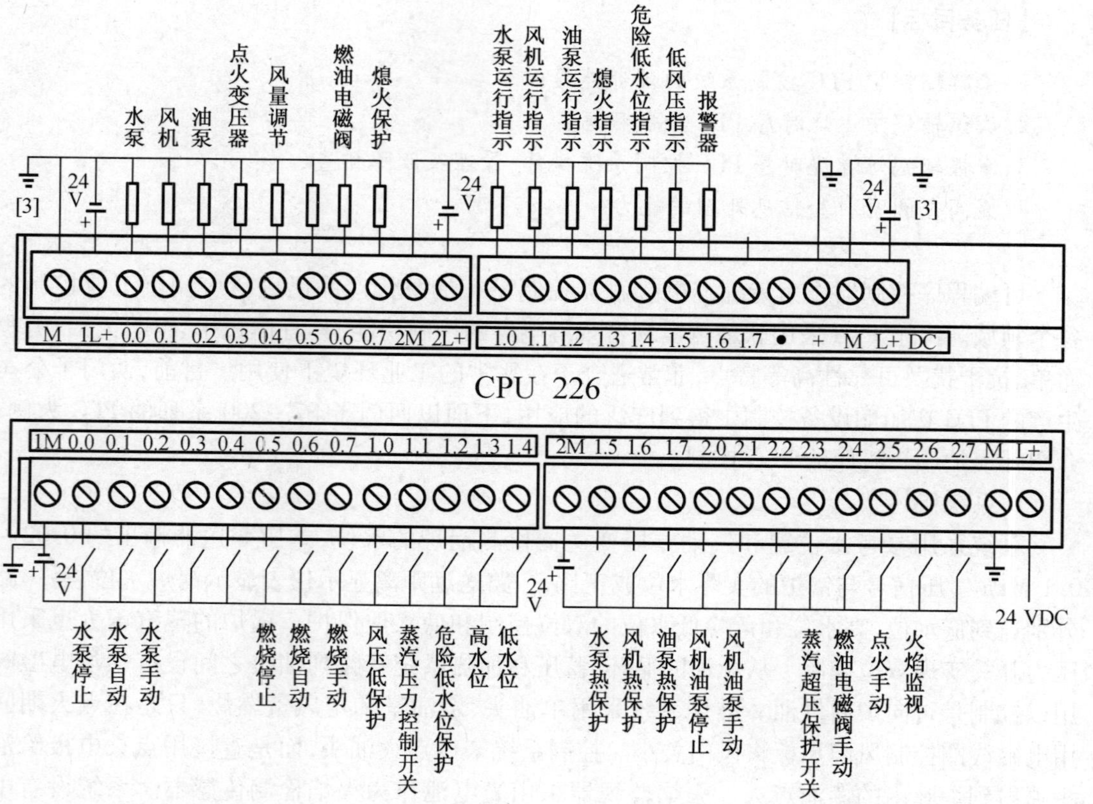

图 5－2－1　辅锅炉燃烧时 PLC 控制系统接线图

3. 辅锅炉燃烧时序的 PLC 控制过程

下面结合图 5－2－2 阐述辅锅炉燃烧时序的 PLC 控制过程。为了阐述和阅读方便,先对梯形图做如下说明:

第一,梯形图中省去了编程软件自动生成的网络名称(如 Network 1,Network 2 等),并且手工添加了行号。

第二,为了与大家所熟知的继电器电路相对照,梯形图中线圈被激活时统一称为“得电”,反之则称为“失电”。

第三,叙述中用到的触点名称直接以触点的地址表示,触点名称括弧中的数字表示行号。例如,$I_{1.2}$ 表示一个输入触点。

(1)启动前的准备

①合上总电源开关,控制电路接通电源。

②若炉内水位低于危险低水位,触点 $I_{1.2}$(29)断开,$M_{8.0}$ 失电,其常开触点 $M_{8.0}$(4)断开,锅炉无法启动。此时应将给水泵转换开关转到“手动”位置,触点 $I_{0.2}$(2)闭合,水泵控制线圈 $Q_{0.0}$ 得电,启动水泵向炉内供水。当水位上升到正常水位后,把水泵转换开关转到“停止”位置,触点 $I_{0.0}$(1)断开,$Q_{0.0}$ 失电,水泵停止工作。

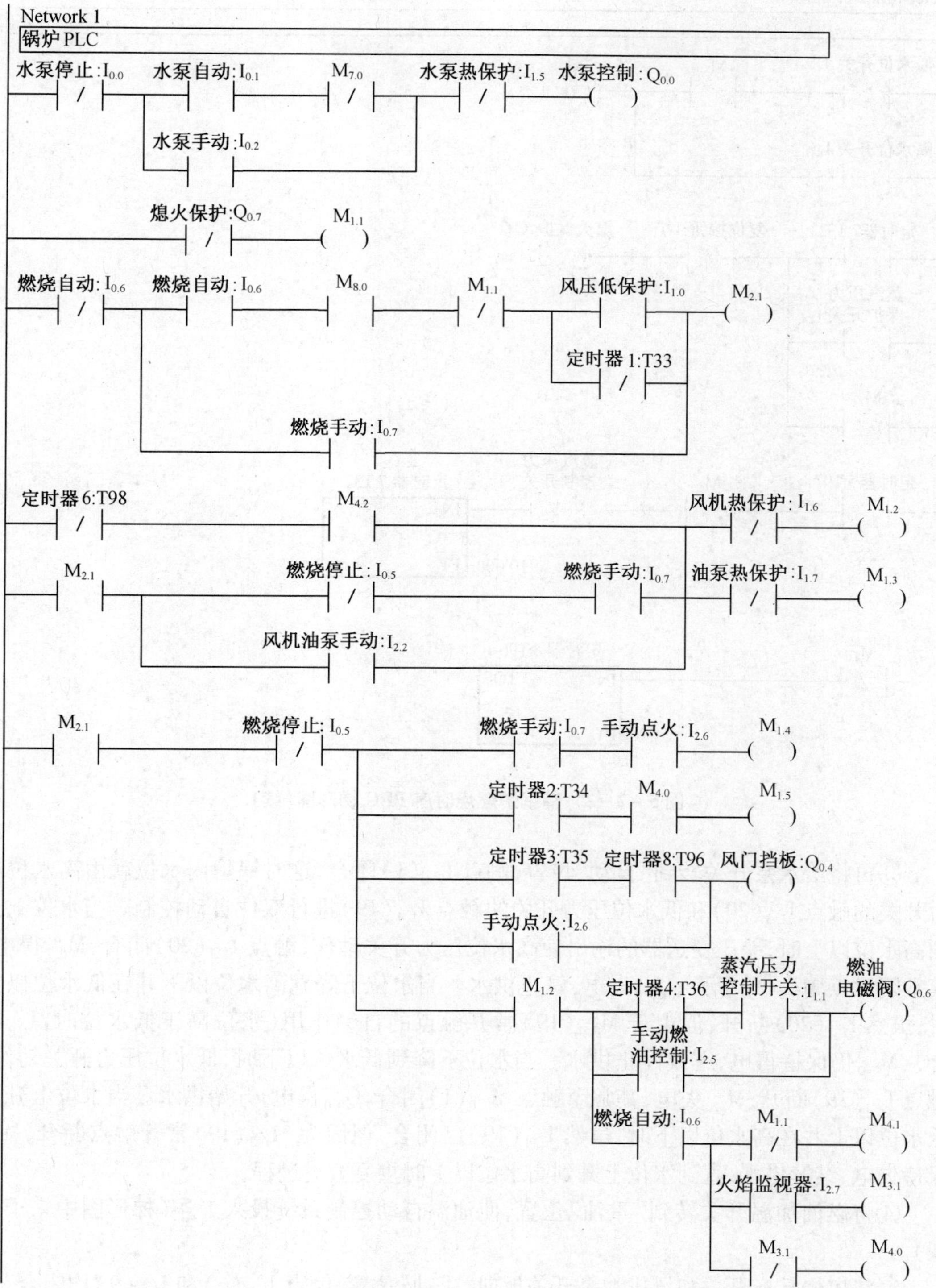

图 5-2-2　辅锅炉燃烧时序 PLC 梯形图

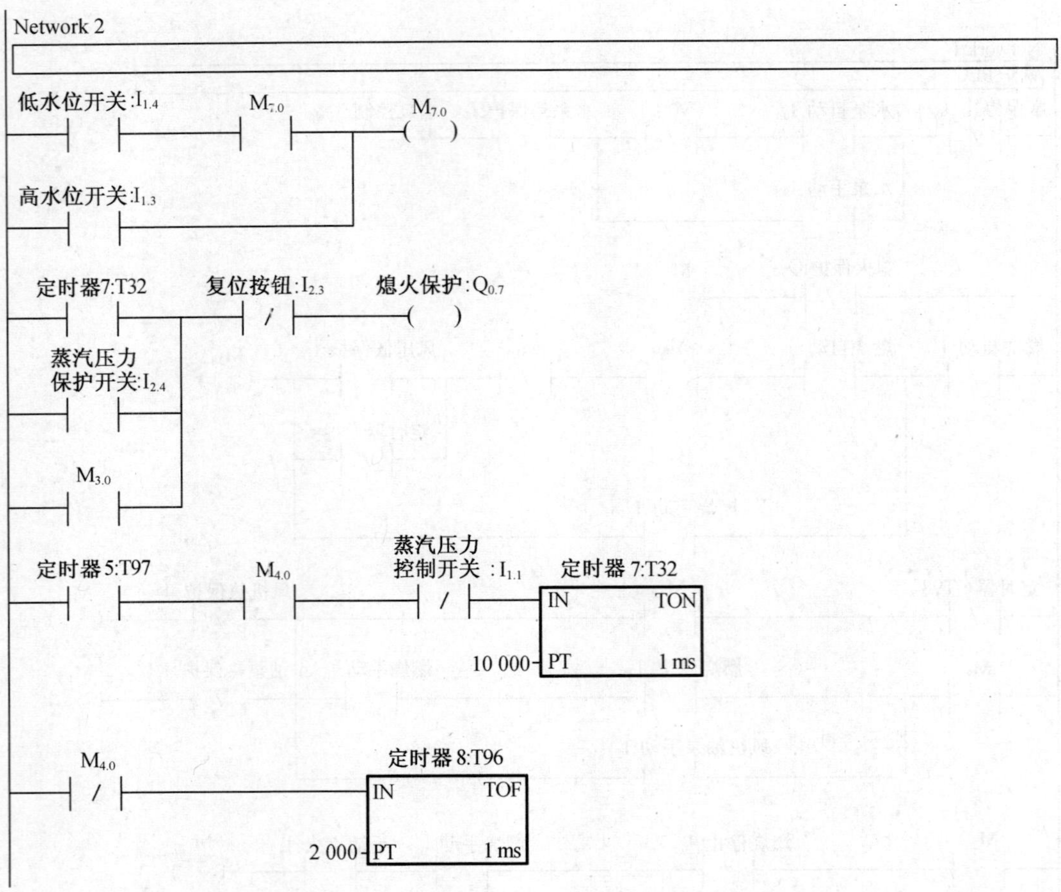

图 5-2-2　辅锅炉燃烧时序 PLC 梯形图(续)

③再将给水泵开关转到“自动”位置,触点 $I_{0.1}$(1)闭合,这时锅炉内水位就由高水位压力开关的触点 $I_{1.3}$(20)和低水位压力开关的触点 $I_{1.4}$(19)进行双位自动控制。当水位上升到高水位以上时,差压变送器的输出使高水位压力开关动作,触点 $I_{1.3}$(20)闭合,$M_{0.7}$得电,其常闭触点 $M_{7.0}$(1)断开,$Q_{0.0}$失电,停止供水。当水位下降到高水位以下并在低水位以上时,虽然 $I_{1.3}$(20)断开,但由于 $M_{7.0}$(19)常开触点的自锁作用(水位高于低水位时,$I_{1.4}$闭合),$M_{7.0}$仍保持得电,继续停止供水。当水位下降到低水位以下时,低水位压力开关动作,触点 $I_{1.4}$(19)断开,$M_{7.0}$失电,其常闭触点 $M_{7.0}$(1)闭合,$Q_{0.0}$得电,开始供水。当水位上升到低水位以上并在高水位以下时,虽然 $I_{1.4}$(19)已闭合,但因为 $M_{7.0}$(19)常开触点断开,$M_{7.0}$保持失电,继续供水,直到水位上升到高水位以上时重复上述过程。

④将燃油加温开关转到“重油”位置,使油温自动控制系统投入工作(梯形图中未予体现)。

⑤将燃烧转换开关和风机油泵开关扳向“手动”位置,触点 $I_{0.7}$(6)和 $I_{2.2}$(9)均闭合,使 $M_{2.1}$(4)得电,$M_{2.1}$(8)触点闭合,$M_{1.2}$(7)和 $M_{1.3}$(8)得电,其常开触点 $M_{1.2}$(33)和 $M_{1.3}$(34)闭合,风机控制线圈 $Q_{0.1}$和油泵控制线圈 $Q_{0.2}$得电,启动风机进行预扫风,并且油泵也一起进行预运转。手动预扫风进行约 1 min 后,将燃烧转换开关转到“停止”位置,触点 $I_{0.5}$(4)断开,使风机和油泵均停止工作,准备自动启动。

将风机和油泵开关转到“自动”位置，触点 $I_{2.2}$（9）断开，触点 $I_{2.1}$（8）闭合；再将燃烧转换开关转到“自动”位置，$I_{0.6}$（4）和 $I_{0.6}$（16）闭合，$I_{0.5}$（4）和 $I_{0.5}$（10）闭合，自动启动过程开始。

（2）燃烧的时序自动控制

①预扫风

预扫风计时器 T35 计时时间未到，其常开延时闭合触点 B_5（12）断开，风门挡板控制线圈 $Q_{0.4}$ 失电，风门挡板在弹簧作用下打开，风机对炉膛进行预扫风。

②预点火

预扫风进行到 60 s 时，T35 计时时间到，其常开延时闭合触点 T_{35}（12）闭合，线圈 $Q_{0.4}$ 得电，风门挡板关小，准备点火。同时，T34 计时时间到，常开延时闭合触点，T_{34}（11）→$M_{1.5}$（36）→$Q_{0.3}$，点火电极之间产生电火花进行预点火。

③点火失败

预扫风进行到 60 s 时计时器触点 T_{97}（24）闭合，T32 得电开始 10 s 延时。若光敏电池仍未感受到炉膛火焰的照射，触点 $I_{2.7}$（17）仍未闭合，$M_{3.1}$ 继续失电，$M_{4.0}$ 一直得电，使 $M_{4.0}$（24）触点一直闭合，则当 T32 达到设定时间 10 s 后，触点 T_{32}（21）闭合，$Q_{0.7}$ 得电，其常开触点 $Q_{0.7}$（3）闭合，$M_{1.1}$ 得电，触点 $M_{1.1}$（4）断开，使 $M_{2.1}$ 失电。

$M_{1.1}$ 失电后，燃油电磁阀控制线圈 $Q_{0.6}$ 失电，停止向炉内喷油。常开触点 $M_{2.0}$（40）闭合，熄火指示灯控制线圈 $Q_{1.3}$ 得电，熄火指示灯亮，$Q_{1.6}$ 报警器控制线圈得电发出报警信号。

另一方面使常闭触点 $M_{2.1}$（28）闭合，使 T98 有电开始计时，且 $M_{4.2}$ 得电，通过 $M_{4.2}$（7）最后使触点 $M_{1.2}$（33）和 $M_{1.3}$（34）均断开，风机和油泵停转。

④再次启动

出现点火失败时，必须在排除故障后先进行复位才能进行再次启动。复位方法是按下熄火保护复位按钮 $I_{2.3}$，使熄火保护继电器控制线圈 $Q_{0.7}$ 失电，导致其常开触点 $Q_{0.7}$（3）断开，$M_{1.1}$ 失电，其常闭触点恢复闭合，具备重新启动的条件。

⑤中途熄火

在燃烧过程中，如果中途熄火，光电池失去火焰光照，触点 $I_{2.7}$（17）断开。$M_{3.1}$ 失电，$M_{4.0}$ 通电，常开触点 $M_{4.0}$（24）闭合，T32 通电开始计时，延时 10 s 后，常开延时闭合触头 T_{32}（21）闭合。因此 $Q_{0.7}$ 得电，其常开触点 $Q_{0.7}$（3）闭合，$M_{1.1}$ 得电，触点 $M_{1.1}$（4）断开，使 $M_{1.2}$ 失电，同点火失败一样，先将燃油电磁阀关闭，再进行 60 s 的后扫风，然后停止风机和油泵，并发出声光、报警信号。

（3）蒸汽压力的自动控制

当蒸汽压力达到控制气压的上限值时，气压双位控制功能将投入工作，蒸汽压力开关的 $I_{1.1}$（8）和 $I_{1.1}$（14）触点断开，燃油电磁阀控制线圈 $Q_{0.6}$ 失电，停止向炉内喷油。由于常开触点 $I_{1.1}$（27）闭合使，T98 有电开始计时，进行后扫风 60 s，触点 $M_{1.1}$（33）和 $M_{1.3}$（34）均断开，风机和油泵停转。此时属于正常熄火停炉。

当锅炉的气压又降低到控制气压的下限值时 $I_{1.1}$（8）和 $I_{1.1}$（14）又重新闭合，$M_{2.0}$ 和 $M_{1.3}$ 通电，触点 $M_{1.2}$（33）和 $M_{1.3}$（34）均闭合，风机和油泵重新启动，开始上述自动点火控制和燃烧控制过程，使锅炉重新点火燃烧。

(4)安全保护

该系统的安全保护有危险低水位、风压过低和蒸汽压力过高自动熄火停炉保护。

当风压过低时,低风压保护继电器触点 $I_{1.0}$(4)断开,$M_{2.1}$失电,锅炉自动熄火停炉,低风压指示灯亮,并发出报警信号。

当蒸汽压力超压时,蒸汽压力超压保护开关触点 $I_{2.4}$(22)闭合,$Q_{0.7}$通电,锅炉自动熄火停炉。其过程与熄火保护停炉一样。

(5)停炉

正常停炉时,可将燃烧转换开关转到"停止"位置,触点 $I_{0.5}$(4)断开,$M_{2.1}$失电,同点火失败一样,先将燃油电磁阀关闭,再进行后扫风 60 s,最后停止风机和油泵,燃烧系统停止工作,但不发出报警信号。如果锅炉水位较低,应把水泵转换开关放在"手动"位置,向锅炉供水,直到水位达到正常水位时,再把水泵转换开关放在"停止"位置上,切断控制电源开关。

(6)手动操作

在手动操作之前,应做好以下准备工作:检查锅炉水、油、电的供给情况是否正常;自动控制箱上的各个转换开关是否处于点火前的准备位置;锅炉水位应稍高于最低水位;燃烧转换开关转到"停止"位置;风机和油泵转换开关扳向"自动"位置;点火控制开关扳向"自动"位置;燃油阀控制开关扳向"自动"位置;合上控制电源总开关。

手动操作具体步骤:

①燃油加温开关扳向"重油"位置,使油温自动控制系统投入工作。

②将燃烧转换开关转到"手动"位置。

③将风机和油泵转换开关扳向"手动"位置,风机和油泵投入运行,进行预扫风和油泵为燃油管路建立油压。

④扫风约 1 min 后,按下手动点火开关,点火变压器控制线圈得电,点火电极之间产生电火花进行点火。线圈 $Q_{0.4}$得电,风门挡板关小,准备点火。

⑤燃油电磁阀手动控制开关扳至"ON"位置,$Q_{0.6}$得电,打开油泵到喷油器的供油管路,向炉内喷油,开始点火。

⑥观察孔看到火焰时,即点火成功后,松开手动点火开关,终止点火变压器工作,线圈 $Q_{0.4}$失电,风门挡板开大,进入正常燃烧。

⑦如果手动点火失败,应立即将燃油阀手动控制开关脱开,并进行后扫风,然后将风机和油泵的转换开关扳向"自动"位置,燃烧转换开关转到"停止"位置。查明原因并排除故障,方可再重复上述操作步骤进行重新点火。

⑧如需停炉,燃油电磁阀手动控制开关扳至"OFF"位置,并进行后扫风,再将风机和油泵的转换开关扳向"自动"位置,燃烧转换开关转到"停止"位置。最后切断控制电源总开关。

六、燃烧时序控制系统的管理和维护要点

如果辅锅炉燃烧时序控制系统采用 PLC 控制,由于 PLC 具有很高的可靠性,因此,燃烧时序控制系统的日常管理与维护工作不是太多,主要是对 PLC 控制系统的日常管理与维护。

1. 日常维护检查的注意事项

(1)应注意系统的环境温度、湿度以及是否积尘。

(2)检查系统的供电和输入输出使用的电源是否在基准范围之内,尽量避免不必要的停电。

(3)检查外部配线螺丝有无松动,外部配线电缆是否有断裂。定期检查 PLC 系统的 I/O(输入/输出)的接线情况。特别注意,尽量不要将灰尘、油污弄到接线端子上,引起接触不良。

(4)注意输出继电器的寿命,检查控制系统外部电气部件、继电器触头、滑动接触部件的状况。

(5)在 PLC 产品中,有些使用电池保证在停电时 CPU 模块内存中存储的工作参数等信息不丢失。要经常注意电池故障灯状况,一旦灯亮,就应在一周之内更换电池。对于西门子 S7 系列 PLC,更换时应保持电源供电,即带电更换电池;而日本的一些 PLC 产品,如:欧姆龙、三菱和富士电机公司的产品,在更换电池时是断电更换的,这是因为在更换的过程中,有一个大电容在放电,这类 PLC 在更换电池时往往要求在数十秒内完成即可。电池的更换周期一般不超过 5 年。为防止意外,要求船上始终要存有该电池的备件。

(6)阅读系统的技术资料,接船、交船时对系统进行全面的功能测试,或进行模拟试验。注意与资料对照或记录系统正常工作时的参数,注意系统正常运行时的仪表和指示灯显示,以便在维修或发生故障时进行对照。

2. 常见故障分析与排除

燃烧时序控制系统的功能是自动地根据时间顺序与过程状态和控制指令对执行机构发出控制信号,对被控制对象锅炉进行控制。在 PLC 时序控制系统中,各种物理量(如:风压、火焰状态、气压和水位等)都是以电气信号的形式输入到 PLC,由 PLC 中预先输入的用户程序进行处理。当系统的功能不符合该系统的规定时,则往往是系统出现了故障。在故障查找时,一般先看电源是否正常。如果电源正常,再看故障的影响范围,是整个系统(包括 PLC 设备的显示信息和被控制的设备)都瘫痪,还是局部的故障(此时,PLC 模块的 RUN LED 仍然亮,PLC 设备基本没有问题)。如果是局部故障,则使用提供的技术资料图纸,找到该项出问题的功能所涉及的外部逻辑条件及其所对应的具体 I/O 通道和具体设备,进行检查测量。下面介绍一些故障排除方法和注意事项。

(1)在进行故障判断前要熟悉系统的结构、工作原理、功能和操纵方法,熟悉操作开关的用途,显示灯的含义,熟悉各种操纵方式之间的转换方法和相互关系,系统运行的条件和结果,仔细阅读说明书。充分利用显示灯、LED 的信息,尤其是自检显示的信息。发生故障时,可以首先查看 PLC 的 CPU 模块 POWER LED 显示,判断是否是电源故障,如果 POWER LED 亮,再查看 RUN LED 是否亮,如果灯灭,表示 PLC 运行停止,可能是扩展模块或外部通信连接不好所致。

(2)如果属 PLC 硬件故障,可通过换用 PLC 模块备件的方式进行解决。若硬件无故障,而系统的控制功能不符,应根据故障的具体现象,考虑其他原因。如:锅炉点着火后,但很快又出现火焰故障报警,随后停炉,则可检查火焰监测器前面的隔热玻璃是否脏污。又如,锅炉点火过程中两点火电极间不打火,则应检查点火变压器的输出,或拆下点火电极进行清洁并重新调整两电极间的间隙到合适的距离。

(3)当经过测试,输出点的 LED 显示表明系统的输入/输出信号控制关系正常,而执行机构没有随其动作时，应根据电气原理图和接线图检查外部的继电器、电磁阀或者外部电气连接。

(4)在使用键盘修改系统工作参数或通过印刷板上的微调电位器修改系统工作参数之前，最好记录其原始数据或原始位置，以便在修改无效时，恢复初始值。

(5)拔插印刷电路板或模块时，要关闭电源。记住模块或印刷电路板的型号和在插槽的原始位置。要将新模块上的可设置的拨动开关、跳线、电位器设置的与原有模块一致。

(6)还有许多注意事项，如保证系统可靠，正确地接地；避免电磁干扰(如大负载电缆靠近 PLC 系统)，等等。

任务三　认识现场总线控制技术

【任务目标】

1. 掌握现场总线控制系统的基本概念及技术特点;
2. 了解现场总线控制系统的构成和现场总线设备;
3. 了解几种典型的现场总线,掌握 PROFIBUS 过程现场总线;
4. 了解现场总线设备的工作原理及特点,会根据要求进行安装与配线;
5. 提高查阅资料和信息处理的能力。

一、现场总线概述

1. 现场总线的产生

20 世纪 50 年代前,过程控制仪表使用气动标准信号,20 世纪 60 ~ 70 年代发展了 4 mA ~ 20 mA(DC)标准信号,直到现在仍在使用。20 世纪 90 年代初,用微处理器技术实现过程控制以及智能传感器的发展,导致需要用数字信号取代 4 mA ~ 20 mA(DC)模拟信号,这就形成了一种先进工业测控技术——现场总线(Field bus)。模拟信号系统与 DCS 系统的区别简易图如图 5 – 3 – 1 所示,其区别在于:

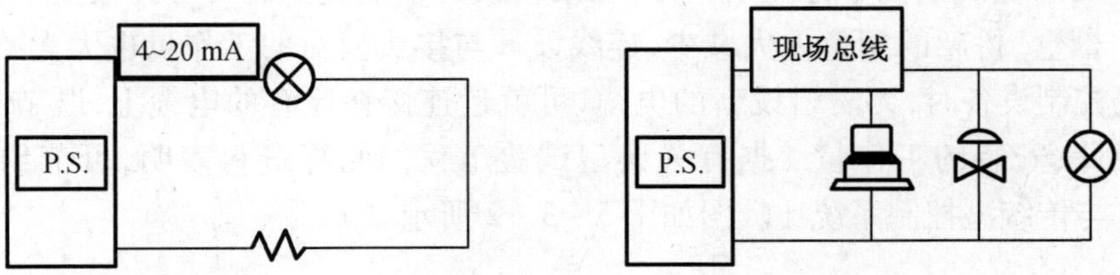

图 5 – 3 – 1　模拟信号系统与 DCS 系统的区别简易图

(1)现场总线设备在总线上并联连接 ,所有设备通过总线接收、发送数字信号;

(2)现场总线设备可以向网络上其他设备提供任意多信息;

(3)总线具有循环冗余检错的(CRC)功能,可以保证接收设备获得正确数据;

(4)多节点现场总线无需点对点的布线。

现场总线是连接智能现场设备和自动化系统的数字式、双向传输、多分支结构的计算机局域网络,其网络节点是以微处理器为基础的,具有检测、控制、通信能力的智能式仪表或控制设备。现场总线标准实质上是一个定义了硬件接口和通信协议的通信标准。

2. 现场总线技术的特点

(1)系统的开放性

开放系统是指通信协议公开,各不同厂家的设备之间可进行互连并实现信息交换。现场总线开发者就是要致力于建立统一的工厂底层网络的开放系统,这里的开放是指对相关标准的一致性、公开性,强调对标准的共识与遵从。一个开放系统,它可以与任何遵守相同标准的其他设备或系统相连。一个具有总线功能的现场总线网络系统必须是开放的,开放系统把系统集成的权利交给了用户。用户可按自己的需要和对象把来自不同供应商的产品组成大小随意的系统。

(2) 互可操作性与互用性

这里的互可操作性,是指实现互联设备间、系统间的信息传送与沟通,可实行点对点,一点对多点的数字通信。而互用性则意味着不同生产厂家的性能类似的设备可进行互换而实现互用。

(3)现场设备的智能化与功能自治性

它将传感测量、补偿计算、工程量处理与控制等功能分散到现场设备中完成,仅靠现场设备即可完成自动控制的基本功能,并可随时诊断设备的运行状态。

(4)系统结构的高度分散性

由于现场设备本身已可完成自动控制的基本功能,使得现场总线已构成一种新的全分布式控制系统的体系结构。从根本上改变了现有 DCS 集中与分散相结合的集散控制系统体系,简化了系统结构,提高了可靠性。

(5)对现场环境的适应性

工作在现场设备前端,作为工厂网络底层的现场总线,是专为在现场环境工作而设计的,它可支持双绞线、同轴电缆、光缆、射频、红外线、电力线等,具有较强的抗干扰能力,能采用两线制实现送电与通信,并可满足本质安全防爆要求等。

3. 现场总线技术的优点

(1)减少连线与安装

现场总线系统的接线十分简单,一对双绞线或一条电缆上通常可挂接多个设备,因而电缆、端子、槽盒、桥架的用量大大减少,连线设计与接头校对的工作量也大大减少。当需要增加现场控制设备时,无需增设新的电缆,可就近连接在原有的电缆上,既节省了投资,也减少了设计、安装的工作量。据有关典型试验工程的测算资料表明,可节约安装费用60%以上。与传统型控制系统比较图如图 5-3-2 所示。

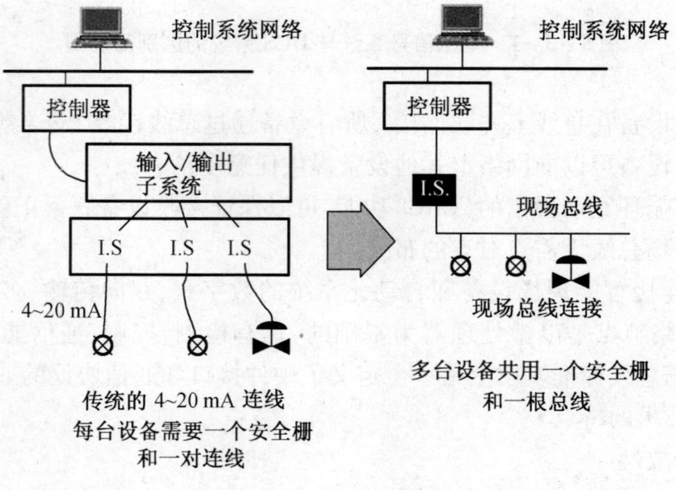

图 5-3-2　传统型与现场总线型比较

(2)节省维护开销

由于现场控制设备具有自诊断与简单故障处理的能力,并通过数字通讯将相关的诊断维护信息送往控制室,用户可以查询氘设备的运行、诊断维护信息,以便早期分析故障原因并快速排除,缩短了维护停工时间,同时由于系统结构简化,连线简单而减少了维护工作量。

(3)提高控制功能的分散性、增加信息的交互和扩大了操作视野

(4)用户具有高度的系统集成主动权

用户可以自由选择不同厂商所提供的设备来集成系统。避免因选择了某一品牌的产品而被“框死”了使用设备的选择范围,不会为系统集成中不兼容的协议、接口而一筹莫展。使系统集成过程中的主动权牢牢掌握在用户手中。

(5) 提高了系统的准确性与可靠性

由于现场总线设备的智能化、数字化,与模拟信号相比,它从根本上提高了测量与控制的精确度,减少了传送误差。同时,由于系统的结构简化,设备与连线减少,现场仪表内部功能加强,减少了信号的往返传输,提高了系统的工作可靠性。

此外,由于它的设备标准化,功能模块化,因而还具有设计简单、易于重构等优点。

现场总线控制系统具有信号传输全数字化、控制功能分散化、现场设备具有互操作性、通信网络全互联式、技术和标准全开放式等特点。

3. 传统控制系统向基于现场总线的控制系统演变

现场总线技术的一个显著特点是其开放性,允许并鼓励不同厂家按照现场总线技术标准,自主开发具有特点及专有技术的产品。因此,现场总线技术引入自动化控制系统,促使传统控制系统结构演化,逐步形成基于现场总线的控制系统 FCS。

(1)从 PLC 到通用工业 PC

在传统控制系统中,控制器(或称 CPU、处理器)与 I/O 模块及其他功能模块、机架为同一系列产品,有一致的物理结构设计。基于现场总线的控制系统中,控制器与现场设备(I/O 模块、功能模块及传感器、变送器、驱动器等)连接是通过标准的现场总线,因此没有必要使用与控制器捆绑的 I/O 模块产品(这与插在 PLC 机架上的 I/O 模块的配置方法不同),可使用任何一家的具有现场总线接口的现场设备与控制器集成。因此控制器趋向于采用标准的、通用的硬件平台——工业计算机(Industrial Compact Computer),如 Intel/Windows 类 PC 机。近年来嵌入式控制器(如 PC/104 产品)的发展和 WINDOWS - CE 等的推出,逐渐使用嵌入式控制器硬件和 WINDOWS - CE 等软件作为控制器平台。

(2)从 PLC 的 I/O 模块到现场总线分布式 I/O

在 FCS 系统中,插在控制器机架上的 I/O 模块将被连接到现场总线上的分散式 I/O 模块所取代。分散式 I/O 不再是控制器厂家的捆绑产品,而是第三方厂家的产品;廉价的、专用的、具有特殊品质的 I/O 模块(如高防护等级、本征安全、可接受高压或大电流信号等)将具有广阔市场。FCS 的控制器与传统 PLC 配置方式的比较见图 5 - 3 - 3。

(3)从 PLC I/O 控制的现场设备到具有现场总线接口的现场设备

传统 PLC 控制系统的 I/O 设备与 PLC I/O 模块连接,PLC 通过模拟量(4 ~ 20 mA)或开关量(如 24 VDC)控制监测现场设备。在 FCS 系统中,现场设备(如传感器、变送器、开关设备、驱动器、执行机构等)具有现场总线接口,控制器通过标准的现场总线与现场设备连接。

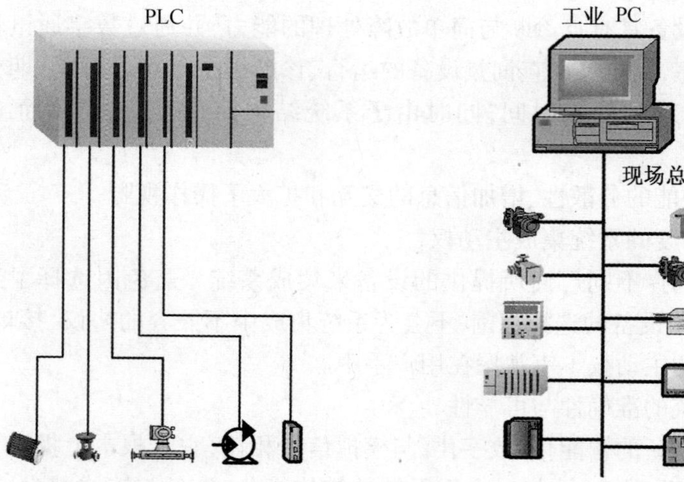

图 5-3-3 PLC 与工业 PC 简易图

(4)系统软件

在传统 PLC 系统中,系统软件(包括 PLC 系统软件和编程软件)与 PLC 硬件联系紧密,技术上对外是封闭的。在 FCS 系统中,控制器采用通用工业 PC 平台,系统软件不再与控制器、I/O、现场设备等硬件捆绑,可运行在通用标准的工业 PC + WINDOWS/NT 平台上。

二、几种典型的现场总线

1. 过程现场总线 Profibus

PROFIBUS(Progress Field Bus)是德国标准 DIN 19245 和欧洲标准 EN 50170,也是 IEC 标准 IEC 61158。据统计在欧洲市场中 PROFIBUS 占开放性工业现场总线系统的份额已超过 40%。

PROFIBUS 是一种国际性的开放式现场总线标准,是唯一的全集成 H1(过程)和 H2(工厂自动化)现场总线解决方案,它不依赖于产品制造商,不同厂商生产的设备无需对其接口进行特别调整就可通信,因此它广泛应用于制造加工、楼宇和过程自动化等自动控制领域。

典型的工厂自动化系统通常分为现场设备层、车间监控层和工厂管理层,见图 5-3-4 所示。现场总线 PROFIBUS 是面向现场级与车间级的数字化通信网络。

(1) PROFIBUS 协议类型

PROFIBUS-DP:传输速率最高为 12 Mbit/s,主要用于现场级和装置级的自动化。

PROFIBUS-PA:传输速率为 31.25 kbit/s,主要用于现场级过程自动化,具有本质安全和总线供电特性。

PROFIBUS-FMS:主要用于车间级或厂级监控,构成控制和管理一体化系统,进行系统信息集成。

(2) PROFIBUS 协议结构

PROFIBUS 根据 ISO7498 国际标准制定,并以开放式系统互连模型(OSI)作为参考模型,该模型共有 7 层,如图 5-3-5 所示。

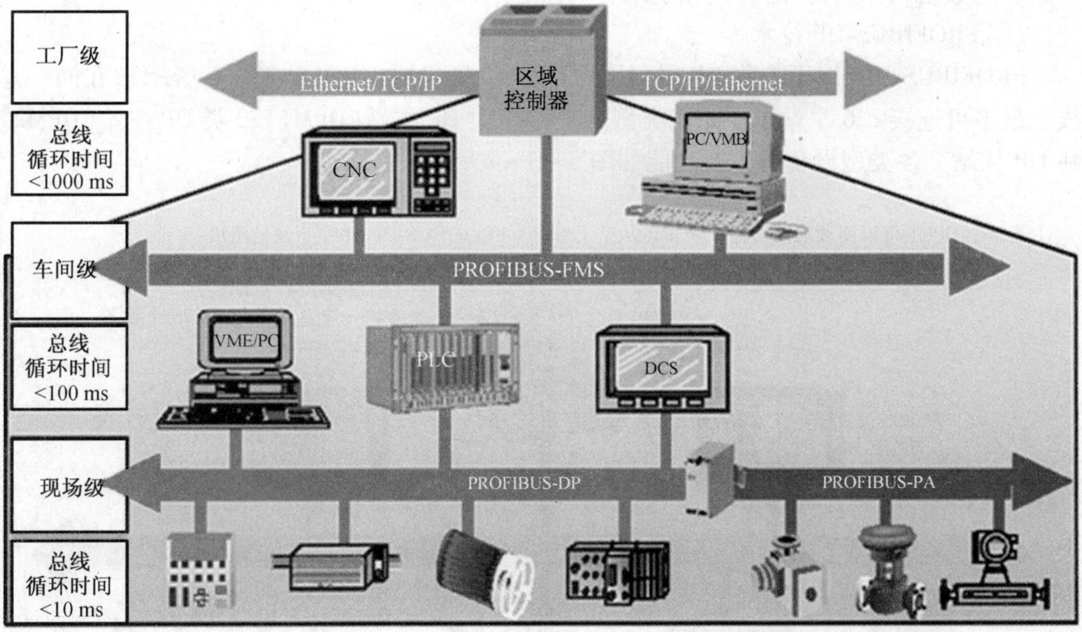

图 5-3-4　PROFIBUS 面向现场级与车间级的数字化通信网络图

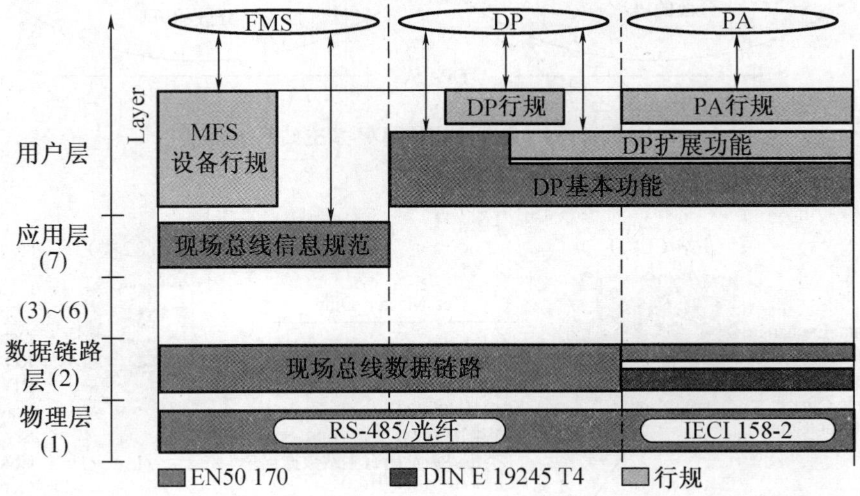

图 5-3-5　PROFIBUS 协议结构图

(3)介质存取控制

PROFIBUS 协议的设计要满足介质控制的两个基本要求：

①在复杂的自动化系统(主站)间的通信，必须保证在确切限定的时间间隔中的任何一个站点要有足够的时间来完成通信任务。

②在复杂的程序控制器和简单的 I/O 设备(从站)间通信，应尽可能快速又简单地完成数据的实时传输。

介质存取控制(MAC)具体控制数据传输的程序，必须确保在任何一个时刻只能有一个站点发送数据,有令牌传送方式和主站与从站之间的主从方式。

(4)PROFIBUS-DP 技术

PROFIBUS-DP(以下简称 DP)由不同类型的设备组成(如图 5-3-6 所示),在同一总线上最多可连接 126 个站点。站点类型有 3 种:1 类 DP 主站(DPM1)、2 类 DP 主站(DPM2)和 DP 从站。各类型设备的主要功能如图 5-3-7 所示。

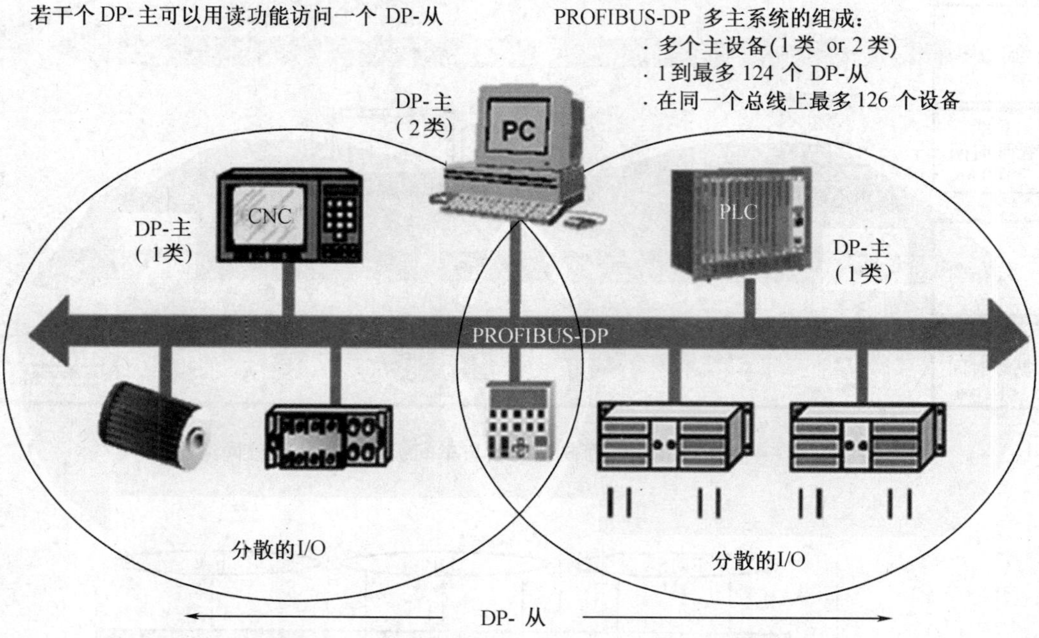

图 5-3-6 PROFIBUS-DP 多主站系统图

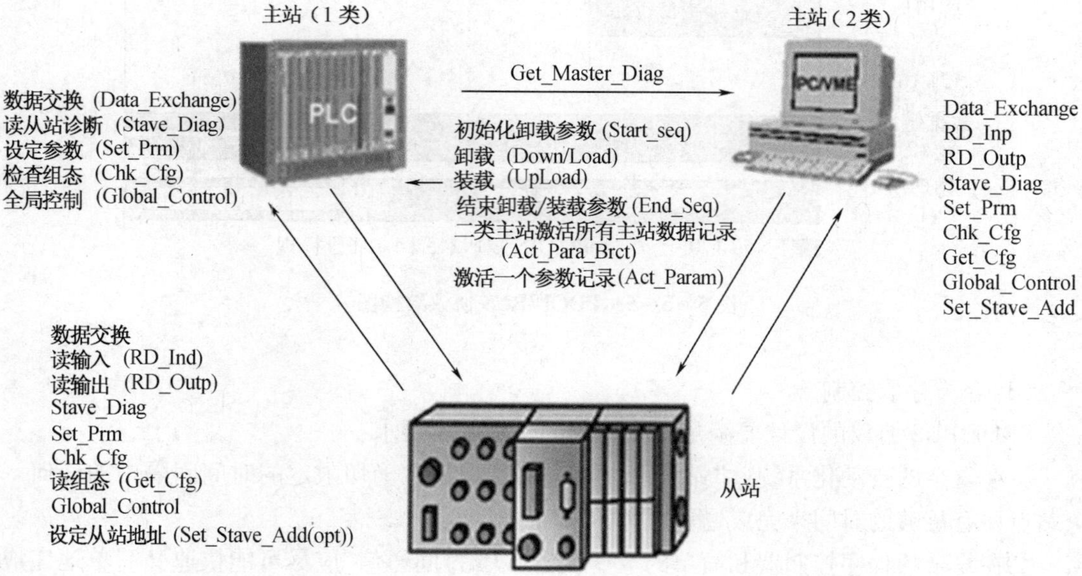

图 5-3-7 各类设备的基本功能

PROFIBUS-DP 基本特征如下：

①传输技术：RS-485 双绞线、双线电缆或光缆，传输速率为 9.6 kb/s ~ 12 Mb/s。

②总线存取：各主站间令牌传递，主站与从站间为主 - 从传送。支持单主或多主系统。总线上最多站点（主 - 从设备）数为 126。

③通信：点对点（用户数据传送）或广播（控制指令）。循环主 - 从用户数据传送和非循环主 - 主数据传送。

④运行模式：运行、清除、停止。

⑤同步：控制指令允许输入和输出同步。同步模式为输出同步，锁定模式为输入同步。

⑥功能：DP 主站和 DP 从站间的循环用户有数据传送、各 DP 从站的动态激活和可激活、DP 从站组态的检查、强大的诊断功能、3 级诊断信息、输入或输出的同步、通过总线给 DP 从站赋予地址。通过总线对一类 DP 主站（DPM1）进行配置，每个 DP 从站的输入和输出数据最大为 246 B。

⑦可靠性和保护机制：所有信息的传输按海明距离 HD = 4 进行。DP 从站带看门狗定时器（Watchdog Timer），对 DP 从站的输入/输出进行存取保护。DP 从站上带可变定时器的用户数据传送监视。

⑧设备类型：2 类 DP 主站（DPM2）是可进行编程、组态、诊断的设备。1 类 DP 主站（DPM1）是中央可编程控制器，如 PLC、PC 等。DP 从站是带二进制值或模拟量输入/输出的驱动器、阀门等。

⑨速率：DP 对所有站点传送 512 b/s 输入和 512 b/s 输出，在 12 Mb/s 时只需 1 ms。

⑩诊断功能：经过扩展的 DP 诊断能对故障进行快速定位。诊断信息在总线上传输并由主站采集，诊断信息分 3 级：本站诊断操作，即本站设备的一般操作状态，如温度过高、压力过低；模块诊断操作，即一个站点的某具体 I/O 模块故障；通过诊断操作，即一个单独输入/输出位的故障。

PROFIBUS-DP 构成的单主站或多主站系统：

①单主站系统：在总线系统的运行阶段，只有一个活动主站。

②多主站系统：总线上连有多个主站，这些主站与各自从站构成相互独立的子系统。

（5）PROFIBUS-PA 技术

PROFIBUS-PA（以下简称 PA）主要用于流程工业自动化领域。使用 PROFIBUS-PA 可取代现行的 4 ~ 20 mA 的模拟技术，如图 5 - 3 - 8 所示，从现今的 4 ~ 20 mA 很容易转移到 PROFIBUS-PA。

PA 特性：

①适合过程自动化应用的行规使不同厂家的现场设备具有互换性。

②增加和去除总线站点，即使在本质安全地区也不会影响到其他站。

③在过程自动化的 PA 段与制造自动化的 DP 总线段之间通过耦合器连接，并使之实现两段间的透明通信。

④使用与 IEC1158 - 2 技术相同的双绞线完成远程供电和数据传送。

⑤在潜在的爆炸危险区可使用防爆型“本质安全”或“非本质安全”。

（6）PROFIBUS-FMS 技术

PROFIBUS-FMS（以下简称 FMS）的设计旨在解决车间监控级通信。在这一层，可编程序控制器（如 PLC、PC 机等）之间需要比现场层更大量的数据传送，但通信的实时性要求低于现场层(如图5－3－9所示)。

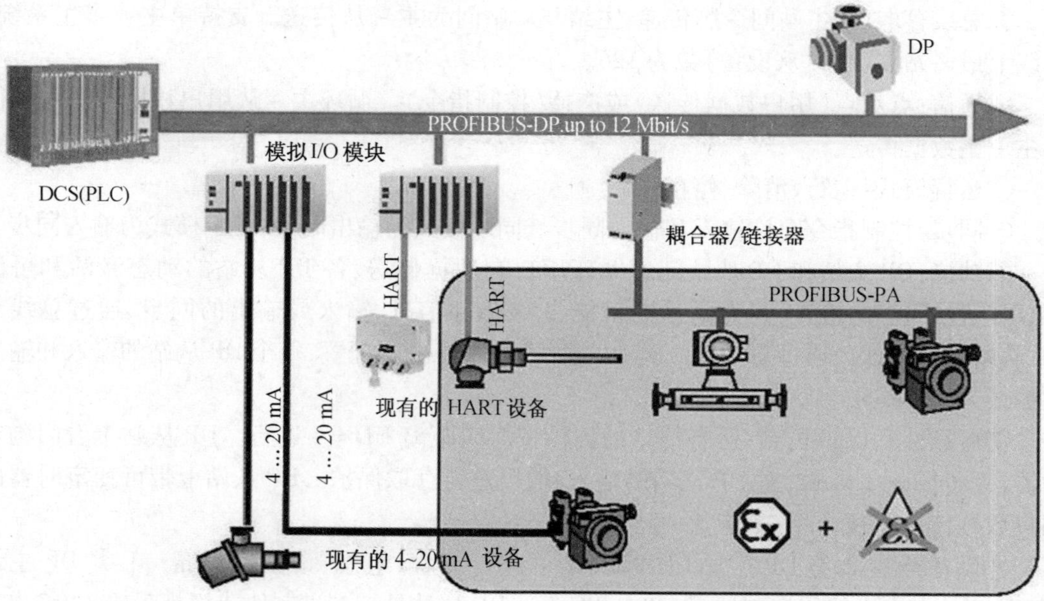

图5－3－8　PA的典型链接

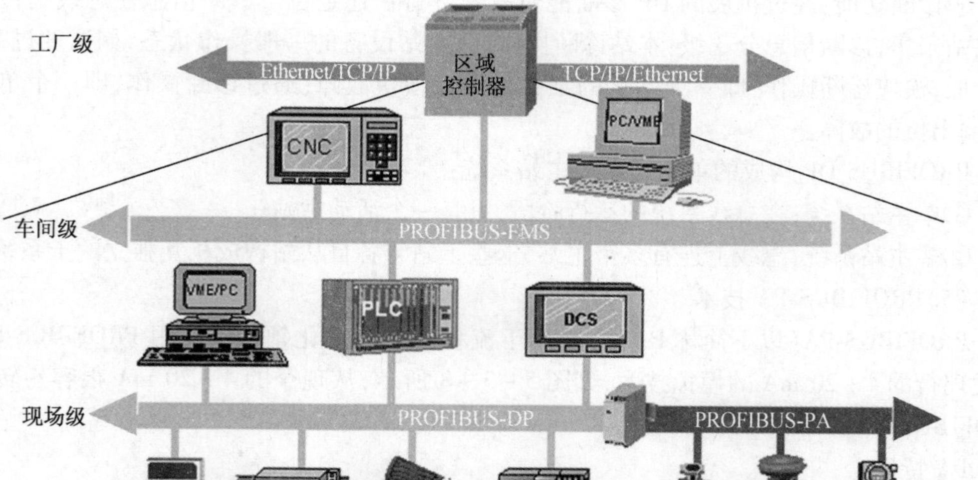

图5－3－9　PROFIBUS三种总线技术连接图

FMS的特点：

①为连接智能现场设备而设计，如PLC，PC，MMI。

②强有力的应用服务提供广泛的功能。

③面向对象的协议。

④多主机和主－从通信。

⑤点对点、广播和局部广播通信。

⑥周期性和非周期性的数据传输。每个设备的用户数据多达 240 个字节。

⑦得到所有主要 PLC 制造商的支持。

⑧可以提供大量的产品，如 PLC，PC，VME，MMI，I/O 等。

2. 基金会现场总线

基金会现场总线（Foundation Fieldbus，FF）是由国际公认的、唯一不附属于任何企业的、非商业化的国际标准组织——现场总线基金会提出。该组织旨在制定单一的国际现场总线标准。FF 协议的前身是以美国 Fisher-Rosemount 公司为首，联合 Foxboro、Yokogawa、ABB、Siemens 等 80 多家公司制定的 ISP 协议，和以 Honeywell 公司为首、联合欧洲各国 150 多家公司制定的 World FIP 协议。1994 年 9 月，支持 ISP 和 World FIP 的两大集团经过协商，成立了现场总线基金会 FF（Fieldbus Foundation）。基金会现场总线是一种全数字式的串行双向通信系统，它可以将现场仪表、阀门定位器等智能设备连接在一起，其自身可向整个网络提供应用程序。它以 ISO/OSI 参考模型为基础，采用物理层、数据链路层和应用层为 FF 通信模型的相应层次，并在应用层上增加用户层。基金会现场总线分为低速现场总线 H1 和高速现场总线 HSE 两种通信速率。低速现场总线 H1 的传输速率为 31.25 kb/s，高速现场总线 HSE 的传输速率为 100 Mb/s，H1 支持总线供电和本质安全特性。最大通信距离为 1 900 m（如果加中继器可延长至 9 500 m），每个网段最多可直接连接 32 个节点。如果加中继器最多可连接 126 个节点，通信媒体为双绞线、光缆或无线电。FF 的 H1 和 HSE 分别是 IEC61158 的标准子集 1 和 5。

FF 采用可变长的帧结构，每帧有效字节数为 0 ~ 250 个。目前已经有 Smar，Fuji，NI，Semiconductor，Siemens，Yokogawa 等 12 家公司可提供 FF 的通信芯片。

目前，全世界已有近 300 个用户和制造商成为现场总线基金会成员。基金会董事会包括全球绝大多数主要自动化设备供应商。这些基金会成员所生产的自动化设备占世界市场的 90% 以上。现场总线基金会强调中立与公正，所有成员均可参加规范的制定和评估，所有技术成果由基金会拥有和控制，由中立的第三方负责产品注册和测试等。因此，基金会现场总线具有一定权威性和公正性。

目前它的应用领域主要以过程自动化为主，如石化、化工等领域，主要用于对生产过程中连续量的控制。

3. Control Net 现场总线

控制网络（Control Net）总线是设备级现场总线，它是用于 PLC 和计算机之间、逻辑控制和过程控制系统之间的通信网络，已成为 IEC61158 标准子集 2，1995 年由 Rockwell Automation 公司推出。它是基于生产者/消费者（Producer/Consumer）模式的网络，是高度确定性、可重复性的网络。确定性是预见数据何时能够可靠传输到目标的能力；可重复性是数据传输时间不受网络节点添加/删除操作或网络繁忙状况影响而保持恒定的能力。在逻辑控制和过程控制领域，Control Net 总线也被用于连接输入输出设备和人机界面。

ControlNet 现场总线采用并行时间域多路存取 CTDMA（Concurrent Time Domain Multiple Access）技术，它不采用主从式通信，而采用广播或一点到多点的通信方式，使多个节点可精确同步获得发送方数据。通信报文分显式报文（含通信协议信息的报文）和隐式报文（不含通信协议信息的报文），其传输特点如下。

(1)网络带宽的利用率高

采用CTDMA技术,数据一旦发送到网络,网络上的其他节点就可同时接收,因此,与主从式传输技术比较,不需要重复发送同样的信息到不同的从站,从而减少在网络上的通信量。

(2)同步性好

由于在网络上的数据可同时被多个节点接收,与主从式传输方式比较,各节点可同时接收数据,因此,同步性好。

(3)实时性好

采用在预留时间段的确定时间内周期重复发送,保证有实时要求的数据能够正确发送。并且,可根据实时性要求,设置时间片的大小,进行预留,从而保证实时性。

(4)避免数据访问的冲突

采用虚拟令牌,只有获得令牌的节点可发送数据,避免了数据访问的冲突现象,提高了传输效率。

(5)高吞吐量

传输速率5 Mb/s时,网络刷新速率为2 ms。该总线可寻址节点数达99个,传输速率5 Mb/s,采用同轴电缆和标准连接头的传输距离可达1 km,采用光缆的传输距离可达25 km。

针对控制网络数据传输的特点,该总线采用时间分片的方式对数据通信进行调度。重要的数据(如过程输入输出数据的更新、PLC之间的互锁等)采用预留时间片中确定的时间段进行周期通信,而对无严格时间要求的数据(如组态数据和诊断数据等)采用预留时间片外的非周期通信方式。此外,对时间的分配还预留用于维护的时间片,用于节点的同步和网络的维护,例如,用于增删节点,发布网络链路参数等。

4. CAN总线

控制器局域网络(Controller Area Network,CAN)总线是由德国Bosch公司于20世纪80年代为解决汽车中各种控制器、执行机构、监测仪器、传感器之间的数据通信而提出并开发的总线型串行通信网络。在现场总线领域中,CAN总线得到了Inter,Motorola,Philips等著名大公司的广泛支持,广泛应用在离散控制领域,它们纷纷推出直接带有CAN接口的微处理器(MCU)芯片。CAN总线构建的系统在可靠性、实时性和灵活性等方面具有突出的优良性能,从而也更适合于工业过程控制设备之间的互联。CAN协议现场总线的网络设计采用了符合ISO/OSI网络标准的3层结构模型:即物理层、数据链路层和应用层,网络的物理层和数据链路层的功能由CAN接口器件完成,而应用层的功能由处理器来完成。

CAN采用了带优先级的CSMA/CD协议对总线进行仲裁,因此其总线允许多站点同时发送,这样既保证了信息处理的实时性,又使得CAN网络可以构成多主结构或冗余结构的系统,保证了系统设计的可靠性。另外,CAN采用短帧结构,且它的每帧信息都有CRC校验和其他检错措施,保证了数据传输出错率极低,其传输介质可以用双绞线、同轴电缆或光纤等。

5. Device Net总线

设备网络(Device Net)总线是基于CAN总线技术的设备级现场总线,它由嵌入CAN通信控制器芯片的设备组成,是用于低压电器和离散控制领域的现场设备,例如,开关、温度控制器、机器人、伺服电机、变频器等设备之间通信的现场总线。它已成为IEC62026标准子集。

DeviceNet 总线采用总线型网络拓扑结构，每个网段可连接 64 个节点，传输速率有 125 kb/s、250 kb/s 和 500 kb/s 等。主干线最长为 500 m，支线为 6 m。支持总线供电和单独供电，供电电压 24 V。

该总线采用基于连接的通信方式，因此，节点之间的通信必须先建立通信连接，然后才能进行通信。报文的发送可以是周期或状态切换，采用生产者/消费者的网络模式。通信连接有输入输出连接和显式连接两种。输入输出连接用于对实时性要求较高的输入输出数据的通信，采用点对点或点对多点的数据连接方式，接收方不必对接收报文做出应答。显式连接用于组态数据、控制命令等数据的通信，采用点对点的数据连接方式，接收方必须对接收报文做出是否正确的应答。

6. LonWorks 总线

LonWorks（Local Operation Network）局部操作网络技术是美国 Echelon 公司开发的现场总线技术。它采用了与 ISO 参考模型相似的 7 层协议结构，LonWorks 技术的核心是具备通信和控制功能的 Neuron 芯片。Neuron 芯片实现完整的 Lonworks 的 LonTalk 通信协议，节点间可以对等通信。LonWorks 支持多种物理介质，有双绞线、光纤、同轴电缆、电力线载波、无线电等；并支持多种拓扑结构，组网形式灵活。在 LonTalk 的全部 7 层协议中，介质访问方式为 P-P CSMA（预测 P—坚持载波监听多路复用），采用网络逻辑地址寻址方式，优先级机制保证了通信的实时性，安全机制采用证实方式，因此能构建大型网络控制系统。其 IS-78 本安物理通道使得它可以应用于易燃易爆危险区域。LonWorks 应用范围包括工业控制、楼宇自动化等，在组建分布式监控网络方面有优越的性能。因此业内许多专家认为 LonWorks 总线是一种颇有希望的现场总线。

7. HART 总线

1986 年，由 Rosemount 提出可寻址远程传感器总线（Highway Addressable Remote Transducer，HART）通信协议，它是在 4 ~ 20 mA DC 模拟信号上叠加频移键控（Frequency Shift Keying，FSK）数字信号。既可以传输 4 ~ 20 mA DC 模拟信号，也可传输数字信号，显然，这是现场总线的过渡性协议。

1993 年，成立了 HART 通信基金会（HART Communication Foundation，HCF），约有 70 多个公司加盟，如 Rosemount、Siemens、E + H、Yokogawa 等。专家们估计，HART 在国际上的实用寿命约为 15 ~ 20 年，而在国内由于客观条件的限制，这个时间可能会更长。

8. Modbus 总线

Modbus（ModiconBus）是 MODICON 公司为其生产的 PLC 设计的一种通信协议，从功能上看，可以认为是一种现场总线。Modbus 协议定义了消息域格式和内容的公共格式，使控制器能认识和使用消息结构，而无须考虑通信网络的拓扑结构。它描述了一个控制器访问其他设备的过程，当采用 Modbus 协议通信时，此协议规定每个控制器须知道自己的设备地址，识别按地址发来的消息，如何响应来自其他设备的请求，如何侦测错误并记录。

控制器通信采用主从轮询技术，只有主设备能发出查询，从设备响应消息。主设备可单独和从设备通信，从设备返回一个消息。如果采用广播方式（地址为零）查询，从设备不做任何回应。

Modbus 通信有 ASCII 和 RTU（Remote Terminal Unit）两种模式，一个 Modbus 通信系统中只能选择其中的一种模式，不允许两种模式混合使用。

采用 RTU 模式，消息的起始位以至少 3.5 个字符传输时间的停顿开始（一般采用 4

个)，在传输完最后一个字符后，有一个至少3.5个字符传输时间的停顿来标识结束。一个新的消息可以在此停顿后开始。在接收期间，如果等待接收下一个字符的时间超过1.5个字符传输时间，则认为是下一个消息的开始。校验码采用CRC-16方式，只对设备地址、功能代码和数据段进行。整个消息帧必须作为一连续的流传输，传输速率较ASCII模式高。

Modbus可能的从设备地址是0～247(十进制)，单个设备的地址范围是1～247。可能的功能代码范围是1～255(十进制)。其中有些代码适用于所有的控制器，有些是针对某种MODICON控制器，有些是为用户保留或备用的。

9. CC-Link总线

CC-Link是Control & Communication Link(控制与通信链路系统)的简称。1996年11月，以三菱电机为主导的多家公司，第一次正式向市场推出了以“多厂家设备环境、多性能、省配线”理念开发的全新的CC-Link现场总线。CC-Link是允许在工业系统中，将控制和信息数据同时以10 Mbps的高速传输的现场总线。作为开放式现场总线，CC-Link是唯一起源于亚洲地区的总线系统，它的技术特点更适应亚洲人的思维习惯。2000年11月CC-Link协会(CLPA，CC-Link Partner Association)成立；到2002年4月底，CLPA在全球拥有250多个会员公司。随着CLPA在全球进行CC-Link成功的推广，CC-Link本身也在不断进步。到目前为止，CC-Link已经包括了CC-Link、CC-Link/LT、CC-Link V2.0等3种有针对性的协议，构成CC-Link家族的比较全面的工业现场网络体系。

CC-Link是一个高速、稳定的通信网络，其最大通信速度可以达到10 Mb/s，最大通信距离可以达到1 200 m(加中继器可以达到13.2 km)。当CC-Link连接64个站、以10 Mb/s的速度进行通信时，扫描时间不超过4 ms。CC-Link的优异性能来源于其合理的通信方式。CC-Link以ISO/OSI模型为基础，取其物理层、数据链路层和应用层，并增加了用户服务层。它的底层通信协议遵循RS-485，采用3芯屏蔽绞线，拓扑结构为总线型。CC-Link采用的是主从通信方式，一个CC-Link系统必须有一个主站而且也只能有一个主站，主站控制着整个网络的运行。但是为了防止主站出故障而导致整个系统的瘫痪，CC-Link可以设置备用主站，这样当主站故障时，自动切换到备用主站。CC-Link提供循环传输和瞬间传输两种通信方式。在通常情况下，CC-Link主要采用广播轮信(循环传输)的方式进行通信。

三、现场总线控制系统

现场总线控制系统主要由硬件和软件两部分组成。

1. 现场总线控制系统的硬件构成

现场总线控制系统的硬件主要由测量系统、控制系统、管理系统和通信系统等部分组成，系统结构如图5－3－10所示。

(1)测量系统

利用现场总线及其接口，将网络上的监控计算机和现场总线单元设备(如智能变送器和智能控制阀等)连接起来，构成最底层的Infranet控制网络(即现场总线控制网络)。控制网络提供了一个经济、可靠、能根据控制需要优化的、灵活的设备联网平台。网络拓扑结构任意，可为总线型、星型、环型等，通信介质不受限制，可用双绞线、电源线、光纤、无线电、红外线等多种形式。

由于测量系统采用数字信号传输，具有多变量高性能测量的特点，因此，在分辨率、准确性、抗干扰、抗畸变能力等方面的性能更高。

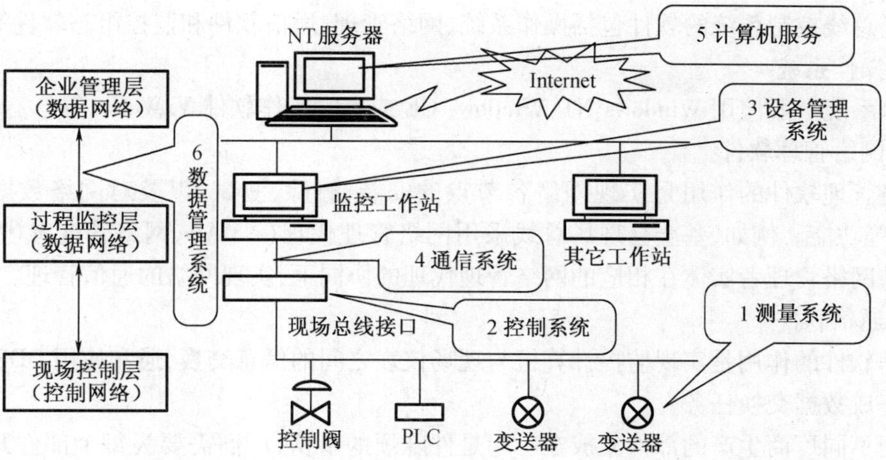

图 5－3－10　现场总线控制系统体系结构图

（2）控制系统

现场总线控制系统将各种控制功能下放到现场，由现场仪表来实现测量、计算、控制和通信等功能，从而构成了一种彻底分散式的控制系统体系结构。现场仪表主要有智能变送器、智能执行器及可编程控制仪表等。

（3）设备管理系统

管理系统可以提供设备自身及过程的诊断信息、管理信息、设备运行状态信息、厂商提供的设备制造信息等。

（4）通信系统

通信网络中的硬件包括系统管理主机、服务器、网关、协议变换器、集线器，用户计算机及底层智能化仪表等。由现场总线控制系统形成的 Infranet 控制网很容易与 Intranet（企业管理信息网）和 Internet（全球信息互联网）连接，构成一个完整的企业网络三级体系结构。

网络通信设备是现场总线之间及总线与节点之间的连接桥梁。监控计算机与现场总线之间可用通信接口卡或通信控制器连接，现场总线一般可连接多个智能节点或多条通信链路。

为了组成符合实际需要的现场总线控制系统，将具有相同或不同现场总线的设备连接起来，还需要采用一些网间互连设备，如中继器（Repeater）、集线器（Hub）、网桥（Bridge）、路由器（Router）、网关（Gateway）等。

（5）计算机服务模式

客户机/服务器模式是目前较为流行的网络计算机服务模式。服务器表示数据源（提供者），客户机则表示数据使用者，它从数据源获取数据，并进行进一步处理。客户机运行在 PC 机或工作站上。服务器运行在小型机或大型机上，它使用双方的智能、资源、数据来完成任务。

（6）数据库

数据库能有组织地、动态地存储大量的有关数据与应用程序，实现数据的充分共享、交叉访问，具有高度独立性。较成熟的供选用的如关系数据库中的 Oracle，sybas，Informix，SQL Server；实时数据库中的 Infoplus，PI，ONSPEC 等。

2. 现场总线控制系统的软件

现场总线控制系统的软件包括操作系统、网络管理、通信软件和监控组态软件等。

(1)操作系统

操作系统一般使用 Windows NT,Windows CE 或实时操作软件 VxWorks 等。

(2)网络管理软件

网络管理软件的作用是实现网络各节点的安装、删除、测试,以及对网络数据库的创建、维护等功能。例如,基金会现场总线采用网络管理代理(NMA)、网络管理者(NMgr)工作模式。网络管理者实体在相应的网络管理代理的协同下,实现网络的通信管理。

(3)通信软件

通信软件的作用是实现监控计算机与现场仪表之间的信息交换,通常使用 DDE 或 OPC 技术来完成数据交换任务。

要把不同厂商生产的部件集成在一起是件麻烦的事情,厂商需要为每个部件开发专门的驱动或服务程序,用户还需要把应用程序与这些由生产厂商提供的驱动或服务程序连接起来。OPC 技术为应用程序间的信息集成和交互提供了强有力的技术支撑。

(4)组态软件

组态软件是用户应用程序的开发工具,它具有实时多任务、接口开放、功能多样、组态灵活方便、运行可靠等特点。这类软件一般都提供能生成图形、画面、实时数据库的组态工具,简单实用的编程语言,不同功能的控制组件,以及多种 I/O 设备的驱动程序,使用户能方便地设计人机界面,形象生动地显示系统运行状况。

四、现场总线设备

现场总线设备是指连接在现场总线上的各种仪表设备。这些设备按其功能可分为:

变送器类设备:温度、压力、差压变送器。

执行器类设备:气动、电动执行器。

转换类设备:现场总线电流转换器、电流现场总线、现场总线气压。

接口类设备:PCI、指计算机与现场总线之间的接口设备。

电源类设备:为现场总线供电的电源。

附件类设备:连接器、安全栅、终端器、中继器等。

1. 现场总线差压变送器

现场总线差压变送器是现场总线系列产品之一,它是一种用于差压、绝对压、表压、液位和流量测量的高性能变送器,如日本横河电机公司推出了 Dpharp EJA 差压、压力智能变送器、美国霍尼韦尔公司开发的 ST3000 智能差压变送器等。

现场总线差压变送器有一个内置的 PID 控制块和一个计算块,不需要另设控制设备,延迟少,实时性好,可靠性高,可灵活地实现各种复杂控制策略,并且使现场和控制室之间易于连接,大幅度地降低安装、运行和维护成本。

现场总线差压变送器在网络中可以作为主站运行,可以采用磁性工具就地组态,这在许多应用场合中省去了组态器或工程师工作站。

由现场总线观点来看,现场总线差压变送器不仅仅是一个差压变送器,而且还是一个具有以下功能模块的网络节点:物理块、输入转换块、显示转换块、模拟量输入块、PID 控制块、信号选择器块、信号特性描述块、通用运算块、积算块。

2. 现场总线温度变送器

现场总线温度变送器与热电阻或热电偶配合使用，主要用于温度测量。但它也可以接受其他传感器输出的电阻和毫伏信号，例如，高温计，荷重传感器，电阻式位置指示器等。现场总线温度变送器采用了数字技术，可以同时测量两路温度信号或两点的温度差信号，各种类型的传感器信号，现场设备与控制室设备之间易于连接，从而能够大幅度地降低安装、运行和维护成本。

现场总线温度变送器接受来自热电偶的毫伏信号或热电阻传感器的电阻信号。输入信号幅度必须在一定范围之内，对于毫伏信号，其范围是 - 50 ~ 500 mV，对于电阻信号，其范围是 0 ~ 200 Ω。

TT302 温度变送器是 SMAR 公司生产制造的符合 FF 通信协议的第一代现场总线智能仪表。它主要通过热电阻(RTD)或热电偶测量温度，也可以使用其他具有电阻或毫伏输出的传感器，例如，高温计、负载传感器、电阻位置指示器等。由于采用数字技术，它能够使用多种传感器，量程范围宽，单值或差值测量，现场与控制室之间接口简单，并可大大减少安装、运行及维护的费用。TT302 具有两个通道，也就是说有两个测量点，这样可以降低每条通道的费用。

TT302 温度变送器是由现场总线电源通过通信电缆供电，供电电压为 9 ~ 32 VDC。电源部分将供电电压转换为变送器内部各芯片所需电压，为其供电。变送器输出的数字信号也是通过通信电缆传送的，因此通信电缆同时传送变送器所需的电源和输出信号，这与二线制模拟式变送器类似。

从现场总路线的观点来看，现场总线温度变送器不仅仅是一个由电子线路、外壳和传感器组成的温度变送器，它同时还是一个包含以下功能块的网络节点：一个功能块、一个显示转换块、两个输入转换块、两个模拟输入块、一个 PID 控制块、一个信号选择块、一个信号特征块、一个通用运算块。

3. 电流 - 现场总线转换器

电流 - 现场总线转换器主要用于传统的 4 ~ 20 mA 模拟式变送器和其他各种输出信号为 4 ~ 20 mA 或 0 ~ 20 mA 的现场仪表与现场总线系统的接口。一个转换器可以同时转换 3 路模拟量信号，它还可以提供其他形式的转换功能。它的内部可以组态三个模拟量输入块、一个信号特征化功能块、一个运算功能块、一个输入选择功能块以及一个积算块。

电流 - 现场总线转换器主要由输入电路和主电路两部分构成，如图 5 - 3 - 11 所示为 IF302 电流 - 现场总线转换器。在输入电路中，三路模拟量电流输入信号在 100 电阻上转换为电压信号，经多路选择器 MUX 选择后进入 A\D 转换器，转换为数字量，后经信号隔离电路进行光电隔离，再送往主电路的 CPU 中，通过组态好的功能块对信号进行必要的转换和处理，最后经调制解调器 MODEM 和信号整形电路进入现场总线。

4. 现场总线 - 电流变送器

现场总线 - 电流变送器，主要用于现场总线系统与控制阀或其他执行器之间的接口。它可将现场总线传输来的控制信号转换为 4 ~ 20 mA 的电流信号输出。一个转换器可以同时转换 3 路模拟量输出信号。除了三个输入转换块、一个物理块和一个显示块之外，它还可以组态一个 PID 控制块、一个运算块、一个信号选择块、一个分程控制块和三个模拟量输出块。

现场总线 - 电流变送器是由输出电路、主电路和显示电路三部分组成的，电路框图如

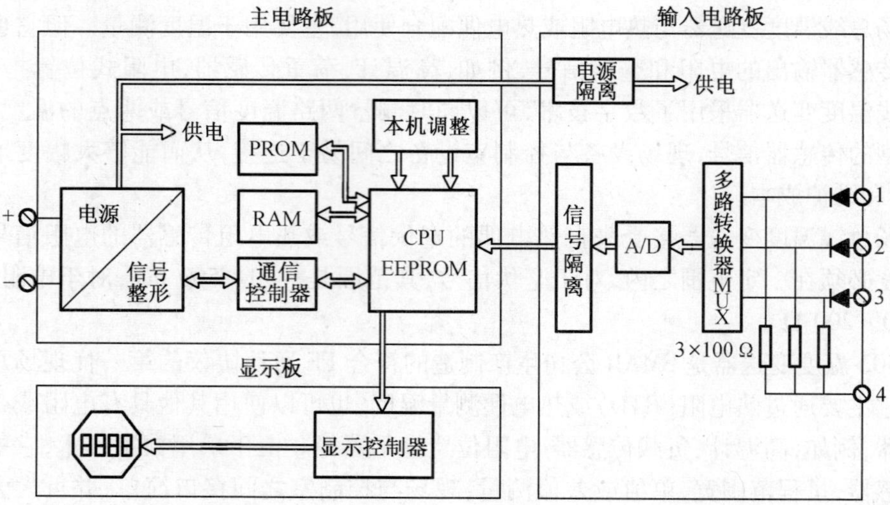

图 5－3－11　IF302 硬件构成方框图

图 5－3－12 所示。主电路由现场总线获得的信息经接收滤波器和通信控制器进入 CPU，由 CPU 送出的控制信号经信号隔离器进行光电隔离，然后分别送往三个 D\A 转换器。控制信号在 D\A 转换器中转换为模拟量信号送往三个输出电流控制电路，最后经输出端子送出 4～20 mA 的电流信号。

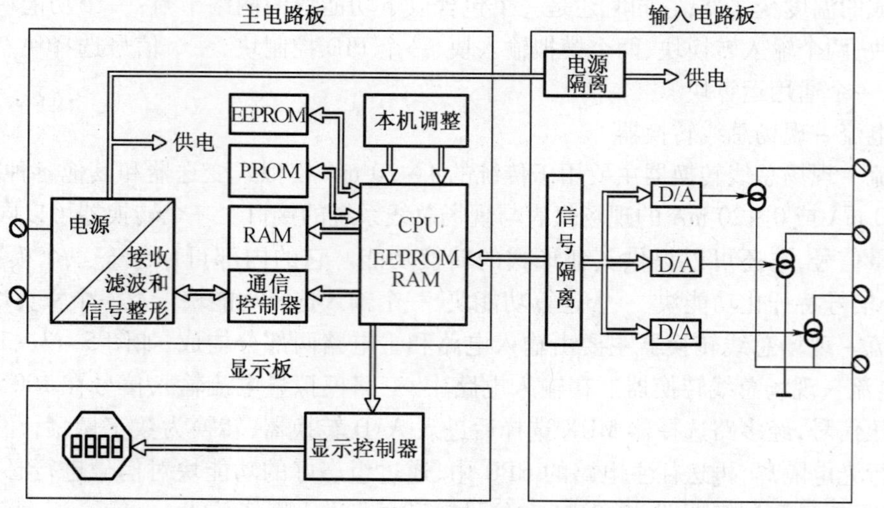

图 5－3－12　FI302 硬件构成方框图

5. 现场总线阀门定位器

现场总线阀门定位器主要用于在现场总线控制系统中驱动气动执行机构。它根据现场总线上送来或者由其内部控制功能块所产生的控制信号，产生一个气压信号，带动执行机构输出一个机械位移，并通过非接触的霍尔元件检测位移的大小，然后反馈到控制电路中去，以便实现精确地阀门定位，其外形见图 5－3－13 所示。

阀门定位器 FY302 功能示意图见图 5－3－14 所示。来自控制器输出的信号 P_o（可经电/气转换器转换，得到气压 P_o）经阀门定位器比例放大店输出 P_a，用以控制执行机构动作，位置反馈信号，再送问阀门定位器，由此构成一个使阀门杆位移与输入压力或比例关系的负反馈系统。

图 5－3－13　阀门定位器

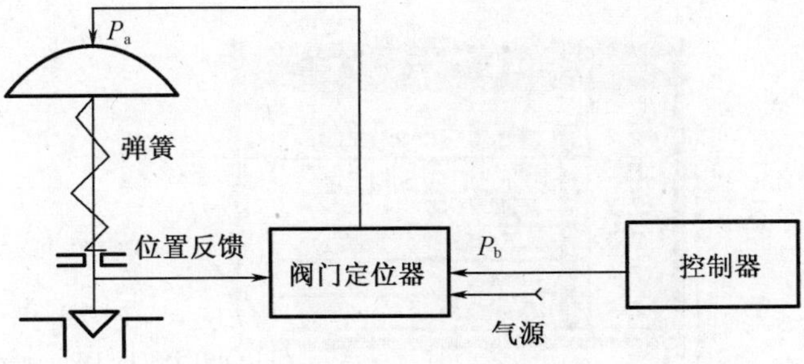

图 5－3－14　阀门定位器 FY302 功能示意图

现场总线阀门定位器的特点是实现了信息的数字传输，能够进行远程设定、自动标定、故障诊断，并提供预防性维修信息。在设备内部可以实现控制、报警、计算以及其他一些数据处理功能。阀门的特性是通过软件组态实现的，不需要对凸轮、弹簧等部件做任何改动，即可以方便地实现线性、等百分比、快开以及其他任意设置的阀门特性。

现场总线阀门定位器由输出组件、主电路板、显示板等几部分构成。

五、现场总线网络的组态

下面以图 5－3－15 所示网络为例介绍用 STEP7 V5.2 实现对 PROFIBUS-DP 主从式网络的组态。

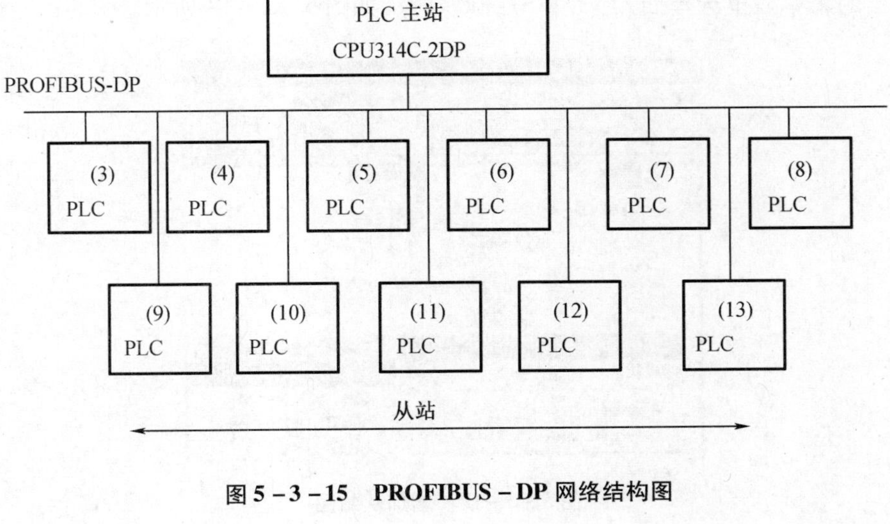

图 5－3－15　PROFIBUS－DP 网络结构图

现场总线网络的组态通常使用专门组态软件进行，许多公司开发了基于现场总线的工程组态工具，如 FF 的组态工具有 NI 公司的 NI-FBUS Configurator，Smar 公司的 SYSCON，PROFIBUS 的组态工具有 STEP7。

1. 网络结构

该网络以 S7-300PLC 为主从站，CPU 型号全部为 CPU314C-2DP，是一个典型的 PROFIBUS-DP 主—从式网络，其中一个 CPU314C-2DP 作为系统的主站（DP 地址为 2），其他的 CPU314C-2DP 作为系统的从站（DP 地址分别为 3 ~ 13）硬件组态图如图 5 - 3 - 16 所示。

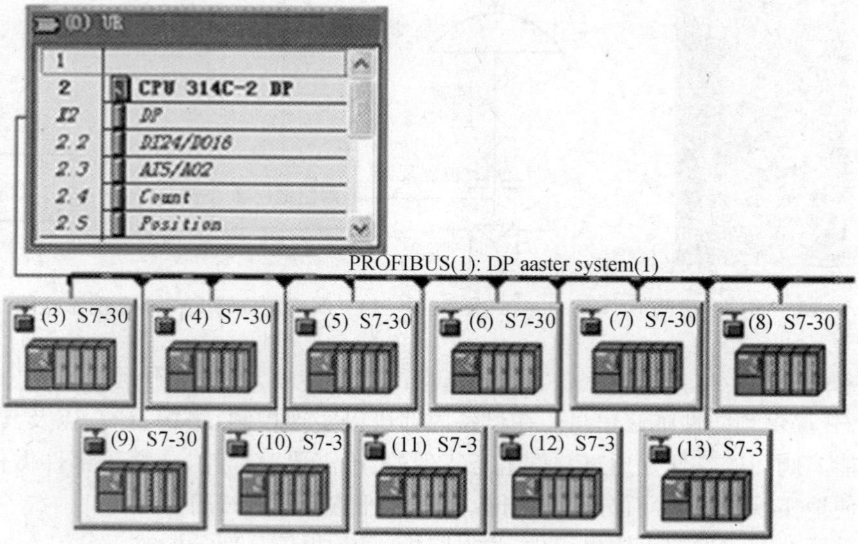

图 5 - 3 - 16　硬件组态图

2. 网络的组建步骤

（1）从站硬件组态

①打开编程软件 STEP7，点击  新建项目，打开项目，在左侧项目栏中，单击鼠标右键，在弹出的菜单栏里选择插入 12 个 S7-300 站点，如图 5 - 3 - 17 所示。

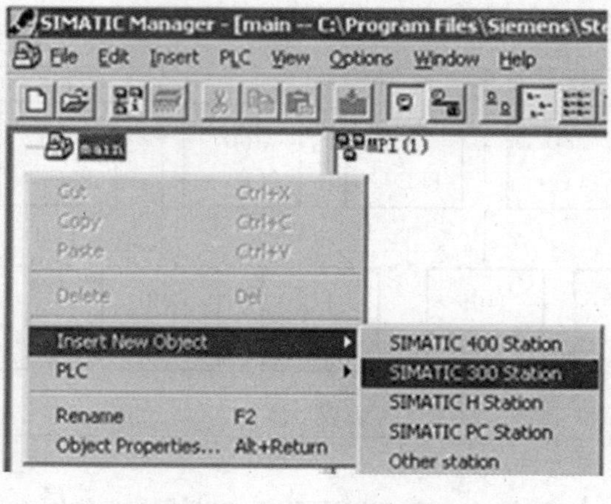

图 5 - 3 - 17　增加从站图

②点击从站点的硬件组态画面，对从站进行硬件组态，在从站的硬件组态中需要的设置以下内容：

a. DP 地址应设置为 3。如图 5－3－18 所示。

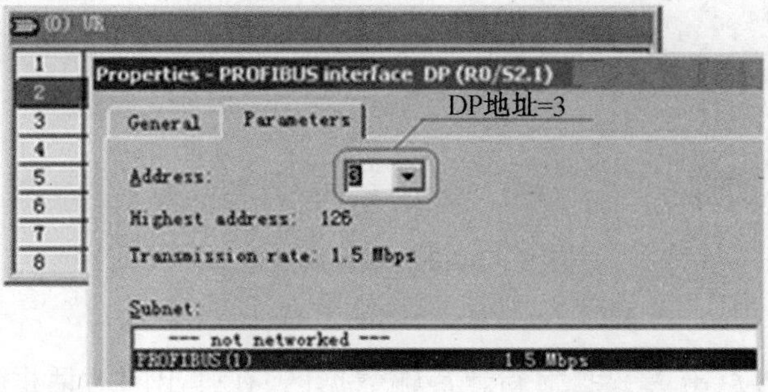

图 5－3－18　DP 地址设置图

b. CPU 参数设置中应把掉电保持区设置为 0。如图 5－3－19 所示。

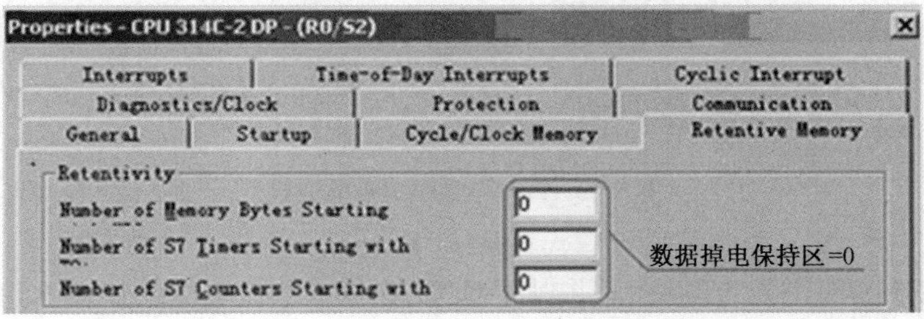

图 5－3－19　CPU 参数设置图

c. 在 I/O 输入输出模块参数设置区，把对应起始地址改为 0。如图 5－3－20 所示。

图 5－3－20　输入输出设置图

d. 在 DP 参数设置区，把此站设置为从站，并允许对其编程监控。如图 5－3－21 所示。

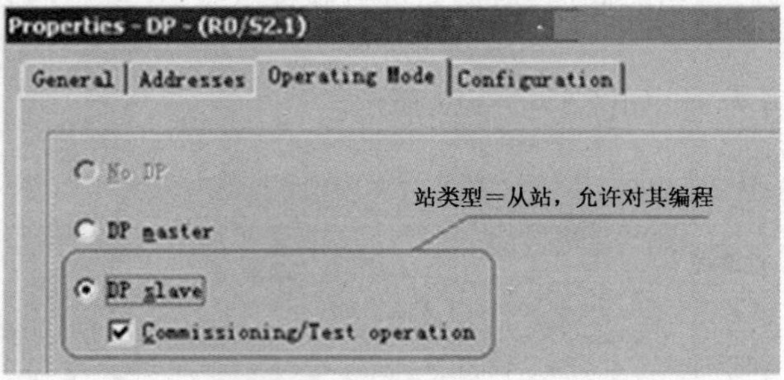

图 5－3－21　DP 从站设置

e. 在数据设置区，点击 New... 新建传输数据区，在弹出的对话框，做以如图 5－3－22 所示的设置。

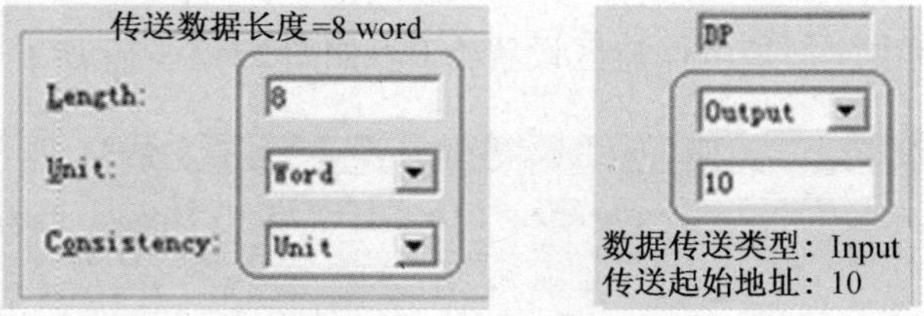

图 5－3－22　从站数据传输设置

f. 一路点击 OK，并点击编译并保存，此时，3 号从站点硬件组态完毕。按照此种方式完成其他从站点的硬件组态。注意：DP 地址应分别为 4～13。

（2）主站硬件组态

①点击主站硬件图标，进入主站硬件组态环境，插入 CPU314C－2DP，把其 DP 地址定义为 2，打开图表左侧的 DP 网络硬件树型栏，选择 CPU33X，选中 DP 地址为 3 的三号从站点数据区，点击 Connect 在弹出的对话框中点击建立主站和从站的数据连接，点击 Configuration 在出现的画面中双击蓝色数据区，在弹出的对话框中作如图 5－3－23 所示设置。

②一路点击 OK，此时，三号从站点与主站点的数据连接已建立完毕，按此步骤，完成其他从站点的挂接组态。

③并点击编译并保存，此时，2 号主站点硬件组态完毕。

（3）参数下载

整个网络的硬件参数组态完毕后，用 PC/MPI 电缆将各自的参数下载到自己的 CPU 中，断电并保存参数。

（4）网络连接

用做好的 PROFIBUS－DP 电缆连接好各个站点，打开各自的电源开关，检查网络连接情况。网络正常时，各从站点和主站点的错误指示（红）灯不亮。当出现不正常现象时，请检查硬件组态和电缆连接情况。

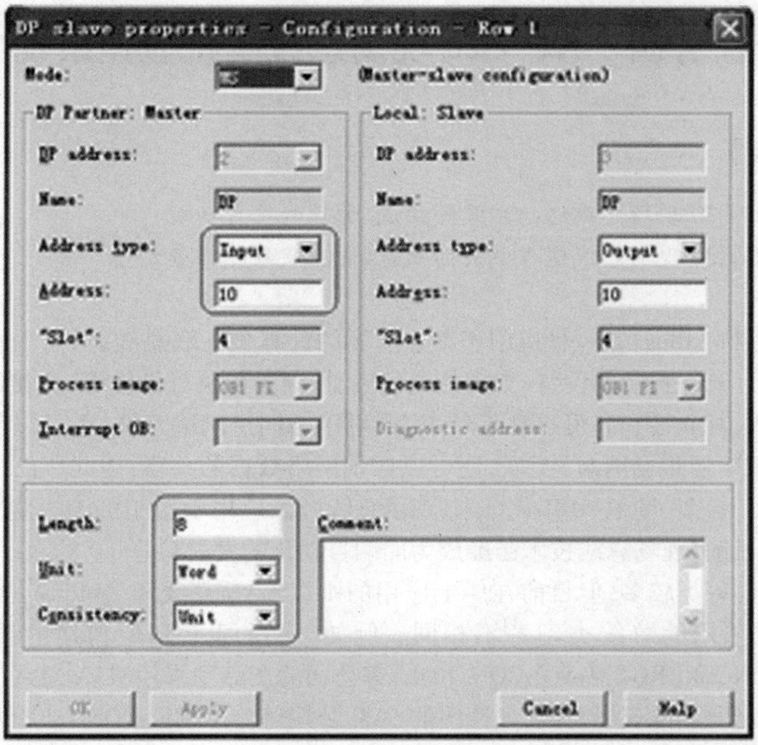

图 5-3-23　主站数据传输设置

任务四 AC C20现场总线主机遥控系统

【任务目标】

1. 了解AC C20现场总线遥控系统的组成、原理和主要功能;
2. 掌握AC C20现场总线遥控系统的操作、管理及故障排查。

现场总线(FieldBus)是一种应用于工业现场的计算机互联总线,只需少量的几根通信线便可将各种计算机控制的设备(如智能化仪表、控制器和执行机构等)连接起来。它具有分布式、开放式、互联性和高可靠性等特点,既可以与同层网络互联,也可以与不同层网络(上层局域网或下层现场网络)互联,还可以实现网络数据的共享,因此广泛应用于各种工业控制的场合。自20世纪90年代以来,现场总线开始应用于船舶机舱的监视报警和主机遥控等系统。目前,现场总线技术已经成为船舶自动化的发展趋势。

现场总线的种类较多,但目前在船上应用的则以CAN总线和Profibus总线为主,不同的设备厂商所采用的总线类型各不相同。例如,以西门子PLC构建的系统一般采用Profibus,而KONGSBERG(原NORCONTROL)等公司的产品则采用CAN总线。此外还有一些厂商采用自己研制的现场总线,如德国的SAM公司等。本章以KONGSBERG公司生产的AutoChief C20(简称AC C20)为例,介绍基于现场总线的主机遥控系统。

AC C20型主机遥控系统是由KONGSBERG公司开发生产的AutoChief系列产品,是一种集控制、报警和安全保护于一体的综合推进控制系统。AC C20采用分布式模块化设计,分布式模块采用标准化设计,模块之间通过双冗余CAN总线互联。针对不同的船舶和主机类型,可以通过软件进行灵活组态,除了能适用于连接定距桨的可逆转主机之外,还可用于各种连接调距桨的不可逆转主机,以及各种通过减速齿轮箱连接螺旋桨的各种中、高速柴油主机。此外,AC C20还能适用于MAN B&W ME系列和Sulzer RT-FLEX系列等智能型电喷主机。这里主要介绍与MAN B&W MC主机相配套的AC C20主机遥控系统。

一、AC C20遥控系统的结构组成

与MAN B&W MC主机相配套的AC C20主机遥控系统主要由驾驶台操作单元(Bridge Maneuvering Unit,简称BMU)、集控室操作单元(Control Room Maneuvering Unit,简称CMU)、主机接口单元(Main Engine Intelface,简称MEI)、数字调速器单元(Digital Governor Unit,简称DGU)和主机安全单元(Engine Safety Unit,简称ESU)等组成,其结构框图如图5-4-1所示。结构框图按上、中、下分别对应驾驶台、集控室和机舱三个位置。

驾驶台主要安装驾驶台操作单元(BMU)和车令打印机。某些具有特殊要求的船舶要求能够在驾驶台的两侧对主机进行操纵,AC C20系统还可配置侧翼操作单元(Bridge Wing Maneuvering Unit,简称BWU),在图5-4-1中标示为PORT WING和STB. WING。驾驶台操作单元BMU包含两部分,一部分是AutoChief控制面板(AutoChief Control Panel,简称ACP),另一部分是单手柄复合车钟(Comhined Leverand Tolograph Unit,简称为LTU),两者组装在一起形成一个整体;侧翼操作单元包括操作手柄、指示灯按钮面板、启动空气压力表和主机转速表等;车令打印机与驾驶台操作单元相连,对车令进行实时记录。

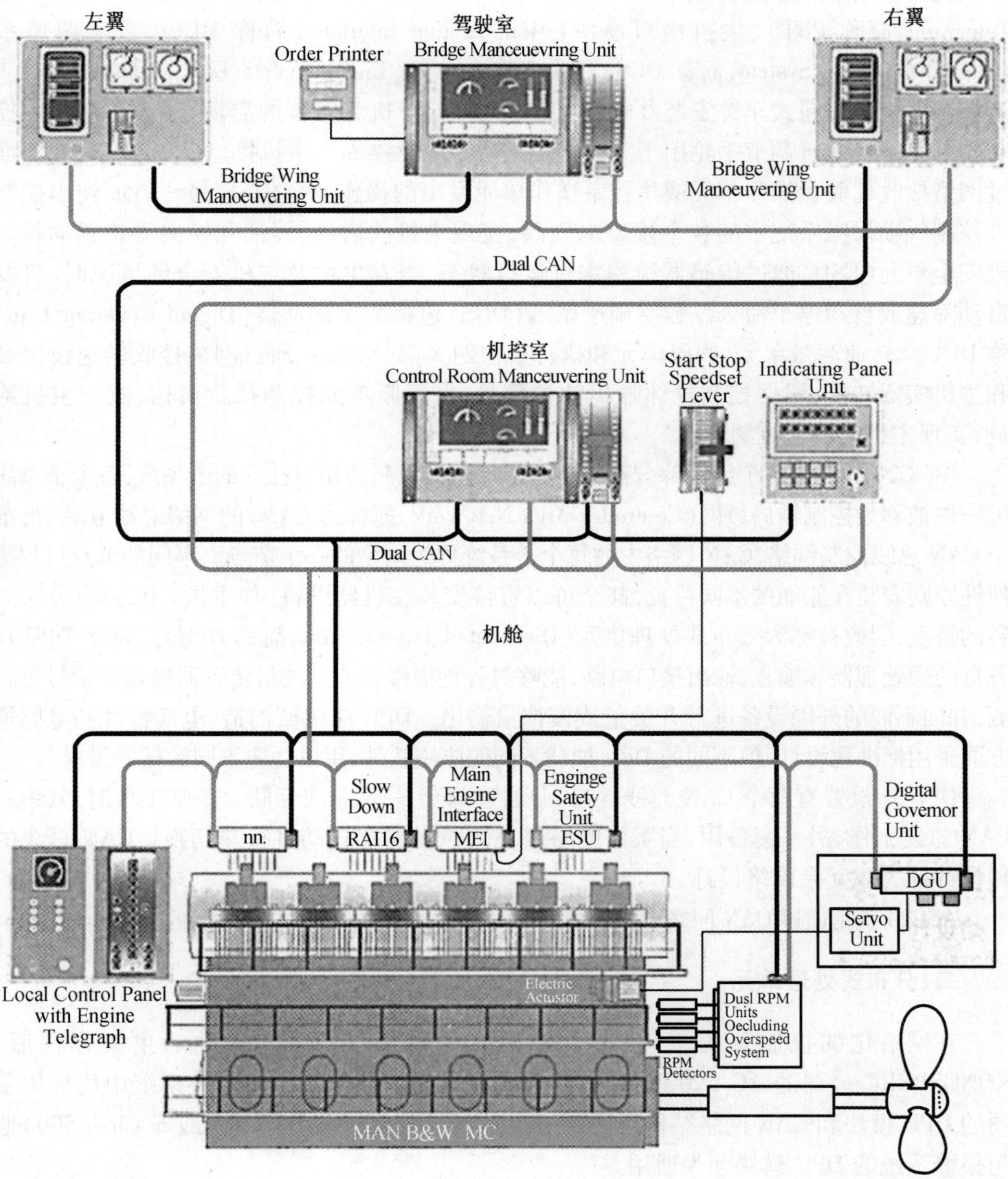

图 5-4-1　AC C20 主机遥控系统的组成原理图

集控室主要布置有集控室操作单元(CMU)、主机启/停与转速设定手柄(start/stop & Speedset Lever)和指示面板单元(Indication Panel Unit,简称 IPU)。集控室操作单元的结构组成与驾驶台操作单元完全一致;"主机启/停与转速设定杆"设有主机的启动、停车挡位和正、倒车转速设定区域,用于在集控室操作时对主机进行半自动操纵;指示面板单元包括反映主机运行状态的各种指示灯和辅助风机控制开关等,其中,"主机启/停与转速设定杆"为可选设备,如果不安装,则可通过集控室操作单元上的单手柄复合车钟(LTU)直接操纵主机。

机舱设有机旁控制面板(Local Control Panel,简称 LCP)、按钮式车钟(Push button Telegraph,简称 PBT)、主机接口模块(Main Engine Interface,简称 MEI)、数字调速系统(Digital Governor System,简称 DGS)和主机安全单元(Engine Safety Unit,简称 ESu)等。机旁控制面板和按钮式车钟安装在机旁控制台上,配合机旁安装的启动、停车和换向手控气动阀以及主机油量调节手轮用于完成主机的机旁应急操纵。主机接口模块(MEI)一方面通过网络接收驾驶台操作单元或集控室操作单元发出的操作命令信号,另一方面输出控制信号控制气动操纵系统中的各个接口电磁阀,实现主机的启动、停油和换向等逻辑动作。主机安全单元(ESU)通过传感器检测主机运行状态,当发生危及主机安全的情况时,将发出自动降速或自动停车命令。数字调速系统(DGS)包括数字调速器(Digital Governor Unit,简称 DGU)、转速测量单元、伺服单元和执行机构四大部分,DGU 通过网络接收转速设定命令和主机实际转速,根据控制规律输出油量信号,由伺服单元控制执行机构,改变主机给油量,实现主机的转速控制。

AC C20 的上述各个组成部分都是由单板计算机控制的相对独立的子系统,各个子系统通过一种被称为控制器局域网(Controller Area Net Work,简称为 CAN)的网络总线互联,形成一个 CAN 总线控制网络,CAN 网络中的每个子系统称为网络的一个节点。不同的节点可根据方便性原则安装在船舶的不同位置,甚至可以直接安装在机器设备(如主机)上,具有分布式安装的特点,因此被称为分布式处理单元(Distributed Process Unit,简称 DPU)。每个 DPU 均有各自的微处理器和输入、输出接口电路,能够对各种模拟量或开关量传感器输入的信号进行检测,并向不同的外围设备进行开关量或模拟量输出。DPU 在机械构造、电气特性和电路原理方面采用标准化设计,但不同的 DPU 加载不同的应用软件,用以适应不同的任务需求。

DPU 均设置有两个 CAN 总线接口,并通过两套 CAN 总线互联。正常工作时,其中一套 CAN 总线工作,另一套备用,当工作网络出现故障时能够自动进行热切换。CAN 总线的这种设计称为双冗余网络设计。

ACC20 就是通过 CAN 网络中的各个 DPU 协同工作来实现主机遥控系统的各种功能的。

二、分布式处理单元

在网络化的控制系统中,分布式处理单元(DPU)是系统硬件的主要存在形式。KONGSBERG 公司的 AC C20 产品,在机舱监视与报警系统和主机遥控系统中均采用了相同的 DPU 模块和 CAN 网络结构,其 AC C20 主机遥控系统和 DC C20(或 K-Chief 500)监视与报警系统的 DPU 模块互为通用。

AC C20 所用到的 DPU 模块包括开关量输入、开关量输出、模拟量的输入、模拟量输出等通用模块和专门用于主机遥控的专用模块。专用模块在机械和电气特性上与通用模块完全一致,只是在输入输出通道的设计上考虑了主机遥控的特殊需要。下面简要介绍主机遥控系统专用模块。

1. 主机接口单元(MEI)

MEI 是专门为主机遥控系统的电动部分与主机的气动操纵系统接口而设计的,模块提供了各种与气动操纵系统相接口的开关量和模拟量输入输出通道。图 5-4-2 给出了 MEI 在某船 ACC20 主机遥控系统中的应用实例。图中,X1 为输入输出接线端子,端子编号采用 3 位数,个位数为端子编号,十位和百位表示通道号(191 和 192 分别代表第 19 通道的第 1 和第 2 个接线端子);X8 为 CAN 1 总线的接线端子,X8 中的 81 和 83 连接网络中的上一个相邻 DPU,82 和 84 连接下一个相邻 DPU;X9 为 CAN 2 总线的接线端子,与 XS 类同;X10 接入 24VDC 电源。不论在 AC C20 主机遥控系统还是 DC C20(或 K-Chief 500)监视与报警系统中,所有 DPU 的端子名称和编号规律均一致,此后不再赘述。

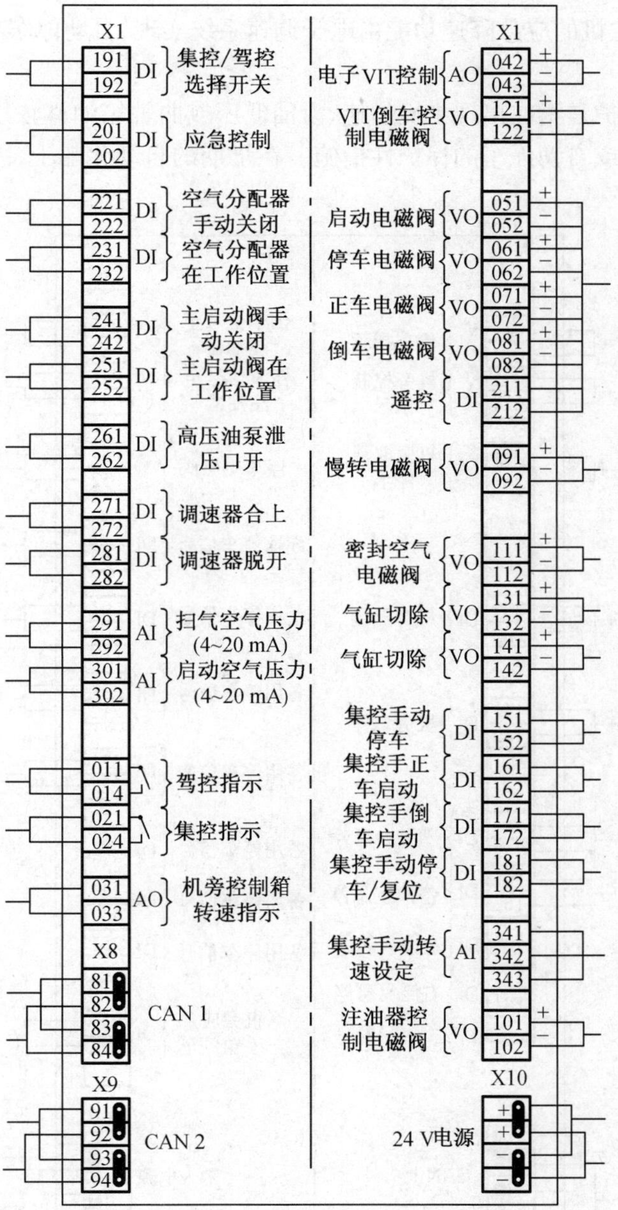

图 5-4-2　MEI 接口单元图

在 MEI 中,开关量输入(DI)包括各种反映主机当前操作状态的开关量信息,如当前操作是机旁“应急控制”还是“遥控”、是集控室控制还是驾驶台控制、空气分配器和主启动阀是手动关闭还是处在工作位置、高压油泵是否泄压停车、调速器输出杆与油门拉杆是接合还是脱开以及集控室的手动操作命令等。开关量输出包括反映当前操作部位的继电器触点输出(即“驾控指示”和“集控指示”)和控制各种电磁阀逻辑动作的电压输出(VO)两大类，其中电压输出可直接驱动电磁阀。模拟量输入（AI）包括来自扫气空气和启动空气压力传感器的电流输入和来自集控室手动转速设定手柄的电位器输入。模拟量输出（AO）包括电子 VIT 控制信号和送至机旁转速表的指示信号。

2. 主机安全单元（ESU）

AC C20 系统主机的应急降速功能由电子调速系统实现，自动停车功能由主机安全单元（ESU）来实现。

主机的安全保护是指在出现主机超速、滑油低压或曲轴箱油雾浓度高等应急情况下对主机采取自动降速或自动停车的保护性措施。在早期的自动化船上，一般设置独立的主机

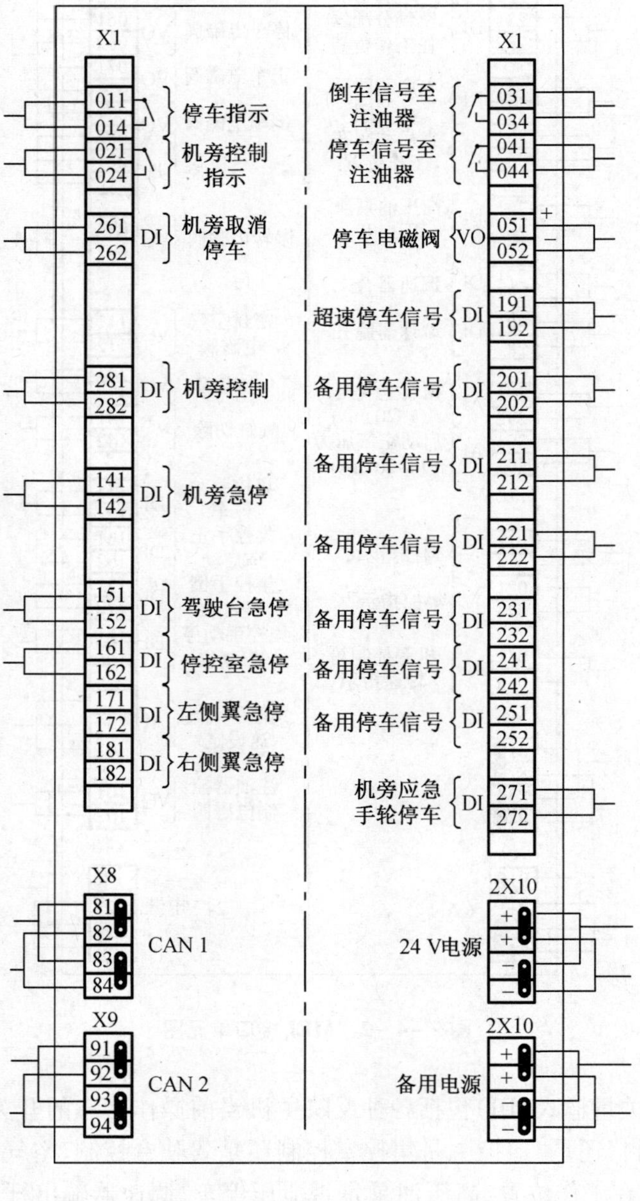

图 5－4－3　ESU 单元图

安全保护系统。随着计算机技术(尤其是网络技术)在船上的普及应用,安全保护系统通常和主机遥控系统相结合,形成一个有机的整体。

ESU 只有开关量输入和开关量输出通道,开关量输入通道接收主机操作部位开关、手动应急停车和自动应急停车等开关量信号。开关量输出包括:指示灯、ALPHA 注油器送出主机状态指示的继电器触点、控制停车电磁阀动作的电压输出。ESU 的典型应用实例如图 5-4-3 所示。通道 1~4 为继电器触点输出,输出主机状态信号;通道 5 为电压输出,控制停车电磁阀;通道 14~28 接触点式开关量输入信号,如来自转速测量单元的超速停车信号以及来自各个操作部位的应急停车信号等。ESU 的许多输入通道与输出通道在内部电路上直接连通,能够确保应急情况下可靠地停车,即使 ESU 故障也不会影响其自动停车功能。

3. 转速检测箱(RPMD)

在 AC C20 系统中,专门采用了 2 个 DPU 模块 RPME1 和 RPME2 对主机转速进行检测和处理,它们安装在一个转速控制箱(RPMD)内。转速检测系统分 2 组共 4 个脉冲式检测探头(NPN 输出或 PNP 输出),1 组接至 RPMEI,另一组接至 RPMEZ,2 组测速装置互为冗余。RPME1 和 RPME2 对探头输入的信号进行计算和处理后得到主机转速的测量值,方面通过 CAN 网络送至数子调速器(DGU)和网络中的其他 DPU(如 ACP),另一方面还以 RS422/485 通信方式直接送给 DGU。当发生主机超速时,RPMD 将输出一个开关量信号送至主机安全单元(ESU),在 ESU 的输出控制下进行应急停车。图 5-4-4 给出了 RPME 与转速传感器的连接及其与 DGU 之间的 RS422 连接关系。

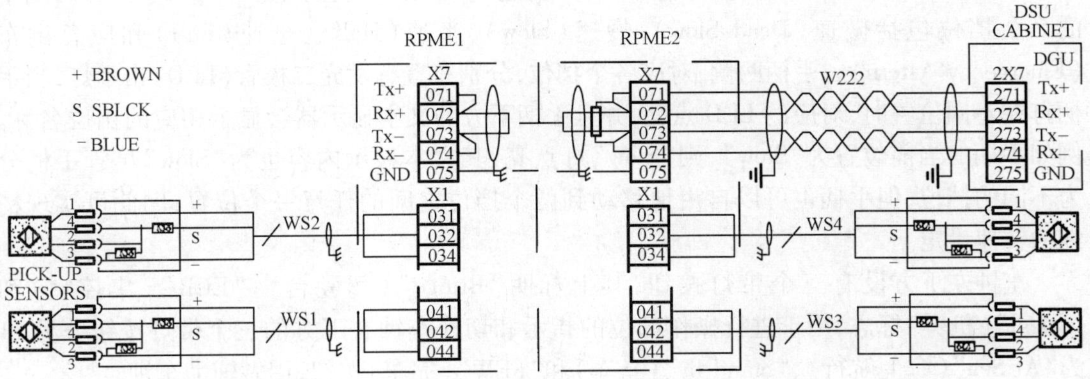

图 5-4-4　转速传感器的连接图

4. 数字调速器(DGU)

DGU 是为实现主机的转速与负荷控制而专门设计的 DPU 模块,它包括 4 个 CAN 网络接口和 2 个 RS422/485 接口。在 DGU 的 4 个 CAN 网络接口中,2 个称为全局 CAN 网络(Global CAN Net)接口(其接线端子标示为 X8G 和 X9G),与同层网络的其他 DPU 互联;另外 2 个称为局部 CAN 网络(Local CAN Net)接口(其接线端子标示为 X8L 和 X9L),用于在复杂系统中进行网络扩展。在 2 个 RS422/485 通信接口中,一个连接转速检测模块 RPME,直接获取主机的转速测量值,另一个向油门执行机构的伺服单元传送调速器的油量输出信号(即油门位置信号)。

DGU 在转速控制过程中所需的所有参数命令均通过 CAN 网络获取。若在驾驶台或集控室以单手柄车钟(LTU)操作,则手柄设定值直接通过网络传送;若在集控室通过“主机启/停与转速设定杆"进行手动操作，则手柄发出的电位器输出信号经过 MEI 处理后再由网络送至 DGU。此外，在 ACP 上针对调速器所进行的各种参数设置也通过网络传送。

DGU 具有与主机调速有关的所有功能，例如，加速速率限制、负荷程序限制、增压空气压力限制和自动调速等。并且可以独立工作，即使网络通信失效，也能以当前设定转速为设定值继续工作。

三、车钟系统及操作部位切换

AC C20 车钟系统的典型配置是一个由驾驶台车钟、集控室车钟和机舱应急车钟组成的三地车钟系统，如图 5-4-5(a)所示。对于有侧翼操作台的系统，则还有侧翼车钟。其中，驾驶台车钟和集控室车钟与 Auto chief 控制面板(Autochief Control Panel，简称 ACP)一起分别组成驾驶台操作单元和集控室操作单元，和 ACP 共用 1 个 DPU，而机舱应急车钟则单独使用一个 DPU。三地车钟通过 DPU 的双冗余 CAN 总线相互通信。

驾驶台车钟和集控室车钟完全相同，均为单手柄复合车钟(LTU)，而机舱应急车钟则为按键式车钟(Pushbutton Telegraph，PBT)。

1. 单手柄复合车钟(LTU)

单手柄复合车钟(LTU)安装在驾驶台操作面板和集控室操作面板上，所谓复合车钟是指装置同时具有传令和主机操作指令的发信功能，图 5-4-5(b)所示为 LTU 的面板结构。

车钟手柄共分 11 挡，包括停车(Stop)位和正、倒车各 5 个挡位。正车的 5 个挡位包括微速(Dead Slow)、慢速(Slow)、半速(Half)、全速(Full)和海上全速(Navigation Full)；倒车的 5 个挡位包括微速(Dead Slow)，慢速(Slow)、半速(Half)、全速(Full)和应急倒车(Emergency Astern)。手柄两侧，对应各个挡位，分别布置有发光二极管(LED)指示灯，当手柄打在不同位置时，对应的 LED 点亮，并且手柄下方的文本显示器会显示相应的挡位名称。例如手柄的当前位置为"Slow"，则"Slow"灯点亮，其文本显示内容也为"Slow"尽管手柄分为不同的挡位，但手柄也可以自由地移动到两个挡位之间的任意一个位置，因此可实现精细的转速设定。

车钟左下方设有三个带灯按钮，其上标明"Bridge"(驾驶台)、"ECR"(集控室)和"Local"(机旁)标志，用于进行操作部位的指示和切换车钟右下方的三个带灯按钮分另 11 为"At Sea"(海上航行)、"Stand by"(备车)和"FEW"(完车)按钮，用做辅助车钟。

车钟的正下方还设有一个保护翻盖，上面的红色标示为"Emergency Stop"(应急停车)。

紧急情况下，可打开翻盖，按下应急停车按钮。此时，遥控系统将触发主机安保系统发出应急停车信号，同时也将使转速控制系统的转速设定值为 0，实现应急停车。再按一次应急停车按钮，并将车钟手柄回零，可实现应急停车的复位。

2. 按键式车钟(PBT)

按键式车钟位于机舱机旁控制台上，用于在机旁操作时与驾驶台或集控室进行传令联络，其面板结构如图 5-4-5(c)所示。按键式车钟的挡位划分与单手柄车钟完全一致，区别在于它是通过带灯按钮来进行传令操作和车令指示的。

按键式车钟没有主机操作指令的发信功能，因此它只是一个纯粹的传令车钟。当在机旁进行操作时，轮机员要通过机旁的主机应急操作装置对主机进行手动操作。

按键式车钟的左侧还设有一个试灯按钮和错向报警指示。

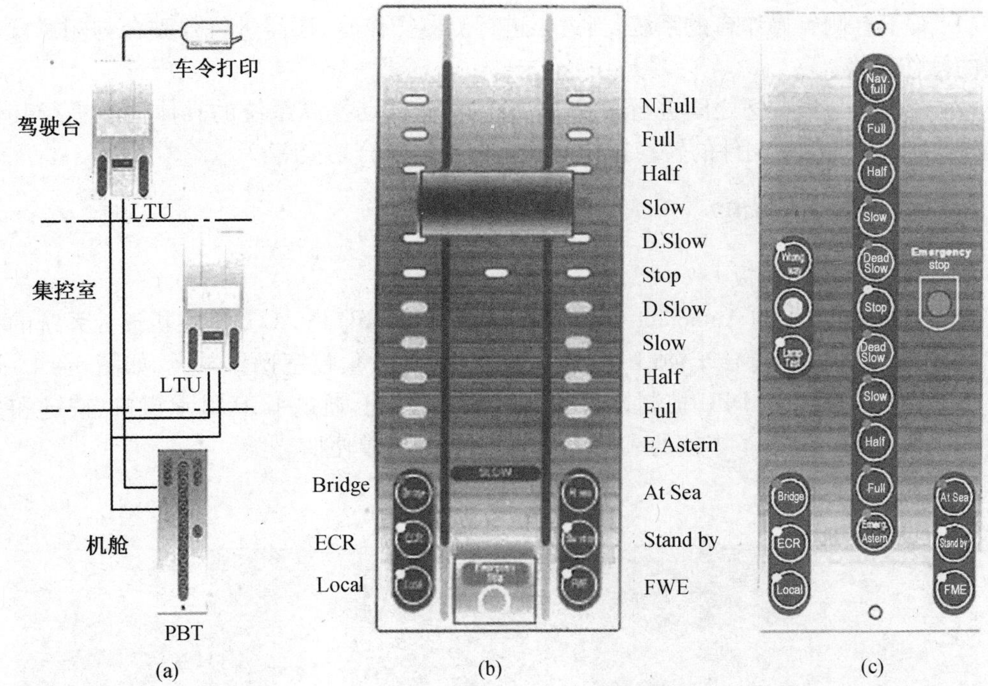

图 5-4-5　AC C20 车钟系统

(a) AC C20 车钟系统；(b) 单手柄复合车钟；(c) 按键式车钟

3. 操作部位及其切换

AC C20 主机遥控系统典型的操作部位包括驾驶台、集控室和机旁三个位置，主机的当前操作部位由车钟上相应的按钮灯指示。

"Bridge"按钮上的 LED 点亮表示为驾驶台操纵，此时主机将根据驾驶台操作手柄发出的指令由遥控系统进行自动遥控。当进行驾驶台操作时，车钟的传令功能将失效，但集控室和机旁车钟上挡位指示灯还将指示驾驶台手柄的位置。

"ECR"按钮上的 LED 点亮表示为集控室操纵，此时集控室和驾驶台之间的通信联络通过车钟系统进行。当驾驶台车令发生变化时，目标挡位的指示灯点亮，同时蜂鸣器响。轮机员应首先回令（即把集控室车钟手柄移动到目标挡位，蜂鸣器停响），然后通过"主机启/停与转速设定杆"（Start/Stop & speed-set Lever）操纵主机，使主机达到车令要求的状态

"Local"按钮上的 LED 点亮表示为机旁操纵，此时机旁与驾驶台之间可通过车钟系统建立通信联系。当驾驶台车令发生变化时，轮机员首先通过机旁车钟的按键回令（仅仅起到传令钟功能，无法操纵主机），然后通过机旁应急操纵装置对主机进行相应操纵。机旁应急操纵装置因主机类型而异，一般为主机气动操纵系统自带的手动控制阀和主机油量调节手柄或手轮。

操作部位切换可通过带灯按钮的操作来实现，例如，从集控室转到驾驶台操作时，首先按下集控室车钟上的"Bridge"按钮，这将使集控室和驾驶台车钟上"Bridge"按钮的 LED 闪光且使蜂鸣器响，然后在驾驶台按下"Bridge"按钮，两地"Bridge"按钮的 IED 变为平光，且蜂鸣器停响，"ECR"按钮的 LED 熄灭，操作部位切换完毕。其他切换与上述过程相类似，但

需要注意到以下两点：

(1)对于有侧翼操作台的系统，当需要进行侧翼操作时，还需进行驾驶台与侧翼操作台之间的操作转换。

(2)在机旁与集控室之间进行转换时，还需根据气动操纵系统的具体情况进行其他某些操作，例如进行气动阀件的转换操作和油门拉杆的离合切换等。

四、AC C20 控制面板

1. Autochief 控制面板

Autochief 控制面板(Autochief Control Panel，简称 ACP)是 AC C20 主机遥控系统的重要组成部分，它和单手柄复合车钟(LTU)一起构成驾驶台/集控室操作单元，如图 5－4－6 所示。ACP 由独立的一个 DPU 控制，内装嵌入式操作系统，通过 LCD 显示窗口、按键和多功能旋转按钮为用户提供了丰富的人机交互功能，操作简单便捷。

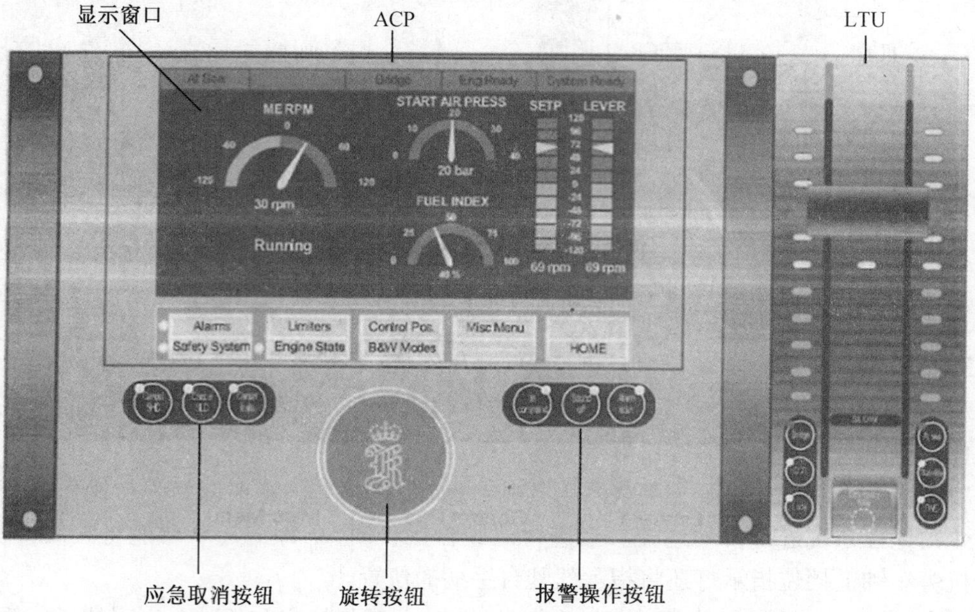

图 5－4－6　AC C20 ACP 操纵单元

(1)显示窗口

显示窗口具有丰富的显示功能，通过菜单式软按钮能够调出各种 Mimic 显示画面。图 3－5－6 所示为两个常用的显示页面，窗口顶部文本显示副车令、操作部位和主机状态等，底部显示为菜单按钮，中间部位为主要显示区域，可以是文本信息、流程图或显示参数的模拟仪表和条形图等。例如图 5－4－7(a)显示，主机转速、启动空气压力、燃油齿条刻度、手柄设定转速(SETP)和经过各种转速限制环节之后实际送到调速器的设定转速(ACT)；5－4－7(b)显示出主机当前状态(STATE)、启动失败/启动阻塞(START FAIL/BLOCK)原因和主机备车未完(ENGINE NOT READY)原因等。

(2)多功能旋转按钮

多功能旋转按钮相当于计算机鼠标，可用于点击显示窗口中菜单键和 Mimic 图中的操

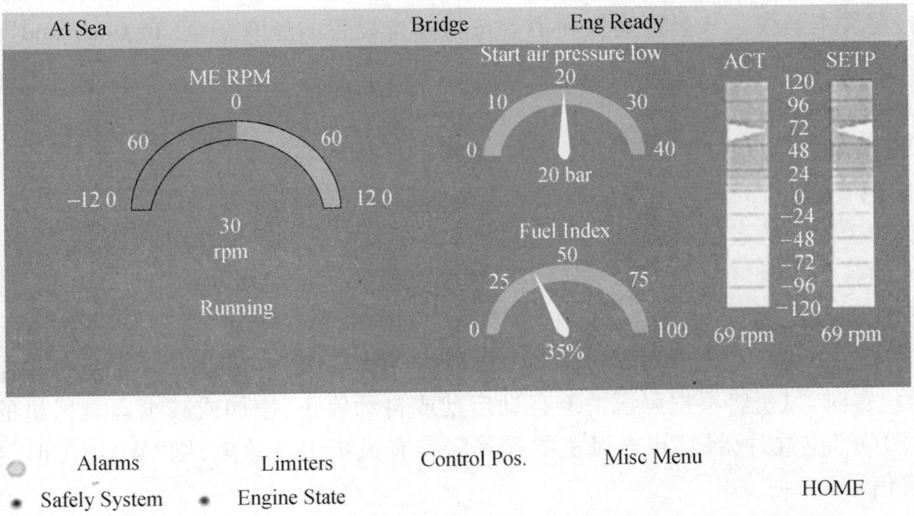

(a)

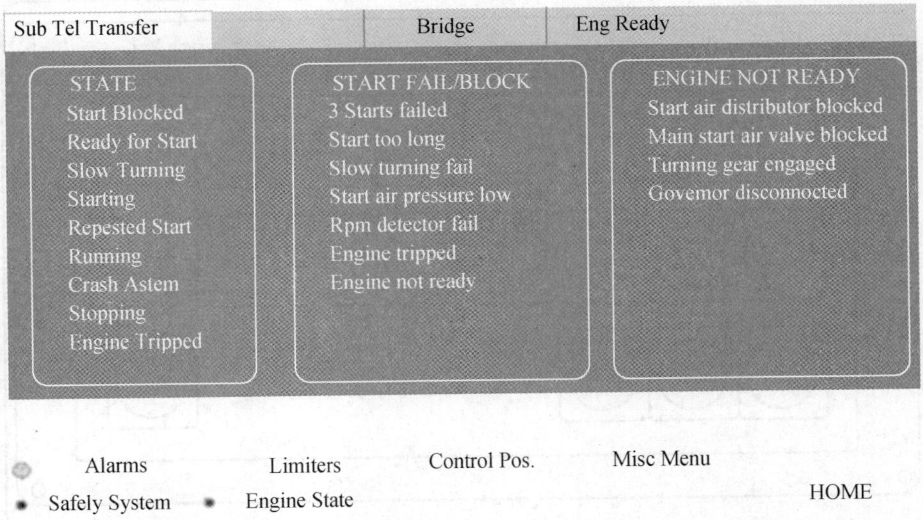

(b)

图 5-4-7　ACP 显示窗口举例

作对象、移动 Mimic。图中的虚拟手柄以及进行参数修改。通过左右旋转可对操作目标进行轮回选择(被选目标变为高亮),按下旋转按钮即可激活相应的功能。因此旋转按钮是驾驶台和集控室操作面板的重要操作工具。

(3)应急取消按钮

应急取消按钮是为紧急情况下取消遥控系统的各种限制和自动降速及自动停车功能而设置的。“Cancel SHD”键按下时将取消被设定为可取消的自动停车项目,而按下“Cancel SLD”则可取消被设定为可取消的自动降速项目,“Cancel Limits”用于取消转速和负荷限制。

(4)报警操作按钮

报警操作按钮包括“Sound off”(消音)按钮和“Alarm Ackn”(报警确认)按钮。当有报警事件时，显示窗口将出现报警信息的文本显示，可通过这两个按钮进行消音和确认，恢复正常后报警文本消失。与报警确认和消音按钮并排设置的还有一个“In Command”绿色指示灯，灯亮表示该 ACP 具有对主机的操作权。

2. IPU 指示面板单元

IPU 指示面板单元位于集控室控制台，面板的结构和布局如图 5-4-8 所示。它由一个独立的 DPU 进行控制，其主要功能是对主机及遥控系统状态进行直接显示，另外还兼有辅助风机的控制和状态指示功能。面板上半部分指示主机及遥控系统的状态，具体内容参见面板上的各个指示灯名称；下半部分用于辅助风机的运行控制和状态显示。辅助风机的数量最多可以有三台，分别通过带灯按钮“START/RUN”和“STOP”进行控制和指示。运行选择开关打在“MAN”位置时可通过“START/RUN”或“STOP”按钮进行手动启停控制；打在“AUTO”位置时，风机将根据风压情况自动启动或自动停止，增加或减少运行风机的数量；而打在“STOP”位置时，将禁止对风机的操作。若有风机出现故障，则“WARNING”报警灯发出报警信号。

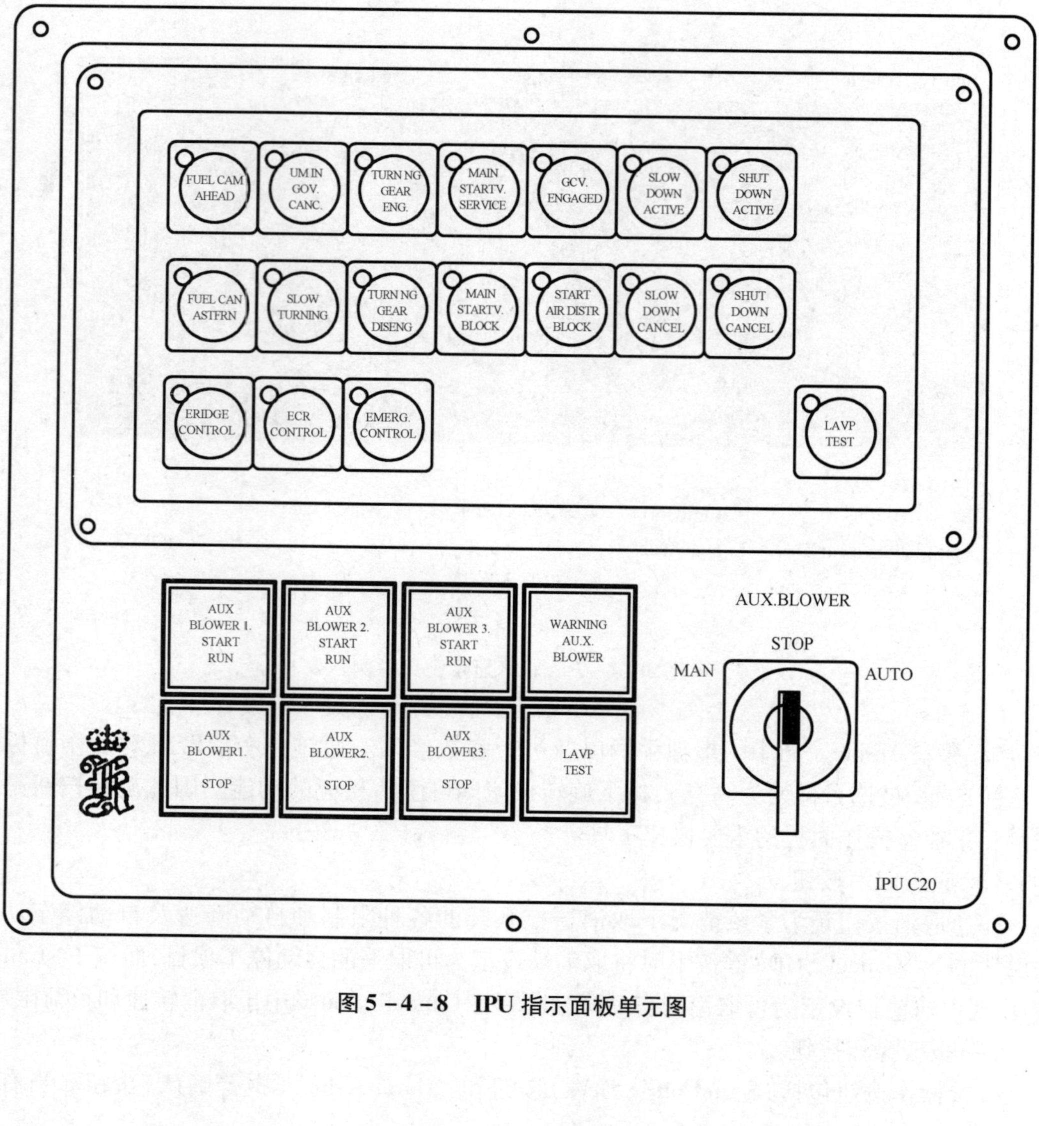

图 5-4-8 IPU 指示面板单元图

3. 机旁显示面板

当操作部位切换至机旁操作时，通过按键式车钟与驾驶台联络，根据驾驶台车令在机旁操作主机。此时，借助机旁显示面板能够了解主机当前运行状态、安全状态及操作部位等综合信息。显示内容包括主机转速、主机运转方向指示、主机当前操作部位指示、辅助风机运行指示、应急操作指示、自动停车指示和盘车机未脱开指示等，此外包括一个自动停车取消按钮和试灯按钮。

五、AC C20 的控制功能

（一）逻辑控制

1. 启动封锁功能

启动封锁是指在某些特定的情况下，不允许主机进行启动的一项安全措施。在 AC C20 遥控系统中，只要出现下列任意一种情况，都将激活遥控系统的启动封锁功能。

（1）主机故障停车。当主机安保系统检测到某种严重故障而导致故障停车时，将封锁主机的启动操作。故障停车的具体原因可在通过 ACP 上的 Mimic 画面查询。

（2）启动空气压力低。为保证主机的成功启动，必须保证有足够的启动空气压力，启动空气压力的最低值可在 ACP 面板上设置。当空气压力低于设定压力时，触发启动封锁。

（3）转速检测故障。转速是主机启动过程和运行的关键性参数，当转速检测系统发生故障时，主机不允许启动。

（4）调速器脱开。当进行机旁操作时，油门拉杆是人工通过气动操纵系统进行手动操纵的，油门拉杆离合器应从调速器执行机构断开，合向手动拉杆。此时，主机的启动操作也是在机旁进行的，因此不允许遥控系统发出启动命令。

（5）主启动阀封锁。出于安全的考虑，当主机停止工作时，主启动阀必须手动置于封锁位置。因此，在进行主机启动之前，必须将主启动阀置于工作位置。

（6）空气分配器封锁。和主启动阀一样，在主机停止工作时，还要封锁空气分配器。在主机启动之前，必须将空气分配器的封锁解除。

（7）盘车机未脱开。如果盘车机齿轮未从主机飞轮脱开，主机的启动是严格禁止的。

2. 主机的启动功能

在主机处于备车完毕状态下，只要将驾驶台操作手柄从停车位置扳向正车（或倒车）任意位置，主机都将自动地进行正车（或倒车）启动。

（1）正常启动

当驾驶台手柄发出启动命令时，遥控系统将通过 MEI 触发启动电磁阀动作，使启动空气按空气分配器规定的顺序进入主机气缸，推动主机启动，同时，系统将向调速器送出一个预设的“启动转速设定值”。当主机转速达到油气切换转速时，关闭启动空气，调速器送出一个预设的油量作为启动油量（该启动油量将在主机转速超过“启动转速设定值”时自动取消，切换为按调节规律输出的计算油量）。若启动成功，则主机在“启动转速设定值”下运行某一预设时间（一般为 6 s，可调）后自动切换为手柄设定转速。

（2）慢转启动

当满足慢转逻辑条件时，主机的第一次启动将自动包含一次慢转过程。若在规定时间内完成曲轴的一圈慢转，则自动进入正常启动程序；否则将在驾驶台和集控室发出慢转失败报警。慢转启动功能可在 ACP 上操作“取消限制”按钮加以取消。此外，是否有慢转功能还和主机的机型有关。

(3)重复启动

若启动空气切断后,主机未能在提供燃油的情况下持续运行(即启动失败),则系统将进行自动重复启动。第二次和第三次启动的“启动转速设定值”要比第一次启动高(重启动设定转速)。若第二次启动失败,则将进行第三次启动;若第三次启动失败,则将发出启动失败报警。

(4)重启动

系统采用提高转速和增加油量的复合式重启动方式。在重复启动和应急倒车的情况下,遥控系统将自动提高“启动转速设定值”,调速器因此向伺服控制单元输出一个较大的油门拉杆位置设定值,使伺服控制单元给出一个较大的启动油量,提高主机启动的成功率。

(5)启动失败报警

慢转失败、一次启动时间过长和三次启动失败等三种情况均被视为启动失败,并在驾驶台和集控室的 ACP 上发出启动失败报警。将操作手柄扳回到停车位置可对启动失败报警进行复位。

3. 换向功能

AC C20 的换向功能分以下三种情况:

(1)停车换向

当主机处在停车状态下,驾驶台将车令手柄从停车位置扳到正车或倒车位置,且车令与主机的转向控制装置位置(包括空气分配器凸轮轴位置和各个高压油泵的滚轮位置)不一致时,遥控系统将首先执行换向操作,当换向完成后再进入启动程序。

(2)运行中换向

当主机在运行状态下,驾驶台将车令手柄从正车(或倒车)扳到倒车(或正车)位置时,遥控系统将首先停油减速,并进行换向操作和反方向启动。若当前转速高于制动转速,则当转速下降到制动转速时进行换向,并进行强制制动,以加快主机反转的过程。

(3)应急倒车

应急倒车是运行中换向的一个特例,即驾驶台手柄从全速正车直接扳到应急倒车位置时的一种紧急操作。一般情况只在船舶避碰的情况下才使用,因此也称为避碰倒车(Crash Astern)。在应急倒车情况下,遥控系统将有如下动作:

①驾驶台和集控室 ACP 上显示“Crash Astem”;

②发出主机停车命令;

③主机转速下降到制动转速;

④对主机进行换向,换向结束后打开启动空气进行强制制动;

⑤重启动和取消限制命令送至调速器,进行重启动,并取消各种限制;

⑥倒车转速达到油气切换转速时切断启动空气,调速器供油。

4. 停车功能

当车令手柄扳至停车位置时,遥控系统将通过 MEI 控制停车电磁阀动作,各个高压油泵泄压阀动作,使主机停车,同时,停油信号还将送至调速器,使调速器输出油量为零。

另外,在驾驶台、集控室和机旁控制台的车钟面板上还设有应急停车按钮,在应急情况下按下应急停车按钮,将通过主机安全单元(ESU)进行应急停车。

5. 其他辅助功能

AC C20 遥控系统还提供了以下辅助功能：

(1)辅助风机控制

系统可以控制 1 至 3 个辅助风机，在主机低负荷条件和启动之前，可在集控室指示面板上通过手动或自动的方式启动或停止风机的运行。在自动模式下，风机的启停由扫气箱压力传感器控制。当扫气压力达到 65 kPa 时风机自动停止。

(2)燃油凸轮监控

燃油凸轮监控功能可确保在换向过程中，所有的燃油凸轮都能动作到位，以便主机能按照要求的转向正确启动。

(3)电子 VIT 控制(可选功能)

作为一个可选功能，AC C20 遥控系统可提供电子 VIT(Variable Injection Timing)控制功能，以取代 MAN B&W 主机的机械式 VIT 机构。

(4)气缸最佳润滑(可选功能)

当监测到主机负荷在相对长的时间内有明显增加时，调速器将控制气缸注油系统的一个电磁阀动作，使得注油量在原来的基础上额外增加，更好地适应主机负荷的变化。这是针对 MAN B&W 主机的可选功能。

(5)可变气缸切换

该功能是针对主机的低负荷和低转速情况设计的，也称气缸切除(Cylinder Cut Out，简称 CCO)。当主机的负荷和转速都比较低时，可将主机的工作气缸分为两组，并且只让其中一组工作，即只有一半的气缸在同时工作，例如 MAN B&W 12K90MC 主机，把 4,5,6,7,8,9 作为一组，10,11,12,1,2,3 作为另一组，两组每 2 分钟互相轮换工作。其目的是保证主机在低转速和低负荷情况下的运转能够更加平稳。考虑到各缸热负荷的均匀以及避免气缸润滑油的浪费，两组气缸一般按照时间顺序进行轮流工作。但是，为保证主机的安全启动，从主机启动直至稳定运行期间，气缸切换功能将被屏蔽。另外，如果“取消限制”功能被激活，或者手柄设定转速和实际转速偏差超出预定的范围，也必须保证所有气缸同时工作。

(二)转速控制

主机转速控制是遥控系统的重要组成部分，AC C20 的主机转速控制系统由测速单元、数字调速器、伺服控制单元和电动执行机构(伺服马达)组成，如图 5-4-9(a)所示。

为确保测速可靠，测速单元采用了两套 CAN 节点式测速模块(RPME)，即通过两个 DPU 对来自测速探头的脉冲信号进行处理，转换为主机实际转速值，并以数字信号输出。转速测量值通过两种方式送给数字调速器(DGU)，一种是通过 RS422/485 通信接口直接连接，另一种是通过 CAN 总线连接，两种连接互为备用。

DGU 一方面通过 CAN 网络和 RS422 接口接收转速测量信号，另一方面通过 CAN 网络接收操作手柄发出的手柄设定转速，其控制输出通过 RS422/485 通信送给伺服控制单元，由伺服控制单元进行位置反馈控制和功率放大后驱动伺服马达，对油门拉杆进行精确定位。

主机转速控制系统的逻辑结构如图 5-4-9(b)所示。手柄设定转速经各种转速限制环节后作为转速设定值与来自测速单元的转速实际值相比较，得到转速偏差，经 PID 作用规律获得控制输出。PID 控制的输出再经燃油限制(负荷限制)和输出补偿(如非线性补偿)得到数字调速器的最终油量输出，送给伺服控制单元。调速器的输出可以理解为燃油给定值(即油门拉杆的要求位置),而伺服控制单元实质上是一个局部的反馈控制器。伺服控制单元将油门拉杆设定值与来自伺服马达的绝对编码器所反映的油门拉杆实际位置比较后,根据偏差和控制规律驱动伺服马达带动油门拉杆动作,直到油门拉杆位置与调速器希望的位置相符为止。

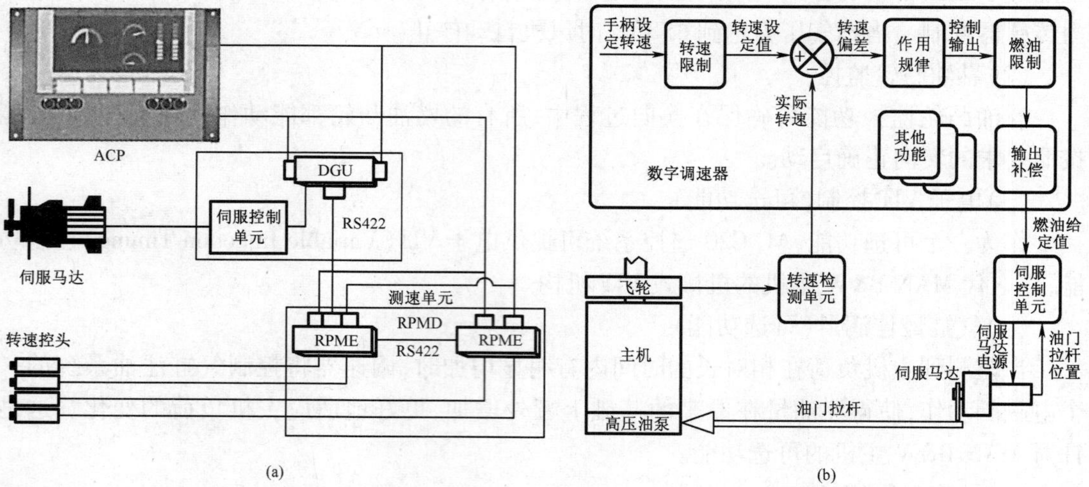

图5-4-9 AC C20转速控制系统原理图

为保证主机能在控制系统失电情况下仍能继续运转,调速系统的伺服控制单元设置了伺服马达的刹车功能。一旦控制系统失电,伺服马达将被锁定在当前位置,使主机以当前的输出油量继续工作。恢复供电后,调速系统自动转入正常工作。

(三)转速与负荷限制

主机的转速与负荷限制是转速控制系统的附加功能。AC C20主机遥控系统采用了DPU式数字调速器,调速器根据转速设定值和实际测量转速的偏差进行PID调节,实现对主机的加减速和转速定值控制。但作为转速控制对象,船舶柴油主机具有一定的特殊性,为了防止主机超负荷,AC C20在数字调速器的软件中设有各种转速限制和负荷限制功能。

1. 转速限制

转速限制包括加速速率限制、负荷程序、最低转速限制、轮机长最大转速限制和临界转速回避等。转速限制的概念和功能已在本章第四节阐述,在AC C20系统中,以上各种限制都是通过计算机软件实现的。

(1)最大转速手动限制

通过ACP的菜单操作可以对主机允许的最大转速限制参数进行修改,当手柄转速设定值超过预设转速时,实际送至PID算法程序的转速设定值将受到限制,如图5-4-10所示。由于这一限制通常由轮机长根据主机的工作状况进行决策,因此也称为轮机长最大转速限制。

(2)负荷程序

当驾驶台手柄推到"Nav. Full"(海上全速)位置时,从"Full"(全速)至"Nav. Full"(海上全速)加速段将实行程序慢加速;同样,当手柄从"Nav. Full"(海上全速)扳至"Full"(全速)或"Full"(全速)以下时,从"Nav. Full"(海上全速)至"Full"(全速)减速段也可实行程序慢减速。程序慢加速和程序慢减速统称为负荷程序，系统进入负荷程序时，ACP 将提示“Load up program active”或“Load down program active”加速和减速速率可通过 ACP 上的菜单操作进行编辑，一般设定慢加速时间为 30 min，慢减速时间为 15 min。程序负荷限制曲线如图 5－4－11 所示。

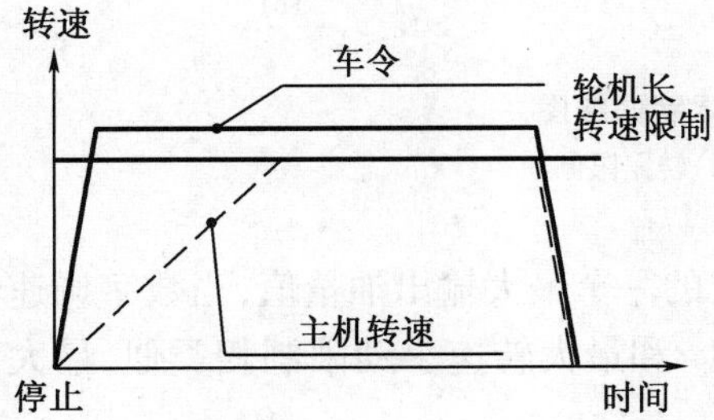

图 5－4－10　轮机长最大转速限制曲线图

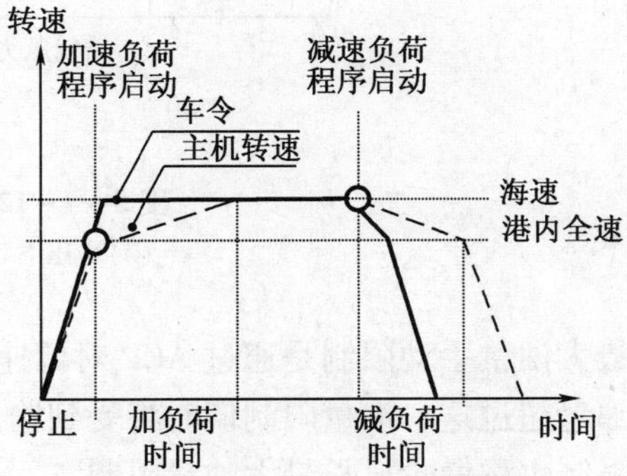

图 5－4－11　程序负荷限制曲线图

当主机在“Full”(全速)转速以下区间进行加速或减速时，系统将进行加、减速速率限制。其加、减速速率大小通过 ACP 设定。

(4) 最低转速限制

最低转速限制的转速值对应主机的最低稳定转速，当转速设定值低于这一限制时，遥控系统将以此最低转速送至调速器的 PID 算法程序，确保主机能够稳定运行。

(5) 自动减速限制

当主机出现异常情况需要减速运行时，遥控系统将根据引发降速的原因，在 ACP 上显示“可取消降速”或“不可取消降速”报警。在预警时间内，对于“可取消降速”，可通过“Cancel SLD”按钮取消。预警时间过后，安全单元将发出自动减速命令，主机将自动减速至预先设定的某一转速运行，即进行自动减速限制。

(6) 临界转速限制

AC C20 系统最多可设置两个临界转速区，均采用上、下限回避策略，即加速过程采用避上限，减速采用避下限。若主机在临界转速区运行的时间过长，则在 ACP 上产生“临界转速”报警。

2. 负荷限制

在数字调速器中，经 PID 控制算法得到的油量信号还要经过油量限制环节才能作为油量输出值送给伺服控制单元。这种限制是为了确保主机不超负荷而设置的，即负荷限制。在 AC C20 系统中，负荷限制包括增压空气压力限制、转矩限制和最大油量手动限制，均通过软件实现。

增压空气限制程序根据扫气箱压力传感器测得的扫气压力，对允许的供油量进行分段限制，如图 5－4－12(a)所示。转矩限制是根据主机的实际转速来进行限制的，即根据测量转速值的大小对允许输出的供油量进行分段限制，如图 5－4－12(b)所示。最终送至伺服控制单元的油量值为 PID 计算值和各种限制值当中的最小值。图 5－4－12 所示的曲线可根据实际需要通过 ACP 进行修改。

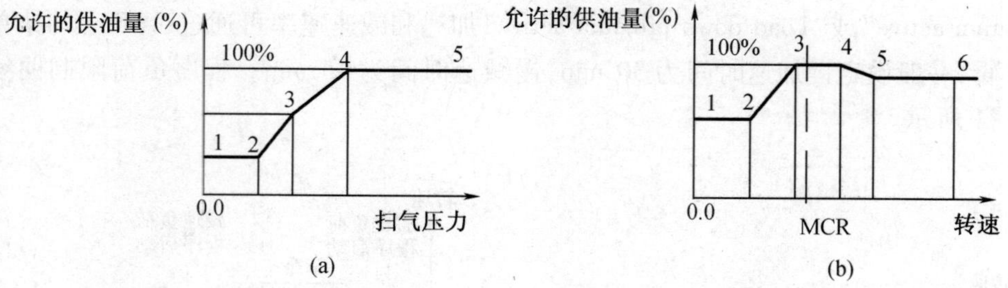

图 5-4-12 负荷限制曲线图

(a)增压空气限制;(b)转矩限制

最大油量手动限制是通过 ACP 对调速器设定的一个最大输出油量值,当数字调速器的计算油量超过这一油量限制值时将受到输出限制。和最大转速手动限制相类似,最大油量手动限制也称做轮机长最大油量限制。

3. 限制的取消

当按下 ACP 上的“取消限制”按钮时,最大转速和最大油量的手动限制可被取消,同时增压空气压力限制和转矩限制的限制值将自动提高 10%(可调)。

(四)特殊工作模式

为满足某些特殊情况的需要,AC C20 的转速控制系统还提供了几种特殊的工作模式。

1. 轴带发电机模式

当轴带发电机带有恒速装置时,为避免因主机正常减速或自动降速导致全船失电,遥控系统提供了一种可选工作模式,即轴带发电机模式。主配电板上有一路反映轴带发电机并车状态的开关量信号(“轴带运行”信号)送至主机遥控系统,当轴带发电机与电网连接时,要求主机转速必须高于某一规定转速(通常为 75% MCR,可调)。一旦驾驶台手柄设定转速低于这一转速,或者发生自动降速时,系统将进行以下动作:

(1)立即减速到轴带发电机要求的最低转速。

(2)驾驶台和集控室的 ACP 上显示“RPM holding”警示。

(3)向主配电板发送“柴油发电机组启动和轴带发电机解列”指令。

(4)主机继续维持轴带最低转速直至轴带发电机解列,但最长不超过 60 s(可调)。

(5)“轴带运行”信号消失后,转速降至要求的转速,即设定转速或自动降速限制转速。以上过程同样适用于主机停车操作或应急倒车操作的情形。轴带发电模式转速控制过程如图 5-4-13 所示。

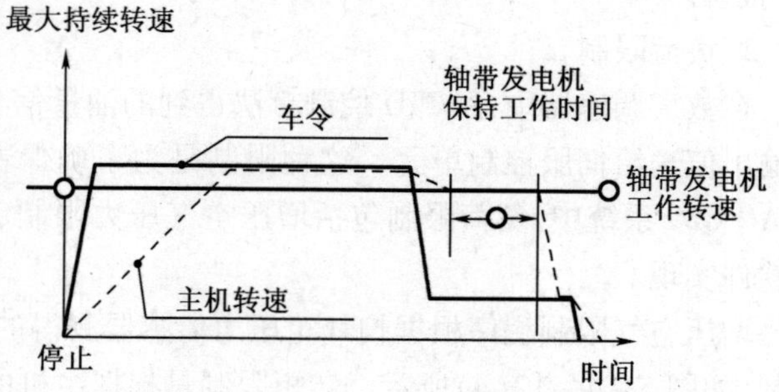

图 5-4-13 轴带发电机模式转速控制过程

2. 恶劣海况模式

恶劣海况模式是在风浪天航行时采用的一种可选工作模式,其目的是避免主机因超速而导致停车。在海况恶劣的航行条件下,通过 ACP 菜单操作可进入恶劣海况模式。当转速超过设定的上限转速值时，遥控系统切断燃油供应，迫使主机降速，转速下降到停车复位转速后恢复供油，然后维持该转速持续运行。此后，若想让主机再按手柄设定转速运行，则须将手柄拉回至复位转速，再推向希望的设定转速，恶劣海况模式的转速控制过程如图5－4－14 所示。

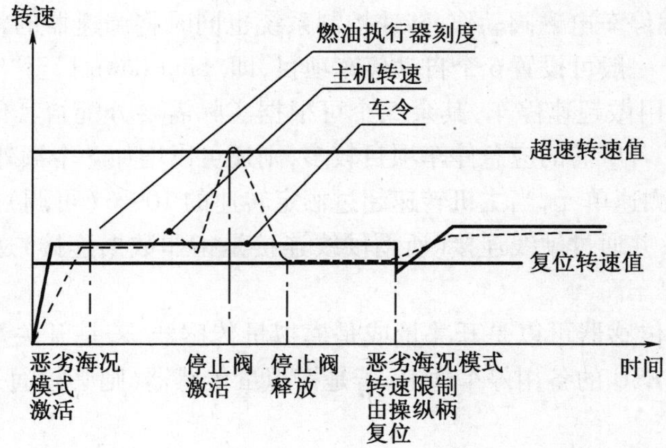

图 5－4－14　恶劣海况模式转速控制过程

3. 定油量模式

这是 KONGSBERG 电子调速器所特有的一种控制模式。当测量转速在某一预设时间范围内保持恒定时，调速系统将在指令控制下进入定油量控制模式。此时，调速器将通过伺服控制单元锁定燃油齿条，保持恒定的主机供油量，此时转速将随外界负荷的波动而波动，但转速偏差不允许超出规定的范围。转速偏差一旦超限，系统将自动退出定油量模式，转入正常的转速控制模式。定油量模式的控制过程如图 5－4－15 所示。

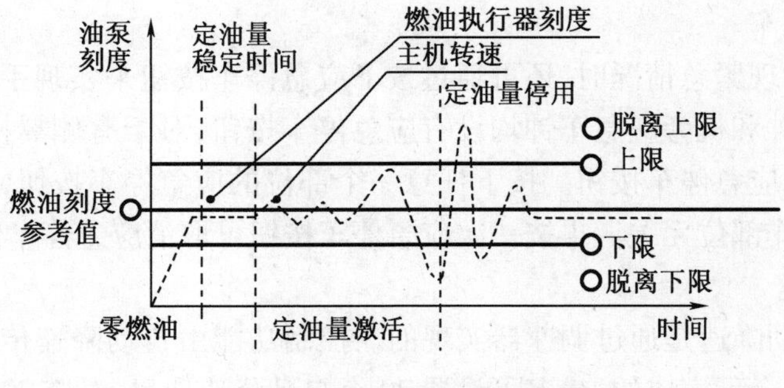

图 5－4－15　定油量模式控制过程

这种模式并不适用于低转速区间和高转速区间，因为前者有可能导致主机低于最低稳定转速，而后者则有可能使主机超负荷。通过 ACP 操作可限定此种工作模式的允许转速范围。

六、AC C20 的安全保护功能

安全保护系统的主要功能是在出现某些特殊情况时对主机进行应急停车或自动降速，确保主机的安全。

(一)应急停车

应急停车包括自动停车和手动应急停车两种情况,AC C20 的应急停车功能主要通过安全单元 ESU 实现。

1. 自动停车

自动停车是当测速单元(RPME)发出主机超速信号或其他专门的应急停车传感器发生作用时,ESU 将指挥停车电磁阀动作,转速控制系统也同时将调速器的输出减少至零位,使主机停车。AC C20 一般可设置 6 个自动停车项目,即“Shut down 1”至“Shut down 6”。其中“Shut down 1”固定用做超速停车,其余 5 个可根据实际需要分配给其他应急停车传感器。在某些特殊的场合,若所需的应急停车项目较多,则还可以增加 5 个额外的定制项目。

超速信号来自测速单元,当主机转速超过额定转速的 109%(可调)时,RPME 将发出一个继电器触点信号,并通过硬线连接(所谓硬线连接是指非数据连接)送至 ESU 的第 19 输入通道,触发自动停车。

其他应急停车传感器可以是开关量或是模拟量传感器,若是开关量传感器,则可通过硬线连接直接接到 ESU 的备用停车通道,若是模拟量传感器,则必须通过 CAN 网络将应急停车指令送达 ESU。

(1)自动停车的取消

对所有的自动停车项目均可通过 ACP 屏幕操作将其设置为“不可取消(Non Cancellable)”或“可取消(Cancellable)”两种类型,一般情况下超速停车应设为“不可取消”。对于不可取消的项目,只要传感器起作用就将立即触发主机自动停车;而对于可取消的项目,则可分别设置一定的延时时间,并且在延时范围内可以取消。取消方法有两种,一是在集控室 ACP 上通过屏幕操作对当前出现的自动停车项目进行选择性取消(这种方法与当前操作部位无关),二是在当前操作部位按下“Cancel SHD”按钮进行一次性全部取消。

(2)自动停车的复位

一旦发生自动停车时,必须在自动停车故障消失后,在当前操作部位将操作手柄回零进行复位操作,然后才能再次启动主机。

2. 手动应急停车

当值班人员发现紧急情况时,还可通过按下应急停车按钮来实现手动应急停车。驾驶台车钟、集控室车钟和机旁应急车钟均设有应急停车按钮,对于有侧翼操作台的船舶,则在侧翼操作台也设有应急停车按钮。按下任意一个部位的应急停车按钮,均可发出应急停车命令,且与当前操作部位无关。再按一次应急停车按钮可取消应急停车信号。

(二)自动降速

AC C20 的自动降速是通过调速器实现的。控制功能由自动降速传感器和转速控制系统在网络通信的配合下完成的,最多可设置 20 个自动降速项目,对应 20 个降速传感器。降速传感器可以是开关量或是模拟量传感器,只要其中某个开关量传感器动作或模拟量传感器的测量值越限都将使调速器的转速设定值自动降低到某个预设值(一般为“慢速”挡设定值),迫使主机自动降速。此时,主机转速不会超过这一预设转速,但在最低稳定转速和该预设转速之间,手柄调速仍然有效。

和自动停车项目类似,自动降速项目也可被设置为“不可取消(Noncancellable)”或“可取消(Cancenable)”两种类型。对于不可取消的项目,只要相应的自动降速条件具备,遥控系统将指挥调速器进行立即降速;对于可取消的项目,则可分别设置一定的延时时间,并可在延时范围内取消。取消方法也有两种,一是在集控室 ACP 上通过屏幕操作对当前出现的自动降速项目进行选择性取消,二是在当前操作部位按下“Cancel SLD”按钮进行一次性全部取消。

当引发自动降速的故障现象消失时,自动降速将自动复位。只有复位以后,手柄的转速设定功能才能在正常的转速区间有效。

不论是发生自动降速还是应急停车,AC C20 都将发出报警信号,并在 ACP 显示屏上显示相应的文本信息。此时,可通过 ACP 上的“Sound off”和“Alarm ackn”按钮进行消音和报警确认。

任务五 智能电控柴油机控制系统

【任务目标】

1. 了解 ME 和 RT-flex 智能柴油机系统的组成、工作原理；
2. 掌握智能电控柴油机的功能特点，能进行系统功能分析和正确的操作、管理。

随着智能控制在陆上工业各领域广泛应用和成熟，船上控制系统也发生变化，最先引入智能控制的是船舶航向自动操舵仪，随之是航迹保持器。到了 20 世纪 80 年代末，引入船舶主机，形成了智能型柴油机概念。90 年代各大船舶主机制造商相继在实验室开展了智能柴油机的研究：1993 年 MAN B&W 公司研制出试验机，在实验室中运转；1998 年首台智能型柴油机安装在挪威的 Bow Cecil 船上；2000 年 11 月使用智能系统船舶主机进行试航，并通过了 DNV 等船级社认可，2002 年初 MAN B&W 公司正式推出了电子控制的 ME 系列柴油机；而瑞士 Wartsila 公司在 1998 年首先推出了共轨式全电子控制的智能型柴油机 Sulzer RT-flex（电控等压喷射）燃油喷射系统，该系统实现了无凸轮轴柴油机的燃油喷射，排气阀启/闭，启动空气和缸套润滑的全电子控制，在船舶可靠性、经济性和废气排放控制等方面做出的重大提高，被称为柴油机的第三次革命。目前，国内关于智能柴油机的叫法不一，这里尊重多数人的叫法，称之为电控柴油机。

一、电控柴油机控制系统的基本概念

智能控制引入船舶主机控制系统是从智能调速器开始的，它把船舶主机现时的排烟中的含氧量、温度、增压器的压力、转速等信号都引入控制系统，根据现时主机的给定转速与实际转速的偏差大小，再综合现时的排烟温度、增压器的压力、含氧量等来决定燃油量，使其充分燃烧，达到经济性要求。但是，影响船舶柴油机燃油的燃烧充分与否的因素很多，不仅与增压器压力的大小、输入新鲜空气量的多少有关，还与喷射开启时间、喷射时间持续长短、燃油喷射的压力有关，而且在不同柴油机转速下，它们也是不相等的。所以，此时智能型调速器就不能完全达到减排高效目的，只能在传统柴油机自身结构上寻求突破来提高船舶主机可靠性、经济性和降低排放。Wartsila 公司首先提出共轨技术，在传统的 Sulzer RTA 型柴油机上取消了废气排气阀驱动装置（Exhaust valve drive）、燃油泵（Fuel pump）、凸轮轴（Camshaft）、可逆（倒车）伺服马达（Reversing servomotor）、燃油连接（Fuel linkage）、启动空气分配器（Start air distribution）和凸轮轴驱动（Camshaft drive）等机构；而是采用 Common Rail（共轨）装置，用来建立燃油压力；采用液压控制排气阀启、闭操作；采用容积喷射控制单元（Volumetric Injection Control Unit）控制燃油的流量和喷射时间；采用燃油供给单元（fuel supply unit）取代原有的燃油泵来提供高压燃油，由液压伺服油泵提供驱动力液压油。其结构示意图，如图 5－5－1 所示。

1. 电控型柴油机的共轨技术

采用传统机械结构的柴油机无法实现高效减排目标，只有通过机电一体化设计对柴油机的结构进行改进，才能实现高可靠性、经济性和高效减排的目的，通过几十年的研究，诞生了柴油机共轨技术。图 5－5－2 为瑞士 Wartsila 公司研制的 Sulzer RT-flex 型船用低速柴油机电子控制共轨技术系统。

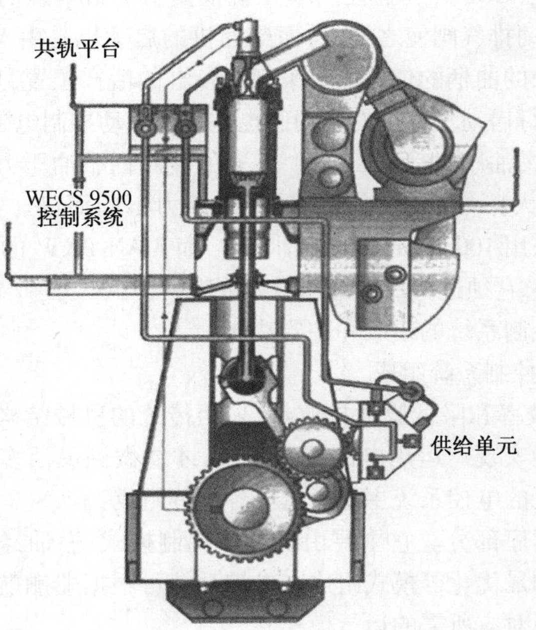

图 5－5－1　Sulzer RT-flex 型电控柴油机结构示意图

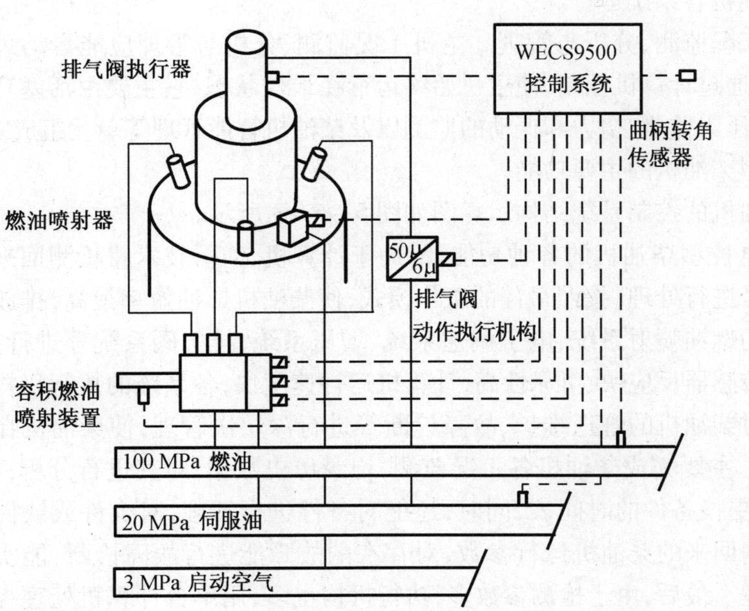

图 5－5－2　Sulaer RT-flex 共轨技术系统示意图

从图 5－5－2 中可以看见，该系统取消了凸轮轴装置对其喷油和排气控制，取而代之的是 WECS 9500 控制系统。它给各缸的气缸控制单元（CCU）发送燃油喷射控制信号，气缸的控制单元，根据这个指令和本缸活塞位置等来控制燃油喷射量、喷射时间、喷射方式（一次性喷射、脉冲性喷射)以及喷射油头的个数。排气阀的控制是由 WECS 9500 控制系统发出指令给各气缸控制单元(CCU),气缸控制单元就根据指令给本缸的排气控制电磁阀通电,控制高压伺服油,去驱动排气阀使之排气;而柴油机的启动也是由 WECS 9500 控制系统根据曲柄角度传感器送来的曲柄的位置信号来判别各缸的活塞位置,从而发出哪个缸应打开启动阀进气的信号,进行启动。这里的启动阀也是采用电动控制电磁阀。

从图上看,各缸的燃油压力都是一样的,各缸的液压伺服油压力也是一样的,由此而得名共轨技术,只不过各大柴油机制造商所采用的压力不同而已。如瑞士 Wartsila 公司的 Sulzer RT-flex 机型是采用 100 MPa 高压燃油压力,而 MAN B&W 的 ME 系列是采用 0.7 ~ 0.8 MPa 低压燃油压力,它须进行二次增压后才能喷射。

2. 电控型柴油机控制系统的组成和主要功能

(1)电控型柴油机控制系统组成

要实现柴油机高效率和降低废气排放量,采用传统的机械结构是无法达到的,只有通过机电一体化设计才能实现。运用电的控制手段,才能做到灵活多变,适应不同柴油机的工况要求。船舶柴油机的电控系统主要由以下各部分组成:

①运行模式选择程序部分。它主要由低排放控制模式、燃油经济性模式、主机运行保护模式、应急停/倒车的最优化等模式组成。电控系统可根据船舶航行的实际情况,由驾驶台或自身控制系统选择对应所需的运行模式。

②主机控制系统。它主要由气缸喷射油量的控制、燃油泵的控制、气缸的压力测量与分析、最大功率 P_{max} 的控制、排气阀的控制、压缩压力的控制、增压系统的控制等单元组成,它控制了柴油机各系统运行。

③主机工况监测、分析与管理。主机工况监测、分析与管理应能自动采集主机的各种运行参数,并通过计算机控制,使主机始终运行在最佳状态,它主要由活塞环或气缸套的工况监测、气缸压力监测、扭力和振动的监测以及柴油机智能管理等单元组成。

3. 电控型柴油机的主要功能

电控柴油机的控制系统结构示意图如图 5-5-3 所示。

要实现电控型柴油机的各种功能,借助于计算机、通信技术将检测回来的柴油机各种运行状态信号进行处理(按照最佳的工作模式,使柴油机燃油效率最高,排放最低),处理结果对柴油机的燃油喷射系统、电子调速系统、增压系统、排气阀系统等进行控制,这就要求检测信号的传感器反应快、可靠性高,计算机运行速度快,各系统的执行机构动作灵敏和可靠。其次是对柴油机的管理维护、故障诊断等进行深层次管理,使柴油机在寿命期限内达到最大效率。主要完成柴油机各工况监测,记录历史数据,对其进行分析,检测出磨损量,预测出检修、更换备件的时间表,同时,还能对备件进行管理,对少件或缺件自动形成申购表。通过检测回来的柴油机运行参数,对存在的故障能进行故障诊断,能实现对柴油机进行全方位管理。最后,由于检测参数多,执行机构也多,用单台计算机处理控制无法满足适时性,要采用分散式控制方案,就得用多台处理器。这样,它们之间的联系是通过现场总线方式,进行交换和传递相关信息,正如每个气缸的控制单元(CCU)与主控制处理器(MCU)是通过网络总线来联系的。

图 5-5-4 是电控柴油机的控制系统方框图。集控室可连接多台电脑和双冗余现场总线,柴油机由双冗余主机控制单元(EU)控制(一个单元在运行工作,另一个处于热备用),通过集控室上的转换开关来切换,由集控室或驾驶台车钟发信器下达车令,通过数据处理

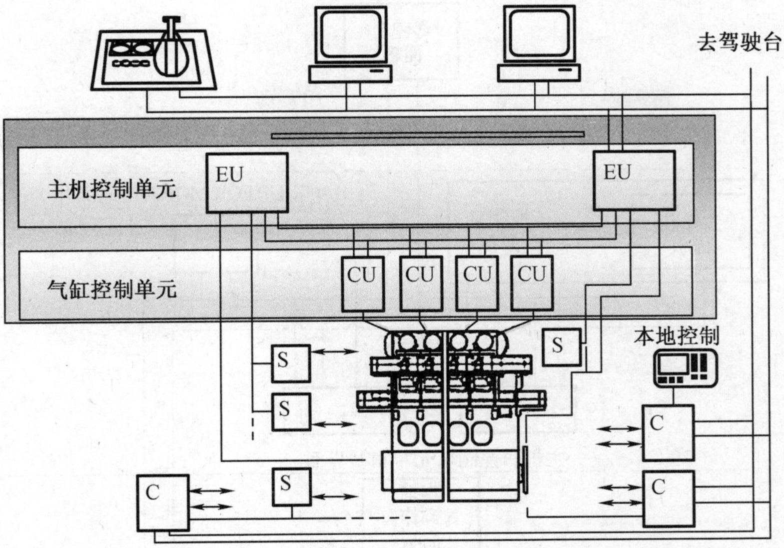

图 5-5-3　电控柴油机的控制系统结构图

送到总线上，主机控制器（EU）接收到该车令后根据传感器（S）检测回来的柴油机现时状态信息进行处理，然后，按处理结果形成指令，通过总线送到各缸的控制器（CU），对本缸的燃油喷射控制、排气阀控制、启动阀控制、特定气缸的气缸注油器等进行控制。

开发电控型柴油机的公司很多，主要有：美国卡特彼勒（HEUI 系统），德国（博世）Rebert Boseh 公司，意大利（菲亚特）Fiat 集团（Unijet 系统），日本电装公司（ECD - UZ 系统），英国 Lou - cas 公司（dieselsystem）以及大型低速柴油机供应商 Wartsila 公司（RT-flex 系统）和 MANB&W 公司（ME 系统）低速柴油机。我国船上所采用的比较典型的是 Wartsila 公司的 RT-flex 系统和 MANB&W 公司的 ME 系统，这里以这两个系统做介绍。

二、Wartsila 公司的 RT-flex 系统

1. WECS - 9500 控制系统

Wartsila 公司的 RT-flex 型电控柴油机控制系统的核心单元是 WECS-9500，其结构原理框图，如图 5 - 5 - 5 所示。它主要由主控制单元（COM-EU）和各气缸的电子控制单元（CYL-EU）等组成。主控制单元接收外界的信号，如主机遥控系统、调速器、安保系统、人机界面、控制油系统、燃油系统、液压伺服系统等信号，然后进行程序处理，把处理的结果送到各气缸控制器（CCU），由其再去控制燃油系统的执行器、液压伺服系统的执行器等进行相应调节，使柴油机完成相应功能，达到最佳运行状态。

WECS-9500 控制系统不仅取代了传统柴油机上凸轮轴相关的机械零部件的功能，而且能对燃油喷射、排气阀动作以及柴油机的启动、换向、停车和气缸润滑等功能的全电子化精准控制。通过对相关参数的设定和修改，可调节主机的运行状态和性能参数，实现柴油机最佳性能。此外，还可对主机的运行情况进行实时监测，并与船上的其他控制系统、报警系统连接，将主机的运行情况直接送到各系统，各系统可直接采用该信号进行综合处理。WECS-9500 主要的作用如下。

（1）对共轨的燃油压力、伺服油压力进行控制以及主机、气缸相关的功能管理，其中包

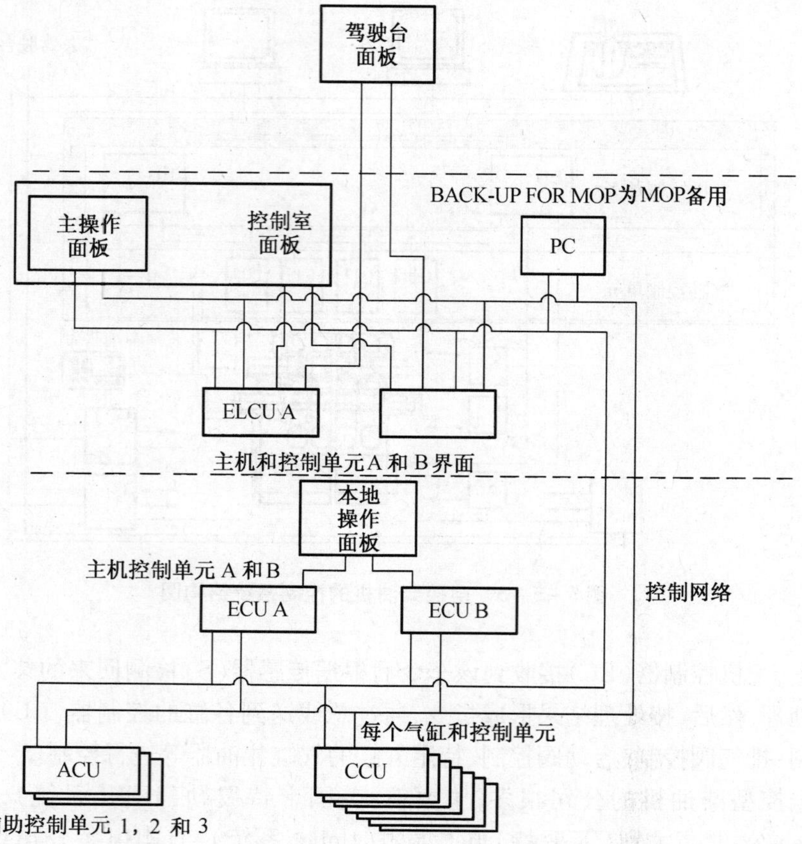

图5-5-4 电控柴油机的控制系统方框图

括检测主机的状态、调整主机的参数以及控制气缸的喷油时间、喷油量、排气时间，使主机处于最佳工作状态。

(2)负责对外界系统的通信。WECS-9500控制系统各功能单元的作用：

①公共电子单元(COM-EU)。它包括两个主控制模块MCM，互为备用，一个MCM工作，另一个处于热备用状态，由外部的选择开关发信号给选择模块ASM，ASM模块根据选择开关的信号确定哪个模块处于工作，哪个处于热备用。MCM的主要作用是对共轨中的油压控制、主启动阀的控制以及与其他系统通信，并对主机内部信号进行检测和传输。

②气缸电子控制单元(CYL-EU)。每个气缸都装配一个气缸电子控制单元，它安装在共轨平台的下部，它提供对气缸的启动空气阀的启、闭进行控制，燃油喷射，排气阀的启、闭在时间和数量上进行控制，即VIT、VEO、VEC等功能控制。

③曲柄角度传感器(Crank Angle Sensor)。它用于准确测量曲柄位置，该信号送到气缸电子控制单元，从而推算出气缸的活塞位置，便于对气缸的喷油和排气的时间控制。

④各缸执行器的传感器。用于检测各电磁阀，液压伺服油缸的工作状态。

⑤WECS的辅助控制单元(WECS Assistant)。它安装在集控室，由一台计算机和一台MAPEX-CR的控制装置组成。这套装置作用是显示主机的状态及报警信息，例如，每个气缸的燃油、废气、延时时间，每个气缸活塞速度等状态信息显示，以及各传感器测量值、参数设定值和动态曲线显示。对各运行参数越限进行报警显示，对主机的一些参数进行设定。

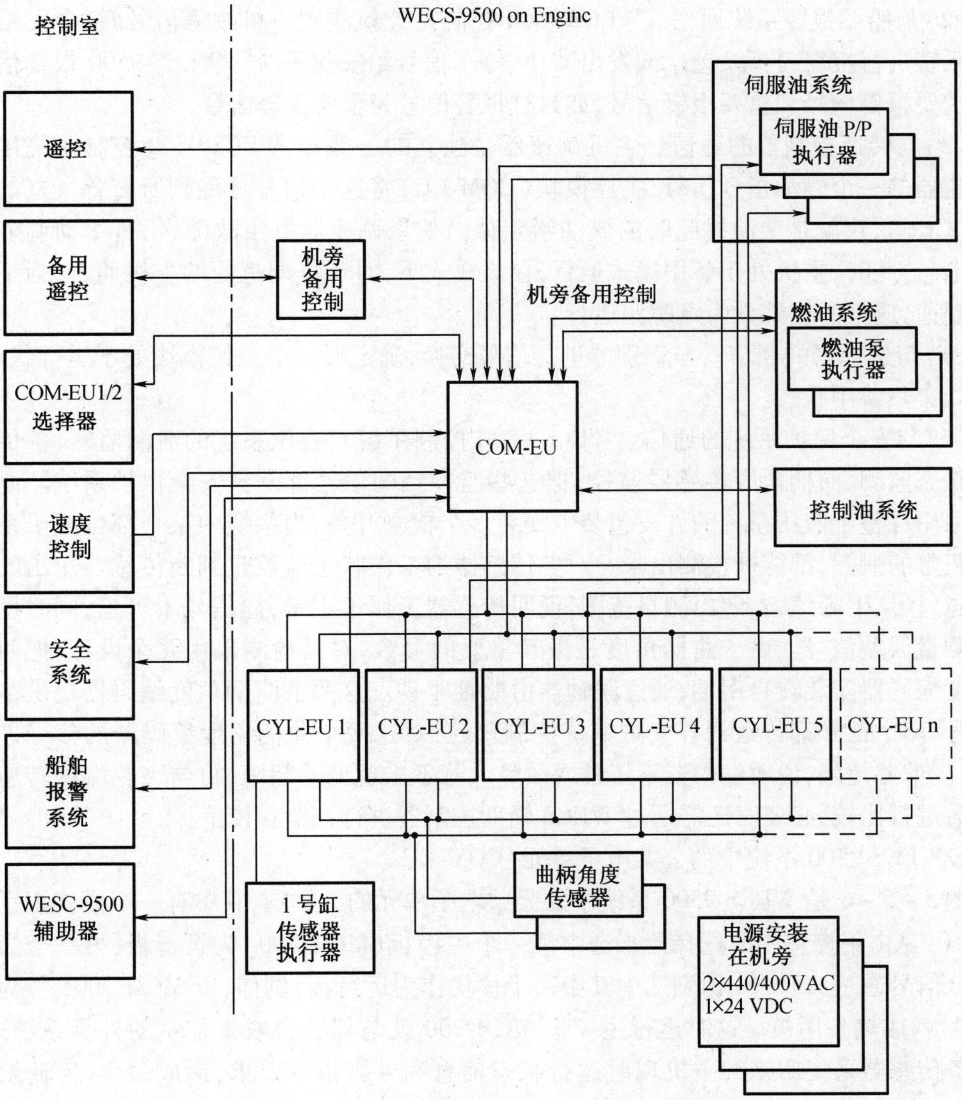

图 5－5－5　WECS-9500 控制系统

参数设定可分为两组，一组为操作人员，无须密码进入设定，例如：最大油耗限制、磨合模式、修改 VIT，FQS 等的参数，改变喷油的起始角度，排气阀的关闭角度等；另一组为专家，须凭密码进入，只有柴油机厂家服务人员或经过厂家授权的人员才能改定，例如，发火顺序这种关键参数。作为智能化的主机，RT-flex 机型还配备一些附加功能，如一些特殊的参数检测、数据分析、管理维修、备件管理等，其中包括 MAPEX-TP（气缸磨损检测），MAPEX-PR（活塞运行可靠性检测），MAPEX-CR（燃烧可靠检测），MAPEX-TV/AV（扭矩振动/轴向振动检测），MAPEX-SM（备件和维修）等，用户可根据自己的要求来选择这些功能（全部或部分）。

WECS-9500 控制系统的通信功能：

（1）与主机遥控系统的通信。所有主机的运行命令如正车、换向、倒车等，依据操作人员所操车钟要求形成指令送给 WECS-9500 公共电子单元，同时，主控模块上的主机负荷和检测到的排气压力、排烟温度等信号也会传送给主机遥控系统。

(2)与船舶报警系统通信。WECS-9500 控制系统检测到主机故障信号时,会发给船舶报警系统进行报警、打印、记录或发出减速、停车信号给安保系统。WECS-9500 报警信号可分为次要报警信号和重要报警信号,如封缸报警信号为重要报警信号。

(3)与转速控制器的通信。主机调速器是独立的一部分,WECS-9500 控制系统接到主机调速器的一个燃油指令信号,主控模块(COM-EU)将这个信号分配到所有各气缸的控制模块(CEU),这就是柴油机此时的燃油给定值。如果调速器发生故障,仍可手动调节燃油命令信号,此时,主机处于备用模式运行,在该模式下,对于可调螺距的主机而言,为了防止主机超速,应把螺旋桨设为定螺距运行。

(4)与选择器的通信。与识别器进行信号交换,确定哪一个主控模块处于运行状态,哪一个处于热备用状态。

(5)与安全保护系统的通信。WECS-9500 控制系统对液压系统的泄漏监测、各传感器工作状态监测、曲柄角度传感器监控,把这些监控到的信号都发到安全保护系统。泄漏检测是采用在整个液压系统的外皮包装中安装多个检测开关,当系统中某个部位或子系统发生不正常的泄漏,都能被检测出来。对各传感器的工作状态监控是判断传感器送出的信号是否越过上、下限值,若超出测量范围,说明传感器工作不正常,此信号不可信,同时也显示一个测量误差信号。由于曲柄角度是极其重要的参数,对其检测采用冗余设计,把两个曲柄角度编码器安装在自由端,通过联轴器由曲轴驱动。这两个曲柄角度编码器提供绝对转角信号,两个信号都传送到各气缸电子控制单元,对这两个曲柄角度编码器的信号进行比较,出现偏差超限,说明编码器不正常或故障。若不出现偏差超限,再与飞轮端的转速传感器读数进行比较,必要时还需通过 WECS 辅助控制器进行补偿和校正。

2. WECS-9500 系统中的公共电子单元(COM-EU)

图 5－5－6 是 WECS-9500 系统中的公共电子单元的方框图,其中有一个模式识别模块 ASM 10,是由集控室中的选择器来选中某一个主控板(MCM 700)为运行板,另一个为备用板。该信号通过 ASM 10 识别选中其中一个模块作为运行板,例如,以 MCM 7001 号为运行板,2 号就成热备用板。这时运行主控板 MCM 700 就与驾驶台或集控室的外界系统通信,根据各传感器采集回来的主机现时运行状态信息和外界指令要求,形成命令,传输给每个缸的气缸控制器,进行相应控制操作,同时,识别模块 ASM 10 发出指令给燃油泵执行驱动器,使燃油泵工作,识别模块也发出指令使控制油泵工作。选中的主控板根据车钟指令也直接对启动空气阀进行控制。

3. 气缸控制单元(CYL-EU)

图 5－5－7 是 WECS-500 控制系统中的气缸电子控制单元的方框图,它由气缸的控制中心模块(CCM)和阀件控制信号放大驱动模块(VDM)组成。当气缸控制模块 CCM 从 CAN 总线上与主控制模块 MCM 进行通信,从冗余设计的曲柄角度编码器获取曲柄的位置,推算出气缸活塞的位置,做出对气缸运行状态进行控制,同时也采集燃油喷射信号、排气阀的位置信号以及三个喷射阀状态的适时信号,然后通过设定的程序进行计算处理,对各燃油喷射阀、废气排放阀、启动进气阀和液压伺服油泵的执行器进行控制。

4. 电控型柴油机燃油系统的控制

由于电控型柴油机燃油是采用共轨系统,需要提供共轨燃油压力控制和各缸喷射油量的控制。图 5－5－8 为 Sulzer RT-flex 电控型柴油机的共轨管路燃油压力控制原理图。途

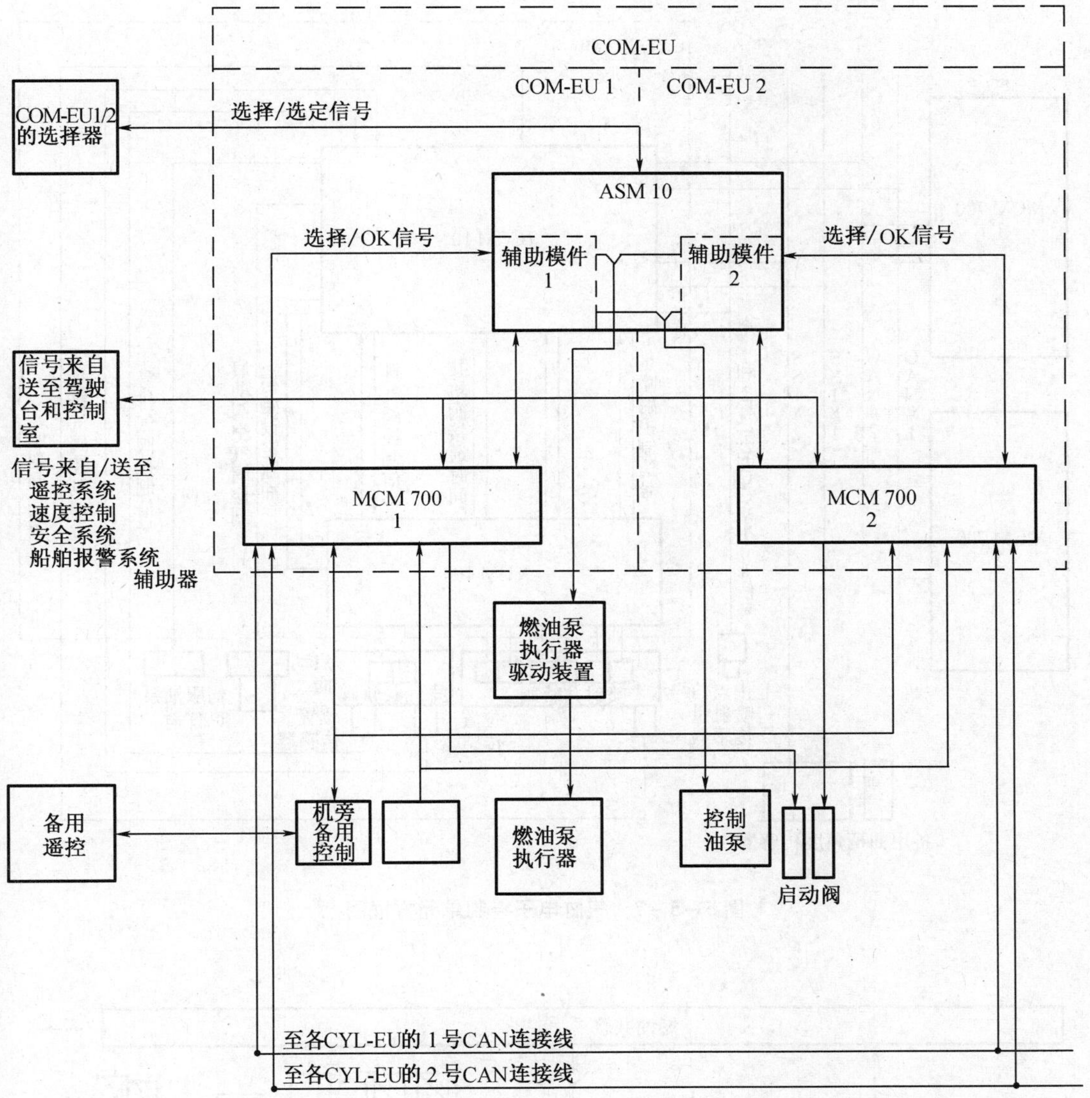

图 5－5－6　公共电子单元的方框图

中的主控模块 MCM 从气缸控制模块 CCM 接收柴油机转速信号和现时共轨上的压力信号，然后通过内部运算处理输出控制燃油泵执行机构的驱动器信号，并对其控制，使得燃油泵输出的燃油压力达到现时柴油机的转速所要求的压力。当共轨上的燃油压力高时，通过燃油压力控制释放阀，使其保持稳压；当安保系统检测到危及主机的故障信号时就发出关闭燃油信号，使燃油速闭阀动作，把燃油排放掉；同时，共轨燃油压力也受主轴承滑油压力控制的燃油压力控制阀控制，起到保护柴油机的目的；燃油增压泵是由曲柄通过传动机构来驱动的，如果其中一个燃油泵驱动器发生故障，它会通过弹簧使得正常连接在适当位置或移动到最高位置，变成定量泵，其余没有发生故障的燃油泵仍保持变量泵而受控。

图 5－5－9 为 Sulzer RT-flex 电控型柴油机的燃油喷射量控制原理图。在非喷射燃油时间段内，气缸控制模块 CCM 不发出喷射燃油信号，三个电磁阀无电，控制伺服油不能进入喷射控制阀的信号端，喷射控制阀下位通，共轨管路中的 100 MPa 的燃油通过三个喷射控

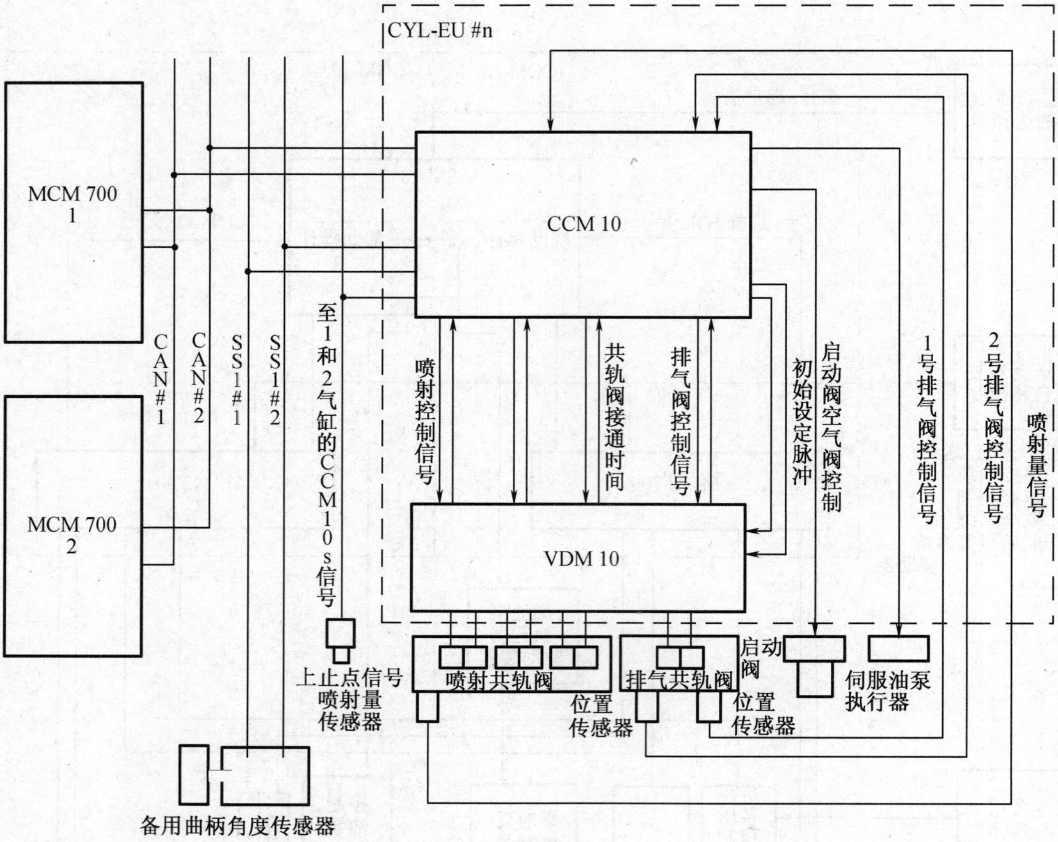

图 5－5－7 气缸电子控制单元方框图

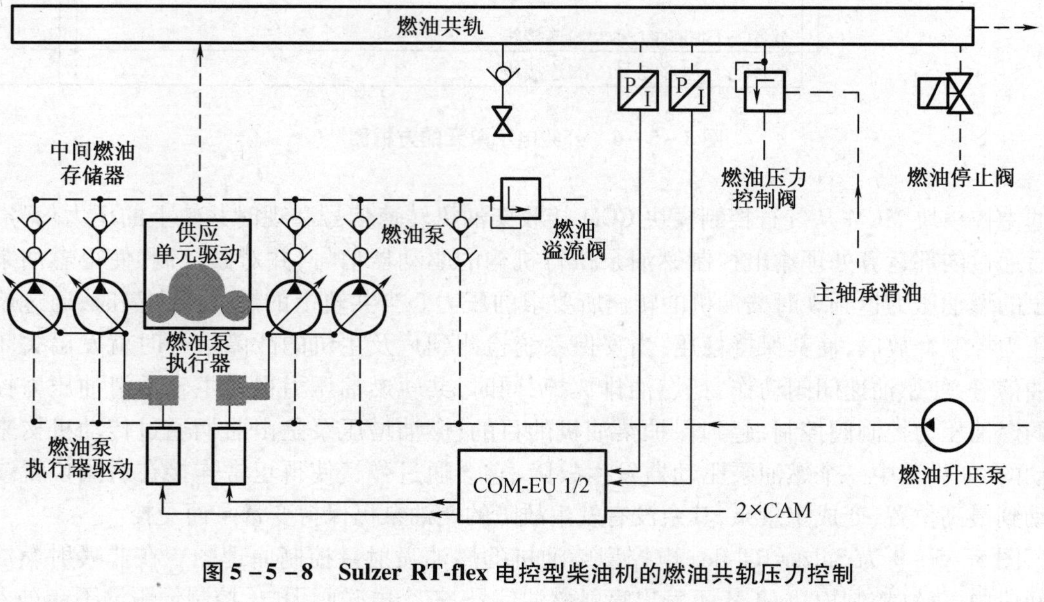

图 5－5－8 **Sulzer RT-flex** 电控型柴油机的燃油共轨压力控制

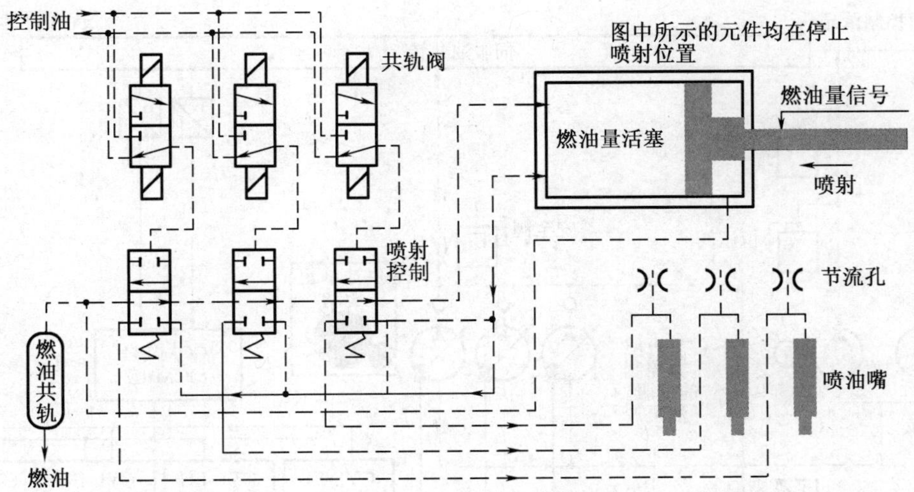

图 5-5-9　Sulzer RT-flex 电控型柴油机燃油喷射量控制原理图

制阀下位,进入燃油喷射量油缸中,控制好量油缸中活塞位置,就控制好了该气缸燃油喷射量的大小。燃油喷射量是主控模块 MCM 通过比较速度控制器中的喷射油量和燃油指令信号的要求推算出的。当 CCM 根据曲柄编码器送来的曲柄角度信号和 VIT,就可计算出喷射初始角,到达喷射初始角时刻 CCM 给 VDM 发喷油指令,使共轨电磁阀通电(这三个电磁阀是否同时通电,取决当时柴油机的负荷和转速,如低速、低负荷时,只需一个电磁阀工作,即一个油嘴工作),这时相应的液压伺服控制油出现在喷射控制阀的信号端,使其上位通,这时共轨管路的燃油被堵塞,量油缸中 100 MPa 燃油再通过活塞驱动,形成更高压,通过喷油嘴喷入气缸进行雾化燃烧。由于各阀件启、闭是需要时间的,为了准确定时喷油,需要计算出延时时间,通常把触发信号发出时刻到有效喷射的时刻之间差值称为喷射动作滞后时间。根据之前循环的喷射动作滞后时间可计算出下一个喷射循环。喷射系统还可以采集三个喷射阀的开启时间来监测每次的循环,以保证不至于混乱。如果油量传感器损坏了,控制系统将取代主控制器 MCM 的燃油指令信号,进行定量喷射。

5. 液压伺服油压力控制

图 5-5-10 为 SulzerRT-flex 电控型柴油机液压控制油压力控制原理图。主控制模块 MCM 采集控制油轨的伺服油的压力信号,与给定值 20 MPa 比较,若出现偏差,通过 CAN 总线使各气缸控制模块 CCM 去控制伺服泵输出量,从而控制伺服油轨的压力。每个气缸控制器 CCM 都输出一个指令信号给伺服泵内部的压力控制器,通常该控制信号是一个脉宽调制信号(1~2.5 A,AC),其频率为 60~100 Hz。伺服和控制油都是把润滑油再经过一次过滤后的滑油。伺服控制油共轨管路系统装了一个安全阀,还安装两个压力传感器,把共轨伺服控制油压力信号送到主控模块 MCM。控制油系统除了安装安全阀外,还装了一个稳压阀,保持控制油压力不变。

6. 排气阀的控制

图 5-5-11 为 Sulzer RT-flex 电控型柴油机的排气阀控制原理图。气缸控制模块 CCM 根据曲柄角度编码器的信号和 VED(排气阀开启),发出开启排气阀的信号。该信号使排气轨道电磁阀动作,上位通,伺服油进入排气控制阀的信号端,使上位通,这时伺服油进入执

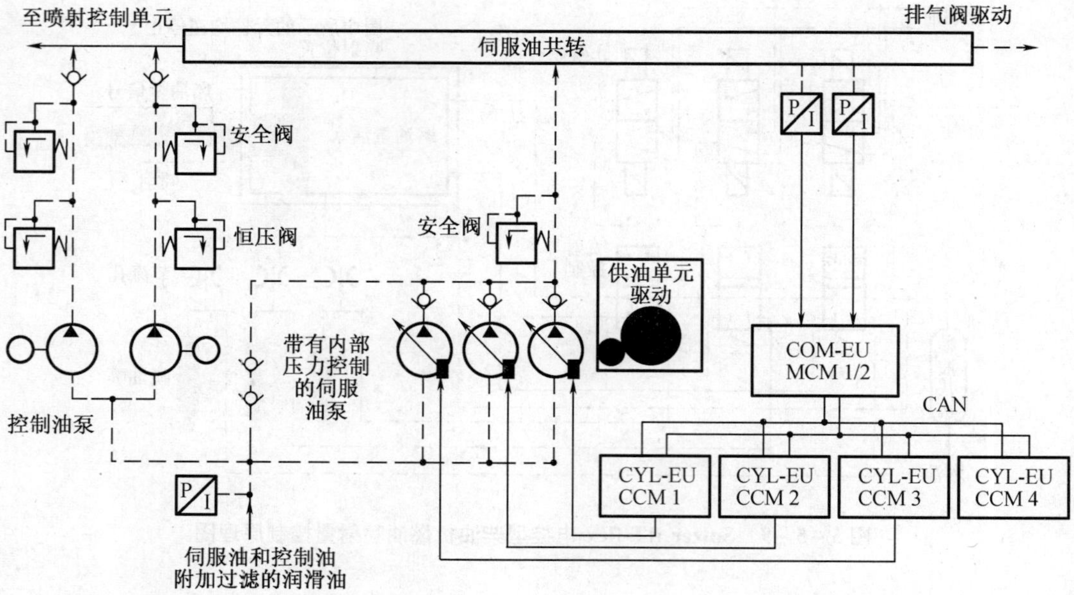

图 5-5-10 Sulzer RT-flex 电控型柴油机液压控制油压力控制原理图

行油缸，活塞移动，把 0.4 MPa 的液压油增压推入排气阀的上油室，阀芯下移进行排气；同时，排气阀移动的位置由两个冗余设计位置传感器进行监测，反馈给气缸控制模块 CCM，监视排气阀是否开启。若一个位置传感器损坏，另一个传感器可继续使用，这时会给出报警信号。若两个位置传感器都损坏，CCM 内部的固定动作程序仍然保持有效，排气阀仍能工作。同样，CCM 发出排气指令到排气阀打开，也有延时，称其为排气动作滞后时间。计算开启动作滞后时间是以阀的 0～15% 的行程为终止，计算关闭动作滞后时间是以阀的 15%～100% 的阀行程为终止。每个动作滞后时间都可以通过之前的动作滞后时间来调校下一个循环的动作滞后时间，这样，就可准确定时对排气阀打开（VEO）和关闭（VEC）控制。

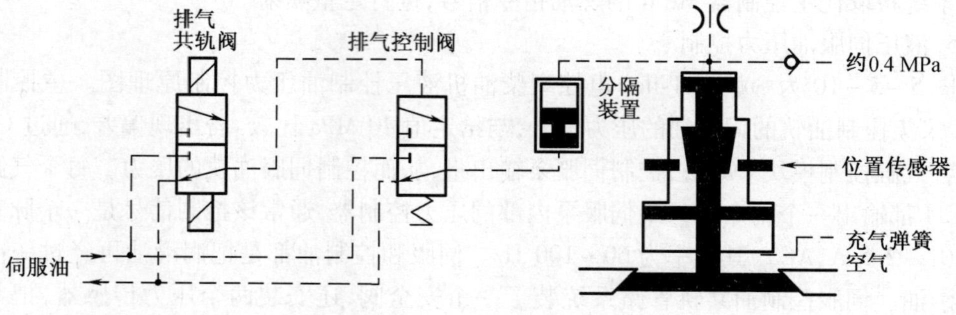

图 5-5-11 Sulzer RT-flex 的排气阀控制原理图

注：图中所示元件均在关闭位置

7. 柴油机的转速控制

Sulzer RT-flex 电控型柴油机的转速控制是由一个独立于 WECS 9500 控制系统的转速控制器来完成的。图 5-5-12 为该机型的转速控制原理框图。转速控制接收到车钟的转速命令之后，与现时采集回来的主机转速进行比较，得到一个偏差值，转速控制器根据偏差值的大小、主机现时负荷状态等综合计算出需要提供多少燃油的命令给 WESC-9500 的主控模块 MCM。主控模块通过 CAN 总线将数据传给每个气缸控制模块 CCM，气缸控制模块再输出信号给燃油喷射量油缸的控制器，该控制器就可控制燃油喷射量油缸内的油量，然后等到喷油初始角到来，CCM 就发出喷油操作，同时，喷油量的大小信号反馈给燃油喷射量油缸的控制器，再到主控模块 MAM，进行燃油量闭环控制，同时也反馈给主机转速控制器，便于进行下一步的转速控制。

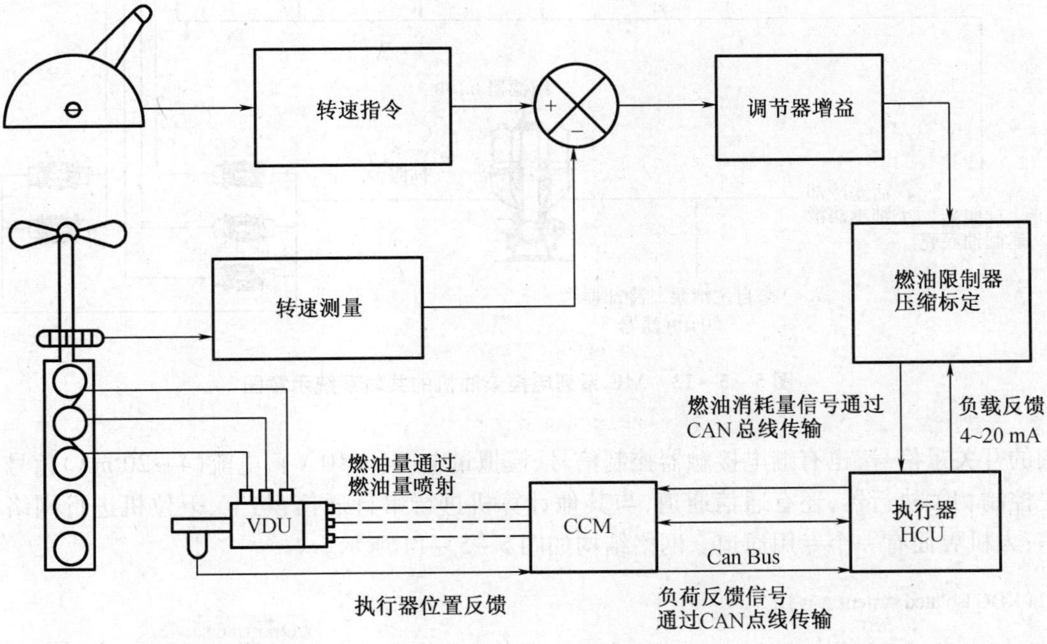

图 5－5－12　**Sulzer RT-flex 的装速控制原理图**

三、MAN B&W 公司的 ME 系列电控型柴油机控制系统

MAN B&W 公司的 ME 系列电控型柴油机也是采用共轨技术，但是燃油共轨管路的压力为低压 0.7～0.8 MPa，伺服油的压力为 20 MPa，都属于低压力系统，能比较有效地防止漏油。这样在机械结构上与 Wartsila 公司共轨柴油机有所不同，对于燃油就得各缸进行二次增压来达到喷射压力要求。图 5－5－13 为 ME 系列电控型柴油机的共轨系统示意图，由燃油泵使燃油增压到 0.7～0.8 MPa，送到各个气缸的二次增压器进行喷射前的再增压，使压力达到喷射压力，而液压伺服油是由主滑油泵送来的滑油通过二次过滤（6 μm），再通过曲柄驱动的增压泵或电动驱动增压泵，增压到 20 MPa 送到阀箱，通过控制各缸的电磁阀，使伺服油分别进入各缸排气阀的液压缸单元进行排气操作和进入各缸燃油增压的液压缸单元进行增压喷油操作。

ME 系列柴油机也有燃油喷射，排气阀启、闭和换向等控制。它也是采用计算机直接控制系统，包含输入通道和输出通道。输入通道有开关量信号、模拟量信号（有电压信号 ±10 V，电流信号 4～20 mA）、脉冲信号（曲柄角度编码脉冲信号）等输入；输出通道有控制各个电磁

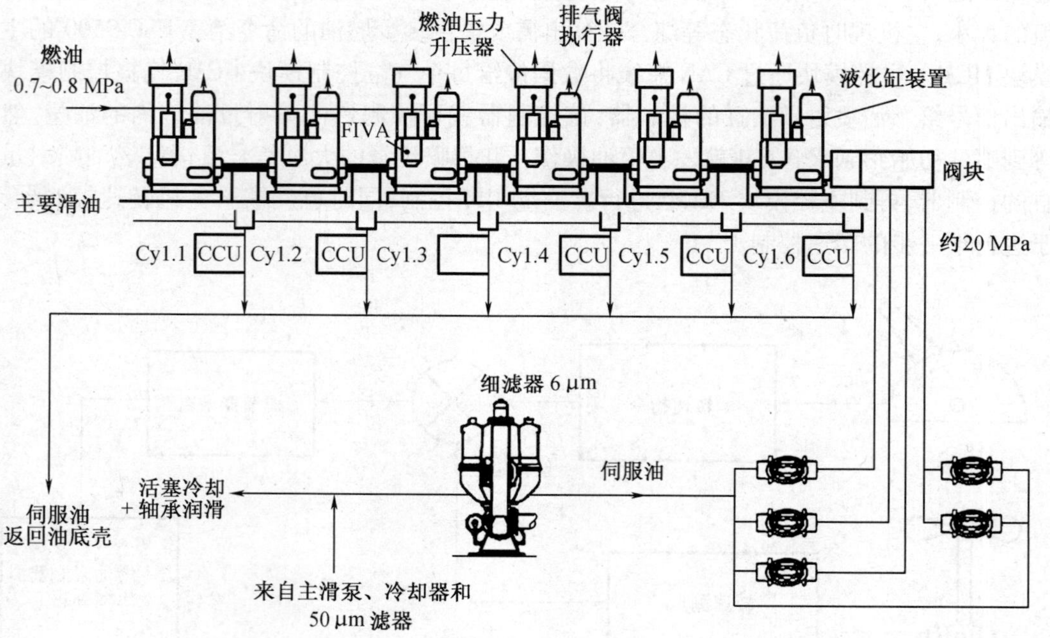

图 5－5－13 ME 系列电控柴油机的共轨系统示意图

阀的开关量信号，也有继电接触器控制信号、模拟量电压（±10 V）、电流（4～20 mA）信号等去控制相关执行器，还有通信通道，与其他计算机进行串行通信，与上、下位机进行网络通信；人机界面有一个专用通道。网络结构如图 5－5－14 所示。

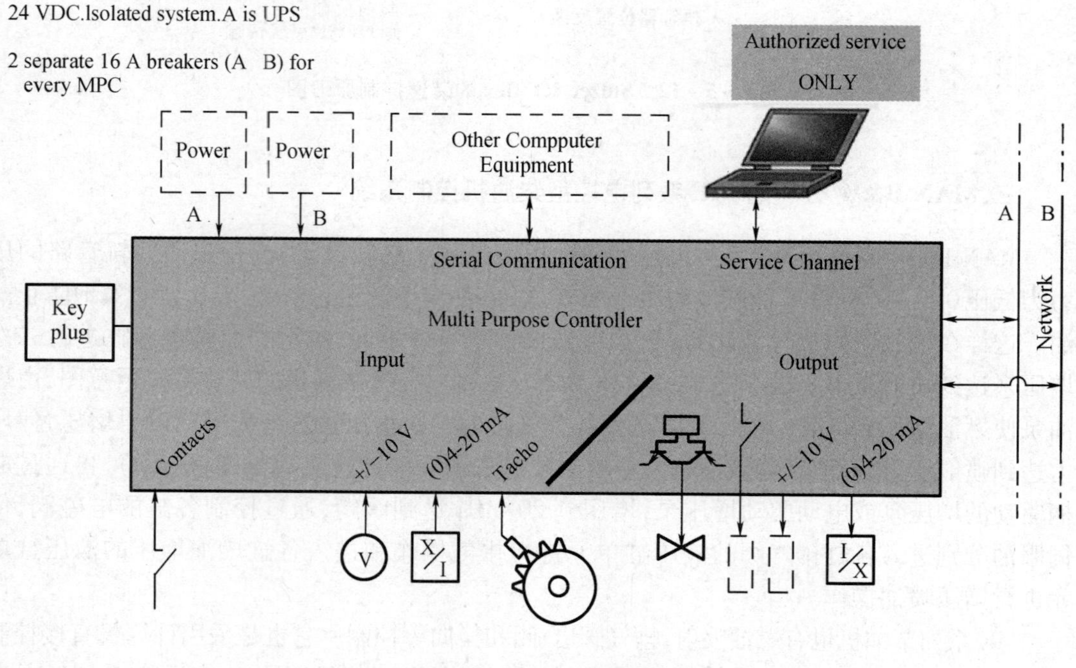

图 5－5－14 ME 柴油机的网络结构图

1. ME 系列柴油机的电控控制系统

图 5－5－15 为 ME 柴油机智能控制系统,采用冗余结构。在集控室有两个并联冗余的主机信息控制单元 A 与 B 和两个并联冗余的控制面板(实现人机信息交换)。这两个主机信息控制单元也与驾驶台上的操作显示面板进行信息交换,在机舱里有两个主机控制单元 A 和 B,与冗余设计的双总线相连接,它与集控室中的主机信息控制单元(EICU)、执行器控制单元 ACU 1,2,3 以及与各气缸的控制器 CCU 进行信息交换(通信)。

(1)主机信息控制单元(EICU)

在集控室的操作台中,上面有两个操作界面(MOP),其中一个为运行状态,另一个为热备用状态,一旦运行中操作界面发生故障,它能自动切换到另一台备用机上。它接收驾驶台上操作信息和集控室操作界面上信息,同时还与外部系统进行通信。图 5－5－16 为主机信息控制单元(EICU)与外部系统通信示意图。它与上位机的主机功率管理系统、手动操作系统、主机遥控系统、报警系统、安保系统进行信息交换,其功能和作用与 WECS-9500 控制系统相似。

(2)主机控制单元(ECU)

主机控制单元(ECU)是 ME 系列柴油机智能控制器的核心,它管理着三个辅助控制单元和各缸控制单元(CCU),并对其进行监控;同时,接收现场传感器送来的信号和机旁操作板的操作指令,对 ACU,CCU 下达指令,实现主机换向、启动、喷油、排气、停车等一系列操作,使主机各运行状态达到最佳运行状态,为了安全可靠,它可直接控制备用泵的启、停运行。

(3)辅助控制单元(ACU)

辅助控制单元(ACU)是对燃油泵、润滑泵和辅助鼓风机进行启、停控制,使其共轨管路中保持所要求的压力。它有自动控制模式和手动控制模式在自动控制模式下,各台辅助鼓风机是根据设定好的"启动顺序",按扫气压力的大小进行启、停控制,当扫气压力小于等于 0.04 MPa 时,就按"启动顺序"启动辅助鼓风机,当扫气箱中压力达到 0.07 MPa 时,就依次停止这些鼓风机,其停止是按扫气压力逐一减少的,即大于等于 0.07 MPa 时,先延时停一台鼓风机,当扫气压力小于 0.07 MPa,大于 0.04 MPa,就不再停第二台,若停了一台鼓风机,扫气压力还是大于 0.07 MPa 时就停止第二台,以此类推;启动正好相反,以 0.04 MPa 为启动值,当主机停车时,辅助鼓风机将继续运行 15 min 后才停机,在手动操作模式下,由操作人员控制。

(4)气缸控制单元(CCU)

每个气缸都有一个独立的气缸控制单元(CCU),它接收曲柄自由端安装的曲柄角度编码器的脉冲信号,由此计算出本气缸活塞位置和工作进程状态,同时,接收主机转速传感器信息,计算出活塞的运行速度信号。还采集了燃油增压活塞和废气排气阀的位置信号,再根据 ECU 发来的指令进行综合处理,去控制主机各缸的启动、停车、喷油、排气等操作。本系统与 RT-flex 机型有所区别,它的燃油喷射采用模拟量控制,而排气阀控制是采用开关量控制的。对于燃油喷射是采用比例阀,而对排气控制是采用开关量的开启/关闭,两者不会混乱,因为燃油喷射时间段与排气阀开启时间段是不会重合在一起的,所以,它采用了一个三位三通液压伺服阀来控制,如图 5－5－17 所示。

当要进行燃油喷射时,使电磁阀左边有信号、左位通,高压动力油进入左边的燃油增压器活塞的下位,高速推动增压缸活塞,使燃油缸内的燃油升压,从喷油嘴向气缸内喷油。燃

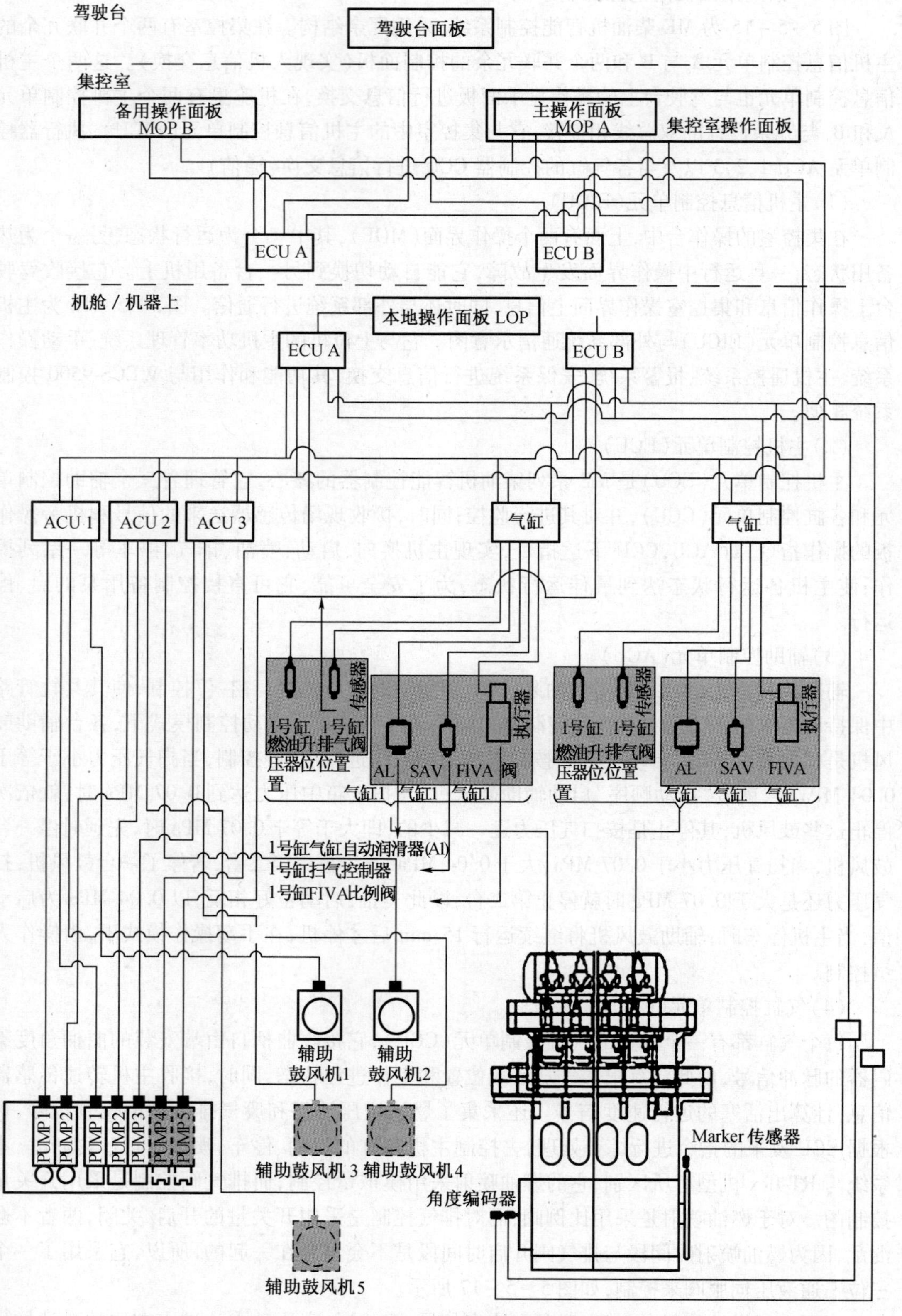

图5-5-15 ME柴油机智能控制系统图

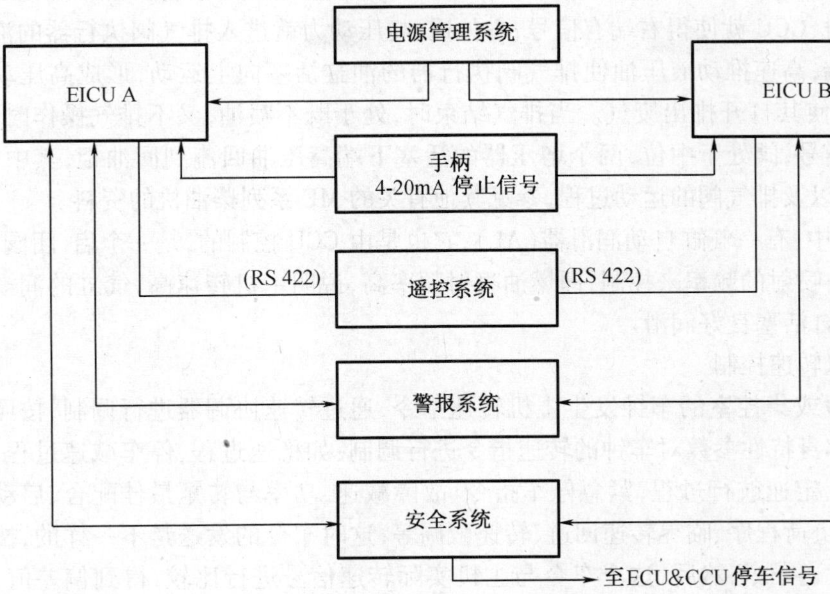

图 5-5-16　EICU 与外部系统通信示图

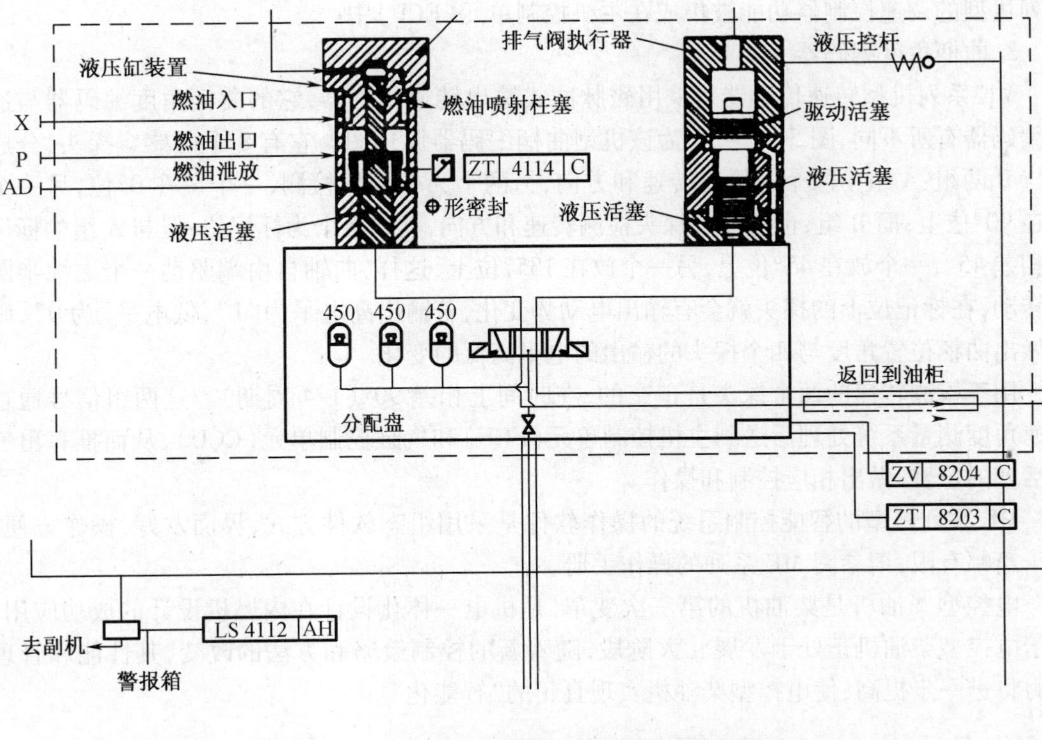

图 5-5-17　燃油喷射和排气阀液压操作原理图

油量的多少是由 CCU 控制 FIVA 的比例阀来控制的,与 Sulzer RT-flex 机型不同,它是靠控制燃油进油阀的开度来实现,而 Suler RT-flex 机型是以量油缸的活塞位置来度量的。当轮到排气操作时,CCU 就使得右端有信号,右位通,高压动力就进入排气阀执行器的液压油缸的活塞的下端,高速推动液压油使排气阀执行器的油缸活塞向上运动,形成高压动力油去操作排气阀,使其打开排出废气。当排气结束时,处于既不喷油,又不排气操作时,控制阀两端都没有信号,阀处于中位,两个增压器的活塞下端高压油回流到回油柜,其中,燃油量的测量、喷射以及排气阀的运动过程,参见其他有关的 ME 系列柴油机的资料。

ME 系统中,有一气缸自动润滑器(AL),它也是由 CCU 控制的,是一个启、闭阀,它的通断馈给率是由喷射的频率来控制,即燃油喷射频率高,说明主机转速高,气缸的润滑注油要频繁,保持气缸活塞良好润滑。

2. 柴油机转速控制

当驾驶台或集控室的车钟发生主机转速指令,通过转速协调器进行调制,按照主机的运行参数和本身特性参数对车钟的转速指令进行调制:如稳速过程,停车减速过程,最小转速、最大转速、定速航行过程,紧急停车指令、故障减速、功率与转矩最佳配合、启动时的等速速率加速、负荷程序、临界转速回避、转速微调等,这时车令的发送是不一样的,按照对应的设定程序发送车令,然后,这个车令与主机实际转速信号进行比较,得到偏差值,送到转速调节器(Governor)进行比例积分微分调节或智能控制算法进行计算处理。所得的信号,经过主机性能指标的限制器进行相应限制,不超过限制值,把现结果输出作为当时燃油量的给定值,若超过限制值,只能以限制值输出作为当时燃油量的给定值指令,送到气缸控制单元(CCU),由它控制 FIVA 的比例阀,实现燃油量控制,使主机转速跟随车令的要求,ME 系列机型的调速控制器功能被集成在主机控制单元(ECU)中。

3. 曲柄角度编码器

ME 系列机型转速传感器是采用磁脉冲式输出转速传感器,它的曲柄角度编码器与通常编码器有所不同,图 5-5-18 为该机型曲柄编码器原理图。它有 8 个磁感应探头,分成 A 与 B 两组:A 组中两个为检测转速和方向,另两个为标记位检测,一个放在 0°位,另一个放在 90°位上;而 B 组,也用两个探头检测转速和方向,其他两个为标记位,但与 A 组的标记位相差 45°,一个放在 45°位上,另一个放在 135°位上,这样,曲轴自由端驱动一个磁性半圆环转动,在标记位上的探头就会有输出电动势变化,若输出高电平为“1”,低电平“为 0”,则可做出曲柄位置角度与四个探头的输出的电平高低的变化。

用于检测转速的两个探头是正交的,在时间上相差 90°(1/4 周期)。这两组信号通过转速角度测量系统处理后送到主机控制单元(ECU)和气缸控制单元(CCU),从而推算出气缸活塞的位置,做出相应控制和操作。

ME 系列机型的智能控制系统的操作软件是采用组态软件方式,界面友好,操作方便,由于篇幅有限,请参阅 ME 系列的操作手册。

电控型柴油机是柴油机的第三次变革,是机电一体化设计在内燃机设计的成功应用。由于电控型柴油机正处于发展壮大阶段,随着新的控制策略和方法的改变,其性能和管理能力将进一步提高,使电控型柴油机实现真正的“智能化”。

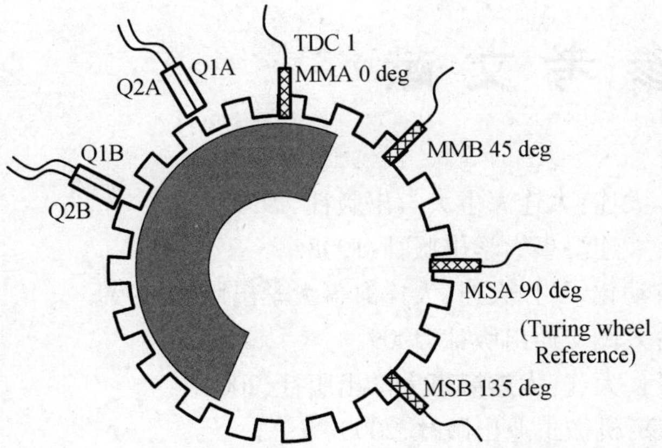

System A(powered from ECU A)
MMA=Marker Master A
MSA=Marker Slave A
Q1A=Quadratur 1A
Q2A=Quadratur 2A

System B(powered from ECU B)
MMB=Marker Master B
MSB=Marker Slave B
Q1B=Quadratur 1B
Q2B=Quadratur 2B

Pos	0-44	45-89	90-134	135-179	180-224	225-229	270-314	315-359
MMA	Ture	Ture	Ture	Ture	Flase	Flase	Flase	Flase
MMB	Flase	Ture	Ture	Ture	Ture	Flase	Flase	Flase
MSA	Flase	Flase	Ture	Ture	Ture	Ture	Flase	Flase
MSB	Flase	Flase	Flase	Ture	Ture	Ture	Ture	Flase

图 5 –5 –18　曲柄编码器原理图

参 考 文 献

[1] 郑凤阁,李凯. 轮机自动化[M]. 大连:大连海事大学出版社,1999.

[2] 方金和. 轮机自动化[M]. 大连:大连海事大学出版社,1998.

[3] 徐善林,黄学武,崔庆余. 轮机自动化[M]. 大连:大连海事大学出版社,1999.

[4] 陈清彬. 轮机自动化[M]. 北京:人民交通出版社,2009.

[5] 李世臣,徐善林. 轮机自动化[M]. 大连:大连海事大学出版社,2008.

[6] 徐国林. PLC 应用技术[M]. 北京:机械工业出版社,2008.

[7] 张忠. 轮机自动化[M]. 大连:大连海事大学出版社,2006.

[8] 李世臣. 轮机自动化[M]. 大连:大连海事大学出版社,2008.